宁夏水利年鉴

2023

《宁夏水利年鉴》编纂委员会　编

黄河出版传媒集团

阳光出版社

图书在版编目(CIP)数据

宁夏水利年鉴. 2023 /《宁夏水利年鉴》编纂委员
会编. -- 银川：阳光出版社，2024. 11. -- ISBN 978
-7-5525-7700-6

Ⅰ. F426.9-54

中国国家版本馆 CIP 数据核字第 2024JU2237 号

宁夏水利年鉴 2023　　　　　　　　　　《宁夏水利年鉴》编纂委员会　编

责任编辑　胡　鹏

封面设计　刘幗强

责任印制　岳建宁

黄河出版传媒集团
阳　光　出　版　社　出版发行

出 版 人　薛文斌

地　　址　宁夏银川市北京东路 139 号出版大厦(750001)

网　　址　http://www.ygchbs.com

网上书店　http://shop129132959.taobao.com

电子信箱　yangguangchubanshe@163.com

邮购电话　0951-5047283

经　　销　全国新华书店

印刷装订　宁夏凤鸣彩印广告有限公司

印刷委托书号　(宁)0031485

开本　889 mm×1194mm　1/16

印张　29

字数　820 千字

版次　2024 年 12 月第 1 版

印次　2024 年 12 月第 1 次印刷

书号　ISBN 978-7-5525-7700-6

定价　198.00 元

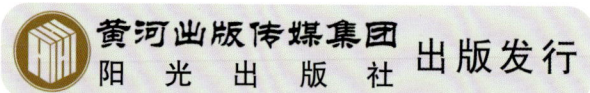

编辑说明

一、《宁夏水利年鉴 2023》(以下简称"本年鉴")以马克思列宁主义、毛泽东思想、邓小平理论、"三个代表"重要思想和科学发展观、习近平新时代中国特色社会主义思想为指导,坚持辩证唯物主义和历史唯物主义立场、观点、方法,全面、准确、客观反映宁夏水利工作在服务宁夏经济社会发展中的新成就。是由宁夏回族自治区水利厅承编的具有行业公报性质的资料性工具书。

二、本年鉴客观记录 2022 年宁夏水利事业发展状况、重大事件和最新成就。所刊载的内容由水利厅机关处(室)、厅属单位、市、县(区)水务局提供,资料真实、全面,具有重要的资政、存史价值,为人们了解宁夏水利改革发展情况提供信息服务咨询。

三、本年鉴采取分类编辑法,以类目、分目、条目组成框架结构的主体部分。全书条目标题统一用黑体字加【】表示。

四、全书设:特载、专载、机构与组成人员、大事记、综述、党的建设和组织人事、水利行业管理、水利安全保障、水利规划与工程建设管理、水生态治理、水利科技与信息化、水利支撑保障、渠道管理、市县(区)水务工作、荣誉、法规文献、宁夏水利统计等 17 个类目、分目、条目。

五、本年鉴对各分目、条目之间的交叉重复,采取详略互见等不同记述方法。

六、本年鉴"荣誉"类目主要收录获得厅级及以上表彰奖励的单位、个人名录。

七、本年鉴文稿实行文责自负。文稿的内容、数据、保密等问题均由所在单位审核把关。

八、本年鉴严格执行出版物汉字使用管理规定、法定计量单位、数字用法。技术用语、专业名词、符号等力求符合规范或俗成。使用各市、县水务局名称时,一般写明某市、县水务局,如银川市水务局;单位一般写单位全称,如宁夏唐徕渠管理处等。宁夏回族自治区简称"自治区"或"宁夏",有时简称"全区"。

《宁夏水利年鉴》编纂办公室

2024 年 5 月

2022年2月14日,宁夏水利厅召开全区水利工作会议

2022年3月1日,宁夏水利厅召开党建党风廉政建设会议

2022年11月2日，宁夏水利厅召开学习宣传贯彻党的二十大精神干部会议

2022年6月16日，宁夏水利厅召开学习宣传贯彻自治区第十三次党代会精神大会

2022年5月18日,宁夏水利厅召开全区水旱灾害防御工作视频会议

2022年5月13日,宁夏水利厅召开青年干部座谈会

2022年7月5日,宁夏水利厅召开党务干部培训及"夯基固本"大擂台竞赛

2022年1月19日,宁夏水利厅党委书记、厅长朱云(前排左三)到唐徕渠良田渠口望远闸改造工地检查指导工程建设工作

2022年3月9日,宁夏水利厅党委书记、厅长朱云(前排右二)调研固海扩灌扬水更新改造工作

2022年4月12日,宁夏水利厅党委书记、厅长朱云(前排中)到西干渠管理处调研灌溉供水、信息化建设等工作

2022年4月24日,宁夏水利厅党委书记、厅长朱云(前排右二)调研秦汉渠管理处信息化建设及灌溉管理工作

2022年11月24日，宁夏水利厅党委书记、厅长朱云（前排左二）调研银川都市圈中线供水工程

2022年6月20日，驻水利厅纪检组组长路东海（右二）到惠农渠管理处第六管理所调研指导工作

2022年8月8日,宁夏水利厅党委委员、副厅长麦山(右二)到固海扬水管理处泉眼山泵站调研黄河上游来水情况

2022年1月18日,宁夏水利厅党委委员、副厅长潘军(前排左二)调研固海扩灌扬水工程改造工作

2022 年 6 月 16 日，宁夏水利厅党委委员、副厅长张伟（右五）到红寺堡扬水泵站、灌区调研工程运行、供水安全等工作

2022 年 5 月 20 日，宁夏水利厅党委委员、副厅长王岚海（左三）调研七星渠管理处防汛备汛工作

2022 年 5 月 20 日，宁夏水利厅党委委员、二级巡视员郜涌权（前排左二）到盐环定扬水管理处调研工作

2022 年 3 月 27 日，宁夏水利厅党委委员、总工程师王景山（左二）调研指导固扩十二泵站机组带载运行

2022 年 8 月 26 日，宁夏水利厅二级巡视员江静（中）调研七星渠管理运行工作

2022 年 5 月 19 日，宁夏水利厅二级巡视员苏立宁（右三）到青铜峡灌区调研泰民渠、大清渠工程建设情况

2022年9月9日，国务院南水北调后续工程专家咨询委员会南水北调西线工程专题调研座谈会

2022年9月15至16日，水利部信息中心、水利部水圈科学重点实验室在宁夏银川点亮水信息码注册解析（宁夏）根节点

2022 年《公民节约用水行为规范》宁夏回族自治区主题宣传活动启动仪式

2022 年 8 月 12—18 日,2022 年宁夏水利厅网络安全攻防演练

2022年7月14日,自治区水利厅"关爱山川河流 守护国之重器"志愿服务活动

2022年,海原县"互联网＋城乡供水"项目实施,帮助农村居民实现足不出户,手机买水

2022年4月,固海扩灌更新改造项目固扩十二泵站建成通水

2022年10月24日,固海灌区改造项目(三期)正在进行西河渡槽槽壳吊装

2022年11月10日,银川都市圈东线供水工程三星塘水库主体工程完工

银川都市圈中线供水工程

黄河标准化堤防银川段

水库移民后期扶持项目中宁县白马乡跃进村美丽家园建设工程

隆德县三里店水库除险加固工程

彭阳县阳洼小流域综合治理

CONTENTS 目录

三、机构与组成人员

四、大事记

五、综述

六、党的建设和组织人事

十二、水利支撑保障

十三、渠道管理

十四、市县(区)水务工作

十五、荣誉

十七、宁夏水利统计

一、特载

梁言顺调研黄河生态保护和综合治理及水利工作

2022年5月4日,自治区党委书记、人大常委会主任梁言顺来到利通区黄河古城湾砌护段,了解黄河宁夏段生态保护和治理情况。

在听取了自治区水利厅厅长朱云的汇报后,他说:"总书记心系黄河安澜,对黄河流域生态保护和高质量发展看得很重,黄河是母亲河、是宁夏的生命河,保护黄河是永恒的主题,我们要坚决贯彻落实总书记的重要指示精神,尽到保护黄河的责任,抓住机遇,加快先行区建设,更好造福宁夏各族人民。"

梁言顺在黄河黑山峡河段调研时强调:抓住历史机遇实施好基础设施重大项目加快黄河流域生态保护和高质量发展先行区建设

2022年5月27日至28日,自治区党委书记、人大常委会主任梁言顺到中卫市调研黄河流域生态保护和高质量发展先行区建设情况,强调要深入学习贯彻习近平总书记关于黄河流域生态保护和高质量发展的重要指示精神,抢抓难得历史机遇,加快先行区建设,谋划实施一批重大水利、产业升级等基础设施项目,共同保护黄河安澜健康,让黄河成为造福人民的幸福河。

黄河黑山峡河段是黄河上游治水调沙的重要节点,以习近平同志为核心的党中央高度重视该河段的保护治理和开发。梁言顺从沙坡头区迎水桥镇北长滩村乘船,沿着黑山峡河段考察黄河水情、河道治理、生态保护等情况,对着地图一边看一边听水利部门负责同志详细介绍黑山峡河段开发研究论证、前期工作进展。他说,习近平总书记对黄河保护治理看得很重,将黄河流域生态保护和高质量发展上升为国家战略来抓,赋予我们宁夏建设先行区的使命任务。黄河黑山峡河段水利资源太宝贵了,这是大自然对沿岸人民的恩赐,实施好重大基础设施建设,对协调黄河水沙关系、提高宁蒙河段防洪防凌能力、优化流域水资源配置、改善区域生态环境、助力实施双碳战略等,功在当代、利在千秋。我们宁夏要有大局观念和政治担当,坚决贯彻落实党中央决策部署,抓住难得的历史机遇,在已有良好的工作基础上,全力争取各方支持,加快推动重大基础设施建设,共同做好河道治理、生态保护,精心呵护黄河安澜健康,让黄河更好地惠及沿岸百姓。

自治区领导崔波、雷东生、王道席参加。

梁言顺在青铜峡市调研引黄灌区现代化建设情况　以感恩之心精心呵护母亲河让黄河更好造福宁夏人民

2022年6月4日,自治区党委书记、人大常委会主任梁言顺继5月底在中卫市调研黄河保护治理后,再到青铜峡市实地调研引黄灌区现代化建设及黄河标准化堤防、水资源保护利用情况,强调要深入学习贯彻习近平总书记关于黄河流域生态保护和高质量发展的重要指示精神，以感恩之心和实际行动精心呵护黄河母亲河，传承弘扬黄河文化，确保黄河安澜健康，让黄河更好造福宁夏人民。

梁言顺首先来到位于青铜峡市的宁夏水利博物馆。该馆通过图文、影像、展品等浓缩了2200多年来宁夏治黄引黄的悠久历史和灿烂文化，展示了新中国成立70多年来在党的领导下宁夏水利建设发展的辉煌成就。梁言顺边走边听、不时驻足，听到讲解员介绍宁夏境内先秦以来开凿建设的引黄古渠系至今发挥着重要作用，并于2017年10月被列入世界灌溉工程遗产名录，梁言顺感慨地说，黄河是中华民族的母亲河，哺育着中华民族、孕育了中华文明，黄河文化是中华民族的根和魂，我们一定要按照总书记的重要指示精神，守好老祖宗留给我们的宝贵遗产，把千百年来治黄兴黄的精神和文化传承下去，讲好黄河故事，凝聚精神力量。

在黄河吴忠陈袁滩段，梁言顺听取黄河标准化堤防建设、河道滩区治理情况介绍。"原来的河流断面有多宽，现在堤防防洪能力怎么样？"在听到黄河宁夏段全部建成了标准化堤防，吴忠段堤防标准可抵御百年一遇的洪水时，梁言顺说，确保黄河安澜和沿岸百姓安全，是我们义不容辞的责任，这些年宁夏段的黄河安全防护工作是到位的，要进一步巩固提升两岸堤防，立足防大汛、抗大灾，抓好河道疏浚和控导工程建设，补齐基础设施短板，全面提高防洪能力。

宁夏渠首管理处大坝水利管理所，是宁夏平原引黄灌区"第一闸"，主要调度宁夏北部各大干渠引水。梁言顺察看唐徕渠、汉延渠进水闸运行情况，看到黄河水从闸门奔涌而出，流向万顷良田，他由衷赞叹道，这些灌溉工程和渠系凝结着中华民族引黄兴水利民的智慧，也体现了黄河对宁夏的厚爱与恩赐。宁夏干旱少雨、严重缺水，天下黄河富宁夏，正是因为有了黄河才有了"塞上江南"。我们要像保护母亲一样保护好赖以生存的黄河，以感恩之心珍惜宝贵的水资源，按照总书记"四水四定"的重要指示精神，量水而行、节水优先，大力发展高效节水农业，推广

节水灌溉技术，实施深度节水控水行动，坚决抑制不合理用水需求，加快推动用水方式向节约集约转变，努力建设黄河流域生态保护和高质量发展先行区，让黄河更好造福宁夏人民。

自治区领导赵永清、雷东生、王道席参加。

梁言顺调研贺兰山生态保护和防洪治理情况 深入践行"两山"理论 坚决筑牢西北生态安全屏障

2022年6月29日，自治区党委书记、人大常委会主任梁言顺调研贺兰山生态保护、防洪治理和文旅产业发展情况，强调要深入学习贯彻习近平生态文明思想，牢固树立绿水青山就是金山银山理念，大力实施生态优先战略，切实承担起政治责任，保护好贺兰山生态环境，坚决筑牢祖国西北生态安全屏障，更好造福宁夏人民。

习近平总书记对贺兰山生态环境保护十分关心，2020年6月在宁夏考察时，语重心长地指出贺兰山是我国重要自然地理分界线和西北重要生态安全屏障，要加强顶层设计，狠抓责任落实，强化监督检查，坚决保护好贺兰山生态。

梁言顺来到苏峪口国家森林公园，沿栈道步行至贺兰山宁蒙交界处的分水岭，察看贺兰山山体山貌，实地了解贺兰山生态保护情况。看到盛夏的贺兰山，峰峦耸峙、绿意盎然，大自然的鬼斧神工与生态保护的成果相应相和、处处成景，梁言顺感慨道，贺兰山不愧为宁夏的"父亲山"，森林植被丰富、生物资源多样，防风固沙"保暖"、涵养生态水源，是大自然给宁夏人民的恩赐，我们要牢记总书记的嘱托，深怀对自然的敬畏之心，尊重自然、顺应自然、保护自然，千方百计保护好贺兰山的生态环境，为子孙后代留下绿水青山和"金山银山"。

贺兰山曾经多次暴发山洪，直接威胁人民群众生命财产安全。当前正值汛期，梁言顺专程调研贺兰山东麓防洪治理情况，在第五拦洪库实地察看拦洪库水利设施运行、汛情智能监测情况，他说，贺兰山

下就是宁夏平原,淹不起、也淹不得,实施贺兰山东麓防洪治理工程很有必要,防大汛、抗大灾、保安全这根弦始终不能放松。

要建好导、拦、泄、排系统工程,实现河湖库坝水系连通,加快完善防洪体系、提高防洪标准。

要运用智能化信息化技术,提升汛情监测预警水平,找出规律、精准预测,既最大限度防止局部极端情况发生,又尽可能把宝贵的水资源留下来,确保灾害管得住、水能用得好,变水害为水利。

梁言顺来到贺兰山脚下的漫葡小镇,这里是宁夏首个集休闲度假、温泉疗养、葡萄酒文化体验等为一体的综合型特色旅游小镇。他随机走进特色街区,了解漫葡小镇建设运营情况,与非遗、文创等经营商户交流,询问游客数量、旅游收入。听说这里最近人气挺旺,梁言顺说,要在做好常态化疫情防控的前提下,抓住旅游黄金期,把贺兰山东麓以及全区的旅游资源串起来、连起来,"缺"什么"补"什么,多开发一些有特色、有魅力、能吸引人的旅游产品和服务,想方设法把远方的客人留下来,促进消费恢复增长。

自治区党委常委、秘书长雷东生参加。

梁言顺率队对《自治区水资源管理条例》
实施情况开展执法检查
以最严格的水资源管理制度管水用水
为加快先行区建设提供法治保障

2022 年 8 月 17 日,自治区党委书记、人大常委会主任梁言顺率自治区人大常委会第一执法检查组,对《自治区水资源管理条例》实施情况开展执法检查,强调要坚决贯彻落实习近平总书记视察宁夏重要讲话和重要指示批示精神,把水资源作为最大的刚性约束,坚持"四水四定"原则,以严格的制度加强水资源管理、提高水资源利用效率、保障水安全,加快推进黄河流域生态保护和高质量发展先行区建设。

银川市第三污水处理厂承担着银川经开区工业废水的处理任务,每日可处理污水 10 万吨。梁言顺走进污水处理厂中控室了解工业废水处理、污水处理工艺、水质净化流程、再生水回收利用情况,并到出水口现场取样、查看水质。看到取样的水清澈透明,梁言顺说,水资源对宁夏来说非常宝贵,不仅要用好黄河水、"天上水",还要用好再生水,政府和市场两手发力,既算政治账,又算生态账、民生账,确保流进宁夏的水得到最大限度利用。

梁言顺一行来到农垦乳业公司第六奶牛场,了解园区养殖规模、生产经营及养殖污水综合利用情况,现场就水资源管理条例实施情况提问。企业通过技术创新对养殖污粪全量化收集、无害化处理、资源化利用,实现了种养产业的内部循环,梁言顺对此给予肯定,"污粪利用好了也是资源,我们宁夏奶牛、肉牛养殖规模很大,要在全区推广资源化利用技术,尽可能减少水资源消耗"。

随后,梁言顺一行来到中粮长城天赋酒庄检查农业节水情况,实地查看葡萄种植基地高效节水灌溉技术应用,听到该基地采用智能管理后每亩节水 70 余立方米,他说,小葡萄种植也可以做出节水增效大文章,要通过智慧管理、精准灌溉,让每一滴水发挥最大效益。

西夏水库设计库容 3193 万立方米,主要为银川市城市用水提供黄河地表水水源,正常蓄水后可满足全市 40 天的用水需求。检查组现场了解水库规划建设、作用发挥、水质保障等情况。

调研结束时,梁言顺指出,习近平总书记两次视察宁夏都对加强黄河保护、科学合理开发利用水资源作出重要指示、提出明确要求,切中宁夏发展要害。宁夏干旱少雨、严重缺水,要按照总书记的重要指示精神,把水资源作为最大的刚性约束,严格落实"四水四定"原则,严格执行水资源管理条例。要充分发挥人大监督职能,用好执法检查这一手段,坚持问题导向,突出一个"严"字,真看真查,重点检查"四水四定"、水资源配置、节水治污等存在问题和责任落实情况,把问题找准找实、并推动条例更加完善、更好落实,为先行区建设提供有力法治保障。

自治区领导雷东生、董玲参加。

梁言顺调研贺兰山自然保护区生态保护情况
牢记习近平总书记殷切嘱托
坚决担当好保护贺兰山的政治责任

2022年9月16日，自治区党委书记、人大常委会主任梁言顺用一天时间，对贺兰山自然保护区全线巡查调研，强调要深入贯彻落实习近平生态文明思想，持续抓好贺兰山生态保护和修复治理，加强自然灾害监测预防，坚决担当好保护贺兰山的政治责任。

贺兰山的生态保护，习近平总书记十分牵挂，全区人民十分关注。2017年贺兰山保卫战打响以来，经过综合治理，老旧矿区实现了由"黑"到"绿"的蝶变。梁言顺来到贺兰山石嘴山段大磴沟，实地察看修复治理成效。看到图片上曾经的大磴沟长期过度开采形成了多处大型矿坑和遗留渣山，伤痕累累、满目疮痍，而眼前的大磴沟绿树成排、青草连片，前后形成鲜明对比，梁言顺感慨地说，贺兰山的治理成效充分证明了习近平总书记"两山论"的实践力量。贺兰山不仅遮风挡雨，还浑身是宝，不愧是宁夏的父亲山，我们一定要为子孙后代留下青山、守住"宝藏"。

在汝箕沟矿区，梁言顺实地调研自燃煤层燃烧蔓延及综合治理情况，要求相关部门负责同志要深入研究治理煤层自燃的有效办法，加快推进综合整治，防止安全事故发生。来到保护区马莲口管理站，梁言顺通过视频监控了解森林防火、资源管护、科研监测等情况，看望管理站一线工作人员，叮嘱他们用好信息化技术手段，加强值班值守，落实好防火措施，守护好父亲山。

梁言顺还来到大峰沟、原大峰煤矿和银川市园林场拦洪库，调研贺兰山东麓防洪工程及贺兰山山体滑坡隐患点监测治理情况，得知贺兰山东麓防洪工程按照城市段200年一遇、重点段100年一遇、其他区段50年一遇的标准设计，梁言顺给予了肯定。他说，必须把保护人民生命财产安全放在第一位，做好工程总体设计，突出重点区域，充分考虑各种突发极端情况，用大概率思维防止小概率事件发生，宁可十防九空、不可失防万一。水是宝贵财富，水资源该节约要节约，山洪水能截留要截留，平时用、急时泄、保安全。

梁言顺强调，总书记对贺兰山生态保护高度重视，多次作出重要指示批示。生态保护是永恒课题，我们要坚决扛起保护贺兰山生态环境的政治责任，根据新形势新变化新要求，采取科学保护治理措施，既解决好老问题又解决好新问题。要坚持人民至上、生命至上，不讲理由、不讲条件，随时保持临战状态，切实做好防汛防灾工作。要充分利用现代化技术手段，强化预警监测，加大对人员聚集区、重要交通干线等重点区域排查力度，以钉钉子精神和"一根筋"的劲头，努力穷尽风险隐患，确保人民群众生命财产安全。

自治区领导雷东生、赵旭辉、王刚、刘可为参加。

张雨浦调度强降雨防范应对工作时强调
周密细致做好万全准备
确保群众生命财产安全

2022年6月20日，自治区党委副书记、自治区主席张雨浦到自治区气象局、应急管理厅调度强降雨防范应对工作，强调要深入学习贯彻习近平总书记关于防汛救灾工作的重要论述，按照自治区党委安排，科学研判雨情汛情，深刻认识极端天气危害，立足防大汛、抗大险、救大灾，坚决做好全链条防范工作，确保人民群众生命财产安全。

张雨浦在宁夏气象局灾害性天气监测预警中心，听取气象监测分析汇报，强调要坚持主动防范在先，加强会商研判，强化部门联动，严密监测雨情，实时掌握雨势，加大重点区域监测频度，快速精准发布预报预警信息，为防灾避险和应急救援提供有力支持。在自治区应急管理厅应急指挥中心，张雨浦随机调度五市和宁东即时雨情、应急准备工作，要求保持临战状态，优化处置机制，备足应急物资，严格值班值守，对各类险情灾情，要快速响应、快速到位、快速救援，努力把损失和风险降到最低。

调研中，张雨浦强调各地各部门要高度重视，增强风险和责任意识，切实担负起组织领导、属地属事、职能岗位等责任，对处置不力的要严格问责；要准备充分，坚决做到预报预警全部到位、配套措施全部到位、预案方案全部到位、人员物资全部到位；要强化措施，深入排查隐患，果断处置险情；要迅速行动，一旦发生重要雨情汛情，主要领导、分管领导和相关部门必须第一时间到达现场，科学指挥、果断决策、有效应对，以"时时放心不下"的责任感，切实筑牢防范应对各类灾害的"铜墙铁壁"。

自治区党委常委、常务副主席陈春平参加。

张雨浦督导检查防汛减灾工作
细之又细抓好隐患整治
实之又实做好应急准备

2022年8月19日晚，自治区党委副书记、自治区主席张雨浦到银川市城市地下通道、贺兰山东麓拦洪库及自治区水旱灾害防御中心，督导检查防汛减灾工作，强调要深入贯彻习近平总书记关于防汛救灾的重要指示批示精神，落实国家防汛抗旱总指挥部部署要求，坚持人民至上、生命至上，严之又严守好各个关口，细之又细抓好隐患整治，实之又实做好应急准备，切实保障人民群众生命财产安全。

在银川市金凤区沈阳路阅海湖隧道监控室、防汛应急物资库，张雨浦详细了解城区易涝点位整治监督情况，现场抽查防涝物资储备，指出要落实领导包抓机制，深入一线靠前指挥，责任到岗到人，明确响应标准，迅速预警预报；紧盯内涝重点区域，一个风险点一个工作方案，加快治理改造，消除隐患漏洞。在贺兰县金山拦洪库，张雨浦仔细询问防洪标准、库容总量以及紧急疏散预案等，强调加强统筹协调，优化防洪体系，备足救援力量，配齐装备物资，强化日常演练，严防次生事故。

张雨浦来到自治区水旱灾害防御中心，随机抽查有关市、县（区）、水利部门值班值守工作，强调防汛防灾责任十分重大，要强化横向联动、纵向畅通，打通气象、应急、自然资源等系统平台，实现信息共享、快速决策，为防汛减灾提供有力支撑。水利系统要加强队伍作风建设，提高业务能力，完善指挥调度体系，以高素质队伍建设保障高水平安全。

自治区领导陈春平、赵旭辉、王道席参加。

陈雍调研抗旱调蓄水库建设时强调：
加快抗旱保灌工程建设
提高农业综合生产能力

2022年3月16日至17日，自治区党委副书记陈雍赴同心县、中卫市沙坡头区、中宁县等调研抗旱调蓄水库规划建设时强调，要加快抗旱保灌工程建设，提高农业综合生产能力，努力开创高效节水农业发展、乡村全面振兴新局面。

陈雍一行先后深入到沙坡头区香山乡、兴仁镇，同心县河西镇、丁塘镇等地，实地查看抗旱调蓄水库、固海扩灌更新改造工程建设、压砂地退出和生态修复等，详细了解工程规划、建设进展、灌溉区域、水价成本和田间水网配套、高效节水措施落实等情况。

他指出，自治区实施"三个百万亩"高效节水灌溉工程，在中部干旱带和自流灌区末梢分批建设抗旱调蓄水库30座，对全面提升我区抗旱保灌能力、发展高效节水农业意义重大。

他强调，要从推动全区农业高质量发展的高度出发，坚持水资源集约节约利用，加大灌排工程现代化改造和调蓄工程建设力度。要重点解决灌区"卡脖子"和中部干旱带水利工程改造升级问题，加强骨干水利工程与田间工程的衔接、高标准农业建设与高效节水灌溉项目的配套，切实保障好农业生产用水需求。要落实最严格的耕地保护制度，对确权压砂地退出区域加快骨干水利工程建设，在保障灌溉用水、合理确定水价的基础上，大力开展高标准农田水利建设，为农民提供稳定可靠的水源保障。要严把工程质量关、安全关，高效有序推进项目建设，确保工程早建成使用、早投入运行，为农业发展、农民增收发挥积极效应。

自治区副主席王道席参加。

陈雍调研贺兰山东麓防洪治理工程

2022年7月8日，自治区党委副书记陈雍到青铜峡市、永宁县、西夏区、贺兰县等地，调研贺兰山东麓防洪治理工程，强调要深入贯彻习近平总书记关于防汛救灾工作的重要指示精神，全面落实自治区第十三次党代会部署要求，统筹发展和安全，立足防大汛、抗大灾、保安全，坚持系统思维、全局观念，加快防洪治理工程建设，完善防洪工程体系，落实落细各项预防措施，切实保障人民群众生命财产安全。

陈雍先后来到青铜峡市大沟拦洪库防洪工程、永宁县闽宁镇腰石井拦洪库、苏峪口水文站、贺兰县李家大沟等地，详细了解防洪工程规划建设、汛情监测预报预警和水文科技创新等情况。陈雍指出，贺兰山东麓治理工程是自治区第十三次党代会确定的重大工程之一，是保障区域群众生命财产安全和经济社会发展的重要工程，要提高政治站位，立足当前、着眼长远，高标准规划、高质量建设、高水平管理，筑紧筑牢"安全堤坝"。

陈雍强调，要时刻绷紧安全这根弦，增强风险意识，树牢底线思维，锚定防汛"四不"目标，强化"四预"措施，做足"预"的准备，做好"防"的工作，提升汛情监测预警水平，畅通预报预警信息渠道，及时掌握雨情水情工情险情，不断完善防汛防洪应急预案，确保安全度过"七下八上"防汛关键期。要按照"系统、统筹、科学、安全"原则，加强工程规划治理，加快水库除险加固、排洪沟道整治、风险隐患排查工作，完善导、拦、泄、排系统工程，实现河湖库坝水系连通，提升水工程防洪抗旱调度水平，变水害为水利，确保灾害管得住、水能用得好，为建设黄河流域生态保护和高质量发展先行区提供有力支撑。

王刚调研黄河治理工作

2022年11月8日，自治区党委常委、石嘴山市委书记王刚调研黄河治理工作时强调，要深入贯彻党的二十大精神和习近平总书记视察宁夏重要讲话指示批示精神，坚决落实自治区党委部署要求，把保障黄河长治久安作为重中之重，加快推进黄河大保护大治理，努力打造黄河流域生态保护和高质量发展先行区排头兵，奋力谱写全面建设社会主义现代化美丽新宁夏石嘴山篇章。自治区水利厅厅长朱云，市委副书记宋世文以及市领导赵会勇参加调研。

王刚一行先后查看了平罗县四排口河道整治工程、头道墩至都思兔河段滨河道路工程建设情况和黄河红崖子段堤防加高加培工程情况，听取了自治区水利厅关于黄河治理总体情况和黄河宁夏段河道治理工程进展情况的汇报。

王刚强调，要提高政治站位，严格落实"重在保护、要在治理"的战略要求，创新工作思路，完善行动方案，实施好河道和滩区综合治理工程，统筹推进两岸堤防、河道控导、滩区治理，推进水资源节约集约利用，确保党中央精神、自治区党委部署在石嘴山落地落实。要联动完善推进机制，加强现场施工组织，确保相关工程如期完工。要进一步提升标准，巩固沿黄"四乱"整治成果，坚决打好环境整治、生态修复攻坚战，防止各类问题死灰复燃，努力把黄河打造成为"安澜黄河、健康黄河、宜居黄河、文化黄河、智慧黄河、惠民黄河"六位一体幸福河。

自治区水利厅厅长朱云，石嘴山市委副书记宋世文以及市领导赵会勇参加。

二、专载

专　载

巩固拓展党史学习教育新成果以昂扬姿态勇毅前行奋力开启水利高质量发展新征程

——在自治区水利厅党史学习教育总结会议上的讲话

自治区水利厅党委书记、厅长　朱　云

（2022 年 1 月 25 日）

同志们：

在全党开展党史学习教育，是以习近平同志为核心的党中央立足百年党史新起点、着眼开创事业发展新局面作出的重大战略决策。习近平总书记亲自谋划部署、全程指导推动，发表一系列重要讲话、作出一系列重要论述，思想深邃、意蕴深远、内涵深刻，贯通历史、现实、未来，贯穿信仰、信念、信心，深刻阐明了"为何学党史、党史学什么、怎样学党史"等重大问题，深刻阐明了我们党关于党的历史的科学认识、基本观点、重大结论，把我们对党的历史的认识提升到了新的高度，为我们扎实开展党史学习教育提供了根本遵循。

党史学习教育开展以来，在自治区第九巡回指导组精心指导下，水利厅党委把开展党史学习教育作为贯穿全年的重大政治任务，紧扣目标要求，突出重点对象，把握关键环节，开展了一次百年党史的全面学习、坚定了以史为鉴勇毅前行的历史自信，进行了一次创新理论的系统武装、增强了学思践悟培根铸魂的理论自觉，经受了一次政治意识的强化淬炼、凝聚了"两个确立""两个维护"的政治共识，探索了一次根本宗旨的有力实践、强化了坚守初心不负人民的立场情怀，经历了一次革命精神的深刻洗礼、提振了赓续血脉传承伟业的豪情壮志，组织了一次能力本领的锤炼提升、砥砺了踔厉奋发笃行不怠的时代使命。通过党史学习教育，全厅各级党组织和广大党员干部受到了全面深刻的政治教育、思想淬炼、精神洗礼，历史自信大大增强，党组织活力、战斗力大大提升，达到了学党史、悟思想、办实事、开新局的目的，在学史明理、学史增信、学史崇德、学史力行上取得了显著成效。

一是理论武装有了新收获，真信笃行、知行合一的意识更加自觉。全厅党员干部深刻感悟到习近平新时代中国特色社会主义思想是当代中国马克思主义、21 世纪马克思主义，是中华文化和中国精神的时代精华，是马克思主义中国化新的飞跃，是指导我们各项工作实践的根本指南。我们坚定不移以习近平新时代中国特色社会主义思想武装头脑、指导实践、推动工作，全力推进水利高质量发展，为自治区经济社会发展提供了坚实水安全保障。

二是政治能力有了新提升，坚定拥护"两个确立"、做到"两个维护"的行动更加坚决。党员干部深刻感悟到"两个确立"是我们党百年奋斗伟大实践得出的重大历史结论，是党的十八大以来最重要的政治成果。我们始终站稳政治立场，不断增强政治判断力、政治领悟力、政治执行力，更加自觉紧随核心、拥戴核心、捍卫核心，更加自觉把思想和行动统一到党中央决策部署上来，自治区党委重大决策部署在水利系统畅通无阻，切实做到了党有号召，我有行动。

三是人民立场有了新加强，为民惠民、解决难题的成果更加丰硕。党员干部深刻感悟到江山就是人民、人民就是江山；人民是党执政兴国的最大底气，民心是最大的政治。我们始终牢固树立以人民为中心的理念，大力弘扬和实践党的密切联系群众的优良作风，紧紧围绕新时代人民群众对水利发展的新期待，把开展"我为群众办实事"实践活动作为党史学习教育常态化、长效化的基本着力点，用心用情解决人民群众"急难愁盼"之事，使人民群众获得感、幸福感、安全感更加充实、更有保障、更可持续。

四是水利发展有了新方位，胸怀"国之大者"融入"两个大局"更加主动。党员干部深刻感悟到黄河流域生态保护和高质量发展是习近平总书记亲自谋划、亲自部署、亲自推动的重大国家战略，是党中央着眼长远作出的重大决策部署，是事关中华民族伟大复兴的千秋大计。宁夏因黄河而存、因黄河而兴，我们忠实践行习近平总书记"让黄河成为造福人民的幸福河"的重要指示，切实增强把握新发展阶段、贯彻新发展理念、构建新发展格局的能力和水平，牢固树立生态立区、绿色发展意识，大力推进"六大水利"建设，全力服务"九大重点产业""十大工程项目""四大提升行动"，在奋力推进黄河流域生态保护和高质量发展先行区建设中体现了水利担当，作出水利贡献。

五是干事创业有了新进步，改革创新、加快发展的精气神更加提振。党员干部深刻感悟到党的百年奋斗的辉煌业绩，在于全党始终不忘初心、牢记使命，保持"赶考"姿态，接续砥砺奋斗。站在新的历史起点上，走好新的赶考之路，我们全力响应"社会主义是干出来的"的伟大号召，认真贯彻习近平总书记视察宁夏重要讲话精神，锚定水利现代化建设目标任务，勇毅前行，推进水生态水环境持续向好、重大水利工程加快建设、智慧水利成效显著、水利用效能持续提升、治水重点改革持续深化，奋力书写了中央治水思路在宁夏生动实践的新篇章。

六是党的建设有了新成效，领导班子和基层组织凝聚力、号召力、战斗力更加增强。党员干部深刻感悟到坚持党的领导，是历史和人民的选择；深刻感悟到伟大建党精神是中国共产党的精神之源，是破译我们党百年功业承前启后、千秋伟业、继往开来的基因密码，为我们党立党兴党强党提供了丰厚精神

滋养。我们坚持以政治建设为统揽，切实加强党的思想、组织、作风、纪律建设，把制度建设贯穿始终，大力推进新时代党的建设新的伟大工程，自觉落实自治区党委"把水利作为建设先行区的关键和主线"的要求，全面加强党对水利工作的领导，不断提升水利党建的能力和水平，切实为保障自治区经济社会发展用水安全提供坚强政治保障。

一年来，全厅上下认真贯彻落实习近平总书记重要指示和党中央、自治区决策部署，精心谋划部署，强化组织推动，党史学习教育求实、务实、扎实，取得了实实在在的成效。

第一，奏响"三部曲"，紧扣主线学党史。一是抓住关键少数，发挥好"头雁效应"。厅党委以上率下，通过党委会、中心组学习会、读书班等形式，学习指定书目和内容，把学深悟透习近平新时代中国特色社会主义思想作为统领治水、谋事创业、突破创新的思想武器和根本遵循。邀请自治区副主席王道席作专题党课辅导。厅党委班子成员带头讲党课，各级领导干部主动搞调研、讲党课、作辅导，副处级以上党员干部讲党课203人次、调研776人次，认真学习"必读篇"，跟进学习"最新篇"，准确把握"水利篇"，深入贯彻"宁夏篇"，引导党员干部找准理论上的"定盘星"、坚定思想上的"主心骨"、用好行动上的"指南针"。二是抓好重点研学，发挥好"示范效应"。坚持读原著、学原文、悟原理，在潜心自学的基础上，突出"四史"、习近平总书记"七一"重要讲话和党的十九届六中全会、自治区党委十二届十四次全会精神等重点内容，有计划、有组织、分专题开展学习研讨和专题辅导。先后举办专题读书班和新任职处级干部、党务干部、干部能力素质提升等培训班，组织开展知识测试、"学习强国"达人挑战赛，营造"讲学""比学""竞学"的浓厚氛围，引导党员干部不断提高"政治三力"。三是抓实全员覆盖，发挥好"共振效应"。基层各单位不断创新学习形式，推出"掌上课堂""板凳课堂""党史大家讲"等，着力讲好党的故事、革命的故事、英雄的故事；针对离退休党员等群体，通过开展"上门送学"，不断扩大学习覆盖面；以"实景＋沉浸""讲授＋体会"模式，组织党员干部到遵义、盐池等地

开展党性教育，通过线上线下"祭英烈"，纪念馆内寻基因、闽宁镇里感党恩，让学习教育聚人气、接地气、冒热气，上下贯通，同频共振，在全厅营造出浓厚的党史学习教育氛围，为党史学习教育的深入开展奠定坚实思想基础。

第二，强化"三个引领"，以史为鉴悟思想。一是强化思想引领，上好资政育人的"必修课"。深入开展"大学习"、抓好"大贯彻"、搞好"大宣传"，组织全员收听收看庆祝中国共产党成立100周年大会现场直播，深入学习宣传党的十九届六中全会精神，实施"党建领航工程""青年干部理论学习提升工程"，开展"信仰信念信心大宣讲"等活动，厚植爱党爱国爱社会主义的情感基础，推动广大党员干部在"先行区"建设中走在前、做表率。二是强化政治引领，增添明理增信的"动力源"。以"传承党的百年史基因，铸牢中华民族共同体意识"为主线，深入贯彻中央民族工作会议精神，引导党员汲取百年党史丰厚滋养，感悟初心使命，坚定"听党话、感党恩、跟党走"的理想信念。组织全厅237个党支部严格按要求召开专题组织生活会，引导党员干部畅谈学习心得，交流感悟体会，增强历史自觉，对标对表找不足，相互批评促提高，开展了一次触及灵魂的党性锻炼。三是强化文化引领，补足崇德力行的"营养剂"。以"永远跟党走"为主题，采取听、讲、展、演、赛多种形式，立体推进党史学习教育走深走实。深入开展"感受建党百年庆典、学习时代先锋、关爱退伍军人、讲好民族团结史、弘扬水利发展史、寻访宁夏红色足迹、颁发光荣在党50年纪念章"等庆祝建党100周年系列活动，唱响"共产党亲，黄河水甜"的主旋律。擦亮引黄古灌区世界灌溉工程遗产"金名片"，加快建设宁夏引黄古灌区灌溉遗产展示中心，发挥宁夏水利博览馆、唐正闸水利风景区教育基地阵地作用，接待参观学习人员19.8万人次，传播水文化、黄河文化。水文中心、盐环定、固海等单位充分整合单位发展历程资源，开辟了党性教育阵地，用身边人、身边事激励干部职工赓续红色血脉，凝聚奋进力量。

第三，开展"三项行动"，办好实事开新局。坚守为民情怀，聚焦"急难愁盼"，扎实开展"我为群众办实事"实践活动，保障自治区九大产业用水安全。厅党委所列17项办实事项目全部完成，群众测评满意率达99.6%。一是打好"服务牌"，真心为民当好"贴心人"。综合运用提前开灌、错峰调峰、加大流量、延长灌期、跨域调度等措施，科学有效应对历史性严重旱情，确保1006万亩农田安全灌溉。面对严峻疫情，自觉扛起疫情防控的政治责任，500多名党员、300多名职工持续奋战"疫线"20多天，让鲜红的党旗高高飘扬在疫情防控最前沿。做好水库移民后期扶持工作，1860万元直补资金全部发放到位，争取河湖管护资金1883万元，支持地方开展"美丽河湖"建设，推动"清四乱"常态化规范化，湖泊湿地生态持续向好，以办实事的力度大幅提升了民生福祉的温度。基层各单位倾力解决职工群众反映强烈的难点问题，办实事342项，唐徕渠渠道现代化改造、红寺堡扬水站区美化绿化亮化等，大幅改善了一线职工的生产生活条件；水科院实施科研项目105项，获全国农业节水科技奖2项，以科研攻坚助力乡村振兴；建设中心因地制宜为月牙湖乡改良盐碱地1700亩，解决1.6万亩葡萄基地、400亩生态林供水的"老大难"问题，以看得见、摸得着的具体举措，实打实解决人民群众的困难事和烦心事。二是打好"安全牌"，织密民生福祉"保障网"。坚持"听民声、解民忧、暖民心"，加强普惠性、基础性、兜底性民生建设。"互联网＋城乡供水"示范省（区）建设取得阶段性成效，12个县（区）实现城乡供水一体化，清水河流域城乡供水工程实现同心县城通水，银川都市圈城乡东线供水工程主管线具备通水条件，中线供水工程成功通水试运行，720万城乡居民喝上了安全水、放心水。加快数字治水进程，推进灌区管理规范化。积极防御水旱灾害，头道墩至都思兔河右岸综合治理滨河道路工程开工建设，河段堤防全闭合加快推进。青铜峡、固海灌区现代化改造、贺兰山东麓葡萄酒产业高质量发展供水工程等一批重点项目全面开工。治理水土流失面积880平方千米，近10年来遗留的水土保持违法违规问题全部解决，违规取用黄河水问题得到有效整治，年度水利投资规模达70.9亿元，真正将一项项"问题清单"转化为群众满意的"幸福账单"。

三是打好"发展牌",统筹做好长远"水文章"。紧扣自治区"九大重点产业""十大工程项目""四大提升行动",力推水利部出台了支持宁夏先行区建设实施意见,制定出台了我区水安全保障等一批发展规划,绘就了我区"十四五"水利现代化发展的"路线图""任务书"。突出抓好重大水利工程项目建设,黄河黑山峡河段开发取得重大突破,自治区政府与南水北调集团签订战略合作协议,移民现场调查已全面展开;黄河宁夏段河道治理项目报水利部审批。加快省级节水型社会示范区建设,5个地级市全部达到国家节水型城市标准,水利厅荣获"全国公共机构水效领跑者"称号,盐环定、红寺堡扬水成功创建为"全国第二批灌区水效领跑者"。

第四,突出"三项措施",善作善为动真章。一是履行主责抓主业,始终站稳制高点。厅党委坚持以党史学习教育的成效促进水利业务工作,以水利事业发展检验党史学习教育成效,周密部署、精心安排,成立党史学习教育领导小组,明确职责分工、目标任务,不定期召开领导小组工作会议,月度计划季度督查,适时通报推进情况32次,编发简报50期,督查通报2期,厅党委班子成员调研督查243人次,推进党史学习教育与业务工作"两手抓、两不误、两促进"。"互联网+城乡供水"模式被国务院督查组充分认可,彭阳县河湖长制工作被国务院激励资金1000万元。水利厅机关荣获第九届全国水利文明单位,创建为自治区首批模范机关达标单位,水利干部李识海被授予"全国优秀共产党员"。二是严督实导求实效,牢牢把握关键点。建立协调、推进、督办、评价等工作机制,将党史学习教育和专题教育工作任务"项目化""清单化",做到按月计划、依表推进、环环相扣、无缝对接。设立三个巡回指导组,明确"督什么""怎么督",突出全过程参与、全方位把关、全周期指导,紧扣阶段重点,通过现场调研、实地查看、座谈交流、互观互检等方式深查细看,及时指导督查,确保学习教育不偏不虚不空。三是宣传引导瞄靶心,聚焦找准闪光点。综合运用各类各级宣传教育资源,加强以"四史"为重点的宣传教育,广泛报道党史学习教育中的进展成效、经验举措和先进典型,营造主旋律

高扬、正能量充盈的良好氛围。事关民生福祉的黄河标堤、河湖长制、水土保持等实事成效在国家媒体报道,重大水利项目建设、深化水权改革、城乡居民饮水安全、抗旱保灌等多项工作被自治区级、市县区级媒体报道,中国水利网、中国水利报等各类媒体登载750余条。

同志们,通过党史学习教育,全厅各级党组织进一步深化了对新发展阶段开展党内集中学习教育的规律性认识,积累了不少成功经验、收获了许多有益启示。

——必须坚持政治统领。开展党史学习教育是党的政治生活中的一件大事,是强化政治统领、坚定理念信念的有效举措。在党史学习教育中,厅党委坚持把政治建设摆在首位,始终把增强"四个意识"、坚定"四个自信"、做到"两个维护"作为党史学习教育的根本目标,教育引导党员干部深刻领悟"两个确立"的决定性意义,不断增强政治判断力、政治领悟力、政治执行力,确保在政治立场、政治方向、政治原则、政治道路上同以习近平同志为核心的党中央保持高度一致。实践表明,坚定捍卫"两个确立"、自觉做到"两个维护",抓住了党史学习教育的根和魂。

——必须坚持领导带领。领导率先垂范是最有力的动员。党史学习教育中,自治区党史学习教育第九巡回指导组先后多次到我厅给予有力指导;厅党委党史学习教育领导小组靠前指挥,及时研究解决重要问题;领导小组办公室加强统筹谋划、协调推进;各级党组织"第一责任人"亲自抓、具体抓;全体党员干部闻令而行、积极参与,形成了一级抓一级、层层抓落实的工作格局。实践表明,以"关键少数"示范带动"绝大多数",有力推动了党史学习教育落实见效。

——必须坚持创新引领。立足实际、守正创新是开展好党史学习教育的重要遵循。党史学习教育中,我们大力发扬马克思主义优良学风,坚持分类指导,创新方式方法,统筹推进"四大专题",实行"三学联动",针对不同层级、不同部门、不同对象提出要求,确保"规定动作"做到位、"自选动作"创特色,取得了

良好的效果。实践表明，坚持创新引领，是增强党史学习教育针对性和实效性的要求，是确保学习教育既严肃又生动的有效举措。

——必须坚持举纲持领。我们坚持马克思主义立场观点方法，科学把握党史的主题和主线、主流和本质，紧紧围绕百年党史的重大事件、重要会议、重要文件、重要人物，全面系统学、及时跟进学、深入思考学，学懂弄通"党从哪里来、党的历史贡献、党将要向何处去"等重大核心问题，切实深化了对党史全貌的系统把握。实践表明，学好党史，既要通读博览，更要秉要执本、举纲持领。

——必须坚持提升本领。学习百年党史，最重要的目的是寻根溯源、不忘初心、牢记使命，不仅要震撼一瞬间、激动一阵子，而且要铭记一辈子、影响一辈子。我们坚持把党史学习教育同水利工作职责使命融合贯通、同开展"我为群众办实事"实践活动紧密结合，引导党员干部加强思想淬炼、政治历练、实践锻炼、业务训练，不断提升能力素质，用实际成果来衡量和检验党史学习教育成效。实践表明，只有坚持知信行统一、学思用结合，才能更好长见识、增智慧、练筋骨、强本领，实现"结合多赢"。

同志们，经过全厅各级党组织和广大党员干部的共同努力，我厅党史学习教育取得了阶段性显著成效，达到了预期目标。习近平总书记在省部级主要领导干部学习党的十九届六中全会精神专题研讨班开班式上的讲话指出："继续把党史总结、学习、教育、宣传引向深入，更好地把握和运用党的百年奋斗历史经验"。全厅各级党组织和广大党员干部要认真学习领会习近平总书记重要讲话精神，深刻认识到，党史学习教育是一项长期任务，必须在学而思、学而悟、学而行上持续努力、久久为功，在巩固拓展党史学习教育成果上下更大功夫，为推动水利高质量发展提供坚强保障。

一要持之以恒深化理论武装。坚持不懈推动学习贯彻习近平新时代中国特色社会主义思想走深走心走实，将党史学习教育作为党员干部的"必修课""常设课"，做到常学常新、常学常悟、常学常得，引导党员干部增强历史自信、保持历史定力，进一步树立

大历史观、大时代观，悟好悟透习近平总书记关于党的历史的重要论述，悟好悟透党的百年奋斗历史成就、历史意义、历史经验，更加坚定历史自信、筑牢历史记忆、增强历史主动，奋斗百年路，启航新征程。

二要坚定不移加强党的政治建设。各级党组织要始终把牢政治方向，广大党员干部要坚持锤炼政治忠诚，提高政治能力，严守政治纪律和政治规矩，切实把捍卫"两个确立"、增强"四个意识"、坚定"四个自信"、做到"两个维护"落实到水利工作的全过程、各环节，不折不扣地执行党中央和自治区党委决策部署。要驰而不息严肃党内政治生活，严格遵守"八项规定"及其实施细则精神，认真贯彻党内政治生活若干准则，严格执行民主集中制原则，坚持"三会一课"、党员领导干部双重组织生活、民主生活会等制度，让党员干部在政治生活的"大熔炉"中接受政治体检、提高政治免疫力。

三要坚持不懈强化宗旨意识。各级党组织和党员干部要认真践行为民初心、持续增进民生福祉，把准"为了人民"的出发点，瞄准"依靠人民"的着力点，找准"惠及人民"的落脚点，把握发展大势和发展方向，锚定基本实现水利现代化的历史方位，切实解决好事关百姓民生福祉的水资源、水生态、水环境、水灾害、水工程、水文化等问题。要建立健全"我为群众办实事"长效机制，持续为民纾困解忧，努力解决群众"急难愁盼"问题，满足全区人民从"喝上水"到"喝好水"的根本需求，努力使人民群众获得感成色更足。

四要持续推进自我革命、全面从严治党。全厅上下要始终保持作风建设永远在路上的清醒和坚定，以自我革命的勇气管党治党，以自我革命的担当强党兴党，以自我革命的精神爱党护党，做到管党有方、治党有力、建党有效、兴党有为。时刻绷紧政治纪律这根弦，主动在思想上划出红线、行为上明确界限，谋事多想政治要求、办事多想政治影响、成事多想政治效果。要扩大监督覆盖，大力推动全面从严治党向基层延伸，引导党员干部严守清正廉洁高压线，始终保持为民务实清廉的政治本色。

同志们，今天的总结大会标志着集中的党史学

习教育告一段落，但收尾绝不是收场，而是从集中学习党史向常态化学习党史转变。各级党组织都要着力构建党史学习教育融入日常、抓在经常的长效机制，用共产党人的精神谱系不断滋养自己、砥砺自己、锤炼自己，在感悟精神伟力中强志气、壮骨气、厚底气，在传承红色基因中坚定信仰、铸就信念、增强信心，努力在先行区建设中走在前作表率，以优异成绩迎接党的二十大和自治区第十三次党代会胜利召开。

在自治区水利厅党员干部"两个能力"提升学习班结业时的讲话

自治区水利厅党委书记、厅长　朱　云

（2022 年 2 月 11 日）

同志们：

春节过后一上班，我们就组织举办了为期 3 天半的干部"两个能力"提升学习班，主要目的是深入学习贯彻党的十九届六中全会精神，学习自治区党委十二届十四次全会精神，落实自治区党委开展干部政治能力、专业能力提升的要求，解读水利部推动水利高质量发展实施路径，以此来进一步强化全厅党员干部的政治思想淬炼、专业能力训练，凝聚起全力推进水利高质量发展、奋力推进先行区建设的精气神。几天来，在厅机关党委的精心组织下，在水利学会的周密安排下，经过大家的共同努力，圆满完成了学习班各项任务。总体上呈现出三个特点：

一是突出政治性。按照"跟进学习贯彻习近平总书记系列重要讲话精神"这一政治要求，在前期各单位组织学习的基础上，再一次组织大家集中学习党的十九届六中全会、中央经济工作会议、自治区党委十二届十二次、十四次全会等精神以及自治区"两会"、全国水利工作会议精神，通过交流、讲座、研讨等形式，引导大家进一步深刻领会会议精神实质，帮助大家知其事、究其道、用其法，自觉把各自的工作放在全区经济社会发展的大局和水利高质量发展的全局去思考，心无旁骛谋发展，聚精会神开新局。

二是增强针对性。学习班聚焦当前我区水利深化改革、加快推进高质量发展面临的难点热点问题，组织大家再一次原原本本学习习近平总书记两次视察宁夏重要讲话指示批示精神；原原本本学习习近平总书记新时期治水思路及有关重要论述；原原本本学习习近平总书记关于黄河流域生态保护和高质量发展的一系列重要讲话精神。解读、研讨水利部推动新阶段水利高质量发展 6 个方面的实施路径等政策文件，帮助大家明确职责、找准定位、理清思路，按照厅党委确定的"路线图""任务书"，做到联系贯通谋划、围绕中心谋划、聚焦重点谋划，制定有力落实举措，对推动全年工作将起到积极的促进作用。

三是注重实效性。为确保这次学习班取得实效，我们改变过去单一灌输的方法，把专题辅导、集中领学、分组讨论、研讨交流、政策解读等形式结合起来，既有部门负责人的领学解读，又有大家的讲座交流；既注重理论上的阐释，又注重思想上的碰撞。大家都能参与到学习中来，通过理论武装，进一步明确方向，在学习中启迪思想，从交流中寻找办法，达到了提升政治能力、促进业务能力的预期效果。通过这次学习班，大家统一了思想、提高了认识、收回了心思，把思想和精力从"过年"的放松休闲状态迅速转移到谋划今年工作上来。希望大家回去后，把这次学习的收获、成果，有效转化为谋划工作、推动发展的动力、举措，结合本职工作深入思考，精心安排好，以开局就是决战、起步就是冲刺的良好精神状态，全力以赴做好各项工作。

借此机会，我结合最近调研和大家交流了解到的一些情况和自己的认识体会，就全面提升干部"两个能力"建设，再与大家交流几点意见。

第一，当前的形势和任务对干部能力提出了新要求，我们必须要克服本领恐慌，增强"识势"之明。干旱缺水是我区的基本区情。宁夏要发展必须做好水文章。习近平总书记在"3·14"讲话中指出的"水资源短缺严重、水生态损害严重、水环境污染严重"等问题在我区都存在，有的甚至很突出。自治区党委要求"把水利作为建设先行区的关键和主线"，为自治区建设黄河流域生态保护和高质量发展先行区提供好水安全保障，这是立足我区实际提出的明确任务，是赋予我们每一位水利人的光荣使命和神圣责任，是我们在座的每一位党员干部首要的政治责任。受当前国际经济形势复杂多变、疫情防控常态化等不利因素影响，我区水利改革发展面临的形势将依然严峻，任务将更加艰巨和繁重，对干部能力的要求也越来越高。总的看，我们大部分干部的能力和素质是可以胜任目前工作的。这些年我区水利改革发展中取得的成绩证明了这一点，也展现了水利人的风貌。但从干部队伍整体现状来分析，也不容乐观。从年龄看，目前厅属单位在职处级领导干部平均年龄51.58岁。其中，正处级领导干部平均年龄54.53岁，副处级领导干部平均年龄50.17岁。55岁以上的38人（其中正处级21人，副处级17人）。而45岁以下的正处级领导干部仅有3人，副处级领导干部13人，占15%；"80后"正处级领导干部只有1人，副处级领导干部只有7人，占5.3%。干部队伍年龄老化，这是现实，是客观存在的。我们不唯年龄论，但我们也要辩证地看待。年龄大，意味着工作时间长，经验丰富，这是长处，是优势。但如果不坚持学习，靠经验办事，就会跟不上时代前进的脚步，甚至被时代的潮流淘汰。现实中，我们的干部队伍中存在着学习提升能力的激情有所消退、动力有所减弱，能力素质逐步跟不上形势发展变化的需要，素质短板、能力不足日渐显露。主要有以下几个方面的表现：

一是不愿学习，"吃老本"。有的干部不愿再吃苦学习新知识、新本领，工作上凭"老经验"、靠"老办法"，不要出亮点，只求不出事；甚至还有个别干部，处处以"老干部"自居，甚至年龄虽然不大，也没有可以炫耀的资本，论职务职称待遇，讲我是"老资历"，应该轮到我；一说到工作上，讲自己是"老同志"，年老体衰，不求上进，"吃老本"。这种情况，在年龄偏大的干部中有，在一些年龄不大、刚过50岁的干部中有，甚至更年轻的干部中也有。我们这个年龄，还要为水利事业工作好几年、十几年，以这样的状态，怎么能心安理得？

二是不真学习，"半瓶醋"。一些干部把学习挂在嘴上，看文件只看标题，学理论只看手机，谈体会网

上下载，入眼不入脑、入耳不入心。有的干部学习态度敷衍，对新理论新知识新科技不求甚解，粗枝大叶，浮皮潦草。有的干部学习实用主义，不用不学，现用再学，学习不系统，理解不深入，把握不准确，说什么似乎都知道，夸夸其谈，深究起来，什么都不清楚。如果我们的领导干部都这样，如何去要求其他同志？如何发挥模范带头作用？

三是不会学习，"两张皮"。有的干部看起来笔记写了几大本，付出了不少努力，但就是不会应用，不会学以致用，不能用理论指导实践。说起来一套一套，做起来还是老思维、老办法，身体进入了新时代，脑袋还在过去时。究竟起来，还是个学习态度问题，是对事业的态度问题。我们写学习心得，都会说理论武装头脑、指导实践、推动工作，落到实际学习、工作中是否都做到言之有物呢？

以上几种表现，是我看了一些同志提交的交流材料的感觉，也是我最近和一些同志交流的反映。在这里我先点点，也请同志们认真想想，好好思考。

习近平总书记强调，"在前进道路上我们面临的风险考验只会越来越复杂，甚至会遇到难以想象的惊涛骇浪"。他告诫我们，"全党同志特别是各级领导干部，都要有本领不够的危机感，都要努力增强本领，都要一刻不停地增强本领"，"如果不抓紧增强本领，久而久之，我们就难以胜任领导改革开放和社会主义现代化建设的繁重任务"。我们在座的都是领导干部，是我区水利事业改革发展的骨干和中坚力量。我区水利事业发展的好不好、快不快、质量高不高，就看我们的水平高不高、能力强不强、工作实不实。俗话说，软肩膀挑不起硬担子。大家必须要有本领恐慌的危机感、能力不足的忧患感，永葆斗争精神，增强斗争本领，把不断学习、实践、充实、提高作为人生常态，永不自满、永不懈怠地加强学习，不断增强综合能力和驾驭能力，不断提高政治判断力、政治领悟力、政治执行力，心怀"国之大者"，把贯彻党中央精神具体体现到谋划水利工作中，把提高政治站位具体体现到推动水利事业发展中，不忘我们水利系统优良的光荣传统，不愧为水利人，不负时代，不负历史。

第二，推进新阶段水利高质量发展，我们必须提升"两个能力"，提高"掌局"之能。绳短不能汲深井，浅水难以负大舟。增强本领是开启水利新征程、推动水利高质量发展的必然要求。历史经验告诉我们，没有大学习，就没有能力的大提升，就没有事业的大发展。贯彻新发展理念，融入新发展格局，实现高质量发展，需要我们增强准确识变、科学应变、主动求变的意识和能力；落实"四水四定"，推进"九大重点产业"发展、"十大工程项目"建设、"四大提升行动"实施和"四权"改革，需要我们解放思想、开阔视野、创新突破，不断提高推动改革发展的能力。面对日新月异的科技革命变革，推进数字孪生流域建设，推动新阶段水利高质量发展，需要我们掌握互联网、大数据、人工智能等现代信息技术，需要我们进一步增强掌握新知识、新技术的本领。领导干部要做推动水利高质量发展的"领头雁"，必须首先要做学习的"排头兵"，做增强水利高质量发展本领的"领头雁"。

要提升干部政治能力，我认为主要有两个方面：

一要以理论学习强化思想淬炼，砥砺初心使命。习近平总书记深刻指出："掌握马克思主义理论的深度，决定着政治敏感的程度、思维视野的广度、思想境界的高度。"这是政治能力的基础。我们常说理论上清醒，政治上才能坚定，就是这个道理。大家只有坚持把学习作为终生必修课，把学习当作一种境界，一种追求，一种责任，一种修养，不断地用新知识、新成果和新思想来充实自己，才能锤炼忠诚干净担当的政治品格，不断增强"四个意识"、坚定"四个自信"、做到"两个维护"。当前，加强理论学习，就是要全面系统地学习贯彻习近平新时代中国特色社会主义思想。党的十九届六中全会明确指出，习近平新时代中国特色社会主义思想是当代中国的马克思主义，是21世纪的马克思主义，是光辉的思想旗帜，也是丰富的理论宝库。全厅党员干部特别是党员领导干部，必须要发扬理论联系实际的优良学风，带着信念学、带着感情学、带着使命学，从学习中深刻把握蕴含其中的政治立场、价值追求、精神风范，深刻感悟人民领袖的思想伟力、实践伟力、人格魅力，认真领会其中包含的工作方法、思路举措、实现路径，真

正做到知其然、亦知其所以然，真正读出"真理的味道"，悟透"活的灵魂"，学到"看家本领"，在真学真信中坚定理想信念，在学思践悟中砥砺初心使命，在细照笃行中不断修炼自我，始终保持对党的忠诚心、对人民的感恩心、对事业的进取心、对法纪的敬畏心。

二要以理论学习树立战略思维，牢记"国之大者"。习近平总书记指出，"战略思维是中国共产党人应该树立的思维方式"，并反复强调"全党要提高战略思维能力""放眼全局谋一域，把握形势谋大事"。实践证明，只有不断提高战略思维能力，才能辨清大局、判明大势、着眼大事，才能因势而谋、应势而动、顺势而为。全厅各级党组织和领导干部，特别是各处室主要负责同志和厅属单位党政"一把手"，都要把树立战略眼光作为履职尽责的基本要求，切实加强对中央、自治区党委各项重大决策部署的学习，深入理解、全面、准确地把握，不断在加强学习中开阔视野，解放思想。要通过学习提高驾驭大局能力，善于从自治区经济社会发展全局去考量本职工作，善于从推进水利高质量发展的高度观察本职工作，始终把本处室、本单位的工作融入水利事业大棋局。只有放在大局中去考量、去思考、去谋划，方能谋好、干好本职工作。要紧紧围绕推动高质量发展、加快先行区建设等重大战略问题，紧紧盯住自治区党委"九大重点产业""四大提升行动""十项重点工程"等重大决策部署，找准各自的定位，承担起各自的责任，以更宽的视野、更强的能力、更高的水平，锚定"路线图""任务书"，谋准、谋深、谋细、谋实，一件一件干，一项一项抓，一锤一锤敲，一个环节一个环节盯，持之以恒、奋力推进。坚决反对"抱残守缺""自拉自唱""自娱自乐"等狭隘思想、本位主义。

关于提高专业能力，这是水利事业发展对干部提出的必然要求。水利高质量发展对专业化、专门化、精细化提出了越来越高的要求，如果我们还采取一般化、"大呼隆"、粗放型的领导方式和领导方法是完全不能适应的。从目前我们工作中存在的问题来看，需要重点加强三个方面的工作。

一是强化法治思维，提高依法治水水平。习近平总书记反复强调，领导干部要"不断提高运用法治思

维和法治方式深化改革、推动发展、化解矛盾、维护稳定、应对风险的能力"。不善于运用法治思维和法治方式推动工作，是当前我们干部能力中的首要短板。有的干部干工作、作决策习惯于行政命令，工作方法简单粗暴；有的干部对法律学习不到位，制定政策、履行职责违法而不自知；有的干部对侵害水利设施、水利管理的违法事件，不会面对、不敢面对、不愿面对，不能依法保护合法权益；有的干部执法水平低、能力不弱，履职不到位，监管乏力；甚至还有极个别的人以权谋私，等等。我们必须要坚决改变这一现状。各级干部特别是党员领导干部要带头学法、遵法、用法、护法，牢固树立"法无授权不可为、法定职责必须为"的法治思维，强化法治观念。作决策，要合法合规；干工作，必须依法行政。以我们的共同努力，不断提升行业法治水平。

二是强化新科技学习，适应水利改革发展需要。当今世界知识更新迅猛。推进水利高质量发展，关键在于推进一系列新技术、新科技在水利事业中的应用水平。这几年，我们大力推进数字治水。利通区金银滩、贺兰县现代化灌区试点、盐环定扬水工程改造、固海和红寺堡续建、西干渠全渠系测控一体等实践，大大提升了水利信息化、现代化水平。实践证明，这是我区水利高质量发展的正确道路，必由之路，必须坚持不懈地推进下去。形势喜人，形势逼人。各级领导干部必须要适应这种变化，深入总结这几年我们推进数字治水、"互联网＋"等工作中的经验和不足，自觉、主动加强对新科学知识的学习，学会运用互联网、大数据、区块链、人工智能等现代信息技术手段进行治理，始终走在水利改革发展的最前列。

三是强化管理知识学习，努力提高领导水平。管理能力不足、领导水平不高也是我们干部存在的短板之一。一些新走上领导岗位的同志，要尽快进入角色。科长转任副处长，成为班子成员的同志要转换角色；副职转任主要负责人的同志，更要转换角色；从一个部门（单位）调整到另一个部门（单位）的同志，也要尽快熟悉情况，转换角色。有的同志进入角色慢，适应岗位慢，还不能适应岗位对能力素质的要

求。作为一个处长，你的工作不在状态，影响的就是一个处的发展，从年度考核看，干部职工不太满意。还有个别干部谨小慎微，缺乏担当，遇事不敢决断，不会决策，丧失发展的机遇，干部职工意见较大。还有个别干部作风霸道，唯我独尊，影响团结，失去了一个领导干部应有的素养，干部职工很有看法。这些问题都是能力水平不足的具体体现，时间久了，就是品质的问题，就是官德问题，厅党委对此高度重视。管理是领导干部的基本职责，管理也是涉及组织、心理、机制、制度等的综合行为。一名干部不是走上领导岗位就自然会管理，不是职务提升管理能力就会自然提升，而是要在实践中不断学习、不断总结、不断磨炼、不断提升。每位领导干部都要自觉学习、感悟管理的本质，不断提升管理能力、管理水平，在全厅形成风清气正、气顺劲足的良好政治生态和发展环境。

另外，加强干部队伍专业化建设，干部教育培训也要与时俱进，突出精准化和实效性，针对不同部门、不同层级、不同年龄段干部的特点，抓重点破难点创亮点，帮助干部弥补知识弱项、能力短板、经验盲区，促使各级领导干部涵养专业精神、提高专业素养、掌握专业方法，努力打造又博又专、兼收并蓄、融会贯通干部队伍，为水利高质量发展提供组织支撑。

在先行区建设中走在前作表率，我们必须学以致用强化使命担当，掌握"干事"之道。学习的目的在于应用。厅党委从水利工作实际出发，提出我们要在自治区先行区建设中走在前、作表率，这既是水利工作特质所决定的，也是我们的使命和责任。

一要解放思想，勇于改革创新。改革创新是推动水利高质量发展的根本动力。立足新发展阶段，贯彻落实中央"十六字"治水思路，仍然要以全面深化改革添动力、求突破。当前，推进水利改革正处在克难攻坚、闯关夺隘的重要阶段。有的单位、有的部门、有的领导干部，还存在不愿改、不敢改、不会改的问题；在改革可能面临的风险和质疑面前，等待观望，裹足不前，怕担风险，守着"太平官"过日子；在新情况、新问题面前，老办法不管用，新办法不会用，发力失准，进退失据。各级领导干部要保持"越是艰险越向前"

"狭路相逢勇者胜"的刚勇豪迈，坚持创新思维，准确识变、科学应变、主动求变，既当改革的促进派、又当改革的实干家，把干事热情和科学精神结合起来，拿出"逢山开路、遇水架桥"的闯劲，"踏石留印、抓铁有痕"的韧劲，"甩开膀子、迈开步子"的干劲，跟着问题走、奔着问题去，不断解决问题、破解难题，使各项改革举措符合水利发展实际，符合客观规律、符合工作需要、符合群众利益，我们就一定能为"大考"交上一份出色的答卷。

二要担当作为，敢挑千钧重担。空谈误国，实干兴邦。如果不沉下心来抓落实，再好的目标，再好的蓝图，也只是镜中花、水中月。各级领导干部要有真抓的实劲、敢抓的狠劲、善抓的巧劲、常抓的韧劲，既当指挥员、又当战斗员，亲力亲为、善作善成。抓落实，一把手是关键，是第一责任人。要把责任扛在肩上，当好班长。班子成员要当好参谋助手，主动担责，做好配合。要做到想干事、能干事、干成事、不出事，敢挑最重的担子，敢啃最硬的骨头，敢接最烫的山芋，敢于当"热锅上的蚂蚁"，以咬定青山的韧劲、埋头苦干的实劲、攻坚克难的狠劲，把工作抓得紧之又紧、细之又细、实之又实，把日常小事做精致、把急事难事做稳妥，把分内之事做出高水平、把分外之事做出高境界，用知重负重、攻坚克难的实际行动，练就"硬脊梁""铁肩膀"、真本事。

三要建强作风，提高个人修养。要实干。务实肯干是水利人的本分，是水利系统的优良传统。要始终对水利事业满怀执著和激情，把干事创业作为自己的天职，大处着眼，小处着手，一件事一件事盯住干好、干实、干成，努力创造出无愧于党、无愧于水利前辈、无愧于水利人的业绩。要谦虚。古人说，谦受益，满招损。年龄大的同志要发扬"传帮带"的传统，不要"吃老本"，要立新功；年轻干部要勇挑重担，接受锤炼、摔打，不要刚刚干出了一点成绩，就翘尾巴，自认为"老子天下第一"，谁的话都听不进去，这怎么行？干部要在难事上磨炼，在苦事上考验，在逆境中历练。同志们都要始终保持良好的心态，少一些自以为是，多一些实事求是；少一些埋怨情绪，多一些感激之情；少一些浮躁之气，多一些平和之心。这体现的

是人品、水平，也是境界、担当。要把主要精力用在干事创业上，用在加快水利事业发展上，用在解决群众"急难愁盼"问题上，用在为百姓造福上。要讲团结。懂团结是真聪明，会团结是真本领。团结出凝聚力，出战斗力、出生产力、也出干部。实践证明，凡是不团结的班子，队伍肯定带不好，工作肯定干不好，最终谁都得不到任何好处。那些"孤家寡人"、包打天下的"超人"，是不能长久的。只有靠"众人拾柴"和"三个臭皮匠"之力，靠大家帮衬，工作才能做好。在一个班子里共事，是一种缘分，更是一种责任。在团结问题上，"一把手"要带好头，起好表率作用，以身作则，高风亮节。班子成员要讲组织原则，讲规矩、明纪律，分工不分家，补台不拆台。绝不允许搞任何无原则的纠纷。要始终牢记毛泽东同志关于书记和委员之间"谅解、支援和友谊，比什么都重要"的教导，正确对待自己、正确对待同志、正确对待组织，用真诚赢得大家的理解和信任，在合作中加深了解，在共事中增进团结，以坚强的党性、良好的作风、规范的制度和人格的魅力抓好班子自身建设。要强化纪律观念。时刻把自己置于组织和群众的监督之下，始终按照民主集中制原则，在党纪法规的范围内开展工作。该报告的必须报告、该请示的必须请示、该担当的必须担当。今天要重点强调，决不允许出现"上有政策下有对策"，决不允许出现破坏水利发展良好政治生态的人和事。要洁身自好。严守思想"高线"、纪律"防线"、交友"界线"、做人"底线"，严格执行中央八项规定及其实施细则精神，严格遵守自治区"八条禁令"，慎独慎微、见贤思齐、择善而从，始终牢记"两个务必"，永葆政治本色。

同志们，世界上最大的幸福莫过于为人民幸福而奋斗。心中装着百姓，手中握有真理，脚踏人间正道，我们信心十足，力量十足。希望大家拿出"虎虎生威的雄风、生龙活虎的干劲、气吞万里如虎的精神"，以"开局就是决战、起跑就是冲刺"的奋斗姿态，踔厉奋发、笃行不怠，奋力谱写水利事业发展新篇章，以优异成绩迎接党的二十大和自治区第十三次党代会胜利召开！

深入贯彻中央治水思路勇担先行区建设使命
答好新赶考路上水利高质量发展新答卷

——在2022年全区水利工作会议上的讲话

自治区水利厅党委书记、厅长　朱　云

（2022年2月14日）

同志们：

这次会议的主要任务是：以习近平新时代中国特色社会主义思想为指导，深入贯彻党的十九大、十九届历次全会精神和习近平总书记视察宁夏、关于黄河流域生态保护和高质量发展重要讲话指示批示精神，深入贯彻中央治水思路，全面落实自治区党委十二届历次全会、经济工作会议、农业农村工作会议和自治区"两会"、全国水利工作会议精神，总结2021年工作，部署2022年重点任务，加快我区水利高质量发展，努力提升水治理体系和治理能力现代化水平，为先行区建设提供坚实的水安全保障。

一、抓住关键带动全面，以先行区建设为统领，推动水利发展向高质量深入迈进

2021年是党和国家历史上具有里程碑意义的一年，是宁夏发展进程中极不平凡的一年，是宁夏水利发展极为关键的一年。一年来，我们深入贯彻新发展理念，认真践行中央治水思路，以先行的勇气、先试的担当，苦干实干、攻坚克难，以点的突破引领带动水利高质量发展全面发力，实现"十四五"开局有力。

（一）坚决扛起政治责任，确保党中央、自治区决策部署落到实处。党史学习教育汇聚强大合力。按照学史明理、学史增信、学史崇德、学史力行的要求，用党的百年奋斗重大成就历史经验汇聚起奋进新征程的磅礴力量，把学的行动、悟的成果转化为建设先行区的生动实践，办成了一批为民实事，解决了一批群众"急难愁盼"水问题，唱响了"共产党亲、黄河水甜"主旋律，展现了水利走在前作表率新担当。黄河流域水生态环境问题稳步整改。236个黄河宁夏段河道及滩地被占问题全部整改；22个生态环境警示片披露问题涉水事项整改10项，剩余12项已明确整改

主体、时限和要求，依法依规、分步分项有序整改，确保中央政令落地生效。河湖长制有名有实有能有效。制定全面推行河湖长制工作联席会议制度，4323名五级河湖长和2221名巡河员巡查河湖39万次，黄河宁夏段水质连续五年Ⅱ类进出，主要入黄排水沟水质全部达标，国控断面劣Ⅴ类水体全面清零，地级城市建成区黑臭水体整体消除，我区河湖长制工作连续三年获国务院激励。全力抗旱确保各业用水安全。面对60年来最严重旱情，紧盯重点强化水量调度，三大扬水工程供水流量和供水期均达历史最高，工程、人员均经受住了大流量、高水位、长时间运行考验，充分发挥基础支撑作用，确保大旱之年无大灾，确保了720万城乡居民饮水安全和粮食生产"十八连丰"。

（二）主动作为率先突破，确保先行区重点任务推进有力。先行区水利顶层设计构筑完成。自治区政府印发《宁夏水安全保障"十四五"规划》，积极构建"一河两域三区"水安全格局；印发先行区水利专项、城乡供水、河湖管理保护、节水型社会建设等专项规划12项，市县编制规划22项，全区"总体＋专项＋市县"（1+12+N）规划框架体系搭建完成。用水权改革开篇破题。在全国率先出台用水权改革实施意见，印发配套制度6项；已完成核准确权灌溉面积867.65万亩、清查无用水权企业6689家，用水权确权稳步展开；完成用水权省级平台交易61笔、县级平台交易24笔，交易金额超3亿元，推动水资源向"水资产"转变，用水权改革在全国水利工作会议上交流。"互联网＋城乡供水"全域推进。自治区政府联合水利部召开示范区建设工作推进会，17个县区完成可研报告批复，固原4县1区基本完成年度建设任务，全区农村集中供水率达98.5%、农村自来水普及率达95.8%，分别高于全国平均水平10个、12个百分点，位于全国前列。治黄关键工程取得突破。在自治区主要领导亲自谋划和高层推动下，包抓和分管领导带队多次赴国家部委对接汇报黄河黑山峡河段开发工作，力促水利部协调加快开展四项专题论证，相关省区转变态度、搁置7年的甘肃移民现场调查全面进场实施，工程立项迎来新曙光。

（三）保护优先绿色发展，水生态水环境持续向好。河湖管理从严从细。持续加强河湖水域岸线管控，国家水利普查名录内河湖管理范围全部划定并复核，78%河流设立界桩；纵深推进"清四乱"常态化规范化，40个黄河岸线利用项目问题、207个河湖"四乱"问题全部整改；沙坡头区获批国家水系连通及水美乡村建设试点，利通区清水沟、泾源县什字河分别建成自治区级示范河湖、美丽河湖。水土保持有力有效。深入开展生产建设项目水土保持专项整治行动，征收水土保持补偿费6.5亿元，近十年750个生产建设项目存在的1388个水土保持违法违规问题全部解决。实施小流域治理、坡耕地整治和淤地坝建设工程71项，新增治理水土流失面积964平方千米。盐池县、原州区、隆德县成为国家水土保持示范县，青山绿水再展新颜。

（四）节约高效集约发展，水资源利用率持续提升。最严格水资源管理深入实施。在全国率先出台《宁夏"十四五"用水权管控指标方案》，推动建立与水资源承载力相协调的发展布局。深入开展取用水管理专项整治行动，整改取水工程11625个。启动"三山"地下取水井专项治理行动，关停自备井872眼。受理办结取水许可1323项，解决部分工业园区、沿黄取水口等历史遗留问题。深度节水控水行动扎实推进。现代化灌区试点推广至10个县区。建立区、市、县三级重点监控用水单位名录。全区累计发展高效节灌面积487万亩，农田灌溉水利用系数达到0.56，万元GDP用水量、万元工业增加值用水量比2020年分别下降9.06%和6.17%。50%的县区建成全国节水型社会达标县区，自治区政府机关、科技厅等6家单位和盐环定、红寺堡扬水灌区成为全国水效领跑者。

（五）统筹城乡协调发展，现代水网体系加快构建。城乡供水网络提档扩面。列入城乡供水一体化工程的银川都市圈城乡西线供水完成青铜峡支线引水管道工程，东线完成首部取水工程、利通支线成功试通水，清水河流域城乡供水实现中卫至同心段通水，中卫市城乡供水一体化工程具备通水条件，全区城乡供水骨干网络布局基本形成。农业生态水网提质

增效。固海扩灌扬水更新改造和青铜峡、固海大型灌区续建配套与现代化改造3个项目列入国家"十四五"重大农业节水供水工程实施方案，分别完成年度建设任务；银川都市圈城乡中线供水工程成功试通水，贺兰山东麓葡萄酒产业高质量发展供水保障工程开工建设，重点产业供水保障能力不断提升。防洪减灾体系提标升级。黄河宁夏段河道治理项目可研报告通过水规总院审查。完成防洪工程水毁修复156处、中小河流和山洪沟道防洪治理项目8个，实施中小型水库除险加固项目11个，更新雨水情监测站点1767个、预警设备3200套，防洪减灾基础不断夯实。

（六）解放思想改革创新，现代治水动力持续增强。水利重点领域改革纵深推进。全区水利投资规模达70.9亿元，其中利用政策性金融、吸引社会资本投资20.31亿元。22个县区完成末级渠系农业水价的成本测算和审批，12个县区执行新水价。自治区本级涉水政务服务事项承诺时限比法定时限压减51%。承接国务院"审管联动"自治区试点任务，将"互联网＋监管"向基层延伸。水利厅所属18家企业完成脱钩移交。数字治水创新赋能集成显效。累计完成测控一体化闸门3323套，打造云灌区130万亩，建成云泵站49座。启动黄河宁夏段、贺兰山防汛"四预"项目。4项成果获省部级科学技术奖，智慧水利先行先试被水利部评估为优秀，数字治水写入国家一体化算力节点宁夏枢纽项目。成功承办中阿博览会首届水资源论坛。水利网络安全持续稳定向好。

（七）完善机制开放治水，行业发展能力持续加强。水法治体系日益健全。参与制定自治区建设先行区促进条例，完成《宁夏回族自治区水工程管理条例》立法调研，配合自治区人大废止《宁夏回族自治区泾河水源保护区条例》，修订《宁夏回族自治区取水许可和水资源费征收管理实施办法》。水管理效能不断增进。深入开展工程建设政府采购等重点领域突出问题专项治理，整改问题339个；开展水利建设市场信用体系建设、水利工程项目审批"体外循环"和"隐性审批"整治、水利安全生产专项整治三年行动，完善水利建设市场主体信息档案，建立工程建设

项目监管清单，排查整治隐患890个，水利工程质量和安全管理不断增强。水利财务管理规范有序，内控体系监管严格。水库移民后扶政策有效落实，助力移民区和谐稳定发展。水文服务发展能力不断增强。水文化建设蓬勃开展。引黄古灌区世界灌溉工程遗产展示中心完成主体建筑封顶。印制引黄古灌区世界灌溉工程遗产保护条例中英文对照宣传读本，在宁夏广播电视台、《中国水利报》等媒体进行解读报道。宁夏水博馆、唐正闸等水利风景区教育阵地接待参观学习近20万人次。水利宣传多角度、全方位传播黄河文化，弘扬时代主旋律。

一年来，我们始终坚持党对水利事业的全面领导，深入贯彻落实全面从严治党要求，以党的政治建设为统领，持续推进党的思想、组织、作风、纪律、制度建设，着力强化理论武装、建强基层组织、锻造过硬队伍、锤炼过硬作风，全面提升党建质量，加强党风廉政建设，营造了风清气正的良好政治生态和干事创业的水利发展环境，为我区水利高质量发展提供了思想政治和组织保证。老党员李识海荣获"全国优秀共产党员"称号，水利厅机关创建为区直首批"让党中央放心、让人民群众满意"模范机关和第九届全国水利文明单位。

开局决定全局，起步决定后势。过去的一年，我们参与的、见证的、感悟的水利，是坚韧不拔、继往开来、欣欣向荣的水利，是挥洒汗水、改革创新、团结治水的水利。成绩殊为不易，使命催人奋进。这些成绩的取得，根本在于习近平新时代中国特色社会主义思想的科学指引，是自治区党委和政府坚强领导的结果，得益于地方各级党委、政府及有关部门的鼎力支持，依靠于广大水利干部职工的无私奉献和无悔付出。在此，我谨代表水利厅向长期以来关心支持水利工作的各部门、各市县（区）和社会各界表示衷心的感谢！向长期奋战在水利工作一线的广大干部职工及家属致以诚挚的问候！

二、胸怀大局站位全局，在形与势的有机统一中，抢抓水利高质量发展新机遇

2022年将召开党的二十大，自治区将召开第十三次党代会，这是全区政治生活中的一件大事，保持平稳健康的经济环境、国泰民安的社会环境、风清气正的政治环境意义重大、影响深远。大局决定布局，布局影响全局。要坚持用辩证思维、系统观念、创新理念、发展眼光，准确把握当前我区治水工作面临的新形势，统筹水资源、水生态、水环境、水灾害系统治理，凝聚治黄兴水更大力量，发挥服务发展更大作用，作出兴区富民更大贡献。

（一）从黄河流域生态保护和高质量发展的战略大局看。去年，在深入推动黄河流域生态保护和高质量发展座谈会上，习近平总书记站在"国之大者"的政治高度和"千秋大计"的战略高度，深入系统阐述了推动黄河流域生态保护和高质量发展的重点方向、重大问题和重要任务，进一步明确了黄河保护治理的系统性理论体系、科学性顶层设计、战略性实践路径，发出了"为黄河永远造福中华民族而不懈奋斗"的伟大号召，为我们进一步指明了前进方向、提供了根本遵循、注入了强大动力。

黄河流域生态保护和高质量发展重大国家战略进入"深入推动"新阶段，黄河保护治理蓝图越来越清晰、目标越来越明确、任务也将越来越艰巨，意味着越来越逼近关键问题，也意味着我们的工作进入不进则退、慢进亦退、不创新必退的攻坚阶段。我们要把深入学习贯彻习近平总书记重要讲话精神作为水利系统当前和今后一个时期的重大政治任务，深刻把握黄河保护治理这个"国之大者"，认真领会总书记深谋远虑的战略眼光、统筹全局的战略思维、锲而不舍的战略定力，按照自治区要求坚决扛起贯彻落实政治责任，咬定目标、脚踏实地、埋头苦干、久久为功，全力以赴做好黄河保护治理"宁夏文章"、作出"水利贡献"。

（二）从推动新阶段水利高质量发展的国家全局看。水利部明确推动高质量发展这一新阶段水利工作主题，提出六条必须重点抓好的实施路径，为全面建设社会主义现代化国家提供有力的水安全保障。这是对表对标习近平总书记重要讲话精神、准确把握党和国家事业发展大势大局、科学分析水利发展历史方位和客观要求，综合深入判断作出的战略选择，对我区水利事业发展具有十分重要的指导意义。

近年来,我们深入贯彻新发展理念,认真落实中央治水思路,推动民生、生态、资源、工程、智慧、法治水利建设,水利初步迈入现代化发展新阶段。我们要按照水利部"六条路径"部署要求,跟上节奏、踏实步子,继续走好高质量发展的路子。目前,我区气候干旱、生态脆弱的本底条件,水资源时空分布不均、严重匮乏的基本特征,以及现代水网体系尚不健全、水利发展不平衡不充分的现实状况,决定了我们满足人民群众日益增长的水安全需求的能力还需进一步提升。治黄基础设施仍然薄弱,宁夏段干流缺少关键控制工程,水患危险依然较大;受极端天气变化影响,水旱灾害多发频发,水利工程抵御重大灾害风险能力有待提升,防灾减灾形势依然严峻;去年大旱暴露出中部干旱带扬水灌区、自流灌区渠道梢段缺少应急抗旱工程,调蓄能力不足;一些地方无证取水、无计量取水、超许可取水、超计划用水等违法违规用水现象不同程度存在;水利工程建设和政府采购领域管理风险依然存在;人为水土流失尚未有效遏制,水法治体系还不健全,水行政执法能力还比较弱,等等,都与高质量发展要求不相适应。我们要全面对标新阶段推动水利高质量发展这一主题,统筹发展和安全,切实增强风险意识,树牢底线思维,强化系统观念,不断推进水资源供给侧改革和水安全需求侧管理,推动形成水治理动态平衡,更加自觉走好水安全有力保障、水资源高效利用、水生态明显改善、水环境有效治理的集约节约发展之路。

(三)从推动先行区建设取得新成效的科学布局看。自治区党委召开六次先行区建设推进会,把水作为先行区建设的关键、重点和难点,先后对"四权"改革、"十大工程项目"建设、黄河保护治理等工作作出安排部署,任务落实层层递进,推动成效步步深入。自治区"两会"强调要抢抓国家政策机遇,制定出台配套举措,争取更多资金、项目、政策落地实施;大力实施扩大内需战略;力促黄河黑山峡河段开发工程早日开工;开展"扩大有效投资攻坚年"活动,营造大抓项目、抓大项目的浓厚氛围;对水利提出一系列新要求,为我们做好全年工作提供了新思路、新角度、新指引。

当前我区水利仍处于大有可为、大有作为的重要战略机遇期,这基于国家把水利列入基础设施建设重点领域加大投入、宁夏承担的先行区建设时代重任、国家将研究出台支持宁夏建设先行区政策、自治区对水利的高度重视,以及我们自身长期厚植的发展根基。我们要全面落实中央、自治区重大决策部署,在实干中抓机遇,绝不能坐等先行、躺平先行,只有干得好才能争取更多项目和资金;在创新中抓机遇,探索出更多可复制可推广的经验做法,创造国家支持的机遇;在变局中抓机遇,善于捕捉、挖掘、寻找机遇,在危机中育先机、于变局中开新局。

三、咬定目标真抓实干,在推动水利高质量发展的新实践中,全面提升水安全保障能力

2022年是实施"十四五"规划的关键之年、攻坚之年。我们要完整、准确、全面贯彻新发展理念,深入践行中央治水思路,以黄河保护治理为核心,以深化河湖长制为龙头,紧紧围绕自治区"九个重点产业""十大工程项目""四大提升行动""四权"改革和"六个一百"等重大部署,加快水治理体系和治理能力现代化,全面提升水安全保障能力,在先行区建设中走在前、作表率。

主要目标是:力争水利投资规模超72亿元。实现河湖"四乱"问题动态清零,黄河干流宁夏段水质保持Ⅱ类进、Ⅱ类出,地表水国控断面优良比例稳定在80%。农村集中供水率、农村自来水普及率分别达到98.8%、96.5%。全区用水总量控制在国家分配指标内,农田灌溉水有效利用系数达到0.565,万元GDP用水量、万元工业增加值用水量较2020年分别下降6%、4%。新增水土流失治理面积920平方千米。

实现上述目标并不容易,需要全区水利系统上下齐心协力、和衷共济、共同努力,需要各部门大力支持、通力合作、密切配合。必须始终捍卫"两个确立",始终树牢"四个意识"、坚定"四个自信"、做到"两个维护"。必须始终坚持人民至上,坚持以人民为中心发展思想,促进涉水服务均等化,解决人民关心的水问题,满足人民日益增长的美好生活需要。必须始终坚持系统治水,推进治水主体要素协同,从思想、组织、制度、工程、管理、技术、队伍等层面建立科学治水体系，共同推动高质量发展。必须始终坚持"四水四定"，把水资源作为最大刚性约束，落实以水定城、以水定地、以水定人、以水定产，精打细算用好水资源，从严从细管好水资源。必须始终坚持依法治水，严格按照法律法规管水治水，推进水利领域法治建设，强化水资源水生态水环境底线红线意识，提高水治理效能。必须始终坚持开放治水，跳出水利看水利，完善协同治水机制，推动政府市场两手发力，发挥改革突破创立作用，凝聚全社会节水治水兴水强大合力。必须始终坚持数字治水，把创新作为第一动力，用现代科技武装水利，推动治水产业变革、业态革新、方式转变，切实提升水治理能力科学化现代化水平。必须始终坚持实干兴水，继承发扬水利系统优良传统，崇尚实干、力戒空谈，不驰于空想、不骛于虚声，用实干展现担当，用实干铸就辉煌，用实干开创水利改革发展新局面。

（一）全方位落实"四水四定"，切实提升水资源集约节约利用能力。坚持节约优先、以水而定、量水而行，严管控、抓重点、建机制，推进资源水利建设，推动经济社会发展同水资源承载能力相适应。

强化水资源最大刚性约束。编制落实水资源最大刚性约束制度实施意见，建立健全管控、考核体系，压实地方政府主体责任，切实发挥水资源第一约束力作用。深入推进取用水管理专项整治行动，全面完成整改提升工作，开展专项整治行动"回头看"，依法依规查处无证取水行为，持续规范取用水秩序。制定水资源监督管理办法，严格项目和用水"双限批"，严格规划和建设项目水资源论证，严格取水许可审批，严格限制高耗水工业产业发展，严格控制水稻等高耗水农业种植规模，暂停水资源超载地区新增取水许可。因地制宜关停公共供水工程覆盖范围内企业自备井，推行水资源论证区域评估和取水许可承诺制。

推进用水权改革巩固深化。完善顶层设计，确保节约用水奖惩办法、非常规水源开发利用管理办法等配套制度应出尽出；完成用水权确权，建成运行自治区用水权确权交易监管平台和数据库，实行用水权有偿取得；推进用水权收储交易，对政府投资节约的、无偿配置"富余"的用水权进行收储，强化交易全链条监管，积极推进二级市场交易。加快取用水计量监测体系建设，实现重点县区规模以上非农取水口及沿黄取水口在线监测全覆盖。加快干渠直开口量测水设施改造，在线监测计量率达到40%。

打好深度节水控水攻坚战。始终把节水作为根本出路，大力发展高效节灌，推进海原县、中宁县、灵武市等县区现代化灌区试点，逐步建设现代化生态灌区示范区。实施工业园区节水行动，开展超定额用水核查，推动火电、钢铁等高耗水行业节水型企业建设，推进废污水"近零排放"，倒逼高耗水产业转型升级。开展高校节水专项行动，推动行政机关节水率先达标，水利行业全面建成节水型单位。实施银川市、宁东基地等重点地区非常规水源利用工程，大力推广分布式污水处理中水回用一体化，推行合同节水方式，推动生活污水就地就近规模回用，再生水利用率达到30%。启动400毫米以上降水区域农村地区雨水集蓄利用工程。

（二）坚决筑牢西北生态安全屏障，切实提升水生态环境保护治理能力。坚持生态优先、重在保护、要在治理，严保护、重治理、提质量，推进生态水利建设，努力保持河道不断流、湖泊不干涸、水土不流失，促进人水和谐共生。

强化河湖管护治理。站在生态文明建设高度，以河湖长制为抓手，压实管理保护责任，推动部门协同共治，深化效能目标考核，强化河湖系统治理。深入开展河道非法采砂专项整治行动，严厉打击非法采砂行为。从严审批涉河湖建设项目，河湖岸线监管率达到80%。坚决彻底整改黄河河道及滩地被占、黄河流域生态环境警示片披露涉水问题，举一反三、全面排查，清存量、遏增量。推进"清四乱"常态化规范化向中小河流、农村河湖延伸。复苏河湖生态环境，开展河湖健康评价，建立河湖健康档案，修编完善重点河湖"一河一策"，建成自治区级示范河湖1个、美丽河湖1个；做好典农河、沙湖等重点河湖生态补水。确保清水河、苦水河生态流量满足程度达到100%。

强化水土流失治理。实施小流域治理、坡耕地整治和淤地坝建设等60项重点工程,建设水平梯田7万亩,提高水土流失治理成效,打造生态经济型小流域。保持专项整治高压态势,深入推行信用监管,开展常态化遥感监管,全面落实生产建设项目水土保持方案三同时制度,完善水土保持动态监测系统功能。争取自治区出台水土保持补偿费奖补政策,加大水土流失综合防治投资力度。深入开展水土保持示范县、示范工程创建。

强化地下水超采治理。落实地下水管理条例,严格地下水取水许可审批、取用水量和地下水水位控制指标管控,合理确定地下水取水工程布局。全力推进"三山"地下取水井专项治理行动,持续推进银川市、石嘴山市超采区治理、地下水源地置换关停,实施地下水位变幅通报机制,完成年度关停任务。完成新一轮地下水超采区划定,出台地下水管控指标方案,核定地下水超采区范围及超采量。

(三)坚决保障人民生命财产安全,切实提升水旱灾害防御能力。坚持生命至上、以防为主、防抗救相结合,消隐患、提标准、守底线,推进民生水利建设,坚决扛起防汛抗旱天职,全力做好应对水旱灾害准备。

完善防洪减灾工程体系。加快推进黄河宁夏段河道治理工程前期工作,争取国家部委尽快完成可研审批程序并开工建设,早日建成河段堤防安全标准区。加快实施《贺兰山东麓防洪减灾体系建设规划》,完善"导引、拦滞、泄排"工程设施畅通排洪通道,提升贺兰山东麓防洪标准。加大清水河、苦水河等主要支流以及中小河流、山洪沟治理,提升中南部山区防洪标准。完善主要城市防洪体系。加快沙沟等9座中小型水库除险加固,分批安排小型水库除险加固项目。

切实有效防范洪水灾害。深刻汲取河南郑州"7·20"特大暴雨灾害教训,推进预报、预警、预演、预案"四预"建设,贯通雨情、水情、险情、灾情"四情"防御,做到关口前移、措施前置、力量前倾。压实防御责任,做好区、市、县三级防御预案和防汛抗旱专项预案衔接,健全完善联动响应机制,加强与气象、应急等部门会商研判,及时通报情况、发布预警。积极推进卫星遥感、测雨雷达等新技术运用,加密监测预警站点布设。实施30个国家基本水文站提档升级。加强水库科学调度、联调联用,最大限度拦洪削峰,减少洪水灾害损失。加强水利工程抢险人员物资保障。

全力保障各业用水安全。立足抗大旱、防长旱,强化水工程水资源调度,落实落细防范应对措施。加强农业用水全过程精细化管理,持续推进大中型灌区泵站标准化规范化,优化供水服务,全力保障农田灌溉和酿酒葡萄、枸杞等特色产业用水。继续办好饮水安全民生实事,开展规范化水厂创建活动,定期开展从水源头到水龙头的城乡供水水质动态监测检测,不断提升城乡居民幸福感获得感。加快推进宁东能源化工基地等工业园区水务一体化。巩固拓展水利扶贫成果同乡村振兴水利保障有效衔接,持续加大项目资金、人才技术等方面支持力度,打牢乡村振兴水利基础。扎实做好百万移民致富提升行动重点县重点村包抓工作。

(四)全力攻坚现代水网体系建设,切实提升水资源优化配置能力。坚持区域协同、城乡一体、空间均衡,强骨干、增调配、成网络,推进工程水利建设,提高水资源统筹调配能力、供水能力、战略储备能力。

主动融入国家水网。全面落实自治区党委和政府决策部署,紧扣黄河黑山峡河段开发四项专题、可研报批、法人组建三大任务,成立项目工作专班,举全系统之力跑部委、盯部门、抓关键,一个步骤一个步骤推进、一个环节一个环节落实、一个专题一个专题攻坚;完善项目推进机制,主动对接相关省区、积极协调相关部门,齐心协力、竭尽全力、汇聚合力,争取5月黄委会将四项专题论证成果上报水利部、8月水利部完成可研报告技术审查、12月国家发改委立项,力争年内动工。力争陕甘宁革命老区供水工程列入国家有关规划,尽快启动可研编制工作。积极配合国家推进南水北调西线工程前期工作。

加快完善骨干水网。加快推进银川都市圈西、东线和清水河流域等城乡供水一体化工程。加快推进固海扩灌扬水更新改造、银川都市圈中线供水工程建设，实施青铜峡灌区和固海灌区续建配套与现代化改造、贺兰山东麓葡萄酒产业高质量发展供水保障、海原西安乡供水等工程，努力构建"水源连通、多源互补、丰枯调剂、城乡一体"的供水保障体系。

不断织密市县水网。开展"互联网＋城乡供水"示范区规范推进年活动，固原市4县1区全面完成项目建设任务，银川市3区2县全面完成项目前期工作，其它12个县区项目全面开工建设；完成管理服务平台建设并投入运行，加强各县区城乡供水数据接入管理；完成教科书式经验总结。按照"长藤结瓜"思路和"先急后缓"原则，开工建设11座调蓄工程，提升区域性抗旱应急保供能力。继续推进重点中型灌区续建节水工程。推进重点城市应急备用水源工程建设，加强城市饮水水源保障。

（五）聚力打造数字治水领先模式，切实提升水利科技创新能力。坚持需求牵引、应用至上、数字赋能、提升能力，强感知、增智慧、促应用，推进智慧水利建设，不断提升水利数字化、网络化、智能化水平。

推动数字治水创新发展。遵循水利部构建数字孪生流域、建设"2+N"智能业务应用体系部署，启动宁夏水联网新型基础设施建设行动，争取实施全区数字孪生平台、水资源"四预"、数字节水、水文现代化、数字治水产业云等一批新基建项目，推动工程网、信息网、服务网"三网融合"。推进"研究院＋试验区＋产业园"创新体系建设。严格落实网络安全等级保护制度，守好网络安全底线。

推动水利科技创新管理。深化科研单位职能优化，激发科技创新服务能力和活力。加强科研计划引导，争取"揭榜挂帅""赛马"项目。修订科技项目管理办法，加大对各类水利科技研究项目申报、立项、评估等管理，鼓励工程带科研，解决科研投入问题。做好水利地方标准制定修订，推广应用成熟先进的新技术、新成果。探索筹建宁夏黄河水联网数字治水实验室。

（六）深入推进水利体制机制建设，切实提升水利高质量发展能力。坚持解放思想、完善制度、增强动力，重创新、破障碍、激活力，推进法治水利建设，推动重点领域改革，加快水治理体系和治理能力现代化。

深入推进水利法治体系建设。修订自治区水工程管理条例、节约用水条例、节水型社会建设管理办法等地方性法规、政府规章以及相关配套制度。开展专项执法提升年活动，落实涉水领域行政执法与刑事司法衔接协作备忘录，强化联合行政执法，依法打击水事违法行为。提高行政复议和行政应诉案件办理能力与质量，保障和监督各级水行政部门依法行政。

深入推进农业水价综合改革。按照"提水价、降水量、稳水费"的工作思路，启动新一轮骨干工程水价调整，合理制定农业用水价格，建立完善农业水价机制。加快县区末级渠系农业水价综合改革，县区全部执行新水价，积极探索实行分类水价和超定额累进加价，健全精准补贴和节水奖励机制。规范基层用水管理组织，推行"乡镇大协会""用水合作社""专业化服务公司"等模式。

深入推进水利投融资改革。健全多元化水利投融资机制，鼓励和引导社会资本参与水利工程建设运营，充分利用开发性金融贷款解决项目资金缺口问题。加大水利PPP项目谋划、储备、推进力度，以特许经营、PPP等模式加快"互联网＋城乡供水"、现代化灌区等项目建设。积极探索推进水利领域不动产投资信托基金（REITs）试点。强化财务监督和预算绩效管理，防范化解水利资金资产风险。

深入推进水利"放管服"改革。进一步优化权责清单，依法依规取消变相审批，落实审批事项整合与合并，完善审批事项流程。推进市、县（区）涉水事项全流程网上办理工作。完成"审管联动"一体化应用体系建设试点，实现审批事项与监管事项有效衔接。

（七）持续加强水利行业监督管理，切实提升水利行业发展能力。坚持全面管理、科学管理、安全管理，不断夯实水利发展基础，强监管、提效能、控风险，着力提高水利管理服务水平。

加强工程建设运行管理。严格水利工程建设"四制"管理，加快推进工程验收。强化水利建设市场管理，加大市场主体行为监督检查力度，依法依规做好市场主体信用评价。持续深入开展工程建设领域突出问题专项治理，全力抓好专项巡视问题整改。健全工程运行管理制度，推进工程运行管理标准化。加强水库安全运行管理，严格落实"三个责任人"责任，严格执行汛限水位，主汛期病险水库原则上一律空库运行。完成堤防、水库、水闸等水利工程管理及保护范围划定年度任务。

加强安全生产监督管理。严格落实安全生产责任制，巩固深化水利安全生产专项整治三年行动，扎实推进安全生产风险分级管控和隐患排查治理双重预防工作，加强水利行业安全文化和安全生产标准化建设。加大重要时段和重点领域监督检查力度，及时消除各类安全隐患和风险，守住水利安全生产底线。

加强水文化建设和水情教育。编制发布引黄古灌区世界灌溉工程遗产保护名录，建成引黄古灌区世界灌溉工程遗产中心，打造黄河文化交流弘扬特色高地。研究制定水利工程遗产更新改造及保护利用规范标准，依法做好灌溉遗产保护管理。积极开展水情教育，引导公众增强节约水资源、保护河湖水生态的思想和行动自觉。

（八）持续加强水利党的建设，为水利高质量发展提供坚强政治保障。坚持党要管党、全面从严治党，讲政治、强作风、展形象，以高质量党建工作引领保障新阶段水利高质量发展。

始终以政治建设为统领。把学习贯彻习近平新时代中国特色社会主义思想作为第一课题、永恒主题，巩固拓展党史学习教育成果，教育引导广大干部不断提高政治判断力、政治领悟力、政治执行力，自觉做"两个确立"的坚决拥护者和"两个维护"的坚定践行者，不折不扣把党中央、自治区部署要求落实到水利工作全过程各方面。

持之以恒严格正风肃纪。坚持党风廉政建设与业务工作同部署、同落实、同检查、同考核，层层压实"两个责任"，完善党风廉政建设责任体系，把持续强化党员干部监督管理功夫下在平时。认真落实中央八项规定及其实施细则精神，严格遵守自治区"八条禁令"和区直机关"十项严禁"，持续改进工作作风。扎实开展廉政警示教育活动，大力实施"四警六廉"

工程。强化行业监督和行风建设，坚决查处微腐败和漠视侵害群众利益问题，营造良好的水利发展环境。

锻造过硬干部人才队伍。严格落实好干部标准，完善干部选拔、教育、使用、管理、考核制度和人才规划、选育、评价、激励机制，充分利用各类平台，深化人事分配制度改革，全面推进竞聘上岗，不断加大招才引智育智力度，为水利高质量发展提供人才支撑。

着力加强精神文明建设。大力弘扬伟大建党精神，继承发扬水利系统优良作风，厚植为民服务情怀，培育积极健康的政治文化，不断提高水利干部职工思想觉悟、道德水准、文明素养、法治观念。以"五型"模范机关创建为载体，继续深化文明单位创建活动，推荐、申报一批水利部、自治区、区直机关文明单位。大力开展"两优一先"及最美水利人、最美公务员等评选表彰活动，继续开展劳动竞赛和技能比武，不断塑造水利干部良好形象。

同志们，大道蕴于历史，事业成于奋进。让我们始终保持一以贯之的耐力、一往无前的恒力、一抓到底的作风，紧盯目标不放松、聚焦重点不偏离、保持力度不懈怠，踔厉奋发、笃行不怠，答好新赶考路上水利高质量发展新答卷，以优异成绩迎接党的二十大和自治区第十三次党代会胜利召开！

在自治区水利厅党建党风廉政建设工作会议上的讲话

自治区水利厅党委书记、厅长　朱　云

（2022年3月1日）

同志们：

这次会议的主要任务是：坚持以习近平新时代中国特色社会主义思想为指导，全面贯彻党的十九大和十九届历次全会精神，认真落实自治区党委十二届十四次全会、自治区纪委十二届六次全会精神和自治区党委人才工作会议、全区组织部长会议、区直机关党的建设工作会议部署要求，总结2021年我厅党建党风廉政建设工作，安排部署今年工作任务。

2021年是党和国家历史上意义非凡的一年。党中央隆重庆祝中国共产党成立100周年，胜利召开党的十九届六中全会，我们共同感悟党"百年恰是风华正茂"的恢宏气象，共同见证伟大祖国欣欣向荣、日新月异，共同亲历美丽新宁夏建设伟大实践，更加深切感受到中国共产党无愧为伟大、光荣、正确的党，更加坚信在以习近平同志为核心的党中央坚强领导下，在习近平新时代中国特色社会主义思想指引下，我们党和国家必将在开启全面建设社会主义现代化国家新征程上取得更加伟大的胜利和荣光！一年来，在自治区党委、政府的坚强领导下，我们深刻汲取百年党史丰厚滋养，扎实推进党的建设新的伟大工程，深入贯彻新时代组织路线，党建党风廉政建设工作在围绕中心、服务大局中彰显新担当新作为，在守正创新、攻坚克难中取得新进步，为水利事业高质量发展提供了坚强政治保证和组织保证。

一是强化政治淬炼，践行"两个维护"更加坚决。按照党中央和自治区党委部署要求，坚持把党史学习教育作为贯穿全年的重大政治任务，组织广大党员集中聆听、深入学习习近平总书记"七一"重要讲话精神，及时组织学习党的十九届六中全会精神，扎实开展"传承党的百年光辉史基因、铸牢中华民族共同体意识"主题教育，精心组织开展庆祝建党100周年系列庆祝活动，进一步坚定听党话、感党恩、跟党走的政治自觉。广泛开展"两优一先"评选表彰工作，老党员李识海荣获全国"优秀共产党员"称号，96名老党员荣获颁发"光荣在党50年"纪念章，2名同志荣获区直机关"优秀共产党员"称号，全厅表彰优秀共产党员60名，优秀党务工作者36名，先进基层党组织44个，广大党员干部通过文艺汇演、演讲比赛、书法美术摄影比赛等形式，热情讴歌党的丰功伟绩；全力办成359项民生实事，解决一批群众"急难愁盼"问题，让党旗在基层一线高高飘扬，唱响了"共产党亲，黄河水甜"的主旋律。广大党员普遍受到全面深刻的政治教育、思想淬炼、精神洗礼，锤炼了党性，砥砺了初心，牢固了使命，达到了学党史、悟思想、办实事、开新局的目标，增强了捍卫"两个确立"、践行"两个维护"的政治忠诚。

二是坚持夯实基层组织，战斗堡垒作用发挥更加有力。全面落实新时代党的建设总要求，坚持把党建工作与业务工作同部署、同落实、同考核，层层压实党建责任，全面推行领导班子成员联系基层制度和党组织书记抓党建责任清单制度，推动党建和业务融合发展，促进各项工作任务落实落地。厅领导主动深入基层调研225人次，累计320天。扎实开展"基层党建全面提升年"活动，推进14项重点任务落实；持续推进"三强九严"工程，分片区开展党建工作互观互检，不定期进行督促检查，广泛开展党支部"双评双定"，推动党支部规范化建设。8个党组织晋升五星级，31个党组织晋升四星级，37个党组织晋升为三星级，打造特色党建品牌41个。严格落实"三会一课"、主题党日、组织生活会等政治生活制度，抓住"关键少数"强化教育管理监督，认真做好发展党员工作。聚力打好抗旱保灌攻坚战、打赢疫情阻击战，各级党组织和广大党员深入田间地头，下沉抗疫一线，用心用情构筑起党建引领下的红色堡垒，把党的组织优势转化为基层治理效能，构筑起水利事业发展的坚强组织基础。水利厅创建为"让党中央放心、让人民群众满意"模范机关首批达标单位。盐环定扬水管理处党委、西干渠管理处第四管理所党支部被区直机关工委授予"先进基层党组织"称号。

三是树立鲜明用人导向，干部队伍建设更加有力。全面贯彻新时期组织路线，树立"为事业用人"的鲜明导向，统筹运用好职务职级、非领导职责管理职员等政策，加大干部调整补充力度。全年提拔使用和调整交流处级干部86名，对12名公务员进行交流使用、7名公务员提拔使用、15名公务员晋升职级、28名干部晋升非领导职责管理岗位。成立水利厅专家咨询委员会，动员19名处级干部退出领导岗位，选用了一批优秀年轻干部。2021年提拔的27名副处级干部中，"75后"为主体，"80后"占到22%，干部队伍结构有效改善。积极开展"干部交流源泉工程"，推荐2名干部跨部门交流任职，纳入自治区"5123"工程的重点培养对象，1名提拔使用，1名进一步使用，进一步激发了干部队伍活力。加强干部监督管理，结合政治巡察，组织选人用人专项检查，认真开展干部出入国（境）证件专项整治工作，组织对

153 名处级以上领导干部个人有关事项报告填报和抽查核对工作。干部考核工作在全区公务员平时考核推进大会上做了经验交流，我厅被自治区党委组织部确定为全区公务员平时考核工作联系点。

四是多措并举引才引智，人才队伍建设更加有力。以清华大学水联网数字研究院为平台，开展数字治水技术转移孵化，引进涉水数字企业 40 家，开展了关键技术遴选、技术研发等工作，提升水利干部信息化素养。发挥数字治水产业园作用，采取联合申报科研项目等形式，促成与清华大学、中国水科院、河海大学、厦门大学等 11 所重点高校和发达地区科研机构达成人才培养合作事项。通过举办中阿博览会水资源论坛等各类交流平台和合作项目，邀请王浩等 15 名院士为宁夏建设黄河流域生态保护和高质量发展先行区建设提供智力支持，带动新型人才培养。加大人才引进力度，遴选 1 名公务员，引进 63 名硕士研究生。大力实施干部"两个能力"提升工程，组织开展处级干部先行区建设能力素质提升、新任处级干部培训、城乡供水一体化等各类培训班，培训人员 2600 多人次。全面推行专业技术人员竞聘上岗，积极推进人才项目建设。1 名同志入选水利部 100 名青年拔尖人才，5 名入选自治区青年拔尖人才和青年人才托举工程，选派 1 名干部到清华大学进修，接收 5 名"基层之星"来厅研修。全厅共获自治区科技进步二等奖 1 项，三等奖 2 项，人才活力竞相迸发。

五是保持反腐高压态势，水利政治生态更加优化。以贯彻落实民主集中制为核心，建立《加强对"一把手"和领导班子监督的意见》等制度规定，健全和完善"三重一大"等集体决策机制，不断强化党对水利工作的领导。坚决抓好中央政治巡视涉水问题和环保督察警示片反映问题的整改落实，持续推进自治区党委巡视反馈的 36 个问题全面整改落实，对 7 个厅属单位开展政治巡察，监督整改 72 个突出问题，实现整改落实上下贯通、一体推进，确保党中央、自治区党委决策部署在水利系统贯彻落实。及时分析研判全面从严治党形势，整改问题和不足。持续推动"十廉"活动，组织开展"警示教育周"、酒驾醉驾案

例专题警示教育、违法违纪案件警示教育活动，开展干部任前谈话、廉政提醒谈话，组织上廉政党课、开展传承良好家风活动，引导党员干部正己修身。全厅各级党组织"一把手"和班子成员开展谈话 532 人次。严格执行"八项规定"，深化形式主义、官僚主义突出问题整治活动。不断强化行业监管，全面开展水利工程建设政府采购重点领域专项治理，深刻汲取中宁县喊叫水乡蓄水池溃口事故教训，全面开展集中治理，发现问题 346 个，整改销号 339 个，销号率97.9%；制定修订规范性文件 13 项，对 37 名评标专家未公正履职问题在全区进行了通报，对 8 家违法违规企业进行了信用惩戒。全力支持驻厅纪检监察组开展工作，会同驻厅纪检监察组对群众身边腐败、作风问题和违规吃喝隐形变异问题进行明察暗访、实地检查，开展专项整治，加强对权力运行的制约和监督，坚持抓早抓小、防微杜渐，把权力运行的规矩立起来，让廉洁自律成为党员干部的习惯。

深化精神文明建设，清风正气更加浓厚。以模范机关创建为载体，推动精神文明建设形式创新、内涵拓展、领域扩大。广泛开展"永远跟党走、奋进新征程""梦想与奋斗、建设美丽新宁夏"等系列主题活动，大力开展文明单位、文明处室、文明工地建设，广泛开展主动参加文明城市创建及社区治理、学雷锋志愿服务等活动，群众性文明活动蓬勃发展。讲好黄河故事，广泛宣传宁夏发展史、水利发展史和引黄古灌区发展史，加快黄河文化展示中心建设步伐；发挥宁夏水博馆、唐正闸水利风景区党史学习教育参观点作用，接待参观学习人员近 20 万人次。水利厅获得全区"劳动者之歌"歌唱大赛三等奖，厅机关、水文中心创建为第九届全国水利文明单位，厅机关党委荣获自治区精神文明建设先进集体称号。

潮平两岸阔，风正一帆悬。这些成绩的取得，是自治区党委政府坚强领导的结果，是全厅各级党组织和广大党员干部戮力同心、踔厉奋发的结果。在此，我代表厅党委向全体同志表示衷心感谢和诚挚问候！

在肯定成绩的同时，我们必须深刻认识到，党建党风廉政建设肩负着培根铸魂、强基固本、选贤任能

等重任,桩桩件件都关系着党的执政根基的巩固、党的执政使命的实现。我们必须清醒地看到,进入新发展阶段,贯彻新发展理念,融入新发展格局,我厅的党建党风廉政建设依然面临着许多新情况新问题。我们必须要以改革创新的精神、攻坚克难的毅力,着力解决好党建和业务深度融合不够、引领发展能力不足的问题;着力解决好干部能力建设中存在的政治能力不高、专业能力不强、推动发展不足的问题;着力解决好干部作风建设中存在的担当作为不够、斗争精神不强、纪法观念不牢的问题;着力解决好干部人才队伍建设中存在的意识不强、重视不够、措施不实及干部人才队伍结构不优、总量不足、素质不高的问题,切实凝聚起以高质量党建引领高质量发展的强大思想共识和工作合力。

今年,是党的二十大召开之年,是推进"十四五"规划的关键之年,自治区将召开第十三次党代会。做好今年的党建党风廉政建设工作,意义重大、使命光荣。我们要坚持以习近平新时代中国特色社会主义思想为指导,全面落实新时代党的建设总要求,以党的政治建设为统领,以迎接党的二十大和自治区第十三次党代会为主线,以巩固拓展党史学习教育成果为抓手,以推动党建和业务融合为主基调,以深化"五型"模范机关创建为主牵引,以基层党组织规范化标准化建设为着力点,以营造风清气正的政治环境为主底板,进一步弘扬伟大建党精神,全面提高党的建设质量,为进一步贯彻落实好新时代治水思路,建设黄河流域生态保护和高质量发展先行区、继续建设美丽新宁夏提供坚强保证。

第一,切实加强政治建设,坚定捍卫"两个确立"。 "两个确立"是党的十九届六中全会作出的重大政治论断和最大政治贡献,是必须坚持的最高政治原则。党的百年历史雄辩证明,什么时候有坚强的领导核心和科学理论指导,党就能领导人民从胜利走向胜利。我们要深刻认识到,在迈向第二个百年奋斗目标新征程上,世界百年未有之大变局加速演进,新冠肺炎疫情影响广泛而深远,外部环境更趋复杂严峻,国内改革、发展、稳定各项任务繁重艰巨,各种可以预料和难以预料的风险挑战前所未有。我们党要

带领人民成功应对重大挑战、抵御重大风险、克服重大阻力、解决重大矛盾和重大问题,必须拥有一个具有崇高威望的党的核心和具有高度权威的党中央,必须用党的创新理论来统一思想、统一行动、统一意志。捍卫"两个确立",事关旗帜道路方向,事关党运国脉,事关党和国家民族的前途命运。我们必须要在思想上高度信赖核心、感情上衷心爱戴核心、政治上坚决维护核心、组织上自觉服从核心、行动上始终紧跟核心,把"两个确立"转化为做到"两个维护"的政治自觉、思想自觉、行动自觉。

检验捍卫"两个确立"强不强,既要看政治表态,更要看具体行动。我们要把坚持不懈用习近平新时代中国特色社会主义思想强化理论武装,作为捍卫"两个确立"的第一要求,围绕先行区建设,聚焦水利现代化,及时跟进学、融会贯通学、联系实际学,深刻领悟核心要义、精神实质、丰富内涵,自觉做坚定信仰者、忠实实践者,提高政治站位谋划工作,增强政治担当推进工作,严格政治标准检视工作,真正做到紧跟总书记、奋进新征程。要注重成果转化运用,做好消化、深化、转化的文章,把学习成效转化为推动发展的成效、科学工作的方法、团结奋斗的合力,以学习成果提升工作成效,以实践成效检验学习成果。要坚持把贯彻落实党中央、自治区党委决策部署作为重要的政治责任和政治纪律,做到思想上自觉、政治上清醒、纪律上严明、行动上坚定,以时不我待的紧迫意识和夙夜在公的责任意识抓落实。对党中央和自治区党委作出的决策、部署的工作、定下的事情,要雷厉风行、紧抓快办,扭住不放、一抓到底。特别是要结合水利工作实际,切实贯彻落实好习近平总书记关于黄河流域生态保护和高质量发展的一系列重要论述精神、视察宁夏重要讲话指示批示精神及中央新时期治水思路,始终紧贴自治区"九个重点产业""十大工程项目""四大提升行动",全面深化"美丽河湖"建设,扎实推进河湖长制有能有效;着力抓好黄河滩区治理,确保中央环保督察警示片反馈问题彻底整改;持续深化用水权、农业综合水价等改革,坚定不移贯彻"四水四定"原则;全力推进黑山峡河段开发前期工作,加快黄河治理等重大水利工程

建设，不断构筑现代化水网体系；加快推进"互联网+城乡供水"示范省（区）建设，切实助力乡村振兴战略。在推动先行区建设中，彰显水利担当，做出水利贡献。

第二，坚持不懈抓基层打基础，着力夯实水利发展根基。党的基层组织是党的执政大厦的根基，是党的全部工作和战斗力的基础。基础牢，大厦稳；基础倒，大厦倾。全厅现有15个党委、3个党总支、238个党支部，2313名党员，是我们领导水利事业发展的根基和全部战斗力的基础。历届厅党委始终高度重视加强基层党组织建设，不断改善基础设施条件，持之以恒强化思想教育，持续健全组织体系，不懈丰富工作内容，促进基层党组织有效发挥了推动发展、服务群众、凝聚人心、促进和谐的作用。进入新时代，水利要实现高质量发展，我们要继续牢固树立大抓基层的鲜明导向，切实增强紧迫感和责任感，不断强化基层治理，狠抓薄弱环节，从严教育管理党员，坚决把党建大旗树正、树直、树强。

一要切实加强各级领导班子治理能力建设。火车跑得快，全靠车头带。领导班子能力强不强，直接影响和决定着一个单位的发展速度和质量。加强领导班子治理能力建设，一是讲政治，二是讲团结，三是会创新，四是干实事。讲政治是第一位的。各级领导班子都要坚决与党中央对标对表，贯彻落实好党中央、自治区党委决策部署。坚决反对打折扣现象，坚决杜绝阳奉阴违、各行其是。讲团结是干事创业的基础，人心齐、泰山移。我一再强调，团结出凝聚力、出战斗力、出生产力、也出干部。各级领导干部都要树立正确的权力观、政绩观、利益观，想问题、办事情都要从事业发展的大局出发，胸怀要宽广，不要纠缠细枝末节，不要纠葛利益得失。领导班子要善谋善断，善作善成，认准的事就要果断决策，同心同力、抓出实效。创新驱动是高质量发展的根本要求。要胸怀"国之大者"，始终放眼全区经济社会发展大局观察水利，始终站位水利高质量发展高度审视自己，牢固树立"小省区能做大事业"的大格局、大胸襟、大魄力，不断创新体制机制，探索措施途径，高标准谋划工作，严要求推进工作，高质量完成工作，不断创造

出治水工作宁夏经验。空谈误国，实干兴邦。实干是检验一切工作成效的唯一标准。各级领导干部都要以"等不得"的紧迫感、"慢不得"的责任感、"拖不得"的使命感来对待工作，以抓铁有痕、踏石留印的作风，出实招、干实事、求实效，坚决反对敷衍塞责、形式主义。这段时间我接触了一些同志，给我印象最深的：一种情况是个别同志缺乏激情和追求，得过且过、混日子、等待退休，更不用说锐意进取、开拓创新了；另一种是缺乏担当精神，面对困难和问题束手无策、没有方向，缺少思路和方法，等待观望，看上级如何指示。这两种突出表现说到底，实质上是政治站位不高、信念不牢的表现，是能力不足、精神懈怠的表现，这些表现与水利事业发展的要求极不适应，要引起同志们的高度警觉和深刻反思。

二要切实加强基层党组织建设。党建工作的难点在基层，亮点也在基层。要把党支部建设作为最重要的建设，科学合理优化党支部设置，把党支部建在处室、科室、站所、工地，不断扩大党的组织工作覆盖。要指导党支部健全各项工作制度，选好配强党支部班子，把优秀党员选拔到党支部书记岗位，加大对党支部书记的培训，促其提高工作能力。要建立党支部工作经常性督查指导机制，持续整顿软弱涣散党支部，补齐制度短板，激活组织活力，引领基层群团组织，自觉贯彻党的主张。要大力实施"党建强、业务强，机关带系统、系统带基层"的"双强双带"工程，大力推进党支部规范化标准化建设，努力打造政治功能强、支部班子强、党员队伍强、作用发挥强的"四强"支部，充分发挥党支部教育管理党员、组织宣传群众、推动事业发展的战斗堡垒作用。要牢固树立党的一切工作到支部的鲜明导向，把业务工作中的"难点""痛点"作为党建融合的最佳契合点、切入点，大力推进"一支部一品牌"创建，实现党建与业务深度融合，把形象树起来、把内容亮出来、把阵地强起来。要扎实推进"数字党建"，全面提升水利党建信息化水平。

三要切实加强党员的教育管理监督。党员教育管理是党的建设最基础、最经常的工作，是党的建设的最根本需要，必须常抓不懈。要在导向上注重实

际,推动水利高质量发展的强大精神动力,作为党员教育的首要任务,党委统一领导,组织部门牵头抓总,纪检部门协力配合,党支部全方位负责,实现党员教育管理常态化、全覆盖。在管理上要有力度,严肃党内政治生活,严格"三会一课"、主题党日、组织生活会、谈心谈话等党性教育机制,敢管敢严、真管真严、长管长严。在方法上要有创新,按照"把骨干吸收为党员,让党员成长为骨干"的要求,加大发展党员力度,特别要注重在青年干部中发展党员,不断为党组织注入新鲜力量。要不断完善党员激励机制,关心困难党员、老党员,大力开展评先选优、创先争优活动,建立党员示范岗、责任区、突击队,使广大党员平常时候看得出来、关键时刻站得出来、危急关头豁得出来,以党员的模范作用带动广大干部职工奉献岗位。要强化监督约束,经常谈心、提醒、咬耳朵、扯袖子,促使广大党员不断强化党性修养,始终保持先进性。

第三,持续用力建设高素质干部人才队伍,着力补齐短板锻造长板。习近平总书记指出,要应变局、育新机、开新局、谋复兴,关键是要把党的各级领导班子和干部队伍建设好、建设强。近几年,厅党委从水利事业需要出发,选拔了一批德才兼备的优秀干部,培养造就了一批优秀年轻人才,有力地促进了事业发展。但我们也要清醒看到,新阶段推动水利高质量发展,我们干部人才队伍还存在短板、弱项,急需一批政治品质高、业务能力强、综合素质高、年富力强的优秀人才,急需打造一支"信念过硬、政治过硬、责任过硬、能力过硬、作风过硬"的干部队伍。

一要严把政治关。干部在政治上出问题,对党的危害不亚于腐败问题,有的甚至比腐败问题更严重。我们必须始终把政治标准作为选拔任用干部的第一标准,全方位、多角度、立体式,严格考察干部的政治立场、政治态度、政治觉悟、政治能力,选用既有想干事、真干事的自觉,又有会干事、干成事本领的干部。对那些漠视群众诉求,不关心群众"急难愁盼";那些纪律规矩意识淡薄,欺上瞒下、阳奉阴违;那些对事业毫无追求,一心只想着个人利益等政治上不合格的干部,坚决不能用。

二要严把担当关。有多大担当才能干多大事业,尽多大责任才会有多大成就。要把干事担当作为干部选拔的重要标准,注重在水利事业最基层、改革攻坚第一线、矛盾问题最集中的工作中考察识别干部,注重选用在改革攻坚前沿、重大工程建设、重点项目推进、重点问题整改中敢打能拼的干部,大力选拔敢于扛事、愿意做事、能够干事、不会出事的干部,优先提拔抓发展能力强、促改革办法多、强党建实绩显的干部。对那些遇到问题绕着走,碰到矛盾躲着走,看见难事低头走,回避矛盾、推卸责任、不敢斗争的干部,该调整的调整,该下的就下,树立担当有为、干事有位的正确用人导向。

三要严格教育监督。习近平总书记指出:党委要任命干部,更要监督干部。严管就是厚爱,厚爱就要严管。必须坚持严的主基调不动摇,做到敢管敢严、长管长严、实管实严、真管真严、善管善严。要强化政治监督,严格落实党内政治生活,敢于较真碰硬,见人见物见细节,从点滴抓起,从具体问题管起,及时发现问题、纠正偏差。要多了解党员、干部日常的思想、工作、作风、生活状况,多注意干部群众的反映,经常性开展谈话提醒,抓早抓小,防微杜渐。要狠抓干部日常管理,严明纪律规矩,确保干部始终处于组织、群众、社会及法律法规规章制度等监督之下。

四要抓紧培养使用。培养选拔年轻干部,事关党的事业薪火相传,事关国家长治久安。要下大气力抓好年轻干部的培养、选拔、使用工作。近几年,各单位引进了一批大学生,改善了干部队伍的年龄结构。但是否改善了人才队伍结构呢?现在我们回头看,用到位的有多少?很多大学生引进来后放在基层,晋级没人管,职务提拔进步没人问,想用干部的时候又说这些年轻干部不够格。现在干部人才队伍的断档问题,都是这样发现不及时、培养不及时、使用不及时造成的,我们各级组织、各位领导都有责任。特别是我们的党委书记、总支书记、支部书记,要把培养干部作为义不容辞的职责,必须为水利事业长远发展认真谋划,必须下力气加以解决。要注意挖掘人才,结合平时工作表现,发现一批有专业背景、综合素质较高的年轻干部,定出规划,盯住培养。要注意培养人才,对潜力大、有前途的优秀人才，不论工作多忙，岗位多需要，也要舍得在艰苦环境、多个岗位交流锻炼，促其全面提升。要注意使用人才，对经过培养，各方面表现优秀的，抓紧使用，大胆使用，用在其时，用在其位。要注意储备人才，人事处要组织建立优秀年轻人才库，及时更新，及时补充，优中选强。

五要强化责任落实。各单位党组织要切实贯彻落实党管干部、党管人才的方针，担负起干部人才队伍建设的重任。我们各级班子成员、部门负责人，都是经过层层选拔上来的优秀人才，都有几十年的工作经验，积累了丰富的实践经验，具有较好的组织协调能力，这些资源都是宝贵的资源，要让这些资源发挥更好的作用，一代代传承下去。厅党委将建立人才培养责任考核机制，从今年起，落实各单位党委、班子成员、组织部门人才培养责任，从党委书记抓起，每名班子成员、每个部门负责人都要与1~3名年轻干部建立培养联系机制，确立联系培养目标，精准培养，双向考核。今后，要将这项工作作为考核项目和主要内容，既考核年轻人成长情况，也考核各级组织班子成员培养工作开展情况，力争用几年时间培养一批优秀年轻干部，为水利事业发展增强后劲。要建立完善机制，人事处要加强政策研究，用足用活用好自治区人才政策，继续在吸引人才、培育人才、激励人才、用好人才上下功夫；同时，要做好关心激励工作。对引进的急需紧缺人才、高层次人才，要千方百计帮助解决好住房、医疗、子女就学、配偶就业等问题；对做出突出贡献的人才，在评先选优、职称晋级、职务晋升等方面优先考虑，按照规定进行表彰，确保人才能引得进、留得住、用得好，真正做到用事业吸引人、用感情留住人、用真心培养人。

第四，坚持不懈正风肃纪，推进全面从严治党持续纵深发展。全面从严治党永远在路上。我们必须贯彻落实党的十九届六中全会精神、十九届中央纪委六次全会精神和自治区纪委十二届六次全会精神，坚持严、紧、实，坚持全面从严治党，一体推进不敢腐、不能腐、不想腐，营造海晏河清、风清气正的水利发展环境。

一要突出教育先行。廉政教育是反腐倡廉建设的基础性工作。对此，必须认识明确。要在总结以往工作的基础上，加大教育力度，教育形式要多样，教育方式要灵活，要结合我厅实际，有针对性地开展。既要抓好正面教育引导，更要抓好反面警示教育，还要大力选树干部职工身边的勤廉兼优典型，增强教育的针对性和有效性，引导党员干部自觉廉洁自律。同时，要加强廉政文化建设，统筹运用好"四种形态"，对一些苗头性、倾向性的问题，及时约谈、诫勉、函询，早打招呼，早提醒，不断营造反腐倡廉的良好氛围，形成廉政勤政的良好环境。

二要突出监督问责。加强监督检查，是确保各项工作落实的重要途径。要加强领导干部特别是主要负责人落实廉政规定、执行民主集中制、"三重一大"决策等方面的监督。加强对容易滋生腐败的重点部位、重点环节的监督，全面开展廉政风险排查梳理工作，找准、找实各岗位廉政风险点，制定针对性的防控措施，有效制约权力运行。要针对水利工程建设项目多、资金量大、战线长、分布广的特点，深入开展专项治理，进一步强化水利工程立项审批、招标投标、建设管理、质量进度、资金使用等方面的稽查、检查和审计监督，确保工程安全、干部安全、资金安全。要紧盯"四水四定"、河湖长制、水资源管理等党中央、自治区重大决策贯彻落实，中央环保督察警示片披露涉水问题整改，水利工程建设政府采购领域突出问题专项整治和专项巡视反馈问题整改等强化工作效能督查，压实责任。要抓住不落实的人、盯住不落实的事，严格责任追究，不折不扣推动党中央、自治区各项决策部署落实到位。

三要突出案件查办。加强案件查处，是发挥反腐倡廉"治本"功能的重要手段。近年来水利系统发生的极个别违纪违法案件，再一次向我们敲响了警钟，必须引起高度关注。要充分发挥纪检、审计、稽查、巡察、督察作用以及群众举报监督、媒体监督作用，及时发现和查处违纪违法行为，坚持发现一起、严肃查处一起，绝不姑息迁就。对有案不查、压案不查、瞒案不报的单位和责任人要严肃追究责任，维护纪律的严肃性。

四要强化责任落实。各单位党组织要切实担负起党风廉政建设的主体责任，把党风廉政建设和反腐败工作摆在重要位置，与业务工作同部署、同检查、同考核、同落实。党组织书记要认真履行第一责任人职责，做到重要工作亲自部署、重大问题亲自过问、重点环节亲自协调、重要案件亲自督办。领导班子其他成员要对职责范围内的党风廉政建设切实承担起领导责任，主动出主意、想办法、定期研究、定期布置、定期检查、定期报告。各单位纪委要切实履行好执纪监督专责，协助同级党委加强党风廉政建设，加大办案工作力度，加强与驻厅纪检组的配合，加强与厅机关党委的协同，进一步形成监督合力。

第五，持续加强精神文明建设，不断增强水利发展软实力。全面推进新时期精神文明创建工作，是维护和谐稳定发展环境、推动水利事业发展的需要。各级党组织要不断创新载体，开辟水利精神文明建设工作新境界，更好地服务水利中心工作。

一要培育积极健康的政治文化。进一步深化对党忠诚教育、理想信念教育、革命传统教育，引导党员干部传承红色基因、走好新时代长征路。大力开展"社会主义是干出来的"主题活动，继续做好选树道德模范活动，建好"道德讲堂"，广泛开展法治宣传教育，积极开展爱国卫生运动、全民健身活动、志愿服务行动，加大政治品德、职业道德、社会公德、家庭美德教育力度，扬正气，树新风。

二要持续深化文明创建。进一步加强和规范全行业文明单位创建和管理，持续深化文明单位、文明处室、文明家庭、文明工地、最美水利人等创建活动。厅属各单位都要加大工作力度，努力争创自治区和全国文明单位。对已经创建成功的，要不断完善措施，持续推进，始终保持荣誉。对被取消文明单位称号，多年不开展创建活动的单位，要追究党组织及其负责人责任。

三要不断加强群团工作。加强党对群团工作的领导，党建带工建、党建带团建，紧盯群众所急、党政所需、群团所能的领域，充分发挥桥梁纽带作用，切实把党的意志转化为群众的自觉行动。要按照"去四化、强三性"的要求和工会、共青团、女工组织的特点，不断创新其组织形式、活动内容、活动方式，加强

与驻地、辖区、部门群团组织的交流、合作，不断扩大工作的影响力和号召力。要结合水利工作实际，发挥群团组织的优势，通过扎实组织开展志愿服务活动、岗位练兵和技能竞赛活动、选树工人先锋号、青年文明号、巾帼文明岗等，暖人心、稳人心、聚人心，激励干部职工比实干、比担当、比奉献。

四要大力加强水文化建设。以建设黄河文化传承彰显区为牵引，积极开展黄河法治文化带建设项目，广泛开展节水公益宣传活动，引导公众参与节水护水实践。大力推动传播手段创新，建立融媒体中心，围绕水利工作中心，加大水利宣传力度，讲好黄河宁夏故事，展示宁夏特色水文化。

同志们，一代人有一代人的使命，一代人有一代人的担当。让我们紧密团结在以习近平同志为核心的党中央周围，不忘初心、牢记使命、踔厉奋发、笃行不怠，以水利高质量发展的新成效，向党的二十大和自治区第十三次党代会胜利召开献礼。

聚力攻坚抓项目　千方百计扩投资
为先行区建设提供坚实水安全保障
——在"扩大有效投资攻坚年"活动推进会上的讲话
自治区水利厅党委书记、厅长　朱　云
（2022 年 3 月 14 日）

同志们：

深入开展"扩大有效投资攻坚年"活动，是自治区党委、政府"扩投资""稳增长"的重要举措，是加快经济社会高质量发展的重要抓手。今天会议的主要目的是，认真贯彻落实自治区"扩大有效投资攻坚年"活动部署，动员各级水利部门扎实推进 2022 年项目前期攻坚、工程建设攻坚、投资落实攻坚"三大攻坚行动"，充分发挥水利投资重要支撑作用，加快构建现代水网体系，为先行区建设提供坚实水安全保障。刚才，厅规划计划处对活动方案进行了解读，大家要认真学习，主动认领任务，切实抓好落实落地；吴忠市、建设中心作了交流发言；西吉县、沙坡头区、水投集团围绕工程建设和安全生产作了表态发

言。希望大家互相学习、取长补短，共同推进工作。下面，我再讲三点意见。

一、坚持目标导向，切实增强构建现代水网"机遇感"、推进项目建设"使命感"、扩大有效投资"紧迫感"

扩大有效投资对推动经济平稳运行、补齐发展短板、促进转型升级、增强发展后劲具有重要作用和重大意义，特别是对我们宁夏这样一个经济欠发达地区尤为重要。当前和今后一个时期，是我区转变发展方式、优化经济结构、转换增长动能的机遇期，更是水利大投资、大建设、大发展的黄金期。各级水利部门要切实强化使命意识、机遇意识、责任意识、担当意识，切实把思想和行动统一到中央和自治区部署上来，坚定发展信心、勇毅克难前行，精准扩大有效投资、持续优化投资结构，真正把投资的质效转化为发展成效。

一是统一到中央重大决策上来。中央经济工作会议明确指出"要适度超前开展基础设施投资"。刚刚闭幕的全国两会政府工作报告把"建设重点水利工程"放在"积极扩大有效投资"的第一位，释放了国家加大水利基础设施建设重点领域投入的强烈信号。国家发改委、水利部联合印发了《"十四五"水安全保障规划》。水利部先后印发实施国家水网重大工程、完善流域防洪工程体系等"六个指导意见"和"六个实施方案"，对我们新时期加大水利建设力度、推动水利高质量发展作出系统部署。水利投资是固定资产投资的重要组成部分。要认真贯彻党中央、国务院决策部署，抢抓国家稳投资、扩内需重大机遇，牢固树立"抓项目就是抓投资、抓项目就是抓发展"的理念，用心抓项目、悉心谋项目、精心干项目，不折不扣把加快水利建设、扩大有效投资的政治责任放在心上、扛在肩上、抓在手上。

二是统一到自治区决策部署上来。自治区党委经济工作会议明确今年抓好的6个方面任务中，第一项内容就是"要扩需求"，指出"扩大内需的发力点在有效投资""要把扩大有效投资作为稳增长、扩内需的'牛鼻子'"。自治区政府工作报告指出要持续扩大有效投资，聚焦"十大工程项目""六个一百"重大项目，营造大抓项目、抓大项目的浓厚氛围。2月22日，自治区政府召开"扩大有效投资攻坚年"活动动员大会，要求进一步增强抓项目、扩投资的责任感和紧迫感，持续推动全区投资持续有效增长，确保一季度实现"开门稳""开门红"。水利部门要充分发挥支撑作用和带动作用，全面落实自治区党委、政府决策部署，调动资源要素、用好政策举措、释放潜力潜能，做到总量和结构"双发力"、投向和投效"双提升"、谋划和建设"双驱动"、质量和安全"双托底"，力促水利建设取得新成效、投资规模实现新突破。

三是统一到高质量完成年度目标任务上来。自治区"扩大有效投资攻坚年"活动明确"全区固定资产投资增长8%"的目标任务。自治区"六个一百"重大项目清单明确今年实施水利项目61项、年度水利投资规模达72亿元，要求3月份项目开复工率达到70%、5月份应开尽开，上半年投资完成率达到50%以上、全年要达到100%。《水利厅"扩大有效投资攻坚年"活动实施方案》在项目前期、开工节点、资金落实、建设进度、计划执行等方面，明确了任务、作出了部署、提出了要求。这些都是硬指标、硬任务、硬杠杠，是不能打一点折扣的。这些目标和任务是非常艰巨的，是对我们的考验和检验，也是经过努力可以实现的。我们各级水利部门要拿出"争"的意识、"拼"的韧劲、"抢"的态度，采取超常规的措施，千方百计破除制约因素、打通关键环节，以踏石留印、抓铁有痕的实干作风，推进前期储备项目尽早立项、新建续建项目加快进度，确保不折不扣完成年度目标任务。

二、坚持问题导向，坚决克服担当精神不足"不愿为"、惧怕承担风险"不敢为"、缺乏思路办法"不善为"

2021年，各级水利部门克服新冠疫情影响等不利因素，力推固扬水更新改造、清水河流域城乡供水等重大工程和"互联网＋城乡供水"等16类355项市县项目建设，全区水利投资规模达70.95亿元，充分发挥了扩内需、稳投资、惠民生的积极作用。但部分市县和单位仍然存在项目储备不足、投资落实不力、推进力度不够、安全监管不严等问题。这些问题，在工作中都显现出来，甚至影响了当地党委、政府对水利部门的评价,有的领导觉得水利资金少,究其原因还是项目少。大家要深入研究、科学分析、找到症结、靶向施策,真正搞清楚"差什么""为什么""抓什么",切实采取有效举措加以解决、推进工作。

一是坚决摒弃"等靠要"思想,强化担当、主动落实项目投资主体责任。从2021年水利投资落实情况反映出:有的市县项目储备多、落实资金多、配套资金到位、项目建设成效好,但有的市县就不尽如人意,如银川市项目储备不足,导致市本级水利投资下滑;中宁县、永宁县本级财政基本没有落实配套资金,不仅影响了当年项目建设进度,而且影响了后续项目争取。2022年项目谋划推进过程中,泾源县、盐池县、中宁县、永宁县项目储备明显不足,纳入自治区"六个一百"项目清单的屈指可数,对下一步资金争取造成不利影响。有的市县"怎么干"等自治区安排,"能不能干"等自治区落实资金,甚至个别县需要配套资金时就"宁可不干",国家支持宁夏项目配套资金已经很少。这些问题充分说明有关市县对中央政策不了解、不掌握,对自治区部署缺乏深入思考,已经跟不上时代发展要求。各市县要充分认识中央、自治区事权、财权下放新形势、新要求,主动作为、务实担当,真正把加快水利基础设施建设作为当地今后一个时期经济社会发展的基础工作、重要任务,彻底扭转项目储备不足和水利投资下滑等不利局面。

二是有效破解"中梗阻"问题,强化协作、凝聚推进工程建设强大合力。去年,中卫市和隆德县、海原县、利通区、红寺堡区、贺兰县等县(区)投资计划执行率低于70%,没有完成年度投资计划执行目标。银川都市圈城乡西线供水、中卫河北地区城乡供水等3项重大工程和主要支流治理、新建水库、病险水库除险加固、山洪灾害防治、水利救灾5类面上项目投资完成率低于80%,没有完成年度建设任务。这些问题的存在,反映了我们思想认识不到位、工作措施不实、协调力度不够等,务必要引起高度重视。今年,各市县水利部门和单位都要建立健全"一个项目、一个领导、一套班子、一抓到底"的工作机制,切实做到区、市、县三级水利部门纵向联动,强化与发改、财政、自然资源、生态环境等多部门横向协同,确保项目建设有序推进。各级水利部门要切实解决好前期推进缓慢、征地拆迁困难、项目资金短缺等问题,有针对性地采取措施,想方设法、克服困难,全面提升工程建设和投资计划执行效率。

三是大力整治"宽松软"现象,强化监管、切实守住水利安全生产底线。去年4月8日,中宁县喊叫水中型灌区改造项目新建蓄水池发生溃口事故,引起广泛关注,给我区水利行业形象造成了严重影响。水利厅专门召开全区水利工程建设推进暨建设管理整治工作会议,在全区水利系统开展了集中整治。当前集中整治工作还没有结束,西吉县葫芦河中型灌区改造项目、清水河流域城乡供水工程施工现场又相继发生人员伤亡事故,教训极其深刻。这么多年,我们一直强调安全生产工作的极端重要性,安全生产无小事、安全责任重于天,然而我们有的同志依然心存侥幸,麻木不仁,缺乏人民至上的思想和对生命的敬畏之心。这些问题,说到底都是责任不到位、违规操作、监管不力造成的。这是血的教训,务必要引起警示。3月8日至11日,王道席副主席带队深入固原、中卫、吴忠等地水利工程施工现场,对加快工程建设进度、加强安全管理、强化安全生产监管提出了明确指示和严厉要求,"明天我们专门召开安全生产工作会议安排部署"。水利工程点多、线长、面广,安全生产任务十分艰巨,监管责任重大。各市县、各单位要深刻汲取血的教训,做到举一反三、警钟长鸣,立即、全面开展水利行业安全生产大排查大整治,严格落实安全生产"党政同责、一岗双责、齐抓共管",坚决做到"事故原因未查清不放过、责任人员未处理不放过、整改措施未落实不放过、有关人员未受到教育不放过"四不放过,守牢安全生产底线红线,坚决杜绝各类安全生产事故再次发生。

三、坚持结果导向,全力以赴夯实项目储备"强引擎"、拓宽投资渠道"聚动能"、干出工程建设"加速度"

2022年水利建设任务十分繁重。当前水利建设已进入集中开工期、建设提速期,各级水利部门要抢抓有利时机,压实责任、靠实目标、夯实举措,力争项目建设和投资落实再上新台阶。

一要善谋划强储备。做好项目谋划储备是推动水利高质量发展的基础。要紧紧围绕"建设黄河流域生态保护和高质量发展先行区"战略定位和推动水利高质量发展目标，在已储备1800亿元重大水利项目的基础上，再谋划一批新项目大项目好项目，建立"建设一批、储备一批、谋划一批"的梯次推进机制，形成接续不断、滚动实施的良性循环。各级水利部门在项目谋划过程中，要注重与国家、自治区各类规划和投资政策的有效衔接，找准与发展方向、重点领域、产业布局的契合点，有针对性地谋划储备一批防洪减灾、现代化灌区、特色产业供水、新建中小型水库等类型项目，创新谋划储备一批水生态修复治理、水利新基建、非常规水利用等类型项目，并做好国家重大项目库、地方政府债券项目库、水利三年滚动项目库的入库工作，不断增强水利发展动能后劲。

二要推前期促立项。年初，水利厅已印发《关于做好2022年水利项目前期工作的通知》，逐项明确了水利项目前期工作责任单位和完成时限。各级水利部门要主动认领任务，逐项明确责任人、时间表、路线图，压茬推进项目用地、社会稳定风险评估、环境影响评价等要件办理，确保前期成熟一项、立项审批一项、开工建设一项。项目设计单位要落实专班设计要求，切实提高设计质量和效率，按期提交高质量的设计成果。水利厅各项目主管部门要下沉一线、加强指导、靠前服务，及时协调解决前期工作推进过程中存在的问题，同步开展设计质量专项整治，确保勘察设计"深、细、实"和审查审批"精、准、快"。

三要早开工快建设。各级水利部门要实行"以日保旬、以旬保月、按天控制"的工作举措和"周报告、旬例会、月调度、月通报"工作机制，尽快掀起开工高潮，全面加快建设步伐。各项目法人单位要提前协调完成招投标、征地拆迁、施工准备等工作，强化资金、用地、用工等要素保障，确保自治区重点水利工程全面开复工，力争海原西安供水、彭阳石家峡水库及中小河流治理、水土保持等10类面上项目能开尽开。各市县要积极引进社会资本、利用金融机构融资等多种方式加快推进"互联网＋城乡供水"工程建设，固原市要全面完成，石嘴山市、吴忠市、中卫市要全

面开工，银川市要完成可研批复。要科学制定施工计划，逐周逐旬提出进度节点要求，倒排工期、挂图作战，开足马力强力推进项目建设和投资执行，确保投资计划执行率上半年达到50%、8月底达到70%、年底前达到100%。

四要抢机遇扩投资。水利厅各部门要积极跑部进京，全力争取中央预算内资金、水利发展资金等中央投资支持，力争投资规模只增不减。水利厅各处室主动服务、积极协调、尽力争取项目资金，各市县要落实资金筹措主体责任，及时向当地党委、政府汇报项目资金需求，通过一般债、专项债、涉农资金统筹整合、先行区建设基金等多渠道筹措资金，力争地方资金大幅增加。要采取有效措施吸引和撬动市场投入，鼓励引导社会资本投资、充分利用金融融资，积极探索基础设施不动产投资信托基金（REITs）试点，力争市场融资规模达到20亿元以上。

五要重质量防风险。投资强度越大、建设项目越多，越要强化工程建设管理，越要重视工程质量安全。各级水利部门和单位要建立健全"项目法人负责、设计单位把关、监理单位控制、施工单位保证、政府部门监督"五位一体质量安全管理机制，实现全覆盖的质量安全管理。要建立奖罚分明、惩处有力的责任追究制度，严防层层转包降低投资标准、影响工程质量安全的情况发生，凡违反质量管理有关规定、未履职尽责造成质量事故的要依法追究相关责任，让每一项水利工程都经得起历史检验。要强化审查审批、招标投标、建设管理、资金使用等关键环节的风险防控，确保工程安全、资金安全、干部安全。

六要强监管严考核。要强化"大干大支持、不干不支持"的激励机制，加强平时监管、严格全程考核、年终兑现奖惩，凝聚"比学赶超、大干快上"良好氛围。水利厅节水供水处、农村水利处、河湖管理处、水库移民处等各业务主管部门要充分发挥职能作用，采取专项稽查、定期督导、随机抽查等方式，加强业务监管和督导检查，对有关市县和重点项目进行专项督办、专人盯办，及时发现问题、督促整改到位。建设运行处、安全监督处要落实建设管理、安全生产监管责任，切实提升监管效能，加强对项目法人、设计、

监理、施工单位建设管理和安全生产责任的全过程监管,要监管到位,有力度、有效果、有作为,不能软弱无力、形同虚设。对发现问题整改不力的,该通报要通报、该约谈要约谈、该停工要停工、该处罚就处罚、该清退就清退、该取缔就取缔,决不能手软、不能徇私枉法,让那些不守规矩、不守规程的"害群之马"绝对没有市场。规划计划处要逐月逐项对前期工作推进、投资计划落实情况进行通报,年底进行终期考评,对工作推进有力的,在项目投资安排上予以激励;对工作推进不力的要给予相应惩戒。

同志们,一分部署、九分落实。转眼第一季度就将过去,我们要以"开局就是决战、起跑就是冲刺"的奋进姿态,真正紧张起来、迅速行动起来,振奋精神、真抓实干,争分夺秒、大干快干,保质保量完成自治区党委、政府确定的目标任务,为推动经济社会高质量发展做出应有贡献。

全力以赴精心做好引黄灌溉工作
以水资源高效利用推动高质量发展
——在全区引黄灌区灌溉工作会议上的讲话
自治区水利厅党委书记、厅长　朱　云
（2022 年 3 月 14 日）

同志们:

这次会议的主要任务是:贯彻落实自治区党委农业农村工作会议、全国水利工作会议和全国农村水利水电工作会议精神,总结 2021 年灌溉工作,分析当前灌溉工作形势,安排部署 2022 年工作。刚才,自治区水调中心、厅农水处分别对 2022 年度全区水量调度和灌溉供水工作进行了安排部署,请大家务必抓好落实。下面,我讲三点意见。

一、2021 年引黄灌溉工作成效显著

2021 年,面对 60 年来最严重的旱情和异常繁重的灌溉供水任务,全区水利系统坚持把抗旱保灌作为防风险、保安全、促发展、惠民生的首要工作,在自治区党委和政府的坚强领导下,在各部门大力关心支持下,统筹各业用水需求、科学分析供水情势、

强化工程运行调度,深入开展"供水服务提升年"活动,在非常之年担非常之责、尽非常之职、施非常之策。水利工程经受住了大流量、高水位、长时间运行的考验,保障了全区 720 万城乡居民饮水安全和 1000 余万亩农田有效灌溉,实现了大旱之年无大灾,保障了粮食生产"十八连丰"。去年的灌溉工作取得了显著成效,实践也再次表明,做好灌溉管理工作必须抓好 3 个方面重点:

(一)夯实农业生态水网是基础。青铜峡、固海等大中型灌区续建配套与现代化改造加快建设,盐环定、红寺堡、固扩更新改造及西干渠扩整改造等水源工程相继投运,在去年的大旱之中发挥了很重要的作用,工程效益、效能得到了充分显示,输水能力大幅提升,在超流量等情况下依然安全运行,在抗旱保灌工作中发挥了决定性作用。

(二)科学精准调度水量是关键。部分干渠比往年提前 20 天开闸放水,固海扩灌扬水等延长 20 多天供水,三大扬水加足马力满负荷运行,扬水流量达到 85 立方米 / 秒,达到了历史之最。全年累计安全行水 214 天,超近三年平均供水时长 20 多天,年度供水时长达历史之最。唐徕渠、西干渠跨渠系调水,首次实现了我区干渠间联合调度。

(三)优化供水管理服务是保障。广大水利职工发挥特别能吃苦、特别能战斗的精神,恪尽职守、坚守岗位,针对重点区域、重点部位、重点时段,昼夜巡护、现场协调配水,全力保障供水工程安全运行,解决痛点难点问题和群众最急盼最关心的水问题,做到了事事有回复、件件有着落。

一年来,引黄灌溉工作措施有力、成效显著,抗旱保灌取得重大胜利,得到了自治区党委和政府的高度肯定,得到了灌区群众的充分认可。这些成绩来之不易,凝聚着广大水利干部职工无私奉献和辛勤汗水,也离不开自治区相关部门的大力支持、关心以及密切配合。在此,我代表水利厅向大家致以衷心感谢和崇高敬意!

二、准确把握当前灌溉工作新形势新要求

宁夏灌溉历史悠久,自古以来就有着"没有灌溉就没有宁夏农业。"这是我们特殊的地理位置造就

的，同时也有"天下黄河富宁夏""黄河百害，唯富一套"一说。引黄灌溉对宁夏，特别是对宁夏农业来说，是至关重要的。灌溉质量好不好直接决定农业生产好不好，灌溉质量高不高直接决定农业发展质量高不高。2022年是党的二十大、自治区第十三次党代会召开之年，也是实施"十四五"规划攻坚之年，特别是，今年是巩固脱贫攻坚成果与乡村振兴有效衔接的关键之年，做好今年的灌溉工作意义尤其重大。一定要准确把握当前我区灌溉工作形势和任务，进一步增强责任感和使命感，全力为自治区经济社会发展提供好水安全保障。

（一）水资源刚性约束提出新要求。习近平总书记指出，要全方位贯彻"四水四定"的原则，坚决落实以水定城、以水定地、以水定人、以水定产，精打细算用好水资源，从严从细管好水资源。这是总书记对我们的殷切希望。自治区"十四五"用水权管控指标方案明确要求，充分挖掘农业节水潜力，优化调整三大领域用水结构，从紧核算各业用水，坚决抑制不合理用水需求。经过多年努力，我区用水结构日趋优化，但目前，我区农业用水占比仍高达82.8%，灌溉水有效利用系数仅为0.56，大水漫灌现象依然存在，还没有完全解决掉，节约利用、综合利用、高效利用水资源的潜力还很大，特别是农业节水这块，是我们的重点和主战场。必须要严格落实"节水优先"方针，合理分配水量、推动按定额科学灌溉、推广高效节水灌溉，把用水效率和效益都要提上去，把总量省出来，以农业节水支撑工业化城镇化发展，支持经济社会高质量发展。

（二）保障粮食安全提出新要求。水利是农业命脉。今年中央一号文件要求"主产区、主销区、产销平衡区都要保面积、保产量"。国家要求我们把粮食产量不下降、力争多增产作为中心任务，主动扛起粮食安全政治责任，严格落实粮食安全党政同责要求，扛稳粮食生产属地责任，这是一项严肃的政治任务，我们要心怀"国之大者"，清醒地认识当前的形势和任务；今年下达我区粮食播种面积1034万亩，为近三年最高，这也是坚决贯彻落实中央部署要求，承担我们宁夏应该承担的责任。今年不但面积是近三年最

高的，而且要求也很高，所以，我们要保灌溉、保粮食稳产增产，希望大家一定要站在大局上，要充分认识今年党中央、国家对我们粮食生产、对水利工作的要求是不一样的；从另外一个角度来分析，气象部门预测今年我区气温比正常年份偏高，特别是7—10月出现高温天气的可能性比较大。综合种植结构要求、粮食安全生产以及气候等因素的影响，今年灌溉形势依然十分严峻，大家不敢掉以轻心。我们要牢牢守住保障国家粮食安全这条底线，强化农业用水管理，提高供水保障能力，为夯实粮食安全基础提供坚实的水利支撑。

（三）水利高质量发展提出新要求。推动水利高质量发展是当前我们工作的主题。进入新发展阶段，灌溉工作已由广大农村群众渴望能灌上水、提高亩产转变为旱涝保收、优质高效的需求。我们必须要适应这种要求，要统筹处理好灌溉与城乡饮水、工业生产、生态环境保护等各方面的要求和各领域之间的关系，水量配置要更合理、农业灌溉要更及时、水量计量要更精准、水费收缴要更规范；群众对美好生活的向往就是我们的追求，在这个环节对美好生活的向往就是不但要灌上水，而且要灌好水、灌及时水。我们更要推动灌溉用水向高效益领域、高附加值农业产业流转，这就需要我们在种植结构上更优化、在田间管理上更精细；要构建与新型农业经营体系相适应的现代灌溉设施体系、技术体系和管理体系，形成与农业现代化进程相协调的灌溉发展规模与发展布局，夯实农业农村现代化发展和乡村振兴水利基础；就是我们水利灌溉工作要跟农业生产发展需求相适应、相促进、相推动，不是被动的适应，不是地种哪就灌哪，种多少灌多少，我们要主动配合、主动适应，还要倒逼结构优化、倒逼体制机制的转型发展。

三、扎实做好2022年灌溉工作

对做好今年的灌溉管理工作，自治区政府非常重视。上周，王道席副主席利用一周时间，带领我们对春灌准备工作深入现场进行了详细调研，对做好今年的灌溉管理以及安全生产提出明确详细的要求，我们一定要认真抓好落实。今年灌溉工作任务重、挑战多、要求高，我们要树立科学精准灌溉理念，

充分做好应对大旱的思想准备，认识抗旱保灌的重要性和艰巨性，坚决克服麻痹思想和侥幸心理，牢牢把住关键问题、突出重点，扎扎实实做好各项工作。

一是加快建设现代化生态灌区。目前我区部分灌区还存在工程标准不高、老化失修严重、安全保障能力弱、信息化水平还不够等问题，要以骨干灌排工程除险加固、大中型泵站更新改造、测控一体化等量测水设施配套、灌区信息化建设为重点，加快青铜峡、固海、原州区清水河、西吉县葫芦河等灌区续建配套与现代化改造，推进贺兰山东麓葡萄长廊供水保障工程和抗旱调蓄水库建设，进一步消除安全隐患、提升灌溉供水保障能力。同时，要及时把管理工作跟上去，坚决克服"重工程轻管理"思想，要结合水权水价制度改革，全面推行标准化规范化管理，以建设现代化灌区为抓手，加快建立"投、建、管、维、服"一体化、市场化、社会化灌区供水管理服务体系，以灌区现代化支撑农业现代化。

二是加快推进农业水价综合改革。农业水价综合改革是破解当前灌溉管理难题的关键，一定要按照"提水价、降水量、稳水费"要求，完善农业用水管理、水价形成、水利工程良性管护、节水奖励与精准补贴四项机制，以及反映水资源稀缺性、有利于提升水资源利用效率、与投融资体制相适应的农业供水价格形成机制。加快推进骨干供水和末级渠系按成本收费，增强用水户节约用水意识。加强水费"统一征收、分级管理"，各县区全面执行末级渠系新水价，水费统一纳入县级财政预算管理，实行水费财政专账、电子化收缴。严格落实水费公示公开制度，完善水务公开制度，保障群众参与权、知情权，接受群众监督。目前，全区已有8个县区建立县级水费财政专账；吴忠市整体工作抓得比较紧，取得了较好成效；银川市三区、固原市原州区等地在这项工作上还比较滞后，要进一步高度重视、认真分析原因、切实加大力度、加快推进。

三是靠实灌溉管理责任。今年，全区水量分配及调度计划已印发各市、县（区）人民政府，这是做好今年灌溉工作的重要依据，各地各有关部门一定要严格执行。各市县要落实灌溉用水管理主体责任，认真

做好县域内水量调配和末级渠系水量调度，及时准确把水量细化分解到各直开口和用水单元，精准制订时段用水计划，同时，要主动与供水单位联系沟通。要认真组织开展农业用水管理专项行动，规范基层用水管理组织，建立健全工程管护、灌溉管理、水量核算、水费计收等制度，推行"用水合作社""专业化服务公司"等模式，进一步强化末级渠系、高效节灌、蓄水池、机井等农田水利设施运行管护，压实主体责任，建立问题隐患及整改清单，提升农田水利"最后一千米"管理水平，保障工程良性运行、发挥效益。

四是科学精准调度水量。各级水利部门要服从全区水量统一调度，对沿黄小型农业取水口全部统一管理，严格执行调度指令，切实维护用水秩序。各水管单位要主动深入灌区、加强调研对接，及时准确掌握各业用水需求，细化旬月调度方案，制订用水调度应急预案，落实落细防范应对措施，做到科学精准调度。充分发挥现有水利工程调蓄能力和供水潜力，灵活采取提前开灌、加大流量、跨渠调度、渠库互补等措施保障灌溉供水，特别要解决好高口高地、渠道末梢灌水难等问题。充分利用调蓄水设施储备抗旱应急水源，做到应蓄尽蓄。用足用好生态补水指标，协调解决灌溉高峰期农业与生态用水矛盾，落实湖泊湿地生态补水计划，坚决杜绝随意扩大水面、人造水面景观行为。

五是守住安全生产底线。从去年到今年发生的几起水利安全生产事故看，水利行业安全生产还存在一些突出问题和薄弱环节，有些水利生产经营管理单位安全责任落实不到位，风险隐患排查整治不彻底，不认真排查、查不出问题、整治不及时不到位等问题并存；有些水行政主管部门监管责任不清晰，"三管三必须"履职不到位，重业务、轻安全，等等。这些问题归根结底是思想认识不到位、履行职责不到位的问题，说到底就是政治站位不高。各级水利部门要牢固树立安全发展观，充分认识到发展是安全的基础和保障，安全是发展的前提和条件，深刻吸取事故教训，把安全生产制度措施贯穿日常业务各环节各领域，切实加强灌溉工作事前防范和事中管理。事

前要加强安全生产教育培训,完善各类应急预案,全面排查泵站、机电、渠道及建筑物等设施设备,及时维修改造,消除隐患。事中要把安全生产责任落实到每个单位、每个领导、每个部门、每个岗位、每个班组、每个环节,切实构建人人有责、人人负责的安全责任链条,严格按制度、按规矩、按规程作业;灌溉期间要强化渠道、泵站、水闸、渡槽、涵洞等设施安全运行管理,加强日常巡护,针对重点区域、重点部位、重点时段,加大巡护力度、加密巡护频次;要及时开展水毁工程修复,确保工程安全、人员安全、供水安全。

六是提高田间用水效率。推进水资源节约集约利用是大趋势、硬任务。今年是执行"四水四定"管控方案的第一年,水量分配有一些新变化,部分县区农业用水较往年有所减少,主要是过去水量分配比较宽松、灌溉面积测算不够精准,现在测算更精准了、定额约束更严格了,就必须要按实际面积和定额测算水量严格执行。各市县和水管单位都要积极适应这种新情况、新变化,不要想着增加水量指标,要认真落实好"四水四定"要求,要层层签订供用水协议,加强定额配水管理,坚决遏制粗放用水。要大力推广滴灌、喷灌等高效节水灌溉方式,发展高效节水农业,加强田间灌溉用水管理,杜绝大水漫灌、重复灌溉、昼灌夜停、纵水入沟等浪费水现象,切实提高灌溉用水效率。

最后,我想着重强调一下作风建设。习近平总书记反复强调坚守绝对忠诚的政治信仰、坚定人民至上的深厚情怀、坚持迎难而上的问题导向、树立真抓实干的工作作风、发扬坚韧不拔的斗争精神,这些都是新时代作风建设的新内涵、新要求。水利行业要以彻底的自我革命精神,以永远在路上的执着,持续抓好作风建设,让光荣传统在传承中继承传播,让优良作风在坚持中发扬光大。要始终牢记做好灌溉供水工作是水利部门的使命所系、职责所在,要强化责任落实,主要领导亲自抓、分管领导具体抓、职能部门抓落实,上下"一股绳",全区"一盘棋",统筹做好供水保障工作。要回应群众关切,开展进村入户到地头活动,认真听取群众意见建议、及时解决群众困难,防止水事纠纷和越级上访事件,维护良好灌溉秩序。

要凝聚部门力量,各县(市、区)水务部门和水管单位要明确职责分工,密切协调配合,加强应急响应联动,形成工作合力。要抓好队伍建设,强化业务技能培训,着力培养一批基层青年复合型人才,建立一支思想到位、技术到位、服务到位、拉得出、顶得上的专业化队伍。要加强人员管理,坚持严管就是厚爱,严肃工作纪律、强化管理考核、完善激励机制、激发实干活力,营造想干事、能干事、干成事的浓厚氛围。要开展宣传引导,积极倡导优化作物种植结构,助力春耕备耕;总结推广抗旱保灌好的经验做法,为实现全年粮食生产目标任务奠定坚实基础。

同志们,人勤春早、春华秋实。灌溉工作事关经济社会发展大局,事关广大农民群众切身利益,事关水利行业形象,任务十分艰巨,责任十分重大。让我们立即行动起来,坚定信心、迎难而上,埋头苦干、勇毅前行,全力以赴精心做好引黄灌溉各项工作,以优异成绩迎接党的二十大和自治区第十三次党代会的胜利召开!

强化工作措施　坚决防范风险
为我区新阶段水利高质量发展提供安全保障
——在全区水利安全生产工作会议上的讲话
自治区水利厅党委书记、厅长　朱　云
（2022年3月15日）

同志们:

这次会议主要任务是:深入贯彻落实国务院、自治区安全生产电视电话会议、全国水利监督工作会议和全区水利工作会议精神,深刻分析当前水利安全生产形势,以案示警、以案促改,切实提升水利安全生产管理能力和水平,坚决防范各类安全生产风险,坚决遏制各类生产安全事故发生。刚才,麦山同志传达学习了习近平总书记关于安全生产重要论述和李克强总理重要批示精神,传达了国务院,以及自治区和水利部安全生产工作会议精神。我们要认真学习,深刻领会,坚决贯彻落实到位。岚海同志通报了全区水利安全生产状况评价结果和"2·19""3·6"

两起事故情况。我们要深刻地汲取事故教训,引以为戒、举一反三,切实补短板、强弱项,全力做好水利安全生产工作。下面,我再强调三点意见。

一、加强管理,全区水利安全生产工作逐步推进

2021年,全区水利系统认真学习贯彻习近平总书记关于安全生产重要论述和重要指示批示精神,深入贯彻落实国务院,以及自治区和水利部部署要求,紧紧围绕水利中心工作,严格落实安全生产责任,扎实开展风险管控和隐患排查治理,水利安全生产工作取得了一定的成效。主要做了以下工作。

一是不断完善安全生产责任体系。按照"党政同责,一岗双责"和"三管三必须"的要求,修订水利厅安委会工作规则和水利厅安全生产权责清单,制定了综合监管和专业监管责任清单,督促水利生产经营管理单位落实全员安全生产责任制。

二是稳步推进专项整治三年行动。建立了360项工程及763家生产经营单位的清单,完成了列入自治区专项行动的14项任务,排查突出问题21个,对应制定了23项制度措施;排查重大隐患19个,全部挂牌督办,完成整改6个,其余13个正在按计划实施整改。

三是扎实开展重点领域安全监管。围绕水利工程建设、运行两大重点领域,开展监督检查40次,排查整治隐患1752个。建立了全区规模以上1433个水利工程名录,累计辨识危险源5599个,全部落实管控措施。

四是逐步夯实安全生产基础。推进安全生产标准化建设,12家单位通过达标评审。开展"安全生产月"活动,水利厅获得全国"水安将军"竞赛活动优秀组织奖。开展了1172场次4000多人参加的应急演练。开展了水利安全文化建设等。

二、认清形势,切实提高水利安全生产重要性的认识

安全生产事关人民的生命财产安全,事关社会稳定大局,事关水利事业健康有序发展。近期,全国水利行业和我区水利系统相继发生了多起生产安全事故,造成了重大经济损失和人员伤亡,引起了社会各界的广泛关注,引起了有关部门和领导的高度重视。每一起事故,都是血淋淋的教训,再一次向我们敲响了警钟。我们一定要深刻总结汲取教训,认真分析原因,切实提高思想认识,果断采取有效措施,全力做好安全生产工作。

第一,从落实中央、自治区的决策部署看。习近平总书记多次强调,安全生产是民生大事,一丝一毫都不能放松,要以对人民极端负责的精神来抓好安全生产工作。自治区安全生产工作会议指出,要以最坚决的态度、最有力的举措、最扎实的作风,切实抓好安全生产工作。安全生产问题,归根到底是政治问题;安全生产责任,归根到底是政治责任。中央一再强调,要统筹好发展与安全两件大事,安全是发展的基础,是发展的前提。我们要牢牢记住人民至上、生命至上,要敬畏生命、敬畏法纪、敬畏规矩,要牢牢记住安全生产这个"国之大者",站在捍卫"两个确立"、增强"四个意识"、坚定"四个自信"、做到"两个维护"的政治高度,深刻认识做好安全生产工作的极端重要性,切实把思想和行动统一到党中央、国务院决策部署上来,统一到自治区党委、政府以及水利部部署要求上来,切实强化红线意识,坚守底线思维,坚决抓好安全生产,坚决遏制生产安全事故的再次发生,真正做到守土有责、守土尽责,让组织放心,让群众安心。

第二,从新阶段高质量发展的要求看。水利部推进新阶段水利高质量发展六条实施路径中,均对强化水利安全风险的防范作出了明确要求。春节过后,我们举办领导干部培训班,对高质量发展六条实施路径指导意见及实施方案进行反复研读、讲解、学习。全国水利监督工作会又强调,安全生产是水利行业的底线,必须作为水利工作的重中之重。全区正在进行黄河流域生态保护和高质量发展先行区建设,水利是先行区建设的关键、重点、难点,水利安全生产更是水利高质量发展的前提、保障和基础。我们现在还存在着安全生产体制不健全、管理体系不完善,特别是安全发展的理念树得不牢,责任落得不实,基层基础工作薄弱,个别干部职工责任意识不强,甚至有玩忽职守的情况,这与水利高质量发展的要求极其不相适应。所以,我们要始终保持清醒的头脑,始终紧绷安全生产之弦,强化安全生产防范,把各项工作做扎实、做细致,补齐短板、堵住漏洞,确保水利安全生产形势持续稳定向好,坚决维护人民群众生命财产安全。

第三,从生产安全事故暴露的问题来看。从2月19日到3月6日,在半个月内,连续发生了两起人员伤亡的生产安全事故,不仅仅是带来了负面影响,更是血淋淋的教训!虽然现在事故调查报告还没有出来,但从事故类型看,都是属于管沟坍塌,这一类事故,在施工中屡次发生,教训不是一次两次了,为什么这么多血的教训都还没有引起有关部门、有关同志的重视?我们有些人可能已经麻木到了极致。这么简单的事情、简单的工程,都出现这样的事情,那我们还有很多复杂的施工、高难度的施工,我们怎么管?我们怎么控制?大家要深入思考、认真分析、深刻反思。从事故现场看,现场无指挥、没有防范措施,这是严重的违规作业。所以,每次事故的发生,看似是偶然,其实是必然,事故根源、祸害早在管理过程中就埋下了。这不仅仅是项目法人管理不到位、监理单位履责不到位、施工单位落实责任不到位、风险隐患排查不到位、安全措施落实不到位等这些不到位的问题。这么多单位、部门,包括我们的监管单位,是不是有玩忽职守、失职渎职的问题?这要待事故调查认定。项目法人、监理、施工单位看似都有制度,都有专职人员,为什么一个环节都没把住?层层缺位,层层失守。如果有一个环节能够负责一点,有一个环节能够把关一下,也不至于酿成这样的后果。这么多人、这么多部门都在履责,都没到位、都在失责。所以,教训是深刻的,每个人都要举一反三,都要反省自己的行为。从经济分析看,最近,我们对一些单位和人员实施处罚。有人说,这些单位都不容易,一处罚就影响他们干活、影响企业的发展、影响企业职工工资和生活。听起来似乎很有道理,好像很爱护这些单位,实际上都在无形中害了这些单位。我给大家简单的算一笔经济账,事故造成一人死亡,直接赔偿就100多万元,考虑监管部门的罚款、停工,死亡一个人可能就在200多万元。这还不算企业信用、从业人员信誉及资质的影响,两个人就是四五百万元。对企业就

是纯利润,你得干多少活才能弥补?所以严管才是厚爱,厚爱就要严管。我们如果不严管、放松了,就是在害这些企业。这两起事故水利厅还将根据调查结果,依法依规对相关责任单位、责任人进行严肃处理。必须要让失职的人受到处罚、付出代价,绝不能护短、绝不能迁就、绝不能姑息。从遇难者家庭看,每个务工人员都是家庭的顶梁柱,上有老、下有小,上有年迈的父母、下有妻儿,有的农民工可能还有两三个孩子,一旦不幸遇难,获赔100来万,可是家里的顶梁柱塌了,那不是拿钱能够解决的问题,一起事故就是对一个家庭毁灭性的打击。所以,我们一定要有生命至上的理念,要敬畏生命,对玩忽职守的人怎么严厉处理都不过分,再发生类似的事要顶格处理。所谓顶格处理,就是怎么严怎么处理,法律法规哪一条严,就照那一条处理。能给党纪处分的就党纪处分,够给政纪处分就政纪处分。有时候靠罚款不一定能解决问题。

最近对这件事情,自治区政府高度重视。上周,道席副主席利用一周时间到我们水利工程现场,专门就安全生产工作进行了全面的检查督促,提出了严肃、严厉的要求。今天上午,召开全区河长制第一次联席会议,道席副主席又强调安全生产。就在我们检查的现场,某个施工现场,下面工人施工,上面吊车还在从工人头顶上吊运钢筋。我们现场就指了出来,但现场人员还认识不到问题,可见现场施工人员都麻木到什么程度,可见漏洞该有多大?刚才通报还有13个重大隐患正在整改,还有5599个危险源,是否还有数以万计的薄弱环节,每个环节都有可能引发、诱发安全生产事故,所以说安全生产形势还十分严峻。安全生产不只是施工安全,还包括运行管理、生产各个方面,一定要按照规程来操作。这些规程是无数个专家反复总结提炼形成的,也是无数次的生产安全事故、无数次的惨痛教训总结、提炼出来的。严格操作规程,就不会发生事故,每一起事故发生,肯定都有违规操作问题,如果完全按规程规范操作,绝对不会出现问题。当前,全区水利工程正面临着积极开工复工,各类风险和不确定因素叠加,安全生产形势非常严峻。我们一定要按照自治区要求和

道席副主席指示,筑牢安全底线,坚决防止发生安全事故。

三、锚定目标,全力做好今年水利安全生产工作

今年是党的二十大召开之年,自治区将召开第十三次党代会,确保全区水利安全生产形势持续稳定责任重大、意义重大。全区水利系统要切实提高政治站位,把安全生产工作摆在更加突出的位置。按照"理直气壮,从严从实,责任到人,标本兼治,如履薄冰,守住底线"的要求,深入推进安全生产专项整治三年行动,切实做好安全生产工作。现在还在三年行动的整治期,就屡发生产安全事故。我们制定了安全生产规则和安全生产权责清单、综合监管和专业监管责任清单,要按照清单,结合这2起生产事故问责追责。既然制定了清单,就要发挥它的作用。

一要以更高标准树牢安全生产意识。要进一步深入学习领会贯彻习近平总书记关于安全生产重要论述重要指示精神,严格落实《安全生产法》和《刑法修正案》要求,全面落实自治区和水利部关于安全生产工作部署,真正学懂弄通做实,入脑入心。在位就要履职,履职就要尽责,要牢固树立人民至上,生命至上的理念,真正把安全生产的政治责任放在心上、抓在手上、扛在肩上。

二要以更严的要求落实安全生产责任。按照"党政同责,一岗双责,齐抓共管,失职追责"和"三管三必须"的要求,建立健全安全生产"层层负责,人人有责,各负其责"的工作体系。关键要落到实处,不要让制度形同虚设。水行政主管部门要切实履行监管职责。建立综合监管与专业监管相结合的工作机制,安排部署了要及时检查,在考核中也要体现出来。建设处、安监处要切实履职到位,要拿出一些硬的办法、实的举措,真正加大监督检查力度,严肃依法依规查处各类违规行为,严格落实责任追究制度。项目法人要履行首要责任。要健全安全生产责任制度,完善安全生产管理制度和保证安全生产措施和方案,审查落实重大安全技术措施,组织开展危险源辨识和隐患排查治理,要加强工程建设全过程的安全管理。项目法人职责要一步一步、一个环节一个环节、一项一项落实到位,不能只把项目申请回来,给企业就不管

了。项目法人如果没有能力履职,下一步安排项目、资金的时候,就要考虑不要将项目交给这些项目法人、交给这些县(区)、交给这些部门了。施工单位要落实主体责任。建立安全技术和管理团队,安全生产该投入的要投入,一定要投入到位,要编制好施工组织设计、安全技术措施和应急预案,等等。开展危险源辨识与评价,特别是经常出事的深基坑、高边坡等危险较大的单项工程,要制定专项施工方案。对作业人员要进行安全培训,坚决杜绝违章施工、违章指挥、违章操作、违反劳动纪律等一系列违规行为。对那些屡教不改的,一而再再而三出现类似情况的,要严肃查处,该降级的降级、该清理的清理、该吊销资质的吊销资质、该清出宁夏市场的清出宁夏市场,这个绝不能手软,绝不能扰乱我们宁夏的水利建设市场。设计和监理单位履行各自的职责。设计单位要在设计阶段就要把有些因素考虑全,对施工环境、重点部位和关键环节,要提出安全防范措施,要考虑施工环节的实际情况,防止因设计不合理导致生产安全事故发生。监理单位要配置现场专职安全监理人员,严格审查安全技术措施、专项施工方案和安全生产费用使用。切实加强监管,特别是旁站监理、隐蔽工程监理。监理市场要好好整顿,良莠不齐的状况要彻底改变,要从根本上解决这个问题,还是要从队伍抓起,从规范建设市场来抓起,队伍整齐了、市场清爽了,建设领域就好办了。不能什么企业都放进来,扰乱市场秩序,甚至出现以劣币驱逐良币的情况。要根本解决问题,首先要净化市场。

三要以更硬的举措推动专项整治取得实效。扎实推进专项整治三年行动巩固提升,紧盯问题隐患和制度措施两个清单,确保整改措施落实落地,问题隐患销号清零。发生事故一定坚持"四不放过"原则,建设主管部门跟有关部门去对接协调,抓紧对事故调查分析,抓紧对责任单位进行处罚。我再强调,如果涉及违纪违法,该移送的移送,该纪检监察部门介入的介入,该移交司法机关就移交司法机关,绝不能护短,绝不能姑息养奸,绝不能手软心软。在这方面心软手软,就是对人民的不负责任;对个别人、个别单位的放纵,就是对全体人民的犯罪。我们还要统筹

开展小水电等水利设施风险排查整治，水库的防洪调度和汛限水位专项检查，全面排查整治小水电、水库、水闸、堤防、蓄水池、淤地坝工程的运行和水利工程建设等领域的问题隐患。马上就到汛期了，要提前做好各项防汛准备工作。

四要以更准的目标防范重点领域安全风险。要突出水利工程建设、工程运行，以及勘测设计、水文监测等各个领域的安全风险防范，尤其是高边坡、深基坑、脚手架、高支撑、起重吊装等复杂地质条件下施工过程中的安全防范。更不允许出现企业无资质、超资质承揽工程。没有资质、超资质，这种事情很有可能发生，我们发现这方面线索就要向纪检监察部门移交。建设处、安监处，以及农水处、节水供水处、水保处、水库处等各项目主管部门，各市县（区）水务局，还有建设中心、水投集团、水发集团等项目法人，承担项目管理职责的这些单位都要认真履职、认真尽责，以对事业负责、对人民负责的态度履好职、尽好责。

五要以更强力度夯实安全生产的基础。要强化"安全监管＋信息化"的应用，把"月排查、季通报"这个好的制度，切切实实地落实下去，落实好。要推动安全生产标准化建设，实行达标单位动态化管理。持续完善安全生产应急预案体系，定期开展预案演练，提高应对突发事件的能力。要加强安全生产教育培训，不断提高从业人员安全生产意识和安全生产能力。扎实开展"安全生产月"主题宣传教育活动和警示教育活动，要通过警示片、警示教育基地开展警示教育，看一看事故现场惨痛的场面，看一看有关人员受到严厉处罚的状况，通过警示教育引起高度重视。要做好施工企业"三类人员"的考核管理。要严格执行领导带班关键岗位24小时值班值守和事故信息报告制度。再强调一下，按照规定及时、准确报告，不能出现瞒报、迟报、谎报或者不报的情况。大家知道郑州"7·20"事件，调查报告对各部门的责任分的非常清楚，其中一条就是瞒报。与其心思花在这个上面，不如把心思花在事先防范、关口前移上。要规规矩矩做事，踏踏实实工作。

同志们，安全生产责任重于泰山，我们要坚定信心，扎实努力，强化措施，严抓严管，齐抓共管，全力以赴做好今年的水利安全生产各项工作，以实际行动迎接党的二十大和自治区第十三次党代会的胜利召开！

在全厅青年干部座谈会上的讲话

自治区水利厅党委书记、厅长　朱　云

（2022 年 5 月 12 日）

青年朋友们、同志们：

水利厅党委决定召开全厅青年干部座谈会，主要目的是学习贯彻习近平总书记5月10日在庆祝中国共产主义青年团成立100周年大会上的讲话精神，号召和动员广大青年干部，积极投身于黄河流域生态保护和高质量发展先行区建设的伟大事业中，在加快推进水利高质量发展新征程中奉献青春、展示才华、建功立业。刚才，20名青年同志结合自己的学习、工作和成长经历，谈了思想收获，交流了认识体会，也谈了很好的建议意见。虽然大家的发言时间不长，但每个人的发言都发自肺腑、充满激情，使我倍受感染、倍受鼓舞，我深切地感受到大家勤于学习、善于思考；深切地感受到大家尽心干好水利工作、深入思考水利发展；深切地感受到我厅青年干部朝气蓬勃的精神风貌和渴望成长、成才、成功的期盼。我也仿佛看到了自己，包括我们"60后"这代人青年时代的影子、青春的样子、激荡的年代和奋进的岁月；也让我心潮澎湃，更让我看到了宁夏水利干部队伍的希望，看到了水利事业发展的美好未来和希望。在这里，我也谢谢大家！

水利青年是全厅干部队伍中最有活力、最有希望的一支力量，你们的未来可期。参加今天座谈的同志是全厅青年干部的代表。尽管大家处在不同的单位、不同的岗位，但都为我区水利事业发展辛勤挥洒汗水，都在个人的成长道路上奋斗、学习、思考，有很多感悟。通过今天的座谈会，大家交流思想，相互启发，取长补短，达到了共同提高的目的。这对于促进青年干部健康成长具有重要意义。

借此机会，我与大家交流三个方面的意见。

一、当代青年与新时代同向同行，广大水利青年要珍惜青春、不负韶华

习近平总书记强调，青年的命运，从来都同时代紧密相连。中华民族始终有着"自古英雄出少年"的传统，始终有着"长江后浪推前浪"的情怀，始终有着"少年强则国强，少年进步则国进步"的信念，始终有着"希望寄托在你们身上"的期待。千百年来，青春的力量、青春的涌动、青春的创造，始终是推动中华民族勇毅前行、屹立于世界民族之林的磅礴力量！

回首党的百年奋斗征程，我们党自成立之日起，就始终把青年工作作为党的一项重要工作，缔造并领导了共青团，创造了中国青年运动的百年荣光。新民主主义革命时期，一批批先进青年高举五四运动的伟大旗帜，以"砍头不要紧，只要主义真"的坚定信念，踊跃投身革命洪流，用青春的热血铸就国家独立、民族解放的壮丽诗篇；社会主义建设时期，广大青年以"敢教日月换新天"的豪情壮志，到祖国最需要的地方去，主动作为、勇挑重担，以青春的汗水绘就新中国社会主义建设百花齐放美丽画卷；改革开放和社会主义现代化建设时期，广大青年发出"团结起来、振兴中华"的时代强音，勇立时代潮头，解放思想、锐意进取，以青春的热情谱就改革开放的"春天故事"。党的十八大以来，广大青年以"请党放心、强国有我"的青春誓言，积极投身中华民族伟大复兴的伟大实践，守正创新、踔厉奋发，绽放出耀眼夺目的青春光彩。

回望我区水利发展历程，就是全区经济社会发展的缩影。其中的奋斗、前进的历程中，深深蕴含着一代又一代水利青年自觉担负历史使命，顽强拼搏、务实苦干和无私付出。在宁夏成立之初，我区封闭落后、一穷二白，水利工程基本是空白，水旱灾害频发，人民生活异常艰苦。以吴尚贤、礼荣勋、李识海等老一辈专家为代表的当时水利青年，啃着黑馍馍，喝着苦咸水，睡着"地窖子"，战天斗地，栉风沐雨，硬是啃掉一个个硬骨头，破掉一个个坚冰，为今天水利事业的欣欣向荣、蒸蒸日上，奠定了基础。改革开放初期，我和麦山副厅长等20世纪60年代出生的一大批年轻大学生走上工作岗位。那个时候我们大学生毕业都是先到基层工作锻炼，很多同志都是经常蹬着自行车，扛着水准仪，奔走在灌溉一线、施工一线、戈壁荒滩，"晴天一身土，雨天一身泥"，就是那时最生动的写照。当时有这样一句顺口溜"远看像是要饭的，近看原来是水管站的"，就是描写水利人的。一代代、一批批年轻人变成了中年人，一代代、一批批年轻人用青春和汗水，换来了固海、盐环、红寺堡等一大批引水工程的建成投运，推动了移民安置和老区人民脱贫致富；换来了宁东供水、中南部饮水工程，让群众喝上安全洁净水；换来了标准化堤防和贺兰山防洪体系的不断完善，保障了黄河安澜和群众安全。党的十八大以来，以在座各位为代表的广大水利青年，积极投身水利现代化建设，用青春和汗水，使我区水利事业迅猛发展。滴滴汗水，催发座座水利工程拔地而起，串起灌溉、防洪、供水、水保等现代水网体系；道道皱纹，化身跨越山川河流的条条供水管道，进入千家万户，拧开水龙头就能用上自来水，使吃水难成为历史的记忆；脚步匆匆，踏遍塞上沟沟坎坎，让山川"穿靴戴帽"，让河湖日益靓丽；手指翻动，联通线上与线下、虚拟与现实，构建起"云、网、台、端"信息化治水体系，让坐在办公室就能操控闸门，从梦想变为现实。这一桩桩一件件，都是水利人践行"上善若水"的水利大德，树立起水利人忠诚干净担当、科学求实创新的良好形象，得到广大人民群众的普遍赞誉和社会各界的广泛好评。

一代人有一代人的使命，一代人有一代人的担当。习近平总书记指出"实现中国梦是一场历史接力赛，当代青年要在实现民族复兴的赛道上奋勇争先。"在中国共产党坚强领导下，我们顺利实现了第一个百年奋斗目标，正在意气风发向着全面建成社会主义现代化强国的第二个百年奋斗目标迈进。全厅广大青年是水利事业更大发展、更高发展、更好发展的希望所在，治水兴水的责任已经交到你们这一代青年人手中。全厅青年干部要坚决响应习近平总书记的伟大号召，抓好接力棒，继续发扬"党有号召，青年有行动"的优良传统，在厅党委的团结带领下，全面落实中央、自治区重大决策部署，锲而不舍、驰

而不息地顽强奋斗,在实干中长才干,在创新中增本领,在锤炼中砺品行,青春奋进新征程、踔厉建功新时代,为推动水利快发展、大发展,奉献大家的青春,奉献大家的全部热情、聪明才智,谱写奋斗是最亮丽的青春底色。

二、新时代新征程舞台广阔,青年干部要踔厉奋发、笃行不怠

习近平总书记指出:"新时代的中国青年,生逢其时、重任在肩,施展才干的舞台无比广阔,实现梦想的前景无比光明。"当前,我区水利处于大有可为、大有作为的重要战略时期。党中央赋予宁夏建设先行区时代重任,国务院批复出台了支持宁夏建设先行区实施方案,前不久中央财经委第11次会议明确要加快能源、交通、水利等基础设施建设,加大投入力度,自治区党委明确"把水利作为建设先行区的关键和主线",全区水利发展"十四五"规划正在有序推进、开局良好。今天早上开厅党委会,专题讨论了这个问题。大家都认识到这是千载难逢的好时机,大家倍感振奋。水利将迎来大发展、快发展,为广大水利青年干事创业、成长成才搭建了宽广的舞台,是大家难得的机遇。在座的各位今生有幸、生逢其时。这个时代,正是你们大展宏图、激情奋进的好时机,是展示自己才华和抱负的好时机,是你们逐梦而行的美好时代。大家怎样在这个舞台上施展自己的才华,是大家要深入思考的问题。全厅青年干部要按照习近平总书记的要求,聚焦水利事业高质量发展,自觉做理想远大、信念坚定的模范;刻苦学习、锐意创新的模范;敢于斗争、善于斗争的模范,艰苦奋斗、无私奉献的模范;崇德向善、严守纪律的模范,努力成长为推动国家的栋梁之材,为推动水利高质量发展作出应有贡献。

一要树立始终与祖国和人民同呼吸共命运的使命意识。习近平总书记指出,"只有当青春同党和人民事业高度契合时,青春的光谱才会更广阔,青春的能量才能充分迸发。"水在宁夏至关重要,有水是绿洲,无水则是荒漠。宁夏水利事业在全区具有特殊重要地位,是支撑自治区经济社会发展的最重要因素。作为新时代水利青年,要胸怀"国之大者",自觉把个人命运与国家命运联系在一起,自觉把个人发展与服务人民结合起来,正确处理好理想和现实、个人和集体、眼前和长远的关系,始终坚持用党的科学理论武装头脑,固本培元、凝心聚魂,用党的初心使命坚定信仰,用党的光辉旗帜坚定方向,从内心深处厚植对党的信赖、对中国特色社会主义的信心、对马克思主义的信仰,增强"四个意识",坚定"四个自信",坚定捍卫"两个确立",坚决做到"两个维护"。大家要自觉担当治水兴水历史使命,把水利事业放在心上、把发展责任扛在肩上,争当伟大理想的追梦人,争做伟大事业的生力军,以永不懈怠的精神状态和勇往直前的奋斗姿态,创造无愧于党、无愧于人民、无愧于时代、无愧于水利的骄人业绩,实现人生价值、书写青春华章。

二要树立始终如饥似渴汲取营养增长才干的危机意识。新时代呼唤新担当,新时代要有新作为;新担当要有硬肩膀,新作为要有硬功夫。习近平总书记强调,"有责任有担当,青春才会闪光"。生逢伟大时代,水利青年干部一定要牢记习近平总书记的谆谆嘱托,苦练"内功",时刻保持一种能力饥渴、本领恐慌的状态,始终保持求知若渴、锲而不舍的钻劲,自觉把学习作为一种觉悟、一种修养、一种责任、一种习惯、一种追求,下真功夫、下苦功夫练就一身本领,不愁成不了有水平、有能力、有建树的人。要时刻保持青年人的朝气蓬勃状态,始终保持敢为天下先和敢于争一流的气概,敢想、敢创、敢干,才能在实践中学真知、悟真谛、长本领,以不断的创新、创优、创精品,书写好工作上的"句号"和"感叹号",以出彩工作业绩更好地为水利高质量发展服务,为自己的鲜亮人生添彩。

三要树立始终擦亮奋斗实干青春底色的拼搏意识。奋斗是青春最亮丽的底色,行动是青年最有效的磨砺。建设黄河流域生态保护和高质量发展先行区,是新时代赋予当代水利青年的历史责任,我们都是亲历者、参与者、实践者、见证者、奋进者。青年干部一定要有奋发有为的状态、干事创业的激情、奔腾不息的活力、迎接挑战的胆魄,涵养"想干事"的正气,厚植"能干事"的底气,增强"干成事"的志气,撸起袖子、甩开膀子、干在实处、走在前列、勇立潮头。要敢想，不以位卑忘忧国，自觉把所从事的工作放在国家的大局中思索，放在水利工作全局中去谋划，把工作热情和科学态度结合起来，敢于打破自身利益的束缚，敢于冲破条条框框的约束。要敢干，始终保持不服输的劲头、不愿落后的韧性，敢与快的赛跑，敢与好的比优，跳起来摘桃子。要实干，对认定的事情、瞄准的目标，要敢于攻坚、敢于碰硬、敢于触及矛盾、敢于解决问题、敢于承担责任，不达目的誓不休，抓铁有痕、踏石留印。要苦干，耐得住寂寞、坐得住冷板凳，能静下心来，能沉下身子，能经得住利益诱惑，受得了一时挫折，不畏艰难、不怕吃亏。

四要树立始终以事业为重的奉献意识。心底无私天地宽。要不断涵养为党分忧、为国尽责、献身水利的情怀，大力弘扬敬业守责之风、求真务实之风、科学创新之风，以担当为荣、以事业为重、以奋斗为乐，牢固树立"以人民为中心"的理念，以"功成不必在我"的境界、"功成必定有我"的担当，把对组织的感恩之情融入为党和人民干事创业上来，甘于做一颗永不生锈的螺丝钉，保持淡泊名利的良好心态，不要计较一时得失、一事成败、一职高低。把对时代的感恩化为拼搏的力量，在成绩面前不得意忘形，在困难面前不畏惧退缩，在挫折面前不消沉失意，正确对待"名与利""冷与热""得与失""快与慢"的关系，在苦乐自知的心态中品味奉献，在夙夜为公的常态中践行奉献，在时刻待命的状态中自觉奉献。

五要树立始终永葆清正廉洁本色的政治意识。清正廉洁既是一种道德修养，更是一种精神境界，不是一朝一夕的事。大家现在都很年轻，今后的路还很长，都有可能成长为各级领导干部，都会经受许多这样那样的诱惑和考验。古人说"物必先腐而后虫生"。青年干部要牢固树立正确的世界观、人生观、价值观、利益观，始终保持"吾日三省吾身"的警醒，对各种"腐蚀""围猎"的高度警觉，坚决抵制身边的一切歪风邪气，发自内心敬畏组织、敬畏人民、敬畏权力、敬畏法纪、敬畏良知，始终保持"不忘初心、方得始终"的清醒头脑、"如临深渊、如履薄冰"的敬畏之心、"君子检身、常若有过"的高尚操守，牢牢守住思想

"高线"、纪律"防线"、交友"界线"、做人"底线"，用高尚、阳光、坦荡、干净的正能量激发弘扬向德、向善、向上、向好的内在力量，时刻保持青春本色不褪色。始终保持自己每一页的履历都干干净净，自己每一天的经历都清清白白、无可挑剔，人生征途的每个脚印都是坚实的。

三、立足后继有人根本大计，努力营造有利于青年成长成才优良环境

习近平总书记指出"青年犹如大地上茁壮成长的小树，总有一天会长成参天大树，撑起一片天。青年犹如初升的朝阳，不断积聚着能量，总有一刻会把光和热洒满大地""各级党委（党组）要倾注极大热忱研究青年成长规律和时代特点，拿出极大精力抓青年工作，做青年朋友的知心人、青年工作的热心人、青年群众的引路人。"我们要认真贯彻落实习近平总书记的要求，把年轻干部培养作为水利事业发展的一项战略任务抓紧抓好，为青年干部成长成才、干事创业提供更多机会、创造更好条件。

一要精准"选育"青年干部。各级党组织都要担负起选育人才的重任，坚持事业需要什么样的人就选什么样的人，岗位缺什么样的人就用什么样的人，树立"论能力不论资历"和"早压担子早成才"的观念，切实关注观念新、视野宽、有活力、有潜力的青年干部，用人所长，不求全责备，不断扩大选人视野、改进选人方式、完善选人机制，把有潜力的优秀青年干部放到基层一线、艰苦环境、吃劲岗位培养锻炼，放在难事上磨，放在困难中练，让青年干部在承担急难险重任务中、解决复杂矛盾中墩苗历练成才。

二要大胆使用青年干部。坚持正确导向，要有打破常规不拘一格降人才的勇气，对年轻干部不要仅看一时一事的表现，更要看主流、看基础、看潜力、看潜质、看一贯的表现、看关键时刻和重要关头的作用发挥，看是否有思想、有激情、有梦想、有情怀、有追求、有毅力、有韧性，勇于给优秀年轻干部搭梯子。要努力破解年轻干部选拔使用的政策堵点，既要严格执行干部选拔任用程序，也要综合运用好竞争上岗、转岗交流等有效措施，为年轻干部成长提供更多机会，让年轻干部尽早得到多岗位、全方位的锻炼，有

力推进干部队伍年轻化。

三要切实关心青年干部。要坚持严管厚爱相结合，在政治上多激励，引导青年干部赓续红色血脉，弘扬优良作风，努力成为政治上合格的干部。要在工作上多支持，充分运用好干部容错纠错机制，积极鼓励青年干部干事创业。要在生活上多关心，及时了解青年干部的思想动态，积极帮助解决青年干部工作生活中存在的困难。要加强监督管理，对青年干部存在的苗头性、倾向性问题，及早打招呼、咬耳朵、扯袖子，帮助青年干部净化社交圈、生活圈、朋友圈，督促青年干部慎始、慎独、慎微，不断强化自我修养。

同志们，青春孕育无限希望，青年创造美好明天。衷心希望大家坚定理想信念，增长知识本领，锤炼品德意志，矢志奋斗拼搏，努力争做眼里有活、用心做事的人，敢于担当、真心负责的人，群众信任、放心托付的人；希望大家能够尽快成长起来，担当重任，勇挑重担，为自己的人生写上光彩难忘的一页。厅党委对大家寄予厚望，充满期待。大家要在人生的广阔舞台上，充分发挥聪明才智，奋力奔跑、尽情绽放，尽情挥洒青春，展现人生价值。祝福大家！祝愿大家，以梦为马，不负韶华、不负时代、不负自己！我相信，你们的未来可期！

坚持人民生命高于一切
坚决打赢水旱灾害防御硬仗
——在2022年全区水旱灾害防御工作视频会议的讲话

自治区水利厅党委书记、厅长　朱　云

（2022年5月18日）

同志们：

今天会议的主要任务是：深入学习贯彻习近平总书记关于防汛救灾工作重要指示，落实全国防汛抗旱、水利部水旱灾害防御会议、水利部水库安全度汛会议，以及黄河防汛抗旱、自治区防汛抗旱等会议精神，分析研判我区今年水旱灾害防御形势，对今年水旱灾害防御工作进行全面安排和部署。

刚才，岚海同志传达了有关会议精神，解读了《河南郑州"7·20"特大暴雨灾害调查报告》。国务院非常重视郑州"7·20"特大暴雨灾害调查工作，组织相关部委和权威专家，复盘了"7·20"特大暴雨灾害的发展和过程，从中进行分析、归纳、总结，对97名失职渎职人员进行严肃追责问责。很多同志学过不止一次，今天再次组织学习，就是用事实警示大家，要以此为戒认真思考、引以为戒、以往鉴来。水文中心分析了今年汛期我区雨水情形势，我们要进一步认清可能出现的洪水和干旱，做到居安思危、常备不懈、提高警惕。银川、固原与平罗、同心、中宁5个市县分别做了很好的交流发言，大家要相互借鉴、相互学习、取长补短。5月20日全区进入汛期，"1998.5.20"特大暴雨洪水之后，我区将5月20日确定为入汛日期，就是通过历史洪水提醒大家，我区尽管降雨总量不大，但是暴雨洪水灾害还是时常发生。我们要以良好的精神状态认真落实好防御责任，将各项措施细化实化、落实到位，应对可能发生的极端天气、暴雨、干旱，甚至是旱涝交织、旱涝急转等最不利情况。

下面，我讲三点意见。

一、2021年水旱灾害防御工作成效

2021年，全区水利部门坚决贯彻落实习近平总书记"切实把确保人民生命安全放在第一位落到实处"重要指示批示精神，扎实做好"测、防、报"各项工作，主动衔接"抗、救、援"，防洪保安全、抗旱保供水，为自治区"十四五"良好开局提供了有力保障。

一是突出以防为主，牢牢守住安全底线。有效应对31场次暴雨洪水，实现工程无大险、人员零伤亡；面对60年来最严重旱情，广大水利职工团结奋战，三大扬水工程供水流量和供水时间均达历史最高，工程、人员均经受住了大流量、高水位、长时间运行考验，实现大旱之年无大灾，确保720万城乡居民饮水安全和粮食生产"十八连丰"。

一是强化三项职能，防御应对有序有力。切实履行好水情监测预报预警、水工程调度、抢险技术支撑职能，3000多套监测预警设备运行稳定，全年发布

山洪灾害预警 11 次、汛情信息 15 万余条,落实 327 座水库防汛"三个责任人""三个重点环节",不断充实水利防汛抢险专家组,为安全度汛提供了有力技术支撑和保障。

三是坚持项目带动,工程基础有效夯实。银川都市圈城乡供水、清水河流域城乡供水、固海扩灌扬水更新改造及固海、青铜峡大型灌区现代化改造等一大批重点水利项目加快实施、部分已投入运用,抗旱供水保障能力不断提升。完成防洪工程水毁修复 156 处、中小河流和山洪沟道防洪治理项目 8 个,实施中小型水库除险加固项目 11 个,防洪减灾工程体系逐步完善。

四是加强隐患排查,行业监管持续发力。区、市、县三级水利部门开展水旱灾害防御工作督导检查 52 次,累计排查整改问题隐患 160 个,确保防御措施落实到位。开展水库防洪安全隐患专项排查处置工作,拆除银川市第三拦洪库、惠农区高庙湖等 7 座水库内违章建筑,消除了安全隐患。

五是注重宣传引导,公众防灾意识不断提升。在宁夏广播电视台、宁夏交通广播等媒体以及商场、银行、医院等公众场所播放山洪灾害防御知识短片 8000 余次,发放宣传材料 13 万套;通过调研座谈、线上授课等形式,对 2000 余人次开展培训,公共防灾减灾意识、防御责任人业务储备和处置能力得到进一步提升。

二、深刻认识做好今年水旱灾害防御工作的极端重要性

今年将召开党的二十大,自治区将召开第十三次党代会,保持平稳健康的经济环境、风清气正的政治环境、国泰民安的社会环境意义重大、责任重大。今年水旱灾害防御工作就是要努力穷尽防洪、供水安全隐患,确保自治区经济社会发展平稳有序。这是我们水利部门的重大政治责任、头等大事,也是重要工作和重点任务。

一要深刻认识新阶段水旱灾害防御的特殊要求

习近平总书记十分关心水旱灾害防御工作,每逢汛期都要作出重要指示批示,强调要坚持以防为主、防抗救相结合,坚持常态减灾和非常态救灾相统

一,努力实现从注重灾后救助向注重灾前预防转变,从应对单一灾种向综合减灾转变,从减少灾害损失向减轻灾害风险转变。要坚持人民至上、生命至上,统筹做好疫情防控和防汛救灾工作,坚决落实责任制,坚持预防预备和应急处突相结合。总书记为水旱灾害防御工作作出了明确指示,提出了明确要求,指明了实现路径,我们一定要学习好、贯彻好、落实好。李克强总理、胡春华副总理、王勇国务委员对水旱灾害防御也极为重视,多次深入一线考察指导防汛救灾工作并作出安排部署。

今年以来,自治区党委、政府主要领导多次就确保安全稳定提出明确要求、作出具体部署。自治区政府分管领导多次调研贺兰山东麓、黄河等防洪重点区域,对做好今年的水旱灾害防御工作指导指点。我们要从统筹发展和安全两件大事的"国之大者"考虑,从维护社会安全稳定的大局出发,从讲政治的高度做好水旱灾害防御工作,前置防御关口、前移防御阵地、前倾防御力量,确保中央和自治区决策部署落地落实。

二要深刻认识气象水文年景偏差的现实考验

从预测情况看,今年汛期我国降水总体呈现"南北多、中间少"格局,以北方多雨区为主。黄河流域降水明显偏多,目前预测宁夏降雨总体偏多 1~2 成。从近期洪水情势看,5 月 9 日—14 日,华南等地出现强降雨过程,多条河流发生超警洪水。李国英部长、刘伟平副部长分别召开防汛会商,水利部启动洪水防御 IV 级应急响应,派出 4 个工作组分赴防御一线,督促指导防御工作。从山洪灾害防御看,2019 年以来,贺兰山东麓连续 3 年未出现过大洪水,西夏区拜寺口以南自"2006.7.14"暴雨洪水以来,连续 16 年未出现大洪水;中南部地区多年未出现过大洪水。连续不发生大洪水时间越长,发生接近高频率大洪水可能性就越大。从黄河洪水防御看,6—8 月,黄河上游降雨量偏多,黄河来水可能进一步增大,湟水河、大通河、洮河等支流洪水和干流洪水相遇,黄河宁夏段防洪压力将进一步增加。近年来,极端天气、极端事件较多,我们始终要做好防御最不利洪水的准备。

三要深刻认识短板弱项给防御工作带来的更多压力

一是防洪工程还存在"缺、短、病、弱"的问题。从工程体系看，贺兰山东麓中卫、中宁、青铜峡广武等地区未进行系统治理，缺乏关键性工程；葡萄种植区防洪工程体系还不完善，甚至有较大缺口。从防洪标准看，贺兰山东麓山前导洪堤防洪标准为20—50年一遇洪水，中小河流、山洪沟道治理工程多为10—20年一遇洪水，抗御大洪水能力不足。从运行状况看，贺兰金山、原州冬至河等86座水库带病运行，部分水库上游导引工程不完善，水库功能难以发挥。从河道行洪看，银川市园林场拦洪库溢洪道下游行洪区建有房屋，西夏区小甘沟、永宁县磨石沟、灵武市长流水沟等沟道被侵占，影响正常行洪。这些问题要引起有关县区高度重视，立即采取有力措施，坚决清除行洪障碍。

二是雨情、水情、险情、灾情、工情、社情"六情"掌握不够及时、不够精准。主要表现为：站网体系不完善，贺兰山、罗山、牛首山沟脑部位监测站点密度不够，部分中小河流、山洪沟和水库未布设水情自动监测站。"四预"措施不到位，小流域洪水预报精度低、预见期短，预警发布覆盖面不广、精准度不够，预案与实际情况还有较大差距。新技术应用不充分，我区汛情监测主要依托固定设备，卫星遥感监测、无人机等新技术尚未推广应用。信息获取不全面，与气象、应急等部门信息共享机制仍有待完善，信息获取的精准性、时效性有待提升。

三是洪水风险隐患依然存在。过水路面方面，清水河、茹河、渝河等河道过水路面比较多，过流能力不足，突发山洪或上游水库泄洪，极易造成人员伤亡。2019年，固原市沈家河、海原县苋麻河水库下游过水路面发生涉水人员伤亡事件，教训极为深刻。涉河景区方面，每年7、8月是主汛期，也是旅游的高峰期。今年因为疫情，目前旅游人数较少，后期疫情减轻，景区可能迎来游客高峰，景区人员密度、流动性增大，加之游客对当地河道、降雨情况不熟悉，防灾避灾能力不足，公众涉河、涉水风险隐患较大。沿河风险方面，贺兰山东麓部分工业园区、葡萄酒庄等基础设施位于洪积扇，部分水库、淤地坝下游有村庄甚至集市，一旦发生超标准洪水或水库险情，出现失事后果不堪设想。特别是一些骨干坝标准不高、库容很大，存在重大安全隐患，需及早完成迁安工作。

四要深刻认识防御责任有待压实的潜在风险

去年7月20日，河南郑州遭遇历史罕见特大暴雨，发生严重洪涝灾害，遭受重大人员伤亡和财产损失，反映出一些领导干部缺乏风险意识和底线思维，平时准备不足，能力储备不足，临危不能冷静果断处置，行动缓慢、贻误战机，关键时刻统一指挥缺失；部分水利部门未认真履行防汛职责，未按规定编制防御预案、发布水情预警，启动应急响应滞后，山洪灾害防御督导落实不力，对水库溢洪道被侵占堵塞造成漫坝险情问题履职不到位、监管不力，等等。这些教训极为沉痛，我们要深入思考、引以为戒、举一反三，从严从细从实做好本职工作，坚决守住水旱灾害防御底线。目前，全区仍有三分之二的市、县（区）水务局未设水旱灾害防御专职机构，工作人员数量不足、业务不熟等问题较为普遍；一些新上任的领导还缺乏处置应对水旱灾害的经验。这些问题，要引起高度重视，尽快补齐短板漏洞，新上任同志要加强学习，尽快上岗到位，尽快到一线熟悉情况，要将水旱灾害防御工作抓在手里，否则遇到突发事件，确实难以处置，确实茫然无所适从。

三、全力做好2022年水旱灾害防御工作

坚持"预"字当先、"实"字托底，将"四预"措施贯穿防御工作全过程，下足"绣花"功夫，抓紧补短板、堵漏洞、强弱项，全力做好迎战更严重水旱灾害准备，努力确保"人员不伤亡、水库不垮坝、重要堤防不决口、重要基础设施不受冲击"和城乡供水安全。

（一）强化知责尽责，扎牢防御责任

切实把水旱灾害防御责任扛在肩上、落在实处、绑在工作思路上，把"防"的工作贯穿始终，建立健全严密科学高效的水旱灾害防御责任体系。

一是明晰责任要求。2020年，自治区党委办公厅、政府办公厅印发《自治区防灾减灾救灾责任规定》，明确水利厅主要负责水情旱情监测预报预警，实施重要河流湖泊和重要水工程的防洪抗旱调度，

提出水库超标准洪水和重大突发事件、堤防弃守或破堤泄洪的工作方案，派出专家参与应急抢险等工作。今年4月，自治区政府办公厅印发新修订的《自治区防汛抗旱应急预案》，明确水利厅主要负责水情、工情监测预报，发布洪水预警信息，参加自治区防汛办会商研判；应急响应中，自治区成立8个工作组，水利厅承担"洪水调度组"应急处置工作，参与预警预报、应急救援等5个工作组应急处置工作。各级水利部门要进一步厘清职责和边界，认真履职到位，扎实做好各项工作。

二是提升履职能力。要压紧压实日常防范和事前、事中、事后全过程、全链条责任，完善并落实会商组织、指令传达、信息报送等机制，强化工作部署、调度指挥、措施落实、跟踪督办，决不能因为责任不落实而造成工作失误，更不能酿成灾害事故。要强化部门间沟通协作，密切行业内外协同配合，形成水旱灾害防御合力。各市县水利部门要向当地党委、政府及时汇报，加强与相关职能部门的沟通协调，进一步完善工作机制，尽快设立水旱灾害防御专职机构，增强工作力量，提高工作能力，为做好工作提供组织保障。

三是严明工作纪律。要加强各地责任人的培训，明确义务和责任，各级责任人要迅速上岗到位、进入角色，汛期要靠前指挥，亲自组织消除防洪隐患，亲自推动防洪工程建设，亲自处置重大突发事件。要严肃指令、落实纪律，接到会商决策指令坚决迅速执行，及时上报贯彻落实情况。要严肃值班值守纪律，严禁擅离职守。要严肃信息报送纪律，随时掌握、及时报告现场情况，坚决杜绝瞒报、漏报、误报、迟报。

（二）坚持预防为主，夯实防御基础

防洪备汛要按照"洪水不来，备汛不止"的工作要求，周密准备、全面防范，做到未雨绸缪、防患未然。

一是强化工程防守。加快实施银川桑园沟、沙坡头区石墩水沟等中小河流、山洪沟道治理项目和青铜峡大沟、同心赵家树等水库除险加固项目，提升区域防洪能力，完善城市防洪体系，统筹在建水利工程施工队伍和防洪工程布局，委托施工队伍参与水利工程抢险，完善区、市两级抢险技术专家组，做到工程抢险有队伍、有物资、有技术。遇到险情，要及时果断处置，做到抢早、抢小、抢住。

二是强化"四预"措施。预报方面，紧扣"降雨—产流—汇流—演进"预报环节，完善预报模式，努力延长洪水预见期，提高预报精准度。预警方面，水文部门负责全区洪水预警发布，预警信息要按照规定直达各级水利部门、洪水防御一线及社会公众。预演方面，统筹山洪灾害防御、水库堤防抢险等内容，开展演练，增强实战能力。预案方面，各市、县（区）做好与水利厅水旱灾害防御应急响应工作规程、同级防汛抗旱应急预案的有效衔接。

三是强化行业监管。要突出重点区域和薄弱环节，持续做好防洪工程隐患排查、山洪灾害防御、水库防洪调度等专项督查，消除问题隐患。要编制重点工程、区域突发险情和超标准洪水防御方案，突出针对性、科学性和实用性，确保一旦出现险情，能够迅速有效处置。要针对妨碍河道行洪突出问题开展大排查大整治，并及时整改消除隐患，推进"清四乱"常态化规范化向中小河流、农村河湖延伸，依法依规严肃处理侵占河道、湖泊等行为，确保河道行洪安全。

（三）突出防御重点，实施有效防控

一是突出抓好山洪灾害防御。山洪易发区点多面广、突发性强、防御难度大，极易造成人员伤亡和财产损失。要把山洪灾害防御放在突出位置，坚持专业监测和群防群治相结合，先进与实用、现代与传统相结合。完善群测群防体系。水利部门要指导基层政府核定山洪灾害危险区、更新危险区管理清单、开展责任人培训、配置和运行维护简易预警设施。县、乡政府作为山洪灾害防御责任主体，修订完善县、乡、村三级防御预案，有效开展山洪灾害转移避险演练，让群众真正"走一趟"，熟记预警信号、转移路线、避险场所，提高自救、互救、求救能力。提升防御应对能力。及时准确掌握雨水情信息，提前开展洪水分析，滚动修正洪水预报成果，提前发布预警信息；县级水利部门做好山洪灾害实时监测预警，及时向当地政府或防汛抗旱指挥部报告，提请让群众转移避险。

二是突出抓好黄河洪水防御。要密切关注黄河上游降雨、来水和龙羊峡、刘家峡水库蓄水情况，以及区间支流洪水汇流情况。要落实堤防防汛责任，统筹抢险力量预置布防，开展堤防、控导工程巡查及河势查勘，发现险情及时处置，避免险情蔓延扩大，确保堤防安全。要加强涉河项目安全监管，及时拆除妨碍行洪的围堰、栈桥和浮桥等设施，撤离机械设备、物料，确保行洪畅通和人员设施安全。

三是突出抓好水库安全度汛。要压实水库防汛"三个责任人""三个重点环节"，确保遇到紧急情况能够快速反应、科学处置。要强化淤地坝安全度汛，逐坝落实运行管理责任和防汛责任。提升水库监测预警能力，强化水库防洪调度信息通报，逐库开展防洪调度推演，完善应急抢险预案。严格执行汛限水位管理，优化水库调度方式，病险水库、有重大隐患的水库汛期必须空库迎汛，这一点水利部也反复强调。已完成除险加固的水库要科学制定蓄水方案，未经蓄水验收不得投入运行。

四是突出保障供水安全。立足抗大旱、防长旱，做到洪水、干旱防御两手抓、两不误，确保城乡饮水和农业生态供水安全。今年前期降水偏少、种植面积增大，需水量有所增加，要密切关注天气变化，及时做好水库、蓄水池等调蓄工程蓄水，灵活采取错峰调峰、跨渠调度、渠库互补等措施保障农业生态用水。扎实做好水源保护、水厂运行、水质净化、水处理设施维护保养、水质检测等工作，保障百姓喝上安全、洁净、放心水。加快互联网＋城乡供水、大中型灌区节水改造、抗旱调蓄水池等工程建设，不断提升供水保障能力。

今年，水利厅已下达44亿元水利项目投资计划，但执行进度还是比较缓慢。借此机会，我再强调两件事，一是水利迎来了难得的发展机遇，国家的政策、走向和中央的反复调度，各地要抓紧开展项目前期工作、做好项目储备，有条件的要尽快报来争取国家项目。二是已经开工的项目，在保证施工安全和工程质量前提下，最大程度加快工程建设进度，发挥基础设施建设拉动经济作用，早建成、早见效。各市县要有机遇意识，积极行动起来，进一步优化力量，争取国家支持，抢抓难得的机遇。

（四）强化科技引领，提升防御能力

一是应用新技术。在重要监测站点增设通信信道，提高预报精准度、延长预见期，提升数据时效性、准确性和保障率。二是改进测报手段。加强水文站点未覆盖区域实时监测，及时巡测洪水，准确报送洪水范围、量级、频率等要素，由测得到、测得准、报得出、报得及时向测得早、测得精细、增加测报要素转变。三是建设"四预"体系试点。开展贺兰山东麓防洪"四预"应用体系试点建设，开发部署山洪防御应用系统，建立机制，培训人员，努力提升水旱灾害防御科技支撑能力。四是优化站网布局。加密贺兰山东麓等地区监测站点布设，重点提高洪水来源区、重要防御对象等区域覆盖率。

同志们，一分部署，九分落实。我们要以更加严谨的态度、更加负责的精神、更加有力的举措、更加务实的作风，全力做好水旱灾害防御工作，切实保障人民群众生命财产安全，以优异成绩迎接党的二十大、自治区第十三次党代会胜利召开！

全力以赴抓建设　千方百计扩投资
为稳经济保增长促发展作出水利贡献

——在自治区水利厅落实自治区稳经济保增长
促发展工作部署专题会议上的讲话

自治区水利厅党委书记、厅长　朱　云

（2022年5月30日）

同志们：

4月29日，中共中央政治局召开会议，分析研究当前经济形势和经济工作；5月25日，国务院召开全国稳住经济大盘电视电话会议，研究部署稳经济大盘相关政策措施；5月26日，自治区党委、政府相继召开会议，研究部署稳经济保增长促发展工作。当前全国经济形势严峻，我们每个人重任在肩，有责任、有义务共担这个责任，确保经济不滑出合理区间。今天我们召开这个会议，主要是深入学习贯彻习近平总书记重要讲话精神，传达学习贯彻全国稳住经济大盘电视电话会议、自治区党委常委会议和自治区稳经济保增长促发展电视电话会议精神,对水利领域稳经济保增长促发展各项工作再动员、再安排、再部署,举全系统之力打好这场硬仗。

刚才,传达学习了中央和自治区有关会议精神,通报了全区水利投资落实执行情况,水利建设中心、水投集团、水发集团、银川中铁水务公司分别汇报了项目建设进展及下一步推进措施,体现了千方百计抓建设、扩投资的信心和决心,展现了主动担当、勇于作为的良好精神风貌。希望大家以此次会议为新起点,进一步提高政治站位、牢记"国之大者",主动承担社会责任,进一步激发奋发有为、担当作为的精气神,充分发挥水利基础设施建设在经济发展中的拉动作用,进一步加快水利项目建设、扩大水利有效投资,为自治区稳经济保增长促发展作出水利贡献。下面,我讲几点意见。

一、深刻认识当前面临的形势和挑战

从全国来看,当前经济下行压力持续加大,新冠肺炎疫情多点散发,国际局势复杂动荡,3月份尤其是4月份以来,主要经济指标明显走低,我国经济发展环境的复杂性、严峻性、不确定性增高,稳增长、稳就业、稳物价面临新的挑战,困难在某些方面和一定程度上比2020年疫情严重冲击时还要大。从长远来说,这些影响是阶段性的、短期的,我国经济稳定发展、长期向好的基本面没有变,尤其是结构调整转型升级和高质量发展的大势没有变。但大家要清醒的认识到,今年上半年经济形势还是很严峻的,一些经济发展政策、投资利好政策效应要发挥出来,基础设施建设的拉动作用必须要发挥好、地方落实中央政策的能力要再提高。

从全区来看,前4个月我区主要经济指标均高于全国平均,1至4月份固定资产投资同比增长10.5%,高于年度预期2.5个百分点,高于全国平均水平3.7个百分点、西部地区2个百分点。但是我们也要看到,4月以来疫情不仅直接影响我区服务业发展,也间接冲击了产业链供应链安全,工业经济下行压力依然较大、农业增产存在一定风险,一季度地区生产总值增长5.2%,这与全年增长7%的目标还有很大差距,上半年必须达到6.5%以上,经济运行

的复杂性、严峻性、艰巨性、不确定性进一步凸显,稳经济保增长促发展压力依然很大。从指标上看,我区1—4月经济数据比较好看。但同时也要看到,一是我区疫情防控比较好;二是我区经济两头在外,经济指标反映有滞后情况;三是我区经济结构有别于东南沿海地区。国务院提出稳定经济大盘,自治区因地制宜提出"稳经济、保增长、促发展"政策,同时对加快水利、交通、能源等基础设施建设提出明确具体要求,随后发文明确责任、时限。

从水利领域来看,根据自治区发展改革委通报,我区1至4月份基础设施投资增长31.3%,其中水利增长57.8%。截至目前,全区水利投资规模达55.7亿元,较去年同期增长29%,各类水利项目完成投资21.5亿元,是去年同期的2.2倍,充分发挥了稳经济、保增长、促发展的重要作用。但同时,工程建设、投资落实、安全生产等方面仍存在一些问题。投资落实方面,2022年已落实中央投资21.6亿元,预计全年能够落实25亿元,还有待进一步提升;今年计划企业及社会资本投资规模达12亿元,与去年同期持平,但目前真正到位资金仅2亿元,是去年同期的六分之一。特别是"互联网+城乡供水"工程,各县(区)项目虽已获得国开行授信额度,但仍寄希望于自治区给予资金补助,对使用金融资金持观望态度,迟迟未落实到位,这块缺口很大。工程建设和投资计划执行方面,总的来看,资金到位率高,但投资完成率较低,主要还是存在协调力度不够、工作力度不够等问题。纳入自治区"六个一百"重大项目清单中的平罗县"互联网+城乡供水"、西吉县葫芦河中型灌区节水改造等工程未按时开复工;同心县韦州、红寺堡区黄草墩、利通区扁担沟、西吉县张家沟、中宁县喊叫水等抗旱减灾调蓄工程推进缓慢;中小型水库除险加固、山洪灾害防治及重点山洪沟治理等项目投资完成率低于全区平均水平;固原市本级、中卫市本级、灵武市自主落实投资和完成率至今为0。以上项目和市县拖了全区后腿。这里再次强调,我们主管业务处室要采取措施、加强指导、有力监管立项、建设、安全等各方面工作。安全生产方面,2月19日水投集团负责的清水河流域城乡供水工程、3月6日西

吉县水务局负责的葫芦河中型灌区改造工程施工现场，相继发生生产安全事故，导致我区被水利部在全国进行通报。从检查情况来看，我们在安全生产方面还存在不少隐患，必须引起高度重视、甚至警醒。这些问题迫切需要我们加以解决、迎头赶上。

二、准确把握水利建设的机遇和目标

4月26日，习近平总书记在中央财经委员会第十一次会议上强调"加快构建国家水网主骨架和大动脉，积极推进南水北调后续工程高质量发展，推进重点水源、灌区、蓄滞洪区建设和现代化改造"。4月29日，中共中央政治局会议强调，"要全力扩大国内需求，发挥有效投资的关键作用，强化土地、用能、环评等保障，全面加强基础设施建设"。5月23日，李克强总理主持召开国务院常务会议，部署了6方面33条稳经济一揽子政策措施，强调"新开工一批水利特别是大型引水灌溉等项目，引导银行提供规模性长期贷款"。5月26日，自治区党委常委会召开会议，传达了中央财经委员会第十一次会议精神，强调"要抢抓机遇扩大有效投资，按照中央全面加强基础设施建设的部署，及时跟进、加强对接，谋划实施一批重大工程项目"。同日，雨浦主席主持召开全区稳经济保增长促发展电视电话会议，部署50条稳经济保增长促发展政策措施，明确提出在全区开展"大干40天奋战200日"行动，坚决打好政策落实速度战、经济运行阵地战、扩大内需攻坚战、市场主体纾困战、就业收入扩增战、基本民生保障战、安全稳定保底战"七大战役"，确保实现上半年"双过半"、全年增长7%的目标。

中央、自治区的一系列政策措施、安排部署，是重大机遇，也是给我们压责任、明任务，同时也吹响了"冲锋号"、按下了"快进键"。我们要自觉把思想和行动统一到中央、自治区决策部署上来，自加压力，发挥水利人特别能吃苦、特别能战斗的精神，干在实处、走在前列、勇立潮头，自觉担负起水利领域稳经济、保增长、促发展的政治责任，牢固树立"抓项目就是抓投资、抓项目就是抓发展"的理念，超前谋划、抢抓机遇、拼搏奉献，加快推进当前水利工程建设和扩大有效投资工作，发挥好牵引带动作用，体现水利人

的担当奉献。

从宏观层面上讲，就是讲政治、讲站位，考虑国家需要、考虑全国经济大局，就是讲政治的具体体现，就是心怀"国之大者"。从中观层面讲，水利建设迎来了难得的发展机遇，过去我们想干而批不下来的项目、想干而没有钱干的项目，现在获得了机遇，就看能否抓住，为宁夏百姓多干些实事、好事。从微观层面讲，一个单位、一个部门的地位形象、发展机遇，一个企业、企业家尽社会责任，现在就是最好的时候、最好的时机。从个人讲，大展宏图、施展抱负和才华的时候，就看能否顶得上去，是否有责任、有担当、有见识、有能力、有作为。希望同志们进一步昂扬斗志、奋发有为，不负时代、不负韶华，也希望在本单位、本部门进行动员，传达调动广大干部职工的积极性。

三、坚决抓好各项措施的落实见效

今年将召开党的二十大，自治区也即将召开第十三次党代会，做好今年的经济工作，保住基本盘、保持经济运行在合理区间，是我们当前必须完成的重大政治任务。梁言顺书记到宁夏工作以来，明确提出"大抓发展、抓大发展、抓高质量发展"的要求，多次召开党委常委会、经济形势分析会研究部署，多次深入一线实地调研推动，树立了以发展为第一要务的鲜明导向。特别是5月28日调研黑山峡河段开发前期工作时，强调"习近平总书记对黄河保护治理看得很重，将黄河流域生态保护和高质量发展上升为国家战略来抓，赋予我们宁夏建设先行区的使命任务。黄河黑山峡河段水利资源太宝贵了，这是大自然对沿岸人民的恩赐，实施好重大基础设施建设，对协调黄河水沙关系、提高宁蒙河段防洪防凌能力、优化流域水资源配置、改善区域生态环境、助力实施双碳战略等，功在当代、利在千秋。我们宁夏要有大局观念和政治担当，坚决贯彻落实党中央的决策部署，抓住难得的历史机遇，在已有良好的工作基础上，全力争取各方支持，加快推动重大基础设施建设，共同做好河道治理、生态保护，精心呵护黄河安澜健康，让黄河更好地惠及沿岸百姓"。同时，对加快黑山峡河段开发治理工程前期工作提出了明确要求，要求配

强力量、攻坚克难,提前深入研究相关工作,不负众望、全力推进前期工作,争取早日立项、早日开工建设。近期,梁书记还将专题调研水利项目建设情况,这都充分体现了自治区党委对水利工作的关心和关怀,对水利工作的认可和关注,对水利建设的寄予厚望,既是我们的荣誉,更是我们的责任。

今年 3 月,我们已经印发了《水利系统"扩大有效投资攻坚年"活动实施方案》,并多次召开会议就加快水利项目建设、扩大有效投资进行了安排部署,逐项明确了年度项目投资目标任务。上半年仅剩 1 个月时间,在中央、自治区如此高规格、高频次部署经济工作的背景下,我们必须进一步提高政治站位,把各项工作措施抓得更准更实更细。要按照"疫情要防住、经济要稳住、发展要安全"的总体要求,大力弘扬雨浦主席提出的"严细深实勤俭廉 + 快"工作作风,全面掀起"大干 40 天奋战 200 日"热潮,力争项目谋划有效突破、项目建设和投资落实再上新台阶。针对当前形势,我们研究提出水利领域"十条举措",各部门、各单位要对号入座、主动认领,咬定目标、迅速行动,强化担当、形成合力,狠抓落实、确保实效。

一是力推项目前期。谋划项目是牵引、是龙头,也是前提和基础。规划计划处要谋,各业务处室、中心也要谋。水利设计院要发挥技术优势,主动谋划、当好参谋、出好主意,做好前期工作。水投、水发、中铁公司也要结合各自的业务和发展方向,主动谋划、布局,这次国家对有些企业承担的项目,有宽松政策,这是企业发展的难得机遇,是履行社会责任、壮大自身的好时机。要围绕《全国水安全保障"十四五"规划》《黄河流域生态保护和高质量发展水安全保障规划》精准发力,同时也要拓展思路,只要是好项目,前期工作成熟,国家都支持。要不断充实、迭代项目库,谋划推进"三个一批"项目滚动实施,确保取得突破性进展、标志性成果。目前已谋划黄河黑山峡河段开发等 18 项、总投资 1332 亿元重大水利项目,要紧盯逐项落地,以大项目支撑大投资,以大投资带动大发展。自治区第十三次党代会报告提出 20 个重大项目,第一是黑山峡水利枢纽工程,第二是黄河宁夏段

河道治理工程,第三是"三山"生态保护修复项目,第四是贺兰山东麓防洪治理工程。水利项目就占了三个。要将黄河黑山峡河段开发治理工程作为重中之重紧盯每一个环节,持续加大对接协调部委力度,促请黄委会将四项专题论证于 5 月 30 日上报水利部、力争上半年国家发展改革委结题,加快可研编制,协调压茬推进审批要件办理,为工程早日动工奠定坚实基础;黑山峡工作专班要再细化人员分配,动态调整,每个人都要有任务、有要求、指得住,要逐项紧盯落实可研、初设编制、审查、审批和要件办理时间节点,以超常规举措干出项目前期加速度。黄河宁夏段河道治理工程要精心组织、压茬推进,各项任务提前谋划,国家相关部委对于土地、环评等要件办理已开绿色通道,力争 8 月底前完成可研审批动工建设。红寺堡扬水支干渠支泵站更新改造工程 6 月底前完成可研审批,7 月底前实现动工;七星渠节水改造工程 7 月底前完成可研编制,8 月底前报批立项;贺兰山东麓防洪治理、贺兰山东麓灌区、盐同红革命老区供水 3 项工程 9 月底前完成可研编制,压茬推进审批要件办理,为尽快审批立项创造条件。要提前谋划黑山峡灌区、中部干旱带西线供水等项目。

二是加快工程建设。牢牢把握当前水利工程施工"黄金期",各项目法人单位要落实"一个项目、一名领导、一个专班、一套方案、一抓到底"工作机制,把好设计、招标、质量、进度"四个关口",加快招投标、设备采购、施工准备等工作,及时解决征地、资金等制约问题。上半年仅剩 1 个月时间,要加班加点、倒排工期、挂图作战,开足马力推进工程建设和投资执行,确保上半年完成 72 亿元投资的 50% 以上,自加压力、早定计划,力争全年投资规模超过 80 亿元。对固海扩灌扬水更新改造、清水河流域城乡供水等 8 项在建重大项目,进一步细化时间表、路线图,力争年度任务提前完成、超额完成。对"互联网 + 城乡供水"、水土保持、中小河流治理等 12 类 284 项面上项目,下沉一线加强督导、梳理问题集中攻关、形成合力大干快上,力争新开项目大幅增加、工程建设全面加快。

三是严格质量管控。健全并切实落实"项目法人

负责、设计单位把关、监理单位控制、施工单位保证、政府部门监督"五位一体的质量管理责任体系,建立工程质量全环节全过程监管机制,严格落实项目法人、设计、施工、监理等单位质量责任。规范建设市场准入、强化法人机构建设,严格执行基本建设程序,加强设计过程质量控制,确保项目设计质量达到技术标准及规程规范要求,健全施工质量保证体系,坚决杜绝恶意竞标、围标串标、分包转包、降低标准等影响质量情况发生。充分发挥质量检测机构作用,严格实行在建项目"飞检"和"第三方"检测制度,及时排查治理质量问题隐患,把每一项工程打造成放心工程、精品工程。

四是筑牢安全防线。严格落实全员安全生产责任制,完善相关制度规范,健全安全生产风险查找、研判、预警、防范、处置、责任等全链条管控机制,构建水利工程安全风险分级管控和隐患排查治理双重预防机制,坚决做到奖罚分明、惩处有力。各部门、单位要按规定程序和要求履行职能,项目法人要全面排查整治水利工程安全生产隐患,守牢安全生产底线,坚决杜绝安全生产事故再次发生。要认真做好汛期施工防范工作,保证工程建设安全度汛。要持续深化工程建设政府采购领域突出问题专项巡视反馈问题整改,强化工程建设廉政风险防控。这里,我再强调,首先必须压实责任,今年不能再出安全事故,否则严肃处理、绝不姑息;其次必须落实措施,特别是施工单位的现场措施不到位,为什么这么多监督管理不到位;再次务必消除隐患,确保不留死角。

五是扩大水利投资。水利部最近密集的召开金融支持水利工程建设的会议,下发加快推进省级水网建设的指导意见,我们要认真学习研究,从文件中找政策、依政策谋项目、干项目拉动投资。要积极对接国家部委,对标对表投资方向,千方百计争取国家水网骨干、水安全保障、水利发展等中央投资差异化支持。积极落实重大项目一般债、专项债资金,指导市县落实政府债券、涉农整合等地方资金。深化"政银"合作,与国家开发银行宁夏分行、中国农业银行宁夏分行落实战略合作协议,定期召开水利项目融

资研讨会,共同探索盘活存量水利资产的路径方式,合力推进以PPP和市场化为主的水利投融资。要加快"互联网+城乡供水"、海原西安供水等PPP项目建设,探索银川都市圈城乡西线(中铁水务集团有限公司已提前开展相关工作,体现出了前瞻性,值得学习借鉴)、中线供水工程基础设施不动产投资信托基金(REITs)试点,充分利用金融贷款解决资金缺口问题,实现全区水利投资规模稳定增长。

六是发挥资金效益。强化项目资金监管,确保资金使用合法合规。规范资金拨付流程,工程价款一律按月计算、按月支付,确保水利资金及时拨付,及时融入市场发挥效益,禁止任何形式的人为设障,拖延或减少项目资金支付,确保工程建设需要,保障农民工工资及时发放。定期通报项目资金执行情况,对资金滞留、结余量大的市县和项目法人单位进行约谈或对相关责任人进行问责,切实减少资金沉淀。加强项目资金绩效管理,全面开展绩效评价,充分发挥资金使用效率效益,确保有限的建设资金用在"刀刃上"。

七是做好保障要素。优化权责清单,依法依规取消变相审批,优化整合审批事项,完善审查审批流程,持续推进"证照分离"和"一网一门一次"办理。制定设备采购、材料采购等标准电子招标文件,实现电子招标投标全覆盖和远程异地评标。在取水许可、水土保持、防洪影响评价等审批服务方面进一步优化流程、压缩时限、提升质效,落实好区域评估,为项目建设扫除障碍、为企业群众纾困解难。在社会层面上,这也是我厅的责任,也是体现水利工作形象。主动深入基层指导服务市县做好项目前期和审查审批工作,确保放得下、接得住。

八是强化督查调度。成立重大项目建设推进包抓工作组,围绕建设进度慢的市县及项目征地拆迁、建设进度和资金拨付等环节,有针对性地开展督导稽查,该通报的通报、该约谈的约谈、该处罚的处罚、该问责的问责。要建立健全调度督导推进机制,实行挂图作战、节点管控,做到以旬保月、以月保季,确保全年和各时间节点目标任务如期完成。

九是深化水利改革。深化水权水价水市场改革,

健全完善用水权收储交易制度体系,鼓励市县、企业开展区域间、行业间、用户间多种形式的用水权交易,通过市场化手段提高水资源使用效益。加大水价改革力度,建立完善与投融资体制相适应的价格体系,实现用水价格达到运行维护成本水平,有效提升水务产业吸引力。开展智慧水利先行先试和数字孪生流域试点,建设"宁夏黄河云",加快水利基础设施智能化升级改造,推进水资源监控、数字灌区、水旱灾害防御"四预"等一批重点项目,推动工程网、信息网、服务网"三网融合"。

十是建立激励机制。坚持"大干大支持、不干不支持",建立比学赶超长效机制,拿出"真金白银"支持谋得早、干得好的市县和单位。规划计划处要进一步加强资金统筹,研究将区本级部门预算拿出一部分奖补资金支持工程建设和投资落实排名靠前的市县,同时要充分发挥资金叠加效应,在水土保持、防灾减灾、节水供水等中央、自治区水利投资及项目安排时予以倾斜;协调金融机构对工作有力的县(区)优先审批需求、提前发放贷款、降低贷款利率、放宽还款年限,降低项目融资成本;研究对成效显著的县(区)在年度水量调度指标中予以奖励,并在用水权融资、交易、奖励等方面给予支持。

四、切实提高抓好落实的能力和水平

一是加强组织领导。各部门、各单位要提高认识,把加快水利工程建设、扩大精准有效投资作为深入贯彻落实中央和自治区关于稳经济相关会议精神的重要内容和重要抓手,摆在突出位置。要切实加强组织领导,主要负责人要亲自抓、负总责,分管负责人要具体抓、促落实,层层分解责任,逐级传导压力,形成一抓到底的"责任网",着力抓好目标任务的落实。

二是加强队伍建设。要不断健全完善人才评价、激励、使用机制,让更多想干事、能干事、干成事的人才涌现出来。厅机关党委(组织人事与老干部处)要拿出工作方案,注重在水利事业最基础、改革攻坚第一线、矛盾问题最集中的工作中考察、识别、培养、任用干部,大力选用在重大工程建设、重点项目推进中敢打能拼的干部,以鲜明用人导向引领广

大水利干部职工真正把心思用到抓发展上、用在抓落实上。

三是加强督查考核。要发挥好督查"推动器"和考核"指挥棒"的作用,规划计划处要落实好项目投资"月调度、月分析、月通报"机制,各业务处室要加强业务监管和督导检查,对有关市县和重点项目进行专项督办、实行专人盯办,做到问题及时发现、督促到位、整改有力。厅办公室、机关党委(组织人事与老干部处)要将抓项目、争投资成效作为部门工作效能和干部工作能力的重要考评标准,纳入年度效能考核和干部考核,对名列前茅的,在考核评优中予以倾斜;加大督查考核力度,对未按期完成项目推进和投资落实目标任务的部门、单位,取消评先资格。纪检监察部门要制定相应的工作方案,围绕中心执纪问责,对不作为、慢作为,懒政、怠政的,严肃追究问责。

四是加强宣传引导。厅办公室、机关党委(组织人事与老干部处)、水利工会、共青团要紧紧围绕团结稳定鼓劲、正面宣传为主的方针,采取多种方式,深入宣传水利部门加快推进工程建设、构建现代水网体系的突出作用,以及各单位超常规推进水利基础设施建设中涌现出的好典型、好经验,广泛宣传成千上万水利建设者舍小家为大家在一线拼搏奋战的感人事迹,大力营造全社会支持水利、加快建设的浓厚氛围。

同志们,今天的会议是一次动员会,也是一次任务落实会。抓好水利领域稳经济保增长促发展工作,是对我们工作能力的大考验、工作作风的大检验。机遇是留给有准备的人的,大家要戮力同心、攻坚克难,抢抓机遇、真抓实干,打赢这场重大项目推进和扩大有效投资攻坚战。会后,各处室、中心、企业都要积极动员,全厅上下形成共识,全体水利人拧成一股绳,心往一处想、劲往一处使,认真抓好自治区确定的各项目标任务的贯彻落实,不讲条件、雷厉风行地限时完成,确保向自治区党委、政府和全区人民交上一份有质量、有分量、有亮点的满意答卷!

在全厅干部大会上的讲话

自治区水利厅党委书记、厅长　朱　云

（2022年9月20日）

同志们：

这次会议的主要任务是：通报近期水利重点工作，全面总结前三季度水利工作，再鼓干劲、再聚力量，全力以赴做好今年全年各项工作。

刚才，景山同志通报了水利部南水北调西线调研和座谈会情况。南水北调西线工程是国家"四横三纵"骨干水网的重要一纵，对黄河流域至关重要，对宁夏尤为重要，跟黑山峡水利枢纽工程息息相关。这次调研组来宁调研并召开座谈会，我和岚海、景山及相关处室、厅属有关单位全程参与，一起筹办会务，一起接待服务，同一些高层次的院士、专家进行了深入交流沟通，谈我们的观点、我们的需求、宁夏的实际，更加坚定院士、专家加快推进西线的认识，我们自身感受也十分深切。

一是调研规格高。这次南水北调后续工程专家咨询委员会调研活动，有6名院士，又有国家部委领导，参与单位有南水北调集团，又有沿黄省区，有工程调水区，又有工程受水区，调研层次之高、涉及范围之广、参与专家之多、讨论问题之深前所未有，充分体现了国家对南水北调西线工程的高度重视。

二是接待标准高。自治区四套班子主要领导会见、陪同调研组一行，言顺书记亲自出席座谈会并发表了热情洋溢的致辞，雨浦主席多次听取并部署调研接待工作，崔波主席、道席副主席全程陪同调研座谈，指导服务保障工作，并亲自为院士送行。充分体现了自治区党委和政府对国家战略的坚决拥护，对黑山峡水利枢纽工程的高度关切，对水利工作的高度重视。

三是服务质量高。水利厅作为具体承办单位，全厅一盘棋、密切配合、通力协作，早着了早准备，考虑周到细致入微、严谨高效贯穿全程，高质量圆满完成了这次接待任务，充分展现了水利人能吃苦、能战斗、敢打敢拼、能打胜仗的优良作风。我们务实的工作、优质的服务、周密的保障，赢得了自治区领导和调研组的肯定，院士、专家们一致认为黑山峡枢纽可以先期开工建设，这是对我们工作的极大支持和鼓舞。

还有一件鼓舞人心的事。9月18日，我们成功举办重大水利工程秋季集中线上开工仪式。我们在现场举办开工仪式，有成功的经验，也有成熟的套路，但线上举办开工仪式还是第一次。这种形式很新颖、很节约，简洁大方、效果很好。通过无人机多角度航拍，水利工程气势磅礴、震撼人心，充分展示了水利人干大事业、大干事业的建设场面。让我感受特别深的就是视频连线6个工地，不但非常流畅，而且每个工地有一名同志现场介绍情况，都表现得非常精彩。开工仪式引发了社会各界关注热议、展现了水利建设者良好的精神风貌，受到了自治区领导的充分肯定、干部群众的高度评价和相关厅局的赞赏。这充分说明，只要我们水利人想干、肯干、用心去干，就没有干不成的事，就没有干不好的事，就没有干不精彩的事！在此，我代表厅党委，向全厅广大干部职工的精诚合作、无私奉献和辛勤付出表示衷心感谢！

今年是政治大年，党的二十大即将召开，自治区召开了第十三次党代会。今年也是经济大年，面临需求收缩、供给冲击、预期转弱的三重压力，党中央、国务院作出稳经济大盘一系列部署、出台一系列政策，自治区党委和政府将稳经济、保增长、促发展作为全年工作的重中之重。水利在经济社会发展中具有基础性、先导性、战略性作用，今年第二季度和上半年，我区GDP增速排名全国第一，自治区党委和政府对水利工作给予充分肯定；昨天自治区党委常委会上，自治区政府党组汇报三季度经济工作时，再次充分肯定了水利在拉动经济方面作出的贡献。因此，做好水利工作意义十分重大、责任十分重大。

下面，我讲三点意见。

一、埋头苦干真抓实干，水利改革发展蹄疾步稳

前三季度，在自治区党委和政府的坚强领导下，全厅上下深入贯彻落实自治区第十三次党代会精神，按照"大抓发展、抓大发展、抓高质量发展"要求，发扬"严细深实勤俭廉＋快"作风，统筹推进水资源、水生态、水环境、水灾害系统治理，各项工作进展顺利、成效明显，重点工作扎实推进、亮点突出，为先行区建设提供了有力水安全保障。

一是重大项目取得突破。位列自治区 20 个重大基础设施之首的黑山峡水利枢纽正式入轨上道，可研招标已经完成，可研工作全面展开，迈出历史性一步。黄河宁夏段河道治理可研报告被国家发展改革委受理，水利厅完成初设内部咨询审查，初设审批涉及的 11 个要件完成 10 个。贺兰山东麓防洪治理工程完成可研初稿，已安排 1 亿元启动银川市第一至第三拦洪库连通改造项目，协调自治区财政厅安排 1.3 亿元一般债资金。

二是水利投资再创新高。全区累计开复工项目 369 个，水利投资规模达 77.5 亿元，超去年全年水平（70.9 亿元），提前完成年度目标任务。其中争取中央资金 24.85 亿元，同比增长 60%；地方投资 39.35 亿元，同比增长 111%；市场融资 13.3 亿元，同比持平。完成投资 54.1 亿元，投资完成率 70%，完成额是去年同期（20.6 亿元）2.6 倍。1—8 月完成水利投资同比增幅 190.3%，位居全国第七。

三是防汛减灾筑牢底线。推动搁置 10 年的青铜峡大沟拦洪库副坝成功闭合，成功拦蓄 6 次洪水，发挥了重要作用。前移防汛关口，提前启动响应，有效应对 7 月 13—15 日大范围降雨过程。第一时间派工作组现场指导西吉县消除淤地坝险情，在全区开展防洪风险隐患排查和淤地坝安全度汛专项督查，有效防范和遏制各类事故。

四是抗旱保供夯实基础。引黄灌区提前 20 天开闸放水，三大扬水满负荷运行，唐徕渠、惠农渠首次实现跨渠道、跨县区、跨沟道水网联调供水，固海扬水春灌引水首次突破 1 亿立方米，全区累计引水 42.7 亿立方米，生态补水 3.14 亿立方米，调蓄水库蓄水 1.65 亿立方米，保障了城乡饮水、农田灌溉及生态用水需求，实现有旱情无旱灾。

五是水生态环境持续改善。22 个警示片披露问题涉水事项整改 20 项，15 个水利部反馈问题整改 12 个，37 个妨碍河道行洪突出问题整治 33 个，黄河宁夏段水质保持 Ⅱ 类进出。上半年征收水土保持补

偿费 4.16 亿元，是"十三五"年同期 0.39 亿元的 10.7 倍。新增治理水土流失面积 708 平方千米，完成年度任务 77%。

六是用水权改革不断深化。围绕落实自治区"四水四定"管控方案和用水权改革实施意见，累计印发制度 11 项、制定完成 7 项，各地出台配套制度 50 余项。完成工农业确权，核定灌溉面积 1042.8 万亩，确权水量 41.6 亿立方米；建立工业企业用水台账 3953 家，确权水量 4.8 亿立方米。累计完成用水权交易 95 笔，交易水量 5931 万立方米、金额 3.21 亿元。

七是办好饮水安全民生实事。推进"互联网 + 城乡供水"示范省（区）建设，固原市 5 县（区）项目建设进入收尾阶段，投资完成率达 99.7%，全区农村集中供水率、自来水普及率分别达 98.5%、95.8%。完成农村集中供水工程维修养护 132 处，涉及人口 145.27 万人。及时妥善解决城乡供水群众反映问题，做到事事有回复、件件有落实，处理群众满意度 98%。

八是全面从严治党持续加强。强化政治引领，坚持政治机关属性，压紧压实管党治党政治责任，深化"五型"模范机关创建，深入推进党风廉政建设，广泛开展习近平总书记视察宁夏重要讲话指示批示精神"大学习、大讨论、大宣传、大实践"活动，认真开展工程建设政府采购领域专项巡视反馈问题整改落实，扎实开展违规收送红包礼金和不当收益及违规借转贷或高额放贷专项整治，凝心聚力抓好干部人才队伍建设，为水利高质量发展提供坚强政治保证。

这些成绩是广大水利干部职工团结拼搏、辛勤工作的结果。成绩来之不易、值得珍惜，也值得骄傲和自豪。但同时也要看到，对标先行区建设的政治要求和水利高质量发展的内在要求，还存在一些差距。一些领导干部思想还不够解放，缺乏前瞻性思考、系统性谋划、实质性目标，还有通过"躺平"试图"躺赢"的人；有的干部职工作风不实，工作态度不端正、能力水平不够高；个别干部攻坚克难还不够坚决，等待观望者有，消极畏难者有，推诿扯皮者有；还存在工作进度缓慢、效率不高、标准偏低的情况等等。这些问题实质上都是政治站位问题，体现的是能不能与厅党委保持一致的问题。我们一方面要肯定成绩，另

一方面要正视问题，希望同志们认真反思，跟上时代步伐，符合时代要求，在今后的工作中切实加以改正。

二、再接再厉攻坚克难，量质并举完成年度任务

前三季度，我们连续打赢了一场场"突击战""攻坚战"，但"硬战"不代表"决战"，收获也不意味着收官，关键还要看最后一百天的冲刺。要锚定目标、铆足干劲，主动出击、大干快上，凝聚合力、提速发展，打好全年"收官战"，确保各项任务目标按期圆满高质量完成。

一是全力推进治黄关键工程前期工作。持续强化黑山峡水利枢纽宁夏领导小组办公室作用，紧盯地质地震相关事宜，促请建立"一部一委一省一区"和"一委一省一区"机制，促请水利部、国家发展改革委赴甘、宁实地考察调研，协调解决相关问题。特别是可研报告编制中涉及到的前置要件、前期要件，要提前谋划、提前布局、提前协调。紧盯黄河宁夏段河道治理工程可研报告审查工作，力争早批复、早立项、早开工，同时提前做好开工准备，一旦开工要尽快形成实物量。全面完成贺兰山东麓防洪治理工程可研报告编制，加快前置要件办理，力争早日开工，同时要处理好整体项目立项和部分项目先期实施的关系。

二是全力推进现代水网体系建设。以重大水利工程秋季集中开工为节点，抢抓水利建设"黄金期""关键期"机遇，进一步加大部委对接力度、部门协调力度、市县指导力度，在投资落实上求突破、工程建设上提速度、要素保障上增质效、质量安全上保稳定，加快推进银川都市圈城乡东线和中线供水、清水河流域城乡供水、固扩扬水更新改造、青铜峡和固海灌区改造等重大水利项目及面上项目建设，尽可能多的形成工程实物量，尽可能多的再争取一些项目和资金。还要早谋划、深思考、细落实，提前谋划明年项目，储备近3—5年项目，干今年、图明年、谋今后，形成水网建设滚动推进格局。

三是全力推进"四水四定"落地。健全完善水资源刚性约束制度，强化总量控制、定额管理，精打细算用好水资源，从严从细管好水资源。继续大力推广

高效节水灌溉，建设现代化生态灌区。严格取水许可管理，加大超载区治理力度，深化取用水管理专项整治，借助检察院公益诉讼力量，加快地下水取水井关停，规范工业园区取用水行为，健全取用水监控体系。实施涉水规划和建设项目节水评价，实施高校节水专项行动和火电对标达标行动，开展节水型单位达标创建，推动各业控水节水。开展再生水利用配置试点，实施分布式污水资源化利用合同节水项目，提升非常规水利用量和利用率。

四是全力推进水生态环境保护治理。继续深化"河长+检察长+警长"机制，压实河湖长"巡、盯、管、督"全过程责任，推进"清四乱"常态化规范化向中小河流、农村河湖延伸，开展河湖健康体检，实施水系连通及水美乡村建设，保持黄河宁夏段水质Ⅱ类进出。持续开展河道非法采砂专项整治行动，持续紧盯、依法依规抓好中央环保督察反馈、生态环境警示片披露涉水问题、水利部"清四乱"进驻式反馈等问题整改。大力推进黄土高原水土保持小流域特色产业示范区建设，助力产业高质高效发展，全年新增治理水土流失面积920平方千米。

五是全力推进用水权、投融资"两项改革"。以解决具体问题为目标，加快用水权改革配套文件出台进度，为基层纵深改革提供制度保障；聚焦解决权益保障、税费收支、入市交易、监测计量能力提升等问题，推动各地全面发力。配套深化农业水价综合改革和水资源税改革，运用市场化机制引导水资源向先进生产力、高附加值领域流动。要解放思想破解融资难的问题，探索建立"政、银、企"三方合作长效机制，充分利用开发性、政策性金融政策，最大限度吸引社会资本投入参与，探索盘活水利存量资产的有效路径，确保年度投资规模超过80亿元。

六是全力保障各业用水安全。统筹各业用水需求、强化工程调度运行，严格执行计划用水，切实做好今年冬灌补水及明年春灌备耕工作。重点保障"六新六特六优"产业用水，提升产品质量效益。全力保障1000万亩农田均衡受益，助力巩固和提升粮食综合生产能力，确保实现"十九连丰"。办好饮水安全民生实事，加强巩固拓展脱贫攻坚成果同乡村振兴有

效衔接考核评估农村饮水安全问题整改，确保动态清零。认真做好水源保护、水厂运行、水质净化、管网养护等工作，及时回应解决群众关切问题，让老百姓喝上安全水、放心水。

七是全力做好水利安全工作。统筹发展和安全，始终保持"时时放不下心"的责任感和"睁着一只眼睛睡觉"的危机感，及时查漏补缺、梳理堵点难点，努力穷尽风险隐患。规范水旱灾害防御流程体系，特别是加强水库、淤地坝、调蓄水池、塘坝等蓄水工程的巡护，必要时安装视频监测系统，及时发现隐患、果断处置，坚决杜绝溃坝、漏水等事件发生，确保人民生命财产安全。强化在建工程管理，建立健全"项目法人负责、设计单位把关、监理单位控制、施工单位保证、政府部门监督"五位一体质量安全管理机制，防控各个环节风险。要提前摸排，提前做工作，提前化解矛盾，要专人保障、逐级包抓、压实责任，确保干部职工队伍稳定，做好信访维稳工作。

特别是要慎终如始做好疫情防控工作，毫不含糊收紧各项防控措施，从严从细防范各类风险，坚持人、物、环境同防，严格落实属地责任，严格查验"两码"、核酸检测、消毒消杀等工作，管好自己的人，看好自己的门。严格会议活动审批管理，落实非必要不开会、不聚集要求，能不开就不开，能线下开的不线上开，确需线下开的压缩规模、核减人数，严格落实疫情防控要求，最大限度减少人员聚集。

三、强化水利作风建设，提升水利高质量发展保障力

习近平总书记强调，"真抓才能攻坚克难，实干才能梦想成真"。要以政治建设为统领，以开展大学习、大讨论、大宣传、大实践活动为契机，大力弘扬实干作风，"实"字打底、"干"字当头，奋力推进新阶段水利高质量发展取得新成效。

一是党建引领干。坚持和加强党对水利的全面领导，围绕中心抓党建、上下贯通抓党建、抓好党建促发展，把党建工作与业务工作同部署、同落实、同考核，从严上入手、实处着力，推进党建与水利业务深度融合，持续推进"五型"模范机关创建，促进党员干部政治能力和专业能力双提升，锤炼政治品格、严

肃政治生活、担当政治责任，努力推动水利党的建设全面进步、全面过硬。

二是压实责任干。坚持"一盘棋"推进，各处室、单位要把水利高质量发展作为根本任务，把全年目标作为硬性要求，对承担的任务要打好主动仗，对配合的任务要打好协同战，决不能只顾一点不顾全面、只顾局部不顾整体。厅办公室、厅机关党委（人事处）要发挥好督查考核的"指挥棒"作用，加强日常督查、督办和考核监督，及时传导压力，强化实干导向，激活干事动力，形成人人敢于担当、敢攻难关、敢为人先的良好作风。

三是创新思维干。观念一变天地宽。要紧跟时代潮流，善于学习借鉴发达省区好经验，也要善于学习借鉴兄弟部门的好做法，更要善于学习身边优秀分子的好品质，善用脑子、多想点子、创新路子，让谋创新成为一种生活态度、工作责任和精神追求，不断解放思想、开动脑筋，改革创新，敢于冲破"思维禁区"、突破"制度梗阻"，在谋划工作上创新、推动工作上创新、落实工作上创新，在工作的方方面面都探索创新一些好办法好思路。

四是攻坚克难干。形势越复杂，越考验干部的能力；工作越繁重，越考验干部的作风。要增强担当的魄力、攻坚的勇气，对于工作中遇到的"硬钉子""硬骨头"，事不避难、义不逃责，敢于面对、敢于碰硬，少讲"不能办"、多想"怎么办"，少讲"办不成"、多想"办得到"，通过解决一个个问题打开工作新局面、闯出事业新天地。要加快完善干部成长激励机制，为有担当、敢创新、善作为的干部撑腰鼓劲，让优秀者优先、吃苦者吃香、有为者有位、实干者实惠。

五是风清气正干。坚持把廉洁纪律挺在前面，坚定不移全面从严治党，靠实党风廉政建设"一岗双责"。对党风廉政建设常研究、常部署、常教育、常提醒，以抓党风促政风强作风树行风。认真落实中央八项规定及其实施细则精神，严格遵守自治区"八条禁令"和区直机关"十项严禁"，持续纠治形式主义、官僚主义突出问题，持之以恒正风肃纪，坚决防范重大工程、重点领域、重要岗位廉政风险，努力建设廉洁务实的领导班子，培养造就忠诚干净担当的干部队伍。

最后，我想再强调一点：水利事业功在当代、利在千秋。党的十八大以来，我区水利改革发展取得了历史性成就、实现了历史性发展，其中蕴含的智慧结晶、宝贵经验、精神财富、实践成果弥足珍贵。为了更好的出发，要认真梳理好、总结好、传承好这些精神成果。各处室、单位要以对历史负责、对事业负责的态度，认真梳理总结过去十年来本领域工作成效、经验和亮点，实事求是分析存在的不足和差距，提出未来五年发展的意见建议，汇众智、聚众力，共同推动我区水利事业迈向新的高度。

同志们，目标催人奋进，实干成就未来。我们要认真贯彻习近平总书记重要讲话和指示批示精神，全面落实自治区第十三次党代会精神，以先行区建设为牵引，锐意进取、团结奋斗，奋力推进新阶段水利高质量发展，为自治区经济社会发展提供坚强水安全保障，以优异成绩迎接党的二十大胜利召开！

在全区水利"防风险保稳定为党的二十大胜利召开营造良好氛围"安全生产专题会议上的讲话

自治区水利厅党委书记、厅长　朱　云

（2022 年 9 月 24 日）

同志们：

今天，我们召开全区水利系统安全生产专题会议，目的就是认真贯彻落实习近平总书记关于安全生产的重要指示批示精神，传达落实全国、自治区安全生产电视电话会议精神和水利部"防风险保稳定为党的二十大营造良好氛围"专题会议部署要求，全面启动水利行业防风险保稳定专项行动，举全系统之力落实政治大责任、疫情大防控、水利大建设三项重要任务，坚决遏制水利安全生产事故发生，全力做好水利系统疫情防控工作，努力穷尽水利安全隐患，为党的二十大顺利召开营造良好水利氛围。

刚才，岚海同志传达了全国、自治区安全生产电视电话会议精神和水利部专题会议精神，通报了上半年全区水利安全生产情况。9 月 19 日，习近平总书记对做好安全生产工作作出重要指示。李克强总理、胡春华副总理也先后作出重要指示批示。昨天上午，召开了全国安全生产电视电话会议会，刘鹤副总理作了讲话，提出必须落实全国安全生产"15 条硬措施"，重点做好"六个必须"，必须坚持生命至上、必须严格落实责任、必须深入排查隐患、必须依法依规办事、必须有力应急处置、必须高效做好统筹；国务委员王勇同志要求在责任落实、工作落实、检查落实等方面，都要做到严、实、细。昨天上午，自治区紧接着召开了全区安全生产电视电话会议，张雨浦主席强调要严字当头、严字统领、严字贯穿，明责到人、履责到人、问责到人，重点抓好"五严"工作，也就是说，从严排查各类风险隐患、从严整治问题隐患、从严治理危险领域、从严管理重点区域、从严靠实责任链条。昨天下午，水利部召开安全生产专题会议，李国英部长就扎扎实实做好水利防风险保稳定工作提出了明确要求、作出具体部署。紧接着，水利厅晚上召开了党委会，传达学习习近平总书记重要指示批示精神和上述会议的要求部署。今天，我们再次召开全系统会议，就是要再次落实安全责任，再次落实工作措施。从目前形势来看，国庆假期即将来临，党的二十大召开在即，安全生产是安全发展的重要内容，更是当前这段时间重中之重的政治任务，党中央、国务院，以及自治区党委、政府高度重视，多次作出周密安排部署。现在关键任务就是我们怎么抓好落实，怎么压实责任，做好当前的水利安全生产工作具有特殊的、重要的意义。从通报情况来看，我区水利安全形势不容乐观，还存在思想上重视不够、推进措施落实不到位、监管不够严格有力等问题，隐患短板弱项查出来不少，但还没有都落实到位。今年上半年就发生了 3 起生产安全事故，中宁县"4·08"蓄水池垮坝事件之后，今年又出现 2 次蓄水池漏水，在社会上造成了很大影响，要引起同志们高度重视、高度警觉，坚决克服麻痹思想和侥幸心理，切切实实把安全生产抓在手里，落在实处。"9·20"疫情发生后，统筹发展与安全、发展与疫情防控压力进一步增大，更需要我们强化工作措施。

各地各部门、各有关单位要按照疫情要防住、经济要稳住、发展要安全的要求，紧紧围绕保障国庆节和党的二十大胜利召开这条主线，进一步提高政治站位，深化政治认识，压实政治责任，统筹安全、防疫、发展的三大要事，深入贯彻落实"15条硬措施"，认认真真贯彻落实好刘鹤副总理"六个必须"和张雨浦主席"五严"，以及李国英部长提出的具体要求，以"时时放心不下"的责任感、"睁一只眼睡觉"的危机感和"一根筋"的较真劲，继续发扬"严细深实勤俭+快"作风，全力做好各项安全工作，坚决打好水利安全攻坚战，保障人民群众生命财产安全，为营造平稳健康的经济环境、国泰民安的社会环境、风清气正的政治环境提供水利保障、做出水利贡献！

下面，我讲三点意见。

一、坚决扛牢压实水利安全生产重大政治责任

要把保障水利安全作为践行"两个维护"的具体体现，坚持党政同责、一岗双责、齐抓共管、失职追责，落实管行业必须管安全，管业务必须管安全，管生产经营必须管安全"三个必须"，增强责任意识、危机意识，强化底线思维、红线思维，克服麻痹心理、懈怠心理，切实做到守土有责、守土负责、守土尽责。

一是真督实查，强化水行政主管监管责任。要抓紧建立区、市、县三级水利部门领导督导检查机制，建立问题清单、任务清单、责任清单，压紧"查、改、督、销、验"责任链条，形成纵向到底、横向到边、查验闭环、严字贯穿的水利安全生产监管责任体系。主要领导要"重点督"。各级水利部门和各单位主要负责同志要履行第一责任人责任，要带头重视，亲力亲为，亲自带队暗访督查检查，要采取突击检查、重点核查、随机抽查、暗访调查等形式，一竿子插到底形式，紧盯重点、直奔基层，靠前指挥。其他领导要"具体督"。各级负责同志认真履行"一岗双责"要求，要具体抓、抓到位，分区包抓、下沉一线，现场发现问题解决问题。水利厅成立6个督导组巡回检查，按照计划安排奔着问题去，带着清单查，盯着隐患改。各市县区督导组也要把发现问题解决问题贯穿始终。问题隐患"彻底督"。坚决杜绝安全监管的"死角盲区"和责任链条的"真空地带"，体制不能空转、问题不能漏项，要把安全生产责任落实到部门、岗位、具体人

头上，靠实到每一项工作、每一个环节、每一个点位。发现不了隐患就是最大的问题，出了事故要对责任不落实的一查到底；隐患没有发现的，或者发现了没整改、整改没到位的，也视同事故发生一样处理，依法依规严肃追责、顶格处理。

二是要真查实改，要强化生产经营单位的主体责任。生产经营单位是安全生产责任主体，要牢牢扛起安全生产责任，实施全过程安全管理，做到安全责任、投入、培训、基础管理、应急救援"五到位"。问题发现了，隐患查出来了，关键是要整改到位、要彻底消除。各环节谁的责任、谁来落实都要明确，要建档立卡、签字备案、以备核查。切实落实全员安全生产责任制。主要负责人负责建立健全"一企一标准，一岗一清单"的全员岗位安全生产责任制，明确所有层级、各个岗位从业人员的安全生产责任内容、范围、考核标准，保证安全生产责任可执行、可考核、可追溯，形成了层层负责、人人有责、各尽其责的工作体系。如何保证企业责任落实到位，需要各级主管部门去查、去督、去验收，要盯着把问题一个一个解决掉，把隐患一个一个排查到位，不能走过场流于形式。切实开展拉网式穷尽式自查自纠。善于运用水利安全生产监管信息系统，线上线下并行监控。要建立健全自查自纠工作机制，制定检查的问题清单，主要领导要带头查，分管安全生产领导要重点查，分管生产经营的领导要主动查，一线人员要天天查，人、机、物、环全覆盖，要实行清单管理、挂账销号、一抓到底。切实落实隐患整治包保工作机制。要按照上报的包保工作责任人清单，分片、分层、分单位落实包保责任。从现在到党的二十大结束，包保领导必须下沉一线、蹲点驻守，盯责任落实、盯隐患整改。包保的清单要上报主管部门备案备查。

二、立即开展防风险保稳定专项行动

从今天开始，正式启动全区水利行业防风险保稳定专项行动，这是水利行业关键时段防风险保稳定的一项重要举措，要切实把各类安全生产风险隐患消除在萌芽状态，要坚决杜绝人员伤亡事故的发生。

一是突出重点，紧盯看牢事故多发易发点。各单

位、各部门要按照专项行动工作方案,紧盯水利工程建设、水旱灾害防御、灌溉工程安全运行、城乡供水安全运行等重点领域,压实主管部门监管责任,靠实生产经营单位的主体责任,确保责任层层压实,各司其职,各尽其责,各谋其安。

水利工程建设特别要管住高边坡挖开、深基坑、脚手架、起重吊装、临时用电等方面施工安全,高空坠落、动火、有限空间等危险作业要提级管理。最近一些施工工地实行封闭管理施工,吃住方面涉及的问题增多、工作增多、难度也增多、隐患也增多,该提级管理的要提级管理。这不仅是安全员管理责任,项目法人也要蹲点蹲守,要盯住责任,施工企业主要负责同志要下工地,相关责任人要旁站紧盯,重要地方监理人员要旁站监理。不具备安全生产条件的一律停工整改,坚决杜绝安全技术不交底、不按专项施工方案施工、安全措施不保证、盲目抢工期赶进度等行为而引发生产安全事故。现在正是水利工程施工的大好季节,一定要统筹好发展、疫情、安全这三者关系,在保证安全质量、疫情防控的情况下,因地制宜,优化施工组织,加快水利工程建设。

水旱灾害防御要坚决克服麻痹思想和侥幸心理,有些同志认为现在已经到9月底,没有大洪水,不会出什么问题。现在极端天气比较多,同处在北方的山西,去年10月3日到7日发生了洪水灾害,汾河等6条河流超警戒水位,60多座水库超标准蓄水,6处堤防决口。1981年9月,黄河持续45天大洪水,所以我们不能用常规方式来判断汛情。一定要强化防汛"三个责任人"责任和水库、淤地坝安全运行"三个重点环节",坚决杜绝溃坝、漏水、河道堤防决口事故发生。自治区水旱灾害防御中心将今年防汛值班延长到10月底,并已经进行了安排部署,各地各单位也要结合实际情况,进行科学调整。

灌溉工程要紧盯蓄水池、泵站、穿堤建筑物,特别是水库、蓄水池、渠道,往往泄水建筑、溢水建筑、泄洪洞底管软硬结合处、水闸和电气设备等重点部位,都容易出事。特别是蓄水池和塘坝,有些塘坝库容不大,但是数量很多,个别的建设标准低,有的建在湿陷性黄土区,有些高填方,下游有居民,一旦出

现问题影响非常大,不要说溃坝,就是漏水都不行。对地处湿陷性黄土区和高填方蓄水池,该安排人上堤驻守的就上堤驻守,24小时巡护。有条件的要安装视频监控。特别是中宁、红寺堡、海原、盐池等蓄水池比较多的县区,要格外注意,加强巡护。水库、水保坝等各类蓄水工程,现在蓄水位都比较高,要科学控制蓄水量,算好调蓄需求,不要盲目地高水位运行。发现隐患要及时果断处置,绝不允许溃坝、漏水情况发生。

城乡供水工程要加强水源保护、水厂运行、水质净化消毒和水质检测监测等全过程安全管理,不能出现任何因素导致的水污染事件发生。要做好反恐维稳工作,水源地、水厂防止投毒等事件发生。现在水源地越来越多,这方面压力越来越大,不能出现停水、缺水、无水现象,要千方百计保证城乡人民群众饮水安全。

水文监测,水利科学研究实验要加强设备设施安全检查和维修养护。加强缆道缆车、化学试剂、剧毒化学品等危险设施隐患排查,要严防人员中毒,严防危化品失控。要加强自建房隐患排查整治,确保危房不住人、住人无隐患,决不能出现人员伤亡。加强办公场所、食堂、宿舍等消防和燃气安全管理,及时消除安全隐患。

二是严格标准,持续提升安全管理水平。各水利生产经营管理单位要以安全生产制度化、规范化、标准化建设为核心,全面提升安全意识、安全制度、教育培训、行为规范"四位一体"的本质安全水平,深入建设安全生产长效机制。切实强化安全第一意识。各市、县(区)水务局要对管辖范围所有单位和人员组织一次专题警示教育活动,通过典型事故案例,吸取事故教训,提高"没有安全就没有一切""问题就是风险、隐患就是事故"的思想认识,坚决消除"无知无畏"的行为。健全安全生产制度体系。要组织开展安全生产制度查漏补缺工作,进一步完善管理制度、责任清单、操作规程,用制度管人管事。所有生产安全事故都是管理层层失守、违规操作造成的,如果有一个环节严格把关,及时发现问题,也不会出现事故。加强安全教育培训。针对岗位安全标准、风险辨识、

隐患排查等实际需求，采取自学为主，线上线下相结合等多种方式，开展一次岗位安全知识专项培训，有效提升人员安全技能和应急处置能力。严格规范人员作业行为。通过实施班前交底、专人旁站、视频监控、语音提醒、暗访抽查、交叉检查等方式，督促作业人员实现操作规范、作业标准、防护到位。

三是防字为先，全面管控水利安全风险。坚持预防为主、关口前移，深入推动风险管控和隐患排查治理双重工作，切实加强值班值守，未雨绸缪，有效管控水利安全风险。要落实风险管控的六项机制。水利部印发了关于构建水利安全生产风险管控六项机制的实施意见，推动安全生产风险查找、研判、预警、防范、处置、责任这六项机制落实落地见效。各级水行政主管部门和各水利生产经营管理单位要高度重视，结合自己的实际，制定本单位六项机制实施细则，落实水利安全风险管控和隐患排查整治"双重预防"机制，每月开展隐患排查整治，每季度对全区水利安全生产状况进行分析评价通报，毫不松懈抓紧抓细抓实风险管控工作。要坚持"查、改、督、销、验"闭环管理。每次暗访抽查要现场签字确认发现的问题、现场反馈问题清单，及时印发问题整改及责任追究通知，督促被检查单位限期整改并报送整改报告，建立问题隐患整改台账，跟踪落实整改验收销号，做到隐患排查不留死角、整改清零不留死角。已排查发现的库存隐患，必须于9月底全部整改。要强化值班值守。严肃工作纪律，严格执行领导干部带班、关键岗位24小时值班和事故信息报告制度，要时刻保持通讯畅通和信息畅通，要及时掌握一线动态情况。发生的险情，及时报送信息，绝不允许出现瞒报、谎报、迟报情况。

三、多措并举做好水利安全风险防范

突出重点、直面问题、动真碰硬，持续开展水利安全生产领域"打非治违"，强化社会监督、群众监督、自我监督，加快形成生产经营单位负责、职工参与、政府监管、行业自律、社会监督的工作格局。

强化"打非治违"。对厅领导带队暗访检查、专项整治组随机抽查、举报投诉和市、县（区）水行政主管部门检查发现的问题，在督促整改、消除隐患的基础

上，要对人员不到岗、不排查风险隐患、不落实隐患整改行为，施工、监理企业无相关资质或超资质许可范围承揽工程，以及违法分包、转包工程，挂靠资质行为，施工企业主要负责人、项目负责人、专职安全生产管理人员无安全生产考核合格证，特种作业人员无操作证书等一系列违法行为严厉打击。采取联合惩治手段，行政处罚、信誉扣分、项目资金安排核减，向当地党委、政府进行情况通报。

强化社会监督。各单位要完善举报奖励制度，规范举报奖励经费、发放、审查等工作，明确举报受理部门，要畅通公众涉水安全生产问题举报渠道，公布举报电话、邮箱、网站等，鼓励支持社会公众通过来信来访、自治区政府"12345"热线和水利部"12314"监督举报服务平台等途径反映涉水安全违法行为。水利生产经营管理单位要建立"吹哨人"制度，鼓励内部员工举报安全违法行为。

强化责任倒逼。各单位、各部门要按照水利厅防风险保稳定专项行动通知要求，组织开展好专项整治工作。督促水利生产经营管理单位本着对人民生命财产高度负责的态度，对履行安全责任作出承诺。对问题隐患排查走过场、敷衍整改、虚假整改的，要严肃问责，或向有关部门通报，提出处理建议。

最后，对疫情防控工作我再强调几点：中宁县突发疫情后，自治区党委、政府高度重视，9月20日上午，梁言顺书记召开领导小组会议，听取一线情况汇报，分析研判形势，对应对处置疫情工作进行安排部署，会后带队前往中宁县现场督导疫情处置工作。9月21日，张雨浦主席在政府常务会议上，对全区疫情防控工作进行了安排部署。9月22日，梁言顺书记、张雨浦主席再次暗访督导疫情防控工作，以"一根筋"的较真劲落实疫情防控要求，努力在最短时间内控制住疫情。9月20日疫情发生以来，自治区党委政府坚决贯彻落实习近平总书记关于疫情防控工作的重要指示精神，坚持抓早抓小，以快制快，果断做出决策部署，实践充分证明了疫情防控的方向和思路是有效的，防控的政策和措施是到位的。我们要科学辩证地看待疫情防控、疫情发展态势，既要看到当前疫情走势的不确定性，风险扩大的可能性，也要

看到疫情形势的总体可控性，防控工作的有效性，进一步增强信心，坚定决心，保持定力。坚持总书记怎么说，我们就怎么做，管控上要积极，工作上要提效，磋商机制加快进度，加大力度，提高进度，以"瞪大眼"的认真劲，"一根筋"的较真劲，从严、从细、从实抓好各项防控工作，全力阻断疫情蔓延扩散。

一是高度重视，立即行动。要按照各领域疫情防控规定迅速开展收紧防控工作，做到既不提级、更不降级。要坚决克服麻痹思想、厌战情绪、侥幸心理、松劲心态，筑牢"防火墙"、织密"防护网"，切实做到守土有责、守土担责、守土尽责。

二是紧盯目标，措施到位。坚决贯彻落实自治区党委安排部署，严格人员管控，培训活动全部暂停，会议的规模要严格控制，能线上的就线上开，不必要的不开。要管好在建的水利工程，一定要妥善安排，及时调整优化部署，坚决管好疫情工作，特别是要落实学校管控的要求，一定丝毫不敢放松。各单位机关管好自己的人，看好自己的门，严防严控堵住漏洞。

三是履职尽责，保障服务。要按照最新疫情防控方案不断完善疫情防控预案，特别是统筹发展和安全关系，按照中央要求做好工作，各单位要服从当地部门的疫情防护的政策，配合当地政府，包括社区，共同开展疫情防控工作，必要时也要组织志愿者共青团，支持驻地疫情防控工作。

同志们，安全生产是民生大事。要坚决贯彻落实总书记重要指示精神和党中央、国务院、自治区以及水利部决策部署，扎实做好水利防风险保稳定各项工作，确保全区水利系统安全稳定，以实际行动迎接党的二十大胜利召开。

三、机构与组成人员

机构与组成人员

（2022 年 12 月 31 日在职）

自治区水利厅厅级干部名单

党委书记、厅长	朱　云
党委委员、副厅长	麦　山
党委委员、副厅长	张　伟
党委委员、副厅长	王岚海
党委委员、总工程师	王景山
党委委员、驻厅纪检监察组组长	郝　皓
二级巡视员	江　静（女）
驻厅纪检监察组二级巡视员	邹海燕（女）
二级巡视员	苏立宁

自治区水利厅机关处级干部名单

水利厅办公室

办公室主任	宋正宏

机关党委（组织人事与老干部处）

处长、机关党委专职副书记、机关纪委书记、一级调研员	王文刚
厅机关纪委专职副书记	温世恩
副处长、三级调研员	郭文军
副处长	贾晓艳（女）

规划计划处

副处长	王晓晶

政策法规处

副处长	马建华

水资源管理处

处长	马德仁
副处长	李海霞（女）

节约用水与城乡供水处

处长、一级调研员	王正良
副处长	苏建华

工程建设与运行管理处

处长、一级调研员	尚中琳

财务审计处

处长	苏　林
副处长	苏浩友

农村水利处

副处长	陈金蛟

河湖管理处

处长	张树德

水土保持处

处长、一级调研员	李克文
副处长	杨继雄

科技与信息化处

处长	李雄鹰
副处长	鲍小明

安全生产与监督处

处长	李 东
副处长、三级调研员	李 毅

水库与移民管理处

处长	李新山
副处长	宋治湖

自治区水利厅厅属单位干部名单

水旱灾害防御中心

党支部书记、主任	窦元之
副主任	郭立兵 王海涛

水利调度中心

副主任	刘福荣 吴晓峰
总工程师	王彦兵

水土保持监测总站

党支部书记、站长	张国军
副站长	马文涛

水利工程定额和质量安全中心

党支部书记、主任	杨海宁
副主任	吴国万 申明平

大柳树水利枢纽工程前期工作中心

党支部书记、主任	王瑞斌
副主任	李颖曼(女) 王旭强

灌溉排水服务中心

党支部书记、主任	孙敬祯
副主任	伏志梅(女) 王 东

水利工程建设中心

党委书记、主任	余自业
副主任	顾 宁 齐敦哲 潘自林(聘)
纪委书记	张玉强

水文水资源监测预警中心

党委书记	唐凤琴(女)
主任	杜 历
纪委书记	李宗会
副主任	徐 涛 包淑萍(女)

水利电力工程学校

党委书记	苏厚贤
校长	毕高峰
纪委书记	杨建新
副校长	台应国 董治仪 祁春辉

河湖事务中心

党支部书记、主任	马如国
副主任	丁学岐 孙俊业

水利科学研究院

党总支书记、院长	杨 志
副院长	侯 峥

水利厅机关服务中心

主任(聘)	余 洋

水利博物馆

馆长	陆 超

信息中心

主任	姜维军
副主任	王海峰

唐徕渠管理处

党委书记	鲍旺勤

处长		陶　东
纪委书记		尹　婷(女)
副处长	孙建军　孙立国	杨金国

西干渠管理处

党委书记		俞　武
处长		田成龙
纪委书记		殷　锋
副处长	温鸿浦(聘)	罗廷红
总工程师		夏亚平

惠农渠管理处

处长		陈旭东
副处长	海天相	王立斌
总工程师		张朝阳

汉延渠管理处

党委书记		何卫东
处长		陈国光
纪委书记		郝明辉
副处长	马忠明	周小鹏

渠首管理处

党委书记		张　锋
处长		李银才
纪委书记		哈全宏
副处长	李海军	郝晓明
总工程师		郭振莉(女)

秦汉渠管理处

党委书记		侯树增
处长		周小生
纪委书记		訾跃华
副处长	黄旭阳	张万龙

盐环定扬水管理处

| 党委书记 | | 刘永亮 |
| 处长 | | 管文斌 |

| 纪委书记 | | 宋卫世 |
| 副处长 | 李建宏　杨　存 | 曹　君(聘) |

七星渠管理处

党委书记		周玉国
处长		周　涛
纪委书记		郑　强
副处长	陈晓波	谢生伟
总工程师		王元礼

固海扬水管理处

党委书记、处长		郝瑞甫
党委副书记		李建国
纪委书记		尹　奇
副处长	张　印(聘)	彭　军
总工程师		邢天锋

红寺堡扬水管理处

党委书记		甄德龙
处长		张海军
纪委书记		贺加国
副处长	道　华	郑　柱
总工程师		顾　军

市县(区)水务局干部名单

银川市水务局

党组书记、局长		董建华
党组成员、副局长	张晓东　金龙高	张国庆
四级调研员		杨延平

兴庆区农业农村和水务局

| 局长 | | 马建平 |
| 副局长 | | 杨世壮 |

金凤区农业农村和水务局

| 党组书记 | | 杨　晗(女) |
| 局长 | | 李淑娟(女) |

纪检组长	虎梅霞（女）
副局长	郭东川

西夏区农业农村和水务局

局长	罗继龙
副局长	寇小娜（女）

永宁县水务局

党组书记、局长	哈东军
副局长	金海洋

贺兰县水务局

党组书记、局长	许晖
党组成员、副局长	朱佳利　杨丽华（女）

灵武市水务局

党组书记、局长	王军
党组成员、副局长	李扬　冯杰　马洪兵

石嘴山市水务局

党组书记、局长	刘兆明
党组成员、副局长	毛学军　马春梅（女）　王群喜

大武口区农业农村和水务局

党组书记、局长	刘彦春
副局长	赵艳军　白丽娜（女）

惠农区农业农村和水务局

局长	薛占江
副局长（水利）	侯彦君
副局长（农业）	朱卫星　冯卫平

平罗县水务局

党组书记、局长	蒋海龙
党组副书记、副局长	董绍兵
党组成员、副局长	贾华荣　黄霄　闫建军

吴忠市水务局

党组书记、局长	苏晓理
党组成员、副局长	张敏　刘强　马学海

利通区水务局

党组书记、局长	马铁马
党组成员、副局长	杜彦斌

青铜峡市水务局

局长	王宝茹（女）
副局长	梁志军

同心县水务局

党组书记、局长	石彦玉
党组成员、纪委书记、副局长	杨立峰
党组成员、副局长	马佐明
党组成员、总工程师	马旭

盐池县水务局

党组书记、局长	孙峰
党组成员、副局长	张宏坤　党惠波

红寺堡区水务局

党组书记、局长	王贯举
党组成员、副局长	杨润泽　黑燕（女）

固原市水务局

党组书记、局长	李国帅
副局长	周广阳　樊银军　丁亚南　邓玉平

原州区水务局

党组书记、局长	郭辉
党组成员、副局长	杨兴旺　孙志旺
副局长	郭常君

西吉县水务局

党组书记、局长	冯建洲

| 党组成员、副局长 | 张国军 马　斌 雷兵兵 | 二级调研员 | 张彦龙 |
| 副局长 | 何　云 | 四级调研员 | 张俊海 |

隆德县水务局

| 党组书记、局长 | 柳永奎 |
| 副局长 | 张慧敏 杨学义 蒙晓飞 |

沙坡头区水务局

| 局长 | 张红涛 |
| 副局长 | 雍学茂 史　进 |

彭阳县水务局

局长	张志科
党组书记、副局长	马宏芳
副局长	常富礼

中宁县水务局

| 党委书记、局长 | 胡　斌 |
| 副局长 | 马尚亮 范学文 雍　华 |

泾源县水务局

| 党组书记、局长 | 兰长东 |
| 党组成员、副局长 | 李　伟 雒永强 |

海原县水务局

党委书记、局长	张广平
党委委员、副局长	李伟保 田兴明 陈学明
副局长	蒲成龙

中卫市水务局

| 党组书记、局长 | 刘宏阳 |
| 党组成员、副局长 | 田建文 胡文礼 丁全保 |

四、大事记

大事记

1月

5日 为深入贯彻落实习近平总书记关于防灾救灾工作的重要指示精神和自治区党委政府关于抗旱减灾工作要求,切实增加宁夏抗旱减灾能力,提升城乡供水应急备用水平,水利厅制定印发了《宁夏引黄灌区抗旱减灾调蓄工程规划》。

5—6日 黄委水调局局长刘钢一行来宁调研平罗县用水管控工作情况。水利厅党委委员、副厅长麦山陪同。

6日 水利部办公厅副主任李晓琳一行深入中卫市沙坡头区,对2021年度水利部防御司帮扶沙坡头区山洪灾害防御——黑山嘴沟治理工程设计施工及山洪灾害防御预案指导编制工作情况进行考核评估并召开座谈会。水利厅党委委员、副厅长张伟陪同。

11日 自治区政府副主席王道席、自治区党委组织部副部长金万宏到水利厅宣布朱云同志任职。

13日 水利厅荣获2021年度安全生产目标责任考核优秀等次,这是水利厅连续9年获得自治区安全生产目标责任奖。

14日 自治区水利调度中心、河湖事务中心、水土保持监测总站被命名为2022—2024年度区直机关文明单位。

17日 宁夏回族自治区第十二届人民代表大会常务委员会第三十二次会议通过,任命朱云为自治区水利厅厅长,免去白耀华自治区水利厅厅长职务。

是日 水利部公布全国智慧水利先行先试任务验收结果,宁夏智慧水利先行先试工作被评定为优秀。

25日 水利厅召开党史学习教育总结会议。厅党委书记、厅长朱云作党史学习教育总结讲话,驻厅纪检监察组组长路东海传达中央、自治区党史学习教育总结会议精神,厅党委委员、副厅长麦山主持。自治区党委党史学习教育第九巡回指导组组长王宏伟到会指导。厅领导、厅机关各处室、中心(站、院)负责同志在主会场参加,厅属23个单位领导班子成员和科室(站所)负责同志在分会场参加会议。

是日 黄河宁夏段出现开河,较多年平均提前7天,至1月26日封河河段全部开河,开河段水势平稳。2021年12月25日黄河宁夏段出现首次流凌,较多年平均流凌日期推迟7天,流凌最大长度144千米。2021年12月29日黄河宁夏段出现封河,封河日期较多年平均提前5天,2022年1月26日全线开河。本年度黄河宁夏段凌汛呈现流凌迟、封河时间短、水位变化大、开河早的特点。

27日 根据宁政干发〔2022〕2号文,王岚海任自治区水利厅副厅长。

28日 水利厅召开厅机关处室2021年度工作总结述职会暨2022年务虚会议。厅党委书记、厅长朱云同志作总结讲话,厅党委委员、副厅长麦山主持会议。厅机关14个处室负责同志分别作2021年度工作和支部党建工作述职,厅领导、厅机关全体公务员参加会议。

29日 水利厅党委书记、厅长朱云调研宁夏青铜峡灌区续建配套与现代化改造工程(一期)唐徕渠灌域工程,看望慰问奋战施工一线水利建设者。

是日 由厅领导带队分7个组走访看望慰问全

厅离退休老干部、老党员、困难党员和困难职工代表。厅党委书记、厅长朱云专程看望慰问全国优秀共产党员李识海。

2月

8—11日 水利厅举办处级干部"两个能力"提升学习班,学习班采取专题辅导、集中领学、政策解读、分组研讨及学习心得交流相结合的方式进行。厅党委书记、厅长朱云在培训班结业典礼上作总结讲话,厅班子成员、厅级干部和全厅副处级以上干部、厅机关四级调研员以上职级公务员参加培训,18人作交流发言。

14日 自治区政府副主席王道席赴水利部对接工作。水利厅党委书记、厅长朱云同行。

是日 全区水利工作会议在银川召开,会议深入贯彻党的十九大、十九届历次全会精神和习近平总书记视察宁夏、关于黄河流域生态保护和高质量发展重要讲话指示批示精神,深入贯彻践行中央治水思路,全面落实自治区党委十二届历次全会、经济工作会议、农业农村工作会议和自治区"两会"、全国水利工作会议精神,总结2021年水利工作,谋划2022年水利任务,为加快宁夏水利高质量发展,努力提升水治理体系和治理能力现代化水平,先行区建设提供坚实的水安全保障。厅党委书记、厅长朱云作了题为《深入贯彻中央治水思路 勇担先行区建设使命 答好新赶考路上水利高质量发展新答卷》的讲话,厅党委委员、副厅长麦山主持会议。自治区水安全委员会成员单位有关负责同志,有关企业负责同志,厅机关副处级以上干部,厅属各中心主要负责同志在主会场参加会议。各市、县(区)水务局,各渠道管理处负责同志等在分会场参加会议。

16—18日 水利部农村水利水电司副司长许德志一行赴固原、中卫等地调研扶贫项目专项工作。水利厅二级巡视员江静陪同。

21日 自治区政府副主席王道席赴黄委对接黑山峡河段开发、黄河宁夏段治理工程前期相关工作。水利厅党委书记、厅长朱云,厅党委委员、副厅长

张伟,厅党委委员、总工程师王景山同行。

22日 自治区政协主席崔波调研同心县百万移民致富提升行动推进情况。水利厅党委委员、副厅长张伟陪同。

23日 自治区政协主席崔波调研同心县百万移民致富提升行动推进情况。水利厅党委书记、厅长朱云陪同。

3月

1日 水利厅召开2022年党建党风廉政建设工作会议,总结2021年全厅党建党风廉政建设工作,安排部署2022年工作任务。厅党委书记、厅长朱云出席会议并讲话,驻厅纪检监察组组长路东海传达十九届中央纪委六次全会和十二届自治区纪委六次全会精神,并就2022年水利纪检监察工作作出具体安排,厅党委委员、副厅长麦山主持会议。厅领导和厅机关各处室、中心(站、院)副处级以上干部在主会场参加,厅属23个单位领导班子成员、科室(所站)负责同志在分会场参加会议。

3日 水利部以视频形式召开2022年全国水利系统节约用水工作会议,水利部副部长魏山忠出席会议并讲话,水利部总经济师程殿龙主持会议。水利厅党委委员、总工程师王景山代表宁夏水利厅作交流发言。

是日 水利厅党委书记、厅长朱云调研贺兰县金山,西夏区源石、农牧场,青铜峡市鸽子山,永宁县中粮、德龙、长河翡翠等7个葡萄种植基地供水、防洪保障工作。厅党委委员、副厅长张伟陪同。

5日 水利厅党委书记、厅长朱云赴甘肃兰州对接黑山峡河段开发相关事宜。

7—10日 黄委副总工程师乔西现一行来宁调研黄河流域水资源管理工作,实地调研国家能源集团宁夏煤业有限公司煤矿违规取水整改情况、银川都市圈西线供水工程、宁东供水工程等。水利厅党委委员、副厅长麦山陪同。

8—11日 自治区政府副主席王道席到固原市调研宁夏中南部城乡饮水安全工程、泾河源水文站、

泾源县水系连通及农村水系综合治理、原州区三营段清水河河道治理、固海扩灌扬水十一泵站更新改造工程、银川都市圈城乡东线供水东干渠取水口工程建设和唐正闸信息化改造情况。水利厅党委书记、厅长朱云陪同。

9日 自治区党委常委、秘书长雷东生到青铜峡市督查用水权改革推进情况。水利厅党委委员、副厅长麦山陪同。

是日 中国灌溉排水发展中心副主任刘云波一行来宁调研大中型灌排泵站标准化规范化管理有关情况。水利厅党委委员、副厅长张伟陪同。

△ 水利厅召开2021年党组织星级评定工作考评会，采取述职汇报的方式对全厅申报晋星的88个党组织进行考评。经过综合考评审核，共评定出五星级党组织1个，四星级党组织9个，二星级党组织12个，一星级党组织6个，其他党组织保持原星，暂不晋级。对新成立的19个党组织暂不定星级。

14日 水利厅召开全区水利系统"扩大有效投资攻坚年"活动推进会议。厅党委书记、厅长朱云出席会议并讲话，厅党委委员、总工程师王景山主持。厅机关有关处室、厅属有关单位、有关企业主要负责同志在主会场参加会议，各市、县（区）水务局在分会场参加会议。

是日 水利厅召开引黄灌区灌溉工作会议。厅党委书记、厅长朱云出席会议并讲话，厅党委委员、副厅长张伟主持。厅机关有关处室、各渠道管理处主要负责同志、宁西公司分管负责同志在主会场参加会议，各市、县（区）水务局在分会场参加会议。

15日 水利厅召开全区水利安全生产工作视频会议。厅党委书记、厅长、厅安委会主任朱云出席会议并讲话。厅领导、厅机关处室、厅属单位主要负责同志，固原市水务局、西吉县水务局主要负责同志，有关企业主要负责同志在主会场参加会议；各市、县（区）水务局、在建水利工程各参建单位主要负责同志及相关人员在分会场参加会议。

是日 青铜峡河西灌区唐徕渠开闸放水，2022年宁夏引黄灌区生态补水全面启动，标志着春灌工作拉开序幕。本年度比正常放水时间提前20天

左右。

16—17日 自治区党委副书记陈雍赴同心县、中卫市沙坡头区、中宁县等调研抗旱调蓄水库建设情况，自治区政府副主席王道席参加调研。水利厅党委书记、厅长朱云，厅党委委员、副厅长张伟陪同。

22日 《公民节约用水行为规范》宁夏主题宣传活动暨自治区节水家庭评选活动和高校节水行动启动仪式在银川市阅海陈家湖公园中心广场举行。活动同时启幕2022年"节水中国　你我同行"宁夏联合行动、高等院校节水专项行动、千家社区万家小区"节约用水　让家更美"节水家庭评选活动"三大专项联合行动"。自治区文明办主任杨柳、银川市政府副市长李全才、水利厅二级巡视员张平、民政厅二级巡视员岳秀霞等参加启动仪式。

23日 自治区人社厅举行2021年人才培养载体授牌仪式，盐环定扬水管理处技能大师工作室获授国家级技能大师工作室。

24日 自治区人大常委会副主任董玲带队调研秦汉渠管理处信息化建设等工作。水利厅党委委员、副厅长麦山陪同。

是日 水利厅党委书记、厅长朱云到汉延渠调研指导工作。

28日 全国人大常委会执法检查组来宁开展《中华人民共和国环境保护法》执法检查，先后赴银川、吴忠、固原等地调研。水利厅二级巡视员江静陪同。

30日 自治区政府副主席王道席赴青铜峡市、利通区调研水利工作。水利厅党委书记、厅长朱云陪同。

4月

6日 水利厅党委书记、厅长朱云调研青铜峡大沟拦洪库防洪安全工作并主持召开专题会议，就推进大沟拦洪库北副坝建设，完善防洪设施进行现场协调。厅党委委员、副厅长潘军及有关处室负责同志参加。

11日 西干渠管理处工会荣获全国农林水利

气象系统模范职工之家。

12日 水利厅党委书记、厅长朱云到西干渠管理处、水科院调研指导工作。

15日 水利部召开农村供水规模化发展信息化管理视频会议,水利部副部长田学斌、总工程师仲志余出席会议并讲话。水利厅党委委员、副厅长潘军代表宁夏水利厅作交流发言。

是日 自治区政府副主席王道席调研贺兰山东麓葡萄产业园区供水、防洪工作。水利厅党委委员、副厅长王岚海陪同。

19日 根据宁人常〔2022〕6号、宁政干发〔2022〕10号文,免去潘军宁夏回族自治区水利厅副厅长职务,调任自治区审计厅厅长。

20日 水利厅联合发展改革委等部门印发《关于落实用水权改革加强农业用水管理行动方案》《关于落实用水权改革规范基层用水管理组织的指导意见》。

24日 水利厅党委书记、厅长朱云到盐环定扬水管理处、秦汉渠管理处调研指导工作。

是日 自治区发展改革委调研组调研青铜峡灌区续建配套与现代化更新改造工程建设情况。水利厅党委委员、副厅长张伟陪同。

26日 自治区党委书记、总河长梁言顺签发自治区第3号总河长令,对全区深入开展妨碍河道行洪突出问题专项整治作出部署。

27日 黄河防总召开黄河防汛抗旱工作视频会议,水利厅设分会场,自治区政府副主席王道席出席会议并发言。水利厅党委书记、厅长朱云参加会议。

28日 根据《自治区总工会关于表彰自治区五一劳动和自治区工人先锋号的决定》,自治区大柳树水利枢纽工程前期工作中心被授予自治区工人先锋号。

29日 自治区政府副主席王道席到银川市气象雷达站、西干渠管理处调研贺兰山东麓山洪防御工作并召开座谈会。水利厅党委委员、副厅长王岚海陪同。

是日 水利部召开水利精神文明建设工作视频会议,宁夏水利厅作为第九届全国水利文明单位作交流发言。水利厅党委书记、厅长朱云介绍典型经验。

是月 水利厅《坚决打赢引黄灌区抗旱保供主动仗》案例入选自治区党委党史学习教育领导小组办公室编印的《宁夏党史学习教育百佳案例选编》。

5月

3—4日 自治区党委书记、人大常委会主任梁言顺调研吴忠市古城湾黄河治理工程,自治区领导赵永清、雷东生、陈春平参加调研。水利厅党委书记、厅长朱云,厅党委委员、总工程师王景山陪同。

5日 水利厅召开2022年生态补水调度工作会议,全面贯彻落实自治区政府生态补水专题会议精神,安排部署2022年度生态补水工作。厅党委委员、副厅长麦山主持会议,水利厅水资源处、农水处、河湖处、水调中心、水文中心和沿黄生态补水受益市、县(区)、农垦集团参加会议。

6日、9日、11日、13日 自治区政府副主席王道席分别调研石嘴山市、中卫市、银川市、吴忠市黄河防汛备汛工作。水利厅党委委员、副厅长王岚海陪同。

13日 水利厅召开青年干部"青春奋进新征程,踔厉建功新时代"主题座谈会。厅党委书记、厅长朱云出席会议并讲话,厅党委委员、副厅长麦山主持。相关处室负责同志、处科级干部代表和基层一线专业技术人员、科研人员代表50余人参加座谈。

17日 水利厅举办"喜迎党代会·献礼二十大——争做先行区建设排头兵"主题演讲比赛,来自水利基层一线、机关各处室的22名选手进入演讲决赛。厅党委书记、厅长朱云,厅党委委员、驻厅纪检监察组组长路东海,厅党委委员、二级巡视员郜涌权和二级巡视员江静出席。

18日 自治区党委常委、宣传部长李金科一行来调研指导水利宣传、精神文明建设和全区水资源调度工作。水利厅党委书记、厅长朱云陪同。

是日 水利厅召开全区水旱灾害防御工作视频

会议。厅党委书记、厅长朱云出席会议并讲话,厅党委委员、副厅长王岚海主持。厅领导、厅机关有关处室,厅属有关单位、有关企业主要负责同志在主会场参加会议,各市、县(区)水务局在分会场参加会议。

27—28日 自治区党委书记、人大常委会主任梁言顺到中卫市调研黄河流域生态保护和高质量发展先行区建设情况,到黄河黑山峡河段考察黄河水情、河道治理、生态保护等情况,自治区领导崔波、雷东生、王道席参加调研。水利厅党委书记、厅长朱云汇报黑山峡河段开发研究论证、前期工作进展情况。

30日 水利厅召开落实自治区稳经济保增长促发展工作部署会议。厅党委书记、厅长朱云出席会议并讲话,水利厅机关各处室、厅属各有关单位、有关企业负责同志参加会议。

31日 自治区政协副主席、九三学社宁夏区委主委马秀珍带队赴中卫市调研水资源优化配置和高效管理工作。水利厅二级巡视员江静陪同。

6月

2日 自治区政府副主席王道席调研督导银川市城市防涝工作。水利厅党委委员、总工程师王景山陪同。

是日 宁夏回族自治区第十二届人民代表大会常务委员会第三十五次会议审议通过《宁夏回族自治区节约用水条例修正案(草案)》《宁夏回族自治区水工程管理条例》等地方性法规,自公布之日起施行。

4日 自治区党委书记、人大常委会主任梁言顺到宁夏水利博物馆、黄河吴忠陈袁滩段、渠首管理处大坝水利管理所,实地调研引黄灌区现代化建设及黄河标准化堤防、水资源保护利用情况,自治区领导赵永清、雷东生、王道席参加调研。水利厅党委书记、厅长朱云陪同。

8日 水利部完成黄河宁夏段河道治理工程可行性研究报告审查,向国家发改委报送审查意见。

8—10日 全国人大常委会法制工作委员会副主任许安标一行来宁开展黄河保护法草案立法调研,实地调研银川、中卫、吴忠等地水污染防治、节水灌溉、防洪及黄河生态保护和高质量发展情况。水利厅党委委员、副厅长麦山陪同。

16日 水利厅召开深入学习贯彻第十三次党代会精神大会。厅党委书记、厅长朱云讲话,厅党委委员、副厅长麦山主持。厅领导、厅级干部和厅机关各处室、厅属各单位负责同志在主会场参加,厅属各单位科级以上干部在分会场参加会议。

17日 水利厅召开全区农业水价综合改革暨农业用水管理观摩会。厅党委委员、副厅长张伟主持会议并讲话。财政厅、农业农村厅相关处室负责同志到会指导。各市、县(区)水务局、厅机关有关处室、厅属有关单位负责同志等参加会议。

19日 自治区党委、人民政府成立黄河黑山峡水利枢纽工程宁夏推进工作领导小组,自治区党委书记、人大常委会主任梁言顺和自治区党委副书记、自治区主席张雨浦任组长;自治区政协主席崔波,自治区党委常委、秘书长雷东生,自治区政府副主席、政协副主席赵永清,自治区政府副主席王道席任副组长。领导小组办公室设在自治区水利厅,自治区政府副主席王道席兼任办公室主任,自治区发改委党组书记、主任李郁华和水利厅党委书记、厅长朱云兼任办公室副主任。

20日 水利厅党委书记、厅长朱云先后到唐徕渠、惠农渠管理处检查指导抗旱保灌工作。

是日 水利厅党委书记、厅长朱云到自治区水旱灾害防御中心检查指导值班值守及水旱灾害防御应对工作。

21日 自治区党委书记、人大常委会主任梁言顺,自治区党委副书记、政府主席张雨浦带队赴水利部对接水利工作。水利厅党委书记、厅长朱云陪同。

24日 海南省人民检察院原党组书记、检察长路志强带领最高检党组巡视"回头看"第七组全体成员到宁夏水利博物馆考察调研。水利厅党委委员、副厅长麦山陪同。

30日 自治区政府副主席王道席赴黄委对接水利项目资金相关事宜。水利厅党委书记、厅长朱云陪同。

是日　搁置10年的青铜峡大沟拦洪库除险加固工程北副坝成功闭合。

7月

1日　水利部召开大中型灌区项目建设调度会，水利部副部长田学斌主持会议并讲话。水利厅党委委员、副厅长张伟作典型交流发言。

是日　水利厅举办学习宣传贯彻自治区第十三次党代会精神宣讲报告会，邀请宁夏党校（行政学院）副校长、自治区宣讲团成员王丛霞教授作专题辅导报告。厅领导、厅级干部和厅机关各处室、厅属各单位党政主要负责同志在主会场参加，厅属各单位科级以上干部350余人在分会场参加会议。

△　水利部与共青团中央联合公布第六届中国青年志愿服务项目大赛水利专项赛评选结果，宁夏水利厅申报的节水微视频《滴答滴》、节约用水公益广告"节约水，珍惜水"志愿服务项目分别荣获一等奖和二等奖。

4日　自治区水利厅、发展改革委、财政厅、住房城乡建设厅、工业和信息化厅、自然资源厅、生态环境厅联合印发《宁夏回族自治区非常规水源开发利用管理办法（试行）》，自治区水利厅、财政厅印发《宁夏回族自治区节约用水奖补办法》。

是日　自治区水利厅、财政厅、国家税务总局印发《宁夏回族自治区税务局关于规范农业用水水费收缴有关事项的通知》。

5日　自治区出台《宁夏回族自治区河湖管理范围内建设项目管理办法（试行）》。

5—8日　水利厅组织党务干部培训班，对厅属单位党务干部学习贯彻自治区党代会精神进行了集中培训辅导，并开展党务干部大比武、上半年党建工作总结汇报。

6—8日　中国灌溉排水发展研究中心副总工程师谢崇宝一行到七星渠、秦汉渠、唐徕渠、西干渠管理处调研灌区量测水设施、测控一体化闸门设备及灌溉信息化工作。

7日　黄委水文局副局长姜东生一行先后到望洪堡、泉眼山、南河子、鸣沙洲、三棵树水文站调研水文现代化建设工作。

8日　自治区党委副书记陈雍到青铜峡市、永宁县、西夏区、贺兰县等地调研贺兰山东麓防洪治理工程。水利厅党委书记、厅长朱云，厅党委委员、副厅长王岚海陪同。

13日　中国城市建设研究院城乡生态文明院院长王香春带领水利部专家评审组到青铜峡灌区开展宁夏引黄古灌区国家水利遗产现场核查工作。水利厅二级巡视员部涌权陪同。

13—15日　黄委党组成员、副主任牛玉国带队来宁调研全国人大宁夏代表团"关于加快推进黄河流域生态保护和高质量发展先行区建设立项建设黄河宁夏段河道治理工程的建议"（0961号）办理情况。水利厅党委书记、厅长朱云，厅党委委员、副厅长张伟陪同。

14日　水利厅在黄河吴忠市古城湾砌护段组织开展"关爱山川河流·守护国之重器"志愿服务活动启动仪式。水利厅二级巡视员江静出席活动讲话并为志愿者代表授旗。

15日　自治区妇联印发《关于授予顾洁等10人自治区三八红旗手标兵、吴卫双等200人自治区三八红旗手、银川市兴庆区疾病预防控制中心等100个单位自治区三八红旗集体称号的决定》（宁妇发〔2022〕3号），水文水资源监测预警中心水质化验科被授予"自治区三八红旗集体"，固海扬水管理处机电科工程师蔡莉被授予"自治区三八红旗手"。

是日　西吉县什字乡和马莲乡遭受强暴雨，最大累计降水量和最大1小时雨强均出现在西吉县什字乡境内，分别为132.6毫米和73毫米（重现期超200年一遇），局地降雨导致西吉县什字乡和马莲乡9座淤地坝出现险情。接到西吉县险情信息后，水利厅党委书记、厅长朱云到自治区水旱灾害防御中心调度指挥防汛应急工作，第一时间派出工作组赶赴现场指导抢险。

18—20日　水利厅举办2022年全区水行政执法人员能力提升培训班。厅二级巡视员江静出席了开班仪式并作了动员讲话，各市县（区）水务局、综合执法局、五市审批服务管理局、厅属各渠道管理单位、机关各处室相关人员共 120 余人参加了培训。

19 日　财政厅对自治区本级部门预算绩效管理工作开展综合考评，水利厅在自治区本级 164 个部门(单位)中得分第一，考评获得"优"等次。

20 日　水利部副部长刘伟平主持召开全国水土保持项目调度会商视频会议，总结上半年水土保持重点工程建设工作，安排部署下半年工作。水利厅党委委员、总工程师王景山在会上作经验交流发言。

20—24 日　水利厅举办青年干部"两个能力"提升学习班，厅机关各处室、厅属各单位的 43 名青年干部参加培训。

21 日　水利厅安委会召开 2022 年第三次会议，通报上半年全区安全生产工作情况，安排部署下一阶段工作。厅党委书记、厅长、厅安委会主任朱云出席会议并讲话。

21—22 日　水利部水资源管理司司长杨得瑞一行赴宁东基地、青铜峡市调研宁夏深化用水权改革工作。水利厅党委委员、副厅长麦山陪同。

22 日　水利厅数字治水创新、数字治水应用、数字治水产业及"互联网＋城乡供水"示范省区建设成果亮相第五届数字中国建设成果宁夏馆。

25—28 日　水利厅党委成立 3 个督查组，对厅属 21 家单位党组织上半年党建工作进行督导检查，并开展了党建互观互检。

26—27 日　水利厅组织召开全区灌区、泵站工程标准化规范化管理现场观摩座谈会。厅党委委员、副厅长张伟出席会议并讲话，厅机关有关处室、厅属有关中心、各渠道管理处、沙坡头区水务局和宁西供水公司有关负责同志共 30 余人参加。

28 日　水利部召开推进水利基础设施政府和社会资本合作(PPP)模式发展交流会议，深入贯彻落实中央财经委员会第十一次会议和国务院稳住经济大盘一揽子政策措施部署要求，通报全国水利基础设施政府和社会资本合作(PPP)模式发展工作进展，交流工作经验，安排部署当前重点工作。水利厅党委委员、总工程师王景山代表宁夏水利厅作典型经验交流发言。

29 日　水利厅召开开展违规收送红包礼金和不当收益及违规借转贷或高额放贷专项整治工作动员会议，对全厅开展违规收送红包礼金和不当收益及违规借转贷或高额放贷专项整治工作进行安排部署。厅党委书记、厅长朱云作动员讲话，厅党委委员、驻厅纪检监察组组长路东海主持会议。厅领导、机关公务员、各中心领导班子成员在主会场参加，厅属各单位领导班子成员、科级干部在分会场参加。

是日　2022 年自治区节约用水行动厅际联席会议在水利厅召开。自治区政府副秘书长丁波，水利厅党委书记、厅长朱云出席会议，厅党委委员、副厅长张伟作节约用水工作报告，自治区发展改革委、工业和信息化厅、住房和城乡建设厅、农业农村厅、财政厅作交流发言。

8 月

4 日　水利厅党委书记、厅长朱云到水利部对接落实黄河黑山峡河段开发、宁夏省级水网先导区建设等工作。

5 日　黄委节约保护局组织黄河流域各省区在银川召开打好黄河流域深度节水控水攻坚战协商推进会，来自黄河流域 8 省区及新疆水利厅、新疆生产建设兵团水利局节约用水管理部门、黄委节约用水中心、自治区党委政研室的 30 余名代表参加会议，黄委节约保护局刘斌副局长讲话。宁夏水利厅作交流发言。

6—9 日　水利厅成立应急抗旱工作组，采取跨渠联调等多种调度方式积极应对黄河来水不足，实施沙坡头南、北干渠跨渠联调向七星渠、跃进渠紧急补水。

9 日　水利部监督司确定宁夏水利厅为水利部安全生产信息化工程应急管理子系统试点单位。

15—19 日　水利厅组织监督调研组，到全区 11 个县(区)水务局、6 个渠道管理单位，采取"七查一听"方式，对水行政执法工作进行了监督调研，切实推动水利行业规范公正文明执法。

17 日　自治区党委书记、人大常委会主任梁言顺率自治区人大常委会第一执法检查组，对《自治区水资源管理条例》实施情况开展执法检查，强调要坚决贯彻落实习近平总书记视察宁夏重要讲话和重要指示批示精神，把水资源作为最大的刚性约束，坚持"四水四定"原则，以严格的制度加强水资源管理、提高水资源利用效率、保障水安全，加快推进黄河流域生态保护和高质量发展先行区建设。自治区领导雷东生、董玲参加。

17—20日　水利厅组织参加宁夏农林水财轻工系统职工篮球比赛，19个代表队参赛，获第四名。

19日　自治区召开第6次总河长会议，听取工作汇报，审议有关文件，部署重点任务。自治区党委书记、总河长梁言顺主持会议并讲话，强调要坚持以习近平生态文明思想为指导，深入学习贯彻习近平总书记视察宁夏重要讲话和重要指示批示精神，担当使命不动摇、咬定目标不放松、压实责任不懈怠，持续抓好河湖长制工作，加快推进先行区建设，不断提升美丽新宁夏的"颜值"。自治区主席、副总河长张雨浦，自治区级河长及有关省级领导出席会议，自治区河长制责任部门主要负责同志及五市总河长参加会议。

是日　自治区政府主席张雨浦先后到金山拦洪库和水利厅督导检查防汛减灾工作，现场抽查相关市、县（区）水务局防汛值班情况，对洪水防御工作提出要求。自治区领导陈春平、赵旭辉、王道席参加，水利厅党委书记、厅长朱云陪同。

22日　水利厅党委书记、厅长朱云深入固海扩灌扬水更新改造工程、固海扬水灌区续建配套与现代化改造工程建设一线调研指导工作。

24日　水利厅党委书记、厅长朱云冒雨深入固海扩灌扬水更新改造工程西吉供水工程建设一线调研指导工作。

24—26日　水利部节约用水促进中心在银川举办节约用水监督管理与节水技术培训班，全国节约用水办公室张清勇副主任出席开班仪式，水利部人才资源开发中心副主任孙学勇主持，水利部节约用水促进中心主任杨国华讲话。水利部各流域机构、各省（自治区、直辖市）水利（水务）厅（局）负责同志、业务骨干90余人参加培训。其间，水利部节约用水促进中心主任杨国华、全国节约用水办公室副主任张清勇一行专题调研宁夏合同节水，水利厅党委委员、副厅长张伟陪同。

26日　水利厅召开水利工会工作会议。厅党委委员、副厅长麦山出席会议并讲话。

28日　水利厅党委召开违规收送红包礼金和不当收益及违规借转贷或高额放贷专项整治专题民主生活会，厅党委书记、厅长朱云主持会议，自治区纪委监委第四监督检查室副主任穆鑫到会指导。

30—31日　中国灌溉排水发展中心在河南郑州召开农村供水信息化建设研讨会，宁夏水利厅围绕"互联网＋城乡供水"示范省（区）建设作交流发言。

31日　水利厅党委书记、厅长朱云到惠农渠管理处调研指导党建及党风廉政建设、灌溉服务工作。

是日　水利部公布《2022年度成熟适用水利科技成果推广清单》，水利厅推荐的固海扬水工程"6+1"增流改造工程关键技术和土壤侵蚀自动计算分析与成果管理系统2项成果入选年度成熟适用水利科技及成果重点推广清单目录。

9月

6—9日　水利部组织国家发改委、自然资源部、应急管理部、南水北调集团公司、中咨公司有关人员及南水北调后续工程专家咨询委员会部分专家，由中国工程院邓秀新副院长、专咨委主任何华武院士带队一行60余人到宁夏调研黄河黑山峡水利枢纽前期工作、农业节水灌溉等情况。水利厅党委书记、厅长朱云，厅党委委员、副厅长王岚海、总工程师王景山陪同。

7—8日　水利部综合事业局在北京召开推进节水型高校建设和合同节水管理工作研讨会，水利厅、贺兰县水务局作交流发言。

8日　16时，沙坡头北干渠进口关闸停水，标志着宁夏引黄灌区夏秋灌工作全面结束。宁夏引黄灌区各大干渠2022年夏秋灌工作自3月15日开闸放水至 9 月 8 日停水，累计安全行水 178 天。夏秋灌计划引水 50.53 亿立方米，实际累计引水 42.72 亿立方米，比去年同期少 3.71 亿立方米，少 8.0%。其中：自流灌区引水 33.86 亿立方米，比去年同期少 4.19 亿立方米，少 11.0%；扬水灌区引水 8.86 亿立方米，比去年同期多 0.48 亿立方米，多 5.7%。

14 日 青铜峡灌区续建配套与现代化改造工程渠首灌域（二期）二次施工评标工作在宁夏回族自治区和福建省两地公共资源交易中心顺利完成，这是宁夏水利工程建设项目作为主场首次开展跨省远程异地评标工作，标志着宁夏水利工程建设领域开启跨省合作远程异地评标新模式。

15 日 水利厅党委书记、厅长朱云赴水利部对接重大水利项目有关事宜。

16 日 自治区党委书记、人大常委会主任梁言顺调研贺兰山自然保护区生态保护情况。水利厅党委委员、副厅长麦山陪同。

是日 水利厅会同国家开发银行宁夏分行、中国农业发展银行宁夏分行、中国农业银行宁夏分行出台《关于加大开发性金融支持力度提升全区水安全保障能力的实施意见》《关于政策性金融支持水利基础设施建设的实施意见》《关于商业性金融支持水利基础设施建设的实施意见》，强化政银企合作，合力推动水利基础设施建设。

17 日 水利部信息中心副主任成建国一行到青铜峡市调研用水权改革工作。水利厅党委委员、副厅长王岚海陪同。

19—22 日 自治区河长办联合自治区检察院、公安厅对平罗县、贺兰县等 8 个县（市、区）河湖长制工作进行了督查。督查采取听取汇报、查阅资料与现场查看相结合的方式进行，重点检查了河湖突出问题清理整治、河湖管理保护责任落实、河道采砂管理、河湖管理范围划定、美丽河湖建设等 5 个方面工作落实情况。

23 日 自治区水利厅、财政厅联合印发《宁夏回族自治区用水权收储交易管理办法》，标志宁夏用水权有序入市的制度体系建设工作全面完成，将对宁夏加快用水权确权登记，盘活水资源存量，引导和鼓励多种类型的用水权交易，实现水权归属清晰、流转顺畅、监管有效，形成政府与市场"两手发力"的水资源配置新格局注入动力。

是日 水利部联合深圳证券交易所召开全国水利基础设施 REITs 试点工作交流会议，进一步贯彻落实党中央、国务院关于盘活存量资产、扩大有效投资的决策部署，推动水利行业充分利用 REITs 工具盘活水利存量资产，实现存量资产和新增投资的良性循环。水利厅党委委员、总工程师王景山代表宁夏水利厅作经验交流发言。

24 日 水利厅召开"防风险保稳定、为党的二十大胜利召开营造良好氛围"安全生产专题会议。厅党委书记、厅长、厅安委会主任朱云出席会议并讲话，强调要坚决贯彻落实习近平总书记关于安全生产重要指示精神和党中央、国务院、自治区、水利部决策部署，启动全区水利行业防风险保稳定专项行动，为党的二十大胜利召开营造良好水利环境。厅党委委员、副厅长麦山主持会议。

25 日 水利厅党委书记、厅长朱云到宁夏水利电力工程学校、宁夏引黄古灌区世界灌溉工程遗产展示中心施工现场检查指导疫情防控和安全管理工作。

是日 水利部精神文明建设指导委员会通报"我学我讲新思想"水利青年理论宣讲活动评选结果，盐环定扬水管理处青年职工杨文静宣讲课程《保障水安全 护航革命老区高质量发展》被评为"优秀课程"。

10 月

4 日 水利厅党委书记、厅长朱云深入青铜峡灌区续建配套与现代化改造惠农渠灌域施工现场督导秋季重大水利工程建设。厅党委委员、副厅长张伟陪同。

10 日 水利部、国家发展改革委、住房城乡建设部、工业和信息化部、自然资源部、生态环境部公布全国典型地区再生水利用配置试点城市名单，石嘴山市、中卫市、盐池县入选。

16 日 全区水利系统 3000 多名党员干部职工收听收看党的二十大开幕盛况,聆听习近平总书记代表中国共产党第十九届中央委员会向大会所作报告。

18 日 水利部办公厅公布了 2022 年安全生产法知识网络竞赛和全国水利安全生产知识网络竞赛获奖名单,4 家水利厅厅属单位获优秀集体奖,54 名厅属单位干部职工获个人优秀奖,西夏区、兴庆区农业农村和水务局分别获得 1 项竞赛优秀组织奖,水利厅荣获 2 项竞赛优秀组织奖。

20 日 水利厅党委书记、厅长朱云到水利调度中心检查指导冬灌水量调度工作。

是 日 11 时,唐徕渠唐正闸开闸放水,标志着 2022 年宁夏引黄灌区冬灌工作拉开序幕。

30 日 宁夏 2022 年度省级水土流失动态监测成果通过水利部复核,标志着宁夏年度省级监测任务顺利完成。

11 月

1 日 自治区水利厅、发展改革委、住房城乡建设厅、工业和信息化厅、农业农村厅联合印发《宁夏回族自治区水资源节约集约利用实施方案》。

是 日 自治区水利厅、发展改革委联合印发《宁夏回族自治区节约用水行动厅际联席会议成员单位职责分工方案》。

2 日 水利厅召开干部大会,动员部署全厅学习宣传贯彻党的二十大精神,对党的二十大报告进行辅导解读,传达学习自治区党委十三届二次全会和相关会议精神。厅党委书记、厅长朱云讲话,厅党委委员、副厅长麦山主持会议。

3 日 由中国水利学会、中国水利工程协会主办的 2022 中国水博会暨第十七届中国(国际)水务高峰论坛在江西南昌举行,宁夏水利厅围绕城乡供水一体化建设作交流发言。

4 日 水利厅党委举办学习宣传贯彻党的二十大精神宣讲辅导报告会,邀请自治区党校王琼教授进行了宣讲辅导。厅党委委员、驻水利厅纪检监察组

组长路东海主持。厅领导、厅机关各处室、厅属各单位领导班子及科级干部近 500 人参加了报告会。

15 日 自治区党委副书记陈雍到石嘴山市大武口区星海镇祥河村、隆惠村等地,调研高效节水灌溉、设施温棚建设、村容村貌整治等情况。水利厅党委委员、副厅长麦山陪同。

是 日 自治区政府副主席王和山深入红崖子乡红翔新村,为党员群众宣讲党的二十大精神。水利厅党委委员、副厅长麦山陪同。

18 日 水利厅举办习近平新时代中国特色社会主义思想宣讲辅导报告会,邀请自治区宣讲团成员郑学刚副教授进行了宣讲辅导。厅党委委员、驻水利厅纪检监察组组长路东海主持。厅领导、厅机关各处室,厅属各单位领导班子及科级干部 400 余人参加了报告会。

21 日 自治区标准化工作协调推进部门联席会议办公室印发《宁夏回族自治区标准化试点典型案例汇编》,宁夏节水型载体达标创建工作和水土流失综合治理标准体系入选。

是 日 固海扬水管理处尚吉武劳模创新工作室被评为宁夏农林水财轻工工会劳模和技能人才创新工作室。固海扩灌扬水更新改造工程建设劳动竞赛、盐环定扬水管理处工匠建工新征程技能赛、水文水资源监测预警中心水文测报业务技能竞赛获 2022 年劳动和技能竞赛先进单位及竞赛项目。

22 日 水利部召开黄河流域深度节水控水推进视频会议,水利部副部长朱程清出席会议并讲话,总经济师程殿龙主持会议,水利厅党委委员、副厅长张伟代表宁夏水利作交流发言。

25 日 8 时,随着青铜峡灌区河西总干渠关闸停水,宁夏引黄灌区 2022 年冬灌圆满"收官"。2022 年引黄灌区各大干渠冬灌累计引水 9.89 亿立方米,较去年同期多 1.52 亿立方米,多 18.2%。其中:自流灌区取水 9.14 亿万立方米,较去年同期多 1.22 亿立方米,多 15.4%;扬水灌区取水 0.75 亿立方米,较去年同期多 0.3 亿立方米,多 66.6%。生态补水 0.509 亿立方米。其中:典农河 0.200 亿立方米;沙湖 0.050 亿立方米;其他湖泊 0.259 亿立方米。

26日 根据宁党干字〔2022〕173号文,路东海任自治区工业和信息化厅党组成员、自治区纪委监委驻自治区工业和信息化厅纪检监察组组长,免去其自治区水利厅党委委员、自治区纪委监委驻自治区水利厅纪检监察组组长。

28日 水利厅党委印发《全区水利行业以党建先行促水利高质量发展的指导意见》。

12月

1日 在现行宪法颁布施行四十周年暨第九个国家宪法日即将到来之际,水利厅举行国家宪法日集中宣传活动启动仪式。

2日 水利厅召开全区水利安全生产防范工作视频会议,深入学习贯彻习近平总书记重要指示精神,传达落实全区安全生产防范工作电视电话会议部署要求,全面分析研判全区水利安全生产形势,对今冬明春水利安全生产、火灾防控工作进行安排部署。厅党委委员、副厅长王岚海主持会议并讲话。

3日 经自治区党委编委会会议研究,自治区党委2022年第28次常委会会议审定,同意给自治区水利厅核增1名副厅长领导职数。

6日 自治区水利厅、生态环境厅、卫生健康委、乡村振兴局联合印发《关于开展城乡供水水质提升行动的实施意见》,就全面提升农村供水水质保障水平,推动农村供水高质量发展,助力乡村振兴战略实施提出要求。

7日 水利部召开农村供水规范化管理视频会,水利部副部长田学斌出席会议并讲话,水利厅党委委员、副厅长张伟代表宁夏水利厅作交流发言。

是日 水利厅党委书记、厅长朱云到红寺堡扬水管理处、七星渠管理处调研指导工作。

△ 水利厅举办学习贯彻宪法及习近平法治思想专题讲座报告会,邀请北京市盈科(银川)律师事务所管委会副主任赵恩慧律师作专题辅导。厅机关各处室、各事业中心全体党员参加报告会。

10日 水利厅在区直机关党的二十大和习近平总书记视察宁夏重要讲话指示批示精神"大学习、大宣传、大讨论、大实践"知识竞赛中荣获一等奖。

11日 水利厅党委书记、厅长朱云到水利部对接汇报工作。

12日 根据宁政干发〔2022〕24号文,王景山任水利厅副厅长。

15日 黄河宁夏段首次出现流凌,流凌上首位于石嘴山黄河大桥,长度19千米,密度10%,较多年平均提前3天,标志着黄河宁夏段进入凌汛期。

20日 黄河宁夏段今冬首次出现封河,封冻长度2千米,封河上首至平罗县六顷地,封河日期较去年提前9天,较多年平均提前14天。河段流凌长度83千米,密度10%~40%。

26日 盐环定扬水灌区、红寺堡扬水灌区获水利部节水型灌区称号。

是日 汉延渠灌域、隆德渝河库井灌区纳入水利部数字孪生灌区先行先试建设名单。

△ 水利部印发《关于公布2022年度国家水土保持示范名单的通知》(水保〔2022〕443号),海原县创建为国家水土保持示范县。

29日 石嘴山市大武口区、海原县荣获全国节水型社会建设达标县(区)称号。

五、综述

综 述

【概况】 2022年,党的二十大擘画了全面建设社会主义现代化国家、以中国式现代化全面推进中华民族伟大复兴的宏伟蓝图,自治区第十三次党代会描绘了全面建设社会主义现代化美丽新宁夏的壮丽图景,全区水利系统勇担黄河流域生态保护和高质量发展先行区建设使命任务,锐意进取、真抓实干、攻坚克难、奋勇拼搏,水利保障安全有力、水利改革蹄疾步稳、水利发展成绩斐然。

【黄河黑山峡水利枢纽工程】 2022年,自治区高度重视,成立宁夏推进工作领导小组,形成四套班子齐抓共促的高位推进机制,汇聚全区上下各尽其责的共同推进合力,自治区主要领导主持召开会议谋划部署、带队赴京对接国家部委,分管领导常态化节点化会商调度、研判形势,自治区水利厅成立专班、实时跟进、统筹协调,发改、财政、自然资源、生态环境,以及中卫市等各成员单位积极行动,配合国家完成历时8年的四项专题论证,全面启动可行性研究工作,工程前期工作正式入轨上道,迈出具有里程碑意义的关键一步。

【水利建设投资】 2022年,自治区水利系统开复工项目403个,吸纳劳动力就业4.55万人,其中农村劳动力近3万人,水利投资规模达80.2亿元,完成投资72.9亿元,增幅123%,开复工项目数、完成投资额均创历史新高。清水河流域城乡供水工程具备向海兴开发区供水条件,银川都市圈中线供水工程成功通水、东线供水工程完成主体建设,固扩扬水更新改造项目主泵站主干渠成功试运行,固海、青铜峡灌区改造项目基本完成建设内容,同心县白府都、沙坡头红圈等11座抗旱调蓄水库全部开工,干

出了水利加速度,为自治区稳经济、保增长、促发展作出了积极贡献。

【水安全保障】 2022年,全区广大水利干部职工昼夜奋战在供水保障、工程建设、志愿服务一线,为保安全促发展付出了艰辛努力。有效应对207场次洪水过程,实现人员无伤亡。青铜峡大沟拦洪库副坝成功闭合,发挥关键作用。克服交通受阻、物资中断等困难,打通灌溉保障线,逐区域、逐工程、逐流量调度,实现有旱情无旱灾。办好饮水民生实事,农村自来水普及率高于全国10个百分点。累计引水58.85亿立方米,确保了725万城乡居民饮水无忧,保障了粮食生产"十九连丰"和生态、生产用水安全。

【水资源管理】 2022年,自治区水利厅将非常规水源利用、水行政执法纳入最严格水资源管理考核,首次实现以用水权为基础的水资源全口径配置调度。80%工业园区完成规划水资源论证,3个工业园区完成区域评估。办结取水许可事项1230项,完善26个中型灌区取水手续,取用水工程专项整治整改率达96%,沿黄小型取水口办证率98%以上。年取用水1万立方米以上工业和服务业单位全部纳入计划用水管理。节水增效更有力。宁夏高效节灌技术亮相卡塔尔世界杯。银川经开区、长城能化成为我区首个全国工业水效领跑者园区和企业。银川、石嘴山、中卫、盐池、宁东基地入选国家级再生水利用试点,59%县(区)建成全国节水型社会建设达标县。盐环定、红寺堡扬水灌区建成国家节水型灌区。全区高效节灌面积增加近50%,农田灌溉水利用系数达0.57,城市再生水利用率达35%。宁夏推动水资源节约集约利用被国家发展改革委作为经济运行典

型案例。

【水生态治理】 2022年,黄河生态环境警示片披露涉水问题、水利部进驻式暗访检查反馈问题整改率分别达95%和86%,妨碍河道行洪突出问题全部整改,河湖"四乱"问题动态清零,黄河宁夏段水质稳定保持Ⅱ类进出。泾源水系连通和水美乡村建设试点获全国优秀名次。高质量推进水土保持。新增治理水土流失面积985平方千米,水土保持率76.9%。审批水保方案1237个,征收水土保持补偿费5.54亿元。彭阳、西吉启动水土保持融合发展示范建设。海原创建国家水土保持示范县。4个单位获全国水土保持工作先进集体。夯实举措强化水源保护。率先在黄河流域出台地下水管控指标方案。依法关停"三山"地下水取水井774眼,银川超采区地下水位回升全国靠前。清水河、苦水河等重点河湖生态流量保障程度达100%。实施县域间生态保护补偿,兑现水资源补偿资金6000万元。

【全面从严治党】 2022年,自治区水利厅坚持把政治建设摆在首位,深入开展党的二十大和习近平总书记视察宁夏重要讲话和重要指示批示精神"大学习、大讨论、大宣传、大实践"活动,深刻领悟"两个确立"的决定性意义、坚决做到"两个维护"。层层压实"两个责任"、领导干部"一岗双责",扎实开展违规收送红包礼金和不当收益及违规借转贷或高额放贷专项整治,修订出台工程建设政府采购制度15项、完善内控制度129项,排查廉政风险点918个,制定防控措施1201条,自治区党委巡视反馈问题全部整改。建立青年干部培养包联机制,促进尽快成长成才。自治区水利厅获自治区"四大"活动知识竞赛一等奖。自治区水利厅节水供水处获全区"人民满意的公务员集体"称号。大柳树中心被评为自治区"工人先锋号"。

六、党的建设和组织人事

党的建设和组织人事

党的建设

【概况】 2022年，自治区水利厅党建工作按照自治区党委的总体部署和要求，全面落实新时代党的建设总要求，紧紧围绕先行区建设主线、高质量发展主题，以深化"五型"模范机关创建为主牵引，以夯实基层党组织为主攻点，统筹推进厅系统党建工作稳步提升，为水利高质量发展提供了坚强的思想和组织保证。

【党建工作责任制】 2022年，自治区水利厅党委坚持把党建工作纳入重要议事日程，与业务工作同部署、同检查、同落实、同考核。年初，逐级签订党建目标责任书，形成厅党委统一领导、一把手负总责、分管领导亲自抓、相关部门抓落实的党建工作责任体系。深入开展"三强化四过硬五带头"活动，坚持"书记抓、抓书记""统筹抓、抓统筹"，压紧压实领导责任，提升党员干部的政治能力、专业能力和服务能力。厅党委及厅属单位班子成员坚持为党员上党课，领导班子成员全部建立了基层党建联系点，高质量开好领导班子专题民主生活会，认真开展批评和自我批评。

【干部理论学习】 2022年，全厅各级党组织认真贯彻落实"第一议题"制度，采取自学与集中学相结合、理论辅导与专题研讨相结合等形式，组织广大党员干部认真学习党的理论知识。厅党委理论学习中心组学习21次，专题研讨5次，举办专题辅导5场次，培训党员干部2000多人次；厅属15个党委（总支），开展理论学习中心组165次，班子成员讲党课172人次，专家辅导讲座60场次。150余名处级干部完成干部网络培训；建立"1+3+23"学法清单，厅党委会前"学法一刻钟"14次，举办习近平法治思想及宪法专题讲座2次，充分运用"学习强国"等网络学习教育平台，全员参与党的二十大、宪法知识等线上答题活动。686名党员青年踊跃参加"逐梦新时代赛场选马"，359名党务干部参加"夯基固本大擂台"活动，26名公务员参加"两个能力大展示"活动，在全厅形成"岗位大比武、技能大竞赛"浓厚氛围。

【学习宣传贯彻党的二十大精神】 2022年，自治区水利厅党委坚持不懈地用习近平新时代中国特色社会主义思想凝心铸魂，在全厅掀起党的二十大、习近平总书记视察宁夏重要讲话和重要指示批示精神和自治区第十三次党代会精神"大学习、大讨论、大宣传、大实践"活动热潮，配发《党的二十大报告辅导读本》《习近平谈治国理政》等10余套学习书籍1万余册，每月下达学习计划，通过举办党务干部培训班、处级干部和青年干部"两个能力"提升培训班、宣讲辅导、读书班、网络培训等，实现培训"全覆盖"。深入开展庆"七一""千场党课下基层""奋进新征程、建功新时代"大比武大竞赛、"我学我讲新思想"青年理论宣讲、"传承党的百年光辉史基因、铸牢中华民族共同体意识"主题实践等活动，培训党员4316人次，培训基层党组织书记667人次，宣讲91场次、主题演讲比赛17场次、专家辅导讲座60场次、"五学五比"各类培训115场次、1000余名党员踊跃参加大比武大竞赛，推动"大学习、大宣传、大讨论、大实践"活动走深走实。1人荣获全国水利优秀课程奖，2人荣获区直机关知识竞赛一等奖，承担的14项自治区重要工作任务全部完成。

【党史学习教育常态化】 2022年，自治区水利厅党委购置《习近平谈治国理政》第四卷、《百年大党面对面》等学习教材10000余本，作为必读书目，组织党员干部到六盘山、将台堡红军长征纪念馆、彭阳乔家渠红军长征毛泽东宿营地，接受红色党史文化熏陶，缅怀和传承革命先驱的廉洁操守和优良传统，让红色基因成为新时代廉洁文化不灭的烙印，在传承红色基因中推进自我革命。自治区水利厅《坚决打赢引黄灌区抗旱保供主动仗》案例入选《宁夏党史学习教育百佳案例选编》。

【基层党组织建设】 2022年，自治区水利厅深化"两个功能"提升行动，结合水利工作实际，建立健全长效机制，深入推进"五化三好"党支部建设，制定以党建引领水利高质量发展指导意见、全面推进党支部标准化规范化建设意见，严格"三会一课"等制度，143个党组织按期换届，22个党支部晋星，新发展党员20名。深化巩固"基层党建全面提升年"成果，推进"五型"模范机关创建取得新成效，区直机关推进会上1个党支部作经验交流。抓实"一支部一品牌"，推行"党建＋"模式，以"强基固本规范提升，推动发展全面进步"为创建目标，着力打造符合水利行业特征和各单位职能特点的党建品牌达到199个。

【党风廉政建设】 2022年，自治区水利厅召开党建党风廉政建设工作会议，制定《全面从严治党"三个清单"》，将全面从严治党、党风廉政建设及反腐败斗争工作任务细化为5个方面25项内容74项具体工作任务，层层签订党风廉政责任书，压实"两个责任"和领导干部"一岗双责"。印发《水利厅党委关于加强廉洁型机关建设的通知》，制定出台《水利厅党委关于加强新时代廉洁文化建设的意见》，严格执行"三重一大"等议事决策机制和重大事项请示报告制度，召开厅党委会26次，研究重大事项120多项。厅机关纪委定期不定期地深入厅属单位督查，及时发现和解决存在的问题。4月，对厅属14个事业中心、10个渠道单位、14个机关处室以岗位为单位开展廉政风险排查，共排查廉政风险点918个，制定防控措施1201条。7月，对9个事业中心、水校、水

科院等21家厅属事业单位上半年党建党风廉政建设工作进行了监督检查。10月，自治区水利厅机关各处室全面梳理排查廉政风险，形成《水利厅机关处室廉政风险表》。

【纪检监察】 2022年，自治区水利厅坚决贯彻执行党中央、自治区党委全面从严治党和党风廉政建设安排部署，扎实推进"廉洁型"机关建设。坚持"书记抓、抓书记"工作机制，落实领导班子成员联系基层组织和抓党建党风廉政责任清单制度，制定出台《全面推进党支部标准化规范化建设的意见》，推进实施"政治铸魂、青春建功、强基固本"三大工程，落实民主集中制、组织生活会、"三会一课"等制度，形成大抓基层、大抓支部的良好态势。结合水利实际修订《基层党组织星级评定考评办法》，对22个党支部晋星，对党员有违纪违法情况的6个党支部予以降星，运用考评机制推动基层党组织全面进步、全面过硬。大力实施"四警六廉工程"，开展"领导干部警示教育周"活动，将廉政教育融入会议部署、工作调研、座谈交流中，做到逢会讲廉、逢事说廉、重要节点议廉；通过廉政党课、以案示警、提醒谈话、法规考试、参观廉政教育基地等形式，让党员干部时刻提神醒脑，树立廉洁价值观。打造廉政文化示范点，推广"清廉宁夏"微信公众号，推进"清廉水利"廉洁文化品牌，建设廉洁文化宣传展室、文化阵地。开展廉洁文化进机关、进基层、进学校、进工地、进灌区、进家庭"六进"创建活动，强化党章党规党纪教育，营造崇德尚廉的文化氛围，推动党员干部守纪律、讲规矩、转作风、促发展。联合驻厅纪检监察组开展督查28次，推动落实"三个清单"、中央八项规定及其实施细则和自治区"八条禁令"，持续纠治形式主义、官僚主义等"四风"问题。清仓式开展水利工程建设政府采购领域突出问题专项治理自查"回头看"，146个问题全部整改销号，通报处理相关责任人148人次。坚持专项治理与巡视整改统筹推进，将巡视反馈的14个方面35个问题，逐项细化实化整改措施108条，定期督办调度，加快推进清零。通报惩戒132家（次）违法违规施工、监理企业，联合惩戒违规专家30人次，着力营造高压严管态势，不断净化水利建设市

场。聚焦"关键少数",扎实开展违规收送红包礼金和不当收益及违规借转贷或高额放贷专项整治工作,成立督导组,通过随机调研、列席组织生活会、民主生活会等方式,全程监督整治,厅党委班子成员与下级"一把手"和领导班子成员谈心谈话112人次,全厅签订承诺书2483份。全面排查廉政风险点918个,制定防控措施1201条,出台《水利厅廉洁监督员选聘管理办法》,修订完善《水利厅政府采购管理办法》等制度129个。推进3000万元以上水利工程施工项目全面落实区内远程异地评标,实现宁夏水利审批系统与"互联网+监管"工作实时联动,水利行政审批、精准监管能力进一步提升,全过程廉政风险防控体系不断健全。全年处理违纪违法人员19人,运用"第一种形态"批评教育党员干部24人。

精神文明建设

【文明创建】 2022年,自治区水利厅以文明创建为核心,大力开展群众性精神文明创建活动,丰富行业创建内涵。举办"礼赞新时代、十年巨变看水利"主题成就展,组织开展"讲好红色故事、传承红色基因"主题实践活动,深入挖掘黄河文化,以"共产党好、黄河水甜"为主题,通过"永远跟党走、奋进新征程""梦想与奋斗、建设美丽新宁夏"等系列活动,讲好宁夏水利故事、诉说黄河故事,让水利干部职工和社会公众享受更加丰富、更高质量的水利精神文化生活。文明创建典型经验在全国水利精神文明会议上发言交流,3个基层单位获得区直机关文明单位称号。

【志愿服务】 2022年,自治区水利厅坚持"党建红"引领"水利蓝",积极开展疫情防控、社区治理、服务一线等志愿服务和关爱职工等活动,设立党员示范岗、党员先锋岗、党员责任区,引导党员亮身份、亮承诺、亮责任,全厅先后组织20个志愿服务队、1900余人次开展了疫情防控志愿服务。"9·20"疫情突发期间,600多名党员干部第一时间主动下沉社区志愿服务,为打赢疫情防控歼灭战贡献水利力量,多次被自治区疫情指挥部通报表扬,10余名党员干

部受到自治区党委办公厅等部门致信表扬。开展无偿献血、"迎新春送万福进万家"公益活动和送温暖、困难帮扶、大病救助、健康体检等志愿活动。我厅申报的节水微视频《滴答滴》、节水公益广告"节约水珍惜水"分获第六届中国青年志愿服务项目大赛一等奖、二等奖。"关爱山川河流""保护母亲河"等水利品牌志愿服务活动,进一步扩大水利志愿服务覆盖面影响力。自治区水利厅牵头承担的"四防"督查、安全生产巡查等任务中,抽调的30余名党员干部表现优异,获各部门通报表扬。

【职工文化建设】 2022年,自治区水利厅工会组织开展"喜迎党代会、献礼二十大——争做先行区建设排头兵"演讲、征文"培育好家风——女职工在行动"等系列文化活动,选送3名女职工代表参加农林水财轻工工会演讲比赛。组织动员职工积极参加全国、区总职工摄影、书法美术作品征集活动,报送作品23件,其中摄影作品获总工会二等奖1篇、三等奖3篇,优秀奖2篇。努力打造"工"字系列职工文化特色品牌。组织固海扬水管理处编排的音乐情景舞《不忘党恩为人民　脱贫路上固海情》《和谐乐章》2个节目代表自治区水利厅参加全区"劳动者之歌"文艺汇演舞蹈类、语言类决赛。其中,《不忘党恩为人民　脱贫路上固海情》获舞蹈类优秀奖并在宁夏公共频道展演。组织开展纪念"三八"国际妇女节、庆"六一"青年联谊活动,1285名职工参加全国职工线上健身运动,开展篮球比赛,获农林水财轻工系统职工篮球比赛第四名。筹备"清凉宁夏"广场文化示范演出、自治区第十六届运动会组织报名和"工间操"比赛。宁夏水利工会荣获2018—2021年度全区群众体育先进单位。

【创先争优】 2022年,自治区水利厅1个单位获自治区工人先锋号,1个基层单位获自治区"三八红旗集体",1人获"自治区三八红旗手"。充分发挥"劳模(技能人才)创新工作室"作用,加强岗位技能培训和"五小"活动,积极开展合理化建议、技术革新等职工技术创新活动。大力推进职工创新成果转化应用,组织申报参加第二届全区职工技术创新成果评选展览10项,创建宁夏农林水财轻工工会模范职

工之家 1 个、职工小家 2 个,"劳模(技能人才)创新工作室"1 个。

【劳动技能竞赛】 2022 年,自治区水利厅工会广泛开展劳动合同技能竞赛,13 个厅属单位开展了劳动技能竞赛,参与职工 1549 人次,举办培训班 36 班次,培训 1650 多人次。3 个劳动技能竞赛项目受到通报表彰。组织开展了 2022—2023 年度"安康杯"竞赛活动,各级工会积极参与安全生产相关工作,发现整改安全隐患 566 起,参加安全生产知识网络竞赛,1 个基层管理所被评为全国"安康杯"竞赛优胜班组。

【送温暖活动】 2022 年,自治区水利厅开展"迎新春送万福进万家"公益活动和 2022 年"双节"志愿服务活动。全厅春节慰问困难职工 241 人,慰问困难群众 196 人,为全体会员发放米面油等福利。慰问厅机关生病住院职工及职工家属去世 9 人。

【困难职工帮扶】 2022 年,自治区水利厅先后申报总工会建档困难职工 81 人次,发放帮扶资金 44 万多元。为全厅 3000 多名职工办理了职工医疗互助保障,67 名患病职工享受补助 13.07 万元,对 47 名大病职工发放救助金 31.5 万元,安排 71 名 50 岁以上女职工和 19 名困难女职工进行"两癌"筛查体检,减轻职工医疗负担。为应对油价不断上涨,为 1642 名职工办理中石化加油福利。全力为防疫情、稳经济、保增长、促发展做贡献。组织动员基层工会开展疫情防控、购买农副产品、发放职工福利、慰问水利职工和工程建设者等行动,工会组织支持防疫情稳经济保增长促发展 500 多万元。

组织人事

【队伍建设】 2022 年,自治区水利厅贯彻落实《领导干部能上能下规定》,10 名处级干部退出领导职务。全面推行专业技术人员公开竞聘上岗制度,65 名能力强、业绩好、贡献大的同志优先聘任。加大干部交流轮岗力度,合理调整配备领导班子,全年共提拔正处级干部 2 名、副处级干部 2 名;调整交流正处级干部 7 名、副处级干部 9 名。

【人事劳资】 2022 年,自治区水利厅完成社保一体化系统线上基础信息维护工作,录入机关公务员各类信息 1735 条。及时与党委组织部及人社厅工资处沟通协调,指导并督促厅属各单位完成系统信息维护,实现了从岗位聘任到工资兑现一站式线上办理,已办理人员增减、工资补发、工资停发、工资信息修改、浮动工资等事项共 247 项,将电子化、信息化技术应用到人员信息管理中,及时更新整理各类人员名册。建立健全工作台账,把握人员流动方向,做好数据核对工作,确保转移资金准确详实,对厅机关及 24 个厅属事业单位,厅属在职及离退休人员共计 3397 人的奖励性补贴(民族团结和谐奖、文明城市奖、效能目标管理考核奖、2021 年文明单位奖、综合考评奖、效能考核奖及基础绩效奖)数据进行梳理,严格按照口径要求进行清算,并于 3 月发放完毕。2022 年 8 月,按照《2021 年基础绩效奖金纳入养老保险缴费工资基数核算补缴口径》相关政策,完成厅机关 76 名公务员 2021 年 1—12 月及 2022 年 1—6 月养老保险和职业年金补缴。

【人才工作】 2022 年,自治区水利厅通过公开招考途径,面向全国公开考录硕士研究生 25 名、本科毕业生 49 名、专科毕业生 2 名。建立人才队伍定期盘点分析机制,开展行业领军人才、青年拔尖人才、专业骨干人才评选,建立青年干部人才培养联系机制,制定针对性培养方案,通过党性锻炼、作风锤炼、实践磨炼,促进年轻干部成长成才。注重与区外权威科研机构、高校、科技型企业就重大水利科技项目开展联合攻关,"产、学、研、用"相结合引进和培育新型水利人才。先后与 15 家科研机构共同联合开展研究项目 27 个,取得论文、专利、著作权等重要成果 69 项,部分成果已转化应用和服务地方产业。2 人入选年度"西部之光"访问学者。健全水利智库,吸收 469 名区内外专家入库。完成中、高级职称评审 308 人,工勤技能人员岗位晋级 409 人。

【离退休干部服务】 2022 年,自治区水利厅认真落实离退休干部学习制度,坚持每月组织召开离退休党支部"主题党日"活动,通过支部学习、送学上门等形式,凝聚思想合力。印发《水利厅党委关于进一步做好新时代离退休干部党的建设工作的通知》，从坚持思想政治引领、加强组织建设、从严管理监督、强化激励关怀、加强组织领导5个方面提出了16条具体措施，明确工作任务，强化工作措施，进一步规范自治区水利厅离退休干部党的建设工作。落实离退休干部政治、生活待遇，做好服务工作，为4名退休职工申报社保卡更换手续，协助完成退休职工养老待遇资格认证工作，审核完成并批复5家厅属单位2022年去世的9名退休职工丧抚费，完成147名人员退休或延迟退休事宜，其中厅机关6人，厅属事业单位141人。在春节、重阳节等重大节日，厅领导带队开展走访慰问，为7名离退休干部颁发光荣在党50年纪念章，为53人送去生日蛋糕。举办"喜迎二十大 建功新时代"离退休干部书画摄影作品展，共收集70余幅作品。积极组织开展"世界水日""中国水周"退休老同志进社区志愿服务、"建言二十大""我看中国特色社会主义"建言、庆"重阳节"等活动，组织厅机关40余名退休老同志到苏峪口水文站考察参观水文文化阵地，感悟水文现代化发展成就。截至2022年底，自治区水利厅共有离退休人员1863人，成立离退休党支部17个，离退休党员651人。

七、水利行业管理

水利行业管理

水利法治建设

【概况】 2022 年，自治区水利厅大力推进普法依法治理工作，不断提升水行政执法效能，深化"放管服"改革等，法治政府建设取得良好成效。

【重点立法事项】 2022 年，自治区水利厅积极配合全国人大法工委、民建宁夏委员会完成黄河保护法立法调研，配合自治区人大编写《宁夏回族自治区建设黄河流域生态保护和高质量发展先行区促进条例》涉水章节并审议通过，修订《宁夏回族自治区水工程管理条例》《宁夏回族自治区节约用水条例》等地方性法规 2 部，修改《宁夏回族自治区实施〈中华人民共和国水文条例〉办法》《宁夏回族自治区节水型社会建设管理办法》等政府规章 2 部，持续推动以良法善治保障新业态新模式健康发展。

【行政规范性文件监督管理】 2022 年，自治区水利厅修改涉水规范性文件 1 件，废止涉水规范性文件 2 件，对现行有效的行政规范性文件进行集中清理，清理废止和宣布失效 43 件，修改 10 件，制定出台 10 件，持续规范行政规范性文件的制定程序，加强规范性文件监督管理，确保依法行政。

【行政复议与诉讼】 2022 年，自治区水利厅印发《自治区水利厅关于加强行政应诉工作的通知》，明确自治区水利厅系统关于加强行政应诉工作要求，压紧压实各方工作责任，积极有效化解各类行政争议。组织集中培训 1 次，积极出庭行政复议应诉 1 次，组织旁听人民法院庭审 1 次。

【水利执法】 2022 年，自治区水利厅印发《新行政处罚法理解与适用工作指引》《涉水违法行为处罚条款汇总表》《水资源涉嫌违法犯罪行为表》《水行政执法典型案例》，进一步明确行政处罚种类、行政处罚无效情形及规范执法程序等方面内容，明晰水行政执法程序，指导依法依规开展水行政执法工作。及时举办全区水行政执法人员培训班，执法记录仪及新行政处罚法等专题培训，组织执法人员考试，有效提升执法人员业务能力。联合自治区人民检察院印发《关于建立健全水行政执法与检察公益诉讼协作机制的实施细则》，构建上下协同、横向协作的公益诉讼机制；印发《宁夏回族自治区水行政主管部门与综合执法部门执法衔接指导意见》《宁夏回族自治区水行政主管部门与综合执法部门执法衔接办法》，进一步细化综合执法部门与业务主管部门之间的职责边界，建立健全部门之间协作配合机制。印发《水利厅水行政执法提升年活动实施方案（2022 年）》，在全区范围内开展防汛保安和地下水专项执法行动，督促和指导各级水行政主管部门查处水事违法案件 52 件，罚款 130 万元。注销、清理行政执法人员证件 45 份，持有有效执法证件人员 101 人。组织申报参加 2022 年行政执法证件考试人员 57 人，同时为厅机关配备执法记录仪 28 台，申报 1 人获批为自治区水利厅公职律师。会同自治区检察院召开推进贺兰山沿山自备井取水管理工作协调会议，共同协调推进国有农场自备井取水管理整改工作。

【普法】 2022 年，自治区水利厅修订《水利普法责任制"四个清单"》，新增了习近平法治思想、中国特色社会主义法律体系等多层次法律法规。制定自治区水利厅领导干部学法计划，建立"1+3+23"学法清单,建立常态化学法制度,组织开展厅党委会会前"学法一刻钟"13次。强化法治宣传教育。组织开展2022年"世界水日""中国水周""全民国家安全教育日""美好生活·民法典相伴"《黄河保护法》"宪法宣传周"等普法宣传活动。积极推荐宁夏水利博物馆获选自治区第二批法治宣传教育基地,同时在唐徕渠西门桥城市段和永宁人民公园段建设法治文化长廊,强化法治文化宣传氛围。

【"放管服"改革】 2022年,自治区水利厅制定印发《宁夏回族自治区水利行政许可事项清单(2022年版)》《水利厅本级行政许可事项清单(2022年版)》,梳理核定水利行政许可事项20项,自治区水利厅本级行政许可事项19项,申请增加3项行政处罚事项,2项行政强制事项,及时调整水利系统权力清单。完成"审管联动"试点建设任务,实现了审批与监管衔接,事前事中事后联动,有效发挥试点引领作用,不断优化营商环境。全面落实"四级四同""三减一提升",持续推进"不见面、马上办"和"一网通办","互联网＋政务服务"标准化建设水平大幅提升,切实优化水利营商环境,全年共完成行政审批事项249项。自治区水利厅"放管服"改革荣获全区深化"放管服"改革以奖代补政策考核二等奖,奖补资金100万元。同时自治区水利厅"放管服"改革典型经验做法获自治区肯定并在全区推广。

水资源管理

【概况】 2022年,自治区水资源管理工作全方位贯彻"四水四定",深化用水权改革,强化取用水监管,推进水生态保护和突出问题治理,水资源节约集约利用水平显著提升。全区多年平均降水量289毫米,不足全国平均水平的1/2,蒸发量高达1250毫米,干旱半干旱面积占全区总面积的70%以上,90%以上的河流为季节性河流。全区当地水资源总量11.63亿立方米,人均占有量159立方米,不足全国平均水平1/12、黄河流域平均水平1/3。

【水资源状况】 2022年,全区降水量254毫米,仅为多年平均的87.9%;水资源总量8.92亿立方米,比多年平均偏少20.3%。2022年,全区取水量66.328亿立方米,比上年减少1.763亿立方米。按不同行业分,农业取水量53.639亿立方米,占80.9%;工业4.461亿立方米,占6.7%;生活3.698亿立方米,占5.6%;人工生态环境补水4.530亿立方米,占6.8%。按不同水源分,黄河水58.974亿立方米,当地地表水1.102亿立方米,地下水4.821亿立方米,非常规水1.431亿立方米。2022年,全区总耗水量39.616亿立方米,比上年增加1.029亿立方米。按照不同行业分,农业耗水30.150亿立方米,工业3.548亿立方米,生活1.388亿立方米,人工生态环境4.530亿立方米。按不同水源分,耗黄河水34.418亿立方米,耗当地地表水0.815亿立方米,耗地下水2.952亿立方米,耗非常规水1.431亿立方米。

【四水四定管控】 2022年,自治区水利厅强化水资源总量管控,出台实施地下水管控指标方案,建立地下水取水总量和水位双控体系;制定水资源节约集约利用实施方案,明确"十四五"重点任务、关键措施;以取水口径,印发实施年度水量分配及调度计划、水量调度方案,总量控制"红线"更加明晰。优化水资源考核,印发自治区2022年度水资源管理和节水型社会建设考核细则,并将非常规水利用率目标完成情况纳入年度考核,压实"四水四定"属地责任。严格取水许可审批,严把取水许可审批关,全区80%工业园区完成规划水资源论证,宁东基地、平罗县等6个园区率先探索水资源论证区域评估,推进26个中型灌区完善取水手续,沿黄取水口全面完善取水许可手续。

【水资源监管】 2022年,自治区水利厅开展取用水工程专项整治"回头看",在完成专项整治行动的基础上,重点围绕取水口核查登记全不全,问题认定准不准,问题整改是否到位,监管长效机制是否健全,组织市、县区对2.14万个取水口的核查登记、问题认定、整改提升等情况进行回头看。重拳治理违法违规乱象,聚焦违反"四水四定"、违规取用水问题,借助取用水工程专项整治、环保警示片和审计反馈问题整改等有利契机,下大力气解决长期以来无许可取水、超许可取水、无计划用水、无计量设施或计量设施不健全、违反用途管制要求等顽疾,对历史遗留问题、存量问题实行清单化管理,逐一规范销号,从严规范取用水行为。推进电子证照清理,制定细化取水许可电子证照数据治理操作指南,通过印发工作通知、集中培训、专人指导等措施组织市、县(区)重点围绕证照数据要素缺失、信息填写错误、发证管理不合规、取水许可证失效未及时注销等数据质量进行问题排查、认定与整改。全年清理整治证照1631套,严格电子证照数据填报、审核、核发管理。强化取用水事中事后监管,出台《宁夏水资源管理监督检查实施细则》,明确取用水监管对象、监管形式、监管方式、监管内容、监管流程等,形成"查、认、改、罚"闭环管理,对取用水行为全要素全流程管控,以"三级联动、多部门协作"推动常态化监管。全力推进取水监测计量建设,统筹中央水利发展资金与地方资金,编制《宁夏水资源监控总体实施方案(2021—2025年)》,实施计量设施升级改造,全面整治规模以上取用水单位计量不到位、设施老化等问题,沿黄取水口、工业取水口及重点农业取水口实现在线监测全覆盖,水量监测比例达到许可水量98%以上。完善创新监管方式,以"互联网+监管"为手段,加强信息化手段在水资源管理业务中的应用。依托宁夏取用水管理平台,综合分析研判违法违规取用水问题线索,预警提示取用水单位和个人,推进线上线下一体化监管。开展许可审批、监测计量、取用水等事项监管15批次。稳步推进超载治理,督导中卫市印发实施水资源超载治理方案,发展高效节水灌溉面积44.76万亩,压减无序生态补水2900万立方米,再生水置换新鲜水700万立方米,投资5000余万元实施灌区及工业节水改造,严格落实"双限批"制度,立案查处超许可工业用水户,6个新增工业项目全部通过水权交易解决用水指标。

【水资源保护】 2022年,自治区水利厅强化生态水量保障,严格清水河、苦水河生态流量管控,生态流量保障程度达到100%,争取自治区政府免收生态补水水费,全年生态补水3.74亿立方米。强化地下水管理,出台地下水管控指标方案,建立地下水取水总量和水位双控体系。建成地下水监测信息平台,搭建水利与自然资源、生态环境多部门共享机制,定期通报预警地下水位变幅,实现地下水动态管控。持续开展"三山"地下水关停专项行动,关停地下水取水井774眼,地下水源涵养得到有力保障。率先完成新一轮地下水超采区评估,持续推进超采区治理。强化水源地监管,印发全区城市集中式饮用水水源地名录,指导各市县强化备用水源地建设管理。探索生态补偿实践,财政厅、自治区水利厅拟定甘—宁、宁—蒙黄河上下游省际横向生态补偿协议,实施宁夏县区间生态保护补偿,兑现水资源补偿资金6000万元。

【用水权改革】 2022年,自治区水利厅印发《用水权收储交易管理办法》等11项改革配套制度;各地相继出台区域内用水权交易及收益分配办法等配套制度44项,各类专项配套工作制度、实施方案等50项,改革制度体系"四梁八柱"基本建立。在全国率先探索创新用水权确权理论方案,形成"总量管控、定额分配、适宜单元、管理到户"新模式。工农业用水确权全面完成,逐村、逐户核定确权灌溉面积1058万亩,农业确权水量43.6亿立方米;全面建立工业用水企业台账3701家,工业确权水量4.9亿立方米;建立规模化畜禽养殖企业台账1909家,确权水量0.5亿立方米。各市、县(区)开展确权信息录入工作,将农业、工业用水权确权信息录入自治区用水权确权交易平台。印发《金融支持用水权改革的指导意见》《"四权"抵押贷款贴息资金管理办法》,赋予用水权融资功能。宁夏银行中卫分行、建设银行吴忠分行、彭阳农村商业银行、隆德六盘山村镇银行和农行西吉县分行等5家银行积极开发用水权绿色金融产品,彭阳县、利通区等5县(市、区)的5家用水户通过质押用水权获得贷款1427.4万元。在全国率先探索实行用水权有偿取得,大武口区、惠农区等15县(区)按照宁夏用水权价值基准,向工业企业征收用水权有偿使用费1.61亿元。22个县区末级渠系供水成本测算和水价批复全部完成,2022年春灌开始全部执行新批复水价。出台《用水权收储交易管理办法》,完善交易平台、优化交易流程、统一规则、统一市场、统一监管。2022年累计成交86笔,交易水量

6288 万立方米、金额 6314 万元,16 个县区参与交易,8 个县区跨区域转让用水权,水市场活跃度显著提升。贺兰、平罗、青铜峡、沙坡头、原州区、宁东等 6 个重点县市区在用水权确权、"以电折水"计量、有偿使用费缴纳等方面形成可复制推广的经验做法。分批在青铜峡市、原州区组织开展改革现场观摩研讨活动,累计交流人数达 200 余人次。加强培训督导,2022 年 5 月以来,组织专业技术力量队伍深入各县(市/区)进行用水权改革帮扶指导,梳理解决各类难题 200 余件,累计参与人数达 140 余人次。

节约用水

【概况】 2022 年,自治区水利厅聚焦加强全区节约用水行动的统筹协调,组织 22 个厅局召开宁夏回族自治区节约用水行动厅际联席会议,总结部署深度节水控水工作,协调推进水资源节约集约利用,审议通过《宁夏回族自治区节约用水行动厅际联席会议成员单位职责分工方案》,明确 23 个成员单位节约用水工作职责分工。对照 2022 年全国节约用水工作安排,紧密结合宁夏实际,会同自治区发展改革委等 9 部门制订印发《2022 年全区节约用水工作要点》,明确各行各业节水年度"任务书";自治区水利厅、发展改革委联合印发各市、县(区)"十四五"用水强度管控指标,将用水强度控制指标分解到各年度、下达到市县。会同自治区工业信息化、教育厅、机关事务管理局等部门共同下达节水型载体达标建设年度任务,推动节水型载体达标建设。会同自治区八部门联合开展最严格水资源管理和节水型社会建设年度考核,自治区下达节水考核奖补资金 700 万元。

【顶层设计】 2022 年,自治区水利厅围绕强化水资源最大刚性约束,全方位贯彻"四水四定",印发《宁夏深度节水控水行动实施方案》《宁夏"十四五"建立健全节水制度政策实施方案》《宁夏节水型社会建设"十四五"规划分工方案》《宁夏水资源节约集约利用实施方案》,突出用水权管控、各行业节水控水、现代化灌区建设和非常规水源利用,建立深度节水控水任务清单。七部门联合印发《宁夏非常规水源开

发利用管理办法》,实行非常规水源利用配额制。自治区水利厅、财政厅联合印发《宁夏节约用水奖补办法》,明确对最严格水资源管理和节水型社会建设考核获得优秀等次的地级市、对非常规水源利用达到年度最低利用量配额且成效显著的县(区)、对各类节水型载体给予奖补,激发各地区各行业各领域节水内生动力。

【行业节水】 2022 年,宁夏深入推进农业节水,加快现代化生态灌区建设,引黄灌区累计配套安装自动化量测水设备 4173 台套,42.6% 的干渠直开口实现测控一体化。实施高效节水农业"三个百万亩"工程,全区高效节水灌溉累计达到 523 万亩,占灌溉面积的 53.6%。加快推进工业节水,启动火电行业水效对标达标行动,梳理建立了 27 家燃煤火电企业用水效率对标台账,用水效率全部达到国家定额标准;宝丰能源集团产品用水单耗处于国内先进水平,银川苏银产业园实现"污水 100% 截流、中水 100% 回用",全区规模以上工业用水重复利用率达到 96.7%。扎实推进城市节水,会同自治区教育厅、机关事务管理局启动实施高校节水专项行动,提档推进高校节水;石嘴山市、中卫市、盐池县列为全国典型地区再生水利用配置试点,银川市入选全国区域再生水循环利用试点。累计 59% 的县(区)建成"全国节水型社会建设达标县(区)",自治区级节水型机关达到 90.4%、节水型高校达到 40%。

【监督管理】 2022 年,自治区水利厅聚焦精打细算用好水资源、从严从细管好水资源,严格用水定额约束,严格用水总量控制,核定下达 37 家重点用水工业企业年度用水计划,年用水量 1 万立方米以上的工业和服务业单位实现计划用水管理全覆盖。严格规划和建设项目节水评价,对标用水定额标准先进值,严把新增用水项目节水关口,全年审查 61 个规划和建设项目节水评价。面向市、县(区)水行政主管部门开展计划用水核定、用水定额执行、节水评价落实情况监督检查,抽取火电、钢铁、化工、建材、高校、医院等行业 27 个重点监控用水单位开展用水定额核查。修订了自治区、市、县三级重点监控用水单位名录,年用水量 50 万立方米以上及重点取用水

户在线监测实现全覆盖,黄河干流134处工业、农业取水工程全部实现在线调度和监管。

【节水宣传】 2022年,自治区水利厅采取线上线下相结合的方式开展2022年"世界水日""中国水周"集中宣传活动,利用报刊、电视、广播、广告等传统媒体和百度App、人民日报客户端、抖音、快手、公众号等新媒体,广泛传播节水理念。会同自治区文明办、民政厅、团委、妇联等10部门联合举办《公民节约用水行为规范》宣传活动,多部节水短视频在抖音、快手平台播放量达11万余次。全年在各类媒体发布节水宣传报道88篇,其中中央人民政府网站、央视新闻、人民网等央媒宣传报道74篇,在宁夏电视台、宁夏日报等自治区媒体宣传报道14篇。节水微视频作品"滴答滴"、节约用水公益广告"节约水,珍惜水"志愿服务项目分别荣获第六届中国青年志愿服务项目大赛水利专项赛一等奖、二等奖。

财务审计

【概况】 2022年,自治区财务审计工作围绕水利中心,在"强保障、严监管、夯基础"上下功夫,为新阶段水利高质量发展提供了坚实的财务支撑和保障。

【资金管理】 2022年,自治区水利厅协调下达中央及自治区各类水利建设资金44.2亿元,其中青铜峡、固海扬水灌区续建配套与现代化改造工程等中央预算内投资22.6亿元;中央水利发展、水利救灾等中央财政资金6.9亿元;银川都市圈中线供水、固海扩灌扬水更新改造等地方重点水利项目14.6亿元。联合国开行、农发行、农行制定开发性、政策性、商业性金融支持水利基础设施建设实施意见,协调推动新增发放水利工程项目贷款和社会资本投入20.1亿元,支持银川都市圈供水、海原西安乡供水等重点水利项目建设。深化预算管理,科学编制2023年部门预算方案,积极争取人员及公用支出经费6.4亿元,保障厅属水管单位3456人工资及基本支出,水权改革推进及收储交易管理、现代水网体系建设、黑山峡水利枢纽工程前期工作、黄河宁夏段河道治

理工程、贺兰山东麓防洪治理工程等项目新增纳入部门预算。加快预算执行,当年自治区水利厅预算执行率达80%以上,在自治区本级单位中位居前列,预算执行和决算工作受到自治区财政厅通报表扬。组织对2021年度部门预算项目支出开展绩效评价,评价结果被财政厅评为优秀等次,在自治区本级单位排名第一;对2021年度中央水利发展资金、水管单位渠道维修养护费、节水型社会建设专项资金等4个项目开展重点绩效评价,评价结果分别被财政部、水利部和自治区财政厅评为良好等次。

【内部监管】 2022年,自治区水利厅围绕水管单位维修养护经费的预算编报、预算执行、资金管理等方面进行全过程检查,查出7家单位共44个问题,下发问题清单,督促水管单位严格整改落实。围绕项目管理、资金管理等方面,对全区10个县(区)水利发展资金开展专项检查,查出问题171个,下发整改通知,严格整改落实。规范国有资产管理审核审批,全年批复和监督厅属单位规范处置固定资产及公共基础设施848.4万元;深入开展国有产权交易突出问题专项治理,重点围绕产权交易决策、资产评估、交易方式、交易收入4个环节扎实开展自查自纠,确保专项治理工作不遗不漏。内控管理系统数字化智控平台运行平稳,预警风险提示128条,退回填报内容不完整、数据不准确单据3036条。

【政府采购】 2022年,自治区水利厅全面规范政府采购管理,对近年来财政部、财政厅等部门下发的政府采购政策、法规文件梳理汇编成册,同时针对厅属单位采购工作中出现的问题,编制《水利厅政府采购100问》,提升自治区水利厅政府采购工作规范化。切实强化政府采购全过程监督检查,重点对9个厅属单位政府采购项目进行了检查,督促各单位边查边改,举一反三,查漏补缺,建立长效机制,所有政府采购问题已整改销号。利用自治区水利厅内控管理数字化智控平台系统,设立政府采购模块,内置政府采购目录及标准,固化政府采购预算、采购管理部门职责权限和操作流程,按照采购标准对采购类型、采购方式、组织形式进行控制,进一步提高政府采购质效。

【财会队伍建设】 2022年,自治区水利厅通过全区统一招考,招录8名财会人员,充实到水利财务工作一线,为水利高质量发展做好财务人才储备。通过以查代培、以审代培的方式,强化财务人员业务能力提升,锻炼财务人员的实操能力。通过线上、线下举办各类专业知识学习班,重点围绕会计改革与发展、预算管理、资产管理、绩效管理、政府采购、内部审计及水利基本建设项目管理等方面开展专题培训,财会专项培训300余人次,进一步提高财会人员专业素质和业务能力。

【内部审计】 2022年,自治区水利厅重点围绕处级领导干部工作目标完成、经济责任履行、个人廉洁从政等方面,对4名领导干部进行全面经济责任审计。梳理摸清内审人员和审计业务情况,向水利部和审计厅上报审计统计报告报表。完成盐环定一至七泵站更新改造项目竣工财务决算审计;审查批复水权转换项目惠农渠段节水改造工程等3个竣工财务决算,批复值达1.75亿元。严格落实审计整改要求,制定下发整改方案,整改完成审计厅发现问题9项,整改完成处级领导干部经济责任审计问题39个。全力配合服务保障各级审计监督,重点围绕审计署西安特派办、自治区审计厅开展的自治区财政收支、黄河流域生态保护、城乡供水、国有企业重点改革等4项专项审计工作,高效完成审计资料提供、沟通协调、解释说明、情况反馈、问题整改等工作,提供及时有力的服务保障。

水利宣传

【概况】 2022年,宁夏水利宣传工作以习近平新时代中国特色社会主义思想为指导,深入学习贯彻党的二十大精神,认真贯彻落实习近平总书记关于宣传思想工作的重要思想和关于治水重要论述精神,认真落实党中央和自治区治水兴水部署要求,牢牢把握正确政治方向和舆论导向,紧扣治黄兴水大政,精心组织策划、创新表达形式、拓展传播渠道,全面宣传水利事业发展展现的新亮点、取得的新成就,为水利高质量取得新突破提供坚强思想保障和强大精神动力。

【信息报送】 2022年,自治区水利厅制定印发《自治区水利厅关于加强政务信息工作的通知》(宁水办发〔2022〕9号),明确报送重点、任务指标、激励约束等制度,信息报送数量、质量有明显提升。建立上下联动机制,紧跟中央、自治区和水利厅决策部署,密切关注水利改革发展过程中的新情况、新变化、新趋势,实行定期点题、专向约稿,及时收集报送有内容、有价值的好信息。定期通报反馈信息采用情况并纳入年终效能目标管理考核,充分调动各单位工作主动性。全年报送调研报告、综合信息120余篇,为服务决策提供全面准确的参考。

【媒体报道】 2022年,自治区水利厅紧密联系国家和自治区主流媒体及各新媒体,采取重点宣传、日常报道、开设专栏等方式,多角度、高频率宣传报道水利发展成就。央视《新闻联播》播报重大水利工程建设、引黄灌溉等工作,中国水利报、黄河报等行业媒体和宁夏日报、宁夏电视台等省级官媒持续跟踪报道水利要闻,宁夏新闻网专题开设水利频道,各大主流媒体多轮驱动、多向发力。开发运用水利政务新媒体,持续更新水利政策解读、权威资讯、重点动态信息,年度发布各类报道1000余篇(含转载),水利新闻宣传工作亮点频现。

【主题宣传】 2022年,自治区水利厅以学习宣传贯彻党的二十大和宁夏回族自治区第十三次党代会精神为主线,统筹线上线下、行业内外,精心组织策划主题宣传活动。布设"喜迎党代会·献礼二十大""礼赞新时代·十年巨变看水利"等大型展览,开辟"宁夏水利这十年"等精品专栏,展示水利事业发展取得的历史性成就,激发水利干部职工职业自豪感和干事创业精气神。围绕抗旱保供水、重大水利工程建设和中阿博览会水资源论坛、全区水利工作会议等重点领域和关键节点,报、网、端、微全面发力,形成强大宣传阵势,取得积极反响。大力传承弘扬黄河文化,组织收集、挖掘、研究、宣传宁夏水利历史文化,不断擦亮宁夏"金"字名片。

八、水利安全保障

水利安全保障

水利安全生产

【概况】 2022年，自治区安全监督工作顺利完成水利部水利安全生产监管信息系统安全生产应急管理子系统试点。在2021年全区安全生产考核中取得优秀等次，在2022年水利部组织的全国水利系统安全生产法、安全生产知识竞赛中取得两项优秀组织奖。

【安全生产责任制】 2022年，自治区水利厅组织全区水利系统认真学习贯彻落实习近平总书记关于安全生产重要论述重要指示精神，召开水利安全生产工作年度和专题会议，全面部署全区水利安全生产工作。制定《水利厅党委和领导干部安全生产责任清单》《进一步加强全区水利安全生产工作的若干措施》，严格落实"党政同责、一岗双责、齐抓共管、失职追责""三管三必须"要求，形成厅领导带头抓、安全部门统筹抓、各部门各负其责的监管局面。

【专项整治】 2022年，自治区水利厅深入学习贯彻习近平总书记关于安全生产重要论述，党委会议、安委会传达学习了28次。组织全厅干部职工观看《生命重于泰山》专题片5次，制作专题宣传片在宁夏电视台播出。全面落实企业主体责任。以水利建设工程为纽带，全区254项水利建设、运行工程涉及的1178家单位开展了专项行动，组织开展学习习近平总书记关于安全生产重要论述3565场次，4.9万余人次，排查突出问题390项，制定制度措施398项，落实安全生产投入12882.67万元。集中攻坚14项任务和巩固提升18项任务全面完成。全面开展突出问题和重大隐患排查整治。排查突出问题21个，对应制定完成23项制度措施，排查重大隐患19个，全部完成整改验收销号。

【安全生产保障】 2022年，自治区水利厅修订《自治区水利安全生产标准化评审管理办法》，将标准化达标建设纳入信用管理体系。已有12家单位二级达标。以"安全监督+信息化"为依托，推动双重预防工作，每季度对全区水利系统安全生产状况进行评价和通报，对安全风险度高的单位进行现场督导。全区规模以上水利工程已全部录入信息系统，累计辨识危险源6077个。其中，重大危险源39个，全部制定了管控措施。围绕"安全生产月"活动，全面提升全员安全意识，开展宣讲、培训辅导、班组会等活动518场次，参与人员1.4万人次；开展"一把手谈安全""安全咨询日"、网络答题、安全生产应急演练、应知应会考试等活动。

【行业监管】 2022年，自治区水利厅制定印发《关于进一步加强水利行业监督工作的通知》《水利安全生产与行业监督工作技术服务及督导工作方案》，以县（区）为培训单元，开展"一对一"培训，指导市、县（区）推进监督体系建设。各市县区水务部门从机构、制度、队伍三方面有序开展监督体系建设工作，27个市县区共计162项指标完成147项，完成率为91%。制定2022年自治区水利厅监督检查工作计划，统筹落实上级与厅本级监督工作部署，整合优化各专业领域检查任务。组织开展综合检查，对全区27个市、县（区）16个业务领域开展了综合检查。抽查264家单位、工程，共发现问题960个，印发整改通知及问题清单，向自治区党委、政府报送工作报告。综合检查做到一次组织，各业务处室分管领域工作、27个市县区两个全覆盖的效果。突出抓好检查清单、检查过程、检查成果三个环节的规范工作，制定综合检查工作手册，以问题为导向，动态调整27个市县区检查对象清单、动态调整13个业务领域500个事项的检查清单，事前按照清单开展培训、事中对照清单实施检查、事后反馈问题清单督促问题整改。通过手册指导、清单制检查，统一了检查口径，规范了检查行为，推进行业监督检查工作规范化标准化。认真开展重点工程稽察。派出4个稽察组，对盐池县水土流失后洼坡耕地治理项目、原州区方家沟大型淤地坝、西吉县葫芦河中型灌区续建配套与节水改造等8项工程开展了稽察，发现问题160个。

水旱灾害防御

【防洪】 2022年，宁夏共发生大范围降雨57场次，全区平均降雨量187.4毫米，较多年同期均值偏少两成，最大降雨量站点为隆德县杨河乡杨河站483毫米。受降雨影响，贺兰山东麓中北段、清水河流域、苦水河流域、红柳沟流域，以及宁南地区葫芦河、泾河、颉河、策底河、渝河等流域共81条河（沟）道发生洪水207场次，超过100立方米/秒的洪水22场次，实测最大为清水河折死沟张湾站6月26日洪峰流量352立方米/秒（5年一遇洪峰流量为600立方米/秒）。受暴雨洪水影响，贺兰、灵武、同心、西吉、海原等地61座水库坝体、上坝道路、放水设施等不同程度受损；贺兰山东麓陈家沟、柳条沟、清水河、苦水河、葫芦河等河道治理工程80余处护岸受损，永宁县闽宁镇导洪堤，黄河贺兰段、平罗段等10处堤防受损。盐池、同心、海原、原州、西吉、彭阳、隆德等地130座淤地坝受损，其中，7月15日强降雨致西吉县7座淤地坝漫顶后1座溃坝、3座溃口。为全力做好2022年的防汛工作，年初印发《2022年全区水旱灾害防御工作要点》，召开2022年全区水旱灾害防御工作视频会议，在主汛期、"七下八上"等防汛关键节点印发通知，针对历次强降雨过程，再次下发紧急通知、发送工作提醒短信，安排部署洪水

防御工作。制定印发《水利厅水旱灾害防御应急响应工作规程》，修订《自治区水旱灾害防御值班工作规程》和《水利厅汛期水旱灾害防御值班制度》，制定洪水防御应急响应工作流程图和履职一张表，进一步规范防御管理。新建、更新雨水情监测站162处，提档升级基本水文站30处，增设山丘区监测站点北斗卫星通信信道29处，进一步完善汛情监测站网。5月20日起，严格执行24小时值班值守制度，准确掌握雨水情动态变化，及时开展部门会商研判，做好实时监测预报预警，累计发布洪水蓝色预警51次联合气象部门发布山洪灾害气象风险预警61次，为调度指挥决策提供依据。针对7月13—15日强降雨过程，及时组织会商研判，前移防御关口，提前启动洪水防御Ⅳ级应急响应，自治区水利厅主要负责同志、分管负责同志亲自指挥洪水防御工作。7月15日西吉县淤地坝出险后，第一时间派出工作组，指导采取强排洪水、降低水位、加厚坝体等措施，快速消除险情，未造成人员伤亡。组织开展水利工程隐患排查、防洪隐患排查整治、安全度汛攻坚行动等6轮水旱灾害防御综合检查，自治区水利厅领导带队系统检查水旱灾害防御全链条、各环节工作，督导整改水旱灾害防御问题230个。开展水库防洪调度和汛限水位、防洪工程水毁修复、河道堤防防洪风险隐患等洪水专项监督检查，督导整改水库调度不规范、水毁修复进度慢、河道行洪不通畅等方面问题32个。开展水旱灾害防御暗访40余次，对市、县值班工作电话抽查160班次，通过以查带训，督促整改问题171个。督促落实全区327座水库防汛"三个责任人"，批复青铜峡、沙坡头两座干流水库调度运行计划，督导各地修订完善水库调度方案和应急抢险预案，完成30座重点水库汛限水位核定入库，规范调度运行管理。统筹上下游、兼顾左右岸，积极协调清水河流域寺口子、苋麻河水库跨地区泄洪调度，组织开展贺兰山东麓库、渠、沟联合调度，确保洪水安全下泄。积极协调，推动搁置10年的青铜峡大沟拦洪库副坝成功闭合，有效应对"6·20""7·11""8·10""8·18"四次洪水过程，充分发挥拦洪削峰作用。汛前，完成堤防、护岸、拦洪库、泄洪沟道等防洪工程水毁修复126处，

及时恢复防洪工程功能,汛期发挥防洪减灾效益。实施9条中小河流和2条山洪沟治理项目,有效提升河道行洪能力。实施2座中型、13座小型病险水库除险加固项目,消除防洪风险隐患。举办2期全区水旱灾害防御业务培训班,有效提高各级责任人科学决策、指挥调度和应急处置能力。督促各地完成水旱灾害防御暨山洪灾害防治培训21场2300余人次;印发宣传彩页、明白卡和便民宣传物品等5.59万份,提高社会公众防灾避险意识。开展贺兰山东麓洪水防御桌面推演,模拟极端暴雨天气事件,复盘"2018.7.22"典型洪水防御过程,检验预案、规程各环节之间的衔接。督促各地统筹山洪灾害防御、水库防汛应急抢险等科目,开展洪水防御演练21场次,有效提升防御应对工作实战能力。

【防凌】 2022—2023年度黄河宁夏段凌汛呈现流凌封河早、距离长、开河晚的特点。2022年12月15日黄河宁夏段出现流凌,较多年平均流凌日期提前3天;12月20日黄河宁夏段出现封河,较多年平均封河日期提前14天。2023年1月26日出现三段封河,1月28日达最大封河距离182千米,较多年平均长42千米,其中沙坡头坝上封河7千米,青铜峡坝上封河36千米,青石段封河139千米。2月2日沙坡头坝上出现开河,2月3日全面开河;2月4日青铜峡坝上出现开河,2月8日全面开河;2月10日青石河段出现开河,2月23日全面开河。封河期,石嘴山麻黄沟河段水位较封河前上涨2.5米,平原段水位上涨0.7米。河道槽蓄增量约1.9亿立方米,较多年平均偏多0.4亿立方米。受封河期水位上涨、开河期水位骤降和水流顶冲淘蚀影响,黄河宁夏段青铜峡市、贺兰县、平罗县等县(区)细腰子拜、关渠、通昌、高仁等治理段出现根石走失、坝垛护岸基础沉陷、河岸坍塌等险情,共造成水利工程直接经济损失1400余万元。为全力做好2022—2023年度防凌工作,自治区水利厅在凌汛前、分河段落实水利防洪工程巡查责任人200余人,密切掌握工程运行状况,压实巡查责任。自治区水利厅分管领导3次现场检查指导防凌值班值守、凌情监测预警、防洪工程运行、涉河项目安全度凌监管等工作,督促防凌措施落实。

各级水利部门和水文部门认真做好24小时防凌值班,密切掌握凌情发展变化,发布水旱灾害防御信息71期,发送凌情信息15万余条。提前修复贺兰京星农场、中卫冯庄等河段10处防洪工程,消除工程安全隐患,夯实防凌工程基础。落实14支水利工程抢险队伍,更新补充抢险物资,开展工程巡查,密切监视水利防洪工程运行状况,做好抢险基础保障。督促青铜峡、沙坡头水库落实"发电、供水服从防凌"的总体要求,科学调度控制水流平稳下泄,为平稳封、开河创造有利条件。强化涉河项目监管,流凌前督促拆除石嘴山河滨浮桥,封堵20座位置较低的穿堤建筑物。督促3个涉河在建工程制定施工度凌方案,建立凌情监测预报预警信息通报机制,落实抢险人员、抢险物资及安全度凌措施。流凌前,包银高铁黄河大桥建设单位移除河道内施工机械设备,保障涉河设施和人员安全。举办防凌工作业务培训班,沿黄4市、10县(区)水务局共计70余人参加培训,有效提高防凌业务工作水平。在央视、黄河网、宁夏新闻网等媒体宣传报道宁夏防凌工作10余次,在宁夏电视台经济频道、宁夏气象官方微信公众号宣传防凌常识200余次,提高公众防灾避灾意识,为防凌工作营造良好的社会舆论氛围。

【抗旱】 2022年上半年,全区气温偏高、降水偏少,宁夏中部干旱带补灌及覆膜区域出现轻度干旱,冬小麦及露地局部区域出现中度干旱,部分灌溉区及渠系末端区域阶段性供水矛盾突出。下半年,全区有效降雨和河道来水增多,大部分水利工程蓄水量相应增加,有效缓解了部分地区土壤墒情缺墒。各级水利部门全力做好2022年的抗旱保供水工作。一是强化安排部署,提前组织开展抗旱应急水量调度预案、方案等编制工作,指导各地统筹制定抗旱调度措施并抓好落实,与气象、农业及各地政府、供水企业建立分工负责、协调联动机制,切实提升监测预警能力,保障供水稳定正常。组织成立43个工作小组,按照"谁包片,谁管理,谁负责"的原则,精准施策,优化调度,全面推进抗旱保灌各项工作落实落地。自治区成立5个抗旱保灌工作组,下沉一线实地指导,与各市县政府、水务部门和基层用水管理组织会商沟通,周密制定方案,组织抗旱保灌有关部门开展旱情会商6次,向自治区党委、政府报送旱情专报4期,发布旱灾防御工作简报8期。二是科学调度抗旱水量,科学分析研判用水形势,引黄灌区提前20天开闸放水,解决工业园区、灌区农作物、重点养殖业用水及典农河、沙湖等重点湖泊湿地补水问题。积极协调黄委会增加8月份刘家峡水库下泄流量由700立方米/秒增加至800立方米/秒,有效缓解七星渠、跃进渠引水不足问题。针对局部地区出现的人畜饮水困难,采取集雨窖水和拉送水相结合方式,保障供水。加强田间用水管理,密切关注高口高地和灌溉难点热点,采取先下游、后上游,先高口、后低口,提前开灌、轮灌、错峰补灌等措施,削减灌溉用水高峰期供水压力。发挥"长藤结瓜"式抗旱保障体系的调蓄能力和供水潜力,中部干旱带扬水泵站全部满负荷运行,唐徕渠、惠农渠首次实现跨渠道、跨县区、跨沟道的"三跨步"水网联调供水,沙坡头南、北干渠向七星渠、跃进渠跨渠联调补水,全力保障用水安全。积极通过县域内部调整或跨县(区)水指标交易等方式,解决个别县(区)用水指标紧张问题。三是加强工程运行维护,争取水利部中央救灾资金300万元用于支持抗旱保灌,督导相关单位、企业、地方因地制宜制定抗旱保供水工作方案,完成供水工程岁修和跨临渠系建设,确保渠道安全畅通,供水安全稳定。下达农村饮水工程维修养护资金6380万元,开展22个县(区)138处工程维修养护;下达10个水管单位维修养护资金累计7200万元,全面开展渠道、水闸、水泵、机电等设施设备检修,消除灌溉供水工程隐患。系统谋划七星渠扩整改造、红寺堡黄河泵站改造、跃进渠引水口上移等工程,有效应对黄河来水偏少造成引水困难问题。加强在建水利工程及渠道、水库、泵站等水工建筑物的安全运行,针对重点区域、重点部位、重点时段,加大巡护力度、加密巡护频次。强化实时调度过程管理,建立渠道行水预警机制,严格控制超加大水位运行,运用"巡渠通"App等信息化技术,消除问题隐患,确保渠道行水安全。四是夯实供水网络体系,落实自治区"扩大有效投资攻坚年"活动部署,加快推进清水河流域城乡供水、银川

都市圈城乡西线、东线供水和"互联网+城乡供水"示范省(区)建设等项目,加快固海扩灌扬水更新改造、青铜峡和固海等大中型灌区现代化改造,建设银川都市圈中线、贺兰山东麓葡萄长廊、海原西安、西吉供水、抗旱调蓄水库等水源工程,全区水资源优化配置和调控保障能力不断增强,有力支撑先行区建设用水需求。都市圈东线工程利通片区、清水河流域城乡供水工程同心以北片区已实现通水。完成固海扩灌12座主泵站更新改造,西吉片区于10月通水。沙坡头红圈等5座抗旱调蓄水库开工建设。

【中小河流治理】 2022年,水利部下达宁夏流域面积200平方千米~3000平方千米中小河流治理中央水利发展资金6275万元,治理河长任务47千米。按照下达资金计划和治理河长任务,安排实施9个中小河流治理项目,均已按期完工,完成投资7049万元,治理河长61千米。为确保中小河流治理项目规范有序实施,一是强化督导责任落实,根据年度建设任务制定印发中小河流治理项目建设工作要求,细化时间节点,明确责任部门。严格督导各级水务局履行监管职责,切实加强组织领导,明确治理目标任务,压紧压实项目法人主体责任,加强监督、指导、协调,加快推进工程建设。二是强化前期工作管理,建立水利项目前期工作推进月调度制度,完善项目建设进展统计台账,及时协调解决项目推进存在的问题。严格勘察设计质量过程管理,加强初设成果审查把关,加快推进项目审查审批,切实提高项目前期工作质量和效率,向有关县区政府、水务局下发"一县一单"督促整改函7份,加快推进水利项目前期工作进展。三是强化工程建设管理,督导各级水务局、项目法人单位严格按照相关法律法规和工程建设制度管理,合理计划、组织,挂图作战,确保按照时序有力推进。全年印发建设进度月通报8期,向有关县区分管领导、局领导等发送督导信息30余条,不断加强项目建设管理,确保工程建设任务顺利推进。四是严格计划资金管理,按照相关资金规定,督导各水务局规范资金使用与管理,重点紧盯进度审核、资金拨付、绩效评价等环节,确保用好管好资金,提高资金使用效益。

农村水利

【概况】 2022年，自治区农村水利工作完成青铜峡、固海等大中型灌区现代化改造年度建设任务，开工建设11座抗旱调蓄水库，实施农业水价综合改革面积587万亩，实现1046万亩改革面积全覆盖，22个县区全部执行末级渠系新水价，水费纳入地方本级财政"收支两条线"管理，灌区、泵站标准化管理深入推进，因地制宜推行"用水合作社""专业化服务公司"等模式，农田灌溉水有效利用系数达到0.57，全年各大干渠累计引水53.99亿立方米，助力自治区粮食生产实现"十九连丰"和乡村全面振兴样板区建设。

【农业供水保障】 2022年，全区水利系统打通灌溉保障线，强化工程调度运行，科学精准配水用水，打好打赢全年抗旱保供攻坚战、持久战，实现有旱情无旱灾，确保725万城乡居民饮水和1057万亩农田灌溉用水安全。3月14日，组织召开2022年引黄灌区灌溉工作会，分析全年灌溉形势，安排部署重点工作。督促指导各市、县（区）及时准确把水量细化分解到各直开口和用水单元，精准制定时段用水计划。下达维修养护资金7200万元，联合财政厅举办骨干水利工程维修养护项目管理培训班，规范维养资金使用，完成水管单位渠道、泵站等设施设备的维修养护，督促跨临渠系工程按时完工，全年共办理乌玛高速、宝瑞龙等重大项目跨临渠系工程54件，完成骨干渠道设计水位、限定流量核定，确保各大干渠安全畅通。科学分析研判用水形势，密切关注高口高地和灌溉难点热点，采取先下游、后上游，先高口、后低口，提前开灌、轮灌、错峰补灌等措施，削减灌溉用水高峰期供水压力，有效应对持续高温干旱气候和黄河来水不足等不利情势，中部干旱带扬水泵站全部满负荷运行，唐徕渠、惠农渠首次实现跨渠道、跨县区、跨沟道的"三跨步"水网联调供水，沙坡头南、北干渠向七星渠、跃进渠跨渠渠联调补水，全年累计引水53.99亿立方米，湖泊湿地补水3.42亿立方米，创历史新高，全力保障各业用水安全。组织开展农业用水管理专项行动，落实各市县灌溉用水管理主体责任，对年度灌溉面积、作物种植结构、灌溉方式准确核定到户，破解多年灌溉底数不清、水费虚高等顽疾。指导市县挖掘农业节水潜力，推进按定额科学灌溉，提高用水效率，农田灌溉水有效利用系数提高至0.57。推进节水型灌区创建工作，盐环定扬水、红寺堡扬水灌区荣获水利部节水型灌区称号。

【现代化灌区建设】 2022年，自治区水利厅共谋划灌区工程近45亿元，占自治区水利厅总投资规模的近2/3，创下历史新高。加快推进青铜峡、固海、海原西河等大中型灌区现代化改造，以及固海扩灌扬水更新改造、银川都市圈中线供水、贺兰山东麓葡萄长廊供水、海原西安供水、沙坡头兴仁供水、引黄入西和抗旱调蓄水库等15项重点工程，顺利完成年度建设任务，砌护渠道86千米，铺设管道203千米，新建改造泵站11座，固海扩灌扬水更新改造主干渠主泵站成功试运行，银川都市圈中线供水工程全线试通水，青铜峡灌区葡萄长廊供水泵站投入运行。按照先急后缓、分期分批建设的原则，2022年在11个县（区）前期各开工建设1座（共11座）调蓄水库，总库容为1479万立方米，工程总投资6.94亿元。截至2022年底，完成投资2.8338亿元，惠农区汪家庄调蓄水库和盐池县平台调蓄水库已完工。谋划2023—2025年中型灌区项目前期工作，指导有关县（区）完成项目立项建议报告，将彭阳县茹河、隆德县渝河等7个中型灌区列入全国2023—2025年中型灌区续建配套与节水改造建议计划，隆德县张银、大庄等4个灌区列入全国2023—2025年中型灌区续建配套与节水改造项目储备库，争取2023年水利发展资金10464万元；提早开展2023年量测水设施项目前期工作，争取2023年水利发展资金1186万元。积极开展红寺堡扬水支泵站改造、七星渠上段改造等项目前期工作。按照"需求牵引、应用至上、数字赋能、提升能力"要求，择优遴选出青铜峡灌区汉延渠灌域，南部山区隆德渝河库井重点和彭阳茹河重点中型灌区，青铜峡市牛首山扬黄一般中型灌区4个中型灌区作为数字灌区先行先试试点上报水利部。指导中宁县、灵武市开展现代化灌区建设前期工作，青铜峡市现代化灌区开工建设，现代化灌区试点建设逐步延伸扩面。制订印发《宁夏引黄灌区骨干渠道测控闸门建设运行管理办法》，指导实施惠农区、永宁县等量测水设施建设项目，补齐在线计量设施短板，全区累计安装测控一体化闸门4173套，其中干渠直开口1661套，覆盖率42.6%，秦渠水联网全渠道智能控制系统首次实现多渠道、多计划并行的调度任务，引黄灌溉正加快由"人工管理"向"智慧管控"转变。

【农业水价综合改革】 2022年，自治区水利厅、发展和改革委员会、财政厅和农业农村厅联合印发《2022年宁夏农业水价综合改革工作计划的通知》（宁水农发〔2022〕6号），对农业水价综合改革领导小组各成员单位职责、各县区2022年的改革目标任务进行了细化分解，下达宁夏改革实施面积587万亩。3月9—11日，自治区农业水价综合改革领导小组主要成员单位组成调研督导组，通过听取汇报、现场问询、交流答疑、入户走访等方式，对全区农业水价综合改革、基层用水管理组织建设、农业用水管理、末级渠系管护机制等推进情况进行了调研督导，并就做好下一步工作提出要求。4月20日，联合发展改革委、财政厅、农业农村厅、市场监督管理厅、民政厅、国税总局宁夏税务局等部门印发《关于落实用水权改革 加强农业用水管理行动方案》（宁水农发〔2022〕10号），加强用水计划管理；联合发展改革委、财政厅、农业农村厅印发《关于落实用水权改革规范基层用水管理组织的指导意见》（宁水农发〔2022〕11号），督促各县区进一步明确职责、完善制度、健全组织、定岗定员、定责定薪，规范核算水量水费。6月17日，组织召开全区农业水价综合改革暨农业用水管理现场观摩会，学习交流经验和做法，通报改革进展情况，进一步明确时间节点和任务措施。7月4日，联合财政厅、国家税务总局宁夏回族自治区税务局印发《关于规范农业用水水费收缴有关事项的通知》（宁水农发〔2022〕13号），进一步规范农业用水水费收缴。8月2日，联合发展改革委、财政厅、农业农村厅转发《国家发展改革委等部门关于稳步推进农业水价综合改革的通知》，要求各有关单位认真落实各项工作任务，扎实推进农业水价综合改

革工作。自治区发展改革委牵头完成引黄灌区骨干水利供水工程2020年供水定价成本监审，在充分考虑经济社会发展水平和农民承受能力的基础上，提出《宁夏引黄灌区骨干水利供水工程水价调整方案》初稿。年内共完成改革实施面积587万亩，实现全区1046万亩改革任务全覆盖。22个县（区）全部执行新批复水价，并设立县级财政、水务、乡镇水管组织"三级水费专账"，末级渠系水费推行"收支两条线"管理，水费通过扫码、转账等电子化收缴方式，有效规范末级渠系水费收缴、管理和使用，保障末级渠系运行维护费用和基层水管人员工资。全区22个县区共规范组建基层水管组织171个，水管人员2425人，打通农田水利服务"末梢神经"。石嘴山市大武口区、银川市贺兰县、吴忠市同心县、固原市泾源县和中卫市沙坡头区等5个县区完成农业水价改革县级自验工作。

【水利乡村振兴】 2022年，自治区水利厅制定印发《关于做好2022年全面推进乡村振兴水利保障重点工作的分工方案》，细化分解目标任务，明确责任部门和完成时限，并纳入水利重大工作目标进行督查督办，切实抓好工作落实。印发《宁夏"十四五"巩固拓展水利扶贫成果同乡村振兴水利保障有效衔接规划》，从水资源开发利用、农村供水保障、灌排基础设施体系、防洪减灾能力、水生态保护与修复、水利管理服务能力等方面，确定重点任务，优先落实乡村振兴重点帮扶县和革命老区建设项目。落实《宁夏建设乡村全面振兴样板区水利保障实施方案》《"十四五"乡村振兴水利保障有效衔接规划目标任务分工方案》《贯彻落实〈自治区人民政府关于新时代支持革命老区振兴发展的实施意见〉涉水任务分工方案》，从水利项目、资金、人才、技术等方面，加大支持力度。全年水利投资规模达80.2亿元，完成投资72.9亿元。进一步加大对乡村振兴重点帮扶县的支持力度，下达盐池、同心等9个县（区）62906万元，其中"切块下达"中央水利发展资金32030万元，支持自主整合实施列入乡村振兴规划和项目库中的项目。同时，积极争取中央大中型水库移民后期扶持资金16126万元，其中直补资金6265万元，项目资金

9861万元。清水河流域城乡供水工程具备向海兴开发区供水条件，银川都市圈东线供水完成主体工程建设，"互联网＋城乡供水"示范区完成固原5县区建设。固扬水更新改造、银川都市圈中线供水工程成功通水，固海、青铜峡灌区改造年度任务基本完成，同心县白府都、沙坡头红圈等11座抗旱调蓄水库全部开工，大大增强了供水保障能力。中小河流、农村河湖"四乱"问题保持动态清零，泾源县水系连通和水美乡村建设试点获得全国优秀等次。全区建设水平梯田30万亩，治理水土流失面积985平方千米，海原县被评为国家水土保持示范县。各类水利工程建设与管护就业岗位吸纳劳动力4.55万人，其中农村劳动力近3万人，促进群众就业增收。

【风险隐患排查整治】 2022年，自治区水利厅全面开展水电站、水闸工程风险隐患排查整治工作，组织进行全面自查，建立问题台账，制定整改措施，明确整改责任单位和整改时限；开展整治情况检查，及时反馈问题，督促立行立改。共抽查问题120个，已全部完成整改。

【调蓄水池管理】 2022年，自治区水利厅开展调蓄水池专项检查，组织对全区调蓄水池安全运行情况进行检查，督促各级水行政主管部门切实履行监管职责，把运行安全、除险加固、巡检维护等各项工作落实到具体单位、具体人员，建立蓄水池安全运行管理台账，实行限期整改、动态管理，共发现问题109个，已全部完成整改。制定《宁夏回族自治区蓄水池安全运行管理办法》，加强调蓄水池管理，确保调蓄水池安全运行，发挥工程效益，保障人民生命财产安全。

城乡供水

【概况】 2022年，自治区节约用水与城乡供水工作持续推进大水源、大水厂、大水网、大连通建设，着力打造"6+2"的全区城乡供水一体化"主动脉"，全区万元地区生产总值用水量、万元工业增加值用水量较2020年分别下降15.2%、12.2%，农村集中供水率达到98.8%，自来水普及率达到96.5%，分别比全

国平均水平高出10个百分点和12个百分点。

【"互联网＋城乡供水"】 2022年，宁夏按照"省部合作、领导包抓、部门协力、一抓到底"工作机制，加快推进"互联网＋城乡供水"示范省（区）建设。17个县（区）完成可研批复，12个县（区）完成两评一案批复；示范先行市固原市5县（区）加快推进城乡供水水源、水厂、泵站、管网、终端等数字化改造，"互联网＋城乡供水"项目基本建设完成；新增海原、灵武、盐池3个县（市）启动项目建设。包括数据采集、管理服务、公共服务和手机客户端4大系统、29个功能模块的宁夏"互联网＋城乡供水"管理服务平台建设完成并投入试运行，目前已接入数字化设备22.2万台，为全区城乡供水业务重构、流程再造、制度重塑提供了支撑。

【工业及城市生活供水】 2022年，宁夏持续推进大水源、大水厂、大水网、大连通建设，在充分发挥已建工程效益基础上，加快推进银川都市圈西线、东线和清水河流域、中卫市城乡供水工程建设，着力打造"6+2"的全区城乡供水一体化"主动脉"。银川都市圈西线供水工程银川段建成通水，石嘴山、青铜峡支线有序推进；东线供水工程利通支线、中卫市城乡供水一体化工程成功试通水；清水河流域城乡供水工程同心受水区稳定供水，同心至固原段全面开工。全区骨干水源工程建设累计完成投资72.24亿元，其中2022年完成投资11.52亿元。自来水普及率达到96.5%，比全国平均水平高出12个百分点，城乡供水保障能力持续巩固提升。

【农村饮水安全】 2022年，自治区水利厅紧盯城乡供水领域的重点项目、关键环节和重要时段，先后印发关于做好冬春季、"五一"、端午节、夏汛及疫情防控期间城乡供水保障工作等一系列通知，确保城乡供水保障无虞。强化城乡供水保障应急管理和问题动态清零机制落实，持续加强脱贫县（区）、供水薄弱地区和供水易反复人群饮水状况监测，集中开展"两不愁三保障"饮水安全问题排查整治，重点围绕管道受损、冬季冻管、旱季水源不稳定等问题，坚持不懈地开展饮水安全问题拉网式摸排，对摸排清查出的5851项问题隐患全部进行了整改，实现了动

态清零。积极应对春夏之交持续干旱,科学制定城乡供水应急保障方案,通过有效采取供水工程满负荷运行、水源备用、水量调剂、错峰供水、设立应急供水点等措施,确保了城乡供水工程稳定供水、管网畅通行水、群众安全用水。

水库与移民管理

【概况】 2022年,自治区水库与移民管理工作统筹发展与安全,聚力推动水利高质量发展,全年安全无事故、项目建设扎实有序推进、运行管护水平稳步提升。

【水库运行管护】 2022年,自治区水利厅组织349名小型水库防汛"三个责任人"进行了网络业务能力提升培训,强化责任人履职能力。以"全国水库运行管理信息系统"为平台,督促各级水行政主管部门及时完善水库登记注册、安全鉴定、除险加固等基础信息,确保水库信息及时更新、动态管理,全年新注册登记水库7座、降等报废在册水库5座;全年完成水库安全鉴定26座,按时完成国务院确定的2022年底实现存量到期安全鉴定清零的目标任务,实现了动态清零;以标准化管理促进水库安全稳定运行,先后开展水库运行管理督查检查5次、抽查水库146座(次),问题整改成效明显;积极将水库除险加固和运行管护工作纳入河湖长制管理体系,实现统一管理、统一考核,切实强化管理责任,水库安全运行基础进一步夯实。

【水库项目建设】 2022年,自治区水利厅以推进水库建设项目为重点,全年累计完成新建水库投资21790万元,其中隆德余家峡水库完成投资11070万元,彭阳石家峡水库完成投资10720万元;桃山、史店等10座小型水库除险加固续建项目,以及阴洼沟、黄家峡等13座小型水库除险加固新建项目,共争取中央水利发展资金9417万元、地方政府一般债限额818万元,落实自治区政府配套资金1000万元,项目建设有序推进,消除病险水库安全隐患;共争取中央小型水库维修养护资金2967万元投入日常维修养护,防止水库"久病成险",水库防洪供水保障能力得到有效提升。

【水库移民后期扶持】 2022年,自治区水利厅按照全面推进乡村振兴、加快农业农村现代化、确保农业稳产增产、农民稳步增收、农村稳定安宁的总要求,落实中央大中型水库移民后期扶持资金16126万元,其中直补资金6265万元、项目资金9861万元,全区9.8万多移民从中受益。围绕产业发展、美丽乡村、基础设施建设等实施项目43个,移民群众生产生活条件、居住环境持续改善,收入稳步增长。青铜峡市大坝镇韦桥村利用移民后扶项目收益资金16万元,拿出40%共6.4万元为全村284名移民群众分红,60%作为村集体发展及工程维修养护基金,移民后扶项目效益逐步发挥。为强化资金监管,联合自治区财政厅印发《宁夏大中型水库移民后期扶持项目资金管理实施细则》,进一步加大水库移民政策实施绩效评价、监测评估、专项稽察,切实提高资金使用的规范性、安全性和有效性,确保项目规范实施、资金规范管理、后扶政策落实到位。组织开展2021年度全区水库移民后期扶持监测评估和绩效评价工作。组织对红寺堡区、原州区、彭阳县、宁夏农垦集团公司13个农场2020—2022年已建和在建大中型水库移民后期扶持政策项目实施情况进行专项稽察,对2021年全区专项稽查整改落实情况和按水利部要求开展的大中型水库移民后期扶持资金自查工作情况进行复核,及时反馈发现的问题,限期整改。水库移民对后扶政策满意,移民区总体和谐稳定,已连续多年未出现信访事件。

九、水利规划与工程建设管理

水利规划与工程建设管理

水利规划计划

【概况】 2022年，自治区水利规划计划工作按照推动新阶段水利高质量发展"六条实施路径"，坚决打好全域"四水四定"主动战，全面推进水网重大项目建设，持续扩大水利有效投资，奋力推动新阶段水利高质量发展迈出坚实步伐，为建设黄河流域生态保护和高质量发展先行区提供了有力水安全保障。

【水利规划】 2022年，编制完成《宁夏现代水网建设规划》和《省级水网先导区建设实施方案》，并提请自治区政府批复《宁夏现代水网建设规划》，不断支撑现代水网体系建设效能；启动黄河流域防洪规划修编，印发《宁夏黄河流域防洪规划修编工作方案》(宁水计发〔2022〕16号)和《宁夏黄河流域防洪规划修编项目任务书》，完善新时期治水规划体系；完成《宁夏水利基础设施空间布局规划》，成果纳入自治区国土空间规划；黑山峡水利枢纽、黄河宁夏段河道治理、贺兰山东麓防洪治理纳入全国水安全保障"十四五"规划和全国60项重大水利工程名录，21项总投资1359亿元的水利项目纳入《宁夏回族自治区重大基础设施项目建设行动方案》(宁党厅字〔2022〕24号)；优化顶层设计，印发《贯彻落实〈水利部关于实施国家水网重大工程的指导意见〉实施方案》(宁水计发〔2022〕12号)和《贯彻落实〈水利部关于完善流域防洪工程体系的指导意见〉实施方案》(宁水计发〔2022〕11号)，推动水利科学发展。

【黄河宁夏段河道治理工程前期工作】 为深入贯彻习近平总书记视察宁夏重要讲话精神，推进黄河流域生态保护和高质量发展先行区建设，自治区水利厅牵头编制《黄河宁夏段生态保护治理规划(2020—2025年)》，自治区党委和政府于2020年11月7日对规划进行了批复。在黄河宁夏段综合治理的基础上，编制完成《黄河宁夏段河道治理工程可行性研究报告》。2022年6月，自治区第十三次党代会将黄河宁夏段河道治理工程纳入自治区二十个重大项目之一。黄河宁夏段河道治理工程主要建设内容包括新建堤防、河道整治、生态修复、信息化工程四个部分，工程估算投资约21.75亿元。工程治理范围为中卫沙坡头以下到青铜峡库区末端河段以及青铜峡坝下到石嘴山河段。工程建成后，将进一步完善黄河宁夏河段防洪工程体系，保障防洪安全，促进生态环境改善，提升河道综合管理信息化水平，有力保障人民群众生命财产安全和经济社会持续健康发展。2022年6月7日，水利部将工程可行性研究报告审查意见报送国家发展改革委。2022年8月底，社会稳定风险评估、建设用地预审意见、建设征地移民安置规划等前置要件全部办理完成，工程前期工作取得阶段性进展。

【陕甘宁革命老区供水工程前期工作】 陕甘宁革命老区供水工程是破解陕甘宁革命老区发展用水难题的重要举措，更是巩固该区域脱贫攻坚成果、助力黄河流域生态保护和高质量发展国家战略的政治责任，可为陕甘宁地区加快生态文明建设、促进绿色发展提供充足水资源保障，对落实山水林田湖草生命共同体理念、改善区域乃至全国生态环境起着基础性、决定性作用，对保护区域整体生态安全具有重要意义。工程已列入黄河流域生态保护及高质量发展水利专项规划和国家水网规划，近期考虑从黄河右岸已建泵站取水，远期以黑山峡水利枢纽为水源，采取重力管道自流引水方式，自西向东将黄河上游原水从宁夏中部延伸至陕西榆林、延安，甘肃庆阳地区，主线总长度550.5千米，至陕西延安总扬程273米，至甘肃庆阳总扬程251米，包括宁夏吴忠市利通区、盐池县、红寺堡区、同心县东部地区，陕西榆林市定边县、靖边县和延安市吴起县、志丹县、宝塔区、安塞区，甘肃庆阳市环县、华池县、庆城县、合水县，涉及三省区4市14县（区），受益人口306.4万人，其中，宁夏48.8万人，陕西169.9万人，甘肃87.7万人。工程规划水平年2035年供水量4.42亿立方米，设计年取水量为5.23亿立方米，取水流量18.23立方米/秒，估算总投资约397亿元。2019年7月，水利部水规总院组织对工程规划报告进行了咨询论证。按照咨询意见，2021年组织完成"陕甘宁革命老区供水工程水资源配置方案"编制和评审验收，2022年完成"陕甘宁革命老区供水工程规划报告"评审验收，启动陕甘宁革命老区供水工程项目建议书编制。

【宁夏贺兰山东麓防洪治理工程】 贺兰山东麓南起中卫市黑山嘴沟，北至石嘴山市麻黄沟，西临内蒙古，东靠黄河，南北长约290千米，东西宽约50千米，面积9067平方千米。区域有银川、石嘴山、吴忠、中卫4个市以及11个县区和10个国营农场。区域分布山洪沟道90余条，由于贺兰山山势陡峭，植被稀疏，沟短坡陡，区域暴雨多发，具有起洪快、洪峰高、来势猛、灾害大的特点，历来是宁夏防汛的重点。为进一步完善贺兰山东麓防洪体系，加快构建兴利除害的现代水网体系，自治区水利厅谋划实施贺兰山东麓防洪治理工程。贺兰山东麓防洪治理工程是自治区第十三次党代会确定的20项重大工程，工程列入国家《"十四五"水安全保障规划》（发改农经〔2021〕1856号）《宁夏水安全保障"十四五"规划》（宁政办发〔2021〕82号）和《宁夏重大基础设施项目建设行动方案》（宁党厅字〔2022〕24号）。工程通过新建加固导洪堤、提标改造拦洪库、畅通治理泄洪沟、建设防洪"四预"系统等，进一步完善集"导、拦、

滞、泄"为一体的防洪体系，保障区域安全及产业发展。2022年，组织设计单位编制完成《宁夏贺兰山东麓防洪治理工程可行性研究报告》。2022年6月22日，新任自治区党委书记梁言顺、政府主席张雨浦赴京，前往水利部拜会李国英部长，向水利部请求支持宁夏贺兰山东麓防洪治理工程建设。

【水利投融资体制改革】 紧紧围绕"到2025年基本实现水利现代化"目标，聚焦治水难点瓶颈，持续推进水治理体制机制改革。不断拓宽水利投融资改革成效，抢抓水利大投资、大建设、大发展的重要"黄金期"战略机遇，用足用好用活中央、自治区投资政策，全面落实自治区"引金入宁"计划，通过特许经营、PPP等模式，鼓励吸引社会资本参与水利工程建设运营，充分利用开发性金融贷款，在资金筹措上融合"政、银、企"，通过"两手发力"激发水利投融资活力。深入贯彻落实自治区稳经济保增长促发展、"扩大有效投资攻坚年"活动安排部署，研究提出水利领域稳经济、保增长、促发展"10+4"项工作举措，全面推进项目前期、工程建设、投资落实"三大攻坚行动"。印发《深化水利改革2022年实施计划》，启动新时期新政策下水利投融资方向研究，研究分析中央、地方、市场投融资政策制度和投资形势，千方百计争取中央投资差异化支持，通过"两手发力"引导社会资本和金融资金投入，全力以赴拓宽水利投资渠道、扩大水利有效投资。改革中央水利发展资金下达模式，采用"大专项＋任务清单"模式下达资金，赋予市县在支出方向内自主使用资金的权利，鼓励撬动社会资本投入。宁夏水利厅会同自治区地方金融监督管理局、农业农村厅等出台《关于金融支持用水权改革的实施方案》（宁地金监发〔2022〕6号）。推动"互联网＋城乡供水"、现代化灌区建设等水利项目通过市场化模式落地。建立以市场为导向的水权交易、水价形成机制，解决水工程融资能力不足等问题；引进大禹节水、京蓝科技、宁夏水发等社会资本参与水利工程建设，力推中部干旱带等水利PPP项目落地，市场融资年均保持在20亿元。

【水利统计】 严格执行水利建设投资、综合、服务业统计调查制度，印发《关于做好2021年水利统

计年报工作的通知》《关于进一步做好 2022 年水利建设投资落实及完成情况统计工作的通知》，加强统筹组织，督促、指导各市县(区)水务局、厅属单位及水利企业完成 2021 年度水利基建、综合、服务业统计年报，定期对 45 个单位(部门)上报的水利统计周报、半月报和月报表进行汇总分析，累计向水利部、自治区有关单位报送各类统计监测数据 120 余次，组织编撰水利统计公报，为水利项目投资争取及各级领导决策提供了详实可靠的数据支撑。

重点水利工程

【清水河流域城乡供水工程】 清水河川是宁夏仅次于沿黄经济带的另一个发展带，是清水河流域的经济走廊。清水河流域城乡供水工程沿线历经中卫市沙坡头区、中宁县、海原县、吴忠市红寺堡区、同心县、固原市原州区等 3 市 6 县区 42 个乡镇，涉及总人口 135.75 万人。其中:农村人口 101.66 万人，城镇人口 34.09 万人。该工程由取水、输水、调蓄、净水工程 4 部分组成，以中卫市黄河右岸申滩至泉眼山一带浅滩地下水为水源，通过辐射井群取水，汇集后经 4 级加压泵站和 196 千米管道沿清水河左岸向南输水至固原西郊，与已建的中南部城乡饮水安全工程联调联用，解决区域城乡居民生活、规模化养殖和工业园区发展用水问题，实现“优水优用、优质优供”和区域工农业生产均衡发展，对促进沿线经济社会快速健康发展、全面建成小康社会具有重要意义。工程主要建设内容:由取水、输水、调蓄、净水等工程组成，新建辐射井群 20 组、加压泵站 4 座、调蓄水池 9 座，铺设输供水主管道 215 千米，新建净水厂 5 座，改造净水厂 4 座，配套各类建筑物 1132 座、新建管理用房 6560 平方米，供电和综合电气自动化系统等构成。工程总工期 24 个月，工程总投资 23.66 亿元。已完成 11 眼辐射井、2 眼大口井、19.6 千米汇水管线建设任务，完成中宁至同心段泵站 1 座、调蓄池 4 座、净水厂 4 座、运营调度中心 1 座和 76.4 千米管道铺设，于 2021 年 6 月底实现了向同心县供水目标。同心至海兴段二泵站主体结构已完成;海兴至固

原段完成三泵站封闭圈、净水厂清水池顶板砼浇筑及翻板滤池底板浇筑，三干管管道安装 5.1 千米;完成四泵站底板砼浇筑、水厂翻板滤池素土挤密桩，完成四干管管道安装 11.6 千米;完成西郊净水厂清水池及干化场砼浇筑、送水泵房主体结构砼浇筑等。截至 2022 年底，工程累计完成投资 20.1 亿元。2022 年计划完成投资 10.0 亿元，完成年度投资 8.95 亿元，年度投资完成率 89.5%。

【银川都市圈城乡西线供水水源工程】 该工程是通过建设以黄河地表水为水源的供水工程，补充和替换区域现有水源(地下水)，保障银川市、石嘴山市西部城乡 265 万人(城镇 205 万人)生活用水、规模化养殖和工业产业供水安全，改善和保护区域生态环境。工程 2025 年规划供水总量 2.46 亿立方米;2035 年规划供水总量 4.78 亿立方米。首部水源泵站设计流量 17 立方米/秒，主输水管道设计流量 17 立方米/秒，石嘴山支线输水管道设计流量 4 立方米/秒，银川片区西夏水库设计库容 3193 万立方米，青铜峡调蓄水库库容 220 立方米，石嘴山调蓄工程设计库容 721 万立方米。工程新建水源泵站自黄河金沙湾左岸扬水至西夏渠，改造西夏渠输水至银川，后接支线管道输水至石嘴山。改造西夏水库，新建青铜峡调蓄水库、石嘴山调蓄水库，经沉沙调蓄后送至各净水厂向各片区供水。同时扩整改造西干渠，替代原西夏渠承担的灌溉任务。工程主要建设内容:新建黄河水源泵站 1 座，配套扬水压力管道 5.3 千米。改造西夏渠长 65.14 千米。新建石嘴山支线输水管道 73.3 千米，配套相关建筑物。改造西夏水库 1 座，水库位于银川市平吉堡黄羊滩农场四队。水库设计库容 3193 万立方米，设计洪水标准为 100 年一遇。新建青铜峡、大武口调蓄水库共 2 座。扩整改造西干渠 112.5 千米，配套改造渠道建筑物，新(扩)建西干渠扬水泵站 6 座，配套建设泵站压力管道。工程总投资 46.68 亿元，其中水源工程 39.9 亿元，西干渠扩整改造工程 6.78 亿元。截至 2022 年底，西干渠扩整改造工程已全部完成，水源工程银川段已通水;青铜峡支线引水管道工程已完工，水库大坝主体工程已基本完成;石嘴山支线完成征地范围内管道安装

21 千米。工程已累计完成投资 41.15 亿元。2022 年计划完成投资 6 亿元，已完成年度投资 1.93 亿元，年度投资完成率 32.1%。

【银川都市圈城乡东线供水工程】 银川都市圈黄河以东、青铜峡市青铜峡镇和峡口镇、利通区、灵武市城乡生活和工业用水水源地超采严重，水质水量不达标，难以满足经济社会高质量发展要求。建设以银川为核心，辐射带动石嘴山、吴忠等地协同发展的银川都市圈，是推动自治区经济社会发展的重大战略。建设银川都市圈城乡东线供水工程，统筹调剂地表黄河水替换区域供水现有水源，对于根本解决区域城乡生活和生产发展用水问题，保障供水安全，实现水资源高效、合理利用，推进城乡协调发展和区域生态环境改善意义重大。工程自东干渠引水至新建青镇泵站前池，扬水至新建三星塘调蓄水库，经沉沙调蓄后自流进入金积水厂，净化处理后分别向利通区、青铜峡和灵武各片区供水。工程扩整改造东干渠 543 米，新建联合闸 1 座；新建青铜峡镇泵站 1 座，配套压力输水总管 12.43 千米及其相关建筑物，新建加压支泵站 3 座，分别为：金积泵站、灵武支线泵站、灵武南郊支线泵站；新建三星塘沉沙调蓄水库 1 座，库容 433 万立方米；改扩建金积水厂 1 座，日处理能力 23.4 万立方米，其中：改造规模 6 万立方米 / 日，新建规模 17.4 万立方米 / 日；新建利通区第四配水厂 1 座，改造配水厂 3 座，分别为：利通区第二水厂、利通区第三水厂和灵武水厂；铺设输配水管道总长 132.42 千米，其中：三星塘水库至金积水厂段 5.42 千米，利通区支线 31.34 千米，青铜峡支线 16.28 千米，灵武支线 20.37 千米，农村人饮连通管线 59 千米，沿线配套管道建筑物。

2020 年 1 月，自治区发改委以（宁发改农经审发〔2020〕1 号）文件批复可行性研究报告。2020 年 2 月，自治区水利厅以（宁水审发〔2020〕15 号）文件批复首部取水（东干渠改造）工程初步设计。2020 年 4 月，自治区水利厅以（宁水审发〔2020〕41 号）文件批复银川都市圈城乡东线供水工程初步设计。工程的实施有效解决了利通区 43 万城乡居民及五里坡人畜饮水和生态绿化用水问题，同时供水安全和后续

服务也有了可靠的保障，日供水量达 5.4 万立方米，累计供水约 800 万立方米。截至 2022 年底，首部取水工程、青镇泵站已全部完成，金积水厂泵站，第二、第四水厂主体工程已完成；重力流及压力管道 19.481 千米全部完成；利通、东山、灵武等支线输水管线已完成，利通支线已成功试通水；东干渠进水闸主体结构及闸门安装已完成；三星塘水库土方回填及坡面浇筑、输水隧洞、输水塔等已完成，管理房主体结构已完成，已实现功能。工程累计完成投资 14.46 亿元。2022 年计划完成投资 3.32 亿元，已完成年度投资 3.32 亿元，年度投资完成率 100%。

【银川都市圈中线供水工程】 银川都市圈河东灌区受游荡性河床演变、泵站机电设备老化等因素制约，普遍存在用水紧张、供水保证率低、水资源管理水平不高等问题。为贯彻落实自治区建设"先行区"，有效提高区域水资源效率和效益，支撑现代化生态灌区建设，推进黄河流域大保护大治理，规划通过对河东灌区各级泵站进行整合、改善取水条件，在黄河右岸溜山头建设水源泵站，实施全管道供水，建成统一的供配水工程，提高供水保证率和水资源利用效率，解决区域取水困难和高质量发展问题。工程供水范围为：银川市兴庆区月牙湖乡、石嘴山市平罗县红崖子乡、陶乐镇、高仁乡，共 2 市 2 县（区）3 乡 1 镇。近期 2025 年泵站设计流量 5.6 立方米 / 秒，控制灌溉面积 21.1 万亩（全部为平罗县）；远期 2035 年泵站设计流量为 8.45 立方米 / 秒，控制灌溉面积 35.9 万亩（近期平罗县 21.1 万亩的基础上，增加兴庆区月牙湖乡 5.45 万亩及远期开发预留 9.35 万亩）。工程新建水源取水泵站 1 座，总扬程 52 米；建设泵站压力供水管道 13.62 千米、重力输水管道 43.62 千米、配水管道 67.63 千米，供水至灌区田间蓄水池，其中新建蓄水池 21 座，总容积 169 万立方米。工程概算总投资 13.31 亿元，目前落实项目资金 4.8 亿元，全部为自治区配套资金。截至 2022 年底，黄沙古渡泵站装修工程，天桥钢结构安装工程，厂区配套工程已全部完成；压力管道铺设 13.9 千米，重力流管道铺设完成 43 千米，完成率 100%；配水管线完成 38 千米，完成率 73%。22 座配套蓄水池已基

本建成,12月中旬实现全线试通水,具备向兴庆区、平罗县黄河以东地区灌溉供水的条件。已累计完成投资11.40亿元。2022年计划完成投资5.31亿元,已完成年度投资3.68亿元,年度投资完成率69.2%。

【固海扩灌扬水更新改造工程】 固海扩灌灌区位于宁夏中部干旱带,涉及吴忠市红寺堡区和同心县、中卫市中宁县和海原县以及固原市原州区。固海扩灌扬水工程始建于20世纪90年代,是自治区扶贫扬黄灌溉工程的重要组成部分,是自治区重大扶贫移民安置工程。受工程建设时期经济技术条件限制,工程建设标准偏低,配套不完善,加之工程运行多年,机电设备及工程设施老化失修严重,导致工程运行能耗大、效率低,安全运行不能保障。为贯彻落实黄河流域生态保护和高质量发展重大国家战略及自治区脱贫富民战略,对固扩灌区实施节水改造,提高水资源利用效率,增强供水安全保障能力。同时,解决西吉县抗旱应急备用水源,置换部分超采严重地下水水源,改善和保护当地生态环境,为西吉城乡居民生活、工业及农业产业提供可靠水源保障,巩固区域脱贫攻坚成果,促进区域生态保护和经济社会高质量发展具有重大意义。2020年6月4日,自治区发展和改革委员会经宁发改农经审发〔2020〕45号文批复工程可行性研究报告,估算总投资27.61亿元。2020年7月9日,自治区水利厅经宁水审发〔2020〕74号文批复工程初步设计报告,批复概算总投资25.66亿元。主要建设内容包括更新固扩一至十二级骨干泵站12座,改造支线泵站7座,更新泵站机电设备109台套;砌护改造干、支渠67.66千米,配套改造渠道建筑物,治理渠道高边坡,修复完善防洪堤及硬化巡护道路等;新建4座调蓄水库;西吉供水工程主输水线路新建加压泵站2座、配套建设64.84千米输水管线,改造管线建筑物576座和2000立方米转换池1座;新建支泵站1座、15.3千米压力管线及各类建筑物76座;配套建设泵站、渠道、管道及调蓄水库等信息自动化工程。固海扩灌扬水泵站改造完成后,泵站单位能耗降低40%到50%,自动化、智能化程度将大幅提升,最终实现远

程自动化控制和无人值守管理,极大减少运行成本,提高工作效率,全面保障沿线5个县区68万亩农田灌溉,可为巩固沿线群众脱贫攻坚成果提供坚实保障。西吉供水工程建成后,西吉县将接入全区骨干水网体系,新增供水能力989万立方米,有效提升区域经济社会发展供水保障能力,同时可置换地下水447万立方米,关停自备井368眼,有效改善区域水生态环境,有力巩固区域脱贫攻坚成果,促进经济社会可持续发展。截至2022年底,7~12泵站及马家塘一支泵站运行正常,工程施工内容已完成;西吉供水工程一泵站主体工程及25.96千米管线工程已完工;二泵站压力管线完成95%,泵站完成85%;白府都水库土方开挖,土方回填完成100%,坡面土工膜铺设,坡面砼已完成100%,坡脚格梁完成98%,出水泵站完成主体结构建设,进水建筑物基本完成;十二干渠砌护工程完成槽壳预制32节,渠道加高4千米,砌护1千米。附属用房基础已完成100%;一至十一干渠砌护改造工程完成渠道砌护13.2千米,渡槽降糙57座,沟涵翻建13座,维修改造49座。已累计完成投资15.94亿元。2022年计划完成投资9.0亿元,已完成年度投资8.9亿元,年度投资完成率98.9%。

【宁夏引黄古灌区世界灌溉工程遗产展示中心项目】 宁夏引黄古灌区是中国四大古老灌区之一,2017年10月,在墨西哥召开的国际灌排委大会上被列为世界灌溉工程遗产名录并授牌,成为黄河干流上第一个世界灌溉工程遗产,填补了宁夏申遗的空白,向世界亮出了"塞上江南"的亮丽名片,对于保护、传承和弘扬黄河文化具有重大意义。为充分发挥我区唯一世界遗产的"金名片"效应,讲好宁夏"黄河故事",充分挖掘和弘扬宁夏古灌区引黄灌溉历史文化,助推全区黄河文化旅游发展,自治区将展示中心项目作为建设黄河流域生态保护和高质量发展先行区的文化样板工程,纳入《银川都市圈建设2020年工作计划》和年度重点建设项目。自治区发展改革委于2020年5月31日对该项目初设进行批复,项目总投资1.26亿元,建设工期489天,总建筑面积9901平方米。项目位于贺兰县丰庆西路以北,唐徕

渠以东,满达桥东侧。建筑功能分为陈列展览区、教育区、服务设施、业务区、行政区等,共设一个序厅、六个展厅;室外设置室外展示、道路、停车场、绿化等。展示中心不仅是古灌区文物收藏中心和专业人员研究辅助场所,还是水利知识普及与青少年科学文化素质教育学习基地,更是大众游览、观赏、休闲、娱乐的理想去处。展示中心先期建成后,将吸引游客参观,带动引黄灌溉遗产文化宣传效应,为遗产公园引入社会资本融资建设创造条件。截至2022年底,完成主要建设内容:工程主体结构已全部完成;内外装饰装修已基本完成,完成布展规划工作。已累计完成投资0.95亿元。2022年计划完成投资0.43亿元,已完成年度投资0.47亿元,年度投资完成率110%。

【青铜峡灌区续建配套与现代化改造工程】 宁夏青铜峡灌区是我国古老的特大型灌区之一,现有净灌溉面积506.9万亩,灌区地处宁夏银川平原,南起黄河青铜峡水利枢纽,北至石嘴山,西抵贺兰山东麓1200米等高线,东接盐灵台地(鄂尔多斯台地)1300米等高线以下。青铜峡灌区素有"塞上江南"之美称,包括宁夏北部银川市、吴忠市、石嘴山市,自古修建秦、汉、唐等渠,利用黄河水灌溉,农牧业发达,湖泊众多,湿地连片,风景优美。1998年,启动实施宁夏引黄灌区续建配套与节水改造项目。在实施初期主要针对干渠险工段和对渠道影响较大的破损建筑物进行了改造,项目比较分散,在2008年以后开始较为集中使用资金,对各大干渠集中段落进行砌护。通过项目实施,使灌区骨干工程安全状况有了较大改观,渠道综合调控能力不断增强,全灌区节水意识进一步提高,除险保安、节水增效成果显著。但随着灌区目前生产状况及其发展趋势,水资源短缺依然制约着灌区的发展和生态的修复,一是灌区水源单一,可引用水量受限。近年来,黄河来水持续偏少,总量严重不足。但随着灌区的发展,农业、工业、城市、生态、移民等需水量刚性增加,供需水矛盾日益突出。水利骨干渠道工程大部分修建年代久远,工程建设标准低、老化失修问题未彻底解决,部分骨干渠道仍然为土渠运行,上游空流段较多,输水损失大,灌区灌排体系仍不完善,调蓄能力弱,输水效率和效

益不高,与农业现代化发展需要不相适应。通过青铜峡灌区渠首灌域续建配套与现代化改造工程建设,将有效保证渠道安全运行,提高渠道的灌溉保证率和水资源利用率,确保区域粮食安全,改善各渠道生态环境,提升管理硬件设施,充分发挥水利工程的支柱作用,促进社会稳定、区域经济的持续发展。工程初设批复总投资6.1亿元。工程范围包括唐徕渠、惠农渠、渠首、汉延渠、秦汉渠灌域渠道和建筑物改造,以及病险泵站改造等。主要建设内容包括:改造建筑物316座、渠道62千米、泵站4座,建设巡护道路50千米。截至2022年底,唐徕渠灌域,惠农渠灌域一期,渠首灌域一期,农牧场1、2号泵站已全部完工;惠农渠灌域二期已完成轻纺城渡槽至清水桥节制闸13.58千米的渠道砌护水下部分,完成巡护道路13.58千米,完成支斗口改造10座,完成昌滂联合闸水下部分工程;汉延渠灌域11.2千米砌护全部完成。已累计完成投资5.23亿元。2022年计划完成投资2亿元,已完成年度投资3.05亿元,年度投资完成率110.9%。

【固海扬水灌区续建配套与现代化改造工程】 宁夏固海扬水工程是宁夏建设最早、规模最大的公益性生态扶贫扬黄灌溉工程,灌溉面积90.6万亩,工程建设发展近40年来,为宁夏中部干旱带群众的脱贫致富、农业经济发展、生态环境的改善以及维护民族团结、促进社会发展作出了巨大的贡献。受当时工程技术水平限制,混凝土老化病害及缺陷严重,存在裂缝、渗漏水、钢筋碳化、混凝土泛碱、下部支撑机构损坏等一系列隐患。经过近40年的运行,渠道建筑物尤其是渡槽工程投运至今,未进行系统的安全评估,安全运行问题突出。近年来,黄河来水持续偏少,总量严重不足。但随着灌区的发展,农业、工业、城市、生态、移民等需水量刚性增加,供需水矛盾日益突出。为加快完善水利基础设施网络体系,全面提升水利保障、公共服务能力,加快推进水利公共服务均等化,在推进水利绿色发展、可持续发展方面迈出新步伐,为灌区国民经济和社会发展提供充足、优质的供水保障。建设固海扬水灌区续建配套与现代化改造工程尤为重要。工程范围包括固海扬水干支渠、

七星渠和建筑物改造,以及泵站新建、改造等。工程主要建设内容包括改造建筑物172座、渠道25千米、泵站1座,建设巡护道路25千米,新建泵站1座,加固改造防洪堤14千米,配套建筑物、信息化设施设备等。工程批复总投资3.75亿元。通过固海一期、二期工程实施,改善灌溉面积20.36万亩,节水量1206万立方米,新增粮食产量442.7万千克。加快了灌区续建配套和节水改造,区域规模化高效节水灌溉得以大力发展,加强了灌区用水计量设施配套,进一步提高灌溉保证率,有效促进社会稳定和区域经济持续发展。截至2022年底,一期工程全部完工;二期干湾沟渡槽、四干渠4座涵洞砼浇筑全部完成,渠道砌筑及硬化路面6740米;三期固海二三干渠衬砌板加高完成,固海一干渠2座涵洞加强段浇筑完成,固海三干渠花豹湾涵洞涵身及土方回填完成,同心一干渠8.2千米管道安装完成,固海七干渠1#、3#涵洞渠道加强段浇筑完成,3座渡槽完成;东三支干渠完成3座渡槽槽壳吊装,剩余4座渡槽改造槽壳已预制完成。已累计完成投资2.01亿元。2022年计划完成投资1亿元。已完成年度投资1.19亿元,年度投资完成率119%。

【宁夏国家基本水文站提档升级建设项目】
2021年12月,水利部和国家发改委联合印发《全国水文基础设施建设"十四五"规划》(水规计〔2021〕383号),列入规划的有国家基本水文测站提档升级建设工程、大江大河水文监测系统建设工程、水资源监测能力建设工程、中小河流重点洪水易发区水文监测应急建设工程、跨界河流水文站网建设工程、省界及重要控制断面水文站建设工程和水文实验站建设工程7类重点项目。我区30处国家基本水文站列入提档升级项目。自治区水利厅分别以《关于宁夏国家基本水文站(石嘴山站、熊家庄站、望洪堡站、南河子站)提档升级建设项目初步设计报告的批复》(宁水审发〔2020〕173号)、《关于宁夏国家基本水文站(鸣沙洲站、王团站、泾河源站)提档升级建设项目初步设计报告的批复》(宁水审发〔2020〕174号)、《关于宁夏国家基本水文站提档升级建设项目初步设计报告的批复》(宁水审发〔2022〕25号)三个文件批复

对石嘴山、熊家庄、原州、西吉、隆德、蒿店、黄家河、彭阳、韩府湾(三)、贺堡等30处国家基本水文站测验河段基础设施进行改造,配备流量、水位、泥沙、降水、蒸发等观测设施设备以及通讯与数据传输设备,批复总投资8545万元。项目实施后,对黄河干流水位观测数据和视频信息的及时有效采集和分析处理,进一步加强黄河汛情、凌情监测的时效性和准确性,充分发挥自动化建设成果在监测工作中的作用,提高信息采集、传输、处理和防汛、防凌指挥调度决策的时效性和准确性,同时考虑水文资料整编和水资源统一管理调度的需要,采用现代化技术尽快实现黄河水文监测自动化,在完善水位、视频监测站点建设基础上建设开发黄河水情监测数字管理系统,为社会及各部门提供及时、准确的黄河防汛防凌信息,并进一步对汛情、凌情形势做出正确分析,对其发展趋势作出预测和预报,为防汛防凌决策提供准确实时数据支撑。截至2022年底,石嘴山站、熊家庄站、望洪堡站、南河子站、鸣沙洲站、王团站、泾河源站等7处水文站设备已全部安装完成,正在进行设备调试比测,7处国家基本水文站测验设施改造基本实施完成。23处国家基本水文站已完成全部设备购置工作,部分设备已安装。累计完成投资0.62亿元。

水利工程管理

【概况】 2022年,自治区水利工程建设与运行管理工作以提升建设质量安全为核心,坚持问题导向,坚持改革创新,不断完善体制机制、强化监督管理,落实主体责任,扎实推进工作落实,各项工作目标任务圆满完成。

【质量安全】 2022年,自治区水利厅对标重点水利工程建设目标任务,统筹工程建设、质量安全,全力克服建设任务重、有效工期紧、工程沿线疫情复杂的严峻形势,提早安排部署,多次开会调度,细化过程管理,扎实做好各项工作。通过举办2022年秋季重点水利工程线上集中开工仪式,全力推进工程全面开工建设;制定印发《指导意见》、开展"质量月"

活动,不断增强质量意识压实质量责任;开展全区水利工程在建及在运工程汛前检查及隐患排查,确保工程建设运行安全;推进水利优质工程评选工作,激发市场主体争先创优积极性等综合措施,提高项目推进质量和效率。全区清水河流域城乡供水、银川都市圈城乡西线、东线、中线供水、固海扩"灌区扬水更新改造等5项厅管续建工程,引黄古灌区世界灌溉工程遗产展示中心、青铜峡灌区、固海扬水灌区续建配套与现代化改造、贺兰山东麓葡萄酒产业供水保障4项厅管新建工程开(复)工建设,完成投资29.1亿元,基本完成2022年度建设任务。

【制度体系】 2022年,自治区水利厅针对水利建设各个领域和环节,以规章制度全覆盖、相衔接为目标,结合工程建设专项治理和巡视整改,认真开展工程建设法规制度"废改立"工作,加快完善制度体系,制定了质量终身责任制管理及责任追究细则、总承包管理办法,蓄水池建设管理指导意见、"西夏杯"优质奖评选细则、小型水利工程验收管理等9项办法,组织对近年制定公布涉及工程建设的33项规范性文件进行清理,组织厅属单位修订更新制度120余项。完成《宁夏回族自治区水工程条例》修订工作。组织全区水利工程二级造价师考试,有效解决造价人员紧缺状态。组织开展各类培训,推进制度落地见效。

【监督检查】 2022年,自治区水利厅把质量和安全管理作为工程建设的核心,坚持进度服从质量服从安全,统筹全区市县水行政主管部门、厅机关业务处室责任,依法依规开展监督检查和整改问责工作。牵头制定大检查工作方案,采取暗访、大调研、"飞检"等形式,密集组织开展了多轮次监督检查和度汛风险隐患排查,严格落实"查、认、改、罚"监管闭环。2022年共印发工程建设问题通报6批次,对相关责任单位及责任人进行了处理处罚。制定厅系统评标专家回避管理规定,加强评标专家的监督管理,

通报违规评标专家30人次。加强重点工程招标活动监督,对近年来存在的排斥潜在投标人、围标串标等行为依法依规进行处理,净化水利建设市场营商环境。提升信息化监管水平,完善和深化关键岗位人员"人脸识别"系统管理,推进BIM技术在中线供水等4项工程的运用,开发工程质量检测一体化管理平台,完成水利工程设备采购、勘察设计等9项标准电子招标文件示范文本编制修订,实现水利工程建设领域电子招标投标工作全覆盖,3000万元以上水利工程施工项目全面落实区内远程异地评标。

【市场监管】 2022年,自治区水利厅积极落实"放管服"改革要求,强化源头管控,优化服务保障,着力营造良好水利建设市场营商环境。一是持续加大市场主体监督检查力度,深化实名制管理,全区限额以上的施工、监理单位及关键岗位人员全部纳入实名制管理范围,信用惩戒违规施工及监理企业85家(次),有效遏制转包、违法分包和挂靠等违法违规行为。二是稳步推进市场主体信用评价工作,组织完成对施工、监理等8类455家市场主体信用评价,推进信用评价结果在招投标过程中应用。三是制定印发专项治理年度工作方案、巡视整改方案,召开领导小组会议,深入部署开展专项治理工作,完成了2022年专项治理"回头看"各项自查抽查、整改销号、长效机制建立等工作,积极配合巡视组开展专项治理巡视工作,按时完成整改任务。

【构建标准体系】 2022年,自治区水利厅制定印发自治区水利工程标准化管理实施方案,组织制定水库、水闸、堤防等标准化管理制度及管理手册示范文本,协调推进水利工程标准化管理工作。制定自治区"十四五"划界工作方案,按时完成2022年度划界工作任务。组织开展在建工程防洪度汛应急演练,安排部署调蓄水池隐患排查整治专项行动,防患于未然。完成了灌区19座渡槽水闸安全鉴定工作。

十、水生态治理

水生态治理

河湖管理

【概况】 2022年，自治区河湖管理工作全面履行河长办日常工作和河湖管理职能，推动全区河湖面貌持续向好，河湖"四乱"问题实现动态清零，黄河宁夏段水质稳定保持Ⅱ类进出，主要入黄排水沟入黄口水质稳定达到Ⅳ类以上，泾源县水系连通和水美乡村建设试点获得全国优秀等次。

【河湖治理管护】 2022年，自治区水利厅全面完成水利部水普名录内河湖管理范围划定复核，规模以上划界成果实现"水利一张图"上图管理，河湖界桩设立完成85%，夯实河湖岸线管控基础。制定印发《自治区河道管理范围内建设项目管理办法（试行）》，进一步明确项目管理范围边界、权限层级与审批流程，严格涉河建设项目审批。推进河湖"清四乱"向中小河流、农村河湖延伸，全区新排查的96个河湖"四乱"问题全部整改销号，河湖"四乱"问题实现动态清零。通过下发整改通知、现场督导、暗访检查、定期通报、督办交办、约谈提醒的方式，督导相关市县加快黄河流域生态环境警示片披露、中央环保督察反馈、水利部"清四乱"进驻式暗访检查反馈、妨碍河道行洪排查等突出问题整改落实，各类问题整改总体进展顺利。对自治区河湖管理保护名录内有采砂管理任务的河湖进行全面排查，累计查处非法采砂行为5起，行政处罚查处案件5件、处罚5人、罚款7万元、查处非法采砂挖掘机1台，持续打击非法采砂行为。

【美丽河湖建设】 2022年，自治区水利厅指导市县累计编制完成河湖岸线保护与利用规划190条，科学划定岸线生态保护区和开发利用区等功能区，重点河湖实现应编尽编；完成清水河、典农河河湖健康评价和"一河一策"修编完善，启动开展泾河、葫芦河"一河一策"修编完善，科学掌握河湖健康状况，为河湖"精准施治"提供依据。组织各市县开展清河行动90余次，活动以乡镇（街道）为实施主体，联合生态环境、住建等部门，充分发动社会志愿者，全面开展水面漂浮垃圾和水生杂草植物打捞、沿岸生产生活垃圾收集转运等工作，累计投入455万元，清理水面漂浮垃圾1750吨左右，确保河道畅通，河面河岸干净整洁。督促市县整合资金实施河湖综合治理，清水河、苦水河综合治理2022年度项目全面开工并有序推进，泾源县获评第一批水系连通及水美乡村试点评估优秀等次，中宁县获批2023—2024年水系连通及水美乡村建设试点，沙坡头区第四排水沟和青铜峡市罗家河初步建成自治区级美丽河湖。

【智慧河湖建设】 2022年，自治区水利厅坚持人防技防相结合，充分发挥河湖长巡查督导作用的同时，综合运用视频监控、无人机巡测等新技术。完成自治区河湖长制综合管理信息平台升级改造，增加遥感解译、暗访检查、采砂管理三项业务功能模块，优化系统工作台、基础信息、监测信息、巡河巡查、投诉举报、督导考核、项目管理、日常办公、信息录入和移动应用河长通App等10个业务功能模块，提升河湖智慧监管水平。

水土保持

【概况】 2022年,自治区水土保持工作坚持预防为主,保护优先,系统推进水土流失综合治理,依法强化人为水土流失监管,科学开展水土保持监测,为水生态环境稳定向好、推进水治理体系和治理能力现代化、助力乡村振兴及黄河流域生态保护和高质量发展先行区建设提供水土资源支撑。

【水土流失治理】 2022年,全区实施小流域综合治理、病险淤地坝除险加固、坡耕地水土流失综合治理、新建淤地坝工程62项,共完成水土流失治理面积56.91万亩,其中旱作梯田14.07万亩,水土保持林4.29万亩,经济林254.7亩,种草42.15亩,封禁治理37.28万亩,其他措施1.24万亩,全区治理水土流失面积147.85万亩。2022年,全区各级主管部门按照管理权限,组织对87项水土保持工程进行了竣工验收。海原县成功创建国家水土保持示范县,自治区水利厅水土保持处、固原市水土保持工作站、盐池县水务局、海原县水务局4家单位荣获全国水土保持工作先进集体,自治区水土保持监测总站苏利平等7人荣获全国水土保持工作先进个人。

【项目监管】 2022年,全区各级水土保持审批部门共审批生产建设项目水土保持方案1489件,涉及水土流失防治责任范围33457.77公顷;各级水行政主管部门抽查水土保持方案质量2932件;受理生产建设项目水土保持设施自主验收报备506项,开展生产建设项目水土保持设施自主验收核查275个,监督检查在建生产建设项目水土保持工作1514个,遥感监管查处水土保持违法违规生产建设项目185个,2022年开工的水利建设项目全部编报水土保持方案,审计、巡视反馈的相关水利建设项目水土保持问题全部整改完成。2019—2021年度遥感监管发现问题,于6月底全部整改销号;2022年度第一期水利部下发的388个图斑核实的131个违法违规项目问题,及第二期省级加密的195个图斑核实的54个违法违规项目于12月底前全部整改完成,整改率100%,提前完成目标任务。

【动态监测】 2022年,全区持续呈现水土流失面积和强度"双下降"、水蚀风蚀"双减少"趋势。全区共有水土流失面积15354.19平方千米,较2021年减少180.65平方千米,占全区国土总面积(66400平方千米)的23.12%。其中,水力侵蚀面积10478.25平方千米,占水土流失面积的68.24%,风力侵蚀面积4875.94平方千米,占水土流失面积的31.76%。2022年全区水土保持率为76.88%。2022年8月,发布《2021年度水土保持公报》。依据2022年度水土流失动态监测成果,完成省级监测区水土流失图斑落地工作。完成全区8个水土保持监测站点成果数据整编及数字化处理。完成彭阳县王洼和盐池县刘窑头2个国家级水土保持监测站,海原县犁尖沟、南华山、刘湾,西吉县马建、聂家河,彭阳县红堡6个省级水土保持监测站成果数据整编。

十一、水利科技与信息化

水利科技与信息化

水利科技

【概况】 2022年，自治区水利科技与信息化工作以构建水利科技创新体系为目标，4项科技成果获自治区科学技术奖，连续三年获对外科技合作奖，落实自治区科技项目13项，2项成果入选水利部成熟适用水利科技成果清单，完成课题验收16项。水治理标准化纳入自治区推动高质量发展标准体系建设方案，10项标准列入2022年度地方标准制（修）订计划，2项标准化入选自治区典型案例进行推介。

【科技项目】 2022年，自治区水利厅以黄河流域生态保护和高质量发展先行区建设水利科技需求为导向，紧紧围绕智慧水利、水资源节约集约利用、水生态保护修复、水旱灾害防御、水工程与水治理等领域，落实并实施省部级科技项目13项。其中，《宁夏水联网现代化灌区关键技术研究及示范应用》列入水利部重大科技项目；《基于人水和谐视域下宁夏扬黄灌区水资源生态承载力研究》等9项课题列入自治区自然科学基金项目；《黄花菜玉米等特色作物水肥一体化技术示范与推广》等2项课题列入自治区乡村振兴科技指导员专项；《宁夏水资源均衡配置与高效利用战略咨询研究》列入自治区咨询研究课题。

【科技成果管理】 2022年，自治区水利厅组织完成《西北地区典型渡槽工程结构安全评估与修补加固技术研究与应用》等16项课题验收。国家重点研发计划专项《西北典型区生活节水与污水再生利用技术研发与示范》通过科技部综合评估。4项成果获得2021年度自治区科学技术奖，其中《宁夏引黄灌区生态系统水平衡机制与综合节水实践》获得对外科学技术合作奖；《宁夏引灌区输配水工程关键技术与健康诊断评价体系研究示范》获得科学技术进步二等奖；《宁东能源化工基地水土保持动态监测研究及生态评价》和《宁夏河套扬黄典型灌域水联网节水灌溉与水银行示范》获得科学技术进步三等奖。

【科技合作】 2022年，自治区水利厅创新灌区节水控盐技术模式，与清华大学、中国农业大学、中国水利水电科学研究院联合开展"十四五"国家重点研发计划专题《灌区多尺度水盐平衡精准灌排技术模式与节水控盐周年配水系统》和《宁夏红寺堡次生盐碱地精量灌排协同抑盐产能提升模式示范》。与长安大学、重庆大学等单位联合完成自治区重点研发计划项目《宁夏典型农村节能环保型污水处理技术及智能管控设备研发与集成示范》，为美丽乡村建设提供了技术支撑。与北方民族大学合作完成自治区重点研发计划项目《基于中水利用的智能化控制灌溉技术应用与集成示范》，为非常规水高效利用提供了技术路径。组织申报宁夏黄河水联网数字治水重点实验室，通过自治区科技厅审查。持续推进数字治水"三位一体"模式，联合完成课题10项，数字治水产业园入园区企业50多家，入园产值近7亿元，政产学研用集群式创新加快显效。

【技术研究】 2022年，自治区水利厅完成贺兰山东麓山洪防御管理应用系统搭建工作，获得水利部数字孪生优秀案例。银川都市圈中线供水工程信息及自动化工程中采用基于北斗导航技术的GNSS健康监测技术，实现对泵站建筑物和边坡变形信息的自动感知和采集,为全方位掌握其变形规律、科学评估其运行性态和安全状况提供支撑。开展《贺兰山苏峪口沟洪水精细预报与智能调度技术课题》研究,构建了基于气候模式和雷达监测的多时间尺度耦合的降雨预报方法,以及基于雨情监测和降雨预报的洪水预报方法。

【科技成果推广应用】 2022年,自治区水利厅科技成果《固海扬水工程"6+1"增流改造工程关键技术》和《土壤侵蚀自动计算分析与成果管理系统》列入水利部2022年度成熟适用水利科技成果推广清单。《高强度塑钢组合板桩试验与示范》《基于"互联网+"的宁夏水文监测数据采集与计算处理技术》和《西北大级差高含沙量河渠水文在线监测技术研究及应用》,作为黄河治理保护优秀成果在"黄河研究会"公众号和"科普中国"平台宣传。清水河流域城乡供水工程采用辐射井技术解决了区域内城乡居民供水水源问题。在行政机关、学校、宾馆等地示范应用分布式一体化污水处理技术,推进深度节水。应用天空地一体化智能感知技术加强自治区重大水利建设工程监管。中庄水库应用高精度北斗卫星定位技术监测大坝变形和渗流,提升水工程安全监测水平。

【科技交流合作】 2022年,自治区水利厅在全国巩固拓展水利扶贫成果同乡村振兴水利保障有效衔接工作会上,以《加强智慧水利建设助力乡村振兴》为主题做交流发言。自治区水利厅数字治水创新成果亮相第五届数字中国展宁夏馆,重点展示宁夏数字治水创新、数字治水应用、数字治水产业及"互联网+城乡供水"示范省区建设成果,得到有关领导的肯定。在首届"西部数谷"产业算力大会上,水利部信息中心、水利部水圈科学重点实验室举行水信息码注册解析(宁夏)根节点点亮仪式。宁夏数字治水工作经验在全国水利科技推广等会议上进行交流经验。

【水利标准化】 2022年,自治区水利厅制定《宁夏水利标准化工作管理办法(试行)》。组织开展2022年度宁夏地方标准制(修)订申报工作,《宁夏"互联网+城乡供水"数据规范》等10项内容列入自治区2022年度宁夏地方标准制(修)订计划。印发

《关于做好2022年度水利地方标准制(修)订工作的通知》。跟踪指导《测控一体化闸门应用技术规程》等地方标准编制,其中3项待审查发布、1项待行业审查、2项完成编写。

【构建水利标准体系】 2022年,自治区水利厅对标《宁夏回族自治区推动高质量发展标准体系建设方案(2021—2025年)》,遵循水利高质量发展6条路径,围绕宁夏水安全保障"十四五"规划,组织完成现行水利技术标准梳理,形成了《宁夏水利高质量发展标准体系实施方案(初稿)》。深入贯彻落实《国家标准化发展纲要》,及时总结标准化成果经验,深入挖掘近年来在全区推广效果好、引导带动作用突出的水利地方标准,节水型载体达标创建工作和水土流失综合治理标准体系2项标准入选自治区标准化示范典型案例,面向全区进行推介。

水利信息化

【概况】 2022年,自治区水利厅打造"数字治水样板"写入国务院批复宁夏先行区建设任务;水利信息化多次在水利部会议交流发言或典型推荐;宁夏数字孪生流域试点列为水利部唯一省级智慧水利先行先试任务;水利行政审批"审管联动"获自治区数字政府以奖代补奖励。连续两年获区直机关网络安全等保先进单位。

【数字治水】 2022年,自治区水利厅印发《宁夏数字治水"十四五"规划》,明确了预期目标、重点任务和实现路径;国家发改委《支持宁夏建设黄河流域生态保护和高质量发展先行区实施方案》,明确支持宁夏打造数字治水样板。数字治水工作纳入自治区电子信息产业年度任务推进。印发贯彻水利部关于大力推进智慧水利建设的指导意见实施方案。对标高质量发展部署,按照"全域推进、省级试点"的思路,将数字孪生、"四预"全面纳入数字治水规划,编制完成《数字孪生流域建设宁夏省级试点先行先试实施方案》,得到水利部网信办、黄委的支持和肯定,并纳入水利部先行先试台账和黄委数字孪生流域建设规划。数字孪生工作纳入贯彻落实自治区十三次

党代会精神以及各项工作部署分工任务中，从省级层面高位推动；数字治水工作纳入自治区"六特六新"数字信息产业年度工作任务。

【创新项目】 2022年，自治区水利厅采取市场化方式，指导启动黄河云暨数字治水产业云建设。宁夏水利行业算力纳入全国一体化算力网络国家枢纽节点宁夏枢纽建设方案。积极推进水利网络安全态势感知加固项目建设，守牢水利网络安全底线。印发年度重点信息化项目竣工验收通知，完成水土保持监测、水资源调度、公文系统等3个项目验收，审查信息化项目5项，进一步规范水利信息化项目管理。开展《宁夏水利信息系统管理办法》等6项配套制度制定和修订工作，进一步规范信息化项目建设。推进

宁夏"互联网＋城乡供水"管理服务平台建设，联合开展百日专项督办行动，完成平台开发任务并试运行，接入各类数字化设备30多万块。

【试点项目落地】 2022年，自治区水利厅启动实施宁夏数字孪生平台建设方案编制前期工作。积极推进贺兰山东麓防洪"四预"应用体系建设，初步实现山洪灾害以及洪水灾害预报、预警、预演、预案。建设黄河三维地理信息系统，搭建了黄河干流宁夏段及重要支流的防汛"四预"框架。按照"数据不出库、可用不可见"的原则，探索开展了地理时空信息支持全区数字孪生流域建设的底图服务工作。启动数字孪生灌区试点建设实施方案编制工作。

十二、水利支撑保障

水利支撑保障

水灾害防治

【概况】 自治区水旱灾害防御中心隶属于自治区水利厅，为正处级全额拨款事业单位，内设综合科、防汛科、抗旱科、减灾科4个正科级机构。一年来，防御中心全面落实习近平总书记关于防灾减灾重要指示批示精神，锚定"四不"目标，坚持"两个至上"，认真落实自治区、自治区水利厅党组各项安排部署，年度主要目标任务圆满完成，取得了群众零伤亡、工程无大险、城乡供水无虞的成绩，被水利部评为全国水旱灾害防御工作先进集体。

【防洪保障】 2022年，水旱灾害防御中心组织召开全区水旱灾害防御工作会议，印发工作要点和应急响应工作规程，制定流程图、履职表，落实5市、21县和327座水库安全度汛责任人，汛期下发防御应对工作通知30余份，下达洪水调度指令15次，深入一线协助地方政府应对汛情6次。严格24小时值班值守，组织防汛会商27次，联合发布预警61次，启动响应1次。向自治区党委、政府等报送专报12份、水利信息20期、防御信息55期。严格工程调度，批复青铜峡、沙坡头水库调度运行计划，督导各地修订各类预案方案300余份，督促30座重点水库汛限水位核定入库和监管。细化宣传培训演练，对5市、22县政府和水务局负责人履职培训160人次、对防御工作人员开展培训50余人次，指导各地完成山洪灾害防治培训演练21场，印发宣传材料5.6万份，在宁夏电视台经济频道、宁夏交通广播等媒体推送水旱灾害防御知识短片1万余次。强化隐患排查整改，开展防洪隐患专项检查40余次，电话抽查市、县值班值守160余次，参与自治区水利厅综合检查6轮，压实"查、改、督、销"责任链条，督导整改防御应对相关问题433个。

【防凌保障】 2022年，水旱灾害防御中心严格值班值守，认真做好24小时防凌值班，密切掌握凌情发展变化，发布水旱灾害防御信息71期，发送凌情信息15万余条。夯实工程基础，提前督促相关单位修复贺兰京星农场、中卫冯庄等河段10处防洪工程，消除工程安全隐患。落实抢险保障，落实14支水利工程抢险队伍，更新补充抢险物资。强化涉河项目监管，指导相关部门修订度凌方案3个，凌汛期及时拆除浮桥、移除河道内施工机械设备。做好培训宣传，在央视、黄河网、宁夏新闻网等媒体宣传报道宁夏防凌工作10余次；在宁夏电视台经济频道、宁夏气象台官方微信公众号宣传防凌常识200余次。

【抗旱保障】 2022年，水旱灾害防御中心强化会商研判，组织复核18座水库和水文站旱警水位，按期统计597座水利工程蓄水量，组织旱情会商6次，上报旱情简讯、报告22份。科学调度水量，科学分析用水形势，引黄灌区提前20天开闸放水，解决工业园区、灌区农作物、重点养殖业用水及典农河、沙湖等重点湖泊湿地补水问题。积极协调黄委会增加8月份刘家峡水库下泄流量，有效缓解七星渠、跃进渠引水不足问题。加强工程运行维护，争取水利部中央救灾资金300万元用于支持抗旱保灌，督导相关单位、企业、地方因地制宜制定抗旱保供水工作方案，完成供水工程岁修和跨临渠系建设，确保渠道安全畅通，供水安全稳定。

【工程建设】 2022年,水旱灾害防御中心共整合项目资金3.87亿元,用于防洪抗旱工程和非工程体系建设。非工程措施建设,落实项目资金2674万元,完成年度山洪灾害防治非工程措施项目建设。完成3400余套监测预警设施和系统更新维护、8个县危险区动态管理清单、25个集镇调查评价报告、罗山流域动态预警指标分析等工作,投资完成率达95%。落实经费509万元,全面推进水旱灾害风险普查工作,按期完成干旱灾害风险评估、80条中小河流洪水淹没图、洪水灾害风险区划与防治区划,及时向水利部、自治区普查办汇交成果。争取资金3000万元,推动贺兰山东麓防洪四预系统建设,组织完成数字孪生贺兰山东麓防洪四预系统建设可研报告编制,按程序报自治区水利厅审查。工程体系建设,争取水利救灾资金1390万元,督导完成126处防洪工程水毁修复和9个抗旱救灾项目建设。落实资金7049万元,治理9条中小河流和2条山洪沟道,治理河长61千米,超额完成水利部下达的目标任务。整合资金2.2亿元,先期推动银川市第一至第三拦洪库连通改造项目和金山拦洪库提标改造等项目开工建设,不断完善贺兰山东麓防洪体系。推进黄河流域规划等方案编制工作,修编完成《黄河流域综合规划》中黄河干流规划思路、规划需求、防洪区划、防洪标准复核和总体布局等内容。积极开展宁夏中小河流治理方案编制工作,完成中小河流项目调查评估表格填报和复核,划分治理方案编制单元63个。加快推进项目后评估及竣工验收工作,完成160个项

2022年6月10日,黄河宁夏段河道治理工程环评审查会议

目后评估报告编制和审查,梳理历年遗留未竣工验收项目问题,督促各市、县水务局完成项目竣工验收8个。

【前期工作】 2022年,水旱灾害防御中心采取"月计划、周调度、日盯办"的方式,成立专班超预期推进重大项目前期工作。超常规推进黄河宁夏段河道治理项目前期工作,按照水规总院、黄委及水利部历次审查意见,用一年半时间完成多次要件修改和批复办理工作,项目可研和初设涉及的19个前置要件已完成18个,项目可研通过了黄委、水利部审查并报国家发改委待批。编制完成《贺兰山东麓防洪减灾体系建设规划》《贺兰山东麓防洪治理工程可行性研究报告》,可研涉及的水文分析专题、监测站网建设专题和数字孪生贺兰山东麓防洪四预系统建设专题报告通过评审。

【党建与精神文明建设】 2022年,水旱灾害防御中心制定印发党支部工作要点、议事规则等制度11项。全年召开党员大会5次、支委会18次、主题党日12次、班子宣讲党课7次、民主生活会1次、组织生活会3次。围绕自治区第十三次党代会和党的二十大精神,制定"大学习、大讨论、大宣传、大实践"活动、政治理论学习和党务竞赛等方案,年度开展集中学习35次、交流研讨22次、"我学我讲新思想"宣讲17人次、专题辅导35人次、心得体会51篇、微感言34篇、报送相关报告22篇。印发年度全面从严治党"三个清单"和党建品牌创建实施方案,上报季度报表4份,党建、意识形态、政治生态报告6份。严格落实"三重一大"制度,研究资金拨付15次,人事调整、意识形态、普法、扫黑除恶、精神文明、保密、安全生产、疫情防控各4次、工青妇团3次。严格程序选拔任用4名科级干部,推选西部之光访问学者、自治区五四青年、自治区水利厅优秀党务工作者等先进榜样7人。深化廉政建设,安排部署党风廉政建设工作4次,开展廉政谈话24人次,签订责任书和承诺书各3份,查找廉政风险点13项,落实防控措施20条,加强党规党纪学习,扎实开展廉政警示教育,深入开展工程建设领域政府采购等专项整治工作,报送报表材料18件,全年无一例违规、违纪现象发生。

加强精神文明建设，制定文明单位创建实施方案，完善党建、精神文明等阵地建设，完成3年资料整理、审核、上报工作。组织开展知识竞赛、文体活动3次，参加自治区水利厅竞赛、宣讲、文体活动11人次，参加继续教育及培训48人次，走访慰问伤病和离退休职工9人次，组织观看红色电影35人次、开展社区和自治区水利厅防疫志愿服务59人次。深化法治教育，深入"八五"普法和"会前学法"，参加普法知识竞赛、"4·15""12·4"法制宣传等活动，集中学习法律、条例45项。依法依规推进项目建设，加大督查检查和重点项目涉黑涉恶线索摸排力度，年度中心负责的建设项目未发生违法纠纷事件。

（金骁勇、李辰、杨晓东、赵志伟、王钰）

水利调度

【概况】 2022年，自治区水利调度中心全额事业编制30名，处级领导职数核定3正1副，内设综合办公室、节约用水科、水量调度科、水资源保护科、工程建设科、财务科6个科室。2022年1月，被命名为区直机关文明单位，2022年年度考核中被自治区水利厅党委授予"2022年度先进单位"荣誉称号。

【水资源调度管理】 2022年，调度中心明确各市、县（区）和主要调水工程管理单位调度责任体系，首次建立3条河流和29处调水工程名录，水资源调度工作向规范化标准化迈进。统筹来水形势、各业用水需求和县区管控指标，改革水量调度方案编制模式，科学分析多用户用水竞争关系，以国家分配的指标为总量控制，对黄河干、支流引水及地下水、非常规水等各类水资源进行全口径配置，突出县（区）水权管理意识，首次建立了县（区）水资源调度管理主体责任体系，实现了由供水单位分配水量计划向地方水行政主管部门调配的转变，指导县（区）精打细算用好水资源，精细核定跨区域用水权交易调度指标，全年累计受理25次县域计划调整，进一步激发各级水行政主管部门的调配主体意识。通过实时指令调度、周例会研判、月信息通报、预警提示和指标控制"五过程管理"，确保调度井然有序。严格落实旬月计划和调度通报制度，根据水情变化动态调整计划，定期通报调水情况。积极应对夏秋灌抗旱保灌，及时优化调度措施，首次开展唐徕渠、惠农渠跨渠道、跨县区、跨沟道水网联调供水；打通沙坡头南北干渠跨渠向七星渠、跃进渠调水通道；红寺堡黄河泵站首次启动6台机组补水，有效解决了阶段性供水困难。落实调度"四预"管理，科学研判来水形势，多次商请黄委会加大下泄流量，发出调度预警16次，新建立调度信息通报机制，公布7期。落实水利数字孪生流域和宁夏数字治水"十四五"规划要求，持续推进水资源调度信息化建设，完成水资源调度系统一期项目竣工验收，积极争取资金启动系统二期迭代升级开发建设，逐步向多层级、多水源、多领域的数字化调度推进。落实自治区用足用好生态补水指标的要求，全力做好2022年生态补水水费免收政策相关工作，细化补水措施，拓展补水通道，挖掘和扩大生态补水空间，利用有利补水时机，首次向银川滨河湿地、惠农简泉湖湿地补水，有效支撑河湖生态复苏。

【节约用水】 2022年，调度中心建立完善节水政策制度体系，有力支撑节水奖补办法、深度节水控水行动实施方案、规划和建设项目节水评价技术导则等6项规章制度、技术规程修编。配合修订的《自治区节约用水条例》，于6月2日通过自治区人大常委会第三十五次会议审议。配合组织召开宁夏节约用水行动厅际联席会议。配合开展计划用水定额管理和节水评价日常工作，核定下达了37家自治区核

2022年10月20日，朱云厅长（右一）在调度中心调研冬灌情况

发取水许可证的工业企业 2022 年度用水计划,年用水量 1 万立方米以上的工业和服务业单位实现计划用水管理全覆盖。参与宁煤煤泥综合利用等规划和建设项目水资源论证 29 项,取水设施现场核验工作 5 项。组织各市、县完成 2021 年度节约用水管理年报编制工作。组织中卫市、石嘴山市、盐池县创建为全国典型地区再生水利用配置试点城市。配合节水处组织开展 2022 年度节水载体达标建设,完成水利行业节水型单位评价验收。自治区水利厅机关、吴忠市水务局、红寺堡扬水管理处等 7 家单位创建经验入选水利部水利行业节水机关、节水型单位建设典型案例。印发《宁夏高校节水专项行动实施方案》,北方民族大学入选全国节水型高校典型案例。报送的《宁夏节水型载体达标创建》入选《自治区标准化试点典型案例汇编》。以"积极践行《公民节约用水行为规范》,打好深度节水控水攻坚战"为主题,在金凤区陈家湖公园中心广场举行《公民节约用水行为规范》宁夏主题宣传活动暨自治区节水家庭评选活动和高校节水行动启动仪式,制作的节水微视频《滴答滴》获得水利部与共青团中央联合举办的第六届中国青年志愿服务项目大赛节水护水志愿服务与水利公益宣传教育类一等奖。《冬天里的一杯水》获得第三届"节水在身边"短视频大赛全国优秀奖。

【城乡供水】 2022 年,调度中心配合召开全区"互联网＋城乡供水"专题会议,督导县(区)加快工作进度。配合开展"互联网＋城乡供水"智慧水利先行先试百日专项督办。参与审查原州区、海原县等县(区)"互联网＋城乡供水"可研、初设报告 6 次。配合开展"互联网＋城乡供水"示范区建设工程项目运行维护规程、质量评定与验收规程等有关办法制定和技术规范修订,编制完成城乡供水工程维修养护定额标准初稿。配合印发《自治区规范化水厂达标建设实施方案》,推进宁夏回族自治区城乡供水管理工作标准化、规范化、专业化、精细化。督促县(区)经常性组织开展饮水安全排查整治,建立了饮水安全问题清零机制,对各县千吨万人供水工程运行管理情况进行抽检,确保城乡供水工程良性运行。按水利部要求按月统计报送农村供水工程建设情况、维修养护

情况等。

【理论学习】 2022 年,调度中心强化理论武装,深入学习贯彻党的十九大、十九届历次全会、党的二十大精神和习近平总书记重要讲话指示批示精神;领悟自治区第十三次党代会精神实质,常态化开展党史学习教育,推进"大学习、大讨论、大宣传、大实践"活动走深走实。采取集中学习、交流研讨和个人自学相结合的方式加强干部的思想教育,制定了《"喜迎党代会·献礼二十大——争做先行区建设的先行者"主题实践活动的实施方案》《深入学习宣传贯彻自治区第十三次党代会精神的通知》及《学习宣传贯彻党的二十大精神工作方案》等 10 余个学习方案,组织政治理论集体学习会 18 次,交流研讨 120 余人次,党员干部职工撰写心得体会 69 篇,班子成员及支部书记讲党课 7 次,举办干部职工"两个能力"提升培训学习班,为全体干部职工提供相互交流、相互学习、相互提高的平台,干部的理论素养得到有效提升。

【基层党组织建设】 2022 年,调度中心严格落实"三强九严"工程,组织党务干部开展"三强化、四过硬、五带头"活动,以实干为促进推进工作的新举措,深入推进"五型"模范机关创建,对照支部标准化规范化建设的要求,坚持"三会一课"、谈心谈话等制度,各支部召开党员大会 20 次,开展主题党日活动 36 次,联合厅机关处室、基层渠道管理单位党支部开展主题党日活动,组织观摩高效节水现代化灌区及基层渠道灌溉管理基本情况,充分激发全体党员干部职工的责任感、使命感,对增强党员爱岗敬业、干事创业激情。认真组织 12 名年轻干部参加"逐梦新时代""赛场选马"竞赛、7 名党员参加全厅"夯基固本""大擂台"角逐;制定基层党组织星级考评实施细则,严肃开展支部星级评定和民主评议党员,各支部召开组织生活会 2 次;严格发展党员程序和标准,确定党员发展对象 2 名。基层党组织战斗力、凝聚力不断加强。

【干部队伍建设】 2022 年,调度中心严格按组织程序对 2 名试用期满的副科级干部考察任职,新考察破格提拔 1 名副科级干部;加大对优秀年轻干

部培养选拔力度，对年轻干部采取多岗位锻炼措施，调整交流 8 名干部到不同科室不同岗位锻炼能力，提高中心工作效率，选派 4 名高学历的年轻干部到对口处室锻炼，提高综合业务能力；公开招聘 1 名专业技术干部，不断优化干部结构；落实人才培养机制，中心每名党总支委员或班子成员与 2 至 3 名 80 后年轻干部建立了培养联系机制，确立联系培养目标，指导年轻干部开展工作，激发年轻干部担当尽责、创先争优的动力，为水利事业发展培养后备力量；选树 5 名身边的先进模范人物，引导广大党员干部立足本职岗位，发扬"忠诚、干净、担当、科学、求实、创新"的新时代水利精神。

【意识形态教育工作】 2022 年，调度中心牢牢抓住意识形态工作的主动权，明确党总支领导班子、支部书记抓意识形态工作责任，党总支主要领导与各支部签订了意识形态工作责任书，层层压实责任，按照"一岗双责"要求，坚持把党建工作、意识形态工作、业务工作结合起来，抓好意识形态工作。认真学习贯彻《中国共产党宣传工作条例》，加强对微信、信息、网上言论等意识形态阵地的管理，及时清理微信工作群、非工作 App 等，落实对外宣传信息发布保密审查和内容审查制度，明确管理责任，严格管控网络信息，维护网络意识形态安全；加强马克思主义民族观宗教观教育，引导中心党员干部职工树立正确的民族观、宗教观；教育监督干部坚决服从疫情防控相关政策，不信谣不传谣。党总支分析研判意识形态工作 2 次，意识形态工作总体良好。

【精神文明建设】 2022 年，调度中心成功创建2022—2024 年度区直机关文明单位。认真开展民族团结进步月活动，少数民族干部从切身体会谈铸牢中华民族共同体意识的重要性；关心、关爱职工生活，及时看望生病、就医同事，重大节日走访慰问退休职工 44 人次。18 名党员主动到社区报到，参加疫情防控志愿服务 40 余人次。关心干部职工的职务职称晋升，为 3 名干部申报职称晋级，4 名年轻干部列入结对培养对象，1 名专业技术干部推荐为自治区青年科技人才托举工程拟入选对象，不断激发干部职工爱岗敬业、奋发有为的工作热情。

【党风廉政建设】 压紧压实管党治党政治责任，坚持"严"的要求、突出"治"的重点，召开党建党风廉政建设工作会议，制定落实 2022 年度全面从严治党"三个清单"和三重一大集体决策等 11 项制度；副科级以上干部全部建立了领导干部廉政档案，干部职工全部签订了廉洁从政从业承诺书；排查梳理廉政风险点 20 条，逐项制定风险管控措施 30 条，制定风险防控流程图 19 个；扎实开展违规收送红包礼金和不当收益及违规借转贷或高额放贷专项整治工作，认真落实巡视巡察、民主生活会、组织生活会反馈梳理的问题整改；坚持逢会必讲廉政，扎实开展"廉政警示教育周"活动，经常性开展违规违纪警示教育和重大节日廉政提醒谈话，对新任职干部开展任前谈话，及时了解干部职工的思想动态，一体推进不敢腐、不能腐、不想腐，有力推动党风廉政建设责任制的落实。

（刘福荣、辛黎东、郑晓波）

2022 年 3 月 23 日，调度中心开展廉政警示教育周活动

2022 年 9 月 9 日，调度中心开展道德讲堂活动

水土保持监测治理

【概况】 2022年,自治区水土保持监测总站优化科室职能。计划财务科和综合治理科合署办公,由计划财务科负责人统筹管理计划财务科和综合治理科,将计划财务科资金管理、财会业务以及会计、出纳岗位划归办公室。科室职能优化调整后,总站5个内设科室、领导职数、人员编制保持不变。自治区水土保持监测总站主要职责为承担全区水土保持及水土流失综合防治,预防监督,全区水土流失动态监测和信息化建设,全区水土保持生态建设、科研及其相关的技术服务工作。

截至2022年年底,新增治理水土流失面积985平方千米,完成自治区政府年度目标任务的107%,水土流失面积减幅较上年提高17.5%。保持水土流失面积和强度"双下降"、水蚀风蚀"双减少"良好趋势,水土保持率较上年提高0.28。在《宁夏2021年水土保持公报》上首次公布水土保持率。智慧水土保持被纳入自治区数字流域建设省级试点工作。开展4项重大技术攻关,获自治区科技进步三等奖1项,纳入水利部成熟适用科技成果1项,取得实用新型发明专利2项,软件著作权4项。"宁夏小流域水土流失防治标准体系"入选《宁夏回族自治区标准化试点典型案例汇编》向全区推广。

【水土保持监管】 2022年,监测总站修订完善了《宁夏回族自治区水土保持区域评估工作规程》《宁夏回族自治区水土保持补偿费征收使用管理办法》。完成水土保持方案审批及自查、监督检查、验收管理、监督执法、补偿费征收等工作。全区各级审批部门共审批生产建设项目水土保持方案1489件,涉及水土流失防治责任范围33457.77公顷;各级水行政主管部门抽查生产建设项目水土保持方案2932件;受理生产建设项目水土保持设施自主验收报备506项,开展生产建设项目水土保持设施自主验收核查项目275个,监督检查在建生产建设项目水土保持工作1514个,遥感监管查处水土保持违法违规生产建设项目185个,完成固原经济开发区轻工产

业园区、宁夏永宁工业园区、石嘴山高新技术产业开发区、银川经济技术开发区(西区)等4个工业园区水土保持区域评估工作,征缴水土保持补偿费5.55亿元,生产建设项目水土保持"三同时"制度进一步得到落实。印发《2022年度水土保持国策宣传教育活动方案》,结合"世界水日""中国水周"、水土保持法颁布实施纪念日等特殊时间节点,通过手机短信、微信、水慧通等方式,面向全区开展水土保持宣传教育;通过视频方式分别对国网宁夏电力公司、华电新能源有限公司的管理人员、施工单位,就水土保持新政新规进行宣传、培训。

【水土流失监测】 2022年,全区持续呈现水土流失面积和强度"双下降"、水蚀风蚀"双减少"趋势。全区共有水土流失面积15354.19平方千米,较2021年减少180.65平方千米,占全区国土总面积(66400平方千米)的23.12%。其中,水力侵蚀面积10478.25平方千米,占水土流失面积的68.24%;风力侵蚀面积4875.94平方千米,占水土流失面积的31.76%。2022年全区水土保持率为76.88%。2022年9月,发布《2021年度水土保持公报》。依据2022年度水土流失动态监测成果,完成了省级监测区水土流失图斑落地工作。完成全区8个水土保持监测站点成果数据整编及数字化处理。

【水土流失综合治理】 2022年,监测总站组织完成自治区治理水土流失面积147.85万亩,其中,水利部门完成56.91万亩,自然资源(林业草原)、农业农村等相关部门完成88.49万亩,地方各级政府完成1.73万亩,社会力量完成0.72万亩。水土保持主要措施完成情况:旱作梯田42.02万亩,水土保持

2022年夏,隆德县筛子河流域水土流失综合治理

林 52.78 万亩，经济林 1.40 万亩，种草 10.67 万亩，封禁治理措施 39.75 万亩，其他措施 1.24 万亩。组织实施国家水土保持重点工程 62 个，其中旱作梯田 14.07 万亩，水土保持林 4.29 万亩，经济林 254.7 亩，种草 42.15 亩，封禁治理 37.28 万亩，其他措施 1.24 万亩。组织完成了 87 项水土保持工程竣工验收工作。其中，小流域水土流失综合治理项目涉及原州、西吉、彭阳、隆德、同心、海原、盐池、红寺堡、利通、中宁、沙坡头、灵武、青铜峡、惠农 14 个县（区），国家财政部和水利部下达全区小流域水土流失综合治理任务 41.25 万亩，2022 年全区实施小流域水土流失综合治理项目 24 个，完成水土流失治理面积 45.77 万亩；病险淤地坝除险加固工程涉及原州、西吉、彭阳、隆德、海原、中宁、沙坡头 7 个县（市、区），其中，2022 年全区实施病险淤地坝除险加固工程 19 座，国家财政部和水利部下达宁夏病险淤地坝除险加固工程 10 座；坡耕地水土流失综合治理工程涉及原州、西吉、彭阳、泾源、海原、盐池 6 个县（区）。2022 年全区实施坡耕地水土流失综合治理工程 11 个，完成水土流失治理面积 9.9 万亩，旱作梯田 8.03 万亩；新建淤地坝工程涉及原州、西吉、彭阳、海原、同心和盐池 6 个县（区），新建淤地坝 8 座，其中，大型淤地坝 6 座、中型淤地坝 2 座。重视淤地坝度汛工作，建立自治区、市、县三级水行政主管部门淤地坝防汛值班机制，及时了解和掌握汛期水情汛情及淤地坝运行动态；现场指导西吉县"7·15"淤地坝应急抢险工作，接到险情报告后，自治区水土保持监测总站第一时间派出工作组赶赴现场与黄委会、市县领导一并指导抢险，及时控制住险情，并对出现险情的 8 座淤地坝

2022 年春，彭阳祁嵊岘小流域

逐坝进行复查，提出工作建议与要求，并于 7 月 16 日凌晨下发《自治区水利厅关于全力做好淤地坝隐患排查暨安全度汛工作的紧急通知》；在险情结束后，配合水利部水土保持监测中心、黄委会、黄河上中游管理局等工作组，分三批次在西吉开展为期 2 周的淤地坝损毁情况和成因分析以及暴雨对水土保持各项措施造成的危害调查工作，了解暴雨造成水土流失和水土保持工程防灾减灾情况，评估水土流失危害。加强淤地坝风险隐患排查，制定《淤地坝风险隐患排查整治实施方案》，对淤地坝运行管理责任、工程实体、度汛安全管理、施工安全风险等方面进行排查整治，建立 112 个问题台账，同时对淤地坝风险隐患排查结果与实际存在偏差的 121 座、坐标偏差的 350 座逐项逐坝进行现场复核，经核实中型以上淤地坝数量为 704 座，其中大型坝 335 座，中型坝 369 座。

【智慧水保建设】 宁夏水土保持动态监测管理系统历经四年建设，顺利通过项目竣工验收，实现了水土流失监测、预防监管、综合治理等水土保持业务在线"全流程"管理；研发水土保持方案评审 App，实现了水土保持方案线上评审；研发的"土壤侵蚀自动计算分析与成果管理系统"，被纳入 2022 年度成熟适用水利科技成果推广清单。自治区水土保持监测总站主持的《宁东能源化工基地水土保持动态监测研究及生态评价项目》获自治区科学技术进步奖三等奖，《宁东能源化工基地水土保持生态环境动态研究》出版发行，《宁夏水土保持智能化监测监管关键技术与应用》取得成果登记证书，"宁夏小流域水土流失防治标准体系"入选《宁夏回族自治区标准化试点典型案例汇编》向全区推广；完成全区范围内 1222 条小流域划分，印发《宁夏回族自治区小流域划分名录》。

【党建与精神文明建设】 2022 年，监测总站深学细悟习近平新时代中国特色社会主义思想，党的二十大、习近平总书记视察宁夏重要讲话指示批示以及自治区第十三次党代会精神，作为统领水土保持高质量发展的根本遵循，深刻领悟"两个确立"的决定性意义，增强"四个意识"、坚定"四个自信"、做

2022年初秋,原州区彭堡镇特色产业(冷链蔬菜)

到"两个维护";贯彻执行民主集中制,严格落实党支部委员会会议议事规则,召开25次支委会研究落实自治区水利厅党委工作安排。规范落实"三会一课"、主题党日、民主评议党员等基本制度。开展批评和自我批评,让党员干部在严格的党内政治生活中接受政治体检、经受政治历练、提高政治能力;落实意识形态工作责任制,清理网络工作群2个、规范6个,在宁夏新闻网、宁夏日报客户端等主流媒体发布政务信息50余条;牢固树立一切工作到支部的鲜明导向,以建设"政治型、服务型、实干型、文明型、廉洁型"党支部为抓手,打造"心系绿水青山　情注治水保土"党建品牌;培养发展对象1人、入党积极分子2人,1名党员获"全国水土保持工作先进个人";自治区水土保持监测总站荣获2022年度"自治区水利厅先进单位"。认真履行党风廉政建设主体责任,持之以恒筑牢中央八项规定堤坝,深入开展"廉政警示教育周"活动,扎实推进"两个专项整治",真正让党员干部知敬畏、存戒惧、守底线,把铁的纪律转化为日常习惯和自觉遵循;深化文明单位创建活动,获"区直机关文明单位"殊荣。

(齐晓磊、哈玉玲、王霄、李惋瑾、张荣)

水利工程定额和质量安全管理

【概况】 2022年,自治区水利工程定额和质量安全中心高级岗位7人,中级岗位10人。

【定额管理】 2022年,定额和质量安全中心拓宽信息收集渠道,联合自治区住建厅等部门经常性开展价格信息收集,及时了解当期价格水平和波动因素。优选技术服务单位开展信息收集,扩大价格信息收集覆盖面。按季度发布《宁夏水利工程造价信息》,编制材料价格分析、测算、发布方案,制定科学合理的分析、测算方式,提升价格信息发布的科学性和合理性,有序开展定额补充工作。加强与水利工程参建各方的沟通衔接,及时跟进工程进展情况,积极深入施工现场,了解工程施工组织、工序安排和材料消耗等。针对不同地质条件和施工工艺开展机修梯田典型调研及测定,开展水土保持机修梯田概算定额补充编制。筹备已补充编制的32个定额子目审查及发布工作。系统推进定额复核和修订。分析研判全区水利定额体系构架和应用现状,对现行预算定额352节、2627个子目完整性、适用性、合理性进行复核。编制完成《宁夏水利建筑工程系列定额修编方案》(初稿)和《宁夏水利建设工程预算定额复核报告》(初稿)。抓好水利二级造价师考试教材编制。紧盯技术服务单位不放松,对教材编制初步成果严格把关,提出明确的修订意见,2次组织召开编写推进会议,就教材修改、质量、进度、节点安排、重点内容等进行了明确要求。完成标准化电子招标文件编制。组织对施工、建立电子招标文件进行修订,先后4次召开审查会议,完成了勘测、设计、勘察设计、材料采购、设备采购、施工招标资格预审、总承包模式等9项标准电子招标文件成果。

【质量管理】 2022年,定额和质量安全中心选派骨干力量完成水利部对宁夏质量工作考核,参加水利工程建设政府采购等重点领域突出问题专项治理。对6家水利工程乙级质量检测机构开展"双随机、一公开"巡查,对全区水利工程质量监督履职情况进行巡查。强化制度保障。编制完成《宁夏水利工程责任单位责任人质量终身责任追究实施细则(试行)》(初稿)等4项管理办法。审核18项工程质量监督手续申请。办理质量监督书6项。编制工程质量监督工作计划18期。审核工程的项目划分,编制印发项目划分确认通知32份,工程外观质量评定标准确认通知13份。突出实体工程质量监督。开展重点工程质量监督检查58次,编写情况专报16期。编制2个工程项目的阶段验收质量监督意见及6个工程项

2022年7月8日,定额和质量安全中心工作人员深入预制厂进行材料价格信息调研

目的竣工验收质量监督报告。开展水利工程实体质量监督抽检,编写质量监督抽检情况专报3期。对所监督的18个项目工程进行实体抽检,抽检原材料、中间产品质量84份。对银川、中卫2市及辖区9个市县区的36个在建水利工程开展实体抽检,抽检原材料、中间产品质量148份。确保项目验收和质量等级核备。参加吴忠市苦水河防洪治理工程建设项目等6个项目的竣工验收。银川都市圈城乡西线供水水源工程、清水河流域城乡供水工程2个项目的阶段验收。列席16个单位工程验收,16个主要分部工程验收。完成1088个重要隐蔽(关键部位)单元工程质量等级核备。核备完成213个分部工程、15个子单位工程的质量等级;完成17个单位工程外观质量等级核备,40个单位工程质量等级核备,6个工程项目的质量等级核备。

【安全生产】 2022年,定额和质量安全中心制定印发全区水利安全生产工作要点,协助召开全区安全生产工作会议及重要时段、厅安委会会议等,及时安排部署安全生产工作。出台《水利厅关于进一步加强全区水利安全生产工作若干措施》,明确进一步扛牢政治责任、明责知责尽责、穷尽问题隐患、强化风险源头管控等八个方面20条措施,进一步压实安全生产责任,明确监督管理及工作职责。在党的二十大、自治区第十三次党代会等重大活动和重要时段,组织开展水利安全生产大检查,积极推进隐患查治,降低事故风险。聚焦水利工程建设、运行、水文监测

等11个重点领域开展百日专项整治。强化重点工程安全监督备案,不定期对备案工程进行指导、监督和检查。针对在建及运行工程、水校、水博馆、办公住宿等重点领域、重要部位,集中开展消防安全风险和隐患深入排查,整改消除33个消防安全隐患。完成安全生产专项整治三年行动2个专题、2项重点整治任务和4项其他任务。高质量完成2022年水利部安全生产应急管理子系统试点全部任务。协助安监处分批次完成19个市县水务局、10家生产经营管理单位及多家施工企业和设计院信息填报现场培训工作,指导信息填报500余人次。通过创建交流群、视频在线指导、电话沟通交流等方式,及时就信息系统填报中存在的问题答疑解惑。完成3家水利安全生产标准化二级达标单位和9家延期复审单位颁证授牌,完成1家一级达标单位和25家二级评审申报单位审核及14家单位现场评审。扎实开展一把手谈安全生产、安全生产警示教育座谈会、安全生产宣传咨询日等8项安全月活动,购买发放主题宣传海报500套。宁夏水利厅获2022年水利部安全生产法知识网络答题活动和全国水利安全生产知识网络竞赛两项活动优秀组织奖。

【工程稽察】 2022年,定额和质量安全中心编制完成《2022年在建水利工程建设项目稽察(督查)工作计划》,合理安排全区水利稽查工作。配合完成专项检查3次;开展自主稽察4批次,稽察项目8个,复查项目4个,发现各类问题200余项。对固海续建配套与现代化改造工程(一、二期)、石家峡水库工程等8个工程的建设管理情况进行全面稽察。编

2022年12月7日,彭阳县小河流域石家峡水库工程稽查反馈

制稽察报告8份,建立问题整改台账,印发稽察整改通知8份,明确整改责任单位、责任人和整改措施,跟踪督导问题整改落实。

【党的建设】 2022年,自治区水利工程定额和质量安全中心党支部对党史学习教育进行总结,贯彻《党章》《中共中央关于党的百年奋斗重大成就和历史经验的决议》精神,持续巩固拓展党史学习教育成果。筑牢意识形态工作防线,严格落实意识形态责任制,组织签订意识形态责任书6份;加强微信群、研讨会、讲座等意识形态阵地的管理。支部书记履行第一责任人职责,扎实推进"大学习、大讨论、大宣传、大实践",积极参加"喜迎党代会献礼二十大——争做先行区建设的排头兵"演讲比赛,就学习贯彻落实自治区第十三次党代会精神组织交流研讨1次,收到微感言5篇,报送宣传稿件15篇。逐月印发理论学习安排,积极参加"我学我讲新思想"、法律讲堂等活动,开展党史学习教育总结1次,讲党课4次,主题党日12次,专题研讨3次,应知应会测试1次。编制党员干部读书活动方案,开展业务培训80人次。定期研究推进,通过制定党支部工作要点、全面从严治党"三个清单"、签订责任书,推动支部党建工作落实落细。加强离退休干部党的建设,建立退休干部工作群,适时推送党务、社保等信息。推进支部标准化规范化建设,凝练"补短板强监管抓质量保安全"党建品牌,努力建设"四强"党支部,扎实推进"五型"模范机关创建,积极开展党组织创先争优、评星晋级活动,不断增强党建工作活力,不断提升组织力。坚持民主集中制原则,严格落实重大事项请示报

2022年6月3日,在水利调度中心大楼开展安全生产应急疏散逃生演练

告和"三重一大"集体决策、主要领导末位表态制度,修订印发党务、政务及内控制度17项,确保各项工作运转有章可循。严格落实"三会一课"、主题党日、民主生活会、组织生活会、谈心谈话等党的组织生活基本制度。组织召开支委会30次,党员大会6次,专题民主生活会1次,组织生活会2次。加强干部队伍建设。坚持党管人才原则,提拔科级干部4名,自主招录3名大学生。认真做好干部人事档案材料收集与补充。加强青年党员干部培训,1人参加了自治区水利厅举办的青年干部"两个能力"提升培训班。发展入党积极分子3名。

【党风廉政建设】 2022年,定额和质量安全中心压实"两个责任"。严守政治纪律和政治规矩,签订党风廉政承诺书5份,开展廉政谈话20人次。严格落实《关于加强对"一把手"和领导班子监督的实施办法(试行)》。常态化开展廉政警示教育。通过廉政党课,党纪法规应知应会知识测试,扎实开展"廉洁警示教育周"活动,坚持法定节假日廉政提醒,严抓作风纪律,严格执行自治区"八条禁令",持续纠治"四风",坚决整治形式主义、官僚主义,营造风清气正的发展环境。推动监督执纪向纵深发展。坚持严的主基调不动摇,扎实开展违规收送红包礼金和不当收益及违规借转贷或高额放贷专项整治,坚持底线思维,强化对重点领域、关键岗位的监管,梳理八个方面17条廉政风险,制定防控措施;加强廉洁文化建设,注重家风教育,教育引导党员干部清白做人、干净做事。

【精神文明建设】 2022年,定额和质量安全中心践行社会主义核心价值观。推行"学法一刻钟",全年学习法律法规26项。统筹疫情防控和工作开展,全面落实"双报告""双报到"制度,组织党员下沉社区,开展志愿服务活动3次,参与人数38人次。落实党内激励关怀机制,关心退休党员和生活困难党员,发放慰问金3000元。加强工会组织建设。按照《工会法》《中国工会章程》,经水利工会批准,完成工会换届。丰富干部职工文化生活,积极参与"关爱女性"女职工健康知识讲座,"喜迎党代会 献礼二十大——争做先行区建设的排头兵"演讲比赛,开展劳模徐春

明同志生活现状调研;举办迎新春活动。切实履行工会基本职能,完成宁夏工会会员登记 30 人次、组织体检 40 人次、生日送祝福 33 人次、办理 2022 年度互助金缴纳 33 人次,生病住院慰问 4 人次、退休干部职工慰问 10 人次。

(吴国万、王同强、孙楠、安妮、方涛、寇煜)

大柳树水利枢纽工程前期工作

【概况】 自治区大柳树水利枢纽工程前期工作中心成立于 1991 年,为自治区水利厅所属正处级事业单位,主要负责黑山峡水利枢纽工程前期工作计划编制,组织开展工程重大技术问题研究、咨询工作。承担黑山峡水利枢纽工程宁夏推进工作领导小组办公室指导协调、督促检查等日常事务。内设综合科、规划科 2 个正科级机构。2022 年,在厅党委的坚强领导下,大柳树前期工作中心紧紧围绕自治区、水利厅推进重大水利工程建设决策部署,抢抓机遇、克难攻坚,锚定目标、靶向发力,黑山峡水利枢纽工程全面启动基建程序,实现入轨上道、取得历史性突破。一是工作推进机制持续完善。自治区高度重视、高位推动,工程列入自治区第十三次党代会确定的 20 个重大项目之首,史无前例高规格成立推进工作领导小组,党政主要领导亲任组长,政协主席等 4 位省级领导担任副组长,政府分管副主席兼任领导小组办公室主任,省级领导 25 次批示意见。水利部、黄委会顶层布局、统筹推进,推动建立"一委 + 两省区"协调推进工作机制,提供强大组织保障。二是项目建议书论证结题。历经 8 年艰辛论证,项目建议书阶段功能定位、开发方案比选、淹没及移民安置、环境影响评价等四项专题论证成果于 8 月份顺利通过黄委会审核、水利部审查、报送国家发展改革委,论证成果明确推荐大柳树一级高坝开发方案,标志着工程由项目建议书阶段论证转入可行性研究阶段。三是可行性研究全面展开。2022 年 3 月,水利部安排黄委会编制了工程可行性研究任务书,上报水利部审查。5 月 6 日,水利部审查通过了可行性研究任务书,报国家发展改革委核定。9 月,完成可研报告编制招标,内业外业工作全面展开;11 月,印发可研报告编制工作方案,黄委会组织召开第一次调度会议。2022 年,大柳树前期工作中心先后荣获自治区"工人先锋号"和自治区水利厅"2022 年度先进单位"荣誉称号。

【重点工程前期工作】 2022 年,大柳树工作中心成功协办召开领导小组第一次会议,印发领导小组议事规则、办公室工作规则和宁夏推进工作方案,组织协调 15 个厅级成员单位合力推进前期工作,产生乘数效应。认真落实领导小组办公室日常工作,进一步细化优化任务图、时间表,建立"日信息、周动态、旬调度、月报告"机制,全方位、多层次跟踪掌握进展信息,及时梳理问题并提出对策建议,提请领导小组副组长定期会商研判、分析形势、统筹调度。促请自治区党政主要领导、分管领导亲赴国家部委对接重大事项、协调重点工作、疏通关键堵点。建立技术单位"日联系、旬报告、月见面"协调联络机制,力求做到最新进展"第一时间"准确掌握,重要事项"第一时间"请示汇报,推进困难"第一时间"提出对策建议。安排专人全程跟进可研任务书和四项专题论证审查,密切关注审查动态,及时反映宁夏诉求,推动重大节点工作按期完成。多次赴部委和技术单位对接沟通工作,主动参与、及时跟进、靶向施策。配合黄委会制定印发可研编制工作方案,细化任务清单,制定进度推进图,实施挂图作战。督促技术单位配足配强技术力量、及时组建可研编制项目部,主动作为、强化协调,全力推动内业外业工作齐头并进。认真组

2022 年 5 月 10 日,朱云厅长听取黑山峡工程前期工作汇报

织开展基于黑山峡工程水网规划布局等多项重点研究,有力支撑可研重大专题,逐项破解技术壁垒。组织召开可研工作推进会,充分调动各成员单位力量和资源,做好资料收集、现场协同、要件办理等工作,凝聚共识、各司其职、发挥合力。安排专人高效率协调中卫市政府和自治区相关部门,及时解决技术单位人员入宁、设备转运、现场工作中的各种困难问题,全力协助修缮营地、通电通水通信,全力以赴保障良好工作条件。高标准做好自治区领导、国家部委等考察调研服务保障工作,共完成调研13次、撰写各类汇报材料30余份,有力推动各项工作全面展开。促成陕甘宁革命老区供水工程列入《黄河流域生态保护和高质量发展水安全保障规划》,持续深化工程规划研究,积极推动工程录入国家项目库,成功申请国家下达前期工作专项经费,按期完成工程项目建议书招投标,组织设计单位开展实地调研、资料收集、技术咨询,项目前期工作再迈新台阶。全力配合有关处室开展宁夏现代水网布局、宁夏水利基础设施空间布局等重大水利规划。宁夏现代水网布局规划已经自治区政府批准并印发实施,宁夏水利基础设施空间布局规划纳入自治区国土空间规划,为进一步优化水资源配置,构建布局均衡、功能完善、稳定高效的水资源格局提供坚强保障。

【学习教育】 2022年,大柳树前期工作中心党支部研究制定并印发实施《支部2022年政治理论学习计划》,根据全年学习安排,持续深入开展十九大、十九届历次全会精神学习,研究制定学习宣传习近平总书记视察宁夏重要讲话指示批示精神"大学习、大讨论、大宣传、大实践"活动、党的二十大精神和自治区第十三次党代会精神工作方案。组织开展各类专题学习15次,专题研讨19人次,专题党课3次,提交微感言、撰写心得体会40余篇,迅速掀起学习宣传贯彻热潮,切实增强政治判断力、政治领悟力、政治执行力和政治使命感。坚持把学习习近平新时代中国特色社会主义思想作为支部学习第一内容,党员学习第一任务,反反复复学、原汁原味学,确保学深悟透、融会贯通。购置派发党建学习书籍50余册,参加专家辅导讲座13人次。支委会专题研究部署意

识形态工作2次,严格落实意识形态责任制,坚决杜绝不良信息的传播,开展"喜迎二十大 奋进新宁夏 同心跟党走"民族团结进步月主题活动,引导广大干部群众铸牢中华民族共同体意识。学习结果"有成效"。结合业务工作,收集整理了《习近平生态文明思想资料汇编》,并印发干部职工,组织党员干部持续深入学习习近平总书记关于黄河流域生态保护和高质量发展,以及在中央财经委员会第十一次会议的重要讲话精神,深刻领会精神实质,形成推动黑山峡水利枢纽工程前期工作强大精神动力,进一步统一思想、坚定信心、凝聚力量。

【班子建设】 2022年,大柳树前期工作中心党支部研究制定《支部2022年党建工作要点》,做到任务明确,思路清晰,措施有力,进一步强化支部党建的主体意识和责任意识。年度组织召开支委会15次,全面研究部署重大事项,其中,研究党建工作13次,人事劳资工作7次,资金拨付、经费使用12次。组织完成2名科级干部考核转正,3名干部职称评审和技术岗位晋级工作,营造干事创业良好氛围。组织开展"党史学习教育"专题组织生活会、民主生活会,开展谈心谈话8人次,整改落实党史学习教育专题民主生活会反馈问题9项,全面提升班子整体合力。认真开展违规收送红包礼金和不当收益及违规借转贷或高额放贷专项整治工作,开展组织生活会1次,领导干部谈心谈话17人次,确保整治落实到位。

【组织建设】 2022年,大柳树前期工作中心党

2022年12月8日,水利厅在沙坡头区北长滩村组织开展"迎新春 送万福 进万家"服务活动

支部深入"五型"模范机关创建活动落实,提出具体方案措施,根据《2022年党建工作要点》,积极争创"党建引领新征程 同心共筑高坝梦"党建品牌,推进党建业务深度融合,全面提升支部凝聚力战斗力。组织召开党员大会6次,召开组织生活会2次,开展丰富多样的主题党日14次,围绕党建品牌创建活动,与厅机关党委、办公室、自治区党委宣传部等党支部深入黄河吴忠古城湾段、黑山峡坝址与北长滩村党支部联合开展主题党日活动2次。组织开展专题党课4次,提升党员用党的创新理论指导实践、解决问题、推动发展的能力。参加社区疫情防控志愿服务7人次,参加自治区水利厅防疫执勤志愿服务8人次。抢抓黑山峡工程推进历史机遇,突出关键节点和重点任务,党支部带领全体党员干部职工夜以继日,加班加点,撰写各类汇报材料和领导调研材料60余份20万余字,推动工程可研全面开展,迈出历史性一步。参与中国水周宣传进社区活动,4名青年党员为银新苑社区的儿童带去了一堂节水爱水宣传课。参加自治区总工会"喜迎二十大 建功新时代"征稿活动,报送参赛文稿1篇,照片2组。组织6名青年党员开展"喜迎党代会 献礼二十大"主题演讲比赛、我学我讲新思想主题宣讲活动、"逐梦新时代 赛场选马"岗位大比武等活动,挖掘青年人才,激发青春力量。购买党建书籍和党的二十大学习宣传资料,送到每一位退休党员手中,通过视频方式传达学习《中国共产党党徽党旗条例》等党纪法规,确保理论武装不间断。开展离退休干部"喜迎二十大"系列活动,收集整理"建言二十大""我看中国特色社会主义新时代"调研报告2篇,提升退休党员干部归属感、幸福感。

【从严治党】 2022年,大柳树前期工作中心党支部组织召开2022年党建党风廉政建设工作会议,支部书记与班子成员、班子成员与分管科室负责人层层签订党风廉政建设责任书4份。研究制定并印发《支部2022年党建党风廉政建设工作要点》和《2022年党支部全面从严治党"三个清单"》,压紧压实全面从严治党主体责任和领导干部"一岗双责",推进支部党建党风廉政建设各项任务全面完成。将

党风廉政和反腐败教育纳入支部政治理论学习计划,利用"廉政警示教育周"和违规收送红包礼金专项整治活动,组织党员干部深入学习习近平总书记关于党风廉政建设重要论述,十九届中央纪委六次全会,自治区纪委十二届六次、七次全会精神,《中国共产党廉洁自律准则》等,让党内法律法规入脑入心,从思想源头上消除贪腐之念,自觉抵制各种诱惑,不踩"红线",守住"底线"。结合工作实际,紧盯腐败易发多发部位,全体职工结合工作岗位查摆八方面22个廉政风险点,制定切实可行的防控措施,促进廉洁用权。聚焦春节、"五一""十一"等重要节假日,紧盯项目采购、合同签订、资金拨付等重要环节,坚持廉政提醒,强化监督管理,党员干部廉洁意识明显增强,政治生态持续向好。

(王瑞斌、岳发鹍、马小福、黄婧)

灌溉排水服务管理

【概况】 2022年,自治区灌溉排水服务中心(简称"灌排中心")正处级领导干部1名,副处级领导干部2名。

【灌区现代化建设】 2022年,灌排中心指导完成大中型灌区续建配套、贺兰山东麓葡萄酒产业供水保障等27个灌区建设项目前期工作。完成全区26处中型灌区名录核实更新、2021年度建设项目省级评估报告、2022年度建设方案、2023—2025年项目储备库,并全部上报水利部。参与编制《关于加快推进宁夏引黄灌区抗旱减灾调蓄工程建设的指导意见》。对12个中型灌区、量测水等项目开展技术服务、督促协调、进度统计。截至2022年年底,青铜峡市鸽子山二期供水保障等6个工程已完工。组织完成2021年度项目绩效评价并以"一处一单"的形式进行反馈。对2022年申报项目进行现场核实,指导水管单位编制年度实施方案和绩效目标并组织实施。2022年共下达维修养护资金7200万元,其中集中更新改造资金2100万元,日常维修养护资金5100万元。完成全国大中型灌区信息系统填报并上线运行,秦渠第一农场渠试点开展全渠道调度控制。

2022 年 3 月 9 日，灌排中心开展大中型灌区工程标准化规范化管理考核

配合编制《宁夏引黄灌区骨干渠道测控闸门建设运行管理办法》等。及时更新年度新增 866 套测控闸门台账，宁夏已累计安装 4173 套。2022 年完成 82 套骨干渠道测控闸门精度比测，累计比测 628 套。督促各水管单位对已建信息化平台进行优化整合，常态化应用"巡渠通"App。督促指导灌区管理单位开展创建工作，盐环定、红寺堡扬水灌区通过水利部节水型灌区评审，汉延渠灌域、牛首山和茹河中型灌区申报全国先行先试数字灌区进入水利部复核阶段。

【农业供水】 2022 年，灌排中心组织召开全区灌溉工作座谈会，配合编制年度水量分配及调度计划。为应对局地干旱、黄河来水偏枯等不利影响，深入灌区调查研究、沟通协调，采取提前供水、加大流量、跨渠调度，及时改善七星渠、跃进渠进水条件，确保 1000 余万亩农田灌溉和生态补水，保障粮食安全和农民增收。指导供用水单位按季度填报农业用水统计直报系统，及时审核上报水利部。紧盯灌溉水质安全，对 31 处干渠风险点水质进行定期检测。严格落实自治区"四水四定"管控方案，配合起草加强农业用水管理行动方案、落实农业用水水费收缴等指导性文件，组织专题培训 2 期 100 人次，赴青铜峡等 6 个县区开展讲座，宣贯解读政策。6 月中旬在利通区召开全区现场观摩会，进一步厘清骨干和末级用水管理主体、权限、责任，规范农业用水管理。总结经验、细化措施、专题培训，指导县区、水管单位整理上报样点灌区、样点田块实测数据，2022 年农田灌溉水有效利用系数为 0.570。

【农村水利改革】 2022 年，灌排中心编制农业水价年度改革计划、验收工作方案等，先后 6 次以专项调研或与相关厅局联合调研等方式开展现场指导，督促各地扎实推进改革。全区 22 个县区均已执行末级渠系批复水价，设立财政、水务、乡镇水管组织"三级水费专账"，水费全部进入公账，纳入地方预算，实现"收支两条线"管理，有效解决水费虚高、费价两张皮、账务不清、监管缺失等问题。末级渠系水费收入由上年 1750 万元增加到 1.5 亿元，为末级渠系运行维护提供资金保障，促进了农田水利工程设施良性运行。年初下达的 587 万亩改革计划全部完成，实现了有效灌溉面积全覆盖。制定规范基层水管组织的指导意见，指导县区明确职责、完善制度，健全基层水管组织，定岗定员定薪，推行农业用水水费"扫码""转账"等电子缴费模式，规范核算水量水费，堵塞水管人员现金收费、搭车收费等监管漏洞。全区 22 个县区共规范组建基层水管组织 165 个，水管人员 1344 人。组织编制"十四五"规划，细化分解"十四五"目标任务和年度任务，梳理统计各单位目标任务完成情况。指导脱贫县按时更新水利乡村振兴信息管理系统、水利扶贫资产管理系统。

【灌区管理】 2022 年，灌排中心编制水工设施设备《技术操作手册》等。对水管单位 2021 年度创建情况进行千分制考核，下发通报进行整改提高。督促指导水管单位制定"人—事—岗"工作清单，按"十化"目标完成年度 37 个所站示范创建，并通过现场观摩座谈、互观互检、互学互促等方式，总结创建经

2022 年 3 月 6 日，举办全区农村水利实用人才培训班

验、树立典型。结合自治区用水权改革，落实以水定地原则，通过卫星遥感、实地复核等方式，开展灌溉面积遥感核查，核实灌区范围和灌溉规模，标绘了 5 个大型灌区、26 个中型灌区的内外边界，完成了"灌区一张图"绘制及审核，2022 年度遥感核查灌溉面积 1057.44 万亩。对全区 2340 千米骨干渠道、342 座泵站、4840 个干渠直开口、330 座灌溉水闸、360 座渡槽、540 座涵洞、1999 座桥梁、1.56 万座农村灌溉井等重点灌排设施进行摸底调查、建立台账，落实管护责任。主持完成的《宁夏现代化生态灌区建设与用水管理技术研究》获自治区水利厅 2021 年科技进步二等奖;《宁夏引(扬)黄灌区管理及农业水价综合改革相关机制与核心问题研究》等 2 项获自治区水利厅 2021 年科技进步三等奖。2022 年主持开展《抗旱减灾调蓄工程技术导则》《宁夏现代化数字生态灌区模式及标准研究》等 6 个课题研究。

【党建与精神文明建设】 2022 年，灌排中心制定年度学习计划，坚持周一、周三集中学习，通过专题辅导、研讨交流等形式，系统深入学习习近平新时代中国特色社会主义思想、习近平系列重要讲话精神以及党的二十大、自治区第十三次党代会精神等。认真贯彻落实厅党委关于意识形态工作的决策部署，专题研究工作 3 次。扎实开展演讲比赛、岗位大比武技能大竞赛、"大学习、大讨论、大宣传、大实践"理论宣讲等活动，促进学习走深走实。全年集中学习 59 次，撰写微感言 50 条、心得体会 54 篇，交流研讨 37 人次。

深化党建品牌创建，适时开展谈心谈话，按时做

2022 年春，灌排中心组织疫情志愿服务活动

2022 年 6 月 9 日，灌排中心举办灌区工程、泵站工程标准化管理观摩会

好党员组织关系转接、党费收缴和党务公开。年内召开党员大会 4 次、组织生活会 2 次、民主生活会 2 次、讲党课 4 次。1 名入党积极分子成为发展对象，4 名业务骨干发展为入党积极分子。与水文中心、管理处基层站(所)等支部联合开展主题党日，实现党建与业务深度融合。召开党风廉政建设相关会议 8 次，压实"两个责任"，制定印发"三个清单"，签订责任书 7 份，查找廉政风险点 21 个，制定防控措施 47 项。开展"廉政警示教育周"活动，观看警示片 4 部，集体廉政谈心谈话 8 次，知识测试 1 次，《准则》《条例》学习常态化。全年未发生违规违纪行为。领导班子严格执行"三重一大""五不直接分管"、个人有关事项报告等制度，年内共召开支委会 14 次。深入灌区一线指导服务 52 人次，摸清情况、沟通协调、解决问题。共承办各类培训班 5 期 230 人次，安排 16 名干部到水管单位、机关处室轮训学习。1 人参加"四防"领域风险隐患专项督查，获中共宁夏回族自治区委员会办公厅感谢表扬。与银新苑社区结对共建，开展疫情防控、节水宣传、无偿献血等志愿服务 50 人次。组织职工健康体检，评选最美家庭 1 个、文明家庭 1 个、优秀女职工 2 名。把学法普法用法作为一项重点工作抓实抓好，开展"八五"普法工作，组织学习《宪法》《民法典》《水法》等法律法规 20 次，开展"世界水日""中国水周"等宣传活动，积极参与网络答题 120 人次，邀请法律顾问开展法律培训，组织参加旁听庭审，提高中心干部依法决策能力。

（张斌、陈萧琴）

水利工程建设

【概况】 2022年，自治区水利工程建设中心5项重点水利工程建设任务进展基本顺利，年度完成投资16.5亿元；中线临时党支部被水利部选树为"党建下工地"示范，在区直机关实干型机关建设观摩推进会做交流发言；4大干渠改造有效工期近2个月，其中30多天是在村镇施工，4000多人攻坚克难，确保了同心、海原沿线45万群众人饮安全和880万亩耕地冬灌；工程建设被多家主流媒体报道40余篇次，进一步彰显了水利人的使命担当。西北地区典型渡槽工程结构安全评估与修补加固技术研究与应用获得自治区水利科技进步二等奖；YREC外加剂改善严寒地区渠道衬砌混凝土耐久性应用研究获得自治区水利科技进步三等奖；顾宁同志获自治区质量贡献奖。

【银川都市圈中线供水工程】 银川都市圈中线供水工程概算总投资13.31亿元，Ⅲ等中型，项目区涉及宁夏银川市兴庆区月牙湖乡、平罗县高仁乡、陶乐镇、红崖子乡。2022年度建设项目3月16日开（复）工，实施完成黄沙古渡泵站主副厂房装饰装修4380平方米，铺设输水主管道16千米，敷设供电线路8千米，骨干工程全线完工；安装配水支管线40千米，建成蓄水池14座，剩余8座蓄水池坝体全部封顶，配水工程整体进度达80%；生态植被修复完成80公顷，农田耕地复垦全部完成。年度完成投资3.24亿元。12月17日成功通水至自治区移民致富提升重点村——红翔新村规划的2座调蓄水池。

【固海扩灌扬水更新改造工程】 固海扩灌扬水更新改造工程概算总投资25.66亿元，Ⅱ等大（2）型，项目区涉及吴忠市红寺堡区、同心县，中卫市中宁县、海原县及固原市原州区。2022年度建设项目2月12日开（复）工，实施完成固扩七至十二及马家塘一支泵站更新改造尾留工程，3月27日一次性带载试运行成功，设备运

行稳定，全年较改造前开停机次数降低393次，能源单耗降低0.51千瓦时/千吨米，泵站效率提高9%；完成白府都水库工程坝体、进出水建筑物主体；完成一至十二干渠渠道砌护工程渠道改造16.2千米，渡槽翻建1座、更换槽壳32节、降糙57座，沟涵翻建13座、维修改造49座；完成附属用房工程二层主体结构1座、一层主体2座、基础处理10座；完成南城拐子、马家塘二、三泵站土建施工，进入机电设备安装阶段。完成西吉供水工程一泵站主体及机电设备安装、二泵站主副厂房、61千米输水管道及配套建筑物；35千伏供电线路塔基础17.8千米，铁塔安装51基，线路架设7千米。年度完成投资7.31亿元。8月中旬向原州区供水28万立方米。

【宁夏固海扬水灌区续建配套与现代化改造】 宁夏固海扬水灌区续建配套与现代化改造工程概算总投资3.74亿元，Ⅱ等大（2）型，项目区涉及中卫市沙坡头区、中宁县、海原县及吴忠市同心县。2022年度建设项目3月22日开（复）工，实施完成6座渡槽聚脲涂护、进出口连接段、渠道渠堤硬化道路及安全防护网等；固海四干渠渠道砌护2.76千米、小伙子沟、朱家沟、双湾沟渠涵，东二支渠渠道砌护3.99千米、干湾沟渡槽、2#沟涵及2座生产桥；固海二三干渠渠道应急加高、固海一干渠红石嘴、乱岔沟沟涵内衬加长；同心一干渠管道安装及建筑物维修加固；固海三干渠花豹湾涵洞；固海七干渠红果子、南泥沟、

2022年夏，固海项目红果子沟5#槽壳吊装

西河渡槽；东三支干渠八方沟、砚台沟、洞子沟渡槽槽壳安装。年度完成投资1.0亿元。工程槽壳预制及排架重力墩施工中采取整体式脚手架和蒸汽发生机及火炉烧水等方式蒸汽养护，缩短了砼养护时间，提高了砼前期强度。

【宁夏青铜峡灌区续建配套与现代化改造工程】宁夏青铜峡灌区续建配套与现代化改造工程概算总投资6.1亿元，Ⅰ等大(1)型，项目区涉及银川市永宁县、贺兰县、兴庆区、灵武市，吴忠市青铜峡市，石嘴山市平罗县。2022年度建设项目8月25日开工，实施完成汉延渠灌域渠道砌护11.2千米、惠农渠灌域渠道砌护13.58千米、改造干渠直开口13座，昌滂联合闸主体框架搭设；葡萄长廊供水泵站农牧场1号、2号扬水一泵站翻建，新建10千伏供电线路14.61千米。10月25日通水冬灌。年度完成投资1.0亿元。

【宁夏引黄古灌区世界灌溉工程遗产展示中心】宁夏引黄古灌区世界灌溉工程遗产展示中心概算总投资1.26亿元，项目区涉及银川市贺兰县，规划占地74.2亩。2022年度建设项目3月1日复工，实施完成建筑外装饰及室内暖通、电气等设备安装工程，主体封顶。年度完成投资4284万元。工程被评为贺兰县及银川市安全标准化示范工地、银川市质量标准化示范工地、贺兰县绿色示范工地。工程采用网膜轻钢龙骨聚合物轻质混凝土、倾斜式轻钢龙骨轻质墙体、大跨度曲面预应力楼盖模板支设体系监测及斜屋面管道吊装施工工法，有效解决混凝土支模及自重难题，曲面预应力空心斜屋面板抗浮构建工法获得国家级QC成果二等奖。

【政治思想教育】2022年，工程建设中心持续深入学习贯彻党的二十大精神、自治区第十三次党代会精神，一体推进党的建设与工程建设管理、安全生产等板块学习、宣讲、实践落地落实。统筹工学矛盾，利用远程视频媒介，创新学习组织形式，降低空间约束，灵活机动安排集体学习和学习情况考核检查，确保理论学习中心组、支部"三会一课"、主题党日、专题讲座、讲党课等学习实践活动充分开展，做到学习工作两不误、两促进。开展"大学习、大讨论、大宣传、大实践"活动，深入学习贯彻习近平视察宁夏讲话精神、党的二十大、自治区第十三次党代会精神及黄河流域生态保护和高质量发展先行区建设、扩大有效投资攻坚年活动、"稳经济、保增长、促发展"等水利相关重大决策部署，充分认识建设中心年度完成16.5亿元建设任务的艰巨性，切实提高干部职工政治站位、工作站位，把水利工程建设放在全区水安全保障战略布局中思考问题，着力增强政治意识、责任意识和担当意识，把思想集中到干事创业上来，把力量凝聚到攻坚克难上来，为全面高质量完成厅党委下达的建设任务夯实政治思想基础。

【队伍建设】2022年，工程建设中心班子成员签订党建党风廉政建设责任书、意识形态责任书、廉政承诺书、工作目标责任书，一个项目、一名领导、一个专班、一套方案、一抓到底，全面压实领导责任；修订完善党委议事规则、三重一大议事规则，全面规范决策程序，确保集体决策、民主决策、科学决策，不断提升党委决策水平和公信力；切实落实班子成员之间常态化开展谈心谈话，促进班子团结，班子成员凡事走在前作表率，靠前指挥、靠前指导、靠前协调、靠前服务，勇于担当作为，带来清风正气，切实增强党委把方向、管大局、保落实的领导力。完善双通道激励机制，健全KPI、GS绩效考核机制，与职称评聘、干部使用挂钩，突出正向激励。引进高学历高层次人才，改善干部队伍知识、年龄、专业结构，职工平均年龄下降到40.2岁，研究生学历提升到32%。制定"师带徒"管理办法，进行针对性培训，搭建与高校、科研院所合作平台，打造人才小高地。大胆使用年轻干部，3名业务骨干提拔到科级岗位，10名年轻干部到工程一线挑起重任担任项目组长。成立青年理论学习小组，组建青年突击队，其中一名青年突击队员被评为自治区优秀共青团员。立足当前着眼长远，中心正在积极锻造一支业务能力强、思想作风过硬的高素质建管队伍。

【组织建设】2022年，工程建设中心引导各科室支部、项目临时支部结合业务特点创建子品牌，支部书记带头冲在工作一线、施工一线，用攻坚克难的实际行动孕育和塑造支部党建品牌。突出抓好重大

2022年春，惠农渠灌域永二节制闸

工程项目临时支部建设，复制中线供水工程临时党支部经验，成立固扩项目临时党支部，建立党建项目联建、工程建设联推、精神文明联促、工作机制同谋划、人才培养同搭台、品牌形象同创建的"三联三同"机制，与属地党组织、参建方开展党建联建，充分发挥引导教育群众、化解社会问题、解决技术难题等方面的战斗堡垒作用，也充分发挥工程优势为当地群众办实事5项，解决老百姓用水难、行路难等切身困难，深得群众好评。3月7日在区直机关实干型机关建设观摩会上，中线临时支部作为党建工作引领发展的代表，作交流发言，其经验做法、思路举措、特色亮点得到了区直机关党委的肯定。

【全面从严治党】 2022年，工程建设中心突出招投标、工程建设管理等重点环节，梳理风险点、制定整改措施，加快推进建管平台廉政风险信息化监控，不断完善廉政风险防控体系；大力实施"四警六廉"工程，深入开展廉政警示教育周系列活动，切实加强廉政警示教育和文化建设，筑牢党员干部思想防线；聚焦违规收送红包礼金和不当收益及违规借转贷或高额放贷专项整治工作征集意见建议和自治区党委第四专项巡视组关于工程建设政府采购领域突出问题专项治理巡视反馈意见，对涉及建设中心5项问题，加快整改销号，并举一反三，修订汇编内控制度42条，构建长效机制；深入科室、工程一线，走访调研参建企业、进行提醒谈话，聘请会计师事务所自查整改财务问题，开展作风问题排查整改，切实

加强日常监督，不敢腐、不能腐、不想腐机制建设正在一体推进。

【群团工作】 2022年，工程建设中心突出培育社会主义核心价值观、为职工办实事、志愿服务、选优树优、建设劳动竞赛等重点工作，在活动载体上求创新、丰富内涵上下功夫。关心职工所需，用节日慰问、生日祝福等及时传递组织的关怀和温暖。"我学我讲新思想"宣讲活动、演讲比赛等让青年职工站上舞台，成为政策理论宣传贯彻排头兵、水利故事的讲述者、水利精神的传承人；在抗击疫情、为青少年办实事等志愿服务中青年突击队冲锋在前、做主力。积极推优推先，1名团员被评为自治区优秀共青团员，干部干事创业激情不断激发。

（梁雅丹、贾莉）

水文水资源监测预警

【概况】 2022年，自治区水文水资源监测预警中心完成国家基本水文站提档升级1项水利重要工作目标，配合9项水利重大工作目标、16项水利重要工作目标。水质化验科荣获"自治区三八红旗集体"荣誉称号；自治区水文水资源监测预警中心荣获2021年度自治区水利厅"文明单位"荣誉称号；获2021年度平安宁夏建设考核优秀等次；石嘴山分局在全区2022年度参与全国青年安全生产示范岗创建活动中表现突出，受到自治区共青团委、自治区应急管理厅通报表扬。

2022年7月15日，水质化验科荣获"自治区三八红旗集体"荣誉称号

【**水文现代化建设**】 宁夏国家基本水文站提档升级建设项目列入 2022 年自治区"六个一百"重大项目。首批 7 处国家基本水文站测验设施改造全面完成,建成标准化监测断面,实现流量、泥沙、蒸发等在线监测,提升了水文监测自动化水平。

【**水文监测预警**】 2022 年,监测预警中心全面完成 2021—2022 年度黄河宁夏段凌汛测报,发送凌情信息 4 万余条、发布凌汛预报 3 期、快报 38 期,受到央视等多家媒体关注报道。测报 86 条沟道 207 场次暴雨洪水,向各级防汛、应急部门发布水情简报 23 期、旱情简报 17 期,雨水情信息、预警预报短信47 万余条。完成 18 处国家基本水文站超标洪水测报预案修订,完善 80 条中小河流洪水预报方案,发布洪水预报 100 余站次,洪水预警 45 次,有效预警率 90% 以上。新建雨水情监测站 19 处、排水沟监测站 50 处,更新升级 153 处,增设北斗卫星通道 29 处,完成水位、雨量监测站水毁修复 30 处。优化测验任务书、测验方案,完成《宁夏引黄灌区排水沟水系调查分析报告》编制,理清灌区排水现状。完成《宁夏水文测验年报》《宁夏"互联网＋"水文测验整编技术指南》编制,规范水文测验整编管理。完成各县调查成果审核、水文分析、省级调查报告编制,协助开展水旱灾害风险评估区划等重点任务。

【**水资源监测**】 2022 年,监测预警中心完成 2021 年宁夏水资源公报、地下水通报、2020 年宁夏水资源资产负债表。强化用水权改革技术支撑,开展用水权交易平台建设,编制完成 2021 年水权交易监管报告,指导县区完成用水权交易 4 笔,交易水量 2360 万立方米,交易金额 2360 万元。深入开展中卫市水资源承载能力监测分析,配合完成中卫超载区治理监测分析报告编制,修订《宁夏回族自治区水资源承载能力监测预警管理办法(试行)》,为建立全区水资源承载能力监测预警机制奠定基础。完成《宁夏水资源监控总体实施方案》《宁夏水资源开发利用分区及可用水量分析》《宁夏水资源开发利用管控方案》《宁夏"十三五"节水型社会建设后评估报告》,为

2022 年 5 月 10 日,水利厅党委书记、厅长朱云检查指导水文工作

先行区建设和水安全保障提供水文支撑。开展第三次水资源调查评价成果集成,编著完成《宁夏水资源演变及承载能力预警》。

【**水环境监测**】 2022 年,监测预警中心开展实验室资质认定、能力验证,新增检测项目 4 项。完成 61 处水质监测站、47 处地下水监测站 2 万余项次指标检测分析,每月发布《宁夏主要水体水质月报》,为水资源保护和管理提供科学依据。开展引(扬)黄灌区 12 条干渠 31 个水质风险点水质监测 3 次,完成《宁夏城市应急备用水源"十四五"规划》编制,由自治区水利厅印发实施。

【**水生态监测**】 2022 年,监测预警中心首次开展泾河、典农河 6 个监测断面水生态试点监测,探索水质常规理化监测与生物监测技术共同应用,填补我区水利行业水生态监测空白。编制《宁夏超采区划定成果报告》,配合自治区水利厅开展"三山"区域地下水取水井专项治理行动,编制《宁夏地下水管控指标方案》通过自治区政府常务会审查,正式发布。

【**水文科技创新**】 2022 年,监测预警中心开展自治区重大研发课题——贺兰山苏峪口沟洪水精细预报与智能调度技术课题成果总结。参与的《宁夏引黄灌区生态系统水平衡机制与综合节水实践》项目获自治区对外科学技术合作奖。探索开展清水河数字孪生流域(一期)建设,通过倾斜摄影、模型渲染、数据融合、裸眼 3D 等先进技术,打造清水河数字孪

2022年7月12日,泾河水生态监测

生流域展示平台,实现了雨水情监测数据接入、历史洪水模拟和洪水经验模型展示等功能。8项科研成果获宁夏水利科学技术奖,其中一等奖3项、二等奖3项、三等奖2项。取得实用新型专利1项,发明专利1项。

【水文综合管理】 2022年,监测预警中心修订完善制度44项,补充制定5项,健全管理体系。严格执行各项财经纪律,全面做好预决算、内控管理、项目资金绩效管理等工作,统筹拨付、使用各类资金

2022年7月20日,南河子水文站提档升级建设

7000余万元。加强固定资产管理,完成66件报废固定资产处置。启动水文安全生产标准化达标建设,完成现场设施建设及自评;开展安全生产专项整治"三年行动""安全生产月"等活动,实现全年安全生产无事故。完成《宁夏回族自治区实施〈中华人民共和国水文条例〉办法》修订,获自治区政府颁布实施。创建宁夏水文微信公众号,累计关注人数360余人,阅读量超5万次,扩大了水文宣传广度和深度。

【党建与精神文明建设】 2022年,监测预警中心坚持以习近平新时代中国特色社会主义思想为指导,深入学习宣传贯彻党的二十大精神,深刻领悟"两个确立"的决定性意义,认真学习宣传贯彻自治区第十三次党代会精神。配发《习近平谈治国理政(第四卷)》以及党的二十大学习辅导等理论学习书籍1400余册,开展中心组学习15次,专题研讨交流40余人次,巩固提升学习效果;加强意识形态工作,铸牢中华民族共同体意识,进一步增强"四个意识"、坚定"四个自信"、做到"两个维护"。优化机关党支部设置,14个党支部完成换届选举,选优配齐支部班子。吸收预备党员2名,预备党员按期转正5名。中心党委创建"弘扬伟大建党精神,提升两个能力,抓好三个重点,落实四项服务"的"党建1234工程"分品牌,中心所属14个党支部结合业务工作,创建"一支部一品牌"。推进党支部标准化规范化建设,中心党委成功晋级五星级党委。在苏峪口水文站建设中心级廉洁文化阵地,通过党员话廉、作风家风等版块,弘扬清风正气。全面压实党风廉政建设"两个责任",扎实开展"廉政警示教育周"活动。持之以恒落实中央八项规定精神,营造风清气正政治环境。完成4名科级干部选拔任用,6名科级干部岗位交流。围绕"两个能力"提升,开展"筑梦新时代赛场选马""我学我讲新思想""夯基固本大擂台"系列活动,开展业务知识培训220余人次,提高水文队伍专业技术能力。开展庆祝"五四"青年节、"三八"妇女节活动,参与志愿服务活动230余人次。水质化验科荣获"自治区三八红旗集体"荣誉称号,水文中心荣获水利厅主题演讲比赛"优秀组织奖"。 (钟杨)

宁夏水利电力工程学校

【概况】 2022年，宁夏水利电力工程学校内设办公室、财务部、学生工作与安全保卫部、教务部、继续教育部、职业技能培训与鉴定部、招生与就业指导办公室、校企合作办公室8个科级机构。2022年学校招生1071人，其中中专1031人、技工40人，共有在籍学生2818人。完成731名2019级毕业生顶岗实习任务，评选优秀实习生70人；升入高职院校的毕业生693人，升学率94.7%；为891名2020级学生联系实习岗位1000余个，为77名学生申请就业创业补贴资金15.4万元。

【教学管理】 2022年，学校组织578名学生参加河道修防工等工种中级工技能等级认定；与企业合作，组织69名学生考取3类职业技能等级证书，拓展学生就业创业本领。

【教育教学】 2022年，学校制定《教学事故认定及处置办法》等4项制度；加强疫情防控常态化形势下的教学管理，制定《线上教学管理规定》等2项制度；加强实训室及实训教学管理，制定3项制度；成立教材建设领导小组，严格教材使用管理，印发《教材管理工作实施方案》。

【教研活动】 2022年，学校加强课程规范化建设，修订人培方案和课程标准，上报3个专业为工学一体化建设目标专业；申报教育教学相关课题7项，发表论文8篇，参与教材出版4人，录制精品课程4

2022年6月8日，学校砌筑项目实训课程

门；实现软著零突破，《水泵站运行工技能考核》软件获得专利。

【校企合作】 2022年，学校结合办学实际情况，发挥自身优势，积极探索校企合作、产教融合的新模式，与宁夏水发集团公司、共享装备股份有限公司、宁夏玖泰银科技有限公司、宁夏上泽龙水利水电工程有限公司、天地宁夏支护装备有限公司等企业签订校企合作框架协议，创建学生岗位实习就业、教师实践培训、企业人才培养基地；与大武口区人民政府签订政校合作框架协议，与共享集团开展机电设备安装与维修专业订单培养合作，与广州南方测绘科技股份有限公司银川分公司共同牵头成立宁夏测绘地理信息职教集团暨宁夏测绘地理信息产业学院。

【人才队伍建设】 2022年，学校实施后备（托举）人才培养工程，建立青年干部人才库，开展8名后备人才考核测评。召开思政工作座谈会、思政课程与课程思政"三进"工作调研会、青年教师座谈会、新进教师培训会、党团工作会议，提高学校思想政治工作水平。按照"稳定、培养、引进、发展"的师资队伍培养思路，致力于"调结构，提层次"，引育并举，全面提高师资队伍素质，优化师资结构，优先配置重点专业的师资队伍资源，注重加强"双师型"教师队伍建设。鼓励专业课教师与企业技术人员工作交流，让专业课教师在企业提升专业技术能力，让企业技术人员在学校提升教学培训能力。安排水利专业教师定期进入各管理处了解掌握水利行业动态及水利行业新技术，企业技术人员和学校教师共同享有研学机会。

【技能竞赛】 2022年，自治区人社厅批复学院为"自治区第一届职业技能大赛暨第二届全国技能大赛宁夏选拔赛砌筑工、瓷砖贴面项目集训基地"，开展集训基地建设工作，代表自治区参加两个项目国赛。区赛方面，校内承办并参加自治区职业院校技能大赛5项，校外参加赛项19项，其中6个赛项获得一等奖，8个赛项获得二等奖，8个赛项获得三等奖，获奖率91.7%；组织教师参加全区职业院校教师职业能力大赛，获得三等奖。校赛方面，依托2022年职业教育活动周，开展学生PS技能大赛等10个赛

2022年9月12日,学校举办材料检测
项目校级比赛

2022年秋,学校组织学生考取1+X证书,
拓宽学生就业创业渠道

项;开展教师磨课比赛、说课比赛,打造高效课堂。校赛、区赛、国赛三级赛制进一步推进。

【校园平安建设】 2022年,学校坚决贯彻落实自治区及上级部门疫情防控决策部署。扎实开展"忠诚保平安喜迎二十大"校园安全大排查大整治工作,学校明确21个重点任务;结合自治区"双创"工作,加强卫生健康教育和流行病防治,强化食堂及医务室管理。全年未出现安全事故,校园平安稳定。

【规范管理】 2022年,学校完善制度,以管人、管事、管权;加强政务信息工作,进一步提高学校政务信息报送质量;开展月度工作考核,健全完善检查考核制度,统筹规范督查检查考核,积极营造激励干事的良好氛围;建立"校长接待日"制度,畅通信访渠道,自觉接受师生监督和舆论监督;编写近三年学校财务分析"白皮书",召开学校内控工作总结及调研会,设立"审计月"规范内部审计工作,严格资金使用管理;开展政府采购领域突出问题专项治理"回头看"工作,对46项政府采购项目逐项自查;开展"月度工作计划达标"活动,将年度工作计划逐月分解,月前汇报、月底考核;定期通报项目预算执行进度情况,纳入日常考核;校领导带头调研绩效管理改革工作,发挥绩效杠杆作用;开展档案审核"回头看"及数字化工作,提高档案管理规范化水平和效能。

【基础设施建设】 2022年,学校投入1488万元实施钳工实训室改造及设备采购、智慧教室建设、计算机检测维修与数据恢复项目、测控一体化高效

节水教学示范项目、机电设备安装与维修专业购置培训教学仪器设备项目、校园体科融创中心建设项目,强化教学实训条件。实施学生餐厅改造项目、校舍维修改造项目四标段、分布式污水处理中水回用及设施改造合同节水项目、自来水接驳项目,改善学生生活条件。积极争取"十四五"教育强国项目,开工建设中央和自治区水利厅投资近5000万元、总建筑面积10948平方米的水利工程和机电工程两栋实训楼,推进校区基础建设。

【党建与精神文明建设】 2022年,学校坚持把党的政治建设摆在首位,通过中心组学习、研讨发言、"三会一课"、班子成员讲党课、专家进校辅导、教职工宣讲、部门学习、小组会议等形式,在学思践悟中锤炼广大党员干部教师的政治品格。严格执行党

2022年6月8日,学校举办"欢庆二十大
奋进新征程"文艺汇演

委议事规则，召开党委（扩大）会议 36 次，认真研究学校重要事项，充分发挥党组织的领导在学校发展中"把方向、管大局、保落实"的作用。认真履行纪委监督责任，对学校招标采购、工程验收、职称评聘等工作进行监督。深化巩固"三强九严"工程、"基层党建全面提升年"等重点任务，成立党建"品牌"创建工作领导小组，以校党委品牌"一带三"创建引领支部党建标识化、规范化、标准化。指导 3 个党支部如期完成换届选举，制定党支部及党员工作考核方案，开展支部党建活动互观互检、党务干部"夯基固本""大擂台"活动、年轻干部"筑梦新时代""赛场选马"竞赛。扎实开展违规收送红包礼金和不当收益及违规借转贷或高额放贷专项整治；创新"廉政警示教育周"系列活动形式，以专题廉政党课、集体廉政谈话、观看廉政警示教育专题片、清风校园主题升旗仪式等形式强化党员干部和广大师生的廉政警示教育。加强对重点部门和关键岗位的有效监督，排查梳理廉政风险点并制定防范措施。　　　　（孟佳）

河湖事务管理

【概况】 2022 年，自治区河湖事务中心被水利部评为"全国全面推行河长制湖长制先进集体"，被自治区党委政府授予"平安宁夏"先进集体称号，被区直机关文明委评为"2022—2024 年度区直机关文明单位"，中心管理所被评为全国水利系统七五普法先进集体。主持开展的《宁夏引黄灌区生态系统水平衡机制与综合节水实践研究》项目获自治区对外科学技术合作奖；《宁夏河湖调查评价及演变规律分析研究》项目获宁夏水利科技进步一等奖。

【河湖长制】 2022 年，河湖事务中心拟制《宁夏回族自治区河湖管护群众监督有奖举报实施办法（试行）》《宁夏回族自治区全面推行河长制重点工作月通报制度》等并推动印发施行，编发河长制月通报 12 期，常态化开展河湖水质监督性监测。复核上报 421 个河湖信息及河长信息，开展 2 次河湖长制培训班，实行全新河湖长打卡巡河制度，设置河长巡河打卡点 3.9 万个，县乡村级整体平均巡河率达到 100%。

【智慧河湖建设】 2022 年，河湖事务中心优化完善宁夏河湖岸线管理信息系统，开展全区河湖管理数据底板完善"百日"攻坚行动，全面整理既有工作成果，997 条河湖管理范围划定成果完成上图，岸线保护与利用规划、河道采砂等成果可视化加快推进，完成与水利部信息系统互联互通改造，利用卫星影像图、巡测影像图智慧识别河湖"四乱"问题，解译数据 2000 余条，录入河湖"四乱"问题 2400 多个。

【河湖宣传】 2022 年，河湖事务中心开展水周宣传等活动，制作、发放法律法规宣传资料 5 万余份，赴社区、河道开展法治宣传，参与各类知识答题 10 余次，发布河湖长制信息 385 篇次，更新河长制网站 60 篇次，向上报送信息 41 条，厅网站（微信公众号）采用 30 条，被自治区人民政府等上级采用 4 条。

【河湖岸线空间管控】 2022 年，河湖事务中心复核全区 918 条河流和 116 个湖泊管理范围划定成果，全区河湖管理范围全部划定，河湖界桩埋设率达

"2022—2024 年度区直机关文明单位"

2022 年初夏，中心领导进行河道采砂调研

2022 年初春,中心领导进行河湖督查暗访

85%,编制《自治区河道管理范围内建设项目管理办法(试行)》并推动印发实施。补充更新校核河湖信息,建立全区 399 条河湖"一河一策"台账,持续完善"一河(湖)一档",完成清水河、典农河等 4 条自治区级河流"一河一策"修编;梳理全区 35 条河湖健康评价报告,完成黄河宁夏段健康评价;193 条河湖编制岸线保护与利用规划,92 条(段)河道编制采砂规划。组织对 401 个河湖开展妨碍河道行洪突出问题自查,复核水利部反馈疑似问题图斑 1340 个,认定 49 个突出问题并完成整改销号 42 个;水利部进驻式暗访检查反馈的 15 个问题已整改 13 个;黄河宁夏段河道及滩地问题台账中 147 处林业用房全部完成整改;5 个生态警示片涉河湖问题已整改 4 个。开展 3 轮次 45 条河湖暗访检查,充分发挥"河长 + 检察长 + 警长"机制作用,督促各地对发现的 93 个问题加快整改;完善 2018 年以来"四乱"问题台账 85 册,编制《宁夏河湖"四乱"问题典型案例 100 例》,及时处理群众举报问题,配合开展自治区水利厅督导检查、约谈 12 次。

【党建与精神文明建设】 2022 年,河湖事务中心制定印发学习宣传贯彻党的二十大精神方案、"大学习、大讨论、大宣传、大实践"活动实施计划,认真学习十九大、十九届历次全会和党的二十大精神,以及自治区第十三次党代会精神,组织集体学习 60 余次,共同交流研讨 8 次 40 人次。制定重点工作责任分解、党建工作要点,认真落实意识形态工作责任制,签订责任书,从严微信群、公众号等阵地管理。严格执行民主集中制,落实"三重一大"、一把手"五不直接分管"和末位表态、重大事项请示报告等制度。持续优化内设机构职责。认真落实"三会一课"制度,

2022 年 6 月 8 日,中心组织学习党的二十大精神,组织老党员讲初心党课

召开党员大会 7 次、支委会 19 次、讲党课 4 次、民主生活会 1 次、组织生活会 2 次、主题党日 12 次、谈心谈话 30 余人次,以会代培抓好党员教育,退休老党员讲"初心"党课,为党员过政治生日,提升党员身份和责任意识,支部被评为四星级党支部。认真贯彻落实中央八项规定及其实施细则精神,严格落实自治区"八条禁令",履行"一岗双责",印发纪检监察工作要点、"三个清单",层层签订责任书和承诺书,大力开展违规收送红包礼金等专项整治,部署开展作风建设提升活动。常态化推进扫黑除恶专项斗争,落实法律顾问制度,建立法治课堂,全年学习法律法规 48 部 812 人次;检查清水河、苦水河综合治理项目安全生产责任制落实情况;坚持保密、综治按计划研究部署,全年无信访上访、安全生产及泄密事件发生,河湖领域平安宁夏建设经验被自治区宣传推广。深化"赤诚奉献,作守护母亲河的排头兵"党建品牌,成立党员巡河队,设立中心党员河长,巡河队巡河调研 3 次 15 人次,撰写高质量调研报告 2 篇,为全区部分县区开展技术帮扶服务 4 次;组建志愿服务队伍,落实"双报到"制度,与驻地社区开展党建共驻共建,协同社区开展疫情防控、社区服务、法治进校园等 5 次志愿服务活动;推进职工之家、党建阵地改造,配备系列读本,组织观看爱国、民族团结影片,开设道德讲堂学习"七一勋章"获得者王兰花的优秀事迹,组织"趣味运动会""旱地冰壶""烘焙培训"等各类活动,落实职工正常福利待遇,十部队伍活力得到进一步激发。

(马如国、何维刚)

水利科学研究

【概况】 2022年，宁夏水利科学研究院正高职高级工程师6名，高级工程师14名，享受国务院及自治区政府特贴专家3名，自治区"313"人才5名，自治区青年拔尖人才11名、自治区青年托举人才7名。实施各类科研和技术服务项目103项，其中国家及自治区级科研项目24项，自治区水利厅科研项目27项，技术服务项目52项。获自治区科技进步奖4项。编制地方标准4项，授权实用新型专利5项，登记软件著作权6项，发表SCI论文3篇。

【水资源与水环境技术研究】 2022年，水科院开展"四水四定"研究，完成银川市、灵武市、永宁县、利通区等地"四水四定"用水权管控方案，编制石嘴山市生态水量配置以及银川市深度节水控水攻坚实施方案。修订《宁夏回族自治区节约用水条例》，编制的《宁夏城乡供水条例（送审稿）》通过自治区水利厅节水处验收。编制《宁夏水资源节约集约利用实施方案》《宁夏非常规水源开发利用管理办法》《规划与建设项目节水规划技术导则》三个方案，由自治区水利厅、发改委等部门印发实施；研究宁南山区雨水集蓄利用现状，制定雨水集蓄利用实施方案；承担县域、工业园区等近50个节水载体评估任务。完成自治区重点研发计划"典型农村节能环保型污水处理技术""基于中水利用的智能化控制灌溉技术应用与集成示范"项目验收与成果登记。开展稻渔小镇水资源利用与评价，引进集成现代节水技术，安装量测水及环境监测设施，评价稻渔综合种养模式下的用水量及节水效果。编制《宁夏取水工程（或设施）核验规程》，实施用水定额修订工作，补充完善水利高质量发展制度体系。

【灌溉排水技术研究】 2022年，水科院承担国家重点研发计划专题"宁夏红寺堡次生盐渍地精量灌排协同抑盐产能提升模式示范""灌区多尺度水盐平衡精准灌排技术模式与节水控盐周年配水系统"，集成暗管排水、水盐调控、水资源集约节约利用等技术，建成核心示范区1000亩；完成了7个万亩示范

区灌排体系矢量数据库的建立，开展灌区水盐平衡精准灌排技术模式研究。联合实施农业农村厅"第五、六排水沟断面氮磷流失监测及排域空间范围内农业调查"和自治区基金"宁夏引黄灌区典型排域面源污染负荷时空变化规律与模拟研究"，设置32个监测断面，开展22批次水质水量监测。在全区选取了35个典型灌区464个典型田块布设2400多个土壤水分监测点，开展全区285个大、中、小及纯井灌区2022年度灌溉水有效利用系数测算工作，2021年灌溉水利用系数测算成果通过自治区水利厅审查。

【节水灌溉理论与技术研究】 2022年，水科院开展自治区重点研发计划"红寺堡区水资源优化配置与重点产业高效节水技术集成示范"，在红寺堡区成功试种膜下滴灌谷子。制定《黄花菜水肥一体化生产技术规程》，建立试验示范区3500亩，累计推广4万亩。开展滴灌条件下沙化土壤地力提升、西瓜高产高效水肥耦合、设施番茄基质栽培、玉米-大豆带状复合种植技术试验示范；开展盐分胁迫条件下葡萄适应性及其相应特征研究、枸杞需肥与耗水规律试验研究。与同心如海农业发展有限公司签订《宁夏干旱半干旱区现代节水高效农业关键技术创新与示范》国家科技成果技术转让协议，科技成果转化经费6万元。

【水土保持技术研究】 2022年，水科院承担海原县水土保持技术服务工作，完成《海原县国家水土保持示范县创建总结报告》，协助海原县成功创建国家水土保持示范县。全面开展海原县关桥方堡生态清洁小流域国家示范工程创建工作。开展水土流失

2022年5月9日，水科院开展银川市"四水四定"专题研究

2022年夏，省部联动项目核心示范区
现场调研

2022年春，水科院领导调研督导自治区
重点研发计划项目执行情况

重点防治区划分工作，完成全区首个县级水土流失重点防治区划分工作，分别形成沙坡头区和海原县《水土流失重点防治区划分成果报告》。

【水利工程技术研究】 2022年，水科院开展渠道衬砌冻胀试验、破坏机理及数值模拟计算研究，修订《灌溉渠道衬砌工程技术规范》，研发了低耗耐久的测控一体化闸门。编制《宁夏水利标准体系建设实施方案》，构建宁夏水利标准体系框架。编制大中型水闸、灌区、堤防标准化管理制度及工作手册。承担清水河防洪治理工程2012—2015年建设项目治理效果评估工作。承担的2021年度宁夏中央水库移民扶持基金绩效自评估和后期扶持政策实施情况监测评估顺利通过自治区水利厅验收。

【党建与精神文明建设】 2022年，水科院全年党总支集体学习28次，交流研讨32人次，支部理论学习83次，讲党课34次，专题辅导2场次，青年理论宣讲16人次。深入学习宣传贯彻党的二十大精神，观看开幕式盛况，听专题讲座，院领导带头讲党课，党员交流学习心得。开展习近平总书记视察宁夏重要讲话指示批示精神"大学习、大讨论、大宣传、大实践"活动。落实全面从严治党主体责任，制定党总支工作要点，细化分解145项目标任务，制定全面从严治党54项任务清单和6项整改措施。认真贯彻落实民主集中制原则，全年召开党总支会议44次，研究"三重一大"事项96项。加强党对意识形态工作的领导，定期分析研判意识形态领域情况。编制《宁夏

水利科技创新实施方案》，提出"十四五"时期科技创新发展目标、重点攻关领域及任务。加强督导检查，开展党建工作互观互检2次。创建"科技支撑服务先行区，科学谋水建功新宁夏"品牌，七个院属党支部实现"一支部一品牌"。开展"党建＋"活动。发展入党积极分子2名、按期转正1名。聚焦干部任用、项目执行、物资采购等关键环节排查廉政风险点，层层签订责任书、承诺书，构建院、科室、个人三级廉政风险防控体系。扎实开展"四警六廉""廉政警示教育周"活动。提拔科级干部4名，轮岗交流1名，40岁以下科级干部占比71%。组建学术委员会，实施一对一"导师带徒制"。公开招聘硕士3名。1名老干部荣获第三届宁夏离退休专业技术人才突出贡献奖。开展志愿服务230余人次，开展职工运动会、健康体检、摄影象棋比赛等多项活动；为2名困难职工申请区总工会补助资金3.45万元；慰问住院、离退休干部50余人次。院工会获得自治区水利厅模范职工之家

2022年秋，水科院开展"奋进新征程、
建功新时代"岗位大比武活动

荣誉称号,1人获自治区水利厅主题演讲比赛二等奖。

(朱旭东、王怀博)

机关服务管理

【概况】 2022年,自治区水利厅机关服务中心(以下简称"服务中心")主要负责宁夏水利调度中心大楼的设施设备运行、安全保卫、美化绿化、环境卫生、会务服务、车辆管理、文件打印;管理职工食堂、办公用房,出租营业房;完成自治区水利厅机关各处室后勤保障和服务工作。

【物业管理】 2022年,服务中心严格执行宁夏水利调度中心大楼物业服务社会化管理模式,继续与银川建发物业有限公司签订物业服务协议。制定日常考核细则,强化监督检查,实行周月考核制度,保证了机关日常安保、卫生保洁等工作井然有序。签订安全责任书,将安全任务落实到人头,对办公区域的水、电、消防、特种设施设备加强维护,发现问题及时维修,确保水利调度中心安全平稳运行。

【会务及接待】 2022年,服务中心配合机关有关处室高质量完成国务院南水北调西线工程院士、专家调研期间的住宿、用车及用餐服务保障工作;顺利完成水利部、黄河水利委员会等上级领导来宁检查指导水利工作期间后勤服务。指导物业做好厅机关及驻楼各单位会议服务,每年完成各类会议接待1000多场次。加强对会议服务人员礼仪培训,规范会务礼节,做好清洁消杀,保障卫生安全。

【餐饮服务】 2022年,服务中心加强源头管控,大力倡导节约粮食、光盘行动、珍惜资源、反对浪费的良好行为。坚持每周制定菜谱,合理搭配膳食,强化食品安全,注重餐饮卫生,严格遵守规章制度,服务热情周到。坚持服务中心统筹、物业公司劳务派遣、食品公司配送的管理模式,加强对厅机关职工餐厅的管理,不断提高干部职工用餐质量。不断创新餐厅管理模式,从采购、存储、加工、分餐等各环节抓起,厉行加工和服务全过程节约,倡导按需取餐、文明用餐,在餐盘回收区域监督浪费行为,曝光浪费饭菜严重者,持续纠治"舌尖上的浪费"。做好餐食搭

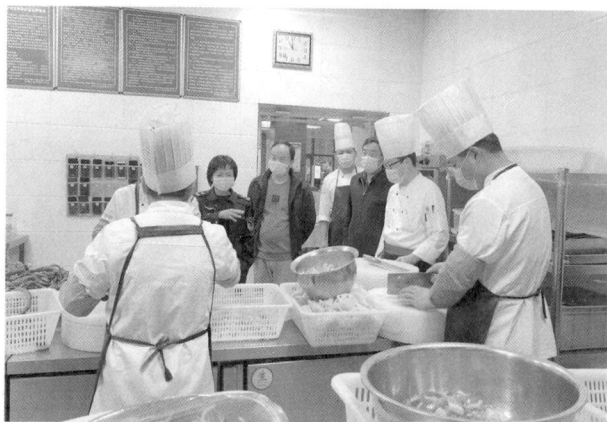

2022年春,服务中心进行食品卫生监督促检查配,实施按需、适量供给,控制采购数量,管控源头,推行餐厨垃圾干湿分离管理,遏制餐饮过程中大量剩饭剩菜现象。

【公共机构节能】 2022年,服务中心在世界环境日期间,向楼内干部职工发倡议,践行"135"绿色出行方案,以绿色低碳出行方式支持节能减排工作。通过电子屏、宣传手册、宣传海报等形式向干部职工进行节能宣传。合理设置空调温度,坚决杜绝"长明灯""长流水"现象。以合同化管理方式引进第三方公司投资安装电动车智能充电设备,有效解决了大院电动车充电秩序混乱、不交费、乱接插线板易引发安全事故等问题。在已创建国家级节约型公共机构、国家能效领跑、自治区级节约型公共机构的基础上,继续加强能源资源消费节约管理,建立能耗管理平台,分析用能现状,严禁使用大功率、高能耗电器。

【车辆管理】 2022年,服务中心规范公车、租赁车辆使用管理,合理安排车辆调度。严格执行厅机关公务用车使用规定,按照不同用车需求调度车辆,有效保障了厅领导和各处室的公务出行。对机关公

2022年12月1日,水利厅无烟党政机关创建验收会议

务车辆实行定点加油、定点维修、标识化管理,坚决杜绝公车私用、私车公养现象,制止"车轮上的铺张"。增强司勤人员的安全意识和服务意识,加强交通安全教育和车辆安全检查,不断提高司勤人员安全行车、文明服务的责任感和安全感。全年没有发生交通安全事故。

【财务管理】 2022年,服务中心严格遵守财务项目预算支出,重大项目坚持由多部门联合审查预算,严格审批权限和审批手续,落实政府采购制度。加强房屋评估租赁管理。签订房屋租赁时,严格对承租者的资格证件进行核实,保证手续完备;并以协议形式规范租用方的费用缴纳标准和时限,保证房租费及时收缴。

【文件打印】 2022年,服务中心严格把关,确保质量,提高效率。无论节假日还是日常加班,及时处理,没有发生工作延误事故;加强设备维护,降低耗材,厉行节约;按照国家保密工作有关规定,认真做好保密工作,没有发生泄密事件。

【办公用房管理】 2022年,服务中心集中统一管好办公用房,年内两次对机关办公用房使用情况开展自查,及时更新办公用房台账,按时向自治区机管局办公用房管理平台上报厅机关办公用房使用信息,确保办公用房不超面积。完成办公用房使用权证办理,实现党政机关办公用房权属统一登记,资产集中管理。加强办公用房维修管理,确保国有资产保值增值。

【党建与精神文明建设】 2022年,服务中心组织党员干部深入学习党的二十大精神和习近平总书记重要讲话指示批示精神,认真学习贯彻自治区第十三次党代会精神,贯彻落实厅党委各项决策部署,加强对党员的教育管理和监督,全面推动党支部各项工作。积极参加厅机关、各单位开展的"互观互检"对照检查评比活动,做到"在查中学、在促中改"。认真开展"主题党日"、专题理论学习、研讨交流和专项整治活动,经常开展谈心谈话,交流思想、交换意见、相互帮助提高。支部全年召开组织生活会2次,开展主题党日活动12次。中心支部将学习贯彻党的二十大精神作为首要政治任务,10月16日,中心全体党

2022年春,服务中心在水利厅举办消防演练

2022年秋,服务中心在水利厅举办消防演练

员集中观看党的二十大开幕式,以"线上+线下"相结合的方式,营造学习党的二十大精神的浓厚氛围。开展"大学习、大讨论、大宣传、大实践"活动,不断提高把握新发展阶段、贯彻新发展理念、融入新发展格局的政治能力。号召全体干部职工将党的二十大精神转化为工作动力,着力提升机关后勤服务保障水平。牢固树立廉政无小事,习惯酿大祸教训,经常咬耳扯袖,提醒打招呼,教育党员干部守住底线,不碰红线。以违规收送红包礼金和不当收益及违规借转贷或高额放贷专项整治为契机,把"严"的主基调贯穿始终,组织支部党员、干部查问题,认真自查自纠,坚决整改到位。

(余洋)

水文化建设

【概况】 宁夏水利博物馆于2011年9月建成开馆,2013年完成事业单位登记注册和组织机构代码证办理工作,设置为自治区水利厅直属副处级事业单位。宁夏水利博物馆位于青铜峡镇青铜峡大峡

2022 年 12 月,自治区法治宣传教育基地奖牌

2022 年秋,宁夏水利博物馆小小讲解员

谷景区入口处,占地面积 3500 平方米,总建筑面积 4085 平方米,布展面积 2850 平方米,是一座集宣传、展示、教育、互动为一体的公益性行业展馆。建筑设计独特,采用秦汉时期的高台式建筑风格,馆顶为青铜扭面顶,周围衬托景观水系和微缩黄河地面景观,与北面的九渠广场、青铜古镇遥相呼应,形象揭示了宁夏水利的秦风汉韵。外墙运用线刻艺术,以浪花和祥云贯穿,行云流水般勾勒了秦汉移民屯垦开渠、塞上水利新貌等线雕,让古朴与现代完美融合,全面展示了宁夏悠久厚重的水利开发建设史。

【宁夏引黄古灌区世界灌溉工程遗产展示中心建设】 宁夏引黄古灌区世界灌溉工程遗产展示中心(以下简称"展示中心")位于贺兰县丰庆西路以北,唐徕渠满达桥分水闸东侧,东临规划路。作为黄河(宁夏段)国家文化公园的标志性建筑,由水利工程建设中心作为项目法人,扎实推进工程建设工作。2022 年上半年,展示中心布展与土建工作同步开展,宁夏水利博物馆全力协助布展相关工作,先后多次组织召开专家咨询会议,对展陈大纲九易其稿进行修订完善。7 月 21 日,布展方案经自治区水利厅党委会审定;8 月 4 日,挂网启动招标流程;9 月 21 日,完成中标公示,正式开展展陈布展工作,对各展厅展陈布展设计方案同步进行审议修订。为进一步提升布展质量,宁夏水利博物馆多次前往甘肃、河南、四川等文物市场调研,拓宽渠道征集水利相关文物藏品。收集秦汉时期陶水管、铁质农耕用具等水利文物 10 余件,搬运惠农渠、第二农场渠明代闸墩砌石千余块,购买《历代治黄史》《治河述要》等书籍共百余本以及其他 400 余册书籍史料,征集大型测流

仪、自记水位仪、测船、钳鱼、木桩基等实物 300 余件。全面航拍灌区关键水工建筑物照片千余张,收集整理吴尚贤等老专家捐赠的水利图纸、资料 4000 余件。截至 11 月底,展示中心主体建筑结构施工完成。12 月底前完成文物库房设计方案审定。

【水博馆水文化展示传播】 2022 年,水博馆坚持预约制免费开放 236 天,接待各级领导,以及水利部、黄委相关司局部门和区内外企事业单位的领导参观考察。水博馆与宁夏日报、吴忠日报等媒体共同协作,从国之重器、千秋流韵等不同侧面,对宁夏悠久水利历史文化进行宣传报道。积极开展青铜峡市文明单位申报工作,顺利通过专家组评审。持续开展"小小讲解员"志愿讲解活动,于节假日为游客免费讲解,让更多的青少年投入到水文化传播讲解中。2022 年水博馆共接待团体考察 220 余批次、1.5 万余人次;游客 11.6 万人次,其中学生近 1 万人次。在文旅厅博物馆免费开放绩效考核中被评为优秀等级。2022 年 12 月被自治区党委全面依法治区委员会公布为第二批自治区法治宣传教育基地,被水利部、教育部、全国节约用水办公室评为全国中小学节水教育社会实践基地。

2022 年 8 月 19 日,福建大学研究生支教团活动

2022年春,青铜峡三中水周节水教育活动

【水文化研究挖掘】 截至2022年12月底,共整理出宁夏引黄灌溉工程遗产保护名录280余条,及近300处水利相关地名的沿革变迁、现况描述和历史文化等内容,已基本完成初稿编制。多方收集宁夏灌溉古图140余张,其中包含5张极具研究价值的清代宁夏水利舆图。截至2022年12月底,已完成图纸电子化扫描、修图校对,计划2023年完成《宁夏历代河渠图集》编纂出版。收集了清代宁夏水利奏折240余份,已汇编成册。

【水文化遗产申报保护】 按照水利部办公厅《关于开展国家水利遗产认定申报工作的通知》要求,认真组织做好申报书编制、遗产宣传视频摄制、遗产文史资料梳理、现场环境优化整治、各市县区保护利用承诺函收集等工作,得到水利部核查专家组一致好评。积极沟通对接、协助推荐唐徕渠满达桥节制闸等两处工程申报第四届全国水文化与水工程融合典型案例,推荐水文水资源监测预警中心苏峪口水文站申报全国水情教育基地。 （徐李碧芸）

网络信息运维

【概况】 2022年,宁夏水利信息中心(以下简称"信息中心")高级职称3人,中级职称3人。

【信息化建设】 2022年,信息中心制定印发《宁夏数字治水"十四五"规划》,完成《数字孪生流域建设宁夏省级试点实施方案》并通过黄委会专家审查,《数字孪生流域("四预")建设宁夏省级试点项目需求分析报告》通过自治区水利厅审查上报自治区发改委。宁夏"互联网＋城乡供水"管理服务平台建成并试投运,已接入城乡供水数字化设备超40万台;《宁夏"互联网＋城乡供水"平台管理办法》完成征求意见;《宁夏"互联网＋城乡供水"数据规范》完成行业审查。黄河宁夏段及重要河湖三维地理信息系统项目完工验收进入试运行。宁夏水利行政审批系统建设项目、公文处理系统升级改造项目完成竣工验收,内控升级改造项目完成档案验收。

【运维管理】 2022年,自治区水利厅投入信息基础设施运维人员25人,确保自治区水利厅终端、电话、网络及安全、水慧通平台、数据中心、内控系统等使用正常,问题得到及时有效处置,各类会议正常开展。全年保障自治区水利厅终端维护1693次,二楼会商中心会议154次,九楼无纸化一般会议、厅务会和厅党委会47次。疫情期间,超半数人员驻扎自治区水利厅机关大楼1个月,全力保障了自治区水利厅机关正常工作。先后处理水利网络资源问题125次,保障自治区水利厅与水利部、黄委、各市、县(区)等各类视频会议29次;保障自治区水利厅机关工作人员现场办公桌面终端、电话维护、打印设备153次,保障全区水利系统职工远程办公VPN开通227个,确保有要求必落实,有问题必解决,有工作不停误。

【网络安全】 2022年,信息中心修订《宁夏水利网络安全事件应急预案》,加强应急处置管理和数据安全保护。编制《宁夏水利网信安全风险问题检查指南(2022版)》,为各单位网络安全工作提供指导。制定2022年度网络安全大检查实施方案,重点检查了信息化资源。开展全系统网络安全专项检查和回

2022年6月13日,宁夏"互联网＋城乡供水"管理服务平台项目完工验收会

头看,以服务促落实,以指导促整改。完成自治区水利厅5个三级系统等保测评和风险评估,4个二级系统等保测评。全年对云平台66个信息系统、各类安全设备、292台云主机开展漏洞扫描和安全检测15次,按需调整各类安全策略10次,在重要时段加强日志关联分析和网络运行状态信息报送频次。共发现整改中高危漏洞1611个,处置境外网络攻击、木马挖矿事件等安全隐患124个,共向全区水利系统32家单位下发网络安全告知书240份,印发网络安全漏洞摘编11期,转发自治区网络与信息安全预警通报10余次。参与水利部、公安厅等单位组织的网络安全攻防演练4次,开展全水利行业攻防演练,取得战果133项。通过"演练+渗透",深入挖掘重要系统安全隐患,确保重保期间运行稳定。发布预警提醒短信6000余条,全力做好冬奥会、党的二十大等重要时间网络安全调度50余次,全年未发生网络安全事件。与各第三方服务单位签订网络安全责任书和保密协议,压实网络安全责任。

【数据安全】 2022年,信息中心新开通10家单位12个系统云主机81台、云数据库10台,下线3个应用系统。为规范云资源的办理,建设了云资源管理系统,编制《宁夏水利厅云资源办理规定》,有效提高了云资源办理和监管效率。基层单位电子政务外网全覆盖,扩容16条电路带宽,降配3条、拆除2条。完成水慧通与宁政通对接,宁夏水利应用公共平台更新升级56次,新接入应用9个,处理解决各类问题7277个,《宁夏水慧通管理办法》完成征求意见工作;解决内控、财务系统各类问题3878次。新接入43家单位304路视频,保障视频随调随用,应接尽接。加速数据集成、交换共享,水利数据交换平台新增8个节点、48个交换流程,年度交换量约14.5亿条,通过水利地图共享服务平台累计更新发布46个地图服务,打通与水利部数字孪生共享平台,促进国土资源数据共用共享,保障重要项目使用。完成《宁夏水利政务数据安全管理暂行办法》意见征求工作。

【党建与精神文明建设】 2022年,信息中心党支部始终坚持以习近平新时代中国特色社会主义思想为指导,全面推进党支部标准化规范化建设。深入学习贯彻党的十九届历次全会、党的二十大精神及习近平总书记讲话精神和视察宁夏重要讲话指示批示精神,深入学习贯彻自治区第十三次党代会精神。以主题党日保证学习全面深入,以党课促使精神深入剖析。按照自治区水利厅党风廉政建设要求,以党的政治建设为统领,认真落实党建主体责任和"一岗双责",做到党建业务齐抓共管,党务业务正风肃纪。全年党支部召开13次主题党日、4次党课、6次党员大会,参加自治区水利厅党委专题学习、知识竞赛,不断提升中心党员及发展对象的政治理论水平,强化党建学习和实践,综合提高党员素质。通过党员大会、支部会议,规范行使权力,充分研究决策,确保"三重一大"落实落细。通过开展"大学习、大讨论、大宣传、大实践"活动,党支部的吸引力、凝聚力、创造力和战斗力切实增强,党建水平不断提升。 (周钰)

2022年11月15日,宁夏水利行政审批管理系统建设项目竣工验收

2022年4月24日,水利厅科信处联合信息中心、宁夏电信开展主题党日活动

十三、渠道管理

渠道管理

唐徕渠

【概况】 2022年,唐徕渠全长314千米(含良田渠、大新渠、第二农场渠、暖泉渠),水工建筑物868座、支渠512条,承担着灌区3市(吴忠市、银川市、石嘴山市)9县(市、区)(青铜峡市、永宁县、兴庆区、金凤区、西夏区、贺兰县、平罗县、大武口区、惠农区)120万亩农田灌溉及20万亩湖泊湿地生态补水,在灌区经济社会发展中发挥着重要的水利支撑作用,被誉为"塞上乳管"。

宁夏唐徕渠管理处下设7个职能科室、工会、团委两个群团组织和11个管理所。全年渠道安全行水208天,创十年来历史新高;引水9.18亿立方米、供水8.17亿立方米。灌区渠安水泰、瓜果飘香、五谷丰登,粮食生产实现"十九连丰"。管理处荣获自治区水利厅2022年度先进单位。

【灌溉供水管理】 2022年,唐徕渠管理处广泛开展水权改革政策宣传贯彻,督导灌区健全完善25个管理组织,提升了"建、管、服"能力。协同核定灌溉面积105万亩,压减水稻6万亩,新增节灌3.28万亩。主动应对干渠中低水位常态运行、高温干旱、疫情严峻复杂形势,科学编制全年用水计划、高峰期抗旱保灌预案、冬灌应急预案等各阶段调度方案。坚持落实先确权再计划、先申请再配水、先下游再上游、先高口再低口的"四先四再"用水原则;落实每月一计划、每旬一安排、每周一研判、每日一结算的"四每四一"管理制度。创新实施了跨渠道(惠农渠)、跨沟道(第五排水沟道)、跨县区(惠农区)"三跨"联调措施,首次实施库渠联调联补。干渠3月15日开闸放水,为全区最早,全年安全行水208天,唐徕渠年度计划引水量11.407亿立方米,实际年度引水量9.18亿立方米,较计划引水少2.23亿立方米,较2021年度引水量少1668万立方米;年度计划供水量10.038亿立方米,年度实际供水量8.17亿立方米,供水商品率89%。其中,年度农业计划供水量7.07亿立方米,实际农业供水量6.4亿立方米,比计划供水量少6682万立方米;生态补水1.77亿立方米,其中为典农河补水6543万立方米,沙湖补水3684万立方米,其他零星湖泊补水7473万立方米。

【工程建设与管理】 2022年,唐徕渠管理处完成大坝沟涵洞、望远节制闸等4座建筑物改造。完成年度维修养护资金974万元,实施病险工程除险加固、设施设备更新改造和维护保养113项,保障工程安全运行。灌区标准化规范化建设深入推进,制定《标准化规范化建设实施方案》《"事—岗—人"》工作

2022年秋,唐徕渠望远闸(良渠口节制闸)改造建设工地

清单》，细化188项任务清单，实现了任务清单化、工作流程化、管理精细化。持续推进水利改革，探索"大所＋小所""段改班组"的管理新模式，工程维修和物业管理实行社会化服务，提升了单位管理效能。投资47万元，完成12个调度分中心、14座水闸标准化建设。大闸实施二维码管理，实现设备设施身份识别和现场可视化管理。"巡渠通"终端在全渠系有效应用。配置巡护专用电动车17辆，创新了渠道管理新模式。强化工程监管，组织对20项跨(临)渠进行技术审查，批复建设13项，完成验收10项。有力支持了乌玛高速、金凤五路桥梁工程、汪家庄水源替换工程等自治区重点项目的顺利实施。全年清理渠道杂物3665立方米，清淤30千米。

【防汛抗旱】 2022年，唐徕渠管理处成立应急管理小组，建立联防联储机制，建立群防联防应急抢险队伍94支，储备机械51台，与13家企业签订抢险物资代储协议，开展各类演练25场次。汛前召开防汛形势会商会议2次，修订管理处综合应急预案及专项应急预案10项、现场应急处置方案6项，印发《应急预案手册》280份，开展不同险情模拟环境下应急抢险演练11场次。印发《关于做好汛期安全生产工作的通知》等文件4份，组织洪水防御风险隐患专项检查2次，落实24小时防汛值班值守和领导带班制度，落实重点巡护渠道、建筑物的巡护责任和责任人。从讲政治的高度与学校、社区、公安等联防联动，发送防溺水短信1.7万条、宣传单3000份，设

2022年6月29日，水利厅党委书记、厅长朱云到唐徕渠管理处调研指导抗旱保灌工作

置警示牌830块、涂刷标语349条，在全社会营造了防溺水浓厚氛围。沿渠设置救生设备162套，及时营救了4名群众生命。

【安全生产】 2022年，唐徕渠管理处建立健全党委和领导干部安全生产责任清单、全员安全生产责任制、领导干部包抓包保制度，修订完善"综合＋专项"10项应急预案、6项处置方案，构建了生产安全事故应急制度体系。以"安全生产月""消防宣传月""保密宣传月""网络安全宣传周"等为重点，广泛开展安全文化宣传教育，全员安全意识明显增强。扎实开展水利安全生产三年行动、百日专项整治行动、安全度汛攻坚行动、防风险保稳定专项行动，全面推行"安全监管＋信息化"，处所深入开展安全检查26次，整治隐患10项127个问题，拆除(封堵)25处闲置房屋，消除了安全隐患。

【信息化建设】 2022年，唐徕渠管理处协调地方投资465万元，建成57处量测水设施、1处ADCP自动化测流县界断面。良田渠、大新渠、暖泉渠三大支干渠进水闸实现远程操控及雷达波测流。截至2022年底，共有197套自动量水设施"在岗"运行，县界交水断面100%自动监测，干渠80%的大闸实现远程控制，38%的直开口已自动计量，唐徕渠平罗姚伏段实现了全渠道智能控制。推进水利信息标准化建设，10个分中心完成升级改造。"需、配、供、调、量"五大模块功能进一步优化。打通了"四级"线上服务通道，3市9县(区)34个乡镇273个村供用水数据已互联共享，用水户App申报使用率100%，水管业务全部线上运行，供用水报批实现流程跑路、数据服务，综合业务基本实现数字化、可视化、网络化。强化网络安全管理，建立健全组织机制，加强重保期间三级值班值守，高度重视网络安全运维，特别是紧盯网络系统及终端漏洞监测和问题整改，网络安全稳定向好。

【水行政执法】 2022年，唐徕渠管理处组织学习《中华人民共和国民法典》《黄河保护法》《反有组织犯罪法》、新《行政处罚法》《安全生产法》《水工程管理条例》《监察法》《招投标法》《节约用水条例》等法律法规宣传解读。印发《2022年常态化开展扫黑

除恶斗争实施方案》，将常态化开展扫黑除恶斗争工作纳入社会治安综合治理考核内容，做到机构常设、人员常在、工作常抓，实现常态化运行。以联学联建模式有效利用唐徕渠西门桥城市段落基础条件联合建设黄河法治文化主题公园进入施工期。开展"水行政执法提升年"活动，监督检查问题全部整改。29件来信来访全部办结。全年无重大治安案件、无刑事犯罪案件和民事转刑事案件、无影响社会稳定和群众生命安全的突发事件等。

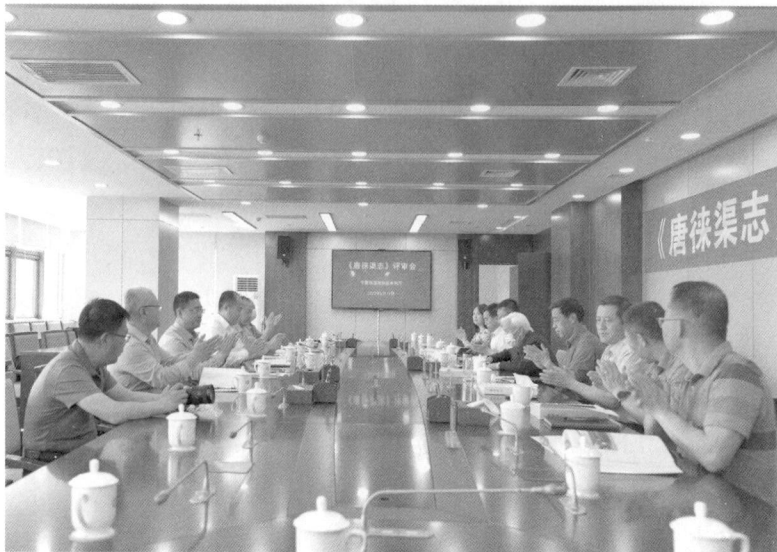

2022年5月19日，水利厅评审会通过《唐徕渠志》审核

【财务管理】 2022年自治区财政下达唐徕渠管理处部门预算资金6884.48万元，截至12月31日形成支出6882.65万元，执行进度为99.97%，全口径编制2023年部门预算5319.14万元。落实用水权改革，掌握新的水费管理政策，做好政策宣传落实。截至12月31日，收取水费1814.90万元。推动国有资产管理，将1029.18万元在建工程划转至水利公共基础设施工程，提高资产管理效能。开展领导干部离任审计和任中审计，完成5名科级干部经济责任审计，积极开展2021年成本测算工作，及时科学核定年度供水成本，测算2021年不含折旧总成本费用6974.66万元，单位供水运维成本0.079元/立方米。

【水利宣传】 2022年，唐徕渠管理处利用公开媒体、新媒体、电子屏、展板、微信公众号等多种形式，及时组织稿件、宣传报道全处党建、工程、灌溉、生态补水、河湖复苏、水政、疫情防控等工作动态和工作成效，为水利改革发展营造了良好的舆论氛围。截至2022年底，共撰写编辑各类水利信息宣传稿件702篇，简报及新媒体196篇，其中在中国水利、宁夏电视台、宁夏日报客户端等公开媒体宣传55篇，视频宣传7条，自治区水利厅网站采用102篇，自治区水利厅公众号刊登32篇。管理处微信公众号"唐徕渠管理处"每日刊发1次，截至2022年底，关注人数600余人，发稿量538篇，阅读量超过10万，提升了政务新媒体的服务宣传功能。《着力构建推动水利高质量发展"雁阵"》被自治区水利厅以情况通报形式转发。信息宣传积分在厅属单位中名列第一。

【党的建设】 2022年，唐徕渠管理处认真贯彻民主集中制，严格落实"三重一大"、重大事项报告、会前"学法一刻钟"、安全生产季度专题例会等制度，召开处务会23次、党委会46次，审议研究事项231项。全面落实"第一议题"制度，组织学习党的二十大和自治区第十三次党代会精神共405场次，交流研讨856人次，"千场党课下基层"22场次，青年"我学我讲新思想"37场次，参学率达100%。守好意识形态主阵地，落实信息发布"三校三审"制度。定期开展党员干部职工思想动态分析。全年无意识形态、网络舆情、失泄密问题发生。优化调整7个党支部，通报整改1个降星党支部，对2个考核靠后党支部提醒谈话。选优配强16名党支部书记。建立了党支部书记后备人才库。培养入党积极分子7名，发展新党员2名。开展党务干部"三强化四过硬五带头"活动，在自治区水利厅党务干部"夯基固本"大擂台比赛中荣获第三名。组织生活严肃规范，主题党日活动特色鲜明。党费全部实现云平台缴纳。打造"唐徕渠畔党旗红 水脉流润惠民生"分品牌和"古老唐徕渠标杆满达桥"等16个子品牌，构建了行业特色鲜明的党建品牌"矩阵"。实施"双强双带"工程，创新开展"三亮三评三创"活动，选树了15个党员先锋岗、5个优质服务示范点、2个党建引领标杆党支部。

36 项"我为群众办实事"全部落实。灌区乡村送来锦旗 13 面。

【干部队伍建设】 2022 年,唐徕渠管理处提拔科级干部 9 名、交流使用 11 名、配齐了 5 个科室、10 个管理所领导班子。40 岁以下科级干部比例提高了 11 个百分点。将 14 名高学历年轻干部选为科所长助理。班子成员"1+2"包抓、科所长"一对一"紧盯培养 36 名年轻干部。安排 9 名机关干部到基层锻炼,选调 14 名基层职工到机关调训,选送 14 人到上级部门跟班学习,拓宽了人才培养渠道。新招聘人员 6 名。评聘专技岗 22 人、晋聘工勤岗 97 人。开展赛场选马、技能比武、达标上岗等系列活动和各类业务培训,参培率达 100%。

【党风廉政建设】 2022 年,唐徕渠管理处全面查找廉政风险点。强化"一把手"和领导班子监督。加强新时代廉洁文化建设,推进"廉洁型机关"建设,大力实施"四警六廉"工程,扎实开展"廉政警示教育周"活动。组织各类廉政教育活动 120 场次,受教育 1284 人次。创新开展"能力作风建设年"活动,大力整改了消极懈怠、标准不高等 4 个方面突出问题。工作纪律、劳动纪律真管真严,学风文风会风全面改进。

【精神文明建设】 2022 年,唐徕渠管理处开展文明科室、文明所段、文明职工、文明家庭"四个评选";党建带工建、团建、妇建"四个同建";春学雷锋、夏送清凉、金秋助学、冬送温暖"四送温暖"和花园、果园、菜园、田园"四园建设"活动,选树了 10 名业务标兵、10 名青年标兵、5 名最美巾帼奋斗者,涌现 3 起英勇救人、拾金不昧的动人事迹。巩固全国文明单位创建成果。工团组织发挥桥梁纽带作用,形式多样开展"喜迎党代会 献礼二十大——争做先行区建设的先行者"主题实践活动,以及"保护生态环境 建设美丽唐徕""绽放巾帼芳华 强国复兴有我""担当治水使命 展现青春力量""抓安全除隐患保供水""庆八一感党恩 喜迎二十大"等系列活动。在自治区水利厅演讲比赛中荣获二等奖、优秀组织奖,处工会和 3 个工会小组荣获"模范职工之家"称号。

(牛晓丽)

西干渠

【概况】 宁夏回族自治区西干渠管理处(以下简称"管理处")设 7 个职能科室和 6 个基层管理所及 1 个维修养护大队。2022 年,管理处荣获自治区水利厅"先进单位"荣誉称号。西干渠全年安全行水 180 天,引水 4.809 亿立方米,供水 4.516 亿立方米,生态补水 0.33 亿立方米,商品率 91.5%,上缴供水水费 1450.08 万元,国有资源收入 53.89 万元。

【灌溉管理】 2022 年,管理处认真贯彻"四水四定"原则,抓住关键,转换职能,强化水资源刚性约束,落实用水权改革,为灌域各业用水提供了坚实的水安全保障。严格执行分级管理责任,主动对接市县区水务部门,提前预警,动态核算,由水量管理向水权管理转变,及时落实用水量管控和用水预警机制,高效优质做好灌溉管理服务工作。实行最严格用水定额标准,严格监督管控,推进用水规范有序。全年下发预警通知书 58 份,市县内部调整用水指标和水权交易 20 余次,共调整用水指标 2325.8 万立方米。做好银西湖泊湿地补水工作,持续提升银西生态用水,典农河上段水系的水生态治理与保护。实行"处—所"两级水量调度模式,转变传统调度方式。

【工程建设与管理】 2022 年,西干渠管理处投入资金 314 万元,完成 15 千米渠道清淤,3 座泵站保养,3 个管理所、8 座节制闸、退水闸的安全标准化建设和滚钟口水库坝坡贴坡排水 500 米,进一步提

2022 年夏,西干渠标准化渠道

高大坝的安全和稳定。筹措资金230万元，实施第一、二所和镇北堡拦洪库管理所办公用房外墙保温及独立卫生间节能改造项目。全年审核跨(临)渠工程5项，全过程监督实施。把第一、二所和三所物资库作为试点单位进行标准化规范化建设，完善各项安全目视化建设100余处，打造可复制、可借鉴的工程典型。优化信息化电子档案，干渠逐步实现了人工传统管理模式向信息化管理模式转变的大幅度跨越。管理处在自治区水利厅2021年度工程标准化规范化管理工作考核中名列厅属渠道单位第一。全面推行工程管养分离试点，全年完成树木养护5.5万棵，渠堤道路整修10千米；撤销所有段点，实现泵站少人值守、无人值守的目标。

【防汛抗旱】 2022年，西干渠管理处投入4.73万元补充防汛物资储备组建抢险队伍，开展全流程"预演"和实战化模拟；加快推进西干渠防洪调度数字孪生平台建设，安装15处雷达水位计、10处视频监控设备，干渠BIM模型已初步建立；完成滚钟口水库大坝安全鉴定工作；成功抵御入渠洪水6次，消化利用洪水450万立方米，有效提高了水资源利用率；配合银川市防汛抗旱指挥部办公室开展贺兰山东麓(银川段)抗洪抢险救援应急演练，并获优秀组织单位奖，滚钟口水库被授予2022年银川市防洪演练实训基地。全年无安全生产事故。

【安全生产】 2022年，西干渠管理处扎实推进安全生产三年专项整治行动集中攻坚，聚集重点领域，紧盯风险隐患，建立健全严密科学高效的安全生产责任体系。从严从细从快抓好百日专项、危房专项

2022年5月3日，银川市西夏区平吉堡节制闸

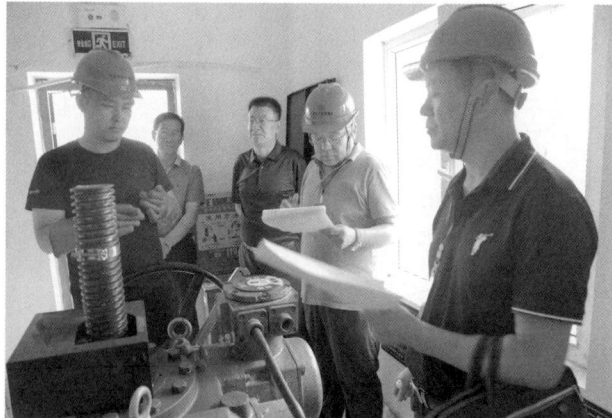

2022年夏，管理处开展职工技能竞赛

整治工作。持续推进安全风险管控和隐患排查治理体系双重预防机制，建立危险源管控台账，实施动态监管危险源。以"巡渠通"App为手段，实现线下巡查与线上反馈、线上处理闭环管理。

【信息化建设】 2022年，西干渠管理处完善闸控和业务管理系统功能，推进灌溉业务线上运行，实现全自动远程、智能多闸联控；累计安装雷达水位计47处，实现干渠水位自动上传功能；安装轨道巡检机器人，以自主或遥控的方式，完成泵站设备及环境的巡检监测任务；申报《西干渠无线聚合通信网络的建设与应用》科研项目；《渠道扬水泵站智能量水关键技术及应用研究》和《宁夏西干渠志》分别荣获自治区水利厅科技进步二等奖和三等奖。

【水行政执法】 2022年，西干渠管理处定期举办培训班，聘请专业律师进行集中培训；利用"世界水日""中国水周""安全月""宪法宣传周""主题党日""道德讲堂"等活动增加学法普法内容；运用网络、多媒体、微信公众号等进行自学，答题营造学法、普法氛围。落实水行政执法"三项制度"要求，依法查处水事违法行为12起；巩固和扩大扫黑除恶斗争成果，实现扫黑除恶斗争常治长效，全年未发生参与黄赌毒和非法传销、邪教组织、高利放贷等非法活动，没有信谣传谣和发表不良言论行为。明确工作目标，严格落实各项工作任务，实施法律顾问制度，开展法律顾问送法到基层活动，营造人人参与创建的氛围。管理处荣获自治区"平安宁夏建设"考核优秀等次。

【财务管理】 2022年，西干渠管理处公用经费预算支出216.2万元，分配科室管理经费25.58万

2022 年春，管理处职工深入田间地头查看作物长势，了解用水需求

元，管理所(队)生产经费 40.05 万元，职工培训差旅费及疫情防控经费 20 万元。依托财政一体化系统、资产信息管理系统、云平台财政实时监控系统和内控系统，实现多平台数据互联互通。

【水利宣传】 2022 年，西干渠管理处成立宣传工作领导小组，制定信息宣传管理办法，加大宣传经费投入，加强人员培训。向主流媒体通报情况、提供信息，推出精品力作，在"传统媒体＋网络媒体"上齐发力，多角度展示管理处新气象新风貌。全年编发宣传稿件 352 篇，公众号发布 473 篇，制作电子屏 27 期、宣传展板 12 期。在宁夏机关党网、宁夏水利网刊登稿件 62 篇。积极宣传管理处深入学习党的二十大精神，聚焦群众"急难愁盼"，扎扎实实为民办实事、解难题的生动实践。积极配合做好主题采访报道，大力宣传为民服务、作出贡献的水利先进集体和先进个人的典型事迹。利用各种户外宣传媒介加大宣传力度，组织拍摄专题片，生动反映党领导人民治水的辉煌成就。对银川都市圈城乡西线供水等已建工程发挥的巨大效益进行挖掘报道，大力宣传水利信息化建设取得的新进展、新成效，为加快重大水利工程建设提供有力舆论支持。广泛宣传贺兰山东麓防洪为重点的防洪减灾工程体系建设，全面提高水灾害综合防治能力的进展成效。

【党建与精神文明建设】 2022 年，西干渠管理处组织开展学习贯彻党的二十大、自治区第十三次党代会精神和"大学习、大宣传、大讨论、大实践"活动 12 次，安排政治理论学习 324 课时、党课下基层 9 场次，常学常悟党的理论，不断坚定理论自信。高标准完成处党委换届，9 个基层党组织换届调整，领导班子结构进一步优化。成功创建五星级党组织 1 个。严格落实"第一议题"、持续推进"三强九严"工程，培训党员 80 人次，发展党员 3 名。以定期开展"互观互检"、党建述职评议等，压实各级各岗党建主体责任。优化"党建领航工程"，深化 10 个党建特色品牌建设，抓实"智慧党建"工作系统，带动基层党组织全面进步。综合运用意识形态工作《正负面清单》，开展意识形态工作检查 4 次，党员思想状况调研 2 次。开展青年干部"赛场选马"、党务干部"夯基固本""党员风采展"等活动，取得良好反响。积极推行党建与业务工作"大融合"工作模式，引导各党支部把党组织政治优势转化为服务发展优势，将党建成果"化虚为实"。逐步建立干部和人才梯队培养体系，实施 20 名科级干部动态储备库、干部盘点和"一职二备"工作方案，"一库两方案"充分盘活人才资源，实现了干部和人才队伍源头有储备、选择有空间、使用有梯队。启动实施干部培养"789 薪火"计划，全年调整交流科级干部 3 名，新招录工作人员 6 名；强化干部职工培训，举办各类培训班 27 期；调训轮训、跟班学习、上挂下派 13 人次，使干部人才经历更丰富、阅历更完整、能力更扎实。严格执行国家工资福利政策，办理各类工资调整 112 人次，专技人员晋升、工勤人员晋级 45 人，完成新一轮岗位设置，抓好离退休老干部服务，落实好待遇。

（岳志春、陈丽娟、姚建华）

惠农渠

【概况】 2022 年，惠农渠自青铜峡河西唐总干渠引水，设计流量 97 立方米／秒，加大流量 106 立方米／秒，总长 252.52 千米。其中，主干渠 136.92 千米，支干渠 3 条 90.26 千米；扬水干渠 3 条 25.34 千米。有水闸、涵洞、渡槽、干渠直开口、桥梁等各类渠道建筑物 872 座。主要承担青铜峡、永宁、银川市兴庆区、贺兰、平罗、石嘴山市惠农区 6 县区、22 个乡镇、168个行政村和17个农林牧渔场114.94万亩农田灌溉、生态补水任务和渠道工程管理工作。宁夏惠农渠管理处下设7个职能科(室)、9个管理所。全年干渠安全运行181天,计划引水8.245亿立方米,实际引水6.88亿立方米,节水1.365亿立方米,指标供水6.19亿立方米,商品率为89.8%。灌域6县区均颁布农业水价综合改革实施意见,22家乡(镇)农民用水合作社或专业灌溉服务公司全部成立。干渠水费收缴1754万元。

【灌溉供用水管理】 2022年,惠农渠管理处制定2022年度标准化规范化创建方案,开展培训4次,技能竞赛1次,选取6个管理所开展灌区标准化规范化建设试点工作,完成850分的年度创建任务。以支干渠设所并段,基本实现"调惠济扬"目标。制定制度方案43个,56座水闸防汛"三个责任人"制度全部落实,推行水闸运行操作票制度。推行"扁平化"管理,实行处所两级调度调配联动,提高调配水效率。明确了专职测水员,完善计测"计量—校核—复核"体系,对17座干渠测水断面水位流量关系曲线进行核准。首次实施"逢6"用水申报,采取适时提前开灌、拉长灌期、加大流量、跨渠调度、"一把锹"淌水等措施,坚决遏制粗放用水行为,时段引水流量控制在计划指标之内。

【工程建设与管理】 2022年,惠农渠管理处采取水利工程政府采购市场化运作、专业化实施、第三方审计、全流程民主决策、合同化管理,确保资金、干部、工程安全。完成青铜峡灌区惠农渠续建配套与现

2022年5月11日,司法部、水利部领导调研指导渠道供水管理和节约用水工作

代化改造一期工程及二期80%建设任务,完成阮桥分水闸重建工程的水下部分、改造干渠直开口测控一体化闸门13座;实施官泗渠(惠农段)量测水设施改造干渠直开口测控一体化闸门8座,4座水闸信息自动化远程控制、干渠砌护率93.2%;投入维修养护资金518万元,实施维修养护工程188项。

【防汛抗旱】 2022年,惠农渠管理处面对灌区60年一遇的高温,分成六个抗旱小组,到灌区用水一线,蹲点值守,实施应急泵站、加大进口流量等多水源取水,错峰供水,保障农田适时灌溉。

【安全生产】 2022年,惠农渠管理处把安全生产15条硬措施贯穿日常业务各领域全过程,制定落实措施20条,将安全生产"三个责任"权责清单落实到所有工作岗位、环节。加强安全"双控体系"建设,投入资金35.88万元,创新安全监管模式,推行处、所、段、岗位"四级叠加安全监管",形成线上线下并行监管。开展好安全生产专项整治"三年行动"和年度专题行动、专项检查,落实常态化疫情防控,组织实战化演练9次,对查出的隐患建立台账、限期治理,形成闭环管理,危险源监控率、隐患缺陷整改率均达到100%。

【信息化建设】 2022年,惠农渠管理处创建自动化调度模拟数字仿真应用系统,整合遥测水位监控站57处,调整水情视频监控站60处,依托惠农渠综合业务平台和调度自动化模拟仿真系统,干渠自动化测水断面测流数据应用100%。18座干渠水闸实现远程自动化控制,干渠直开口测控一体化控制率达35%,22座建筑物、10.5千米干渠实现视频在线监测,视频水位监测站15处,雷达、超短波遥测水位站78处,管理所、段视频监控全覆盖。新建雷达自动测流断面10座;处所安装视频会商系统10套;对52套测控一体化闸门设备赋码亮证,公共管理人员只需"扫一扫"就能获取设备名称、责任人员等信息,为水务公开便民化进行有效探索。

【水行政执法】 2022年,惠农渠管理处印发《惠农渠管理处2022年度普法学习计划》,建立党委中心组理论学习集体学法、领导干部会前学法和领导干部学法清单制度。投资10万元在永宁人民公园

2022年10月28日,惠农渠管理处与惠农区农水系统开展谈心会

段建立水利法治文化阵地。3月22—28日开展第三十届"世界水日"、第三十五届"中国水周"活动,4月开展"4·15全民国家安全教育日"普法宣传活动,5月开展"美好生活·民法典相伴"主题教育实践活动。坚持管理所10天一巡,管理段5天一巡,管理处不定期巡查,加强水事纠纷集中排查化解工作,常态化开展扫黑除恶专项斗争,做好社会治安综合治理工作,实现了2022年度无重大恶性案件、无"黄、毒、赌"、无刑事案件、无干部职工违纪违法、无群体上访事件,单位内部稳定,水事秩序良好。

【财务管理】 2022年,惠农渠水费任务由当地水行政主管部门负责征收交管理处,管理处统一上缴至自治区财政专户。严格执行预算管理和内部控制管理制度,对管理处范围内所有资产进行统一登记入库、统一管理。加强物业费、培训费、国有资源有偿使用收入管理。建立健全土地资产出租管理台账,规范国有资产的出租行为,土地、房屋等资产出租应按照公开、公平、公正的原则进行公开竞租。对50亩以上的土地,招租公告应在当地县级及其以上报刊、网络及其他媒体上发布;对20亩以上50亩以下的分散土地应在一定范围内发布招租公告实行公开竞租,及时签订租赁合同并收取承包费。将各项费用全部纳入财政内控系统统一计划、统一核算,统筹兼顾,按项目层层分解到各单位执行,所有的收入、支出做到有计划、有预算。大力压缩差旅费、车辆费,通过包干差旅费、停运车辆、限定千米数等措施降低费用支出。加强内部审计监督。

【水利宣传】 2022年,惠农渠管理处党建工作在《宁夏日报》推送惠农渠冬灌"攻坚战"信息,被记者专访刊登;联系传媒公司制作惠农渠十年成就及年度工作专题片,其中发简报120篇,自治区水利厅采用61篇,全方位展示管理处水利工作新风采和取得的新成就。

【党建与精神文明建设】 2022年,惠农渠管理处开展"迎接宣传贯彻党的二十大和自治区第十三次党代会"活动,组织干部职工集中收看大会开幕盛况,举办读书班研讨交流,开展了"大学习、大讨论、大宣传、大实践"活动,组织党员干部到六盘山接受红色教育。开展"千场党课下基层"和主题党日等活动,9个党支部完成换届选举,全年开展中心组学习11场次,交流发言52人次。提出"惠农昌润山川助力乡村发展"党建品牌16个。通过"赛场选马"识良才、"擂台比武"激活力、"技能竞赛"促提升,为青年成长成才搭建"大舞台"。选拔任用干部8名,调整交流科级干部4名。举办干部能力素质提升培训班等各类培训16期,培训人员743人次。开展2022年水利工程建设政府采购等重点领域突出问题专项治理"回头看"工作和2021年水管单位维修养护经费专项检查反馈问题的整改。开展违规收送红包礼金和不当收益及违规借转贷或高额放贷专项整治、纪检监察干部"执纪执法形象"专项整治活动工作,排查单位廉政风险点八类46个。开展"廉政警示教育周"活动和酒驾醉驾专题教育活动,组织廉政学习110场次,开展廉政警示教育40场次,廉政提醒谈话543人次。持续深化社会主义核心价值观教育,举办

2022年10月24日,干部队伍工作作风专项整顿工作推进会

演讲比赛、健步走等文体活动 30 余场次。开展"关爱山川河流"、无偿献血等活动 20 余场次,为"希望工程"捐助 5530 元。疫情期间,60 余名职工下沉抗"疫"一线,参与疫情防控值班等工作。

(康志强、陈连涛)

汉延渠

【概况】 2022 年,宁夏汉延渠全年安全行水 164 天,干渠引水量 3.07 亿立方米,支渠供水 2.74 亿立方米,生态补水总量 1025 万立方米,商品率 92.34%,结算水费 803.08 万元。管理处内设办公室、组织人事科、灌溉管理科、防汛工程科、财务审计科、水政科、监察室 7 个职能科室及工团组织;基层设有 5 个管理所、1 个灌溉试验站。

【灌溉供水管理】 2022 年,汉延渠管理处严格按照"总量控制、定额管理"原则,加强与地方水务部门对接联系,强化水权指标执行和用水权管控预警,施行已建 132 座干渠测控一体化直开口水量计量应用,推进农业用水管理行动方案等政策落地生根。成立调度专班,充分发挥远控水闸、测控直开口、自动测流等信息化设施综合功效,有效化解灌溉难点、疏通堵点。针对产业结构调整幅度大、粮食作物面积增加等新情况,优化全年用水计划和抗旱保灌预案,强化用水全过程管控,保障了灌域生态、农业等供水需求。经统计,2022 年汉延渠灌域农业灌溉面积 39.79 万亩,其中小麦 6.5 万亩,水稻 1.35 万亩,单种玉米 16.23 万亩,各类林地、蔬菜等经济作物 15.71 万亩。

【工程建设与管理】 2022 年,汉延渠管理处组织修订《汉延渠管理处水利工程维修养护项目管理办法》等制度,进一步强化工程规范化管理。累计完成岁修工程投资 463 万元,分两批组织实施渠道工程、渠系建筑物、生态绿化工程、管理设施维修保养等 10 个大项 69 个小项工程。高标准实施大银河闸下游 950 米渠道集中更新改造项目,如期完成青铜峡灌区(汉延渠)11 千米续建配套与现代化改造工程建设现场管理工作。审查通过永宁第二水厂至永宁第一水厂输水管网铺设工程、宁夏苦咸水改水项

2022 年,张伟副厅长调研大银河节制闸下游砌护

目兴庆区水源连通工程和王闸桥上哈纳斯穿越汉延渠等 3 项跨(临)工程。开展工程建设政府采购领域专项治理"回头看",挂牌督办整改 9 个隐患问题。

【防汛抗旱】 2022 年,汉延渠管理处组织渠道工程汛前、汛中、放水前、停水后渠道安全大检查、水利安全大检查、水闸工程运行安全风险隐患排查整治活动,修订渠道防汛抢险预案,签订防汛抢险协议 60 份,落实"人员、物资、设备、预案、组织"等。坚持汛期 24 小时值班和领导带班制度。全面检查防汛工程,检查落实防汛抢险物资、抢险队伍、抢险机械的储备,组织开展了二排渡槽渗水抢险,林皋、唐铎、王闸桥节制闸断电突发事件等应急模拟演练 6 次,125 人次参加。在作物种植结构调整较大,灌溉需求变化多的情况下,主动跟进,主动适应灌域农业发展需求,多措并举管好用好水资源,在春夏连旱和极端高温的情况下有效保障生态、农业供水保障任务。

【安全生产】 2022 年,汉延渠管理处严格执行"三管三必须"工作要求,落实安全生产"一岗双责",建立领导干部安全工作包抓包保工作机制,持续开展安全生产专项整治三年行动巩固提升等活动。修订完善安全生产风险分级管控和安全生产事故隐患排查治理办法等制度,对辨识发现的 160 处危险源制定管控措施,及时排查处置安全隐患 21 处,开展网信安全风险对照检查和问题整改,消除网络安全漏洞和风险隐患。从灌溉安全、工程安全、运行安全和人员安全四个方面持续抓好安全管理,实现安全生产"零事故"的年度总目标和干渠 37 年安全行水无事故。"54314"渠道安全运行督查新机制被宁夏回

2022 年春，大银河下游除险加固工程

族自治区安委办列为典型做法。

【信息化建设】 2022 年，汉延渠管理处编制完成《汉延渠数字灌区建设实施方案》，通过专项工程带建、维修养护补建的方式，开展渠道视频测流、测控一体化闸门数据应用等专题研究和成果转化，不断提高灌区的计量感知、调度监控、服务群众的智慧化水平。《宁夏汉延渠视频测流及 AI 识别应用推广研究》获得 2022 年宁夏水利科学技术一等奖。

【水行政执法】 2022 年，汉延渠管理处制定《汉延渠管理处干部职工学法用法制度》，开展党委会议、处务会议会前学法 9 场次，普法进基层讲座 5 场次，推动学法用法工作制度化、规范化。开展专项执法行动，依法处理水事纠纷 2 起，依法处理物业管理涉诉案件，依法依规审核合同协议 70 余份。加大涉黑涉恶问题线索排查力度，开展防毒、反诈、反邪教宣传教育工作，推进平安单位建设。

【财务管理】 2022 年，汉延渠管理处强化水费动态管控，加强预算编制、调整和执行，细化匹配内控指标 163 条，有效防范资金使用风险。进一步完善国有资产台账，细化核实全处土地使用权 119 宗，清理报废资产 259 件，全力推进原汉延水电工程有限

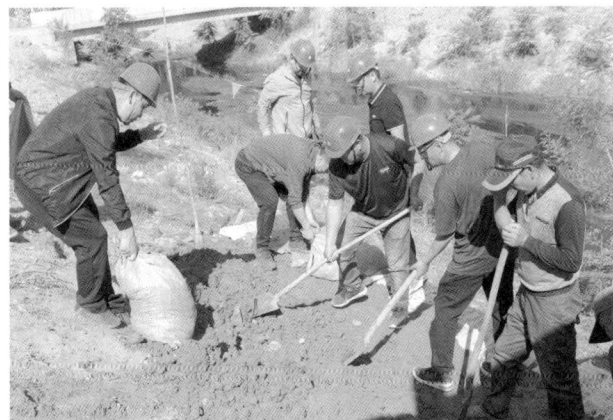

2022 年春，二排渡槽渗水抢险演练

公司商品房产权变更过户。开展专项审计检查 1 次、离任审计 3 人，配合第三方审计机构完成工程领域专项审计及绩效评价等工作。

【水利宣传】 2022 年，汉延渠管理处牢牢把握自治区水利厅政务信息工作新要求，立足实际出台全新的管理处信息宣传考核办法，合理分配任务指标，增添赋分项目，逐月量化考核，通过常沟通、厘思路、划重点、提质效，逐步形成正面激励、比学赶超、全面提升的良好态势。全年上报自治区水利厅宣传稿件 112 件，采用 63 件，双指标同比增长 35% 左右。

【党建与精神文明建设】 2022 年，汉延渠管理处党委深入学习宣传贯彻党的二十大精神、自治区第十三次党代会精神，处领导及各党支部书记带头讲党课，全处共撰写微感言 100 余篇、专题论文 12 篇、宣传信息 20 余篇、开展研讨交流 26 次，切实掀起"大学习、大讨论、大宣传、大实践"活动热潮。一是严格履行主体责任，提升民主决策、依法决策、科学决策水平，召开党委会议 38 次，研究重大事项 116 项。把理想信念教育、党务知识培训纳入 2022 年度职工教育培训，举办红色实践教学、"安康杯"职业技能竞赛、岗位大比武等活动。二是强化组织功能，在强基固本中提升党建工作质效。按期完成机关 6 个党支部换届选举，开展党支部品牌创建评估，持续巩固"三强九严"工程成果，不断完善"双评双定"评价体系，制定印发 12 项党组织工作流程范例，不断推进党建工作规范化、科学化、制度化；严把党员"入口关"，2 名预备党员按期转正；培养、交流锻炼科级干部 17 人次，高位启动"抓学习、转作风、提能力、促发展"专项活动，推进管理处 32 项重点亮点工作落地落实。三是聚力融合突破，在提档升级中构建发展创新格局。对标"四水同治""六权改革"目标，强化"四预能力"建设，深化"54314"工作机制，"4564"标准化创建，扎实推进党史学习教育常态化，推进 37 项"我为群众办实事"项目落地见效。四是强化作风建设，在崇廉尚实中营造良好政治生态。严格落实"三个清单"，制定 13 个廉政风险防控预警图，开展廉政"四大工程"建设，持之以恒纠正"四风"和庸懒散作风整

2022 年 8 月,职工代表暨第八次工会会员代表大会

治,对调整提拔的 17 名科级干部开展廉政集体谈话,积极营造风清气正的干事环境。五是深化文明创建,在润物耕心中凝聚团结奋进力量。建立文明创建工作体系,推动民族团结进步创建,深化爱国卫生运动,点亮"四季"服务品牌,组织"四个文明"评选,开展"道德讲堂"11 期。充分发挥工团桥梁纽带作用,组织"真情助困""学雷锋"等志愿服务活动 24 次,认真落实"节水行动"战略部署,开展水情、节水、防溺水宣传"五进"活动,持续深化"保护母亲河""河小志湖小愿"志愿项目;面对疫情暴发严峻形势,处党委积极响应号召,组建防疫志愿服务队,20 余名党员干部职工深入社区,协助做好疫情防控工作,采购配发防疫物资,开展关爱慰问活动,选树 2 名抗疫模范,为疫情防控贡献坚强的汉延力量。

(马建云)

秦汉渠

【概况】 2022 年,宁夏秦汉渠管理处有河东总干渠 1 条,秦渠、汉渠、东干渠、马莲渠干渠 4 条,农场渠、波浪渠支干渠 2 条,渠道总长度 223 千米,灌溉面积 108 万亩。渠道总引水能力 169 立方米 / 秒,年均引水量 11.60 亿立方米。灌区共有各类水工建筑物 1077 座,其中滞洪水库 4 座。担负着吴忠市青铜峡市、吴忠市利通区、银川市灵武市的 27 个乡镇、195 个行政村、8 个大中型国营农(林)场的灌溉供水任务。

全年四大干渠安全运行 182 天,引水 8.71 亿立方米,供水 7.80 亿立方米,商品率 87%,节水 8700 万立方米。持续完善水利工程运管、巡检、维养模式,撤销 14 个管理段,制定配套管理制度,试点推进秦一所、农场渠所、汉三所管养分离改革,成立调度计量组和安全巡检组,水管体制改革取得阶段性成效。推进用水权改革,水费收缴全面开启新模式,全年实收水费 1592.14 万元。

【灌溉供水管理】 2022 年,东干渠提前开闸为中部干旱带人饮水库补水,河东总干渠提前放水解决 3 万亩小麦灌溉;6 月份四大干渠比往年提前半月满负荷运行,率先度过首轮用水高峰后,减水 80 立方米 / 秒支援河西灌区。全面实行干渠轮灌制度,加强用水全过程精细化管理,规范供用水计量,狠抓扬水泵站管理,动态管控引供水指标,建立书面预警通报机制,杜绝超指标用水。加强与上级部门、地方水务部门沟通协调,及时召开灌溉协调会,充分利用农业灌溉间歇期和低峰期,落实湖泊湿地生态补水任务,补足调蓄水库水量,用水高峰期及时启用调蓄水库、应急抗旱井等补灌水源,统筹解决渠道梢段、高口高地和扬水等灌溉难题,使有限的水资源发挥最大的抗旱效益。

【工程建设与管理】 2022 年,秦汉渠管理处争取上级资金 1122 万元,完成维养工程 291 项。投资 544 万元完成 2 批日常维养工程 288 项,其中渠道清淤长度 27.14 千米,清淤土方 2.24 万立方米,渠道渠堤滑坡、冲坑的处理 91 处,新增附属安全警示标志 101 处,维护水、暖、电、厕等生产管理设施 70 处,配套安全帽、雨衣、雨鞋等安全生产防护用品 653 套;投资 380 万元用于汉渠(K8+210~K12+210)4 千米病险渠道集中砌护改造,重点解决衬砌护坡滑塌,基础内倾和渠底拉深等病险情况。投资 164.7 万元完成汉一所、汉二所、汉三所、秦一所、秦二所等 5 个管理所 43 间职工宿舍提标改造,一线职工如厕、洗浴等难点问题得到根本解决;投资 30 万元对 4 座滞洪水库进行维修养护,水库防汛应急能力不断夯实。严格按程序规范管理跨(临)渠骨干工程,借助外力美化硬化渠堤 5.5 千米。

【防汛抗旱】 2022 年,秦汉渠管理处编制和完善管理处防汛抢险应急预案、拦洪库防汛应急预案、拦洪库调度方案，并分送自治区水利厅、吴忠市水务局和防汛办、青铜峡市水务局和防汛办；组织对全处渠道、排洪渡槽、退水闸、滞洪水库、水位遥测设备、通信线路、雨量计等工程设施进行全面细致的排查；开展山洪灾害防御暨水库水调度应急演练活动，进一步提高管理处及管理所防汛抢险应急处理能力，在第一时间针对可能发生的山洪灾害、渠道险情，快速、有效应对，为灌区安全灌溉、稳定发展提供安全保障。

【安全生产】 2022 年，秦汉渠管理处建立三级安全网络管理体系，层层签订安全生产目标管理责任书 235 份、承诺书 229 份。以水利安全生产专项整治三年行动、百日专项整治行动等为契机，开展安全生产大检查 18 次，排查一般隐患 41 个，整改率100%。投入 128 万元用于制作安装安全警示标识牌、防护栏等。修订完善应急预案，开展防汛抢险等演练 3 次，成功应对"7·11"山洪入渠险情。投入 25.2万元对管理处网络机房安全构架进行重组改造，及时消除网络安全隐患。广泛开展"一把手"讲安全公开课、安全咨询、涉水安全宣传等系列活动，组织全处干部职工参加全国水利安全生产知识网络竞赛，荣获水利部优秀集体奖。

【信息化建设】 2022 年，秦汉渠管理处坚持目标导向、需求导向、问题导向、效能导向，持续优化升级秦汉渠灌溉管理平台，完善数据查询和各类统计报表，规范灌溉记录，推进供水证电算化，逐步实现

2022 年 3 月，东干渠开闸放水

无纸化办公。7 月 15 日，全渠道控制智能算法软件在农场渠所通过验收，并拓展延伸至秦渠上游。累计改造自动化水闸 24 座、测控闸门 405 座，测控闸门计量结算收费基本实现应用尽用，信息化建设初步实现了"看得见、控得住、测得准、管得好、用得顺"的目标。持续与清华大学开展水联网现代化灌区关键技术秦汉渠灌区应用示范技术研究，为全灌区推广奠定了一定基础。《农田水灌溉有效利用系数测定技术标准》已报自治区市场监管厅审核。

【水行政执法】 2022 年，秦汉渠管理处举办民法典专题讲座，开展水法等法律法规宣传活动 21 场次。强化巡检宣传劝导工作，增设防溺水警示标志，全年无溺水责任事故。常态化开展扫黑除恶专项斗争，杜绝涉水违纪违法案件。落实"水行政执法＋检察公益诉讼"机制，协同发力开展渠道环境清"四乱"综合治理，有效查处水事违法案件 12 起，维修改造危桥 8 座，封堵排污口 28 处，配合公安机关破获一起偷盗破坏水利工程设施案件，营造灌区良好水法治环境。

【财务管理】 2022 年，秦汉渠管理处强化财务核算和监管，严格执行内控制度，切实发挥财务保障服务功能。资产管理日趋强化。开展资产清查，严格按照程序处置各类资产 582.6 万元，全年房屋、土地租赁等非税收入 86 万元。

【水利宣传】 2022 年，秦汉渠管理处报送简报信息 165 篇，宁夏水利网采用 91 篇，中国财经报、宁夏日报、"学习强国"等媒体登载 10 余篇，有力提升单位行业形象。

【党建与精神文明建设】 2022 年，秦汉渠管理处发挥党委理论学习中心组、"三会一课"等领学促学作用，党委中心组集中学习 16 次，交流研讨 7 场次、专题辅导 3 场次。掀起学习宣传贯彻党的二十大、自治区第十三次党代会精神热潮。及时动员部署，开展交流研讨 41 场次，配发学习书籍 600 余本，收集微感言 600 余篇。围绕"六个紧紧扣住"，形成调研报告 6 篇。坚持领导班子进基层带头讲、支部书记跟进讲，开展宣讲 65 场次。巩固党史学习教育成果，深化"我为群众办实事"主题实践活动，从供水服务

2022 年 6 月 14 日，水联网全渠道自动
控制系统在汉渠运行成功

保障、基础设施改造等方面办实事 25 项，职工群众获得感、幸福感显著增强。从严落实"九项基本制度规定"，13 个党支部按期换届，开展特色党建品牌创建活动，组织党建互观互检、党建工作实操演示，打造 3 个党建宣传文化阵地。广泛开展"结对共建"、党员进社区报到、进灌区延伸服务等活动，将党建与业务工作深度融合。强化政策宣传和教育引导，掌握舆论主动权，清理整治微信群，关注职工思想动态，维护单位和谐稳定。建立处级干部包抓年轻干部成长机制，实施青年理论学习提升工程，提拔 3 名、调整交流 13 名科级干部，选拔 7 名年轻业务骨干担任科所长助理。严格落实"一把手"和领导班子监督、党内谈话实施办法等制度，开展"面对面"提醒谈话，推动"红脸出汗"成为常态。坚持党建联系点制度，持续开展党风党纪教育，组织党员观看警示教育片，开展廉政警示教育周、酒驾醉驾违纪违法案件警示教育等活动。制定全面从严治党"三个清单"，逐级签订责任书 42 份、承诺书 126 份，梳理排查 16 类 47 个廉政风险点，制定防控措施 64 项，大力营造风清气正发展环境。深入开展文明实践活动，持续开展爱渠护渠、文明城市创建、"学雷锋"等志愿服务活动。广泛开展"喜迎党代会、献礼二十大"主题实践活动、演讲比赛、岗位技能大比武大竞赛和"书香润秦汉、阅读照初心"读书分享等活动。组织职工体检，发放"重阳节"慰问品，节假日和行水高峰期坚持慰问生产一线和困难、生病职工。新建职工健身场所，添置健身器材 17 套，召开职工运动会、书法绘画摄影展等文体

活动，丰富职工精神文化生活。严格疫情防控。坚持疫情防控常态化管理，成功应对"4·06""9·20"突发疫情，70 余名党员干部职工主动下沉参与疫情防控志愿服务。吴兴加同志荣获吴忠市"9·20 突发疫情防控优秀共产党员"。助力乡村振兴，承担属地社会责任，继续做好 60 户建档立卡户结对帮扶工作；持续开展驻村帮扶工作，全年投入帮扶资金 2.5 万元。

（杨丹萍、桂钧、马飞、蔡光华、查正兴、陈建霞）

七星渠

【概况】 2022 年，宁夏七星渠管理处行水 204 天，累计引水 9.6 亿立方米，供水 7.6 亿立方米，其中：自流灌区 2 亿立方米，扬水灌区 5.6 亿立方米，管理处内设办公室、组织人事科、灌溉管理科、防汛工程科、计划财务科、监察室、水政科 7 个职能科室及工团组织，基层设有 5 个管理所。

【灌溉供水管理】 2022 年，七星渠管理处克服黄河来水不稳等不利影响，采取多水源联合调度措施，保障红寺堡、固海扩灌、同心三大扬水和自流灌区 245 万亩农田供水。核实农业灌溉面积，严格"四水四定"原则，建立引用水指标预警机制，协同推进水权、水价改革。向鲁家窑、南坪等 86 座山区水库补水 9889 万立方米，支持泉眼山水电站发电 436 万度。全年行水 204 天，累计引水 9.6 亿立方米，供水 7.6 亿立方米，其中：自流灌区 2 亿立方米，扬水灌区 5.6 亿立方米。出台《水管体制改革实施方案》，修订《渠道工程（设施设备）管护巡检管理办法》，划分渠道类别，厘清管理职责，明确巡检标准。基层管理采取"1 所 1 段"模式运行，充实维修养护大队，配置电瓶车 5 辆，应用"巡渠通"59 台，实现 120 千米渠道巡护机械化、智能化。调研指导基层水利服务组织提升管理水平。配合沙坡头区、中宁县开展末级渠系农业水价综合改革。

【工程建设与管理】 2022 年，七星渠管理处完成渠道砌护 253 米，渠道疏浚 9.3 千米，维修砼板1800 平方米，加固渠堤 2.8 千米，检修水闸 31 座，保养斗口 386 座，更换启闭机 10 台。量测水设施建设

2022年夏，中宁县舟塔乡送锦旗

2022年夏，申滩进口施工

项目通过单位工程验收。水利部水闸"飞检"、工程建设等重点领域专项治理反馈问题全部整改销号。指导水务、交通等部门，实施道路、桥梁、管线项目5个。运用SK聚脲、双重止水等新技术，维修渡槽1座。果断处置沙滩段外坡渗水、龙王庙右岸滑塌险情，确保渠道输水安全。

完成2座水闸、50座干渠直开口标准化创建，安装防护栏30个、标识标牌305块。新建制度16项，修订制度23项，废止制度14项。完成渠堤硬化27千米，翻建桥梁3座，栽植花卉2000平方米，种植树木5000株，整治渠道周边环境35千米。渠道绿化率、硬化率和所段改造率分别达81%、43%、69%。

【防汛抗旱】 2022年，七星渠管理处加强水旱灾害防御，修订预案24项，通报沟道阻塞问题6个，组建联防队伍21支，落实机械27台、人员670人，开展应急演练13场。实施深度节水控水行动，强化总量控制和定额管理，统筹优化配置水资源，支持葡萄酒、枸杞、牛奶等"六新六特六优"产业发展，构建全方位供水新格局。

【安全生产】 2022年，七星渠管理处推进"专项治理三年行动"和自建房安全"百日专项整治行动"，开展安全检查192次，整治风险隐患57项，组织培训16期960人次。印发防溺水宣传资料1200份，喷涂警示标语594条，发送提示短信10000条。新建微型消防站5座，配置消防器材66组。送检水样3批，确保灌溉水质安全。

【信息化建设】 2022年，七星渠管理处加强灌区标准化平台建设，完善水位遥测、视频监控、水闸控制等软件功能，构建具有预报、预警、预演、预案功能的智慧水利体系。筑牢网络安全防线，做好通信网络、视频会议、电子政务运维管理。已建77台测控闸门全部实现计量收费，数据应用率达100%。《基于数字孪生技术与"四预"功能的安全七星渠》申报水利部重大科技项目。《七星渠灌区信息化建设及应用研究》获宁夏水利科学技术三等奖。

【水行政执法】 2022年，七星渠管理处干部带头学法用法，举办《宪法》《民法典》《黄河保护法》专题培训4期380人次，组织42名干部到中卫市监狱和中宁县人民法院接受教育。委托法律顾问审核制度37个、合同35份。推进"水行政执法提升年活动"和"防汛保安专项执法行动"。常态化开展扫黑除恶斗争，与政法机关开展联动执法，维系水管单位合法权益。组织水政巡查66次，发放工程监管告知函41份，制止乱挖乱建行为9起。

【财务管理】 2022年，七星渠管理处收缴水费565万元。完成已建工程财务审计和4名科级干部离任审计。强化内控管理，注重绩效评价，预算资金支付率在厅属单位名列前茅。规范国有资产管理，公开竞租经营性资产，上缴收益25万元。落实经营性国有资产集中监管政策，依法注销工程公司。配合自治区财政厅、水利厅开展国有资产使用情况调研。

【水利宣传】 2022年，七星渠管理处制发公文175份，编发信息159篇，在中国水利网、宁夏日报、宁夏水利网等媒体登载82篇，营造水利改革发展浓厚氛围。积极参加水利部"水生态文明建设"主题征文活动。倡导绿色环保生活方式，建设无烟机关，推

2022年夏,管理处组织测量水

2022年秋,灌区丰收

行物业社会化服务,制止餐饮浪费行为,高标准建设节水型机关。强化值班值守,做好综治内保、应急维稳、邪教防范和信访维稳工作。制定工作计划,开展基础研究,弘扬水利文化,传承保护宁夏引黄古灌区世界灌溉工程遗产和"七星渠的传说"自治区级非物质文化遗产。"宁夏都江堰"载入《中国国家人文地理·中卫》分卷。申报第六批自治区级非物质文化遗产项目代表性传承人。应文化和旅游部邀请,参加"中华颂——2022年黄河非遗大展"。

【党建及精神文明建设】 2022年,七星渠管理处落实《水利厅党委关于新时期全面推进基层党支部标准化规范化建设的意见》,规范主题党日、"三会一课"制度,深入开展"三强化四过硬五带头"活动,打造"七彩星渠"党建品牌。压实党支部书记抓党建责任,开展评星定级,调整交流党务干部9名,组织党建互观互检互学促评会4次。落实"第一议题"制度,认真学习贯彻习近平新时代中国特色社会主义思想及习近平总书记关于治水重要讲话、视察宁夏重要讲话指示批示精神,推进党史学习教育常态化长效化。深入学习贯彻党的二十大和自治区第十三次党代会精神,积极开展"大学习、大讨论、大宣传、大实践"活动。组织中心组学习13次,专题研讨9次,上党课39次,落实"我为群众办实事"14项。开展"奋进新征程、建功新时代"等技能比武、道德讲堂、岗位练兵、知识竞赛活动15场。开展党员干部进灌区服务322人次。开展"爱水护渠我先行"等志愿服务活动24次。通过自治区文明单位复验。1名同志当选自治区第十三次党代会代表。节假日"送温

暖"慰问732人次,申报4名职工医疗互助资金3200元。组织120名在职职工、70名退休职工开展健康体检,推广"工间操"和"健身日"活动。严格落实中央八项规定精神,建立作风建设负面清单,开展工程建设政府采购、违规收送红包礼金和不当收益及违规借转贷或高额放贷专项整治。

(李晖、郭子凡)

渠首

【概况】 2022年,宁夏引黄灌区3月15日开闸放水,11月25日停灌,安全行水216天,为各干渠供水37.45亿立方米。渠首灌域4月23日开灌,11月19日停灌,安全行水162天,引水2.04亿立方米,供水1.84亿立方米,商品率85.7%,骨干渠道水费收入516.2万元。

【灌溉供水管理】 2022年,宁夏渠首管理处完善优化15座中型水闸控制运行计划和水闸远程控制方案,检查维修机电设备68次,依托信息化技术应用,渠首管理处业务应用平台全面应用,19座水闸实现了远程自动化控制,21处水闸、干渠测水断面水位流量实现了实时监控,20个测控一体化直开口在线应用,水闸精准控制能力显著提升。

开展用水权改革宣讲培训了6次,召开座谈会6场次,按照"四水四定"要求,配合青铜峡市水务局核定灌域18.69万亩农田用水权指标,灌域灌溉面积较多年平均面积(12万亩)增加6万亩。结合灌溉实际,及时摸清掌握作物种植结构,科学制定各直开

口用水计划,通过分组轮灌、抬高干渠水位、架设应急水泵、及时维修设施设备等措施,保证灌区作物应灌尽灌,均衡受益。全面加强农业用水权管控,建立水权水量预警制、支渠管理委托制,与7个用水组织签订《安全灌溉供用水责任书》,及时向用水组织下达支渠用水预警告知书,配合青铜峡市水务局26次对65条支渠用水指标进行调整,调整水量达1500万立方米,推进用水权改革工作落地落实。

【渠道工程维修养护】 2022年,渠首管理处维修养护工程计划下达及政府采购招投标工作,结合管理处工程现状,编制2022年集中更新改造计划并实施。全年下达维修养护资金总计492万元,累计完成维修养护工程项目32项,切实保障各大干渠安全运行。

【灌区现代化改造重点工程】 2022年,渠首管理处依托宁夏青铜峡灌区现代化改造工程,协调配合完成唐正闸、汉惠闸、大清渠渠系9座水闸的信息化建设工作。积极与自治区水利厅及地方水务局沟通争取项目,实施青铜峡量测水设施改造项目,完成大清渠渠系64座干渠直开口改造。

【跨(临)水利工程管理】 2022年,渠首管理处严格按照《宁夏跨(临)水利骨干工程项目建设管理办法(试行)》,组织完成银川都市圈城乡东线供水工程新建东干渠进水闸项目、青铜峡大中路惠汉渠危桥改造工程等7项跨(临)工程的审核及现场监管。

【专项治理】 2022年,渠首管理处按照销号标准,对2022年5月自治区水利厅专治办反馈的2021年专项治理期间的9个存量问题完成整改销号;严格按照整改标准组织对管理处2018年至2021年渠道维修养护等6个工程项目进行自查,查找问题13个并全部整改。

【工程档案整理】 2022年,渠首管理处修订《渠首管理处水利工程维修养护项目管理办法》,对2018—2021年工程档案进行整理归档,切实规范档案管理。

【防汛抗旱】 2022年,渠首管理处落实防汛度汛工作要求,强化预警预报,修订完善应急调度预案、度汛方案和防汛抢险预案,处所两级开展防汛模

2022年春,管理处领导深入灌区协会调研

拟演练7次,面对七八月份灌区频繁的大雨暴雨天气,管理处及时启动Ⅲ级应急预案,确保渠道安全度汛,水闸安全运行,汛期安全无事故。

【安全生产】 2022年,渠首管理处严格落实党政同责、一岗双责和"三管三必须"要求,层层签订责任书140份,编制《渠首管理处安全生产监管清单》《渠首管理处安全生产综合监管和专业监管责任清单》《渠首管理处党委和领导干部安全生产责任清单》《渠首管理处领导干部安全工作督导包抓包保责任分工》,建立健全安全生产责任体系。修订完善安全应急预案20项,全年开展安全生产大检查12次,投入95.9万元整改问题隐患64处,完成利民节制闸重大安全隐患整改销号,安全防范措施落实到位。完成余桥所危房搬迁,对6座水闸进行安全检测,43座水闸专项检查,整改问题9项。深入开展"遵守安全生产法当好第一责任人"为主题的安全生产月活动,营造浓厚安全氛围。组织开展了网络安全教育培训,制定完善了《网络安全管理实施方案》《渠首管理处网络安全应急保障预案》、网络舆情工作方案等,组织参加自治区水利厅攻防演练,对网络安全检查反馈的25个问题进行认真整改,确保网络安全运行。

【信息化建设】 2022年,渠首管理处配合自治区水利厅建设中心实施宁夏青铜峡灌区续建配套与现代化改造工程渠首灌域(一、二期)项目建设,完成唐正闸等9座水闸的自动化控制,大清渠渠系63座直开口量测水设施改造。持续抓好业务应用平台及

2022年夏,管理处开展防汛演练

手机"App"系统应用管理,实现符合精度标准20个测控一体化直开口在线应用,19座大闸远程控制,21处水闸、干渠测水断面水位流量实时监控,实现43处水情预测报警,水情预警预测能力不断提升。完成近三年拟建信息化项目规划,申报自治区水利厅数字赋能工程项目计划,完成北方寒冷地区渠道闸门运行养护精细化管理规程等2个科技项目的申报,应用风光互补"槽闸"新技术新设备,以数字化赋能水利高质量发展。

【水行政执法】 2022年,渠首管理处持续推进"八五"普法教育,年初制定了2022年普法依法治理四清单一办法,推行"读书日学法"模式和管理处微信公众号每月推送学法内容的方式,加强干部职工学法用法,以开展"世界水日""中国水周"进乡村、"美好生活民法典相伴"进社区、"安全生产月"专项活动进灌区、"12·4"国家宪法日等多种形式的线上线下宣传咨询活动,全年累计学习法律法规25部。组织《民法典之侵权责任及合同与灌区水管单位合规管理》专题辅导,开展专项执法提升年活动,将巡渠通和渠道巡查、水污染防治巡查相结合,突出渠道乱点乱象整治,严厉查处倾倒垃圾、乱点乱象、违法取水、侵占渠道管理范围、破坏水工程等涉水违法行为。按照自治区水利厅扫黑除恶专项斗争工作要求,每月进行一次扫黑除恶线索排查,全年未发现有价值的涉黑涉恶线索。

【财务管理】 2022年,渠首管理处严格原始凭证及报销手续的审核,规范会计科目和会计档案管理。年度内归档财务档案215盒、231册。落实财政

部署,启用会计云核算。合理安排年度财务收支计划,大力压缩非生产性和一般性支出。细化资金项目、明确归口单位,确保资金使用效益。灵活调节资金余缺,有效缓解资金供需矛盾。完成年度财产物资盘点工作,完成使用管理房屋安全生产专项治理阶段性工作,开展9处房屋安全鉴定工作。全年收入预算数3895.19万元,收入决算数3895.19万元;全年支出预算数3895.19万元,支出决算数3887.76万元;年末结转7.43万元。全年上缴财政国库非税收入550.94万元,其中水费收入516.18万元,国有资产(资源)出租收入33.5万元,资产处置收入1.26万元。年末资产总额20599.23万元,负债总额62.55万元,净资产20536.68万元。

【水利宣传】 2022年,渠首管理处配合多家新闻媒体做好引黄灌区春灌宣传工作,在中国水利、宁夏新闻网、自治区水利厅网站和渠首公众号等各类媒体、网站发布宣传信息305篇,对外宣传和展示管理处水利发展成效。

【党建与精神文明】 2022年,渠首管理处严格落实意识形态责任制,领导班子带头强化"四个意识",召开班子建设务虚会议,落实党委(党组)理论学习中心组制度,年度内中心组学习16次,撰写调研报告5篇。召开党建党风廉政建设工作会议,制定《党建党风廉政建设工作要点》等,进一步完善全面从严治党、党风廉政建设和反腐败主要任务分工方案和"三个清单",落实"清单"管理,构建了主体明晰、责任明确的责任体系。召开党委会25次、处务会13次,研究"三重一大"事项40项。开展党建季度督查、"互观互检"和日常考核,党支部书记述责述廉,实现管党治党全程动态管理。认真做好自治区第十三次党代会精神学习宣传贯彻工作,处级党员干部带队深入5个基层单位和受益灌区宣讲党代会精神,干部职工积极投身抗旱保灌。慎终如始抓疫情防控和冬灌主责主业的同时,构建学以增信、学以明理、学以致用的动态学习模式,抓好党员学习教育培训,扎实开展党的二十大和习近平总书记视察宁夏重要讲话和重要指示批示精神"大学习、大讨论、大宣传、大实践"活动。紧扣学习贯彻党的二十大、自治

2022 年 5 月 27 日，全区分布式污水处理中水回用一体化合同节水项目观摩交流活动

区第十三次党代会精神、治理体系和水治理能力现代化建设新要求等课题，打造线下常规学＋线上"空中课堂"，配发《党的二十大辅导读本》等学习书籍 343 套，举办"读书班"22 期，道德讲堂 3 期，青年干部开展"我学我讲新思想"宣讲会 2 场次，举办科级干部"政治和业务（两个能力）"提升培训班，组织 96 名党员赴盐池县开展实地党性教育。梳理 15 项重点工作，细化分解目标，扎实开展"争做先行区建设的先行者"主题实践活动。推送"党员风采展示"4 期，举办主题演讲比赛获自治区水利厅三等奖，开展"赛场选马"活动，全面考察 13 名青年干部的综合能力，建立处领导包干培养机制和培养方案。召开"贯彻党代会喜迎二十大"庆祝建党 101 周年大会，开展"不忘入党初心，传承红色薪火"主题党日，为 66 名在职党员过政治生日。巩固拓展党史学习教育成果，持续开展"我为群众办实事"实践活动，梳理办结 24 项实事。推进"用水权"改革，强化安全生产措施落实，大力推动"数字渠首"建设，提升引供水标准化规范化管理水平，水治理能力不断增强。持续开展"我为群众办实事"实践活动，梳理办结 24 项实事。规范化完成 7 个党支部换届，按程序培养发展党员，及时关怀慰问困难党员。举办"夯基固本""大擂台"比武，以赛促学。深化基层党组织星级评定，支部工作"互观互检"，处党委和处属 8 个党支部建立"九渠之首润泽塞上""清水润民心"等党建品牌 9 个，四星级党支部占比 50%。

【干部队伍】 2022 年，渠首管理处按期完成 3

名试用期满科级干部考察推荐工作，按时完成科级干部、专业技术人员、工勤技能人员的年度考核、评审竞聘和晋级考核。制定 2022 职工教育培训计划，举办"测控一体化"等 18 个培训班，开展"安康杯"职工技能竞赛。内挖潜力、外引人才，对 9 名干部职工岗位进行调整，完成 4 名新招聘职工审核录用，职工队伍不断优化。

【党风廉政】 2022 年，渠首管理处持之以恒贯彻落实中央"八项规定"及其实施细则精神，梳理作风建设负面清单，深入开展"转作风、抓落实、促发展"活动，组织签订党风廉政建设责任书 22 份、廉洁从业从政承诺书 29 份，达到了压力层层传导，管党治党责任从严压实。开展"廉政警示教育周"系列活动，实施基层所段廉政文化建设，讲廉政党课 11 场次，推送廉政警句 23 句、典型案例 19 例、发放家庭助廉倡议书，树牢廉政意识。聚焦问题整改与"回头看"齐头并进，落实自治区水利厅党委和处党委党史学习教育专题民主生活会问题整改销号。推进工程建设政府采购领域等专项整治，对 2 名科级干部进行任期经济责任审计，开展专项推进督查 2 次，修订完善专项制度 1 项，切实强化监督制约，清廉护航管理处稳定发展。

【工会工作】 2022 年，渠首管理处召开七届三次职代会，征集代表提案 28 件，整理归纳立案 13 件，履行了职代会职责。动员职工参加自治区水利厅职工大病救助和青铜峡市医疗互助活动。大力开展"安康杯"职工技能竞赛和业务培训，38 名职工参与活动。持续开展"五必访""八必谈"和节日慰问、生日

2022 年夏，党员干部参加社区疫情防控志愿服务

送祝福"夏送清凉""金秋助学"等暖心活动。组织开展"喜迎党代会献礼二十大"演讲比赛和文体活动、厨艺比拼,不断丰富"职工之家"建设内涵。

【精神文明建设】 2022年,渠首管理处抓好宁夏引黄古灌区保护和建设工作,协调青铜峡市项目投资2200万元实施唐徕闸景区提升工程。坚持党建带工团,丰富载体扎实开展"民族团结进步月"活动,与属地青铜峡市名峡社区党委联合共建,在职73名党员社区双报到,常态化开展志愿服务,支援共建社区。面对"9·20"疫情大考,全处累计398人次轮班值守基层疫情一线,设立2个党员先锋岗。 （徐翔）

固海扬水

【概况】 2022年,宁夏固海扬水管理处高级工程师24人,工程师82人,助理工程师127人,高级技师9人,技师213人,工程安全运行185天,引水4.99亿立方米,商品水率87%,计收水费6122.76万元。

【灌溉管理】 2022年,固海扬水管理处不断优化"三大系统"联合调度方案,科学编制年度、灌季、时段用水计划,泉眼山泵站"6+1"常态化运行,冬灌期间启动跨系统、分阶段联合调度方式,首次采用双系统汇流方式为南坪水库蓄水329万立方米。人饮供水1714万立方米、硒砂瓜退出生态修复供水937.6万立方米、天湖生态补水223万立方米,为何家沟水库蓄水239万立方米。

【防汛抗旱】 2022年,固海扬水管理处与属地乡镇组建了30支联防联控应急队伍,落实大型机械30台(辆),及时储备发电机、排水管等物资。汛前对所有防汛工程及沟道全面排查,加强汛期值班巡查,完成防汛物资库存盘点和补充,先后消除了暴雨山洪导致的扩六、扩八和扩九等干渠滑坡险情。面对夏秋季严重旱情,全处上下积极行动,系统加足马力,拉长供水周期,满足各业用水需求,在固海六干渠等6条干渠设立无偿供水点15个,为周边山区人畜饮水免费提供水量300万立方米,为应急抗旱水源供水687万立方米。

2022年8月10日,自治区灌排中心查看固海灌区旱情

【安全生产】 2022年,固海扬水管理处持续强化重点领域和重点环节安全监管,完成286项危险源辨识评价、171项隐患整改,整改率100%。强化干渠水域安全管理,安装标识牌、警示牌等2500余块,装设防护围网123千米、摄像头29个,向灌区发送防溺水警示短信6.5万条、发放宣传资料2600份。结合自治区水利厅房屋安全专项整治工作,投入资金26万元,拆除危房3246平方米、维修房屋7457平方米。积极参加《水安将军》网络知识竞赛活动,取得全国水利企事业单位第7名、自治区水利厅直属单位第1名,获全国优秀集体奖。参加全国水利安全生产知识网络竞赛荣获优秀集体奖,33名职工荣获个人优秀奖,受到自治区水利厅通报表扬。

【机电运行与管理】 2022年,固海扬水管理处完成5239台次设备检修维护任务,大修机泵、变压器及其他电气设备1088台套。固海系统能源单耗4.36千瓦时/千吨·米,固扩系统能源单耗4.12千瓦

2022年5月11日,技术大比武——机组找正

时/千吨·米，系统用电力率超过供电部门的考核指标，被供电部门减收电费18.7万元。全力做好固海扩灌泵站更新改造工程二期更新改造工作，协调完成扩灌七至十二及马塘泵站（变电站）更新改造现场管理和技术指导工作，实现一次带电和一次性通水成功目标。持续跟进固海灌区续建配套与现代化改造工程，全力做好李堡泵站机电设备提升改造工程和现场管理工作。编制下发《泵站标准化规范化管理考核标准》，从规章制度、操作规程、日常维护等各个环节规范全过程管理行为。

【工程建设与管理】 2022年，固海扬水管理处推动固海续建配套与现代化灌区改造工程、固海扩灌扬水更新改造工程建设工作，抽调105名干部职工克服疫情影响，坚守施工一线，抓质量、保安全、促进度，对工程全过程监督管理，严格履行现场管理责任，扩灌系统更新改造一次性全线通水成功。全年完成9座泵站标准化厨房改造、5座泵站生活区线路增容、改善29座泵站控制室值班条件。渠道维修2.35万平方米，清淤5.9万立方米，渠堤加固3.81千米，完成52处建筑物应急处置以及1441座水利设施日常维护任务。同时，加强与各市县（区）协调沟通，完成了27.7千米渠道砌护，69座渡槽和67座沟涵的维修改造，实现了冬灌安全输水的目标。

【水管体制改革】 2022年，固海扬水管理处积极探索水管体制改革"新机制"，引导人才向重要岗位流动，实现扩灌系统和末级泵站"五班三倒"班组优化整合，缓解了劳动强度。积极探索水权水价改革"新路子"，强化水资源刚性约束，将水权、水价改革中的"变"，转化为管理处各项制度的"变"，制定新的水费收缴流程，对干渠各斗口采取指标预警机制。积极探索管养分离"新模式"，对73.66千米干渠实现"管养分离"，3座泵站实现"少人值班"，积极总结干渠管养分离经验，探索泵站管养分离新模式，推动工程维修养护逐步市场化和专业化。

2022年5月28日，固海扬水工程泉眼山泵站开启"6+1"运行模式

【信息化建设】 2022年，固海扬水管理处加快推进数字孪生固海建设，大力推进固海扩灌系统"云泵站"建设，实现对泵站、渠道、水闸工程的远端监视、控制、测流和数据采集分析。推进泵站"少人值守无人值班"运行试点，利用自动化远程监控技术和视频监视系统融合技术，实现泵房无人值班、机组由调度中心远程一键开停机。全面梳理固海扬水工程信息化资产台账，编制完成全处网络拓扑结构一张图。制定、修订网络安全及信息化运维制度、预案23项，三项基础资料建档126个，搭建数据可追溯查询、实时更新、开放共享、便捷高效的电子化档案新平台。

【水行政执法】 2022年，固海扬水管理处在"世界水日""中国水周"活动期间，30个基层单位组织人员先后深入灌区乡村和农民用水协会以及重点农户家中开展宣传58场次、与15个乡镇开展座谈和送法上门活动15场次，向群众发放宣传资料2000余份、宣传品3600多份。全年协调属地政府对4处沟道排洪不畅、5处渠道"四乱"问题进行治理。开展防范电信网络诈骗宣传，主动承担大战场镇387户防电信网络诈骗入户包保任务。

【财务管理】 2022年，固海扬水管理处加强对水费、国有资源有偿使用收入等"非税收入"收缴，做到应收尽收、应缴尽缴。不断强化配置、使用、处置监督管理。对4071亩土地、3464平方米营业房出租，收益总额92.2万元，同比增长17.3%，同等资产租金创最高水平。持续规范财务管理，严格执行内控流程，强化预算执行，2022年为职工补缴公积金、养老

2022 年 9 月 29 日，固海扬水管理处在宁夏广播电视台展演《不忘党恩为人民　脱贫路上固海情》

统筹和职业年金共 1426.98 万元。聘请第三方机构对 2021 年维修养护资金进行专项审计，对 20 个基层单位行政负责人进行经济责任审计，提出整改意见 43 条，并要求基层泵站有针对性对存在的问题制定整改方案及上报整改报告。

【水利宣传】　2022 年，固海扬水管理处多形式开展以党的二十大、泵站标准化建设、灌溉服务、大型工程更新改造为重点的宣传报道，充分利用宁夏水利网站、固海扬水管理处微信公众号等平台策划宣传报道。加强与人民网、《中国水利报》《宁夏日报》等主流媒体合作，形成多方位、立体化宣传格局，营造"扬水惠民"良好社会舆论。全年制作宣传视频 1 个，向自治区水利厅投稿 183 篇，宁夏水利网发布 95 篇，采用数量位居厅属单位第三名，固海扬水管理处微信公众号发布消息 304 篇。

【党建与精神文明】　2022 年，固海扬水管理处开展"喜迎二十大　奋进新征程""百名党员话初心""五学五比"和青年党员干部"青春心向党，建功新时代"读书分享会等宣传教育活动 210 余场次，开展"岗位大比武、技能大竞赛"活动 9 场次，开展主题党日活动 381 场次。认真实施"三强九严"工程，刚性落实党内生活制度。积极探索实施"智慧党建""党建+"工程，四星级以上党支部占比 33%。持续做实做优"五型"模范机关和"一支部一品牌"创建，全处 21 个党支部建设了党员"活动之家"，24 个党支部创建了"一支部一品牌"。以"清廉固海"为抓手，积极推进

"廉洁文化室"建设，扎实开展"四警六廉"和工程建设政府采购领域专项巡视整改、违规收送红包礼金和不当收益及违规借转贷或高额放贷专项整治活动，廉政警示教育取得明显实效。深入践行社会主义核心价值观，巩固提升管理处区级"文明单位"创建成果，推动全处、全员、全程深化文明实践、文明培育、文明创建。突出扬水文化内涵，大力渲染节日氛围，坚持举办道德讲堂，广泛开展各类先进典型评选和文体娱乐活动。积极参加中宁文明城市创建、社区共治、灌区共建等工作，累计为中宁徐套乡原套村、同心下马关镇南安村投入包抓帮扶资金 25 万元，助力灌区乡村振兴。

（李贵省、辛黎晨）

盐环定扬水

【概况】　2022 年，宁夏盐环定扬水管理处管理人员 69 人，高级职称 14 人、中级职称 33 人。全年安全上水 163 天，完成引水 1.42 亿立方米，渠道商品水率 92.7%，能源单耗 3.67 千瓦·时 / 千吨·米，收缴水费 2650 万元。

【灌溉管理】　2022 年，盐环定扬水管理处供水 13122 万立方米，其中：向陕西定边供水 522 万立方米；向甘肃环县供水 1020 万立方米；宁夏受水区供水 11580 万立方米，其中盐池 6546 万立方米、同心韦州 568 万立方米、利通区 1169 万立方米、红寺堡 766 万立方米、灵武市 23 万立方米，太阳山水务有限公司 2508 万立方米。农业灌溉用水 8806 万立方米，占总用水量的 67%；生活生产供水 4050 万立方米，占总用水量的 31%；生态供水 266 万立方米，占总用水量的 2%。渠道水利用率 92.70%，完成灌区 42.47 万亩的农业供水和定边、环县人畜饮水供水任务。推行阳光水务，对 10 座测控一体化直开口进行计量精度率定，坚持水指标、水量、水价、水费"四公开"。

【防汛抗旱】　2022 年，春灌较 2021 年提前 6

2022 年 4 月，盐环定灌域春灌供水开机

天开机上水，延期 4 天停机，发挥库池调蓄反补作用，协调宁夏盐池县隰宁堡、石山子、杜窑沟等抗旱应急水库春灌提前蓄水 355 万立方米，错峰农业用水高峰期向人饮库池补水 1438 万立方米。全年保持满负荷运行 148 天，较 2021 年多引水 575 万立方米。开展联合防汛演练 6 次，高效处置了"7·10"强降雨突发险情。

【安全生产】 2022 年，盐环定扬水管理处开展安全生产"四预"数字化建设试点工作，推进"双控"体系建设，重新辨识危险源，明确管控工程 25 个、危险源 275 个。开展防风险保稳定、蓄水池及水闸、防溺水等 7 项专项行动，全年排查治理隐患 51 个，发放防溺水安全信 500 份、防溺水教育本 1000 册，推送防溺水短信 20.5 万条。开展安全生产月活动，"一把手"讲安全公开课 13 场次，观看警示教育片 39 场次，开展各类应急演练 17 次、安全"五进"宣传咨询活动 20 次，完成 66 名高压电工作业人员复审培训。

2022 年 6 月 8 日，"工匠建功新征程－安康杯"技能大比武

高效处置了"7·5"惠安堡变坡惠Ⅰ线 –3 刀闸线夹发热线路停电检修等突发险情。开展网络安全、保密自查 5 次，全年无安全生产事故发生。全员参与安全知识竞赛答题，"水安将军"网络答题竞赛获水利部优秀集体奖，13 人获安全生产法网络知识竞赛个人优胜奖。

【机电运行管理】 2022 年，安全运行 163 天，扬水电量 14324 万度，引水量 14155 万立方米，能源单耗 3.67 万千瓦时 / 千吨米，电水比 1.01，扬水力率 0.96，开停机次数共 331 次，累计运行时数 11.81 万小时。累计上缴电费 1252.0489 万元，获供电部门奖励 8.22 万元。完成机组调试 5618 项，处理缺陷 378 项，检查高压线路 46.8 千米、维护低压线路 15 条。重点完成一、七泵站 8 台电动机大修，一泵站拦污栅更换维修及技术供水系统改造，完成 16 台叶轮转子返厂涂覆、拆除安装工作。处理机组跳闸 2 次，解决五泵站 1# 机组超功率难题、恢复 1 组故障电容器组，成功应对 110 千伏坡惠Ⅰ线缺陷和 611 线路雷雨大风天气造成的线路故障等问题。完成安全警示标志 190 块，设备名称标识牌 310 块，设备二维码更新 1130 块，水文化及安全文化宣传牌 18 块，危险源辨识及管控图 2 块等。

【工程建设与管理】 2022 年，盐环定扬水管理处使用维修养护资金 794 万元，完成机变电设备大小修 2532 台（套），维修渠道砼板 6100 平方米、渠道清淤 1488 立方米等。实施一泵站清污机更新改造项

2022 年春，库池联调杜窑沟水库向盐池城西滩灌区补水

目,安装回旋式清污机6台,解决了长期以来影响渠首泵站引水安全的难题。完成三泵站技术供水池改造前期工作。强化跨(临)骨干水利工程建设项目领域审核监管,完成韦州支干渠道改线工程审批和干渠及渠系水工建筑物确权工作。争取资金140万元改造泵站老旧房屋8处673平方米、维修墙面3698平方米,投资71万元开展站围绿化提升工程。全面推行泵站标准化规范化建设与管

2022年夏秋灌刘家沟水库蓄水充足

理,安排专项资金72万余元,组织开展泵站建筑物沉降观测,完善制度标准和现场可视化标识。

【水管体制改革】 2022年,盐环定扬水管理处与宁夏水发集团达成共建水利科技创新培育中心意向,依托国家技能大师工作室组团式构建产学研用创新体系。试点推进管养分离,配备维养巡护车辆15辆,探索实施一、八泵站18.3千米渠道巡护物业化管理模式,进一步优化人员配置。

【信息化建设】 2022年,盐环定扬水管理处持续推进智慧泵站和现代化灌区建设,推动梯级泵站水量智能调度、全渠道自动化控制、灌区联调联控等关键技术研究应用,优化系统功能,完成干渠断面参数测量13处、机组电磁流量计率定47台,调试自动化系统840台(套),处理设备系统缺陷32项。编制梯级泵站联合调度控制方案,一至三泵站一键开机试运行成功。

【水行政执法】 2022年,盐环定扬水管理处开展平安单位"细胞工程"创建,实行"站所+乡村"联防联治,构建区域网格化防范模式。全面启动"八五"普法工作,修订普法责任制"四个清单",制定领导干部学法用法制度、建立"1+3+N"领导干部学法清单、编发领导干部应知应会法律法规知识点,线上线下组织宪法法律、总体国家安全观、水利法规、党内法规、民法典、安全生产法、疫情防控等普法活动38场

次,举办法律培训班2期,参加网络竞答1300人次,法律服务进站所7场次,集中观看网上庭审2次,法律法规考试2次。及时发现制止1起在工程管理范围内取土、1起向干渠倾倒生活污水的行为。

【财务管理】 2022年,盐环定扬水管理处强化预算管控约束,加强国有资产管理,持续改进内部控制流程和体系,加大对水管体制改革的资金支持。完成二泵站山荒地土地流转公开招租事宜,对离任的7名科级干部开展经济责任审计。

【水利宣传】 2022年,盐环定扬水管理处在中国水利网、宁夏电视台、宁夏新闻网、宁夏水利网等各类媒体登载信息168条,多次在央视媒体展示扬水改革发展成就和助力乡村振兴发挥的巨大作用。

【党的建设】 2022年,盐环定扬水管理处开展习近平总书记视察宁夏重要讲话指示批示精神"大学习、大讨论、大宣传、大实践"活动。组织专题辅导报告会2场次、中心组学习12期、专题宣讲活动11场次,举办科级干部"两个能力"提升学习班,参培97人,配发学习资料652本。开展基层党组织星级评定,机关增设2个党支部,完成18个党支部换届选举工作。全年各党支部召开党员大会115场次,主题党日178场次,讲党课57场次,开展不同形式理论学习活动211场次,发展预备党员1名、4名预备党员按期转正。智慧党建平台全面运用,依托党性教

育中心,实现了党建工作"线上线下"相结合的数字化管理新模式。开展"我学我讲新思想"青年理论宣讲活动,选送课程获评水利部"优秀课程"。全年开展各类警示教育活动59场次,签订拒绝酒驾醉驾承诺书223份。强化重要节点监督,纪检部门全程参与"三重一大"事项监督和干部述职述廉、函询约谈等制度,深入开展违规收送红包礼金和不当收益及违规借转贷或高额放贷专项整治工作。

【精神文明建设】 2022年,盐环定扬水管理处积极参与吴忠市文明城市创建、社区共建共治、结对帮扶等工作,开展包抓路段志愿服务、爱心捐助、学雷锋无偿献血、法治宣传等社会公益活动。开展爱国卫生运动,无烟机关建设取得明显成效。开展各类文体活动,2名职工摄影作品分别获全区"喜迎二十大建功新时代"图片作品二、三等奖,1名职工在自治区水利厅演讲比赛中获二等奖。

(李鸿志、郝杰、吴建荣)

红寺堡扬水

【概况】 2022年,宁夏红寺堡扬水管理处(以下简称"管理处")共上水164天,引水3.20亿立方米,黄河泵站补水1.52亿立方米,蓄水池蓄水8415万立方米,灌溉面积93.64万亩(含高效节灌34.37万亩);设备完好率90.39%,用电力率95%;工程完好率92%,能源单耗4.18千瓦时/千吨·米;水商品率86.36%,计收水费3742万元。

【灌溉供水管理】 2022年,管理处计划上水164天,实际上水164天;计划上水量3.095亿立方米,实际上水量3.205亿立方米;计划配水量2.753亿立方米,实际配水量2.767亿立方米,完成计划的101%;灌溉面积93.64万亩(含高效节灌34.37万亩),比2021年增加3.27万亩;商品水率86.36%,干渠水利用率86.61%。面对灌区面积增加、人口增多、特色产业快速成长和区域经济社会发展对扬黄水资源刚增大的形势,管理处采取准确编制计划、严格管理指标、提早化解矛盾、动态调配水量等措施,保障灌区农田灌溉和人饮、生态等用水需要,促进灌区经济社会的稳定和发展。克服"9·20"疫情影响,11月1日按期开机冬灌,保障应灌尽灌、应蓄尽蓄。

【防汛】 2022年,管理处严格遵守防汛值班制度,修改完善了《红寺堡扬水管理处防汛抢险应急预案》等4项预案,补充配发防汛物资;召开水旱灾害防御工作会议,对2022年防汛工作进行了全面安排部署;与灌区协调建立"联防联动"机制,全处开展防汛和事故应急救援演练22场次;认真落实汛前、汛中、汛后督查检查工作,雨后及时对排洪边沟、跨沟巡护道路进行清理疏通,保障工程安全度汛。

【抗旱】 2022年,管理处综合运用提前开灌、加大流量、渠库联调等措施,全力供水抗旱;系统运行天数比2021年多3天,7大1小满负荷运行提前18天,黄河泵站首次春灌开机补水,夏秋灌首次6台机组加大流量补水应对困局。统筹灌区用水需求,调蓄水库与主干渠、泵站联合调度,累计向干渠补水399万立方米,缓解用水紧张形势;灵活精准调配水量,优先保障人饮、特色产业用水,优先解决下马关、新庄集等灌域最急最难问题,使有限的水资源发挥了最大的抗旱效益;开展"百名干部下灌区、倾情服务保灌溉"活动,深入田间地头纾困解难,群众赠送锦旗33面。

【安全生产】 2022年,管理处落实自治区水利厅"20条"硬措施,落实安委会"双主任"和"周交班""周通报""月考核""季例会"机制,逐级落实安全工作责任,签订《安全生产责任书》396份(人);常态化开展安全检查、隐患排查,管理处开展安全检查13次,泵站(所、队)开展自查互查194次,共排查处理隐患缺陷23项,均已完成整改。每灌季开灌前的投送电、机泵开启均由泵站负责人带队检查,现场主持操作,水工人员沿渠送水;夏秋灌高峰期,运行人员勤查勤巡,水工人员精心巡护,确保了安全运行。深化管理处安全日和安全月、全国安全生产月活动,管理处开展一把手讲安全、安全宣誓、安全签名、安全咨询、安全知识竞赛等安全宣传教育活动20余项;16个泵站(所、队)以班组为单元,按月开展师带徒、一事一训、岗位练兵、现场考问、事故预想、反事故演

2022年春,机电岗位技术大比武技能竞赛

习等活动。"水安将军"网络答题竞赛6人获得全国三等奖、优胜奖,管理处获优秀集体奖(自2018年以来,连续第4次获奖)。制作《落实安全责任推动安全发展》微视频,参加自治区第二届应急管理、安全生产、防灾减灾新媒体评选活动,荣获优秀奖。

【机电运行与管理】 2022年,管理处机电设备完好率90.39%,安全运行率100%,泵站效率65.07%,能源单耗4.18千瓦时/千吨米,用电力率0.95;共投运机组557台次累计运行194494.5小时,投运主变压器40台次累计运行82499.04小时,系统平均运行负荷14.341万千瓦;共执行操作票1551张、工作票116张,合格率100%。大修水泵、电机、阀门31台,更新改造真空泵2台、黄河泵站电缆700米,改造红一、二、三泵站技术供水系统,维修保养机电设备1780台(套)、信息自动化设施102套;推进三网分离、制定网络应急预案,强化信息化网络管理。

2022年3月,机电设备春检如火如荼

【工程建设与管理】 2022年,管理处编制上报维修养护项目费用计划和方案,按计划时段完成具体项目实施内容。全年共完成渠道砼板维修6000多平方米,渠道清淤2000立方米,屋面防水维修835平方米,渡槽伸缩缝涂护228平方米,更换止水橡皮条257米,保养启闭设备70台套,大闸更换P型止水11米,现浇混凝土24立方米,浆砌石砌筑20立方米,浆砌石勾缝151平方米,干渠2000亩林地长势良好;严格落实《渠道巡护检查制度》和生产交接班制度,加强渠道日常巡检管理工作,确保渠道工程安全运行;对行水期间出现的红三干渠蛇腰沟渡槽出口、庄一支干细腰沟渡槽槽壳底部漏水以及红三干渠18+100处左堤外坡脚渗水等6处缺陷采取有效措施及时处理,保障工程安全运行;春灌停水期采取暗管排水措施,对红三干渠2.08千米滑塌段进行砌护改造。

【水管体制改革】 2022年,管理处建立人才培养包抓机制和分层"师带徒"模式,提拔科级干部13名、交流14名,选拔12名优秀青年担任科(站)长助理,优化了干部队伍结构;全年职称晋级25人、工勤岗位晋级41人;选派4名骨干在自治区水利厅调训锻炼、1名同志担任驻村第一书记。持续推进泵站工程标准化规范化建设,建成标准化规范化泵站(所)7个,修订规章制度90项,编印泵站标准化目视化方案1部、规程手册4部,从操作流程、日常维护等各环节全过程规范管理行为。配合中宁县、红寺堡区、同心县完成用水权改革、农业水价综合改革,红寺堡区冬灌首次跨县交易水权指标558万立方米,农业用水管理行动在灌区得到较好落实。撬动驻地资源破解发展难题,红寺堡区投资300万元安装渠道防护栏1.63万米,支持泵站(所)绿化亮化和垃圾无害化处理。争取财政资金93万元改造3座泵站管理房和检修队办公楼,投入30万元开展植绿补绿、美化亮化、环境整治等工作,巩固提升了美丽和谐泵站建设成效。

【信息化建设】 2022年,管理处整合国家级技能大师工作室、技能人才创新工作室等资源,引进VR虚拟现实技术,建成VR虚拟现实实训室、仿真智慧教室、创新研讨室和"红扬培训"文化廊道,配置VR高清一体机1套48台、VR虚拟现实操作系统1套、86寸3D裸眼立体显示器2台、桌面式智慧黑板1台、智慧座椅27套。研发"开放式、可持续"软件平台,嵌入"全景漫游、运行管理、设备检修、安全生产、考核评价"5个培训子系统,实现平台应用"无限可能"。培训基地可容纳80人传统授课,48人VR虚拟仿真授课。完善泵站自动化、测控一体化、计量智能化、调度信息化功能,完成红一、二、三泵站自动化提标工程。依托VR实训基地初步探索数字孪生泵站建设,联合中国水科院编制《红寺堡扬水灌区智慧调度规划方案》探索数字孪生灌区建设。坚持科研应用并重,黄河泵站前池拦污栅更新改造工程项目"一种用于河道污物输送的皮带输送机"获得国家实用新型专利;《自动回转式清污机在黄河水源泵站单机单流道测向进水条件下的布置设计与应用》和《VR虚拟现实技术在扬水泵站机电运行及设备检修教学中的研究与应用》2个科技项目通过自治区水利厅评审验收。引进等离子气保焊技术修复叶轮、渠底暗管排水、前池"消漩"装置制作等"小技改"成效显著。

【水行政执法】 2022年,管理处印发《2022年普法依法治理工作实施方案》等6份专项工作文件,征订"八五"普法和《反有组织犯罪法》学习教育读本;建立领导干部学法清单及会前学法"一刻钟"制度,开展培训、答题等活动22场次;利用"世界水日中国水周"、"12·4"法制宣传日等,积极开展水法规"六进"活动,集中开展水法规宣传活动22场次;配置10套执法记录仪,依法查处水事违法案件3起;开展反酒驾醉驾、反治安违法、反刑事案件、反电信网络诈骗等法治宣教活动28次,全年无刑事治安案件发生。

【财务管理】 2022年,管理处科学编制财务计划,严格执行预算指标和控制指标,对公务费、办公用品、车辆和生产能耗等划定指标,责任到人,严肃奖惩,建立2022年预算资金支出台账,监督各项资金支付进度,使资金发挥最大效益。2022年收入共计10593.76万元,利息收入3.12万元,其他收入85.69万元;费用合计12464.22万元,本年盈余

-1870.45万元。水费收入共3742.00万元,全部上缴自治区财政。

【水利宣传】 2022年,管理处牢固树立政治意识、大局意识、阵地意识,认真研究制定"12345"宣传工作思路和措施(即建设一支高素质通讯员队伍,守牢意识形态和舆情管控两个底线,发挥微信公众号、工作动态、今日头条三个平台作用,打通自治区水利厅信息报送、行业媒体联系、主流媒体沟通、驻地媒体协作四个通道,健全投稿、约稿、发稿、通报、考核五项机制),形成办公室牵头抓总、各科室(单位)共同参与的工作合力。红寺堡扬水工程登上央视新闻、《中国日报》双语频道,提升了知名度;积极对接宁夏广播电视台、宁夏新闻网、宁夏日报社等主流媒体报道37次;联系红寺堡区电视台、融媒体中心宣传12场次;收到稿件912篇,在宁夏水利网刊发信息114篇次,总量居自治区水利厅厅属单位第一名;编发"红扬动态"7期,微信公众号、今日头条累计刊发宣传稿件352条,累计阅读量70254人次;大兴调查研究,完成调研报告26篇。

【党的建设】 2022年,管理处坚持把"大学习、大讨论、大宣传、大实践"活动贯穿全年,中心组按月学习,各支部学习252场次,讲党课84场次,聆听讲座4次,收集微感言432条、心得体会770篇、学习报告12篇、撰写调研报告14篇、理论文章9篇;召开党员大会,顺利完成党委换届;巩固"三强九严"工程成果,以支部标准化规范化、党建"品牌"创建、"五

2022年春,管理处深入开展"百名干部下灌区、倾情服务保灌溉"活动

型"模范机关建设、"三强化四过硬五带头"为重点带动党建工作全面上台阶,"一支部一品牌"实现全覆盖。配备党建督导员 3 名,发展党员 2 名,8 名预备党员按期转正;开展"党员风采展""走出去请进来"丰富主题党日,社区报到服务 23 人次,党支部政治优势、组织优势和党员先锋模范作用充分发挥。

【党风廉政建设】 2022 年,管理处党委 6 次研究党风廉政及纪检监察工作,建立"三个清单",签订责任书、承诺书等 73 份。常态化开展廉政教育,组织廉政学习 44 场次,讲廉政党课 21 场次,集体提醒谈话 22 场次。完善廉政风险防范机制,修订制度 2 项。落实督查 6 次,纪委参与采购询价、工程验收等 50 次、职称评聘及离任审计 46 人次;深入开展违规收送红包礼金和不正当收益及违规借转贷或高额放贷

问题专项整治,完成水利工程建设政府采购领域 4 个问题整改销号。持续正风肃纪,围绕"严细深实勤俭廉 + 快",深入开展"干部作风提升年"活动。

【精神文明建设】 2022 年,管理处广泛开展"社会主义是干出来的"主题活动、"走好新的长征路"宣传教育,大力弘扬共产党人价值观。开展"学雷锋、无偿献血、军民共建、扶贫帮困、节水宣传"等志愿服务活动 42 场次,参加自治区水利厅"喜迎党代会 献礼二十大"演讲比赛获优秀组织奖,参加自治区农林水财轻工系统职工篮球赛获第四名。按季度开展"最美党务工作者"评选、党员风采展示、"宁夏好人""道德模范"推选活动,形成崇尚模范、见贤思齐的浓厚氛围。

（高佩天、张顺康）

2022 年 7 月 2 日,黄河泵站厂区

十四、市县（区）水务工作

市县（区）水务工作

银川市

【概况】 2022 年,银川市水务局设置 4 个内设机构,所属 7 个事业单位,其中有 2 个为自收自支事业单位。负责保障全市水资源的合理开发利用,统一监督管理全市水资源,编制全市及跨县(市)区中长期水资源配置方案、水量分配方案并监督实施;负责全市节约用水工作;负责落实综合防灾减灾规划相关要求,负责组织编制洪水干旱灾害防治规划和防护标准并指导实施,承担水情旱情监测预警工作;指导全市河湖水库的治理、开发和保护。指导、监督全市河湖、水域及其岸线的管理、保护、治理工作;指导监督全市水利工程建设与运行管理;负责水土保持工作。拟订全市水土保持规划并组织实施;负责水利行业安全生产工作;督促检查水利重大政策、决策部署和重点工作的贯彻落实情况。

2022 年,银川市水务局在水利部办公厅《公民节约用水行为规范》主题宣传活动中,荣获优秀组织单位奖;在自治区水利厅关于 2022 年度全区水土保持目标责任考核结果中,被评为优秀等次;在自治区河长办关于 2022 年度河湖长制工作考核结果中被评为优秀等次。

【水生态修复】 2022 年,银川市全面加强河湖水生态修复治理,重点实施典农河水生态修复、四二干沟水生态修复、第二排水沟上段治理、陈家湖水循环设施建设、犀牛湖水生态治理等一批水动力改善、水生态修复项目,投入资金超过 2 亿元,吹填鸟类栖息浅滩 1123 亩,完成典农河生态补水 10197 万立方米,打通四二干沟向森林公园水系补水通道,连通凤凰公园与典农河,向黄河流域投放黄河鲤等鱼苗 140 万尾,向陈家湖、阅海投放草鱼和鲢鱼 17 吨,累计出动人工 1800 余人次、机械 700 余车次,清捞水草漂浮物及生活垃圾 4000 余吨,有效修复改善湖泊湿地生态系统,复苏河湖生态环境。2022 年黄河银川段水质稳定 Ⅱ 类进 Ⅱ 类出,全市重点入黄排水沟水质稳定在 Ⅳ 类,黄河干流水质长期稳定在 Ⅱ 类,主要河流、湖泊水质均达到水环境功能要求。

【雨情汛情凌情】 2022 年汛期,银川市平均降水量 144.1 毫米,较历年同期偏多 36.8%,最大日降水量为 7 月 11 日银川市区 68.6 毫米。主汛期全市共出现 6 轮暴雨天气过程,降水量数次突破历史极值。6 月 21 日,银川市区降水量 65.2 毫米,突破 1961 年以来 6 月份日降水量极值;8 月 9 日,灵武市马家滩镇西三社区累计降水量和最大小时雨强分别

2022 年 6 月 6 日,第二排水沟水生植物亮化沟道

194

为 211.7 毫米和 89.5 毫米,均突破该站 2015 年建站以来历史极值。2022 年入汛以来,黄河水势平稳,最大入境流量为 9 月 3 日 1780 立方米/秒;2022 年汛期,全市经历 5 次山洪过程,6 座拦洪库拦蓄洪水,其中:最大洪峰流量为 8 月 10 日灵武市大河子沟马跑泉站,洪峰流量 46 立方米/秒,拦蓄洪水最多为 8 月 10 日灵武市庙梁子拦洪库,拦蓄洪水近 20 万立方米。

2022—2023 年度凌汛期,黄河银川段 2022 年 12 月 18 日出现首次流凌,2023 年 1 月 7 日退凌,截至 1 月 11 日,黄河银川段未出现封河。

【防汛抗旱减灾】 2022 年,银川市水务局重新修订《银川市防汛抗旱应急预案》,备齐防汛物资,落实抢险队伍,开展防汛抢险演练,完成 7 座拦洪库的维修养护和第五拦洪库的大坝安全监测,明确全市 21 座中小型水库安全度汛"三个责任人";在汛期严格执行 24 小时防汛值班和领导带班制度,加强与应急、气象等部门联动,借助区市两级防汛预警监测系统,形成监测、预警、会商、研判多元一体的应急预报预警机制;开展全市防汛安全隐患大检查及防汛抗旱暗访,先后组织对拦洪库、堤防、在建项目、运行工程、水面安全等开展安全检查,整改一般问题 128 处,消除重点隐患 9 处,有效解决了银川市防汛职责体系理不清、防汛救援力量较薄弱、重点行洪沟道不通畅、重点防洪区域体系有缺陷等问题。

【河(湖)长制建设】 2022 年,银川市水务局持续推动河湖长履职能力全面提升,顺利完成 17 名市级河湖长变更交替,更换市级河湖长公示牌 27 块,编印《银川市市级河湖长工作指南》《银川市 2022 年河湖长制工作要点》,召开银川市 2022 年总河长会议、银川市 2022 年河湖长制联席会议,市级总河长亲自部署、亲自推动河湖治理保护,主要领导指示批示 9 次,对河湖水质不稳定、沟道淤积不畅、水面安全管理、黑臭水体整治等问题下发通报 6 期,督办函 7 期,督促各级河湖长共开展巡河 9 万余次、巡河时间约 5 万小时、巡河里程达 30 万千米,巡河率达 100%,解决各类问题 112 个,有效推动河湖长制工作落实落地落细。

【水资源管理】 2022 年,银川市规划区总取水量为 19.69 亿立方米,其中地下水取水量 1.751 亿立方米。按照取水用途,农业用水总取水量 14.683 亿立方米,工业用水总取水量 0.680 亿立方米,生活用水总取水量 1.937 亿立方米。据统计,银川市共有农村饮水安全工程 57 处,年供水能力 3130.19 万立方米,解决 81.02 万人饮水问题,由 19 个单位及企业管理。从区域来分,兴庆区 12 处,年供水能力 561.3 万立方米,由宁夏水投银川水务公司、宁夏长城水务有限责任公司和社会管理模式管理,受益人口 13.46 万人;金凤区 5 处,年供水能力 410.9 万立方米,由宁夏水投集团金凤分公司和丰登镇润丰源自来水有限责任公司管理,受益人口 5.42 万人;西夏区 14 处,年供水能力 432.3 万立方米,由西夏区农水局委托服务公司和街道办及村委会管理,受益人口 7.99 万人;贺兰县 10 处,年供水能力 340.9 万立方米,由贺兰县兴源供水服务有限公司管理,受益人口 17.17 万人;永宁县 5 处,年供水能力 1078.1 万立方米,由永宁县康源农村供水服务有限公司管理,受益人口 21.32 万人;灵武市 11 处,年最大供水能力 306.69 万立方米,由宁夏水投灵武市水务有限公司和宁夏勇顺农村人饮自来水管理有限公司管理,受益人口 15.66 万人。从水源来分,取黄河水的工程 1 处,为永宁县闽宁供水工程;取地下水的工程 56 处。银川市水务局全面落实水资源消耗总量和强度双控,研究制定《银川市"十四五"用水权管控方案》《银川市深度节水控水攻坚战方案》《银川市建设黄河流域生态保护和高质量发展先行区示范市"四水四定"实施方案》《银川市工业企业用水权有偿使用费征收使用管理办法》等配套政策,科学配置调度水量,严格执行计划用水、定额管理、居民用水阶梯水价、非居民用水超计划累进加价制度,全市水资源消耗总量控制在 21.73 亿立方米以内。推进贺兰县、兴庆区节水型社会县域达标建设,按照《节水型社会评价标准》通过区级验收。完成银川市 17 家银川市节水型企业验收工作,督查完成 18 家自治区节水型企业申报工作。制定印发《银川市节水控水攻坚战实施方案》。完成办理 2022 年度市级取水许可 66 家。2022 年度计划用水下达率 100%，下达的自备井计划总量为 1168 万立方米。完成征收水资源税 500 万元，征收率 98%，确保水资源税应收尽收。完成 14 件超许可取水案件线索移交辖区综合执法部门。完成 129 个项目的施工降水水量核定工作，核定水量 1865 万立方米，完成新建项目施工降水现场勘查 15 项，核定水量推送税务部门。完成银川市计划用水管理系统建设任务，实现计划用水线上监测管理。充分利用"世界水日""中国水周""黄河流域生态保护主题宣传实践月"等节点，悬挂节水宣传条幅，发放节水宣传彩页、宣传片万余份、《公民节水行为规范》《节水微科普》千余本，营造全社会节水爱水、惜水护水的良好氛围。

【用水权改革】 2022 年，银川市分县区、分行业、分地类研究制定《银川市"十四五"用水权管控方案》《银川市深度节水控水攻坚方案》，制定印发《银川市再生水利用交易试点实施方案》，积极探索将再生水用于生态补水、绿化用水及城市杂用，打通"再生水—黄河水—产业用水"置换通道，进一步完善区域再生水循环利用体系。全面完成全市用水权确权工作，落实改革控水。农业确权面积 243.93 万亩、确权水量 11.645 亿立方米，工业确权（发证）企业 213 家，确权水量 6140.83 万立方米，养殖业确权企业 785 家、确权水量 1435.17 万立方米。全面推进用水权改革工作，推动各领域"节水增效"，积极探索用水权绿色金融发展模式，系统推进水权、水价、水资源税、金融质押等改革，不断激励用水主体提高用水效率，优化用水结构。2022 年全市共开展用水权交易

22 笔，交易水量 2612.38 万立方米，交易金额 14945 万元。水资源初步实现从低效农业向高产出、高效益的工业流动，从"闲置"向"增值"有序流动。

【水土保持监督】 2022 年，银川市共审查审批生产建设项目水土保持方案报告书（表）341 个，征收 189 个项目水土保持补偿费共 3395.02 万元，已投产使用且完成水土保持方案验收报备的生产建设项目共 124 个。全面完成 2022 年水土保持遥感监管图斑核查、查处和整改工作，下发银川市遥感监管疑似违法违规图斑三期 287 个图斑，通过现场核查认定、违法违规问题查处整改工作，共确定违法违规图斑问题 47 个，12 月底全部完成整改销号。加强水土保持方案编制质量管控，成立水土保持方案质量自查工作领导小组，完成了 2018—2021 年市县两级已审批生产建设项目水土保持方案质量核查工作。

【银川市典农河水生态修复项目】 2022 年 3 月，银川市典农河水生态修复项目开工建设，项目总投资 13384.68 万元，主要对典农河阅海片区、贺兰河道实施生态修复，种植水生植物，打造生态驳岸，提升典农河下游水质，通过清淤疏浚等工程措施和水生态修复措施，增强河道行洪、排水能力，有效改善水质，修复水体生态，构建优美的城市滨水景观和良好可持续发展的河道生态系统，同时优化原有生物群落结构，增加生物多样性，提升湿地自然景观效果和社会、生态效益，切实维护阅海及典农河生态系统的稳定性，打造良好的湿地旅游环境。

【银川市重点泄洪沟道治理工程（方家圈、高家闸沟）】 2022 年 3 月，银川市重点泄洪沟道治理工

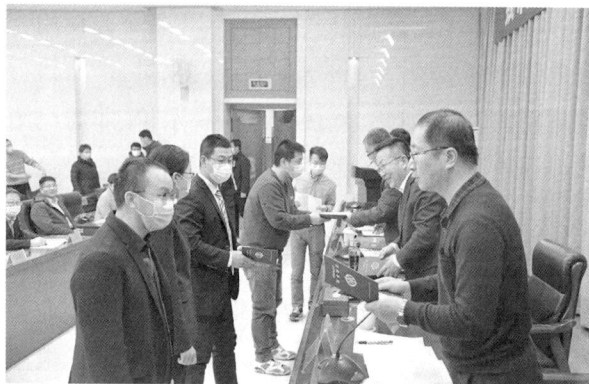

2022 年 4 月 2 日，用水权改革工作领导小组为确权户颁发用水权证

2022 年 7 月 3 日，典农河水生态修复项目工程

2022年春，重点泄洪沟道治理工程（方家圈沟）

程（方家圈沟上段、高家闸沟上段）开工建设，项目批复总投资 1903.5 万元，主要实施清淤及沟道砌护 4290 米，新建沟底截墙 30 座，新建 1.5×1.5 平方米双孔节制闸 1 座，2.0×2.0 平方米节制闸 1 座，并在沟堤两侧铺设 20 厘米厚砂砾石路面，形成防汛道路，增强沟道防洪排水能力、完善防洪体系建设，构建更加可靠完备的城市防洪圈，保障城市核心区防洪安全，为推动黄河流域生态保护和高质量发展先行区示范市建设提供坚实的水安全保障。

【银川市黑臭水体治理示范城市建设项目第二排水沟上段治理工程】 2022 年 2 月，银川市黑臭水体治理示范城市建设项目第二排水沟上段治理工程开工建设，项目总投资 1338.92 万元，2022 年 9 月完工。主要对第二排水沟段（芦草洼泄水闸 – 唐徕渠涵洞）9.11 千米沟道全段进行清淤疏浚、种植水生植物、沟底清淤和建设生态护岸，有效保护和改善沟道水生态环境，充分发挥生态效益和环境美化功能，切实提高城市功能品位，打造集生态修复、景观再生、文化传承、社会服务于一体的绿水相连、人水和谐城市生态景观新名片。

【银川市第一至第三拦洪库提标改造工程】 2022 年 10 月，银川市第一至第三拦洪库提标改造工程开工建设，该项目概算总投资 18046.4 万元，项目主要对第一拦洪库、第二拦洪库、第三拦洪库、北三支导洪堤、沙其沟以及山嘴沟导洪堤进行建设治理、提标改造，对存在防洪安全的部位进行导引，对第一、第二、第三拦洪库进行连通，筑牢防洪体系中存在的薄弱环节和缺口，利用湖库互调作用适度增大洪泛区域，使洪水能顺利通过保护区并最终安全排入黄河，进一步完善贺兰山东麓防洪体系，保障城市防洪安全，加快推进银川市黄河流域生态保护及高质量发展先行区示范市建设。

【党建与精神文明建设】 银川市水务局 2022 年深入学习贯彻习近平新时代中国特色社会主义思想，扎实开展"大学习、大讨论、大宣传、大实践"活动。党委理论学习中心组先后组织各类学习 12 次，党组会"第一议题"学习 22 次。坚持落实"一周双学"制度，为党员干部职工购买学习教材 300 余本，编制学习资料汇编 3 套，组织集中学习 34 次，举办党员轮训班 1 期，开展研讨交流 17 次，开展应知应会测试 3 场，推动理论学习入脑入心、走深走实。开展专题宣讲 8 场、岗位技能专题辅导 3 场、专题党课 13 场，把党的理论学深悟透、用好用活；不断加强和创新精神文明建设，制定全年志愿服务活动计划。组织局系统 21 名青年干部报名参加 6 类岗位技能培训及竞赛。组织局系统党员干部前往银川市烈士陵园开展"2022 年清明祭英烈"活动。开展"银川好人"选树推荐，局系统内推选 2 名"银川好人"报机关工委。组织干部职工参加全市职工运动会、广播体操比赛等活动。开展节日慰问、"夏送清凉"暨防汛一线慰问活动，不断提升干部队伍凝聚力、向心力。

（郭宗骅）

兴庆区

【概况】 2022 年，兴庆区农业农村和水务局管理岗 12 人，专业技术岗 40 人。下设 5 个事业中心，分别为兴庆区农业技术推广服务中心、兴庆区畜牧水产技术推广服务中心（动物防疫监督所）、兴庆区农村合作经济经营管理站、兴庆区乡村振兴服务中心（农业综合开发服务中心）、兴庆区水资源保护中心。

【供水情况】 2022 年，兴庆区总供水量 19736.353 万立方米。其中，农业供水量 10678.1595 万立方米，工业供水量 321.3286 万立方米。

【灌溉管理】　兴庆区灌溉面积 34.06 万亩,其中耕地 22.62 万亩。2022 年,自治区水利厅下达兴庆区黄河干流取水总量为 2.4118 亿立方米,地下水取水总量为 0.376 亿立方米,引黄自流灌区干渠取水指标 1.485 亿立方米。兴庆区农业农村和水务局按照总量控制、定额配水,结合灌区实际,将用水量指标分配到渠道、泵站,指导建立完善农业用水台账,严格执行计划用水方案,控制年度用水总量。

【防汛防凌抗旱】　2022 年,兴庆区农业农村和水务局及时督促乡镇及部门及时调整防汛抗旱成员,落实防汛三级分工,确保政令畅通,工作有人管,能推进;组织人员和专家对《兴庆区防汛抗旱应急预案》等 4 个预案邀请专家召开会议修订完善,增强预案的可操作性,提高了应对险情的能力;组织人员编写论证《兴庆区 2022 年山洪灾害非工程措施项目》,报自治区水利厅审查备案,该项目具体包括山洪灾害演练 1 次、水旱灾害防御知识培训 1 次、6 个预警喇叭维护及通讯续费、新增 4 个安装预警喇叭 6 个预警探头及远程监控系统,购置 4 台汽油泵,20 套救生衣,20 套救生圈,3 个百米救生绳,100 套防汛马甲;开展培训演练活动。5 月 27 日,举办 94 人参加防汛成员单位及蓄水池、泵站管理单位参加的水旱灾害防御知识培训会一场;7 月 19 日,在月牙湖乡组织山洪灾害演练,60 余人参加。绘制兴庆区防汛抗旱重点分布图,对备防石、丁字坝进行测量入册;加强值班管理,值班实行"局领导 + 带班领导 + 值班人员 + 司机"四级值班制度;对防汛物资进行盘点清理,制作兴庆区防汛物资台账、出入库管理制度、防汛值班制度;及时发布讯息。结合村委会喇叭、微信群、入户宣传、发放山洪灾害预防读本及气象信息,发布暴雨预警信息和防汛动态,及时预警。2022—2023 年黄河宁夏段凌汛期,自 2022 年 12 月 15 日流凌,12 月 20 日封河,2023 年 2 月 23 日全线开河,持续时间 70 日,兴庆区各相关部门通力协作,顺利渡过凌汛期。

【农村饮水安全】　兴庆区城市生活用水系统由银川中铁水务集团有限公司运行管理,水源为都市圈西线水源。农村供水工程按照地域分为河东、河西两个片区,共有农村安全饮水工程 12 处,供水范围覆盖人口 13.47 万人,其中城镇人口 5.91 万人、乡村人口 7.56 万人。

河东片区现状供水水源为长城水厂,2019 年 10 月"兴庆区月牙湖地区农村供水巩固提升工程"修建了长城水厂至月牙湖乡供水管道,替换了"月牙湖乡供水工程""月牙湖滨河家园供水工程"原有地下水源,供水范围为月牙湖乡、治沙林场、通航产业园 3.17 万人、月牙湖万亩牛场 3 万头奶牛的人畜生活用水。河西片区现有农村饮水安全工程 10 处:即"新水桥、新渠梢农村饮水安全工程""燕鸽农村饮水安全工程""掌政农村饮水安全工程""镇河农村饮水安全工程""永南农村饮水安全工程""永固农村饮水安全工程""通贵农村饮水安全工程""通南农村饮水安全工程""大新镇卫生院供水工程""大新镇上前城供水工程",供水范围为通贵乡、掌政镇、大新镇 10.3 万人。现状供水水源为地下水,2020 年苦咸水项目实施完成后,除"大新镇卫生院供水工程""大新镇上前城供水工程"外,其他供水工程水源也替换为都市圈西线水源。

【农业水价综合改革】　2022 年,兴庆区农业农村和水务局召开乡镇、村委、灌溉管理单位座谈会,对有关政策进行传达和解读。成立灌溉服务公司负责辖区农业灌溉,注销原有用水协会,规范水费收缴及渠道运行管理。根据银川市发改局、水务局《关于制定银川市三区农业水价的通知》(银发改发〔2021〕117 号)文件要求,明确了兴庆区农业灌溉用水价格自流灌区 0.075 元 / 立方米,扬水灌区 0.158 元 / 立

2022 年 5 月 8 日,兴庆区农水局副局长、河长办副主任杨世壮对红墩子煤矿取用水情况及蓄水池进行安全检查

方米，自 2022 年 1 月 1 日起执行。编制完成《银川市兴庆区农业水价综合改革实施方案》《银川市兴庆区农业水价综合改革执行办法》，建立健全农业精准补贴机制和节水奖励基金，完善农业水权制度，创新农业用水管理方式。

【用水权改革】 2022 年 6 月 24 日，兴庆区农业、工业、规模化养殖业用水权确权成果方案通过银川市审核，8 月 22 日正式印发，全面完成用水权确权。农业用水确权方面：核定农业灌溉面积 25.76 万亩，确权水量 1.363 亿立方米，确权主体 41 个（24 个发放用水权证）。工业用水确权方面：涉及用水确权工业企业共 87 家，其中 22 家年用水量大于 1 万立方米的企业全部完成用水合理性分析报告编制并通过审定，核定确权水量 180.33 万立方米；65 家年用水量小于 1 万立方米的小微企业依据其近三年实际用水量核定预留水权指标 29.8 万立方米。规模化畜禽养殖业用水确权方面：涉及用水确权规模化畜禽养殖企业及大户共 68 家，符合条件确权到户 43 家，确权水量 218.88 万立方米；剩余 25 家确权到各乡镇统一调配管理，年用水量共 22.92 万立方米。2022 年 8 月底将农业、工业及规模化养殖业用水权确权成果全部录入自治区用水权确权平台。录入农业确权信息 24 条，对应用水量 0.67 亿立方米；录入工业确权信息 22 条，对应水量 180.33 万立方米；录入规模化养殖业确权信息 39 条，对应水量 212.743 万立方米。农业、工业及规模化养殖业确权成果信息录入完成率 100%。辖区内所有确权取用水户发放取水许可证或用水权证，发放用水权确权证 45 个（农业 24 个，工业 21 个），发证率 100%。发放取水许可证数 17 个，发证率 100%。辖区内唯一工业园区苏银产业园，于 2022 年 3 月 4 日取得工业园区规划水资源论证的批复。

【水行政执法】 2022 年，兴庆区共排查 18 座沿黄泵站，已取得取水许可证的泵站 14 座，加装计量设施台账管理灌溉河滩地的泵站 3 座，安装计量设施台账管理抗旱应急的泵站 1 座。核查登记地下水取水工程（设施）380 项、504 个，已全部整改销号。银川黄河横城水利风景区在黄河边私自架设 3 台水

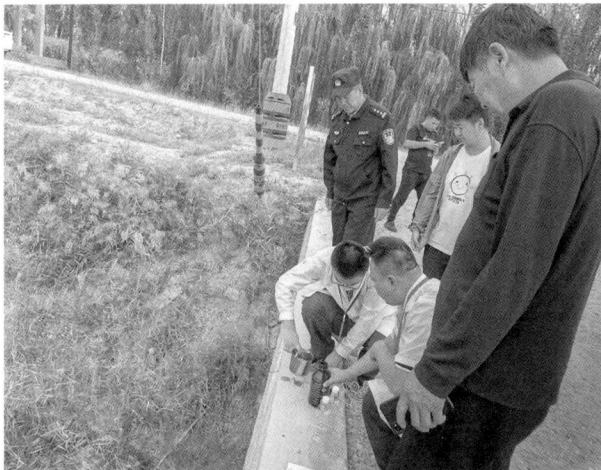

2022 年 9 月 8 日，兴庆区公安分局警长＋河长对黄河流域例行联系巡查河湖生态情况

泵抽取黄河水用于景区内部灌溉，未安装任何计量设施和办理取水许可手续，属于违法取用水行为，已拆除违规取水设施。银川黄河军事文化博览园在景区内水系和湖泊私自架设 4 台水泵取用地表水用于园区内灌溉，未安装任何计量设施和办理取水许可手续，属于违法取用水行为，已拆除违规取水设施，并对企业罚款 3 万元。

【节约用水】 2022 年，兴庆区新创建节水型居民小区 61 个，复核通过 31 个，节水型居民小区创建率达到 25.6%。完成"世界水日""中国水周""兴庆区 2022 年黄河流域生态保护主题节水宣传"方案，开展节水宣传活动，共发放节水、水权改革、河长、水土保持宣传折页 5000 余份、山洪灾害防御常识宣传手册 1500 余份，组织各乡镇、街道社区、学校、机关单位开展节水宣传活动；按要求及时上报宣传总结和信息。

【水土保持】 2022 年，自治区分配兴庆区水土流失治理面积为 6 平方千米。兴庆区共投资 1780 万元，完成 6 平方千米治理任务。其中，兴庆区自然资源局投资 300 万元实施《兴庆区 2022 年国土绿化及重点工程》2500 亩，宁夏宝丰生态牧场投入资金 1416 万元实施《农光一体化紫花苜蓿项目》种植 3300 亩，在其他光伏板区投资 64 万元《人工撒播沙蒿等适宜荒漠区利用雨水种植的沙生植物》3200 亩。自治区水利厅水保总站下发遥感监管疑似违法违规扰动图斑 26 个（非生产建设项目 8 个，合规项

目 5 个,生产建设类项目 13 个),已全部核实并上传系统。共受理水保申请 18 个(报告书 12 个,承诺表 6 个),已全部审批。防治责任范围 447.91 公顷,弃土弃渣 12.33 万立方米,水保总投资 2820.46 万元,应收水土保持补偿费 440.13 万元(免征 3 个水利项目),全年税务机关实际收取水土保持补偿费 553.1865 万元,收缴 2022 年批复的应缴水保补偿费 381 万元,收取率 86.7%,追缴其余年份 172.187 万元。

【水库移民】 2022 年,兴庆区移民发放户数 256 户,资金 15.36 万元,对发放名单在乡镇、村组进行公示,6 月上旬委托黄河银行直接发放。

【党建与精神文明建设】 2022 年,兴庆区农业农村和水务局以提高政治"三力"为重点,坚决做到"两个维护",始终把党的政治建设摆在首位,一把手严格落实全面从严治党主体责任,严格执行民主集中制、"三重一大"、重大事项请示报告等制度。召开党组会议 30 次,研究部署党建、党风廉政建设工作 10 次。完成支部换届工作,进一步加强基层党组织建设,增强基层党组织的创造力、凝聚力和战斗力。全年召开党组理论学习中心组学习 14 次、专题研讨 4 次,专题讲座 2 次,集中观看红色教育片、警示教育片 5 次,结合"三会一课"、主题党日和支部理论学习扎实开展政治理论学习和党史学习教育。抓实意识形态教育管理,用好管好意识形态阵地,定期研究意识形态工作。

聚力提升党组织政治功能和组织力,扎实推动党支部标准化规范化建设。在疫情防控中,协调组织全体干部职工快速投入到共建社区、农村等重要疫情防控阵地中。通过学习党纪国法、观看警示教育片、学习《零容忍》警示案例,参观贺兰县机关党员干部党校廉政教育基地,开展廉政警示教育,强化惩治腐败高压态势。深入开展工程建设政府采购等重点领域突出问题专项治理、涉粮巡查、"改进作风 提升质效"专项行动、违规收送红包礼金和不当收益及违规借转贷或高额放贷问题专项整治、中央环保专项督查、清查整治突出问题规范党务工作、基层党建工作风险隐患排查和防范化解等一系列工作。荣获

银川市兴庆区 2021 年度"让党中央放心、让人民群众满意"模范机关荣誉称号。

(段伏宝、俞艳琴、杨芳、刘慧、范佳)

金凤区

【概况】 金凤区东起唐徕渠,南与永宁县毗邻,西至包兰铁路,北与贺兰县接壤,辖区总面积 353 平方千米。辖丰登、良田两镇、长城中路、黄河东路、北京中路、满城北街、上海西路、贺兰山中路 6 个街道办事处及阅海集团、阅海湾中央商务区、银川林场(社会事务管理及水资源管理);南部的良田镇及银川林场属纯农业灌溉区;而北部的丰登镇、阅海集团、黄河东路、满城北街有部分土地从事农业种植。南部的良田镇、银川林场灌溉水源为黄河水西干灌域;北部的丰登镇、阅海集团、黄河东路、满城北街灌溉水源为黄河水唐徕灌域。

【供水保障】 2022 年,金凤区投资 480 万元构建金凤水务一体化的良田镇水务一体化运维平台进行扩容增量,打造"四水同治",提升智能控制和智能决策水平,进一步保障供水安全,提升水资源管理、水安全环境以及水资源可持续发展水平。编制完成投资 6350 万元《金凤区互联网+城乡供水科研报告》,正积极争取区市建设资金着力实施"金凤区互联网+农村供水工程",与银川市城乡供水"同网、同源、同价",稳步推进金凤区城乡供水安全人饮全覆盖。

【水利工程建设管理】 2022 年,金凤区农业农村和水务局完成投资 2524.3 万元的四二干沟金凤区段、马鹤湾、东附沟、芦花沟沟道治理和水生态修复工程初设报告。完成投资 3467 万元现代化示范灌区建设项目实施方案及投资 6350 万元的金凤区"互联网+城乡供水"项目可研报告和投资 3353 万元的银川市金凤区良田镇温棚水源改造建设项目实施方案。

【灌溉管理】 2022 年,自治区水利厅分配至金凤区黄河干流用水总指标为 1.962 亿立方米;其中,黄河水农业灌溉 0.665 亿立方米(毛水量),生态补

水 0.922 亿立方米，地下水 0.166 亿立方米，将 0.5336 亿立方米(毛水量)农业灌溉水量分配到 19 个干渠直开口，预留 0.05 亿立方米夏秋灌水量和 15%冬灌水量。金凤区夏秋灌实际用水量为 3100 万立方米，预留冬灌水量为 500 万立方米，2022 年总灌溉水量约 3600 万立方米；辖区内黄河水分配指标未突破指标红线。组建宁夏水投金凤分公司为良田镇、丰登镇灌溉运营管理单位，使金凤区基层水利服务体系建设步入专业化、科学化、优质服务化、灌溉节水一体化轨道。

【防汛防凌抗旱】 2022 年，金凤区农业农村和水务局编制完成了《金凤区农业农村和水务局水旱灾害防御应急响应工作规程》《金凤区桑园沟调度运行方案》《金凤区水利工程安全事故应急预案》，督促检查各成员单位对防汛抗旱责任制、措施、抢险队伍、物资储备和防汛值班等的落实，防汛物资储备到位，人员、车辆有保障，遇灾抢险有措施，为金凤区 2022 年安全度汛提供强有力保障。

【水土保持】 2022 年，自治区水利厅下达到金凤区共有 52 个疑似违法违规项目，对 52 个项目进行分类整编核查。其中，房地产开发建设项目共有 15 项；扰动面积 5 公顷以上的 12 项，5 公顷以下的 3 项。下发生产建设项目类水土保持限期整改通知书 8 份(7 个已完成)。非生产建设项目 31 项(农田复耕、农业大棚、自建房、城市道路绿化、废弃场地)。社会事业类项目 3 项。

【水利改革】 2022 年，金凤区农业农村和水务局印发《银川市金凤区农业水价综合改革执行办法》，现执行水价(自流灌区为 0.067 元／立方米，扬水灌区 0.142 元／立方米)。已设立水务征缴专账，全面实行收支两条线，为最严格水资源管理夯实基础。

完成 11.8141 万亩调查面积；核定 9.38 万亩确权面积；压减面积 2.4341 万亩；确定 18 个行政村和 172 个最适宜灌溉单元；确用水总量 3110 万立方米；完成 83 家 105.774 万立方米的工业企业用水确权，核定 56 家年用水量 1 万立方米以下的工业企业；核定 15 家 26.35 万立方米畜牧养殖用水权量；颁发用水权证 43 本，顺利完成了改革任务，达到预期目的。

【水库移民】 2022 年，自治区水利厅下达金凤区大中型水库移民后期扶持项目建设资金 22.98 万元，核定核减 9 人，迁入 1 人，核查核定共计 376 人。发放直补资金 22.56 万元(600 元／人／年)。

(何凤鸣、赵晓莉)

西夏区

【概况】 2022 年，西夏区农业农村和水务局内设综合办公室、农技推广中心、动物疾病预防控制中心、水务综合办公室、乡村振兴服务中心、葡萄酒产业服务中心 6 个职能机构。主要承担辖区农田用水管理、水利工程建设、水政水资源管理、水土保持治理、水库移民扶持、水旱灾害防御、河湖长制工作协调、水利工程安全与质量监督等工作。

【中型灌区节水建设项目】 2022 年，为加快推动自治区重点特色产业发展，解决西夏区农业灌溉用水问题。我区拟采用特许经营模式实施西夏区镇北堡中型灌区节水建设项目，在已建农牧场供水工程基础上，扩建农牧场扬水泵站及干渠，新建高口扬水管线及蓄水池，实施供水管线连通工程，保证灌域灌溉用水，项目估算总投资 8623.78 万元，资金来源主要为申请中央、自治区、银川市相关项目资金及引入社会资本。目前，该项目已完成项目建议书及可行性研究报告的批复编制完成项目特许经营实施方案，并通过专家评审，已报送西夏区人民政府审核批复。同时西夏区已申请自治区水利厅将该项目纳入全国中型灌区名录，并积极争取水利部中型灌区建设资金。

【高个子沟应急度汛工程】 2022 年度，自治区水利厅已下达西夏区水利发展救灾物资 300 万元用于组织实施高个子沟应急度汛工程，工程于 10 月完成招投标并开工建设。按照贺兰山东麓"导、拦、泄、滞、排"的防洪功能布局，通过工程措施完善防洪体系工作，及时有效地组织实施西夏区高个子沟应急度汛工程，成立工作专班，落实责任，强化目标，保证项目顺利实施，完成中央水利救灾资金绩效目标。同时，谋划高家闸沟（一期）治理工程概算总投资3597.74 万元。

【农村饮水工程】 2022 年 2 月，西夏区农业农村和水务局积极争取乡村振兴补助资金及水利发展资金 255 万元，组织实施西夏区 2022 年农村供水薄弱环节维修养护及巩固提升工程。通过更换水管网、各类闸阀井、安装计量设施以及其他配套设施，得以健全项目区农场自建人饮水工程各类设施，工程于2022 年 4 月 21 日开工建设，9 月底全部完工，有效地提高项目区供水保障率，大幅提升贺兰山农牧场14 队 40 户、南梁农场 584 户人饮供水保障，实现农村饮水工程安全资源的优化配置和高效利用，确保当地百姓喝上放心水、安全水，促进当地社会的可持续发展。

【农田基础设施】 2022 年 2 月，西夏区农业农村和水务局积极与各镇（街）、村队对接，对辖区内农田灌排设施运行情况进行检查并争取本级财政资金76.49 万元，实施 2022 年春季小型农田水利维修改造工程。对严重影响春灌、急需维修改造的 24 项小型水利工程设施进行维修，工程于 9 月底完工，补齐农田水利基础设施短板，提高了水资源有效利用率。

【用水权改革】 2022 年，自治区水利厅下达西夏区农业灌溉及生态用水指标为 2.458 亿立方米。按照下达指标，制定了《银川市西夏区 2022 年水量分配计划及调度计划》《关于加强黄河用水水量调度及使用管理的通知》，将用水总量分配细化到各取用水户及各镇街，并在使用中加强水量调度，优化水资源配置。全年农业及生态实际用水总量为 2.056 亿立方米，节水 4000 万立方米。规范农村基层用水组织建设。为规范供水协会运行管理，农业农村和水务

2022 年 8 月 30 日，西夏区用水权确权颁证

2022 年 6 月 10 日，西夏区用水权改革现场答疑会

局推动辖区用水协会注销工作，西夏区共有用水协会组织 17 家均注销完成。严格执行自治区用水权市场平台管理、交易规则、价格调控、服务审核等规定，引导用水权有偿取得。指导对办理用水权确权证的企业按照确权水量向西夏区人民政府缴纳用水权有偿使用费，对 1 万立方米以下用水企业协调宁夏水投有限公司代收用水权有偿使用费，截至目前已收缴用水权有偿使用费 821 万元。引导宁夏中环光伏材料等公司与兴庆区开展用水权交易工作，完成372 万立方米的用水权交易；引导西夏区众源节水智能服务有限公司与贺兰山农牧场开展用水权交易工作，完成 46 万立方米的用水权交易。

【灌溉管理】 2022 年 2 月，西夏区农业农村和水务局全面完成工业、农业、畜牧养殖业用水确权工作。其中，农业领域确权灌溉面积 32.5 万亩、确权水量 1.68 亿立方米；工业领域完成 44 家工业企业用水权确权颁证工作，确权水量 2879 万立方米；畜牧养殖业领域核定规模化养殖户 39 户，推算年用水100.78 万立方米，均已分配至 4 个镇街。

【水旱灾害防御】 2022 年，西夏区健全防洪体系、加快贺兰山东麓安全标准区建设。西夏区作为整个银川市防汛安全重要屏障，压力与责任重大，各级领导细化工作措施，狠抓责任落实保障度汛安全。依托自治区水利厅信息化平台，在重点山洪沟道架设山洪视频监测站，实现雨情信息实时查询监视，及时推送实时雨情、水情、险情。完善西夏区防汛监测预警体系，加强精细化调度协调，健全完善防汛抗旱应

急指挥体系，全面提高水利科学化、信息化、精准化管理水平，2022年度平安度汛，未发生人员伤亡及财产损失。

【农村饮水安全】 2022年2月，西夏区农业农村和水务局组织实施西夏区农村人饮薄弱环节巩固提升及维修养护工程。进一步巩固提升贺兰山农牧场14队、南梁农场1队、4队、7队、枸杞1队、枸杞5队以及基建队等相关村队居民饮用水安全水平，解决其供水标准低、供水能力不足等问题。

【河湖长制】 2022年，西夏区及时充实调整县（区）级河湖长、河长制责任单位和工作领导小组成员，加大督办协调力度，全年召开区委专题会、常委会、政府专题会、常务会共11次，召开河长办公会议8次，开展明察暗访20余次，发现问题30余个，下发巡查通报7期，督办问题全部解决。2022年度县级河湖长巡河率100%，镇街级河湖长巡河率97%，实行"三长"联动工作机制，加大涉河湖违规违法行为查处和打击力度，农水、综合执法、检察院等部门定期开展联合督导检查，针对西夏苑房地产在陈家圈沟建设妨碍行洪构筑物等问题，及时通过行政处罚、公益诉讼等措施进行惩处。常态化开展河道非法采砂巡查工作，出动70余人次，巡查河道300千米，全年未发生河道非法采砂行为。结合美丽乡村建设重点区域环境综合整治和秋冬季农田水利基本建设工作，对重要水域开展日常保洁，共整治沟道160千米，清理生活垃圾980余吨、水草漂浮物3000余吨。扎实开展妨碍河道行洪突出问题排查整改工作，共排查河道建筑物331处，经自治区河长办复核后未发现妨碍河道行洪问题。

【水政与水资源管理】 2022年1月，西夏区印发《银川市西夏区贺兰山区域地下水取水井专项治理行动实施方案》《西夏区取水设施整改提升实施方案》《银川市西夏区取用水管理专项整治攻坚方案》《西夏区超采区涵养区地下水压减实施方案》。严格按照银川市下达的用水总量分类控制指标压减地下水开采量，推进贺兰山东麓自备井专项整治，严厉打击无证取水、偷采盗采水资源等违法行为，实行地下水采补平衡。截至3月31日，西夏区已完成取水工程（设施）50项66眼机井整改工作，整改销号率为62.82%，未完成整改的29项84眼机井暂时无法销号。其中，10项56眼属于超采区、19项28眼属于贺兰山东麓保护区，没有水源替代，无法办理取水许可证。

【水土保持】 2022年，自治区水利厅下达西夏区水土流失治理面积6平方千米，通过种植林木、扩增葡萄种植面积、增加苜蓿种植等措施，西夏区提前完成全部治理任务；对42个违法违规生产建设项目，下发违法违规限期整改通知单，全部按要求完成整改，截至2022年12月，共缴纳水土保持补偿费1597.74万元。

【水库移民】 2022年，西夏区完成移民人口复核及直补资金发放工作，为认真落实水库移民补贴政策，按照《宁夏大中型水库移民后期扶持政策实施方案》（宁政发〔2007〕19号）和《宁夏大中型水库移民后期扶持人口年度复核和资金直补工作规定》要求，西夏区农业农村和水务局对西夏区大中型水库移民后期扶持资金直补人口进行了复核，经复核，2022年度西夏区资金直补人数为9人，补贴标准为600元/人/年，总计7200元。

【党建与精神文明建设】 2022年2月，西夏区农业农村和水务局制定中共银川市西夏区农业农村和水务局党支部关于深入开展学习贯彻习近平新时代中国特色社会主义思想主题教育的学习计划和任务清单，紧扣"学思想、强党性、重实践、建新功"总要求，先后组织11次集中学习，3次专题研讨，2次专题党课。开展"立足岗位做贡献"活动10个，"为民办实事"解决群众困难问题14个。立足岗位实际，开展西夏区科技特派服务团活动，11月起，由西夏区农业农村和水务局副局长、宁夏大学教授叶林带队，先后至华西村、德林村、泾河村等6个村开展设施草莓高产栽培技术、设施番茄病虫害防控技术、设施辣椒栽培技术等各类设施农业培训13次，累计培训指导150余人次。严格执行发展党员程序，确定发展对象1名，积极分子2名，同时组织党员及时足额交纳党费。把全面从严治党融入业务工作中，定期研究、布置、检查和报告党风廉政建设情况，注重党纪党规的学习,不断提升廉洁自律能力。领导班子成员严格落实"一岗双责",全面建立班子、班子成员"三个清单",细化全面从严治党责任清单7项、党组织书记第一责任人责任清单8项、班子成员"一岗双责"责任清单共17项、问题清单11项、问责清单9项。

（田志明）

永宁县

【概况】 2022年,永宁县水务局所属3个事业单位。主要承担全县农田用水管理、水利工程建设、水资源管理、防灾减灾和水土保持治理、水库移民扶持、水旱灾害防御、河湖长制工作协调、水利工程安全与质量监督、水政执法等工作。2022年,全年完成了8个项目的建设任务,争取上级部门资金3106.56万元,完成投资4158.71万元。

【水资源管理】 2022年,自治区水利厅下达永宁县黄河干流水量4.504亿立方米,地下水水量0.56亿万立方米。根据各乡镇实际灌溉面积,结合年度灌溉水量和地下水取水水量下达用水计划。严格做好电子取水许可证换发注销工作,对现存16家企业注销取水许可证7家,换发电子取水许可证9家。同时办理电子取水许可证107家。对已摸排474家1342眼自备井和2座扬黄泵站,共下达整改通知书70份,完成整改销号864眼,整改率64.3%,剩余玉泉营、黄羊滩农场、康源公司共计480眼井推进整改。督促所有办理取水许可证的企业安装282套在线监测,定期对计量设施进行监测,积极落实用水统计调查管理。联合永宁县直七个部门印发《关于加强永宁县建设项目施工降水管理工作的通知》,从根源上开展施工降水无序开采的管理。2022年督促5家在建工程项目完成取水许可证办理,并安装计量设施。推进节水型社会建设。完成永宁县农业水价终端供水价格批复,严格执行计划用水和定额管理制度。全县城市公共供水全面实行居民用水阶梯水价制度,对全县10个社区的44个小区进行节水型小区建设达标复核工作,县公共机构节水型单位建成率达到80.77%。聚焦反馈问题,坚决落实整改任务。黄

2022年11月23日,黄河水资源局副局长李向阳(前排左二)带领调研组调研黄河流域生态警示片反馈问题整改情况

河流域生态环境警示片披露问题涉及永宁县"中粮葡萄种植公司长期违规取用地下水"等五个方面问题,截至2022年底,伊品、启元企业违规取水等水资源整改问题均完成自治区整改销号。

【用水权改革】 2022年,永宁县水务局成立工作专班,深入推进用水权改革。编制完成《永宁县"十四五"用水权管控方案》,并通过政府专题会议、常务会审议。农业方面,初步核定永宁县灌溉面积为64.41万亩,其中确权发证面积61.99万亩,规划新增面积2.42万亩,农业用水确权水量2.793亿立方米;工业方面,确权工业企业216家,其中确权发证企业33家,确权水量725.7万立方米,小微企业183家,预留水量74.3万立方米;规模化养殖业136户,总用水量为148.33万立方米,其中确权发证17户,核定用水量102.12万立方米。编制完成《永宁县农业水价综合改革实施方案》并经县人民政府审议修改后印发。农业末级渠系水价成本监审通过,修订完善水价形成、精准补贴和节水奖励、建设和管护、用水管理等"四项机制"。全县38家农民用水协会,根据民政部门《社会团体登记管理条例》,依法办理注销。全县6个乡镇灌溉合作社完成注册,并开始运营。永宁县农丰农业灌溉服务联合社注册成立,统筹负责全县农业灌溉管理。

【农村人饮安全】 2022年,永宁县水务局强化水质日常监测,确保老百姓喝上健康放心的自来水。

2022年10月13日，自治区生态环境厅巡视员王兴文（右六）带队督查沟道水质情况

2022年3月1日，市水务局检查组检查在建工程安全生产

康源公司每日出厂水常规9项检测，每周出厂水13项检测，每季度水源水、出厂水、末梢水37项检测，监测结果在永宁县政府公众网向社会公示，保障饮水安全。对照巩固拓展脱贫攻坚成果同乡村振兴有效衔接考核评估发现问题，按照"两不愁三保障"和"四查四补"要求，定期开展农村饮水安全排查，对供水设施不畅，水压小，管道受损，水源不稳定等问题，一经发现，即刻解决，确保农村群众饮水安全有保障。

【工程建设与管理】 2022年，永宁县水务局投资91万元，实施永宁县闽宁镇木兰村、园艺村供水分支管道改造工程，解决闽宁镇木兰村、园艺村用水高峰期断水和水压小的问题，提高了当地居民生活水平。投资146万元，实施闽宁水厂供水设备及镇区管网改造工程，提高永宁县闽宁水厂供水保障能力，改善生产和生活条件。投资概算790.05万元，实施银川市桑园沟（银巴路南侧砂坑至西夏水库排洪沟段）治理工程。投资概算47.5万元，实施黄河永宁段备防石转运工程，巩固黄河堤防。投资概算228万元，实施贺兰山东麓闽宁导洪堤水毁修复应急抢险工程，修复应急抢险水毁段落9处，砌护护坡约1.4千米。

【水旱灾害防御】 2022年，永宁县水务局联合应急管理局等相关部门对永宁县防汛基础设施进行全面的排查，保证泄洪通道畅通，水库空库迎汛。对存在安全隐患的部位根据责任划分及时进行整改，共计发现安全隐患20处，整改完成19处；剩余1处推进整改，计划于2023年汛前完成整改。对难以排除的防汛隐患，落实汛期安全度汛措施，并安排专人进行定期巡查，确保不留一处安全隐患。修订完善《永宁县超标洪水防御预案》《永宁县山洪灾害防御应急预案》《黄河永宁县段防洪防凌应急预案》及《永宁县山洪灾害危险区人员转移避险应急预案》等，并征求乡镇、相关部门意见，进一步增强防汛抗旱应急预案的针对性、操作性、可行性。按照"一库一方案"的原则，编制北五沟拦洪库、腰石井沟拦洪库、横沟拦洪库、二旗沟拦洪库、新桥滞洪区等防洪应急预案，修订完善汛期水库调度运行方案。同时根据大坝安全鉴定报告，有针对性地制定病险水库调度运行方案。每日巡查东升、雷台等重点险工段，做好防汛期间的汛情观测工作。对永宁县17套视频监测设施、24台无线预警广播、30套手摇报警器、30套铜锣等预警设备及时进行维护更新。

【水土保持】 2022年，永宁县水务局积极开展《中华人民共和国水土保持法》宣传进机关、进企业、进园区活动，努力营造人人熟悉《中华人民共和国水土保持法》的良好氛围。开展生产建设项目监督检查，下达现场监督检查情况告知书11份，督促生产建设单位按时限完成整改。规范方案审批，督促各项目建设单位编报水保方案。完成各类水保方案审批21个，接受生产建设项目水土保持设施自主验收报备9份。2022年，永宁县被分配到水土流失治理面积10平方千米，经与自然资源、农业农村等部门对接调查，永宁县新增水土流失治理面积5.5平方千米。

【水库移民】 2022 年，永宁县水务局对全县 2021 年享受直补扶持的 1476 名水库移民进行复核登记，并将复核后符合政策的直补人员名单及复核结果分别在行政村和村民小组张榜公示，接受群众监督。经复核：2022 年度共核减 8 人，外县转入核增 7 人，2022 年永宁县大中型水库移民资金直补人数为 1475 人，扶持标准为每人每年 600 元，2022 年度共发放直补资金 88.56 万元。完成永宁县 2022 年水库移民扶持基金绩效评价和监测评估工作。

【水行政执法】 2022 年，永宁县水务局加强水政执法人员对有关法律法规和地方性规范化文件的学习，依法依规办理案件。修改完善《永宁县水务局行政执法三项制度》，制定《永宁县水务局关于印发普法责任制"四个清单"的通知》，深入贯彻落实"三项制度"，提高水行政执法标准。深入开展取水口专项整治行动，对永宁县域内的企业以及未办理取水许可手续的蔬菜基地和其他违规用水单位及个人，进行拉网式排查，以"零容忍"的态度严肃查处各类违规取水行为，发现一起、查处一起。2022 年累计开展执法检查 70 余次，下达整改通知书 50 余份，下达行政处罚决定书 38 份，行政处罚金额 66 万元。

【党的建设和党风廉政建设】 2022 年，永宁县水务局持续推动学习贯彻习近平新时代中国特色社会主义思想走深走实，落实"第一议题"和"常设议题"中心组学习 10 场次，落实"三会一课"制度，召开支委会 9 次、党员大会 3 次、讲党课 6 场次，组织开展"支部主题党日"12 期，开展组织生活会和民主评议党员 1 次，开展违规收送红包礼金和不当收益及违规借转贷或高额放贷专项整治专题组织生活会 1 次；学习习近平新时代中国特色社会主义思想、习近平总书记视察宁夏重要讲话指示批示精神、自治区第十三次党代会精神等 26 场次，聚焦"六对照六查看、五个紧紧扣住、四个着力破除"开展研讨交流 12 人次，党员干部职工参加自治区第十三次党代会精神专题党课宣讲 3 次、充分利用红色资源，组织单位党员干部 30 余人前往宁夏"五七"干校参观革命遗迹。局领导班子对照"严细深实勤俭廉 + 快"8 个方面，

立足工作实际，认真检视剖析，对标对表查找问题，对症下药列出问题清单，共梳理查找出班子存在的 8 个方面问题，班子成员 11 个问题。组织开展廉政警示教育活动，组织开展岗位廉政风险自查剖析、全面从严治党专题会、组织观看警示教育片等方式，教育引导党员干部以钉钉子精神持之以恒贯彻落实中央八项规定精神。建立健全全面从严治党责任体系，党组书记作为第一责任人，负责永宁县水务局党的建设、干部队伍建设、党风廉政建设等工作；班子成员落实"一岗双责"，明确责任分工，抓好分管股室廉政建设。深入开展违反中央八项规定精神治理，及时对单位近年来在违规吃喝、违规收受礼品礼金、违规操办婚丧喜庆事宜等开展自查自纠。认真开展违规收送红包礼金和不当收益及违规借转贷或高额放贷专项整治活动，按照时间节点完成学习研讨、专题组织生活会等环节步骤。规范落实意识形态工作。坚持把意识形态工作作为民主生活会、述职报告、履行党建工作责任制的重要内容，将意识形态工作纳入重要议事日程，纳入党建工作考评细则，推动考核工作规范化、常态化。

（夏芳）

贺兰县

【概况】 2022 年，贺兰县水务局设置 3 个内设机构，分别为综合管理岗位、水资源和水土保持岗位、建设和安全质量管理岗位。主要承担着全县农田用水管理、水利工程建设、水政水资源管理、水土保持治理、水库移民扶持、水旱灾害防御、河湖长制工作协调、水利工程安全与质量监督等工作。

【供水情况】 2022 年初，自治区水利厅下达贺兰县黄河干流取水计划 5.349 亿立方米，其中：生活用水 0.2327 亿立方米，工业用水 0.04 亿立方米，农业用水 4.4943 亿立方米，河湖湿地生态补水计划 0.582 亿立方米。干渠直开口用水计划 4.457 亿立方米，河湖湿地生态补水水量为 0.5121 亿立方米。贺兰县坚持节水优先，严格用水总量管控和定额管理，统筹水源和行业用水需求，制定印发《贺兰县 2022 年农业及生态灌溉水量分配计划及调度预案》《贺兰

县 2022 年度非居民计划用水量的通知》,立足"精打细算用好水资源,从严从细管好水资源",严格执行调度预案及用水计划,扎实推进黄河水高效节约集约利用。2022 年底,贺兰县总供水量 5.323 亿立方米,其中地表水 4.824 亿立方米,地下水 0.499 亿立方米;农业取水 4.62 亿立方米,工业取水 0.107 亿立方米,生活取水 0.165 亿立方米,人工环境取水 0.431 亿立方米,共计取水 5.323 亿立方米。

【防汛工作】 2022 年,贺兰县水务局出台《贺兰县水务局水旱灾害防御内部工作职责》《贺兰县水务局水旱灾害防御洪水应急响应规程》《贺兰县水务局关于开展水利系统安全大检查工作安排》等意见,进一步明确各中心、站所、水利经营单位水旱灾害防御工作职责和安全生产任务。严格执行 24 小时值班值守和领导带班制度,严肃防汛值班纪律,紧盯监测预警动态,加强与应急、气象、水文等部门配合协作,密切关注天气变化和雨水情趋势,做好降雨预报及实时雨量监测,按照气象预警、山洪灾害预警、洪水应急响应规程,及时发布水情、信息。利用新闻媒体、学校、主要场所集中广泛宣传山洪灾害防御应急避险等安全防范知识;联合县应急局、农业农村局共同开展贺兰山东麓葡萄酒庄企业山洪灾害防御应对座谈及现场培训;在区域内发布《关于禁止在滞洪区、拦洪库种植高秆作物的公告》关于妨碍洪水行洪突出问题整治宣传单宣传进企业、进农户,做好企业、种植户说服防洪工作重大意义和安全隐患;建立贺兰山东麓贺兰段山洪灾害防御危险区清单,明确危险区详细位置、经度纬度,三级责任人、责任单位、监督单位、联系电话,告知属地管理单位并报区市水利系统及县应急局备案;对沿山地区村社级责任人开展"点对点"培训,从气象信息发布、预警发布、应对防范、路线排查、转移撤离等细化分解综合培训。与第三方技术团队签订 2022 年度县级预警监测平台维修调试保养协议,及时开展预警发布平台、气象雷达图、应急处置平台、突发事件预警信息发布系统、洪水预报预警及应急响应发布培训,不断提升值班人员应急能力处置水平。对接银川市水文站,做好全县 2 个水文站、4 个水位站、7 个视频监测站、24 个

2022 年 7 月 10 日,贺兰县水务局与应急局在洪广镇联合检查山洪灾害排查安全隐患

雨量站预警监测设备维护调试工作。投资 180.23 万元,完成贺兰山东麓集镇、城镇补充调查评价、监测预警能力巩固提升、群测群防体系建设、监测预警设施设备维修养护。委托专业队伍对全县山洪灾害防御非工程措施 15 个预警广播(大喇叭)进行维修维护和更新。为山洪灾害重点区域配置发放手摇报警器、铜锣、应急救生绳、安全警示灯等防御设施。

【防凌工作】 2022 年,贺兰县水务局编制完成《黄河防凌预案》《黄河宁夏贺兰段标准化堤防应急抢险预案》《贺兰县水旱灾害洪水防御应急响应规程》《水旱灾害防御内部职工工作职责》等相关预案、规程,统筹黄河沿线控导、堤防防御体系一体化防御,及时、有效、快速开展应急抢险及调度防御工作。与区、市部门对接,时刻关注上下游冬季凌汛汛情,加强与气象、水文、应急信息共享和分析研判,及时发布预警,为应对防御和应急抢险留足余地,及时做好信息统计汇总分析上报,为决策提供技术支撑和依据。与自治区水利勘测设计院、黄河宁夏和润工程有限公司及相应领域专家签订合作协议,为突发应急抢险工作提供组织保障与技术支持,确保抢险工作有序、有效。与全县 4 家具有较强技术实力的水利工程公司签订水旱灾害防御应急抢险协议,预订抢险挖掘机、装载机、自卸车等特种作业机械 45 台,随时投入防凌应急抢险工作。储备黄河贺兰段控导工程备防石 11.83 万立方米,对黄河控导备防石建立台账清单和备案管理。储存吨袋 222 条、编制袋 24000 条、铅丝网片 2400 平方米、钢管 2600 根、救

生绳70根。投资54.61万元,实施2023年贺兰县黄河防汛岁修工程项目,主要对黄河宁夏京星段控导码头11#至12#丁坝间联坝进行防护加固,对21#丁坝坝头根石进行补抛,进一步提高防洪防凌能力,保证人民生命财产安全。联合应急管理、沿线乡镇等部门,加强对黄河沿线堤防、控导、水系、穿堤建筑物、滞洪区水工程、巡防抢险道路等开展巡查检查,加密薄弱环节巡查频次,制定巡查台账,及时发现问题,及时处理整治。

【抗旱工作】 2022年,贺兰县制定印发《贺兰县2022年农业及生态灌溉水量分配计划及调度预案》(贺政办发〔2022〕41号),将黄河水水量细化分解至各干渠直开口、各用水单位。灌溉期加强协调,统筹灌域内用水指标调剂,因地制宜、科学调度,切实化解高峰期农业农村供需矛盾突出及灌溉难问题。利用世界水日、中国水周,通过海报、短视频等多种形式宣传,使老百姓珍爱水资源,时时处处节约用水。对渠道、建筑物等工程设施设备进行维修养护,做好抗旱机井、泵站工程检修保养。加强值班值守和日常检查巡护,及时消除安全隐患,确保工程安全、供水安全。坚决杜绝跑冒滴漏、淹滩漫路、纵水入沟等现象发生。

【水土保持】 2022年,贺兰县水务局共审批、落实水土保持方案80件,其中报告书14个,报告表66个,征收水土保持补偿费161.75万元。水利部下发第一期核查遥感监管违法图斑15个,现场核查率100%,查处率100%。在全县水土治理国土绿化规划基础上,结合即将实施的水土保持治理项目,共完成绿化面积50公顷。利用"3·22世界水日"、水利宣传周、《水土保持法》颁布实施纪念日等时机,积极开展水土保持宣传工作。

【水库移民】 2022年,贺兰县水库移民补贴人数为2547人,按照补贴标准每人600元,需兑付补贴资金152.88万元。

【河湖事务中心工程建设与管理】 2022年,贺兰县水务局投资55.9万元,实施2022年自治区水利发展资金贺兰县防汛岁修,主要对贺兰县京星控导工程坝垛3道加固,加固

18#~20#共3道丁坝根石基础,18#丁坝根石加固长度96米,19#丁坝根石加固长度67米,20#丁坝根石加固长度104米,总长度为267米。投资10万元,实施贺兰县2022年金山拦洪库边坡雨淋坑修复工程,主要对金山拦洪库迎水面整修,修复雨水侵蚀坍塌区3295.52立方米,雨水侵蚀坍塌区土方回填夯实5006.03立方米,机械修整边坡21441.16立方米;对背水面修整边坡76230.57立方米。

【水利工程建设服务中心工程建设与管理】 2022年,贺兰县水务局共实施项目19个,总投资7686.52万元。其中,续建项目1个,为贺兰县沙井子银新干沟(县城段)治理工程,批复投资1755.91万元;新建项目18个,其中,中央及自治区水利发展资金项目9个,为2021年贺兰县农村集中供水维修养护工程、贺兰县2021年农村供水改造提升工程、贺兰县2022年农村饮水工程维修养护项目、银川市贺兰县金山拦洪库2#泄洪闸改造工程、宁夏中小河流贺兰县沙井子插旗口沟下段治理工程(贺兰山东麓防洪项目)、贺兰县2022年地下水取水井计量设施安装项目、贺兰县2022年山洪灾害防治非工程措施建设项目、2022年贺兰县小型水库工程建设维修养护项目、2022年自治区水利发展资金贺兰县防汛岁修工程,总投资2476.76万元;衔接推进乡村振兴补助资金项目4个,为2021年暖泉农场饮水安全巩固提升工程、2022年贺兰县欣荣水厂、南梁水厂提升改造工程、贺兰县2022年温棚园区供水基础设施

2022年11月14日,过水路面施工

改造工程、金贵镇通昌村农村供水管网改造工程，总投资 1023.18 万元；一般债券资金项目 4 个，为银川市四二干沟三丁湖生态修复项目、贺兰县暖泉农场供水工程提升改造项目、贺兰县供水工程提升改造项目（金贵镇、立岗镇）、2022 年贺兰县农村水厂提升改造项目，投资 2358.69 万元；两会涉水项目 1 个，投资 71.98 万元。截至 2022 年底，除 2022 年贺兰县农村水厂提升改造项目完成 40%，其余项目均已完工。

【灌溉管理】 2022 年，贺兰县精准核定灌溉面积，将用水指标细化分解到乡镇场、干渠直开口、各用水单位，制定印发《贺兰县 2022 年农业用水计划和调度预案》（贺政办发〔2022〕41 号），做到"以水定地、以水定产"，扎实推进黄河水高效节约集约利用。

制定《贺兰县基层水务管理协会改革指导意见》，以乡镇场为单位全县成立 8 家基层灌溉服务公司，制定《贺兰县基层灌溉服务公司管理办法（试行）》，对灌溉公司组织构架、制度建设、人员配备、定岗定员定薪标准、职能分工等进行了明确要求。各乡镇灌溉公司灌溉秩序良好，群众用水满意度明显提升。积极开展农民用水协会注销工作，2022 年年底已完成 51 家农民用水协会的清算审计及注销工作。顺利完成 2022 年农业灌溉任务。拟定《贺兰县基层灌溉服务公司管理办法》《贺兰县基层灌溉管理考核奖惩办法》，推动基层灌溉公司用水管理审计，对基层灌溉管理工作进行考核。

【水费收支管理】 按照全县末级渠系供水成本测算和水价批复，全部执行终端水价。全县水费收缴实行按量收费，纳入财政专户管理，严格实行"收支两条线"。各乡镇场基层灌溉公司通过二维码、小程序等电子缴费模式收取水费，并对水费收支情况进行公开公示。2022 年应收终端水费 2226.39 万元，实收水费 1796.11 万元（未上交水费正在通过法律诉讼等途径催缴），其中：骨干水费已全部支付至渠道管理单位，支付率 100%；末级渠系人员工资及维修养护资金已全部拨付至各乡镇场，拨付率 100%。

【节约用水】 2022 年，贺兰县公共机构 232 家，已建成节水型单位 169 家，创建达标率为 72.8%；在全县开展节水型居民小区创建，对 15 家居民小区和 15 家工业企业分别授予"贺兰县节水型居民小区"和"贺兰县节水型企业"荣誉称号。2022 年全县事业单位节水型公共机构覆盖率 65.7%，行政机关节水型公共机构创建率 96.3%；节水型居民小区建成率 20.35%，节水型企业建成率 65.2%。对贺兰县 4 家供水企业、8 家用水户建立重点用水户名录。要求年取用水量 10 万立方米及以上的工业企业 6 户，全部成立水务经理 + 水管理员，加强用水监督管理工作。新建居民小区公共场所和公共建筑节水器具普及率达到 100%。对全县非居民用水户实行用水计划管理，下达《贺兰县 2023 年度非居民计划用水量的通知》，建立计划用水预警机制，执行超计划超定额累进加价制度，实现年用水量 1 万立方米以上的工业企业 3000 立方米以上服务业计划用水管理全覆盖。2022 年干渠直开口计划用水 4.457 亿立方米，实用水量 4.122 亿立方米，实现节水 0.33 亿立方米。各乡镇（场）、各基层灌溉公司严格落实年初下达的用水计划，规范用水行为，严格落实用水权改革政策，通过县域内水权交易、灌域内部指标调剂，保障农业灌溉用水，保障灌区均衡受益。

【农村饮水安全】 2022 年，贺兰县建立健全农村饮水安全管理责任体系、公示农村供水工程"三个责任人"，公开县政府主体责任单位、水行政主管责任单位以及供水公司运行管理责任单位的责任人、职责、联系电话，以及供水水源、供水范围、水价、水质、水源地保护信息和工程维修抢修电话，接受群众监督，并第一时间接收群众诉求。对供水公司、各水厂，通过工程巡查、日常巡检、入户走访等方式，常态化开展饮水安全"四查四补"工作，及时发现并解决饮水安全中的问题。对全县 11 个供水点、65 个行政村（5 个城网供水除外）采取月检、季检、抽检结合形式进行动态监测，同时委托第三方对水源水、出厂水、管网水进行一年两次的农村水质检测检验，出具检测报告。2022 年农村水质检测结果均符合《生活饮用水卫生标准》（GB5749—2006）。累计投资 15 万元，实施农村人饮供水管网维修工程。主要对县域内各农村安全饮水工程管道进行提升改造，累计维修

10 余处。编制完成《贺兰县城乡供水工程可行性研究报告》,并将报告提交自治区水利厅进行第一次评审。已按照专家评审意见完成报告的修改工作。同时,委托启迪浦华水联网(北京)有限公司编制信息化方案,委托中国投资咨询有限责任公司编制"两评一案",即:财政承受能力论证报告、物有所值评价报告、特许经营项目实施方案。待方案编制完成后,确定水源,再修订方案。

【农村水利改革】 2022 年,贺兰县成立由县政府分管副县长任组长,相关行业部门、乡镇场负责人为成员的用水权改革专班,水务部门作为牵头部门,协同推进用水权改革工作。制定《贺兰县深化用水权改革实施方案》《贺兰县用水权改革创新突破方案》《贺兰县四水四定、总量管控方案及水资源承载能力评价》《贺兰县建设黄河流域生态保护和高质量发展先行区示范县"四水四定"实施方案》《贺兰县水权交易及收益分配办法(试行)》《贺兰县农业用水超定额(计划)累进加价办法》等。基本建立贺兰县用水刚性约束"硬指标",形成"政府与市场两手发力"的水资源配置新格局。完成《贺兰县农业用水权确权成果报告》《贺兰县工业、养殖业用水确权方案及确权成果报告》,形成"总量管控、定额分配、适宜单元、管理到户"的模式。核定农业灌溉确权面积 71.86 万亩,确权水量 3.3195 亿立方米,对农业用水户确权颁证 62 本;核定工业企业 441 家,确权水量 1210.52 万立方米。邀请第三方对全县末级渠系农业供水成本进行精准测算,经政府专题会研究,县发改局批复,按照自流灌区终端水价 0.067 元/立方米执行。水费实行"收支两条线",通过电子缴费、财政专户管理,加快农业用水计量设施建设,在干渠直开口和部分支斗口安装计量设施 1100 余套,干渠直开口实现自动化测控全覆盖,田间支、斗渠测控技术改造覆盖率 31%。对农业取水地下水自备井安装在线计量设施,并上传县地下水资源监管平台,农业灌溉逐步由"人工管理"向"智慧管控"转变。印发《贺兰县基层水务管理协会改革指导意见》,以乡镇场为单位成立 8 家基层灌溉服务公司,制定《贺兰县基层灌溉服务公司管理办法(试行)》,规范灌溉公司管理,保障灌溉秩序运行良好。制定《贺兰县农业水价综合改革精准补贴和节水奖励办法(试行)》,落实 2021 年精准补贴和节水奖励资金 84.3132 万元。制定《贺兰县金融支持用水权改革的实施方案》《贺兰县用水权交易资金管理办法》,开拓金融赋能用水权改革路径,规范用水权收储交易行为,用水权改革取得成效。2022 年在自治区公共资源交易平台完成农业用水指标向工业用水指标交易 533.4 万立方米,交易金额 1.44 亿元;县内二级平台交易水权 1161.3534 万立方米,交易总金额 66.52967 万元;跨县域(红寺堡)交易 445.56 万立方米,交易金额 100.8 万元;工业企业之间用水权交易 0.3345 万立方米,交易金额 0.36795 万元。

【水行政执法】 2022 年,贺兰县水务局根据《水利部办公厅关于印发取用水管理专项整治行动"回头看"工作方案的通知》(办资管〔2022〕189 号)要求,重点围绕取水口核查登记权不全、问题认定不准等问题开展取用水管理专项整治自查工作,补录取用水户 64 户,取水机井 172 眼。安装机井二维码标识牌 1500 块,为机井量身定制身份证,为下一步机井管理奠定基础,已全面完成整改。

加强城市公共供水管网范围内自备井关停工作,坚决打击未经审批擅自取水、未按规定条件取水、取水计量不规范等违规行为。共计关停城市管网内自备井 11 眼、农业自备井 20 眼,立案查处水事违法案件 14 起,从源头上依法加强地下水资源管控和

2022 年春,贺兰县水务局举办农业灌溉用水权交易签约仪式

保护。

【党建与精神文明建设】 2022年，贺兰县水务局以模范机关创建为目标，从严落实党建目标责任制，通过谈心谈话、调研座谈、工作指导、监督检查等形式，进一步找准机关党建工作不足，压实班子成员责任。保持警示教育常态化，坚持廉政党课制度，集中开展廉政专题学习，把警示教育贯穿党员干部成长全过程，落实到教育培养、选拔任用、考核评价等环节，为组织建设提供坚实保证。严格落实"三会一课"制度，教育引导党员干部加强党性修养，以党课、组织生活会等契机进行工作检查、学习，努力达到共同提高的目标。严格落实"三强十一严"工程，严肃党内政治生活，组织开展理论学习中心组12次，党员大会12次，书记讲党课4次，组织开展特色主题党日活动12次。按照县委关于"下基层"活动的统一安排，做好"三进"集中活动。严格落实意识形态工作责任制，加强对意识形态领域问题风险研判，及时处置群众涉水诉求和信访纠纷。注重党员发展，培养入党积极分子1人、正式党员1人。

（何乐、窦红梅、周雪梅）

灵武市

【概况】 2022年，灵武市水务局设置5个内设机构，所属8个事业单位。主要承担着全市水利工程建设、水资源管理、水土保持治理、水库移民扶持、水旱灾害防御、河湖长制工作、农村水利、水利工程安全与质量监督等工作。全年完成水利投资2.4亿元，实施水利项目10个；新增3600户自来水入户，自来水普及率100%；黄河灵武段水质稳步在Ⅱ类进Ⅱ类出，入黄水质达到Ⅳ类标准；综合治理水土流失面积51.05平方千米，灵武市水土保持工作在2022年度全区目标责任考核中被评为优秀等次。

【河湖长制】 2022年，黄河灵武段过境断面综合水质达到地表水Ⅱ类以上优良水体，与2021年持平；主要入黄排水沟东干沟综合水质达Ⅳ类考核标准，较2021年Ⅲ类有所下降；跨县河流中水洞沟灵武段综合水质达到Ⅱ类（扣除氟化物本底值），较

2021年Ⅲ类有所提升；灵武市河湖水质达标基本稳定。持续完善三级河湖长管理，严格落实六项工作制度，编制完成《灵武市2022年河湖长制工作要点》《灵武市妨碍河道行洪突出问题整治工作实施方案》《灵武市"清四乱"常态化规范化实施方案》，进一步推进落实妨碍河道行洪问题和河湖"四乱"问题整治，督促各乡镇、农林场及时清理河湖水域岸线垃圾、柴草及漂浮物3万余吨。完成河湖管理范围划定，并全部设立界桩。编制印发《灵武市河长办关于采用巡河打卡模式的通知》，完成17条县级沟道、48条乡镇级沟道共215个河段巡河打卡点设置，服务各级河长开展巡河打卡。推进美丽河湖建设，开展农业面源污染治理，累计建设户厕26427座，农村卫生厕所普及率达到92%。实施6座农村生活污水处理终端提标改造，加强10座农村生活污水处理站第三方运维监管，农村生活污水治理率达65.5%，灵武市畜禽粪污综合利用率达到95%以上。定期开展骨干沟道拦污工作，督导乡镇对重点入黄排水沟10处拦污栅垃圾水草死畜定期清理，杜绝垃圾入黄。对黄河、苦水河、东大沟、西大沟、南干沟、南湖等重点河湖管理范围内乱占、乱采、乱堆、乱建等"四乱"突出问题开展联合巡查，发现"四乱"问题线索16件，排查安全隐患14处，完成3处水利部进驻式暗访四乱问题整治销号、3处自查"四乱"问题清理整治。

【水利重点项目建设】 灵武市取水工程（设施）配套安装计量设施改造项目。新建调度中心1处、安装管段式电磁水表174台、投入式液位计4台、安装电磁流量计20台、雷达流量计4台、新建检查井3座。资金投入411万元；黄河灵武段河忠2队应急抢险工程。新建护岸55米，现有护岸根石加固30米、丁坝后土方回填1.36万立方米及制作安装警示牌4个。资金投入99.39万元；银川都市圈城乡东线供水工程（灵武段）。主要完成灵武支泵站及灵武南郊泵站的厂区回填、主副厂房主体工程封底主要金属结构与电气、设备的安装工作；同时完成部分灵武支线管线及灵武南郊管线的开挖、安装工作，及部分管道建筑物浇筑、金结、设备安装工作等。资金投入5.3亿万元。灵武市马家滩镇周家沟小流域综合治理项

目。项目规划综合治理水土流失面积 12 平方千米，新建引洪坝 1 座，长 267 米，引洪坝上布设 1 座开口 20 米溢流堰，新建洪漫坝 9 座，总长 3679 米，布设溢洪口 20 座；铺筑碎石道路 1.46 千米，封育治理面积 10.65 平方千米，设立宣传牌 2 座。种植灌木林 7.33 公顷，种草 2.65 公顷，封育措施 1082 公顷，设立宣传牌 3 座，资金投入 567.83 万元。灵武市马家滩镇陆家沟新建淤地坝工程。项目规划新建淤地坝 1 座，上游控制面积 4.35 平方千米。坝顶长 142 米，坝高 8.7 米，新建泄洪建筑物 1 处、长 50 米。过水路面 1 处、长 70 米，浆砌石防洪堤护坡 2 处，总长 320 米；新建上坝抢险道路砂砾石路面长 900 米。资金投入 392 万元。

【水土保持工作】 2022 年，灵武市审批生产建设项目水土保持方案 73 个，监督检查已批复水土保持方案的生产建设项目 157 个，发出限期整改告知书 157 份，全年共收缴 60 个生产建设项目水土保持补偿费 646.04 万元，及时督促建设单位履行水土保持义务和责任，提高实时监督实效。完成自治区水利厅 2022 年第一季度遥感图斑核查 36 个，水利部第一期遥感图斑核查 50 个，自治区水利厅第二期遥感图斑核查 23 个，已全部完成整改销号，完成率 100%。完成自治区水利厅下达灵武市 2022 年治理水土流失面积 51.05 平方千米（自治区水利厅下达水土流失治理面积 46 平方千米），完成率 110.9%。编制完善淤地坝运行管理制度 17 项，完成 2022 年度张家窑淤地坝岁修施工作业，组织开展 2022 年度淤地坝防汛演练，确保 3 座淤地坝安全度汛。实施马家滩镇周家沟小流域综合治理项目以及陆家沟新建淤地坝 2 个水生态修复治理工程。灵武市水土保持工作在 2022 年度全区目标责任考核中评为优秀等次。

【水旱灾害防御】 2022 年，灵武水务局编制完成《灵武市水务局全面排查防汛抗旱风险隐患 切实做好查漏补缺和改进提升工作实施方案》，全面排查黄河、苦水河灵武段沿岸堤防、丁坝、护岸等防洪设施、旗眼山等 5 座水库、水洞沟等 3 座淤地坝及大河子沟等 4 条较大泄洪沟道，及时消除防洪隐患。完

2022 年春，水务局工作人员现场查看黄河灵武段河忠 7 队河岸坍塌应急抢险工程施工情况

成水库"三个责任人"的公示及培训，落实汛期 24 小时领导带班值班值守工作，组建水旱灾害防御应急抢险队伍，储备防汛物资。组织完成灵武市 87 套山洪灾害预警广播系统和 18 处视频监控设施的维修养护工作，确保正常运行。召开 2022 年度灵武市水旱灾害防御培训会议，开展 2022 年度水旱灾害防御演练。开展 2022 年小型水库维修养护工作，工程投资 40 万元，已完成全部建设内容，进一步保障小型水库的安全运行。开展 2022 年度山洪灾害防治群测群防工作，结合"世界水日、中国水周""全国防灾减灾日"等开展山洪灾害群策群防宣传活动；组织 2022 年度水旱灾害防御知识培训会，同时就水旱灾害防御、水库淤地坝"三个责任人"和山洪灾害预警广播系统管理进行了授课，进一步夯实防汛工作人员业务能力和水平。完成马家滩镇、白土岗乡、郝家桥镇集镇调查评价和山洪灾害危险区动态管理清单编制，实施黄河灵武段河忠 2 队应急抢险工程，工程投资 99 万元，对黄河灵武段部分滑塌段落进行治理，确保黄河汛期安全。2022—2023 年黄河灵武段流凌上首至仁存渡段，流凌密度 5%～50%，未封河，凌期黄河流量 400～600 立方米/秒。灵武市水务局严格落实凌期 24 小时带班值班制度，每日巡堤查险，全面掌握水情、凌情、工情变化，确保遇到突发凌情能够及时报告处理。全面完成 2022 年度大中型水库移民资金直补人口年度复核工作，发放水库移民资金直补资金 6.06 万元，全力保障移民合法权益。

【农村饮水安全】 2022年,灵武市水务局按照农村饮水安全评价4项指标,定期检测水源水、末梢水水质,巩固了14个贫困村2404户10137名建档立卡贫困人口持续喝上放心水,新增3600户自来水入户群众吃水正常,自来水普及率100%,自来水入户率99%。配合实施银川都市圈城乡东线供水工程,确保项目顺利实施,全力保障居民饮水安全。采用特许经营模式,引入社会资本,稳步推进灵武市"互联网+城乡供水"工程建设,促进灵武市城乡供水现代化、服务均等化。

【水权改革】 2022年,灵武市水务局编制《灵武市农业水价综合改革水价执行方案》《灵武市精准补贴和节水奖励办法》《灵武市基层水利服务组织管理办法》《灵武市农业灌溉服务专业合作社的实施方案》,合理测算水价成本,制定超定额加价制度,末级渠系自流渠道水价由3.05分/立方米调整到为6.82分/立方米;自流灌区扬水泵站水价由9.50分/立方米调整到17.22分/立方米;沿黄扬水灌区扬水泵站水价由12.50分/立方米调整到20.14分/立方米,高效节水灌区扬水泵站水价由51.00分/立方米调整到72.50分/立方米。设立合作社、水务局、市财政三级水费专账,实行水费"收支两条线"管理,2022年灵武市自流灌区水费应缴纳1736万元,实际缴纳1736万元,水费收缴率100%。依据"总量控制,定额管理"的总体思路,圆满完成2022年农业灌溉任务。完成灵武市农业、工业、规模化养殖用水权确权成果报告。其中,农业用水权确权方面:复核灌溉总面积53.57万亩,农业种植面积40.4万亩,生态林灌溉面积13.1万亩,鱼池面积0.1万亩,确权取水量2.09亿立方米。工业用水权确权方面:年用水量1万立方米及以上已建工业企业完成用水合理性分析并通过审定41家,核定最终确权发证水量893万立方米,取水量950万立方米。规模化畜禽养殖业用水权确权方面:规模化畜禽养殖业,确权到户的规模化养殖业32家,确权发证用水量528.73万立方米。

【水资源管理】 2022年,灵武市水务局严格执行取水许可管理制度,全面推行取水许可电子证照改革,共办理取水许可证37本。编制完成《2022年水资源管理监督检查工作计划》,结合取水工程专项整治行动"回头看",全年开展监督检查20余次。持续推进节水型社会建设,严格按照《宁夏回族自治区计划用水管理办法》,编制完成《2022年灵武市水量分配及调度方案》,实行计划用水,执行阶梯水价及非居民用水超定额累进加价制度,对行政区域内纳入取水许可管理范围的14家单位和个人实行计划用水管理,对灵武市43家公共机构节水型单位、公共管网供水范围年用水量1万立方米的47家工业企业、年用水量3000立方米的13家经营服务业下达年度非居民用水计划。

【水利安全生产与质量监督】 2022年,灵武市水务局编制完成《灵武市水务局党组和党组成员安全生产责任清单》,组织召开安全生产相关工作会议20次。深入开展安全生产大检查、安全生产百日专项整治行动等,严厉打击在建水利工程水利施工企业无相关资质或超越资质承揽工程等行为,推动风险管控和隐患排查双重预防工作。对全市5座水库、

2022年5月,水务局举行用水权确权证书颁发仪式

2022年6月,水务局开展水利行业安全生产和质量监督检查

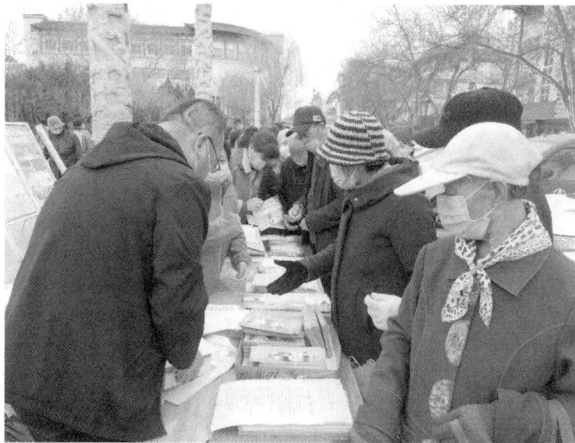

2022 年 3 月 6 日,灵武市水务局联合成员单位在灵州广场举办 2022 年"世界水日""中国水周"宣传活动

3 座淤地坝进行危险源辨识与评价,建立管控台账和四色图,持续更新在建、在运水利工程风险隐患"一表三清单",开展各类安全检查 48 次,排查一般隐患 40 余条,下发整改通知 11 份,整改率 100%,切实保障水利行业生产安全形势稳定。

【党建与精神文明建设】 2022 年,灵武市水务局坚持以习近平新时代中国特色社会主义思想为指导,高位推动"改进作风提升质效"专项行动、"大学习、大讨论、大宣传、大实践"活动,组织召开党组会议 38 次、局党组理论学习中心组会议 28 次、全体干部职工理论学习 24 次;制定印发"改进作风提升质效"专项行动工作方案,围绕"严细深实勤俭廉 + 快"等 8 个方面班子成员查找问题 50 条、党员干部专题研讨 4 次、局党组书记开展讲授专题党课 1 次、开展支部主题党日活动 9 次、党员干部撰写心得体会 4 篇、全体干部开展知识测试 2 次、参观灵武市检察院等廉政教育警示基地 2 次、组织干部观看《零容忍》等 5 部廉政教育影片,下发通报 1 期;聚焦"高素质",锻造过硬干部队伍,先后举办宣讲报告和各类培训班 8 期,培训干部 700 余人次。在常态化疫情防控工作中设立党员先锋岗 2 处,组织干部 82 人参与值班值守、核酸检测等工作;加强社区结对共建,推动"双报到、双报告"参与社区治理服务常态化,组织党员干部开展社区志愿服务 9 次;开展"我为群众办实事"实践活动,引导广大机关党员干部发挥先锋作用,勇挑重担、争当模范。 (刘艳)

石嘴山市

【概况】 2022 年,石嘴山市水务局下设 5 个科室、5 个事业单位。主要承担水资源保护利用与开发管理、河湖管理与保护、水旱灾害防御、节水型社会建设、水利固定资产投资、水土保持监管等职能;同时,承担市河湖长制办公室日常工作。

【水资源管理】 2022 年,石嘴山市水务局印发《石嘴山市用水权改革实施方案》,明确 22 项改革重点任务;编制《石嘴山市"十四五"节水规划》《石嘴山市水资源节约集约高效利用实施方案》等配套制度。三县区农业用水权确权全部完成,确权面积 168.33 万亩,确权水量 8.27 亿立方米;确定末级渠系终端水价,基层水费收缴方式施行收支两条线,建立农业用水水费收取专户,实现统一管理;优化农业种植结构,高耗水作物种植面积较 2021 年压减 8.29 万亩。全国工业地下水公共交易平台电子化交易第一单在石嘴山市成交,共交易用水权量 757.38 万立方米,交易金额 835.7 万元;完成工业企业确权水量 8328.64 万立方米,收储富余工业水指标 2109.27 万立方米,征收用水权使用费 8374.22 万元,征收水资源税 4376.4 万元。石嘴山市被水利部等六部委确定为全国典型地区再生水利用配置试点市,上报再生水利用配置项目 22 个,总投资 21.2 亿元。统筹配置黄河水、地下水、非常规水等水资源,将中水、地表水纳入计划用水管理,下达中水计划用水量 533 万立

2022 年 6 月 10 日,水务局组织召开石嘴山市工业企业用水权证颁发暨用水权改革推进会

方米。

【河湖长制】 2022年,石嘴山市水务局"河长＋检察长＋警长"机制推动三二支沟、归韭沟等重点河湖"四乱"问题整改,四级河湖长App巡河累计29269次。黄河石嘴山段河道管理范围线内的林场、湿地办公用房以及管护用房等按照要求全部完成拆除,2018年秋季以来栽植的人工林、育苗林全部移除。各级水行政部门巡查发现河湖"四乱"问题122个,已全部完成整改;妨碍河道行洪突出问题2个,已全部整改销号。沙湖生态环境综合整治入选国家首批美丽河湖案例提名案例。黄河石嘴山段出境断面平均水质为Ⅱ类,沙湖、星海湖平均水质为Ⅳ类,第三、五排水沟汇合入黄口断面平均水质为Ⅳ类。

【水旱灾害防御】 2022年,石嘴山市水务局严格落实汛期24小时值班值守制度。市水务局与气象、水文等部门建立了信息共享机制,强化会商研判机制,及时发布雨情水情信息。落实水旱灾害防御责任人、水库安全度汛"三个责任人"责任,开展汛前、汛中安全检查。投资92万元修复大武口沟、汝箕沟水毁工程及维修养护3座小型水库;开展星海湖拦洪库大坝安全鉴定,掌握大坝安全状况;组织大武口拦洪库防洪抢险实战演练;采购储备铅丝网箱、钢管、救生衣等66.56万元防汛物资。

【水利工程项目建设】 2022年,石嘴山市水务局实施重点水利工程6项,总投资24.37亿元,完成投资5.4亿元。银川都市圈西线供水工程建设输水管道10.6千米,2022年完成投资1.1亿元,累计完成投资1.6亿元。银川都市圈中线供水工程铺设重力流管道43.6千米、配水管道24千米,新建蓄水池22个,2022年完成投资4亿元,累计完成投资11.86亿元。"互联网＋城乡供水"工程三县区"两评一案"前期工作全部完成;大武口区落实基金4000万元,签订特许经营协议并开工建设;惠农区农村片区签订特许经营协议;平罗县河东地区净水厂项目完成招标并开工建设。汝箕沟大武口段和大峰沟上段等中小河流治理工程建成完工。柳条沟中北路段治理、贺兰山东麓大武口区归韭沟防洪调蓄综合治理项目、贺兰山东麓大武口区南片地下水超采区综合治理水源替代项目、石嘴山市水资源智慧管控和信息化管理平台项目等工程有序推进。

【项目谋划和资金争取】 2022年,石嘴山市水务局新谋划项目9个,总投资14.3亿元。分别是黄河石嘴山段综合治理工程、石嘴山市重点入黄排水沟典农河下段(第三排水沟)水环境综合治理示范项目、贺兰山东麓大武口区归韭沟防洪调蓄综合治理项目、贺兰山东麓大武口区南片地下水超采区综合治理水源替代项目、石嘴山市水资源智慧管控和信息化管理平台建设项目、石嘴山市经开区污废水资源化利用项目、石嘴山市典农河大黑沟段治理工程、贺兰山东麓大武口区北片地下水超采区综合治理水源替代项目、重点学校分布式污水处理中水回用一体化合同节水试点项目。黄河石嘴山段综合治理工

2022年7月12日,水务局组织开展行政执法培训

2022年夏,银川都市圈西线供水工程

程已纳入《黄河宁夏段河道治理规划》，主要包括防汛道路、堤防建设、河道整治等工程。石嘴山段防洪工程已纳入《宁夏贺兰山东麓防洪治理规划》，主要包括导洪及拦洪库建设、排洪沟道治理等工程。石嘴山市水务局2022年共争取到位项目资金1.08亿元，争取中央、自治区项目资金为历年最多。大武口区南片地下水超采区综合治理水源替代项目、石嘴山市水资源智慧管控和信息化管理平台项目分别获国家发改委批复宁夏黄河流域生态保护和高质量发展专项资金5898万元、1043万元。惠农区柳条沟中小河流治理项目争取中央水利发展资金700万元。石嘴山市第一中学分布式治污再生水利用示范项目争取中央水利发展资金200万元。

【水土保持】 2022年，石嘴山市水务局加强水土保持综合监管，严格落实生产建设项目水土保持"三同时"制度，通过限期编报审批水土保持方案、开展监理检查、征收水土保持补偿费、检查水土保持设施自主验收等措施，推动生产建设单位落实水土流失防治责任。全市共受理审批生产建设项目水土保持方案144个，接受生产建设项目水土保持方案自主验收报备36个，征收水土保持补偿费4978万元。加强大武口沟清洁型小流域综合治理工程管护，2022年完成水土流失治理面积47.83平方千米，有效遏制人为水土流失发生，提高生产建设单位水土保持意识。

【党建与精神文明建设】 2022年，石嘴山市水务局落实党组书记领导责任、总支书记直接责任和支部书记主体责任，抓党建促工作，局党组年内2次专题研究部署党建工作，制定了《2022年市水务局党建工作要点》，形成了党建工作逐级负责、责任共担的格局。深入实施"党建领航铸魂工程"，结合巩固拓展党史学习教育成果、"大学习、大讨论、大宣传、大实践"活动的开展，落实"第一议题"制度，搭建起以党组理论学习中心组学习为龙头、党支部学习为主体、党员干部自学为基础的"三位一体"学习架构。认真系统学习贯彻习近平新时代中国特色社会主义思想和党的十九大、十九届历次全会、党的二十大精神，深入践行"节水优先、空间均衡、系统治理、两手发力"治水思路，坚持不懈用党的创新理论武装头脑、指导实践、推动工作。全年召开党组会议34次，党组理论学习中心组会议16次，专题研讨交流6次，党组成员带头讲"习近平总书记视察宁夏重要讲话指示批示精神""廉政教育""自治区第十三次党代会精神""党的二十大精神"党课4次，组织开展党的十九届六中全会精神、党纪法规知识、习近平法治思想学习纲要、自治区第十三次党代会精神等线上线下知识测试11次。召开34次党组会议，研究"三重一大"等工作。坚持领导带头、以上率下，结合"廉政教育月""两个专项"整治活动，专题学习党纪法规、典型案例等7次，干部职工开展交流研讨28人次，组织开展线上线下党纪法规知识测试2次，党组成员带头讲廉政党课1次。结合"廉政教育月"，端午、中秋、国庆等节日及岗位调整等，开展廉政提醒谈话，谈话近70余人次，党员干部签订"廉洁从政承诺书"等。扎实开展违规收送红包礼金和不当收益及违规借转贷或高额放贷专项整治工作，印发《实施方案》，党组、党支部完成专题学习和研讨交流，全局干部职工完成了5个方面问题检视，完成专题民主生活会、组织生活会、专题会议的召开。从严管理干部队伍，完善规范了督查工作和干部职工考核管理。完善《党组会议议事规则》《局务会议议事规则》，切实把权力关进制度的笼子。常态化做好工程建设政府采购领域突出问题专项治理，制定完善水利工程建设管理制度14项，推行电子化远程异地评标招标。 （张帅）

2022年10月16日，水务局组织观看中国共产党第二十次全国代表大会开幕会直播

大武口区

【概况】 2022年，大武口区农业农村和水务局下设不定级别事业单位1个，为大武口区水利工作站、负责大武口区农村水利改革、水土保持、水旱灾害、工程建设与管理、灌溉管理、水行政执法、农村饮水工程、水库移民、河湖管理、节约用水等多项职能。

【供水情况】 2022年，大武口区总供水量11390万立方米，其中农业供水量6072万立方米，工业供水量927万立方米。

【工程建设与管理】 2022年，大武口区农业农村和水务局投资438.06万元实施大武口区第二农场渠量测水闸门提升改造项目，项目的实施可解决第二农场渠直开口水精准计量问题。

【灌溉管理】 2022年，自治区水利厅分配大武口区年度黄河水用水指标0.764亿立方米，按照自治区水权改革及"十四五"用水权管控方案要求，结合实际灌溉面积、作物种植结构、灌溉方式和灌溉定额标准，大武口区制定并印发大武口区年度水量分配计划及灌溉工作的通知，将水量分解到各支渠，进一步优化用水结构、转变用水方式、提高用水效率，强化水资源刚性约束，推进黄河流域生态保护和高质量发展。2022年干渠直开口用水量0.54亿立方米。

【防汛防凌抗旱】 2022年，大武口区农业农村和水务局开展汛期专项安全检查40余次，对山洪灾害重点区域、险工险段、在建水利工程项目进行排查，并督导相关单位对检查发现的问题进行整改；对重点山洪沟道设置的15个监控进行维护，实现全方位监管；依托气象、水文部门发布的专业数据，运用监控系统、自治区水利厅宁夏防汛抗旱指挥系统以及山洪灾害防治群测群防体系，完成今年的水旱灾害预警预测任务；严格执行汛期24小时值班制度，发布预警信息100余次；落实防汛应急物资采购资金，联合相关部门在潮湖村开展山洪灾害防御暨供水工程抢险应急演练活动，并组织培训会提升乡镇、村组防汛工作人员业务能力和对水旱灾害的认识，

2022年7月29日，水务局开展山洪灾害防御暨农村饮水安全应急演练

强化避险除灾和应急抢险的能力。

【农村饮水安全工程】 2022年，自治区水利厅下达大武口区农村饮水安全工程维修养护资金200万元，编制农村饮水安全工程维修养护方案，对农村饮水安全工程进行维修改造；委托石嘴山市疾病预防控制中心枯水期、丰水期对大武口区8处农村供水工程进行水质检测。

【农村水利改革】 2022年，大武口区农业农村和水务局依托自治区遥感面积、自然资源数据及土地确权数据，核定灌溉面积，确定各行政村及用水户水权。印发《大武口区农业用水权确权方案及成果的报告》，确权总量2774.45万立方米，发证14本，明确用水权属，调整并印发农业综合水价，建立健全农业水价奖惩及管理机制，出台水价执行、精准补贴、农业用水超定额（计划）累进加价等政策，激发用水户节水积极性；规范基层水管服务组织管理，成立由社会服务力量为主导，村、镇为监管主体的农民灌溉合作社3个，切实提高水资源管理水平；完善农业灌溉水费管理体系。建立区级水费收缴专账，执行"收支两条线"制度，水费收缴由过去各村独自管理转为由灌溉合作社统筹负责，灌溉合作社财务及水费使用受镇、街道监管。

【水行政执法】 2022年，大武口区农业农村和水务局除日常宣传水法规外，充分利用"世界水日""中国水周"和"12·4"国家宪法日，将水法律、法规列为宣传的主要内容，面对面向社会、公众进行普法宣传。不断加强宣传园地建设，完善城市、乡村、重点水工建筑物和机关单位办公地点法治宣传栏、公益广

2022 年 7 月 4 日,《华润大武口长胜 20MWp 光伏复合项目 35kV 输变电工程》现场复核

2022 年 7 月 25 日,大武口区农业用水权证颁证仪式

告牌等固定和流动宣传设施。逐步加强水利普法的传媒阵地建设,拓展电视、手机、互联网等新型媒体平台,提高水利法治宣传的覆盖面和影响力。

【节约用水】 2022 年,大武口区农业农村和水务局积极开展县域节水型社会达标建设工作,以建设节水型社会为目标,深化治水用水体制机制改革,构建"政府主导、部门联动、公众参与、齐抓共管"的节水型社会建设工作机制。坚持以水定需、量水而行、因水制宜,推进经济结构战略性调整,优化产业布局。以工程项目为推手,完成县域节水达标建设任务,顺利通过水利部县域节水达标验收。利用"世界水日""中国水周""节水城市宣传周"开展节水宣传活动。通过在城市公园及街道两侧醒目的位置悬挂宣传横幅、张贴宣传标语和宣传画、LED 显示屏滚动播放节水宣传标语和宣传片、新媒体平台宣传。开展节水宣传进社区、企业、学校活动。利用微信公众号及学校、企业、社区居民微信群等平台推送节约用水相关知识,宣传节水方法、技巧,进一步提高居民的节水意识。

【水土保持】 2022 年,大武口区农业农村和水务局完成水土流失治理面积 6 平方千米;持续深化水土保持"放管服"改革,推行区域评和承诺制管理,严格落实生产建设项目水土保持"三同时"制度,加大开发建设项目监管和水土流失执法检查力度,依法依规强化水土保持方案审批、设施验收及监督管理。累计批复生产建设类水土保持方案 6 个,开展水土保持监督检查 35 次,下发水土保持监督检查和整

改意见 22 份,生产建设项目水土保持设施验收 1 个;与大武口区税务局加强沟通协作,制定水土保持补偿费征收管理联系制度,定期交接政策文件、征收数据资料,协同推进水土保持补偿费收缴工作平稳有序、按期实施,共计征收 3800 余万元水土保持补偿费;利用重点时段,设立宣传点发放水土保持宣传单,联合石嘴山市水务局完成水土保持国策宣传进党校工作,提升各级领导干部的水土流失风险意识和水土保持观念。

【水库移民】 2022 年,大武口区纳入大中型水库农村移民后期扶持总人数为 3 人,扶持方式均为资金直补。根据《宁夏大中型水库移民后期扶持政策实施方案》和《宁夏大中型水库农村移民后期扶持人口核定登记办法》的要求,对纳入后期扶持的水库移民扶持人口每年核定一次。资金按年发放,通过财政"一卡通"将直补资金及时足额兑现到户,资金按年如数发放,无虚报冒领资金现象。

【党建与精神文明建设】 2022 年,大武口区农业农村和水务局党组会议专题研究党建工作 2 次,层层传导全面从严治党的压力和决心,制定《2022 年区农业农村和水务局党建工作要点》,抓牢理论武装,突出党组织建设,落实工作作风,扎实推进全面从严治党向纵深发展。明确领导班子成员责任分工,制定《关于调整局领导班子成员工作分工的通知》,将党建工作与业务工作同部署,形成由党组书记负总责、带头抓的良好氛围;严格执行党务、政务、财务公开,实行"五不直接分管""三重一大"制度。严抓

"三会一课"制度，不断增强党员队伍的纪律性、纯洁性、严肃党内政治生活，充分激发党建活力。结合农水工作实际积极创新"主题党日"活动形式，开展以"学经验促发展激发乡村振兴新动能""国家安全高于一切　保密责任重于泰山""读习语颂经典""喜迎二十大、永远跟党走、奋进新征程""感党恩促发展献礼二十大奋进新征程"等为主题的党日活动12次。

（于静）

惠农区

【概况】　2022年，惠农区农业农村和水务局主要承担全区水利工程建设、水政水资源管理、水库移民扶持、水旱灾害防御、河湖长制工作协调、水利工程安全与质量监督等工作。

【灌排管理】　2022年，制定印发《2022年惠农区水量分配及调度计划方案》，按照自治区分配惠农区2022年取水总量3.41亿立方米，将其中农业用水总量2.786亿立方米，结合确权面积和种植结构，具体细化分配到各支渠、泵站。严格用水总量控制，落实用水申报统计制度，2022年农业实际用水量实现略有结余。

【用水权改革】　2022年，印发了《惠农区用水权确权成果报告》，惠农区农业用水权排查核实的确权灌溉面积共38.2万亩，用水权确权取水量为1.90亿立方米，确权净用水量为1.1128亿立方米。完成行政村、组级直开口确权单元48个，颁发用水权证书55个，包括42个行政村、组，5个农场和各乡镇及区人民政府，共涉及分析单元214个。工业用水权确权工业企业共计86家，总确权水量为4432.99万立方米，其中地下水601.82万立方米，黄河水3831.17万立方米。盘活水资源金融作用，与黄河农村商业银行签订《关于金融支持用水权改革协作备忘录》。建立并开通了县级水权交易二级市场平台，惠农区工业水权在市级交易平台上开展交易共15例，交易总水量470.59万立方米，涉及交易金额421.7万元。

【农业水价综合改革】　2022年，认真落实《惠农区农业水价综合改革执行方案》，推进水费收缴"专账管理，收支两条线"，实现年度水费收缴1029.57万元。全力推进农业用水精准计量，委托设计单位完成了《农业水价综合改革2022年度惠农区官泗渠量测水设施建设项目初步设计报告》和《惠农区2022年度惠农渠—滂渠、昌渠、礼和干渠量测水设施工程初步设计报告》的编制。2022年4月12日惠农区农业农村和水务局印发《关于农业水价综合改革2022年度惠农区官泗渠（惠农段）量测水设施改造工程初步设计报告的批复》（惠农业农村和水务发〔2022〕85号），并于2022年9月16日开工建设。

【重点水利项目建设】　2022年，实施了石嘴山市惠农区沿山井灌区水源代替项目，完成项目子工程11个，项目总投资2.2亿元。砌护整治第二农场渠10.585千米，新建蓄水池3座，总库容86万立方米，维修蓄水池4座，总库容56万立方米；新建输水泵站2座，首部水肥一体加压泵站8座；铺设供水管道及田间支干管541.6千米，铺设滴灌带18200千米，配套建筑物2074座。配套高效节水4万亩。为惠农区沿山地下水超采区治理提供坚实基础保障。

【河湖长制工作】　2022年，惠农区认真落实《宁夏回族自治区河长履职细则》，对河湖长实行动态管理，调整区级河湖长4名，乡镇级河长16名，三级河湖长巡河率均为100%，组织召开总河长会议、河湖长制工作联席会，对河湖长制工作进行安排部署；开展重点河道非法采砂专项整治行动，设立公示牌5块，明确河道采砂管理"三个责任人"。开展河湖

2022年9月，拆除黄河河滨浮桥

保洁50多次，出动保洁人员1500多人次，整治岸坡650多公里，对河长制公示牌进行补充完善，将警长、检察长纳入公示内容，更换补充河长制公示牌65块。编制完成13条重点河湖岸线保护利用规划，对第五排水沟进行河湖健康评价。在典农河等重点河湖沿线乡镇交接断面设置水质监测点，对存在污染的风险点实行点对点监测，开展水质监测14次。结合"世界水日""中国水周"开展美丽河湖宣传活动，发放各类宣传手册5000余份、悬挂宣传条幅30多条，短信5000多条，宣传河湖保护相关知识，营造了人人参与河湖保护的良好氛围。

【防汛抗旱工作】 2022年，惠农区深入贯彻习近平总书记关于防汛救灾工作重要指示精神，全面完成了2021—2022年黄河防凌工作。编制完成《惠农区水旱灾害防御应急预案》《惠农区山洪灾害防御应急预案》3个拦洪库大坝安全应急（防汛）及水库调度等8个预案。对高庙湖、雁窝池和西河桥三

2022年2月，凌汛前关闭沿河退水闸

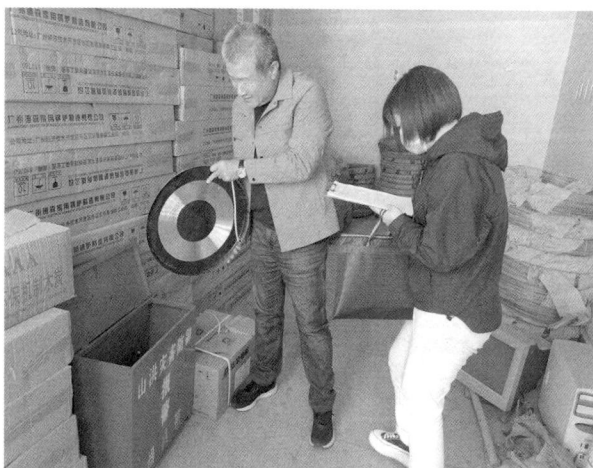

2022年4月2日，汛前防汛物资检查

个拦洪库及水库"三个责任人"进行公示。对29个站点的无线预警系统、广播、铜锣、手摇报警器和山洪沟道、拦洪库18处监控设备进行检查及维修养护，新建高庙湖、雁窝池拦洪库雨量站2个。编制完成高庙湖等三个拦洪库安全鉴定报告，组织专家评审并获得石嘴山市水务局批复，完成红果子沟水毁工程整改修复，维修砌石护坡130米，及时补配储备物资，储备防汛抢险物资，举办"惠农区2022年水旱灾害防御工作暨防汛'三个责任人'等知识培训会"，开展山洪灾害应急演练，进一步压实防汛责任。

（苏凤儒、吴森、曹云瑞、王凯）

平罗县

【概况】 2022年，平罗县水务局主要承担重大水利工程建设与运行管理、水政监察和水行政执法、水资源保护和开发利用、水体保持、水库移民扶持、水旱灾害防御、河湖长制工作协调、水利工程安全与质量监督、灌排管理及现代化灌区建设等工作。

【城乡供水】 2022年，平罗县农村供水覆盖率100%、普及率99.6%、全年供水保证率95%以上、水质达标率100%。平罗县水务局作为监管部门，协调落实农村供水工程的"三个责任"和"三项制度"，分别将"三个责任"内容及水价、水质、水源地保护信息等内容进行公示，建立运行管理机构、制定管理办法和落实管理经费，并对农村人饮运行经费和维养资金的使用进行监督管理。印发《平罗县"互联网＋城乡供水"工程建设实施方案》，完成特许经营招标，河东河西地区由宁夏水投平罗水务公司实施，地区由德渊水务有限公司实施，分别签订特许经营协议。全力推进数字供水网络建设，维修更新城乡供水管网25.94千米、各类阀井74座。

【工程建设与管理】 2022年，平罗县水务局完成都思兔河综合治理工程、都思兔河红崖子山二道沟(红翔新村区域)防洪治理工程、红崖子水土流失综合治理工程、平罗中学分布式污水处理中水回用一体化合同节水试点项目、城关镇高庄乡唐徕渠灌域田间量测水设施建设项目（小兴墩片区）、2016

年、2017 年新增千亿斤粮食结余资金项目工程 7 个续建项目的建设任务。推进 2022 年新建水利工程项目建设，完成都思兔河平罗段左岸边沟侧向排水工程、农村饮水安全工程维修养护项目、重点河湖信息化设施建设运维服务采购项目、2022 年度大中型水库移民后期扶持平罗县崇岗镇通伏乡农田水利建设工程、2022 年取水口监测计量体系建设项目等 11 个新建项目。共计完成投资 8963.73 万元，治理河道和行洪沟道 31.5 千米，砌护渠道 28.36 千米，建设取水口在线计量设施 43 套，布设重点河湖信息化监控点位 146 个，治理水土流失面积 18 平方千米。

【灌溉管理】 2022 年，平罗县水务局合理制定用水计划，编制和落实县人民政府水量分配计划和调度预案，强化计划用水管理，统筹优化配置夏秋灌和冬灌指标，细化分解 6.38 亿立方米水量到乡镇、村、灌域支渠口。加强用水计划管理，严格履行灌区及渠道间指标调剂和新增用水指标行政审批程序，落实下达年度计划用水指标，严禁用水单位或用水户擅自向渠道供水单位申请用水且超计划用水，批准乡镇（场）申请调配渠系间使用水量 3 项。

【防汛防凌抗旱】 2022 年，平罗县水务局落实水旱灾害防御责任，召开了 2022 年水旱灾害防御工作会议，修订完善防汛抢险工作预案，强化物资储备，加强预警监测、值班值守和应急救灾演练。为平罗县 6 座水库编制水库防汛应急预案和水库调度运行方案，落实水库大坝防汛"三个责任人"，水库日常巡查检查管护到位，水尺、视频监控等水雨情设施配

2022 年 6 月 3 日，水务局召开全县水旱灾害防御工作会议

备齐全，做到人防、技防、物防密切配合，汛期未发生洪涝灾害和财产损失。投资 28 万元，维修更新重点区域预警监测设备 53 套，投资 1300 万元完成红崖子山二道沟防洪治理工程。

【农村饮水安全】 2022 年，平罗县水务局建立农村供水问题动态清零机制，每月底梳理汇总《平罗县防止返贫动态监测部门筛查预警表》，督促供水企业每周开展一次农村饮水安全隐患排查工作，全年共排查农村供水隐患问题 65 处，已全部完成整改。

【农村水利改革】 2022 年，平罗县水务局全面完成农业、工业和规模化畜禽养殖业用水权确权工作，确权农业用水量 6.264 亿立方米，颁发用水权证 309 本；确权工业取水指标 2962.68 万立方米，颁发用水权证 225 本；确权规模化畜禽养殖业取水指标 343.95 万立方米，颁发用水权证 65 本。建立农业节水奖惩机制，制定农业用水精准补贴及节水奖惩办法。合理调整种植业结构，全县水稻种植面积较 2021 年减少 8.29 万亩，同比减少 35.8%。开展用水权有偿使用费征收工作，2022 年完成征收 1500 万元。

【水行政执法】 2022 年，平罗县水务局深入各乡镇集市、社区和企业开展普法宣传活动 12 场次，悬挂横幅 14 条，摆放展板 20 余幅，接待群众咨询 1000 余人次，发放各类宣传品 5000 余份，刷写墙面宣传标语 22 条。充分利用新闻媒体、公众号、公共电子屏广泛开展普法宣传，动员 45 家企业挂宣传横幅、66 家企业利用电子屏和宣传栏进行宣传，发放宣传资料 2 万余份，节水宣传标志手提袋 520 个，提升水利行业领域法律在社会各界的知晓度和影响力。

【节约用水】 2022 年，平罗县水务局制定《平罗县农业用水精准补贴及节水奖惩办法》，对采用高效节水设施、年度取用水量控制在核定用水权定额以内且节水效果明显的用水户给予 10 元/亩补贴；对年度定额内节水率 10% 以内、10% 以上、20% 以上灌溉服务专业合作组织、乡镇给予奖励，调动节水积极性。

【水土保持】 2022 年，平罗县水务局完成水土

2022 年 5 月 12 日，水务局颁发用水权证仪式

流失治理面积 23.3 平方千米；国家水土保持重点工程项目建设 13.38 平方千米；预防保护面积 40 平方千米，完成水土保持综合治理面积 23.3 平方千米，其中：乔木林 5.9 平方千米，灌木林 17.4 平方千米。完成水土流失预防保护面积 40 平方千米，完成任务目标 100%。共完成 48 个生产建设项目水土保持方案报告审批行政许可，其中：水土保持方案报告书 27 个，水土保持方案报告表 21 个，申报审批率达 100%。报备验收项目 9 个，报备验收率 100%。征收水土保持补偿费 346 万元。通过自治区遥感监管系统，对两期生产建设项目水土保持遥感扰动图斑核查结果全部进行了上传，实现水土保持综合治理项目数据标准化、业务统一化、管理一体化。

【水库移民】 2022 年，平罗县水库移民直补资金人口 1074 人，补发 2021 年直补资金一人，600 元，共发放补助资金 64.5 万元。

【党的建设】 2022 年，平罗县水务局扎实开展习近平新时代中国特色社会主义思想和党的二十大精神学习教育。共开展集中学习 45 场次，专题研讨 9 场次，交流发言 130 余人次。开展"大学习、大讨论、大宣传、大实践"活动。聚焦"六对照六查看"，结合水利工程建设、水生态保护、用水权改革、水旱灾害防御、水利高质量发展等内容，深入进行调查研究，撰写调查报告 5 篇，组织开展各类宣讲活动 18 次，知识测试 5 次，撰写各类信息 35 篇。加强服务型党组织建设，发挥基层党组织战斗堡垒作用。开展结对帮带工作，争取项目资金 161 万元，实施了平罗县崇岗镇兰丰村农田水利建设工程，新建泵站 1 座，改

造渠道 1550 米，提升兰丰村渠道输水能力，保障农业增效和农民增收。

【精神建设】 2022 年，平罗县水务局开展 4 期"道德讲堂"宣讲活动。宣传学习了白静、王富国、白琴、郑守仁等道德模范的事迹，倡导"爱国守法、明礼诚信、团结友善、勤俭自强、敬业奉献"等基本道德规范；开展"我们的节日"利用重要节日节点，开展经典诵读、职工运动会等活动，培养干部职工高尚的精神追求，营造良好的人文环境。开展志愿服务活动，深入街道、老旧小区、社区以及红翔新村开展志愿服务活动 40 余次。 （吴钰）

吴忠市

【概况】 吴忠市地处宁夏中部、黄河中上游，下辖五个县（市、区），土地总面积 2.14 万平方千米。南部红寺堡区、盐池县、同心县三县区是宁夏中部干旱带的核心地区，占全市总面积的 80%，北部利通区、青铜峡市是引黄灌区的精华之地。黄河干流流经吴忠 69 千米，全市有苦水河、清水河、甜水河等集水面积在 50 平方千米以上的山洪沟 42 条，水库 44 座。现有耕地面积 507.14 万亩，灌溉面积 260.25 万亩，其中耕地有效灌溉面积 219.9 万亩，林草等有效灌溉面积 40.35 万亩，自流灌溉面积 65 万亩，扬水灌溉面积 130 万亩。2022 年，全市供水总量为 17.122 亿立方米，其中：地表水源供水量 16.149 亿立方米（其中黄河水 16.141 亿立方米，当地地表水 0.008 亿立方米），地下水源供水量 0.654 亿立方米，其它水源供水量 0.319 亿立方米（其中再生水 0.176 亿立方米，地下微咸水 0.143 亿立方米）。全市取水总量为 17.122 亿立方米。在分项取水量中，农业取水量 15.699 亿立方米；工业取水量 0.467 亿立方米；生活取水量 0.579 亿立方米；人工生态环境补水量 0.377 亿立方米。全市总耗水量 11.469 亿立方米。分行业耗水量中，农业耗水量 10.591 亿立方米；工业耗水量 0.248 亿立方米；生活耗水量 0.253 亿立方米；人工生态环境耗水量 0.377 亿立方米。全市万元 GDP 用水量 197 立方米，农业灌溉亩均取水量 500 立方

米,万元工业增加值用水量11.7立方米,灌溉水有效利用系数0.595。

【工程建设与管理】 2022年,全市落实到位水利项目资金5.36亿元,完成投资6.81亿元。"互联网＋城乡供水"五县(市、区)均完成建设可研报告批复,银川都市圈城乡东线供水工程利通区已实现通水,清水河流域城乡供水工程同心县受水区实现通水。

【灌溉管理】 2022年,全市建立基层用水合作组织或农民用水协会81个,管理人员1159人。其中:利通区建立基层水利服务组织15个,红寺堡区建立基层水利服务组织5个,青铜峡市建立基层水利服务组织10个,盐池县建立基层水利服务组织29个,同心县各乡镇成立农村水利管理站等管水基层组织22个。

【防汛防凌抗旱】 2022年,吴忠市水务局开展水利设施风险隐患排查整治、涉水安全、节假日安全生产、防溺水安全等专项整治行动,紧盯薄弱环节和风险隐患,深入一线督查整改,切实推动安全防范各项任务措施落实落地。排查水利安全生产三年专项整治行动4个方面突出问题,制定问题清单和任务清单,先后投入2000余万元对黄河梅家湾、唐滩、柳溪湖等5处险工险段进行补强加固,修改完善《吴忠市黄河防洪预案》等4个应急预案。积极开展隐患排查整改,梳理出共性问题2个,个性问题21个,按要求抓好整改落实。严格执行24小时值班和领导带班制度,备足防汛物资、落实防汛队伍,在青铜峡举行

山洪灾害防御暨水库洪水调度应急演练,确保预案操作可行。尤其是应对7月中旬两次强降雨天气过程中,我们第一时间响应,全员进入"临战"状态,紧盯山洪灾害易发生区重点区域,提高现场应急处置能力,将强降雨的影响降至最低,全市无人员伤亡。

【农村饮水安全】 2022年,吴忠市有农村集中式供水工程42处,其中城镇管网延伸工程8处,万人工程24处,千人工程10处。供水受益人口115.96万人,集中供水人口115.36万人。全市集中供水达到99%,饮水安全率100%,农村自来水普及率达到98.5%以上。全市饮水安全覆盖率、自来水普及率、供水保证率、水质达标率均达标。各县(市、区)已完成"互联网＋城乡供水"建设可研报告批复,项目总投资21.99亿元。其中,清水河流域城乡供水工程同心县受水区实现通水,使同心县西部地区18.05万人用上了清水河流域城乡供水工程的替换水源。吴忠城乡供水工程利通支线已通水。利通区实施宁夏农村苦咸水项目利通区水源连通工程、扁担沟镇孙家滩地区农村提质改造工程和2022年吴忠市利通区农村饮水工程维修养护项目,有效解决区域管道输水能力不足、供水设施老化、高峰期水量不足问题。同心县落实农村供水维修养护资金640万元,及时对摸排清查出的受损管道进行维修更新,保障农村供水工程良性运行。盐池县财政下达农村人饮维修专项资金200万元,全部用于农村人饮管网维护,建立标准化供水服务大厅,开通24小时在线"96669"供水服务热线电话。各县(市、区)均有县级

2022年4月5日,城乡东线供水工程首部节制闸

2022年5月,水务局领导调研乡村供水情况

水质化验检测站。农村供水水质检测工作按照检测内容和要求分日检、月检，实行供水水质常态化检测和监测，水质均达标，每年采集水样送至银川市进行106项指标全分析，保证群众喝上干净、安全的放心水。

【农村水利改革】 2022年，吴忠市水务局制定农业节水奖励办法及政策，全市节水9600万立方米，发放节水奖补资金300余万元。深化用水权改革，各县(市、区)农业用水权确权成果报告已通过市级审核，农业确权灌溉面积302.54万亩，已发证181本。规范工业企业和规模化养殖户用水，确定工业企业743家、规模化养殖业户843户。搭建用水权交易二级平台，积极推动水权交易，2022年交易水量1344万立方米，交易金额705.87万元。

【水行政执法】 2022年，吴忠市水务局制定了水利系统推进社会治理现代化试点工作责任清单、普法责任"四清单一办法"，强化与检察、公安、自然资源、生态环境等部门联合执法。全市移交联合执法线索66条，其中：利通区4条，红寺堡区48条，青铜峡市2条，盐池县9条，同心县1条。积极探索公益诉讼，联合市检察院印发《共同推进"水行政执法+检察公益诉讼"协作机制，服务保障黄河流域生态保护和高质量发展先行区建设工作方案》，召开河湖长制协作机制工作推进会，努力打造黄河流域生态环境公益保护示范市。

【节约用水】 2022年，吴忠市实现年用水量1万立方米以上用水户计划用水管理全覆盖，对年用水量大于10万立方米的用水企业推行"企业水务经理+水管员"管理制度。严把水资源论证审查关和取水许可审批关，完善取水工程(设施)取水手续，及时完成规划水资源论证的编制和审查。全市共核发取水许可证238本。针对违规取用水，进一步明确取水许可管理职责，全面规范太阳山开发区无证取水企业取水行为，解决太阳山开发区历年来水资源管理体制不顺、权责不清等问题。利通区、青铜峡市、盐池县已成功创建节水型示范县(市、区)，已完成红寺堡区、同心县达标建设实施方案的编制与上报工作。同时，进一步完善节约用水相关考核内容和指标，强化

节水考核结果应用，组织各县(市、区)水行政管理部门积极开展节水型单位创建工作，力促按期完成创建目标任务。开展"贺兰山、罗山"区域地下水取水井专项治理行动，成立领导小组，印发实施方案，建立取水井名录台账，关闭地下取水井113眼。在取用水管理专项整治行动中，全面摸清全市2481项3999处取水工程(设施)水监测计量现状，依法退出无证取水项目165项，依法补办取水许可无证取水项目204项。

【水土保持】 2022年，吴忠市水务局审批和许可生产建设项目水土保持方案94个，报备自主验收项目57个；实施小流域治理项目7条、淤地坝工程2个、坡改梯工程1个，完成水土流失治理面积302.84平方千米。

【水库移民】 截至2022年12月31日，经审核，吴忠市利通区符合资金直补的水库移民扶持人数为338人，按照每人每年600元的补助标准，共计发放直补资金20.28万元。实施了2022年大中型水库移民后期扶持项目，项目区涉及金积镇秦坝关村和古城镇新华桥村。翻建各类渠道18条，砌护总长5.22千米，防护泵站1座，受益水库移民84人。工程概算总投资为144万元。

【党建与精神文明建设】 2022年，吴忠市水务局印发《吴忠市水务局2022全面从严治党党风廉政建设和反腐败工作方案及任务分工》，结合实际制定全面从严治党"三个清单"，明确党组班子及班子成员责任清单33条，问题清单7条，问责清单10条。组织2次互查互学互促活动，督促党支部按期完成换届选举，规范程序发展党员，认真落实"双报到双服务"、退休党员结对帮扶等机制。印发《关于开展廉政风险防控提醒谈话的通知》，局党组书记与班子其他成员及下级党组织负责同志谈话，局党组成员与分管科室(站、所、中心)负责同志谈话，累计谈话89人次。召开"以案为鉴、以案明纪、以案促改"警示教育大会，通报典型案例6件，做到严管就是厚爱。抓好廉政风险防控。聚焦行业性系统性廉洁风险，着力查找廉洁风险点，动态排查廉政风险点78条，分析风险表现形式89条，制定防控措施114条。其中，领

2022年7月3日，水务局组织2022年第2期道德讲堂暨规范守则教育实践活动

导班子排查风险点10条，中层干部排查风险点33条，科室排查风险点35条。开展违规收送红包礼金和不当收益及违规借转贷或高额放贷专项整治。公开专项整治问题线索举报方式，通过多种方式畅通举报途径。组织党员干部、一般干部职工签订承诺书89份。　　　　　　　　　　（马晓龙）

利通区

【概况】 2022年，利通区水务局下设利通区水利服务和河湖管理中心、扁担沟扬水站2个事业单位。主要承担利通区水利工程建设、水资源管理、水土保持、河湖管理、水旱灾害防御、农村供水、水利工程安全和质量监督、水利改革等工作。完成项目建设9个，争取资金2.3亿元，完成项目投资0.2242亿元。

【工程建设与管理】 2022年，利通区实施重点项目工程1个，总投资1902.1万元。利通区2022年五里坡奶牛养殖基地三期东南片绿化供水工程，工程总投资1902.1万元，该项目于2022年6月1日开工建设，2022年11月6日建成并投入使用；维修三泵站溢流堰1座；铺设Φ315PE输水管道2.9千米；新建0.5万立方米蓄水池1座，新建5万立方米蓄水池1座，加压泵站2座；铺设地埋管道18.47千米，地面管道16千米，滴灌管道385.84千米；配套变压器、水泵及各类建筑物等。工程建成后有力保障2400亩生态绿化供水安全，进一步缓解奶牛养殖基地四期8000亩已建生态绿化供水水量不足问题。

【黄河流域生态保护】 2022年，利通区水务局围绕"十四五"期间利通区重点水利项目，结合自治区水利厅2022年水利项目前期工作计划，相继开展了苦水河利通区段综合治理工程、扬水灌区调蓄水池工程、水系连通及水美乡村建设试点等项目前期工作，规划至2025年末，治理苦水河23处10.06千米，治理利通区清水沟和苦水河流域问题严重的1个湖泊及23条支流78.21千米，在扁担沟扬水灌区新建调蓄水池2座，总库容225万立方米，计划投资5.2亿元。

【河湖长制】 2022年，利通区列入河湖长制体系内河湖42个，其中河流沟道34条、湖泊8个。建立健全了区、乡、村三级河湖长责任体系，有成员单位40个，各级河湖长168人，落实村民小组长为巡河员117人，公示牌82块。按照《宁夏回族自治区河湖长履职细则》规定的要求，加强对区、乡、村三级河湖长管理，按照"县级河湖长一月一巡、乡级河湖长半月一巡、村级河湖长一旬一巡"的要求开展巡河，全年共巡河湖3.9万次2.4万小时10.1万千米。全面落实"河长＋检察长＋警长"工作机制，联合综合执法局严格执法，提升河湖执法水平和治理能力，全

2022年8月22日，清水沟生物措施护坡

2022年，水务局与建行吴忠分行签订合作协议面推进河湖长制，携手共护母亲河。先后印发《关于清理整治利通区河湖"四乱"问题的通知》等文件27个，印发《关于妨碍河道行洪"四乱"问题整治工作问题的通知》等函38个，印发督办单5个。积极参加第二届"寻找最美河湖卫士"主题实践活动，经过推选和全区投票，利通区高闸镇高闸村党支部书记、村级河湖长扈银芳获得票数是自治区第8名。常态化开展河湖"清四乱"排查整治专项行动、妨碍河道行洪突出问题整治行动、非法采砂专项整治行动，组织开展总河湖长会议4次，专题会议2次，落实领导批示12件。全年整治完成了重点河湖"四乱"问题12个，黄河水质持续保持Ⅱ类进出，入黄排水沟水质全部达标，河湖水生态环境全面改善，群众满意度95%以上。通过清二至清七支沟治理工程，在清水沟被评为自治区级示范河湖的基础上，编制审核完成清二沟健康评价报告，将清二沟创建为美丽河湖。

【水资源管理】 2022年，利通区水务局把水资源作为最大的刚性约束，落实最严格的水资源管理制度。2021年度吴忠市实行最严格水资源管理制度节水型社会建设考核利通区为"优秀"等次。全年取水总量4.695亿立方米，灌溉用水有效利用系数达到0.547。完成农业、工业和规模化养殖业确权，用水权改革工作被央视综合频道《端牢中国饭碗》栏目进行宣传报道。率先在自治区全面完成农业水价综合改革任务，召开自治区22个县（区）现场观摩会。征收用水权有偿使用费263万元。试点开展"水银行"，与建设银行吴忠分行签订用水权金融服务合作协

议，搭建了利通区水费收缴、水费结算金融服务平台，完成企业用水权证抵押融资一笔3万元。累计发放各类基层水利服务组织经费873万元，其中：节水奖励资金81万元，精准补贴25万元。积极开展试点项目建设，利通区被列为自治区建立健全生态产品价值实现机制试点地区。实行水资源消耗总量和强度双控行动，严格地下水资源管理，全面完成取用水管理专项整治工作，关闭自备井7眼。

【节水型社会建设】 2022年，利通区水务局加强节水评价审查管理，按照节水评价要求建立规范的节水评价登记台账，共批复涉水规划和建设项目6个。利通区扁担沟扬水站通过自治区水利行业节水型单位验收。推进工业节水增效，建立重点监控用水单位名录，严格执行计划用水和定额管理制度，对公共供水管网覆盖范围内64家用水大户全部下达计划用水，推行水务经理＋水管员管理方式。依托自治区现代化生态灌区试点项目，累计建设渠道计量设施850套；地下水监测设施201处，完成灌区的现代化提升改造。推进城镇节水普及，实施用水计量管理，一户一表，实行阶梯式水价和超定额超计划累进加价收缴机制；积极创建节水型单位，利通区公共机构节水型单位覆盖率达到85%。

【农村饮水安全】 2022年，利通区实施农村饮水工程维修养护项目，总投资100万元，维修养护利通区农村饮水工程8处，覆盖人口8.2万人，严格落实脱贫攻坚成果同乡村振兴有效衔接评估问题整改工作，同时针对利通区未入自来水户数、空心房自来水通水情况、农户冬季季节性冻管等涉及饮水安全运行等问题开展大排查，建立问题台账，制定整改措施，列出清单、对账销号，解决490户未入户群众自来水入户及20处供水管道冬季冻管破损问题。2022年以来，全区累计完成自来水入户7.38万户，自来水普及率达99.6%，供水保证率达95%以上，集中供水率达100%，农村供水水源实现城乡一体化，供水水质达标率稳步提升，全区农村常住人口饮水安全得到有效保障。

【水旱灾害防御】 2022年，利通区水务局强化

2022 年 4 月 12 日，自治区农业水价综合改革暨农业用水管理现场观摩会

水旱灾害防御责任制，落实辖区内 3 座水库、29 座蓄水池安全度汛"三个责任人"，召开 2022 年水旱灾害防御工作会议，明确各级水旱灾害防御工作职责，进一步压实水旱灾害各级防御责任；强化预案修编及应急演练，共修订完善区级山洪灾害防御应急预案 1 套、乡镇级 5 套、村级 16 套，组织 120 人开展了蓄水池防汛应急演练，进一步提高预案适用性和可操作性；全力应对"7·10"暴雨洪灾。7 月 10 日晚，利通区突降暴雨过程，最大降雨量站点为巴浪湖农场站 167 毫米，最大小时降雨量为 63 毫米，重现期超 200 年一遇。受暴雨影响，清水沟发生最大 83.8 立方米 / 秒洪水过程。利通区水务局、吴忠市气象局联合发布了山洪灾害黄色预警信息，利通区水务局科学研判汛情发展趋势，及时启动洪水防御Ⅳ级应急响应，全力做好暴雨洪灾应急处置工作，连续实现洪涝灾害"零伤亡"纪录。

【水土保持】 2022 年，利通区水务局面向全社会开展水土保持宣传教育，提高全社会水土保持政策法规知晓率和水土流失防治意识。开展水土保持常态化监管，以 2021 年遥感监测未批先建项目为重点，开展水土保持专项整治行动，督促房地产企业和养殖企业编制水保方案，实现水土保持审批全程线上受理及办理，审批水土保持方案报告书 15 个、备案报告表 17 个、验收报备 19 个。联合区检察院、公安等部门查处水土保持违法违规行为，提高执法震慑力度。督促生产建设单位依法缴纳水土保持补偿费 965.97 万元。实施花水沟小流域水土流失综合治理项目，配合区自然资源部门实施营造林工程，新增水土流失治理面积 16 平方千米，水土保持率 79.96%，较 2021 年增长 0.4%。

【党建与精神文明建设】 2022 年，利通区水务局始终把学习贯彻习近平新时代中国特色社会主义思想作为首要政治任务，认真组织学习党的二十大精神，落实党建主体责任，扎实推进"五型"模范机关建设，统筹推动基层党建和全面从严治党工作与水利业务工作共同发展。落实在职党员到社区"双报到、双报告"制度，组织慰问社区困难党员 5 名，开展节水和防溺水宣传教育进校园、进社区 2 场次，结合全国文明城市创建、"爱国卫生日"活动开展志愿服务活动 2000 余人次。组织开展公益众筹和希望工程捐款活动，累计捐资 1.3 万元。坚决落实疫情防控责任，充分发挥党组织在疫情防控工作中的组织优势，先后派出党员干部 130 余人参与疫情防控值守任务，让党旗在防控值守一线高高飘扬。大力开展节约型机关建设，提升节能减排意识，积极参与节能减排行动，国家机关事务管理局授予节约型机关荣誉，扁担沟扬水站被自治区水利厅确定为全区水利行业节水型单位。

（杨晓云、王学军、马晓伟、李建忠、靳国荣、汪芳）

红寺堡区

【概况】 2022 年，红寺堡区水务局设置 14 个内设机构。主要承担着红寺堡区水利工程建设、水资源管理、水土保持治理、水库移民扶持、水旱灾害防御、河湖长制工作、水利工程安全与质量监督等工作。

【农村饮水安全】 2022 年，红寺堡区水务局投资 3421 万元，实施太阳山镇白塔水等村人饮供水维修改造等工程，进一步提高饮水保障水平。以"全面排查复核、问题 100%整改落实、用水安全 100%保障"为目标，采取"行政村自查、水务部门核查"的工作方法，由水务局牵头，各乡镇组织村组水管员对全区 5 个乡镇 64 个行政村饮水安全问题开展大摸排，重点核查脱贫户、边缘户及突发困难户"三类人员"的饮水安全情况和供水情况，建立村级动态管理台账，由乡镇统一复核后上报水务部门，水务局审定问题清单、分类研究措施、明确责任分工、限期动态销号。2022 年红寺堡区农村自来水普及率达到 100%，水质达标率为 100%，供水保证率为 98.2%，满足红寺堡区城乡用水需求。

【节水灌溉】 2022 年，红寺堡区水务局将自治区水利厅下达的 2.14 亿立方米黄河水细化分解到 187 个直开口和用水户，其中农业（含生态）计划用水指标 2.01 亿立方米，生活计划用水指标 0.06 亿立方米，工业计划用水指标 0.07 亿立方米。实现年用水量 1 万立方米及以上工业和服务业单位计划用水管理全覆盖，全面实行计划用水管理，实施计划用水监督检查，规范计划用水的核定、下达和加价收费管理，推动落实超计划用水累进加价制度。对确权土地实行超定额累进加价制，确定红寺堡、固海扬水灌区净灌溉定额为：畦灌 250 立方米 / 亩 / 年，高效节灌 200 立方米 / 亩 / 年；盐环定扬水灌区净灌溉定额为：畦灌 165.5 立方米 / 亩 / 年，高效节灌 137.6 立方米 / 亩 / 年。对全区境内开荒地实行阶梯水价，即 4 月 1 日—5 月 20 日 0.573 元 / 立方米，5 月 20 日—8 月 31 日 0.818 元 / 立方米，冬灌 0.409 元 / 立方米，开荒地灌溉"超定额用水 20%（含 20%）以内按基准水价加 1.4 倍收费，超定额用水 20% 以上按基准水价加 3 倍收费"。执行末级水价，规范水费收缴。农业供水实行"骨干 + 末级渠系"终端水价，执行统一水价，末级渠系水价为 0.21 元 / 立方米，高效节水灌溉水价为 0.339 元 / 立方米，末级渠系水费统一纳入地方本级预算管理、专账核算，水费分春灌、夏秋灌、冬灌、全年进行公示，增强水费征收透明度，鼓励用水户通过网上缴费等方式缴纳水费，实行统一的水费票据，杜绝"费价两张皮""搭车收费"等问题。

【用水权改革】 2022 年，红寺堡区水务局共组织召开改革工作部署会 3 次、推进会 5 次，研究农业、工业、规模化养殖业用水权确权及推进用水权交易具体事项，制定《红寺堡区落实水资源"四定"原则 深入推进用水权改革实施方案》和《红寺堡区落实水资源"四定"原则深入推进用水权改革实施方案任务清单》，逐项细化牵头单位和责任单位具体职责。提请红寺堡区人民政府印发《红寺堡区用水权改革确权工作实施方案》《红寺堡区农业用水权确权成果报告》和《红寺堡区工业用水权确权成果报告》，解决用水权确权工作程序不清、方法不明的问题。印发《关于红寺堡区开荒地用水相关事宜的通知》，明确开荒地水价和用水程序。精准核定农业确权水量 1.99 亿立方米，颁发农业用水权 66 本。出台《红寺堡区节水奖励及精准补贴机制》，2021 年红寺堡区 89 个支口及 1 家节水企业共节约水量 1734.87 万立方米，兑付节水奖励资金 42.95 万元。同时，持续开展水权交易，2022 年实现协议交易水量 936 万立方米，参与交易企业、种植大户 26 家，交易金额 584 万元，并与青铜峡市、贺兰县交易用水指标 668 万立方米。统筹当前工业基础和远期目标，严格开展工业企业水资源论证和用水合理性分析，逐户核算产能，对公共管网覆盖范围内的 83 家企业用水精确核算，严格审批、精准确权。积极对接协调，督促落实吴忠太阳山工业园区 43 家工业企业开展水资源"区域评"。结合工业企业水资源论证报告及园区水资源论证精准核定确权工业企业确权水量 1454.93 万立方米，颁发用水权证 58 份。积极探索农业水价综合改革、开荒地有偿水价等机制，强化顶层设计，为推进改革下一阶段任务奠定坚实基础。完成红三干、四干渠直

2022 年 3 月 22 日，红寺堡区水务局召开灌溉工作会议

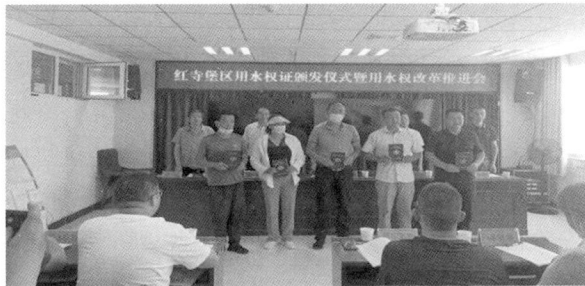

2022 年 6 月 24 日，红寺堡区用水权证颁发仪式暨用水权改革推进会

开口和新庄集一支干渠计量设施提升改造，维护改造测控一体化闸门 87 处，末级渠系量水堰全覆盖，计量率达到 100%。推行节水奖励和高效节水精准补贴机制，对农田灌溉节水的用户，按定额管理与实际用水量差额考核，分档奖励。

【水土保持】 2022 年，红寺堡区水务局严格落实生产建设项目水土保持监管，接受水土保持设施自主验收报备项目 15 个，核查违法图斑 51 个，依法审批水土保持方案 63 个，开展集中现场监督检查 43 次，下发限期整改通知书 7 份、限期编报水土保持方案通知书 16 份，征收水土保持补偿费 440 余万元，完成年度 26.4 平方千米水土流失治理任务。开展红寺堡区辖区内陡坡地禁垦限制区域划定工作，完成水库移民 2735 人直补资金兑付工作和 682 人水库移民后扶项目的实施。利用"世界水日""中国水周"和水土保持监督检查等时机，开展水土保持国策宣传进机关、进校园、进企业等"六进"活动。

【水利工程建设管理】 2022 年，红寺堡区水务局以"示范区"创建为总目标，围绕水利基础、水生态平衡、水安全稳固等重要领域谋划项目，掌握信息，积极对接，争取多方支持，不断扩大有效投资。共实施项目 50 个，总投资 23938.88 万元，其中：中央水利发展资金项目 9 个，总投资 1438.6 万元；巩固拓展脱贫攻坚成果同乡村振兴有效衔接项目 40 个，总投资 13102.28 万元；开工建设黄草墩 150 万立方米蓄水池、罗山西麓生态供水工程等一批事关全区发展的重大水利基础设施项目，举全力补齐水利发展短板。

【河长制】 2022 年，红寺堡区县级河长巡河暗访督导 175 人次，乡、村级河长巡查沟河道 4736 人

2022 年 11 月 15 日，吴家沟蓄水池成功蓄水

次，下发河长交办令 1 期，重点任务通报 2 期，督办单 16 期。查处非法采砂 8 起，罚款 6.5 万元。编制完成《吴忠市红寺堡区重要河道采砂管理规划》。印发《红寺堡区妨碍河道行洪突出问题排查整治实施方案》，对 59 条承担防洪任务的河道进行全面排查，完成 41 处水利部遥感疑似违法问题复核和整改。深入推进"河长 + 检察长 + 警长"工作模式，确定我区检察长 5 名，警长 11 名，联合督查 10 余次，拆除柳泉乡鸭爪子沟内非法建设 13737.45 方蓄水池 1 座，清理乏羊坡沟、狼窝子沟影响行洪道路 2 处。

【水旱灾害防御】 2022 年，红寺堡区水务局修改完善《红寺堡区水旱灾害防御工作预案》《红寺堡区洪涝灾害重点村庄紧急抢险方案》等预案方案，梳理各乡镇洪涝灾害重点村庄，组建应急抢险队伍 5 支。实施红寺堡区 2022 年度山洪灾害防治项目，对部分村组丢失、损坏的预警广播、手摇报警器、铜锣等予以补充，对我区水旱灾害防御监测平台及现有的 47 处雨量站和 33 处视频监测站进行维护。成立水旱灾害抢险专家组，指导汛期可能出现的突发险情抢险工作，与施工企业签订防汛抢险服务协议，建

2022 年 5 月 24 日，水务局举办山洪灾害应急演练

2022 年 3 月 22 日，"世界水日""中国水周"
宣传活动

立机械车辆台账，一旦出现突发险情，确保抢险物资关键时刻拉得出、用得上。梳理红寺堡区山洪灾害危险区，并形成危险区责任人清单，更新预警平台责任人名单，进行短信测试，确保预警信息及时准确送达，严格执行领导干部带班和工作人员 24 小时值班制度，及时掌握雨情、水情、汛情和灾情，为全面监测、主动预警、有效防范提供科学依据。

【驻村帮扶】 2022 年，红寺堡区水务局结对帮扶村为新庄集乡东川村和大河乡石坡子村，派驻东川村驻村第一书记 1 人，调整驻村工作队员 1 人，共有帮扶干部 35 人。2022 年水务局扎实开展结对帮扶工作，对东川村蓄水池进行了围栏加固，切实保障居民生命财产安全；对东川村、石坡子村生活困难群众进行慰问帮扶，传递对困难群众的关心、关爱。

【党建与精神文明建设】 2022 年，红寺堡区水务局制定年度理论学习计划，注重党组理论学习会议带动学，发挥业务骨干示范学，使用强国平台经常学，召开干部集中理论学习会议 17 次，党员大会 3 次，讲党课 5 次，组织自治区第十三次党代会精神学习 3 次，专题研讨 3 次，持续巩固拓展党史学习教育成果，牢牢把握意识形态主动权，教育引导党员干部不断提高政治判断力、政治领悟力、政治执行力，坚持高标准、严要求，召开党史学习教育专题民主生活会、2021 年度组织生活会及民主评议党员会议，开展主题党日活动 10 次，全面提高机关党建工作质量。召开廉政教育及作风建设工作会议 3 次，扎实开

展"廉政警示教育周"活动、提醒谈话 35 人次，积极开展违规收送红包礼金和不当收益及违规借转贷或高额放贷等专项整治行动，组织集中学习 3 次，专题讨论 1 次。持续强化党员干部监督管理，营造风清气正的水利发展环境。

（段炼）

青铜峡市

【概况】 青铜峡市地处宁夏平原引黄灌区中部，东临黄河，并与吴忠市利通区相望；南接中宁、同心两县；北与银川市永宁县毗邻；西与内蒙古自治区阿拉善左旗接壤，东西宽 30 多千米，南北长 60 多千米，总面积 2424 平方千米。地理位置优越，自然条件得天独厚，黄河流经全市 69 千米，年过境水量 400 亿立方米，西干渠、唐徕渠、汉渠等九大干渠纵贯全境，为全市农业灌溉提供了便利条件。

2022 年，青铜峡市水务局设批复机构 5 个，行政机构 1 个，全额事业单位 4 个，自收自支事业单位 1 个。

【用水权改革】 2022 年，青铜峡市水务局核定全市实际农业灌溉面积 74.85 万亩，挤出"黑户"面积 26.15 万亩，将 4.47 亿立方米用水指标确权到 117 个用水单位，全部颁发用水权确权证书。157 家工业企业确权水量 2727 万立方米，54 家规模化养殖业企业确权水量 247 万立方米，全部颁发取水许可证，对无偿配置用水权工业企业征收用水权有偿

2022 年 11 月 27 日，青铜峡市人民政府、宁夏水投集团深化合作暨全域水务一体化协议签约仪式举行

使用费 2869.4 万元。持续开展基层水利服务体系改革，清算注销农民用水协会 10 个，新组建灌溉服务专业合作社 10 家，优化组织架构，合理定岗定员，提高灌溉服务专业合作社运行效率和管理效益。青铜峡市末级渠系水价执行第二年价格标准 0.0156 元/立方米，根据水费"统一收缴，分级管理"的原则，设立青铜峡市农业灌溉水费专户，实行收支两条线管理。制定《青铜峡市用水权使用费收缴和使用管理办法（试行）》《青铜峡市用水权收储交易管理办法（试行）》，构建用水权市场化交易机制，通过自治区交易平台，先后在县域内外交易夏秋灌用水指标 5 笔、489 万立方米，交易金额共 123.228 万元。交易金额的 80% 用于抵减用水户（企业）水费，受益用水户（企业）2680 户，受益面积 64806 亩，亩均水费减少 15.21 元。投资 1.1 亿元实施现代化生态灌区量测设施改造工程和水资源集约利用智能监控项目，建成县级、镇级管控中心 11 处，安装计量设施 1287 处，建成涵盖灌区管理、地下水、河湖长制、水旱灾害、水利工程监管等一体化的智慧水利监管平台，真正形成管控"一张图"、取用"一道闸"。

【农业灌溉用水】 2022 年，夏秋灌溉用水量 4 亿立方米，较 2021 年减少 1700 万立方米，全年灌溉用水量 4.844 亿立方米，比自治区年初分配水量节水约 0.5 亿立方米。向各干渠管理处上缴干渠水费共 1149.8 万元，干渠夏秋灌亩均水费为 16.6 元，较 2021 年干渠亩均水费降低 15.24 元。全年调剂用水指标共涉及干渠直开口 99 个，调剂用水量共 3182.3 万立方米，化解各类用水矛盾 10 余起，有效促进了全市农业抗旱保灌，没有因干旱高温造成农作物大规模减产。为推进酿酒葡萄产业发展，投资 8927 万元实施贺兰山东麓葡萄长廊榆树沟供水泵站工程，为 1 万亩酿酒葡萄和 3.69 万亩生态防护林提供供水保障。

【河湖管理】 2022 年，青铜峡市水务局严格执行"一单三制"管理（问题清单、交办制、督办制、销号制），推进"河长＋检察长＋警长"工作机制联动，共开展联合检查 4 次，办理检察建议书 7 份。持续推进河湖"四乱"整治常态化，完成水利部进驻式暗访反

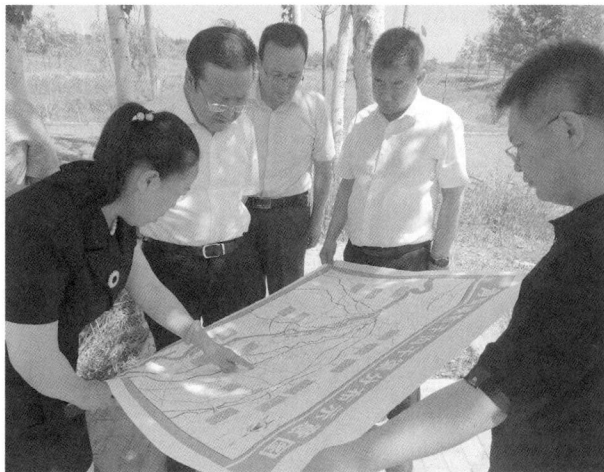

2022 年 6 月 21 日，吴忠市政府市长、副总河长王学军到罗家河入黄河口实地调研

馈河湖"四乱"问题 2 项整改工作；完成黄河滩地林木移除移植整改面积 823 亩，拆除整治黄河河道管护用房 4 座 613 平方米，恢复自然生态 9 万平方米；水利部反馈妨碍河道行洪疑似图斑 83 个，经现场核实认定不属于"四乱"问题 82 个，1 个临河房屋（滑石沟）已拆除清理整治，完成整改销号；自治区水利厅反馈黄河巡测疑似"四乱"29 个图斑，经核实认定不妨碍河道行洪 11 个，认定为"四乱"问题 18 个，截至目前已全部完成整改销号；会同青铜峡市检察院自查发现"四乱"问题 41 个，已完成整改 34 个，7 个已下发督办函，督促整改中。投资 2337 万元实施罗家河美丽河湖建设一期项目，有效改善罗家河水生态、水环境；完成对 2022 年收回的 25 个湖泊进行补水，依法补划河湖水域岸线 18 条 79.36 千米、湖泊 2 处 0.94 平方千米，设立界桩 434 个，明确河湖管理边界、河湖管理范围；完成全市 10 条干沟"一河一策"修编，将全域"清"、着力"治"和长效"管"有机结合，健全完善河湖巡查、督查、监管长效机制，依法规范河道管理秩序，推进河湖长治久清。

【节水宣传】 2022 年，青铜峡市水务局开展"世界水日""中国水周"主题宣传活动，利用微信群、公众号、电子屏，加强《水法》《防洪法》《水土保持法》《地下水管理条例》等法律法规宣传，发放各类宣传手册 8000 余册，宣传海报 400 余张，宣传物资 2000 余件，开展节水宣传进社区、进企业、进校园等"十进"活动，全方位多角度进行节水宣传。

【水资源管理】 2022年，青铜峡市水务局加强取水许可管理，严格水资源论证，新建（改扩建）企业不开展水资源论证坚决不审批取水许可，新办理取水许可证39户全部先完成论证再审批。开展取用水专项整治行动，利用"宁夏回族自治区取水工程（设施）核查登记系统"建立124家、426个取水工程设施名录、问题台账、整改计划，实现清单式管理，整改完成率达到98%以上。向用水户下发用水计划通知，每季度对各用水户用水计划、用水台账和计量设施运行情况、申报水量进行督查检查，建立巡查记录台账，提升水资源管理规范化、信息化水平。强化水资源税征收管理，全年征收水资源税2100万元。加强执法队伍建设，组织申领执法证人员参加执法证考前2000分钟网络学法培训，组织干部职工参加网络知识答题5次，开展法律知识学习培训8次，组织法律知识测试3次。加大水行政执法力度，规范行政执法流程，严格行政执法"三项制度"，开展水行政执法监督及防汛保安专项执法行动，专项执法巡查检查6次，调解水事纠纷2起。优化营商环境，压缩行政审批事项办结时限，优化办事流程，实行水土保持和水资源论证区域评估和取水许可告知承诺制，办理行政许可29项。

【水资源利用】 2022年，青铜峡市水务局实施第一中学、职业教育中心分布式污水处理中水回用项目，加大中水回用力度，新增供港蔬菜基地取水计量设施安装169套，推进水资源节约集约利用。全市

2022年3月22日，联合工业和信息化局、唐徕渠管理处等5家单位在古峡广场开展节水宣传活动

万元GDP用水量比2021年降低3%以上，农业灌溉水有效利用系数由0.535提高到0.542，工业用水重复利用率达98%，规模化节水型企业创建率达到50%以上，中水回用率达30%，城市供水管网漏失率控制在10%以下，城市污水集中处理率达100%，重要水功能区水质达标率达100%。

【水旱灾害防御】 2022年，青铜峡市水务局对河道险工险段和山洪灾害危险区域进行逐一排查，对大坝、磨石沟等5座小型拦洪库，大沟、马莲沟等28条山洪沟道及罗家河、南干沟等14条担负防洪任务的河道进行了全面排查，下发停止违法行为通知书8份，责令整改4处，及时消除了防汛安全隐患。组建市、镇、村三级抢险队伍，形成了市、镇、村、组、户五级山洪灾害防御责任制体系。投资1429万元实施滑石沟（庙山湖段）治理工程，投资100万元实施山洪灾害防治及群测群防体系建设项目，对全市40套预警广播、7套电动防空警报器、33套手摇警报器等监测预警设施设备进行了全面检查，对全市28条山洪沟道共计260多个防汛警示牌进行全面检查维修更换，储备各类防汛物资2.12万件。落实青铜峡市5座水库防汛"三个责任人"并进行了公示，加强水库安全巡查力度。对大坝、磨石沟等5座小型拦洪库进行维修养护，对马莲沟、大沟、黄河唐滩段水毁工程进行修复，积极协调完成水利部挂牌督办的大沟拦洪库副坝10年未闭合问题整改工作，工程已建设完成，保障了防洪工程正常发挥作用。

【水土保持】 2022年，青铜峡市水务局投资488万元实施马莲沟小流域综合治理项目，新增水土流失综合治理面积10.03平方千米，已完成沟道砌护500米，乔木林种植20.14公顷，灌木林栽植67公顷，灌木林条播60公顷，封禁治理区标识碑2座。严把水土保持审批关，对建设单位和人为破坏植被面积进行认真核实，下发责令改正水土保持违法行为通知书，督促生产建设单位在规定期限内到水行政主管部门进行方案申报。共审查、审批水保方案68份，接受自主验收报备项目12个，督查小型生产建设项目42个，下发督查意见42份，收缴水土保持

2022 年 4 月 28 日，牛首山扬黄灌区续建配套与节水改造项目正式通水

补偿费共计 1030.87 万元。

【水库移民】 2022 年，青铜峡市水务局完成水库移民人口年度核定工作，组织发放本年度水库移民后期扶持直补资金 690.66 万元，直补受益移民群众 11511 人。实施 2022 年大中型水库移民后期扶持项目。投资 945 万元新建美丽家园及设施农业工程，切实解决了群众急、难、愁、盼问题，改善了群众生产生活条件，壮大了村集体经济，增加了群众收入，提升了移民群众幸福指数。

【节约型机关建设】 2022 年，青铜峡市水务局扎实推进节约型机关建设，建立健全用水用电、办公耗材、公务用车、采购管理、垃圾分类及回收利用等一系列规章制度，把节约理念贯穿于机关运行、工作开展的各环节。2022 年 10 月 25 日被国家机关事务管理局、中共中央直属机关事务管理局、国家发展和改革委员会、财政部联合授予"节约型机关"荣誉称号，圆满完成节约型机关创建工作目标。

（仇建明、马佳昕）

盐池县

【概况】 2022 年，盐池县水务局设置 4 个内设机构，所属 4 个事业单位。主要承担着全县农田用水管理、水利工程建设、水政水资源管理、水土保持治理、水库移民扶持、水旱灾害防御、河湖长制工作协调、水利工程安全与质量监督等工作。

【水利工程建设】 2022 年，盐池县水务局组织实施重点水利项目 9 个，总投资 2.36 亿元。实施调蓄设施工程。共投资 1 亿元，实施黎明调蓄设施工程，实现灌区调蓄全覆盖，调蓄灌溉面积 8.1 万亩。实施小流域综合治理工程。共投资 3200 万元，实施莎草湾小流域综合治理项目、东风小流域综合治理项目、后洼水土流失坡耕地治理项目、高新庄中型淤地坝工程 4 个工程项目，新增治理水土流失面积 46 平方千米，持续巩固全国水土保持示范县成果，目前，正在积极争创全国水土保持先进集体。实施盐池县"互联网＋城乡供水"工程（一期）。共投资 8200 万元，持续构建现代水网，联通升级供水工程、信息、服务"三张网"，进一步提升供水能力。实施城乡供水提升工程。共投资 1100 万元，实施摆宴井等村安全饮水改造提升工程，人饮入户 255 户，改造管线 74.7 千米，持续巩固拓展脱贫攻坚成果同乡村振兴有效衔接，提升农村供水保障。实施地下水测控工程。共投资 600 万元，实施机井灌区取水口计量设施改造工程，进一步提升水资源监测计量能力。实施扬黄维修工程。共投资 500 万元，实施三道井泵站机泵维修工程，进一步提升扬黄灌区供水能力。

【河湖长制】 2022 年，盐池县水务局严格执行河湖长调整变更上报程序，及时更新河湖长制公示牌内容，不断更新维护数据信息，并充分运用智慧河长信息平台，对河长履职及河沟巡查员巡查工作情况实施在线监管。全县 108 名河长使用信息化平台开展巡查河（沟）道 9676 人次，有效电子巡河率达 100%，实现巡查全覆盖。持续推行"河长＋检察长＋警长"工作机制，共向各责任单位及相关乡镇发出公益诉讼诉前检察建议书 5 份，助推河湖长制取得实效。同时,常态化开展"清四乱"整治工作,针对发现的"四乱"问题建立台账,下发整改通报,限期整改,确保问题真改实销,实现问题清理整治全流程"闭环管理"。共开展环境乱象整治7项,整治河(沟)道岸线4.3千米。按照水利部、自治区水利厅下发的《关于开展妨碍河道行洪突出问题排查的通知》要求,对全县有行洪任务的河道进行全覆盖排查,并针对全县发现的一般问题全面进行整改,荣获2021年度自治区河湖长制工作考核全区第一及优秀等次。

【水利改革】 2022年,盐池县争取到"十四五"期间用水权管控取水总量指标10850万立方米,并全面精准核定用水权,全县范围内所有农业用水权应确尽确,工业用水权确权全覆盖,完成60万立方米水权交易,以及制定出台《盐池县农业节水奖励和精准补贴办法》《盐池县扬黄灌区灌溉管理办法》等奖励补贴机制,切实推动农业用水方式持续转变、管理服务持续向好,2021年度全县农田灌溉水有效利用系数达到0.672。

【节水型社会创建】 2022年,盐池县水务局严格落实最严格水资源管理,全面下达2022年度取用水计划,圆满完成夏秋灌6022万立方米扬黄水供水任务,以及完成重点用水户用水统计以及换发电子取水许可证工作,共新增取水许可证4个,配合国税局收缴水资源税137万元。复核全县取水工程(设施)核查登记,逐一整改销号,建立和上报农业灌溉井安全管理工作台账,并对全县公共管网覆盖范围

2022年6月5日,由水利部节约用水促进中心举办的全国节约用水监督管理与节水技术培训班在盐池县开展现场教学

内的自备井进行核查,确保全部关停。强化水行政执法工作,共查处、制止违规打井17起,现场填埋13处,并对全县非煤矿山企业用水进行全面排查,查处非煤矿山非法取水地下水企业12家,关闭取水井22眼,共处罚款54万元。全国节约用水监督管理与节水技术培训班现场教学在盐池县成功开展。同时,积极创建全国典型地区再生水利用配置试点,实施方案已被自治区人民政府批复,被赋予宁夏创建全国典型地区再生水利用配置试点的使命任务。

【水土保持】 2022年,盐池县水务局审批开发建设项目水土保持方案报告书28项,水土保持方案报告表36项,监督检查生产建设单位水土保持措施落实情况34个,下发督查意见34份,接受自主验收报备12项。截至目前,收取宁夏圣亚利化工有限公司20万吨废油处置升级改造等项目水土保持补偿费共计2600万元。

【质量安全管理】 2022年,盐池县水务局对在建水利工程进行定期不定期质量与安全检查,并督促整改落实,做到水利工程质量实时管控。共进行各类检查10余次,下发整改通知单3份,确保在建水利工程质量均能做到实时管控,项目资料能够与工程同步。对全县88座灌溉蓄水池、3座调蓄水库、77座淤地坝、2座骨干坝、3个扬黄灌溉泵站及1.1千米渡槽和42千米扬黄干渠进行逐一排查,全面加强重点水域、重点时段防溺水安全防范,加强安全巡查,宣传教育,增强防范意识,做好巡查记录。

【防灾减灾】 2022年,盐池县水务局不定期组织专门力量对全县范围内的防洪工程、水库等山洪灾害易发点以及在建水利工程施工现场进行滚动式、拉网式排查,发现问题,及时消除。严格执行24小时值班制和领导带班制度,并强化"四预"措施。利用春灌有利时机将全县3个调蓄水库、88个蓄水池全部蓄满,储备水量1000万立方米,全面保障农业灌溉及人畜用水,并利用已建成的德胜墩水资源综合利用工程,实现节约用水和再生水资源的高效利用,全面保障县城生态用水,获得全国水旱灾害防御工作先进集体荣誉称号。围绕城市防洪建设、山洪沟治理,中小河流治理,编制完成黄河流域生态保护和

2022年7月10日,水务局在杜窑沟水库开展溺水应急演练

高质量发展先行区盐池县城乡防洪规划,指导近期、中期、远期全县防洪治理工作。

【安全宣传教育】 2022年,盐池县水务局充分利用"世界水日""中国水周""5·12防灾减灾日""安全生产月""安全生产万里行"等重要时段和节点,进学校、进机关、进企业、进小区、进乡村、进田间,大力开展《水法》《水资源管理条例》、节约用水、河湖长制、水土保持、山洪灾害防御、防溺水等知识宣传和咨询服务活动,共计悬挂横幅80条,发放宣传单(册)20000余份,宣传品15000余份,进一步增强了广大群众节约用水、防灾避灾、保护河湖的意识。

【党建及党风廉政建设】 2022年,盐池县水务局深入学习宣传贯彻落实习近平总书记系列重要讲话精神,广泛开展"大学习、大讨论、大宣传、大实践"活动,采取集中学、研讨学、专题辅导等形式,切实抓好党课教育和"党建+",激发广大党员、干部职工的学习热情,把学习成果转化为推动水利工作的强大力量,持续巩固"不忘初心、牢记使命"、党史教育等系列活动成果,积极创建"水润盐州映党旗党建品牌",做精做优水利保障工作。截至目前,以"5+X"主题党日活动为载体,开展慰问、义务植树、节水宣传、无偿献血、观看红色影片、参观廉政警示教育基地等活动50余次。开展中心组学习11次,交流研讨30人次,开展集中学习8次,开展"大学习、大讨论、大宣传、大实践"专题交流研讨及撰写心得180人次。同时,坚持党建与业务工作统筹部署实施,切实把全面从严治党各项目标任务落到实处。以"作风建设集中整顿年"活动为依托,积极开展整治"八个破除",实现"八个增强"作风建设活动,确保机关工作作风有明显改善,不断激发广大党员干部干事创业、担当作为的精气神。以及认真开展违规收送红包礼金和不当收益及违规借转贷或高额放贷专项整治,严厉查处行业内违纪违法行为,形成高压态势,营造求真务实、清正廉洁的工作氛围。 (段玉辉、张磊)

同心县

【概况】 同心县水资源总量为2.03亿立方米,水资源十分匮乏,降雨时空分布不均,多年平均降雨量仅为276毫米,多年平均蒸发量2325毫米,是降雨量的8.4倍,平均径流深7.6毫米。全县年可利用的水量较少,仅为1.38亿立方米,其中地表径流0.32亿立方米,地下水0.17亿立方米,客水1.06亿立方米。人均占有年径流量只有143立方米,是全国平均水平的1/19,属水资源奇缺地区之一。

2022年,同心县水务局下设1个副科级单位、10个机关股室。主要承担全县城乡供水、水旱灾害防御、灌溉管理、水土保持、河湖管理、水政执法、水利改革等多项职能。全年实施高效节灌、水库除险加固工程、中小河流治理、城乡供水、小流域综合治理等项目24处,累计完成投资20212.28万元。

【供水情况】 2022年,自治区人民政府分配同心县黄河用水指标2.728亿立方米、分配同心县四大灌区直开口总水量2.2789亿立方米,其中固海扬水灌区计划需用水总量10842.5万立方米、固扩扬水灌区计划需用水总量5641万立方米、红寺堡扬水灌区计划需用水总量5776万立方米、盐环定扬水灌区计划需用水总量580万立方米。全年实际完成农业灌溉用水总量2.2484亿立方米,其中固海扬水灌区10872.76万立方米、固扩扬水灌区5735.03万立方米、红寺堡扬水灌区5321.36万立方米、盐环定扬水灌区567.60万立方米。全县工业用水总量32.8096万立方米。

【工程建设】 2022年,同心县水务局实施综合治理项目 3 处:宁夏清水河(同心县段)综合治理工程 2022 年建设项目,总投资 5980.8 万元,完成形象进度 52%;宁夏苦水河(同心县段)综合治理工程,总投资 2430.9 万元,完成形象进度 54%;续建清水河同心县(永安路大桥至新区污水处理厂段)综合治理工程,总投资 19025.2 万元,已完工投入运行。实施防洪排涝工程 9 处:同心县张家塬乡折腰沟村内涝外排工程,总投资 185.74 万元,工程已完工投入运行;同心县王团镇李家庄村排洪工程,总投资 195.34 万元,工程已完工投入运行;同心县河西镇上河湾移民村防洪排涝工程,总投资 177.96 万元,工程已完工投入运行;同心县王团镇圆枣村防洪排涝工程,总投资 169.88 万元,工程已完工投入运行;同心县下马关镇移民村排涝工程,总投资 245.63 万元,工程已完工投入运行;同心县马高庄乡沟滩村防洪渠工程,总投资 308.2 万元,工程已完工投入运行;同心县王团镇张家湾村内涝外排工程,总投资 305.7 万元,工程已完工投入运行;同心县王团镇沙家洼子沟防洪工程,总投资 282.06 万元,工程已完工投入运行;同心县河西镇杨河套子村防护工程,总投资 259.92 万元,工程已完工投入运行。其他工程 2 处:固海扬水干渠(同心县)重点段隔离网建设工程,总投资 587.64 万元,固海扬水干渠同心段安装桃形柱隔离网 36.67 千米,安装警示牌 171 个;固海扩灌扬水干渠同心段安装边框型隔离网 22.08 千米,安装警示牌 118 个。同心县 2022 年壮大村集体经济集中养殖基地建设项目供水工程,总投资 172.88 万

2022 年春,建设中的同心县苦水沟大型淤地坝工程

元,工程已完工投入运行。

【灌溉管理】 2022 年,同心县印发同心县人民政府办公室关于印发《同心县农业水价综合改革实施方案》的通知《同心县农业水价综合改革执行方案》《同心县农业灌溉水费收缴管理办法》及农村水利管理站的相关管理制度,执行了新的农业水价;面对扬黄水用水指标压缩的实际,积极与相关扬水管理处、泵站沟通、协调,制订调水计划,全面保障全县灌区灌溉工作平稳进行。继续抓好扬黄灌区节水改造,促进灌区作物种植结构调整,改善农业生产条件。全年完成灌溉面积 78.31 万亩,完成灌溉水量 2.2484 亿立方米,保证了灌区农业生产秩序的正常进行。

【防汛防凌抗旱】 2022 年,同心县水务局全面排查全县山洪灾害危险行政村,中小型水库、防洪工程、各类防洪堤、山洪灾害易发沟道等水利工程安全隐患。编制更新各类度汛预案,储备防汛物资、强化汛期值班;成立了水旱灾害应急专家小组和应急抢险队伍,完成了山洪灾害防御与水库、淤地坝应急度汛演练;组织全县山洪灾害预警人员及水库安全度汛"三个责任人"履职培训。对存在严重安全隐患的 21 座水库进行维修,安装更换损坏缺失的各类警示牌 263 个。更新维护山洪灾害预警设备 93 套。完成了水旱灾害风险普查工作。

【农村饮水安全】 2022 年,同心县水务局完成中部地区城乡供水水源替换工程的初步设计、同心县"互联网 + 城乡供水"特许经营"两评一案"实施方案(讨论稿)工作。实施"互联网 + 城乡供水"石狮开发区惠安村、马高庄乡沟滩村自来水入户改造工程,完成投资 636.28 万元。实施同心县兴隆乡冯川、豫海镇城北、韦州镇旧庄等农村饮水安全改造提升工程,完成投资 191.84 万元。压实农村供水工程"三个责任",完善运行"三项制度",进一步巩固提升农村供水保障水平。做好农村供水水源保护、水质净化、水质监测、管网维修养护等日常管理工作。制定印发《农村供水应急保障预案》,常态化开展饮水安全"四查四补"。对自查发现的 689 个"同心县 2021 年度巩固拓展脱贫攻坚成果同乡村振兴有效衔接考核评估

农村饮水安全"问题已全部整改到位。

【农村水利改革】 2022年，同心县水务局按照水利改革要求完成了用水权确权成果工作报告，经区市用水权改革专项小组审查后，由同心县人民政府印发了用水权确权成果报告。核定农业确权灌溉面积74.8万亩，确权水量2.12亿立方米；核定确权工业企业17家，确权水量138.01万立方米；规模化畜禽养殖业水权指标统筹分配到乡镇，核定水量900万立方米。颁发用水权证116家，其中农业用水权证乡镇8家、村87家及林场等6家共101家；工业企业16家。印发《同心县人民政府办公室关于印发同心县农业水价综合改革实施方案的通知》及《同心县农业水价综合改革执行方案》。完成高效节水灌溉项目区水价测算；编制完成《同心县农业灌溉水费收缴管理办法》及农村水利管理站的相关管理制度，执行新的农业水价。

【水行政执法】 2022年，同心县水务局核查自治区水利厅下达2021年、2022年度遥感监管违法行为图斑85个，整改完成24个。下达各类生产建设项目水土保持方案行政许可30个，洪水影响评价行政许可4个，征收水土保持补偿税496.07万元。通过集市、公众号等不同形式大力开展水法普法宣传，发放宣传资料2000多份、悬挂横幅5条。推行水利行业"互联网＋监管"运用，实现"双随机，一公开"监管、信用监管和事中事后监管落实。开展河湖沟道道行

2022年3月，建设中的宁夏清水河（同心段）综合治理工程2022年建设项目——吊堡子护滩基础砌筑工程

洪安全执法检查，设立水利监督举报电话8612314接受监督。

【河湖长制】 2022年，同心县水务局印发《同心县2022年河湖长制重点工作计划》和《同心县2022年河湖长制重点工作及任务分工方案》。起草《同心县河湖管护群众监督有奖举报实施办法》（试行）。编制完成金鸡沟等河湖沟道"一河一策""一河一档"档案。完成了38条河湖的管理范围复核工作。组织召开同心县2022年河湖长制联席会议及总河长会议，累计推进县河长办暗访、督查50余次，积极与乡镇、村级河湖长动态对接，开展巡河强化工作协调机制。对接销号整改自治区无人机巡飞清水河（同心段）反馈的问题，排查河道管理范围内违章建筑、树木等影响行洪的各类障碍物；复核整改遥感图斑和妨碍河道行洪能力图斑86处，对23条河湖沟道进行全面环境整治，会同公安局、检察院实地督办整改河湖"四乱"问题。

【节水型社会建设】 2022年，同心县水务局编制完成《同心县2022年节水型社会达标建设实施方案》，按照验收节点整理完善全县节水型社会达标建设验收资料，协助开展宁夏"十三五"节水型社会建设后评估工作。升级改造60个取水口计量设施，制定同心县工业园区取用水管控问题整改方案、工业企业及服务业用水计划。推广新型节水新技术新器具的利用，大力提倡水田灌溉模式。以"世界水日、中国水周"主题宣传活动为契机，进一步加大节水型社会创建宣传力度。投资4571.65万元，完成高效节灌项目4处。其中：同心县河西镇旱天岭高效节水灌溉项目水源联通提升改造工程，总投资996.42万元，工程已完工投入运行；同心县固海扬水灌域河西片区高效节水灌溉水源骨干工程（一期），总投资2716.96万元，已完工；同心县取水工程计量设施升级改造项目，总投资323.74万元，已完工投入运行；同心县豫海中学分布式污水资源化利用合同节水试点项目，总投资316.48万元，已完工投入使用。

【水土保持】 2022年，同心县水务局总投资344.65万元，完成同心县孙家庄沟小流域综合治理工程；新修水平梯田2385亩，配套机深翻和增施有

机肥 2098.8 亩；新修生产道路 7.9 千米，维修改造洪漫埂 10 座，配套溢洪口 10 处，封禁治理面积 7.44 平方千米。总投资 538.79 万元，完成同心县河西镇旱天岭片区水土流失综合治理项目，新修水平梯田 1764 亩，新建淤地坝 2 座；整地面积 298.35 亩，种植道路防护林 4120 棵，梯田地埂种植黄花 16.52 万株；封禁治理面积 12.7 平方千米，配套标识牌 6 块。总投资 469.93 万元，完成同心县虎阴台水库除险加固工程，对坝体进行加固、新建溢洪道、改造输水建筑物、安装工程安全监测设施等。总投资 536.03 万元，完成同心县苦水沟大型淤地坝工程，新建碾压式均质土坝 1 座，坝高 20.5 米，坝顶宽 4 米；铺设砂砾石路 130 米；配套防水建筑物，安装监测预警设施 1 套。

【水库移民】 2022 年，同心县大中型水库移民后期扶持人数为 1427 人，其中资金直补人数 437 人、项目扶持人数 990 人，按照每人 600 元的补助标准，本年度扶持资金 85.62 万元。2022 年大中型水库移民后期扶持直补资金，涉及全县 8 个乡镇 23 个行政村 141 户 437 人；2022 年大中型水库移民后期扶持养殖项目，涉及全县 8 个乡镇 15 个行政村 212 户 990 人，实现了"政策兑现、资金安全、社会稳定"的目标。

【党的建设】 2022 年，同心县水务局深入贯彻习近平总书记视察宁夏重要讲话和重要指示批示精神，巩固拓展党史学习教育成果，深入开展"三基三力"三年行动、广泛开展习近平总书记视察宁夏重要

讲话和重要指示批示精神"大学习、大讨论、大宣传、大实践"活动。把深入学习宣传贯彻党的二十大精神和自治区第十三次党代会精神作为全体干部职工必修课，开展多层次、分领域、全覆盖的专题学习，以高质量党建推动中心工作高质量发展。制定《同心县水务局 2022 年全面从严治党、党风廉政建设和反腐败工作方案》，不断完善和严格执行党风廉政建设责任制。组织开展"领导干部廉政警示教育活动周"活动和"水务局违规收送红包礼金和不当收益及违规借转贷或高额放贷专项整治"工作，并观看警示教育片。

（白利彬）

固原市

【概况】 2022 年，固原市水务局着力推进水权改革、水利基础设施、重点工程、现代水网、互联网＋城乡供水示范省区建设，全市水配置格局进一步优化，供水保障能力显著提升。固原市水务局设 4 个正科级行政科室，设局领导班子 4 名。

【重点水利工程项目建设】 2022 年，全市水利工作以现代高效节水灌溉为统领，紧盯"互联网＋城乡供水"示范市、农村饮水提升改造、水库除险加固及新建水库等重点项目建设，积极协调固海扩灌扬水更新改造西吉县供水工程和清水河流域城乡供水工程开工建设。全年共开工建设 5 大类、30 项重点水利项目，年度完成投资 24.07 亿元。为固原市高质量发展和乡村全面振兴提供水资源支撑。重点引调

2022 年 5 月，宁夏苦水河（同心县段）综合治理韦州鸳鸯湖湿地工程

2022 年 3 月，建设中的固海扬黄扩灌更新改造何家沟水库

水工程。固海扩灌扬水更新改造西吉县供水工程和清水河流域城乡供水工程开工建设，开创固原市一年同时开工建设2项国家重大水利项目的历史；清水河流域城乡供水工程新材料园水厂、西郊水厂和管道工程全面开工建设。为确保33.36万亩高效节灌工程任务目标高质量、高标准建设，固原市水务局会同农业等部门高起点谋划，坚持全域规划、分步投入、规模发展，统筹推进水源工程、配水工程、田间工程一体建设，分业分类配套田间设施。在建设模式上首次采用"EPC+O"总承包，实现从项目设计、施工和运维环节的有效融合和协同运作。原州区2020—2022年现代生态灌区建设（中水利用灌区）、西吉县马莲、将台、夏寨灌区节水灌溉提升改造工程采用"EPC+O"总承包模式进行招投标，将设计、采购、施工和运营等环节深度融合，有效控制工程质量和进度，形成了"建、管、服"一体化模式。探索和创新水利工程运行管理机制，拓宽水利基础设施建设资金筹措渠道，充分发挥市场在资源配置中的决定性作用，积极引导各类社会资本参与到水利建设运营中来，固原市水务局分别采取"委托运营（O&M）+建设－运营－移交（BOT）"和"转让－运营－移交（TOT）"的特许经营模式（特许经营为30年）完成固原市扬黄工程运行管理特许经营项目和固原市污水处理尾水资源化利用工程（近期）特许经营项目，解决项目缺口资金1.06亿元，有效缓解地方政府财政压力，盘活存量资产，降低政府债务风险，促使水利工程发挥最大效益。

【灌溉管理】 2022年，固原市水务局积极推广水肥药一体化、推动"互联网＋农业灌溉"管理模式，实现了工程整地、节水设施、智能管理一步到位，西吉县在葫芦河中型灌区项目建设中，通过建设信息化平台，对每个出水口进行智能化的计量和配水，实现对农业灌溉的远程管理和对水资源监管的信息化管理；隆德县以城乡供水工程、甘渭河、渝河库坝水系连通工程为水源，从源头到田间均采用数字化建设，实现灌溉数据的无线计量和传输，快捷方便，极大地提高管理效率。

【防汛防凌抗旱】 2022年，固原市水务局扎实开展排查整治，严抓库坝安全度汛，强化山洪监测预警，实现"人员不伤亡、水库不垮坝、重要堤防不决口、重要基础设施不受冲击"和城乡供水安全目标。完成37座水库和130处淤地坝隐患问题的整治；扎实开展水利工程建设质量监督和安全生产工作。以全市城乡供水安全和项目建设质量安全为目标，实施质量监督的水利工程项目共13项，编制项目年度监督计划2个，市级质量监督水利工程项目监督检查覆盖率100%。开展质量监督检查共计36次，监督检查频次满足水利工程建设质量监督工作规定。发现各类质量问题及违规行为共计47条，复核落实整改47条问题，整改率100%。挂牌督办水利重大安全隐患2条，涉及工程项目2个，并完成整改评审。

【农村饮水安全】 2022年，固原市水务局以"互联网＋城乡供水"示范市项目建设为抓手，全面推进农村饮水安全脱胎换骨。建成水务工作站、调度中心10处，泵站9座，水厂6座，安装智能水表

2022年3月，固原市西吉县张家沟水库建设

2022年1月，水务局进行河湖生态保护检查评估

2022年8月22日，隆德小流域治理

24.31万块，测控设备18.98万块，全市农村供水管网基本实现远程控制、故障报警、水量自动控制等高效管理。

【农村水利改革】 2022年，固原市水务局完成112.29万亩农业灌溉耕地和514家规模化畜禽养殖业的水量复核、审核，确权水量19425万立方米，颁发用水权证808本，核发取水许可证1172个，原州区率先实行农业灌溉"完全成本＋合理利润"的统一水源水价和精准补贴政策。推广农业智能化、自动化、规范化和精准化灌溉流量监测，安装农业计量监测设施2458套。

【水行政执法】 2022年，固原市水务局全面落实黄河流域生态警示片问题整改。泾河突出问题整改全面完成，拆除泾河1~14号溢流坝坝体，恢复河道水流自然状态。黄河流域生态环境警示片举一反三自查问题，原州区清水河工业园区宁夏东方红建材有限公司等3家企业和王洼煤业有限公司银洞沟煤矿违规取水问题整改全面完成，宁夏金昱元化工集团有限公司无证取水和宁夏六盘山水务有限公司违法违规取水、供水问题分步整改落实。

【节约用水】 2022年，全市用水总量控制在2.929亿立方米以内，万元GDP用水量较2020年降低5.3%、农田灌溉水有效利用系数预计达到0.748、非常规水利用量达到0.079亿立方米；县级以上公共机构节水型单位建成率达到85%以上，完成4199处取水项目整改；农业取水口安装计量设施2458套，工业取水口计量设施安装率达到100%。全市用

水总量控制在2.929亿立方米以内，万元GDP用水量较2020年降低5.3%、农田灌溉水有效利用系数预计达到0.748、非常规水利用量达到0.079亿立方米，县级以上公共机构节水型单位建成率达到85%以上，县域节水型社会达标建设达到100%；开展取用水管理专项整治行动和"三山"区域地下水综合整治，完成全市4199处取水项目整改。加强水源地保护，全市14个集中式饮用水源地每月水质均达到或优于Ⅲ类。

【水土保持】 2022年，固原市水务局治理面积334平方千米，完成水土流失治理面积351.98平方千米，完成计划任务的105%，累计治理程度达到84%。其中新修水平梯田15750公顷、造林9452公顷、封禁治理9994公顷、新修道126千米、淤地坝除险加固11座、完成土石方1294万立方米，切实提升水生态水环境保护治理能力。

【党的建设】 2022年，固原市水务局坚持党建和水利业务工作同谋划、同部署、同落实、同检查。建立健全党组、党总支、党支部三级书记抓党建责任清单和党组成员联系党支部责任清单，推动落实"一岗双责"。严格落实党风廉政建设主体责任，加强涉水项目建设资金管理，认真落实领导干部报告个人有关事项制度，建立健全廉政档案。引导党员干部增强"四个意识"、坚定"四个自信"、做到"两个维护"。

（樊振勇）

原州区

【概况】 2022年，原州区水务局设置5个内设机构，所属10个事业单位。主要承担全区水利发展规划、水资源管理、水政监察和水行政执法、节约用水、水利工程建设与运行管理、水土保持、农村水利、农村饮水安全、水利工程移民管理、水利科技等工

作。全年完成固原市原州区"互联网＋城乡供水"工程、固原市原州区2020—2022年现代化生态灌区建设项目等12项水利工程建设项目，累计完成投资34946万元。

【工程建设】 2022年，原州区水务局工程建设项目累计完成投资34946万元。重点完成固原市原州区"互联网＋城乡供水"工程、固原市原州区2020—2022年现代化生态灌区建设项目、固原市原州区张易水库除险加固、原州区马庄、陶庄等村高效节水灌溉提升改造、原州区2022年高效节水灌溉项目、原州区坡耕地水土流失综合治理、原州区杨郎设施农业节水灌溉改造提升、原州区病险水库除险加固、原州区淤地坝除险加固工程、原州区灌溉水源计量设施安装、原州区小流域综合治理等。

【水资源管理】 2022年，原州区水务局加强农业用水权管控，开展年度用水计划管理，落实水资源统一调度，编制《2022年原州区水量分配计划及调度方案》，规范农业用水。开展用水权督促检查，督促农业和工业用水户超计划用水者购买用水权，对于违法违规取水行为，开展水行政联合执法，严厉打击违法违规取用水。强化用水定额管理，推进农业、工业和规模化畜禽养殖业节水增效，提高用水效率。大力推进高效节水灌溉，加快渠道、机井计量设施提升改造，精准计量，规范水费收缴，实行水费按方收费。规范基层水利组织建设管理，组织乡镇合作社组成人员培训，掌握灌区管理和水费收缴制度，农业全面实行先交费后用水的水费收缴制度，水费上缴专用账户，统一管理使用，以维持水利工程正常运行。

【农村饮水安全】 2022年，原州区水务局印发《关于印发〈原州区水务局巩固拓展脱贫攻坚成果同乡村振兴有效衔接考核评估发现问题农村饮水安全方面整改方案〉的通知》，由副科级以上领导干部包抓1～2个乡镇（街道），对全区11个乡镇148个行政村、3个街道办的所有常住户（包括外来自主迁徙户）、建档立卡脱贫户和边缘易致贫户农村饮水安全存在问题进行一次全面摸排。对摸排出全区各乡镇自来水未入户294户，管道老化、容易发生爆管可能约7200米冬季冻管隐患12163米（入户管道4688米）全部完成整改落实。

【河湖管理】 2022年，原州区水务局完成19条规模以下河湖管理范围划定成果、管理范围线界桩埋设、界碑设置等工作。各级河长累计巡河2万余人次。实施"清河行动"，排查妨碍河道行洪问题106个，已全部完成整改。完成373个岸线利用项目的整改规范任务，对46座漫水桥（过水路面）、6个取水口、110个排水口、129处缆线下发文件落实了责任单位和责任人，1处宁夏尊信驾校拆除，31处缆线杆移除，7座大型桥梁、13座桥梁、15处管道、11处湿地及景观休闲工程编制防洪影响评价及整改报告，整改率99%。4处顺河埋设的管道已向原建设单位发送整改督促函并督促整改。以"河长＋检察长＋警长"推进联合执法，细化任务，压实责任，严肃查处河道采砂、"四乱"问题、阻碍行洪、污水排放、侵占河道岸线等涉水违法行为，加大违法行为查处力度，调解水事纠纷，对清水河沿线占用河道，三营镇大红沟、寨科乡双井子沟河道采砂、占用沟道修建施工便道影响行洪问题等督促整改，下发违章建设、违规取用水等水事违法行为通知单6个。

2022年5月，头营镇张崖村2020—2022现代化生态灌区张崖片区高效节水灌溉工程（中水利用）

2022年7月8日,原州区山洪灾害防御、
沈家河水库调度和淤地坝抢险应急演练

【安全生产】 2022年,原州区对全区范围内已
建成未验收报备和在建项目开展全覆盖的水保方案
专项清理,全面完成水利部图斑整改任务。及时修订
完善各类方案预案,全覆盖检查督查备汛情况,发现
并整改24项问题隐患。汛期期间及时检查防汛排涝
工作,严格落实带班领导负责制和值班人员岗位责
任制,确保各类汛情及时处理,带班领导和值班人员
要认真遵守和执行24小时汛期值班制度,及时上传
下达雨情、水情、险情、灾情信息,确保安全度汛。强
化工程质量保证体系压实安全生产责任,开展"安全
生产质量月""安全生产专项整治三年行动""安全生
产百日攻坚""安全生产大起底、大排查、大整改"等
专项行动,对原州区水务局管辖的水库43座、淤地
坝170座,设施农业蓄水池13座,16个续建在建水
利工程进行了2次全方位、全覆盖的自查和安全生
产监督检查。对自治区水利厅安全生产监督检查发
现的42个问题,逐条进行了整改答复。对汛期检查
发现的隐患全部完成整改。

【自身建设】 2022年,原州区水务局实施水行
政执法能力提升行动,全覆盖开展水行政执法专项
监督,全面加强重大决策和规范性文件合法性审查。
常态化开展水利行业扫黑除恶斗争。落实行政审批
制度改革,推行告知承诺制和备案制,简化办事流
程,推进水资源论证和水土保持区域评估全覆盖,切
实减轻企业负担。坚持"事事有落实,件件有回音"的
原则,接到12345热线、市长信箱等转办件等投诉受
理96件(次),办结率100%,满意率100%。切实为

群众办实事,有效化解基层矛盾。 （薛程）

西吉县

【概况】 2022年,西吉县水务局设置6个内设
机构,所属4个事业单位。主要承担全县农田用水管
理、水利工程建设、水政水资源管理、水土保持治理、
水库移民扶持、水旱灾害防御、河湖长制工作协调、
水利工程安全与质量监督等工作。全年完成水利工
程项目24项,其中续建项目9项,新建项目15项。
批复总投资15.67亿元,完成投资7.73亿元。

【供水保障】 2022年,西吉县水务局建立会议
调度制度、纵横巡查制度、问题清单制度和绩效考核
制度,有效保障了城乡供水保障工作开展。全面落实
多级多层水质检测把关机制。宁夏六盘山水务有限
公司负责对何艼水厂出厂水水质日测指标9项、月
检测指标35项,委托具有资质的检测机构,年检水
样2次,检测指标106项;管网末梢水每季度检测
41个点,检测指标35项。西吉县水务局委托第三方
检测机构(银川双逸职业安全技术咨询有限公司)对
末梢水质进行抽检,每季度抽检点按1/3抽取,年检
测点45个,检测指标35项。县、市疾控中心抽检55
个点,检测指标33项。通过多层多级检测把关,确保
水质达标。全面建成西吉县"互联网+城乡供水"项
目。新建联户井6827座,单户井3200座,维修联户
水表井6043座,新建测控井1092座,消防井292
座,调度中心1处;安装水源、水厂、泵站、管网自动

2022年春,农村供水保障管道连接

化监控点 780 处;完成泵站、蓄水池、分水口、压力监测、水质监测共计 5 种组态的制作,660 余处工程的组态配置和接入工作;安装入户智能水表 9.63 万块,智能水表上线 8.76 万套,其中农村上线 6.04 万套,县城上线 2.71 万套;已开通水费收缴 5.83 万户,其中农村 219 个村 4.32 万户,县城 34 个小区 1.51 万户。其余用户正在陆续上线开通。新建农村供水工程维修养护项目。2022 年开展农村供水工程维修养护共 7 个项目,批复总投资 885 万元,受益人口 8.38 万人。维修改造供水管网 147.48 千米、各类阀井 606 座、蓄水池 24 座、扬水泵站 13 座,自动化控制设备 15 套,回填冲沟 44 处,农户井 201 座,保证了农村供水安全稳定。加强农村供水应急保障工作。针对 2022 年夏季西吉县严重旱情造成的部分农户供水量不足,供水不稳定等问题:一是启用何屲水厂增压泵向葫芦河片区农村人饮供水,每天增加供水量约 2000 立方米,供水总量由原来的 5000 立方米增加到 7000 立方米。二是针对个别缺水的用水户,采用临时取水点,分时段、分片供水等措施。三是在硝河乡民联村建高位蓄水池 1 座,安装潜水泵 1 台,铺设管道 2.15 千米,解决民联村的饮水安全问题。

【水利工程建设】 2022 年,西吉县水务局共实施灌区续建配套与节水改造、高效节水灌溉、小流域综合治理、农村饮水安全巩固提升、库区移民后期扶持等各类水利项目 39 个,批复总投资 14.24 亿元,年度计划投资 9.43 亿元。截至年底,小流域综合治理、坡耕地水土流失综合治理、"互联网 + 城乡供水"、葫芦河中型灌区续建配套与节水改造工程(二期)等 24 个项目已全面建成,张家沟水库、范沟水库除险加固等 15 个项目完成年度建设任务,完成总投资 7.73 亿元。

【灌溉管理】 2022 年,西吉县水务局实施葫芦河中型灌区续建配套节水改造二期工程,马莲、夏寨、将台节水改造提升及西滩乡吊咀、偏城乡北庄、硝河乡和美新村等片区节水灌溉项目,完成节水灌溉面积 4.17 万亩。同时,立足山区乡村实际,围绕"三统三分"机制,采取引水上山、低水高用的办法,发展高效节水灌溉农业,进一步提高了水资源利用

率和农业综合生产能力,促进土地增产、农民增收,加快乡村振兴步伐。同时,规范灌区运行管理,按照农业水价综合改革,编制并印发《西吉县落实用水权改革规范农业用水管理实施方案》,成立乡镇农业用水管理办公室 19 个、农业用水专业合作社 7 个,基本建立起乡村农业用水管理组织。

【防汛抗旱】 2022 年,西吉县水务局严格落实小型水库防汛"三个重点环节",科学修订完善全县防汛抗旱应急预案及中小型水库大坝安全管理应急预案,落实抢险队伍和防汛物资,开展实操演练,增强实用性、可操作性。开展防汛培训宣传,组织水旱灾害防御责任人履职培训,确保防汛值班人员熟练操作,提升应急处置能力。通过西吉微生活、融媒体等媒体平台,广泛宣传洪涝灾害防御知识,提升公众防灾避灾意识。加强值班和信息报送,严格落实汛期 24 小时值班、领导在岗带班等制度,安排 AB 岗进行汛期值班,配齐配强值班力量。全面落实山洪灾害预测预报及水库巡查、水库报汛、汛期信息报送制度。拉网式开展汛前排查检查,密切关注水情、雨情、灾情,常态化开展汛期巡查,加强水雨情监测预警,全面夯实"预警到乡、预案到村、责任到人"工作机制。积极做好应急处置工作。进一步开展隐患排查整治,建立工程隐患清单和安全度汛措施台账,落实限制运用和应急处置措施。多措并举应对旱情,制定《西吉县水务局 2022 年抗旱减灾保增长工作方案》,迅速部署抗旱保灌补灌工作。优化库井灌区用水调度

2022 年 4 月 6 日,水务局举办淤地坝
防汛应急演练

计划和灌溉方案,合理控制灌水时段和水量,抓好保水、管水、灌水工作,组织群众抢抓时机引水灌溉,有效降低旱情造成损失。

【河湖管理】 2022年,西吉县水务局制定印发《西吉县河湖长制督查暗访制度》《西吉县河湖长制工作督办通报制度》等制度办法,压实各级河湖长管护责任。实行河湖长巡河打卡机制,设置打卡点2748个,全县483名河湖长累计巡河1.7万余人次。全年开展暗访巡查82次,印发巡查专报8期、问题交办单41份、督办通知12份、季度工作通报4期,发现并协调解决涉河湖问题146处。完成2020年以来中央及自治区环保督察17项涉及河湖问题和水利部反馈108个疑似"四乱"问题认定整改,拆除违规占用河道"四乱"问题14处1.3万平方米,封堵入河污水口5处,清理河道垃圾138.5吨。在全区率先完成妨碍河道行洪突出问题整治,依法清理河道阻水建筑物4处8801平方米、阻水片林2处4.3亩。印发西吉县总河长1号令《关于进一步规范河道采砂管理的通知》,修编《西吉县河道采砂规划(2022—2025年)》,在全区首创河道采砂采运管理单制度。充分发挥"河长+检察长+警长"机制作用,对县域内9家河道采砂场进行2次全覆盖检查,下发整改通知书7份,交办整改问题18个。严厉打击非法采砂行为,发布打击河道非法采砂十大典型案例,开展夜间巡查15次,查处非法采砂4起,行政罚款4.5万元。完成吉强、新营、偏城等乡镇禁养区畜禽养殖场关闭搬迁,全县规模养殖场粪污处理设施装备配套率达100%,粪污综合利用率达到95以上,测土配方施肥化肥减量增效面积142.87万亩,测土配方施肥技术覆盖率达到90%。及时排查清理污染源头,对县城污水处理厂及乡镇污水处理站入河水质抽检30次,确保葫芦河水质稳定达标。完成湿地保护修复1200亩,河道湿地综合整治450亩。编制完成《西吉县葫芦河流域生态基流管控方案》,对葫芦河等重点河流生态流量动态监测42次。

【节约用水】 2022年,西吉县水务局积极探索实践高效节灌设施"三统三分"机制,通过"低水高用""引水上山",发展高山冷凉蔬菜,实现旱地变水

2022年春,马莲将台夏寨灌区提升改造工程滴灌浇地,农业用水占比由2015年的82.8%下降至2022年的71%,走出了水资源高效利用、农民稳定增收致富、加快推进乡村振兴的路径。用水效率显著提高。通过健全农田水利配套设施,大力推广应用喷灌、滴灌等高效节水灌溉技术,促进农业用水节约集约利用。2022年万元地区生产总值用水量较2020年降低5.56%,农田灌溉水有效利用系数达到0.75。压茬开展水资源管理、取水口专项整治等行动,整改完成率100%;制定印发《西吉县关于进一步规范取用水行为的通告》,提出取用水"六条严禁"管控要求,向社会通告取用水禁止行为,切实规范全县取用水秩序;扎实推进公共供水管网覆盖范围内自备水源取水井关停工作,分年度制订关停计划,2022年累计关停自备井40眼,完成率100%。全面开展深化用水权改革,完成农业、工业、规模化养殖用水权确权,农业确权水量4000万立方米,工业确权水量124.45万立方米,规模化畜禽养殖业确权水量28.73万立方米。落实资源有价、使用有偿,累计征收用水权有偿使用费26万元,探索金融支持用水权改革,完成跨区域水权交易1000万立方米,办理首笔用水权质押贷款300万元,有效破解县域水资源供给不足、结构不优、效率不高的问题。

【水土保持】 2022年,西吉县水务局全面完成2021年全县水土保持规划评估。配合自治区水利厅三方遥感复核单位对西吉县水务、自然资源、农业农村等部门28个水土保持重点项目开展抽查复核工作,完成西吉县2021年实施全国水土保持规划自查

工作任务。完成张武、红耀、马建、小河 4 个小流域水土保持重点工程，陈阳川、芦子沟 2 个坡耕地水土流失综合治理项目，新建堡湾大型、曹埫中型淤地坝，完成麻子湾中型淤地坝除险加固，共计治理水土流失面积 53.96 平方千米，新修基本农田 1.64 万亩，造林 5169 亩，封禁治理 3953 公顷，新建小型水保工程 84 座，完成总投资 5338.12 万元。积极开展水土保持普法宣传，2022 年水保站以《水土保持法》修订颁布实施十一周年纪念日、"世界水日""中国水周""宪法宣传日"等重要时间节点为契机，开展水土流失预防保护知识和法律法规宣传，设置宣传展板 8 块，悬挂横幅 16 条，发放宣传资料 2000 余份，不断提升广大人民群众对水土保持工作的认知度。2022 年完成人为水土流失防治责任面积 466.87 公顷，弃土弃渣 194.4 万立方米，水土保持投资 7315.059 万元，自治区下发的 22 个违法违规问题已全部整改。严把水土保持方案审查审批关，提升审批服务质量，共审批水土保持方案 65 项，其中报告书 35 项、报告表 30 项。常态化开展水土保持信息化监管，印发《2022 年西吉县生产建设项目水土保持方案监督检查清单》，现场检查项目 50 个，监督检查信息及时录入全国水土保持监督管理系统。按照自治区水土保持补偿费征收管理办法征收水土保持补偿费 64.32 万元。举办西吉县淤地坝"三个责任人"履职培训班，培训 70 人次，落实了 189 座淤地坝安全度汛行政、技术、巡查"三个责任人"，并在西吉县人民政府网站和固原日报进行了公示。指导各乡镇修订完善淤地坝防汛预案，联合乡政府进行水旱灾害防御演练，不断提高干

2022 年夏，水土保持与产业融合项目

部群众的水旱灾害防御意识，为淤地坝安全度汛打下了良好的群众基础。印发《关于开展全县淤地坝风险隐患排查整治工作的通知》，组织成立检查小组，建立了隐患排查长效机制，督促指导"三个责任人"开展淤地坝隐患排查整治工作，排查消除 63 座淤地坝 136 个隐患问题，落实淤地坝管护经费 43.38 万元。各项工作的落实，为西吉县淤地坝安全运行、发挥效益提供了坚实保障。

【水库移民】 2022 年，西吉县水务局完成什字乡山庄村、保卫村，将台堡镇咀头村、东坡村 2 处美丽家园建设工程的建设任务。什字乡山庄村、保卫村美丽家园建设工程批复总投资 444.56 万元，工程于 2022 年 5 月 22 日开工建设，9 月底全面完工，12 月 14 日完成分部工程验收；将台堡镇咀头村、东坡村美丽家园建设工程批复总投资 305.78 万元，工程于 2022 年 5 月 26 日开工建设，9 月底全面完工，12 月 14 日完成分部工程验收。完成吉强镇杨河和沙沟乡中口等村基础设施改造工程（2022 年第二批）年度建任务，工程批复总投资 475 万元，于 2022 年 11 月 7 日开工建设；完成 2021 年大中型水库移民后期扶持项目西吉县明台、包庄、巴都沟村道路提升改造建设工程，西吉县硝河乡隆堡村白萝卜深加工项目竣工财务审核工作。西吉县明台、包庄、巴都沟村道路提升改造建设工程竣工财务审核报告，于 2022 年 10 月上旬由宁夏银河会计师事务所编制完成；西吉县硝河乡隆堡村白萝卜深加工项目竣工财务审核报告，于 2023 年 1 月 7 日由宁夏银河会计师事务所编制完成。

【党的建设】 2022 年，西吉县水务局共开展集中学习 49 次，党组理论学习中心组 12 次，组织专题宣讲会 5 次，开展专题研讨会 8 次，观看红色电影 3 部，撰写心得体会 400 余篇，扎实学习《中国共产党宣传工作简史》《习近平谈治国理政》（第四卷）等必学篇目，切实加强政治建设、提高政治站位、强化政治责任。

严格落实中央八项规定及实施细则和自治区"八条禁令"、固原"十项规定"精神，通过开展乡村振兴领域腐败和作风问题专项治理暨纠治形式主义、

官僚主义专项整治，进一步健全水利行业廉政风险防控体系，有效整治各类形式主义、官僚主义突出问题，大力弘扬新时代廉洁文化建设，在水利系统营造"清廉、务实"的浓厚氛围。从严从实抓好作风建设，助力高质量发展。按照县委"三抓三促"工作要求，整顿软弱涣散基层党组织，坚定不移抓纪律作风促落实，引导干部职工始终保持干事创业的韧劲、冲劲和闯劲，肩负起新时代水利工作的责任感和使命感，为西吉县水利事业高质量发展提供坚实的作风保障。

（雷兵兵、姬岩、刘少东）

隆德县

【概况】 2022 年，隆德县水务局设置 3 个内设机构，所属 12 个事业单位。主要承担全县饮水安全、水旱灾害防御、河湖长制工作协调、水库移民扶持、水利工程建设、水土保持治理、水政水资源管理等工作。全年完成了 16 个项目的建设任务，完成投资 2.56 亿元。

【供水情况】 2022 年，隆德县全年用水总量1389 万立方米。其中，当地地表水 1315 万立方米、地下水 13 万立方米、非常规水 61 万立方米；生活 530万立方米、工业 48 万立方米、农业 810 万立方米。

【工程建设】 2022 年，隆德县共确定实施重点水利水保项目 16 项，其中新建项目 13 项，续建项目3 项，预算总投资 3.1 亿元，年度完成投资 2.56 亿元。投资 7224 万元，建设温堡灌区水源连通及高效节水灌溉工程，连通吊岔、田柳沙、温堡、杨堡、杜川

2022 年 3 月 19 日，余家峡水库坝基开挖

5 座小型水库（补）调水，新建输水干管总长 20.3 千米、输水支管长 5.48 千米，田间支管长 147.92 千米，各种建筑物 863 座，规划灌溉面积 1.6 万亩；投资2085.49 万元，建设渝河中型灌区续建配套及高效节水灌溉工程，规划灌溉面积 0.88 万亩；投资 382.96万元，新建好水灌区（三星、永丰）、大庄灌区（红堡）设施农业高效节水灌溉工程；兴建杨沟、庞庄、黄家峡、前河、罗家峡、高坪等 6 座水库除险加固工程，投资 1613.82 万元；实施余家峡水库供水管网连通工程，投资 1716.47 万元；建设 2022 年农村供水保障提升工程，投资 392.20 万元；完成隆德县甜水河农村水系综合整治以工代赈项目，投资 188.12 万元。

【灌溉管理】 2022 年，隆德县水务局完善农民用水合作组织建设，实行"水管单位 + 村级管理员 +用水户"和"水管单位 + 土地流转经营户"的灌溉管理模式，负责灌溉管理、工程管护、水费计收等管理工作，实现了专人负责、专人管理、专人维修的专业化管理模式。灌区工程节水效果显著，水资源利用率高，农田灌溉水利用系数由 0.67 提高至 0.752。

【防汛抗旱】 2022 年，隆德县水务局编制完成县、乡、村三级山洪灾害防御预案，组织乡镇、村（社区）相关负责人开展了 2022 年度隆德县山洪地质灾害防御知识及水库、淤地坝"三个责任人"履职学习培训会，制作宣传册、宣传栏等进行山洪灾害防御宣传，组建防汛抢险队伍和防汛抢险应急分队 42 支1830 人，专门承担汛期突发事件的应急处理和抢险工作。安排人员对全县 61 套预警设备进行全面检查，落实资金维修完善了预警广播，补充了铜锣，手摇警报器等预警设备。6 月以来，隆德县出现继 2016 年、2017 年之后又一轮旱情。全年平均降雨量 332.4 毫米，较多年平均值偏少 163.6 毫米，偏少 33%。为保障城乡供水，自 2022 年 6 月中旬开始，利用库坝连蓄联调工程调度人饮用水185 万立方米（其中饮水工程跨区域调水 103 万立方米）、农业灌溉用水 237 万立方米；并通过漏损管网改造、精细化管理等节水举措将全县日供水量由 1.9 万

2022年春，观庄互联网＋
城乡供水联户井

2022年8月31日，水务局开展
保护母亲河志愿者服务活动

立方米压减到1.6万立方米。

【农村饮水安全】 2022年，落实农村供水保障"三个责任"和"三项制度"，出台《隆德县城乡公共供水突发事件应急预案》《隆德县集中式饮用水水源地应急预案》《隆德县农村饮水安全工程管理办法》。实施2022年巩固拓展脱贫攻坚成果同乡村振兴有效衔接农村供水保障提升工程及2022年农村饮水安全维修工程，完成新分户及返迁户自来水入户143户，改造各类冻管51处，加强水源、水厂、管网维修养护。隆德县自来水入户率达到99.9%，供水保证率提升到98%，水质达标率100%。

【用水权改革】 2022年，隆德县水完善配套工作方案9套，确权灌溉面积10.24万亩，确权水量1563.46万立方米，完成70家工业企业用水权确权，水量64万立方米，排查规模化养殖户25家，确权水量17.40万立方米，规模化养殖户和确权水量在1万立方米及以上的工业企业水资源计量率达到100%。协助民政部门注销13个农民用水者协会，颁发确权户用水权证94本。深化用水权"政银企"合作，与隆德六盘山村镇银行签订《隆德县金融支持用水权改革工作合作协议》，并以用水权为质押，发放全县首笔用水权质押贷款。

【水行政执法】 2022年，隆德县水务局办理一起擅自破坏水工程案，对当事人下发《责令改正违法行为决定书》，当事人在规定期限内恢复原状，依照《宁夏回族自治区水行政管理领域实施包容免责清单》，违法行为轻微并及时改正，不予行政处罚。

【节约用水】 2022年，隆德县水务局实行农业用水超定额（计划）累进加价制度，建立灌区"一张图"及用水智能化管理平台，全县农田灌溉面积10.78万亩，节水灌溉面积8万亩，节水灌溉面积率达到74%以上，并实现田间远程控制和闸门自动化控制，亩均节水88立方米，年累计节水200万立方米；实行工业企业超计划用水加价制度，推广高效冷却、循环用水、废污水再生利用等节水工艺和技术，万元地区生产总值用水量34.5立方米，同比下降16.7%；建设"互联网＋城乡供水"工程，安装智能物联网水表45487户，构建现代农村供水工程网、信息网和服务网，组建隆德县渝清水务有限责任公司，按照特许经营方式，建立农村供水企业化管理模式，推进城乡供水"同质、同网、同价、同服务"的一体化管理模式，城乡居民每日人均用水减少20%。

【水土保持】 2022年，隆德县投资811.05万元，新建红堡小流域综合治理工程，改造旱作梯田139.22公顷，造林255.04公顷，新建生产道路2416米，涵管10座，生产桥1座，治理水土流失面积12.06平方千米；投资333.27万元，实施车套沟、上海子、袁家台子、蔡家湾等4座中型淤地坝除险加固工程，新建开敞式溢洪道4座496.7米、贴坡排水体

2022年2月，黄家峡水库全貌

4座，U40排水渠161米，坝顶泥结石路面324米。全县水土流失治理面积达到702.5平方千米，水土流失治理程度达到82.6%，水土保持率达到88.4%。

【水库移民】 2022年，隆德县通过"社保卡"实行社会化发放，为三里店水库移民283人发放直补资金16.98万元。

【党建与精神文明建设】 2022年，中共隆德县水务局党总支委员会下设4个支部，分别为水务局机关支部、水利站支部、水保站支部、渝清水务公司支部，共有正式党员68名，2名预备党员。坚持每月一次理论学习中心组，每月一次党员专题学习，每周一次全体人员集中学习及党课教育、机关讲堂和个人自学、网上学习等多种形式相结合的常态化学习制度，结合"三会一课"、主题党日等活动，深入学习近平新时代中国特色社会主义思想和习近平总书记视察宁夏重要讲话和重要指示批示精神以及党的十二大精神、自治区第十三次党代会精神，组织开展集体学习40次、专题党课8次、宣讲会4次、研讨交流20余次，撰写心得体会321份，党的二十大精神知识竞赛150余人次。将意识形态放在极端重要位置，通过理论学习、上党课引导党员干部筑牢思想根基，全年党组会议研究部署意识形态工作8次。

（张国旭）

泾源县

【概况】 2022年，泾源县水务局所属5个事业单位。主要承担着全县水利工程建设、水政水资源管理、水土保持治理、水库移民扶持、水旱灾害防御、河湖长制工作协调、水利工程安全与质量监督等工作。全年完成6个项目的建设任务，争取上级部门资金9387.6万元，完成投资9387.6亿元，2022年6月22日，获得水利部财政部联合颁发的泾源县水系连通及水美乡村建设试点终期评估优秀等次。

【供水情况】 2022年，泾源县全力保障城乡供水，指导泾源县泾河水务投资有限责任公司成立城市片区、农村片区供水保障组、水质安全保障组三个工作专班，供水保障组常态化开展对全县水源地、水厂、蓄水池、城乡供水管网全面排查，对存在的问题建立台账，并由7个维修队24小时即报即修，对全县供水工程实行全面管护，加大主支管网巡查力度，及时维修管网破损情况，遏制跑、冒、漏现象发生，水源地、水厂值班人员加强24小时值班值守，保障农村供水工程良性运行。水质安全保障组每天按时按规定对城乡水质进行检测，全力保障城乡供水系统水质安全。大力推进泾源县"互联网＋城乡供水"工作，全县集中式供水工程26处，水厂8座，建设水源工程32处，蓄水池84座，供水工程年供水量420万立方米，实现村村通自来水，受益人口11.2万人，集中供水率100%，自来水入户率达到99.8%。

【工程建设】 2022年，泾源县共实施重点项目6个，泾源县农村饮水管网提升改造（二期）工程，完成供水管道38.02千米，串巷入户管道共计长417.16千米，配套建筑物1015座；2022年城乡供水维修改造及地质灾害点自来水入户工程，完成5个片区城乡供水水源地维护；"互联网＋城乡供水"项目–用户端计量提升改造工程，完成自建光纤共3000米，租用网络23条。完成蓄水池46座，分水口117座完成51座；兴盛川高效节水灌溉补短板工程，完成新建截潜坝1座，维修截潜坝1座，新建500立方米蓄水池1座，完成分水阀井40个、过沟建筑物4处；大湾片区高效节水灌溉补短板工程，完成3座蓄水池维修（维修、清淤），完成新建取水口1座，配套控制测控一体化闸门，新建水过滤设施1套，水力浮球阀井1座，更换闸门1套，更换主管

2022年春，河道挡土墙

2022年春，农村排水渠工程

1.17千米，更换干管5.55千米，新建干管1.92千米；泾源县大湾片区坡耕地水土流失综合治理项目，完成生产道路建设5.1千米，田间路建设3.5千米，梯田平整3709亩，过水路面完成1处，排水边沟完成1060米。

【灌溉管理】 2022年，泾源县实施泾源县高效节水灌溉项目：新建、改造取水口3处，新建水过滤设施3套，水力浮球阀井3座；更换主管总长3.5千米，管材为PVC-u。配套建筑物共280座，镇墩160座，沟道防护5处，穿路顶管5处；配套田间工程15000亩。

【防汛抗旱】 2022年，泾源县水务局认真履行雨情监测预报预警，开展防汛演练2次，严格执行领导带班、3名干部一周的24小时值班制度，及时上传下达雨情信息，定期检查水库运行情况，防汛物资储备充足，并与气象、应急管理、消防救援等部门密切协同配合，把防汛各项工作落实落细，保证泾源县汛期安全平稳度过。

【农村饮水安全】 2022年，泾源县实施农村饮水安全水源提升改造工程暨"互联网＋农村供水"项目，从根本上解决了全县农村群众饮水保障率低、水质不达标的问题。完成26725户农村群众的自来水入户，解决11.2万人的饮水安全问题，自来水普及达到100%；农村饮水安全工程供水保证率达到95%以上，自来水入户率达到99.8%，实现了农村饮水安全全覆盖，全县人均供水标准从每人每天40升提高到每人每天60升。

【水利改革】 2022年，泾源县水务局印发《泾源县关于落实水资源"四定"原则深入推进用水权改革的实施方案》《泾源县2022年用水权改革工作要点》和《泾源县2022年用水权改革工作任务清单》。6月17日印发《泾源县用水权确权成果》，全面完成对农业、工业、规模化养殖业用水权确权。印发《泾源县供水改革调整城乡用水价格标准》，完成全县城乡供水、农业灌溉、工业及规模养殖业新一轮农业、生活、工业用水水价综合改革。深化推进水资源税改革，2022年征收水资源税18.67万元。加大取水许可的监管力度，全面完成了取水许可专项整治工作任务，专项整治清单内工业、农业、生活用水取水口计量设施安装率100%。

【水行政执法】 2022年，泾源县水务局每月至少开展联合督查1次，依法查处超标偷排、非法采砂、非法取水等突出问题，全面整治垃圾、污水随意倾倒现象；充分发挥河长办组织协调、分办督办的作用，完善河长统领、水利牵头、部门配合的联防联控机制。2022年全面做好行政许可事项清单管理工

2022年春，水旱灾害防御演练

作;行政许可事项清单实施;做好行政规范性文件的制定、发布、执行及清理;加强行政执法办案、水行政执法程序解读及《水法》《水土保持法》《防洪法》知识学习;强化行政执法系统培训,进一步提升水利系统执法人员依法执政的能力和水平。开展"3·22"世界水日·中国水周、"12·4"国家宪法日等一系列形式多样的水法规宣传活动,推动依法治水管水兴水。

【节约用水】 2022 年,泾源县水务局完成节水型社会建设各项任务。用水总量控制在 0.19 亿立方米;城市供水管网漏失率 10%;城镇污水集中处理率 75%,中水利用率 19%,城市节水器具普及率 100%,新建办公、住宅节水器具普及率 100%;集中式饮用水源地水质达标率 100%,重要水功能区水质达到 60%(泾河泾源源头保护区、泾河宁甘缓冲区达到Ⅱ类水质)。节水型企业覆盖率达到 16%,节水型学校覆盖率达到 80%,节水型社区覆盖率达到 100%,节水型公共机构覆盖率达到 60%。新建涉水建设项目水资源论证率达到 100%、取水许可办证率达到 100%。

【水土保持】 2022 年,泾源县实施泾源县大湾片区坡耕地水土流失综合治理工程,总计治理水土流失 22 平方千米。2022 年编报开发建设项目水土保持方案 19 个,其中水土保持方案报告书 7 个,水土保持方案报表 12 个,生产建设方案的编报率为 100%。建立日常监督检查制度,检查在建项目 18 个并提出整改意见。

【水库移民】 2022 年,泾源县全力做好水库移民后期扶持工作。复核水库移民人口 230 人,兑付水

2022 年春,水土保持治理成效

库移民直补资金 13.8 万元。

【党的建设】 2022 年,泾源县水务局严格落实民主生活会、"三会一课"、民主评议党员等组织生活制度,严格党员发展工作,严格落实党支部"评星定级"和党员"评星定格"活动,培养 1 名新党员。以"五型"机关创建为目标,进一步加强"党员先锋岗"建设,发挥党员先锋模范作用。全面落实党风廉政建设责任制,从严执行中央、区市县廉洁自律规定,坚决反对"四风",严格执行民主集中制和"三重一大"事项集体研究、请示报告制度。紧盯水利工程招投标、水利项目审查审批、水行政执法等重点领域关键岗位,健全监管机制,防范化解廉政风险。通过廉政警示教育月活动及日常学习、监督检查,进一步加强干部作风建设。

(张斌)

彭阳县

【概况】 2022 年,彭阳县水务局下设综合办公室、彭阳县河湖中心、彭阳县水政监察大队、彭阳县水库灌溉管理站、彭阳县水土保持工作站、彭阳县水利服务中心、彭阳县水利工程质量监督站、彭阳县节约用水办公室和彭阳县河长办公室。主要负责全县水利水保、工程规划设计、建设及运行管理工作,负责全县城乡饮水、水资源管理、节约用水、水政执法、水利安全生产、水旱灾害防御等工作。全年完成石家峡水库、高效节水灌溉等重点工程建设任务,河长制、水土保工作在全区考核取得优秀等次。

【工程建设与管理】 2022 年,彭阳县紧紧围绕"四大提升行动""六个一百"等重大部署,积极开展"扩大有效投资攻坚年"活动,全力推进 4 项重点项目建设,全年累计完成投资 3.92 亿元。全面落实工程质量终身责任制,从严落实质量主体责任,全面提高在建工程质量,质量监管日益强化。抓牢安全生产,理顺压实安全生产责任,持续开展大排查大整治、专项整治三年行动、"双控"机制建设,全面加强工程质量安全现场监管。成立彭阳县水利行业督查工作领导小组,下设督查办公室,不定期跟踪督办质量监督及项目法人履职情况,下发督查通报 6 期,办

2022年春,石家峡水库工程

2022年夏,茹河河道

理在建工程质量监督手续 17 个,按照"质量行为监督和实物质量监督相结合"的原则,全年共监督检查49 次,发整改通知 27 份,整改完成率 100%。

【农田水利】 2022 年,彭阳县续建石家峡中型水库,除险加固上温沟、西庄等水库 4 座,新增库容1556 万立方米。大力推进现代化灌区建设,实施乃河、庙台、石头嵝岘、庙咀、吴川、店洼灌区高效节水灌溉骨干供水工程 6 处,恢复、发展高效节水灌溉面积 6 万亩,为产业发展提供水保障。8 月 31 日,彭阳县茹河流域库坝连通工程主管全线通水,实现从乃河水库到长城塬自流灌溉,构建了多源互补、丰枯调剂的水库联蓄联调体系。

【水资源管理】 2022 年,彭阳县签订用水权代管协议 1.32 万份,颁发用水权证 152 个(农业 81个、工业 22 个、规模化养殖业 49 个),申领取水许可证 10 个(工业 9 个、规模化养殖业 1 个)。征收 2021年度用水权有偿使用费 63.78 万元;完成全区首例用水权二级市场化交易(交易工业用水权 1.8432 万立方米,金额 13.94 万元)。签订《彭阳县金融支持用水权巩固工作合作协议》,向彭阳县供热有限公司发放用水权质押授信贷款 1000 万元。建彭阳县水资源监控平台 1 套,改造提升地下水取水井在线计量设施 142 套,安装水库直开口在线计量设施 13 套、干渠直开口 25 套、泵站管道直开口 11 套。强化水资源刚性约束,全县 1 万立方米以上用水户全部实行计划管理,全年取用水总量为 2809 万立方米。

【河湖管理】 2022 年,彭阳县水务局完成境内河流主河段、三级支流等 56 条河沟的责任划分图,划定县、乡、村三级河长的管理责任范围,建立 7 名

领导县级河长、77 名乡(镇)级河长和 118 名村级河长的工作责任网格,组织乡镇河长培训 2 期,完成56 条河流 949 个打卡点设置,实现全县巡河定点打卡,全年县乡村 3 级河长累计巡河 202 人 7506 次,全年巡河率达 100%。组织开展各类巡河检查 38次,"三长制"联合检查 4 次,发现"四乱"问题 7 个,下发整改督办通知 6 份,检察建议书 1 份,茹河玉桥妨碍河道行洪问题整改完成,94 个凝视"四乱"图斑均已销号,主要河流水质稳定达标。

【水土保持】 2022 年,彭阳县依法严格人为水土流失监管,加强淤地坝安全运行管理,深化拓展水土保持监测评价,大力推进淤地坝、固沟保塬、坡耕地建设;全面推进小流域综合治理提质增效,统筹推进山水田林湖草沙综合治理,把生态保护、环境改善、污染防控、绿色产业开发和美丽乡村建设有机融合,一体化推进农田、水利、道路、生态、产业和乡村综合建设,治理李岔、庙台等小流域 2 条 34 平方千米,实施坡改梯 0.8 万亩;新建续建李岔、景阳、唐川、欧洼等骨干坝 4 座,西沟探索出了生态 + 经济型流域治理新模式。

【水旱灾害防御】 2022 年 5 月 24 日,彭阳县召开全县防汛抗旱工作会议,签订责任书,明确各部门、各乡镇的职责任务,修订完善防汛抗旱应急预案。面对严重旱情,积极应战,主动作为,维修清淤管道、渠道 24 千米,配套机井 7 眼,发放汽油泵 20 台(套),有效保障 10 万亩产业用水。巩固提升小型水库管理示范县成果,对雅石沟、石家坪等 29 座水库的坝体、建筑物进行全面维修养护,确保全县中小型水库汛期安全度汛。扎实有效开展巩固拓展脱贫攻

2022年夏，长城塬万亩林果示范基地

坚成果同乡村振兴有效衔接考核评估发现问题整改，成立整改专班，建立"三个清单"，对886户冬季冻管等问题立查立改，373户返乡户应通尽通，改造提升农村供水干支管道392.7千米，入户改造7808户，农村饮水安全问题"动态清零"。

【党风廉政建设】 2022年，彭阳县水务局深入学习贯彻党的二十大精神，学习《习近平谈治国理政》，全年开展学习培训30场次，组织54名党员到乔家渠廉政文化教育点开展党性教育1次，到石家峡水库一线开展实践活动2次，抽调90名党员干部到疫情一线抗疫，引导党员职工在学思践悟中坚定理想信念，在真学真信中锻造忠诚品格，在奋发有为中践行初心使命。开展违规收送红包礼金和不当收益及违规借转贷或高额放贷专项整治工作，常态化开展排查纠偏，积极培育忠诚干净担当的新时代水利干部，优化水利行业政治生态建设。坚持党建引领，推动党建和业务深度融合，水利保障能力不断提升。选派党性强、业务精、肯担当的驻村第一书记(工作队长)7名，深入基层一线开展工作。开展群众供水设施检修、维修服务1500余次，扎实做好水质监测检净化工作，高质量推进水利重点项目建设，为巩固拓展脱贫攻坚成果同乡村振兴有效衔接提供坚实组织保障。

【灌区建设】 2022年，彭阳县按照"需求牵引、应用至上、数字赋能、提升能力"的要求，整合彭阳县茹河骨干供水、北部调水、取水工程计量设施升级改造等在建项目智能化检测系统和计量设施，统一招标、一体化实施，建设彭阳县水资源综合利用监管平

2022年秋，小流域综合治理

台，采用调度中心统一调度和远程控制的目标设置，开展彭阳县数字灌区建设，灌区计量率达到100%。实现工程从设计、施工到运维的无缝衔接和有机融合，地表水及地下水量调度、监控、运维、巡查等数字化、协同化管理，供水生产安全监测、维修改造、管理运行等的自动化、智能化，支撑水资源监管、调配决策预演等业务，全面提升灌区水资源管理调度水平和供水保障能力。 (张志科、马宏芳、虎建礼)

中卫市

【概况】 2022年，中卫市水务局机关内设办公室、财务科、水利水保科、水政与水资源管理科4个行政科室，下辖中卫市水利技术服务中心(含中卫市水土保持工作站)、中卫市水旱灾害防御服务中心、中卫市水资源节约保护利用服务中心(含水政监察支队)、中卫市水利安全生产和质量监督站、中卫市黄河管理所(含中卫市河长制工作服务中心)共5个事业单位，下属宁夏中卫市水利勘测设计院(有限公司)。承担全市水利工程建设、水旱灾害防御、节水型社会建设、取水许可、项目审批、水政执法、水资源管理、水土保持、城乡饮水安全、工农业及生态供水、水利工程质量监督等涉水行政管理。指导各县(区)水务局抓好灌区灌溉管理及农村饮水安全工程运行管理。担负着中卫市重点水利工程建设和中卫市委、市政府临时安排的涉水工程建设任务。全年先后4次开展项目谋划储备，共谋划上报项目12类89项，概算投资89.6亿元。争取国家、自治区财政补助项目

资金 3.54 亿元,完成招商引资 1.51 亿元。

【水利工程建设】 2022 年,中卫市组织实施各类续建、新开工水利工程项目 56 项,完成水利投资 16.29 亿元。市本级实施中卫市第一排水沟余丁段人工湿地工程、中卫市沙沟水库除险加固工程、中宁县太阳梁乡新海村分布式污水处理及中水回用一体化试点项目共 3 项工程,完成投资 8200 万元;沙坡头区实施沙坡头区南山台电灌站机电设备更新改造工程、沙坡头区水系连通及水美乡村试点县项目、中卫市沙坡头区中沟下段治理工程、中卫市沙坡头区峡门水库一泵站 35 千伏外部供电工程、中卫南山台子二泵站护坡改造工程、沙坡头区一排段石墩水沟治理工程、沙坡头区迎水桥镇营盘水小流域综合治理项目、中卫市沙坡头区北岔车路沟Ⅰ车路沟Ⅱ三座淤地坝除险加固工程、沙坡头香山兴仁片区生态修复及灌区供水工程项目等 12 项工程,完成投资 2 亿元;中宁县实施 2022 年大中型水库移民后期扶持项目、2022 年度大中型水库移民后期扶持结余资金项目、2021 年大中型水库移民后期扶持结余资金项目长鸣渠提升改造工程、张裕沟(国道 109 至滨河大道段)治理工程、太阳梁乡南塘村调蓄水池工程、红柳沟小流域水土流失综合治理项目、东庄子河骨干坝除险加固工程、鸣沙镇彭家大疙瘩枸杞供水工程(一期工程)、白马乡磋磋子塘枸杞供水工程、喊叫水乡康湾新村蓄水池翻建工程、徐套乡撒不拉滩生态移民区 0#、2# 蓄水池改扩建工程、2022 年清水河中宁段防洪治理工程(一期)等 12 项工程,完成投资 2.39 亿元;海原县实施谢源段塬坡耕地水土流失综合治理项目、路沟涧大型淤地坝工程、白石头河小流域综合治理项目、海子水库除险加固工程、扬黄灌区高效节灌工程高崖试点项目、扬黄灌区高效节灌工程李旺试点项目、西河中型灌区续建配套与节水改造工程一期、地下水资源管理提升工程(一期)、西河中型灌区续建配套与节水改造工程二期、史家大川坡耕地水土流失综合治理项目、徐坪坡耕地水土流失综合治理项目、方家庄小流域水土流失综合治理项目、苍湾小流域水土流失综合治理项目、罗山小流域水土流失综合治理项目、小川岘大型淤地坝除险加固工程、杨家沟1#与5#中型淤地坝及席及滩大型淤地坝除险加固工程、中部干旱带海原西安供水水源工程、阴洼沟水库除险加固工程、2022 年农村供水提标改造工程、2022 年水库后期移民扶持建设项目、2022 年规模化养殖场供水工程（第一批）、2022 年规模化养殖场供水工程(第二批)、高崖新民村农田基础设施项目、2022 年宁夏清水河(海原县段)综合治理工程、海原县"互联网＋供水"工程、2022 年大中型水库移民后期扶持资金项目海原县关桥乡脱场村等移民村美丽家园建设工程、2022 年大中型水库移民后期扶持资金项目海原县树台乡条子沟村基础设施工程、海原县双河坡耕地水土流失综合治理项目、海原县九彩坡耕地水土流失综合治理工程共 29 项工程,完成投资 11.08 亿元。

【农业灌溉】 2022 年,中卫市农业灌溉严格实行以水定植、定额管理、总量控制,按照自治区下达中卫市的引水指标,结合灌区实际,将取水指标科

2022 年春,高效节灌工程供水管道建设

2022 年春,中部干旱带海原西安供水水源工程为乡村振兴注入"源头活水"

学、合理分配到各县（区）。及时编制完成水量分配及调度预案，做到科学配水、合理分水、管住用水，强化用水过程管理，提高水资源管理能力和利用效率。全年农业取水量为 12.271 亿立方米（其中地下水取水量为 0.250 亿立方米），引黄灌区用水量较自治区下达指标少 0.62 亿立方米，农业灌溉利用系数达 0.577。

【河湖长制】 2022 年，中卫市各级河湖长履职尽责，开展巡河（湖）3.5 万余次，巡河率近 150%；市级河湖长开展巡河（湖）调研，召开现场工作会，督促解决中卫市第三排水沟、中宁县北河子沟、小湖等河湖水环境问题。河湖岸线管控，完成 83 条河（沟）道、29 条排水沟管理范围划定成果二次复核及矢量数据修改。全市排查出的 8 个妨碍河道行洪突出问题全部完成整改。完成水利部进驻式暗访反馈 3 个"四乱"问题自治区河长办暗访反馈的 53 个"四乱"问题以及 56 个自查问题的整改销号。推进城市集中式饮用水水源地保护，完成中卫市河北地区城乡供水工程饮用水水源地保护区划分和沙坡头区城市饮用水水源地保护区调整。水环境治理，实施河道（沟道）治理，沙坡头区石墩水沟、中沟治理项目全面完工，清水河海原段综合治理、清水河下段综合治理等项目工程有序推进。重点河（湖）沟道水质监测，国控黄河下河沿、金沙湾断面总体水质实现Ⅱ类进出，香山湖、清水河泉眼山断面（剔除本底值氟化物）总体水质均达到Ⅱ类；区控中卫市第一、第四排水沟、中宁县北河子沟等 8 个断面水质稳定达到Ⅳ类及以上。

【水资源管理】 2022 年，中卫市水务局严格落实《中卫市水资源节约集约利用实施方案》，将全市 14.76 亿用水指标科学合理分配到各县（区）；为沿黄 28 处小高抽、照壁山水库等工程办理取水许可；全市年度内总用水量 13.63 亿立方米，较自治区下达指标少取用 1.13 亿立方米；全市万元 GDP 用水量（242 立方米）、农业亩均用水量（546 立方米）、工业万元增加值用水量（18 立方米）较 2020 年分别下降 26%、7.3%、47%；严格落实《中卫市水资源超载综合治理方案》，压减高耗水种植作物 0.98 万亩，开工建设高效节水农业项目 4.13 万亩，超载治理成效

2022 年春，打造长治久清水生态环境显著。

【水利行业监管】 2022 年，中卫市共开展水行政许可审批 46 项，其中取水许可审批 15 项，防洪影响评价审批 4 项，水土保持方案审批 27 项；对水利行业"互联网 + 监管"的 31 项监管事项，以重点监管和"双随机、一公开"监管的方式，完成 25 项监管事项的监管和录入，行为覆盖率达到 80.65%；督促全市所有在建水利项目按照水利工程建设领域关键岗位人员实名制管理将施工单位、监理单位关键岗位人员信息录入水利工程建设管理信息平台，实行考勤记分管理，每月通报并纳入个人和企业信用评价。

【节水型社会建设】 2022 年 12 月，海原县被水利部列入第五批节水型社会达标建设县（区）名单予以公布，并通过国家验收，达到国家建设标准；年度内创建自治区级节水型企业 2 家（累计创建达到 8 家），大力引导宇光能源等用水企业推行节水改造和污水资源化利用，全市再生水利用量达 1195 万立方米，再生水利用率达 36%；中卫市节水型社会创新试点项目已全面完成，已通过国家综合绩效评价和中国 21 世纪议程管理中心组织的综合绩效评价；完成中宁县太阳梁乡新海村分布式污水处理及中水回用一体化试点项目建设；积极谋划并申报全国典型地区再生水利用配置试点项目，中卫市已入选典型地区再生水利用配置试点城市名单。

【水旱灾害防御】 2022 年 9 月，中卫市防汛抗旱指挥部办公室职能由中卫市水务局划转至中卫市应急管理局；修编印发《中卫市防汛应急预案》《中卫

2022年春，标准化堤防为黄河安澜筑牢屏障

市抗旱应急预案》《中卫市黄河防凌应急预案》；组织开展各类防汛应急抢险救援演练11次；开工建设中宁县张裕沟（国道109至滨河大道段）治理、2022年宁夏清水河（海原县段）综合治理等3条中小河流治理工程，实施沙沟水库除险加固等3座病险水库除险加固工程；对黄河徐庄、杨家湖等4处水毁工程进行了应急除险，实施七星渠口、跃进渠口等抗旱应急工程；对水库、淤地坝、山洪沟道等防洪工程和群测群防体系进行了督查检查，整改完成汛前及汛期排查出的59处隐患点；按照《中华人民共和国防洪法》等法律法规，严格涉河非防洪建设项目审批，审查批复17项涉河非防洪建设项目防洪评价报告，确保涉河非防洪建设项目的防洪安全及河道行洪通畅；强化预报、预警、预演、预案"四预"措施，在汛期严格落实24小时值班和领导在岗带班制度，加强防汛值班培训，优化预警信息发布和报告机制，规范洪水防御操作流程。依托水旱灾害防御应用系统、微信群、移动云MAS及传真等平台多通道及时向各级防御责任人、人民群众发布预警信息，确保险情发生时的及时处置；针对7—8月期间的多次强降雨，及时发布预警信息，适时启动Ⅳ级应急响应，将灾害损失降到最低。

【水土保持】 2022年，中卫市实施沙坡头区迎水桥镇营盘水小流域综合治理项目、中宁县红柳沟小流域水土流失综合治理项目、海原县谢塬段塬坡耕地水土流失综合治理项目、沙坡头区（北岔、车路沟Ⅰ、车路沟Ⅱ）3座淤地坝除险加固工程、中宁县东庄子河骨干坝除险加固工程、海原县路沟涧大型淤地坝工程等18个水土流失治理项目，新增治理水土流失面积231.4平方千米。

【水利改革】 2022年，中卫市紧盯用水权改革的18项重点任务，完成农业确权面积217.48万亩（取水水量8.0751亿立方米），核定263家工业企业用水权（确权水量5039.46万立方米），拟定《中卫市用水权收储交易管理办法》等配套文件，指导中卫工业园区5家企业完成共计100万立方米的水量交易；持续深化国资国企改革，中卫市水利勘测设计院累计承揽沙坡头区香山乡红圈村高标准农田建设项目、黄河中卫市徐庄马滩应急除险工程、沙坡头区中沟下段治理工程等60余项设计任务、9项EPC施工任务、25项监理任务，完成合同产值达3000余万元；农业水价改革全面完成，各县（区）农业水价调整和执行方案已批复并执行，基层服务体系全部建立，配套制度已完成8项54条；水务一体化进程加快，中卫市第三污水处理厂及河北城乡供水工程已建成并投入使用，中卫工业园区中水厂股权收购、西线供水工程汇霖公司收购均已近尾声。

【农村饮水安全】 2022年，中卫市农村自来水入户率达98%以上，集中供水率达99%，供水保证率达95%以上，水质达标率100%。投资2215万元对农村供水老旧损坏管道进行维修改造，完成沙坡头区2022年农村供水工程维修养护、农村水利设施水毁抢修项目，中宁县2022年农村饮水安全维修养

2022年夏，绘出水系连通美丽乡村新画卷

护工程,海原县 2022 年农村供水提标改造工程。强化农村人饮供水工程运行监管,排查出的冬季冻管、供水不稳定等问题全部完成整改销号。

【水利安全生产】 2022 年,中卫市水务局修订完善《中卫市水务局安全生产领导小组工作规则》等各项管理制度,建立健全安全生产风险管控与事故隐患排查治理等工作机制;制定《中卫市水务局安全生产专项整治三年行动巩固提升实施方案》《中卫市水利工程质量安全大排查大整治专项行动方案》等方案并严格落实,扎实推进水利安全生产专项整治,巩固专项整治三年行动成果;扎实开展全市水利工程质量安全大排查大整治行动,先后开展水利行业安全生产督导检查 8 次,检查出的 275 个一般隐患均已完成整改。

【党的建设】 2022 年,中卫市水务局坚持以习近平新时代中国特色社会主义思想为指导,认真贯彻落实新时代党的建设总要求,全面、系统学习党的二十大以及自治区第十三次党代会、市第五次党代会精神,深入开展习近平总书记视察宁夏重要讲话和重要指示批示精神“大学习、大讨论、大宣传、大实践”活动,组织周一、周五集中理论学习达 50 余次,组织专家辅导、红色观影、现场教学、“书香阅读”专题读书班等活动 5 次。开展交流研讨 100 余人次。创建“民生水利惠及民生”的机关党建品牌,中卫市水务局党总支及下属 2 个支部均被评定为四星级党组织。按照疫情防控统一安排,第一时间组织 50 余名党员干部下沉包保小区开展疫情防控工作,全力以赴做好信息录入、物资传送、政策宣传,圆满完成各项疫情防控工作任务。 （王茂）

沙坡头区

【概况】 2022 年,沙坡头区水务局设置 6 个内设机构,所属 4 个事业单位。主要承担全区农田用水管理、水利工程建设、水资源管理、水土保持治理、水旱灾害防御、河湖长制工作协调、水利工程安全与质量监督等工作。全年实施水利项目 12 个,总投资 6.77 亿元,其中争取上级部门资金 0.87 亿元,年度

完成投资 2 亿元。落实水资源刚性约束机制,深化区域取用水总量管控,制定《沙坡头区 2022 年水量分配及调度计划》;建立节约高效的农业用水制度,印发《沙坡头区农业灌溉用水管理办法》;制定印发《沙坡头区用水权确权成果报告》;获取自治区下发关于碱碱湖泵站等沿黄 32 处小型农业取水工程、照壁山供水等取水工程的取水许可决定书,核定 6 家企业新改扩建项目新增用水指标 209.95 万立方米;向 30 家工业企业、灌区 7 镇部分干渠直开口和沿黄取水口下达黄色、红色预警;指导灌区各镇建立用水合作组织 8 家。

【供水情况】 2022 年,沙坡头各渠自管灌区累计实引黄河水量 4.132 亿立方米,实用水量 3.349 亿立方米（其中:农业用水 2.560 亿立方米、生态用水 0.146 亿立方米、工业园区用水 0.291 亿立方米、林业用水 0.352 亿立方米）,未超自治区下达指标。按照自治区水利厅调度中心抗旱应急工作安排,为七星渠、跃进渠跨渠联调应急供水 1267.81 万立方米。

【工程建设与管理】 2022 年,沙坡头区共争取产业供水、水美乡村建设、小流域治理、河沟道治理、淤地坝除险加固、水库维修等各类水利项目资金 30419.4 万元。其中,争取中央资金 6669.4 万元,争取自治区资金 2000 万元,特许经营项目融资 21750 万元。

2022 年,共实施 12 项民生水利工程,总计投资 6.77 亿元。投资 4.43 亿元实施宁夏黄河流域生态保护和高质量发展先行区建设——中部干旱带沙坡头香山兴仁片区生态修复及灌区（一期）供水工程,新建红圈子调蓄水池 1 座,铺设引、输、配水管线 67.87 千米,配套各类建筑物 519 座,设置管护道路 12.51 千米,优化区域水资源配置,保障香山、兴仁地区产业和生态供水;投资 1.56 亿元（年度投资 1.15 亿元）续建完成沙坡头区水系连通及水美乡村试点县建设项目,通过河道清淤疏浚及清障、岸坡生态治理、连通工程建设,构建水系格局完整、形态自然、河势稳定、泄排通畅的河湖生态空间体系;投资 337.26 万元实施沙坡头区迎水桥镇营盘水小流域综合治理项目,新增治理水土流失面积 8.34 平方千米;投资

539.99 万元实施了清水河下段（沙坡头区）综合治理工程,完善河道防洪能力;投资 1199.16 万元实施了南山台电灌站机电设备更新改造工程,对南山台一、二、三泵站、三西泵站及刘湾泵站部分高压开关柜、励磁装置及综合自动化电气设备进行改造;投资 2262.5 万元实施中沟下段治理工程,沟道清淤及砌护沟道 7.58 千米,确保沟道排水畅通,降低地下水位,提高灌区农业生产能力;投资 1498 万元实施了峡门水库一泵站 35 千伏外部供电工程,新建 35 千伏线路工程 13.3 千米,10 千伏线路工程 6.1 千米,保障峡门水库及香山兴仁片区生态修复及灌区供水工程用电;投资 220.66 万元实施南山台子二泵站护坡改造工程,对南山台子二泵站西边坡进行改造,确保护坡稳定、二泵站安全及南山台子扬水工程正常运行;投资 172.74 万元实施沙坡头区北岔、车路沟 I、车路沟 II 三座淤地坝除险加固工程;投资 993.71 万元实施了一排段石墩水沟治理工程,通过砌筑护坡、堤防加固、清淤疏浚等工程措施,治理沟道 4.48 千米,将石墩水沟防洪标准提高到 20 年一遇;投资 285.76 万元实施沙坡头区 2022 年农村供水工程维修养护项目,改善项目区群众的农村饮水条件;投资 255 万元实施了沙坡头区 2022 年农村水利设施水毁抢修项目,保障水利设施安全运行。

【灌溉管理】 2022 年,沙坡头区水务局印发《沙坡头区灌区 2022 年水量分配及调度预案》,根据各用水单位确权水量指标和自治区下达的引水指标同比例分配水量到各干渠和直开口。印发《2022 年灌溉管理工作安排意见》,用水单位服从供水单位的统一调度安排组织灌溉,严格控制引水总量和用水总量,从计划用水、调配水、供用水、实用水量核算等实行用水全过程管理。印发《沙坡头区农业灌溉用水管理办法》,落实农业用水分级管理职责,靠实灌溉管理责任。督促各镇、用水合作组织于春灌前完成岁修工程建设及各级渠道清淤工作;协调各镇、用水合作组织、种植大户开灌前完成现有抗旱机井、沿沟（渠）提水泵站、抽水机等应急设施摸查和维修养护工作,确保各类抗旱设备充分发挥其抗旱应急补灌作用。

【防汛抗旱】 2022 年 7 月,沙坡头区防汛办从沙坡头区水务局移交到沙坡头区应急管理局。同时成立水旱灾害应急抢险领导小组及专家组,严格落实防汛工作行政首长负责制,对辖区库坝"三个责任人"及时进行调整并进行业务知识培训,确保在灾害事件发生后,能够快速、高效、有条不紊地组织抢险工作。沙坡头区防汛办印发《关于做好 2022 年度水库安全度汛工作的通知》,提请沙坡头区政府印发《沙坡头区防汛抗旱应急预案》和《沙坡头区山洪灾害防御预案》。与中卫市玉龙水电建筑安装有限公司签订水旱灾害应急抢险专业服务协议,组建水旱灾害防御抢险专业队伍 50 人,抢险救援队伍配备一定数量的抢险救援物资设备。与宁夏凯汇实业有限公司签订防汛砂石土料储备协议,确保堤防、水库等防洪工程抢险时有充足的砂石土料。实施沙坡头区 2022 年度山洪灾害防治非工程措施项目及小型水库维修,提高辖区水旱灾害防御能力。建立健全应急联动机制,利用已建设完成的山洪灾害预警预报信息平台,及时发布暴雨洪水信息,做好暴雨洪水防范工作。7 月 5 日,组织水库防汛"三个责任人"及各乡镇主管防汛工作领导和预警广播操作员等相关人员开展了防汛知识和山洪灾害防御等知识培训班;7 月 15 日在新水水库组织开展了山洪灾害防御应急演练,对山洪灾害防御应急预案可操作性进行实战检验。

【农村饮水安全】 2022 年,沙坡头区水务局报

2022 年 7 月 15 日,组织开展沙坡头区山洪灾害防御应急演练

送本年度各月农村供水工程水价制定及水费收缴进展月报表、农村供水工作进展各月报表 180 余份。完成沙坡头区农村饮用水出厂水质抽检工作，下发水质检测报告 80 余份。完成沙坡头区 2022 年农村供水工程维修养护项目和沙坡头区 2022 年农村水利设施水毁抢修工程初步设计报告的编制和上报工作。完成 2021 年度国务院巩固拓展脱贫攻坚成果同乡村振兴有效衔接考核评估发现的问题整改督办、整改台账报送、历次档案资料送检等工作。

【农村水利改革】 2022 年，中卫市沙坡头区水务局制定印发《沙坡头区用水权确权成果报告》，累计核发取水许可证、用水权证 401 本，累计收取 2021 年、2022 年有偿使用费 2012.34 万元。落实《沙坡头区水资源超载治理实施方案》，夏秋灌引水量较控制指标少引 3680 万立方米，完成编制《中卫市水资源超载治理效果评估报告》，并向黄河水利委员会申请超载区销号。获取自治区下发碱碱湖泵站等沿黄 32 处小型农业取水工程、照壁山供水等取水工程的取水许可决定书，核定 6 家企业新改扩建项目、新增用水指标 209.95 万立方米。向 30 家工业企业、灌区 7 镇部分干渠直开口和沿黄取水口下达黄色、红色预警，谋定沙坡头区水资源节约集约利用智能监控项目，创新搭建沙坡头区水资源承载力监测预警平台。指导灌区各镇建立用水合作组织 8 家，推广施行农业新水价和电子收费模式，配套农业水价综合改革精准补贴及节水奖励办法。印发《2022 年沙坡头区农业水价综合改革实施方案》，细化年度改革任务。落实用水权改革，明晰农业水权，强化总量控制定额管理；执行新调整水价，实行超定额用水累进加价制度；水费实行"统一收缴，分级返还使用"和"收支两条线"，区财政设立专户、专账管理。推广施行农业水费电子收费模式。建立精准补贴和节水奖励机制，印发《沙坡头区农业水价综合改革精准补贴及节水奖励办法（试行）》，对符合奖补条件的奖补对象予以奖补。规范基层水管组织建设及运行，指导灌区各镇建立用水合作组织 8 家，完善合作社章程、各类管理制度 10 余项，实现人员、制度、场地"三到位"。依据验收程序，9 月初，沙坡头区发改局、财政局、水务

局、农业农村局组成联合验收组，完成县（区）级自验形成自验报告，经区政府审定通过，申请市级复核。至 2022 年，沙坡头区农业水价综合改革"四项机制"全面建立，迈出实质性步伐。

【水行政执法】 2022 年，沙坡头区水务系统执法证件持有人数共 81 人，完成 2 起行政执法案件查处，下达《中卫市沙坡头区水务局行政处罚决定书》共 2 份，查处金额共计 6 万元。

【节约用水】 2022 年，沙坡头区严格把控自治区用水强度控制指标，2022 年总用水量 5.675 亿立方米，2022 年万元 GDP 用水量 224.79 立方米/万元，较 2020 年下降 30.75%；工业用水量 0.278 亿立方米，万元工业增加值用水量 26.92 立方米/万元，较 2020 年下降 38.72%，均达到较 2020 年下降 7.1%、4% 的目标值。实现 2022 年用水总量不超标，年度用水总量 5.675 亿立方米，均未超自治区下达的区域年度用水计划。

【水土保持】 2022 年，自治区水利厅下达沙坡头区水土流失综合治理目标任务 24 平方千米，实际完成新增水土流失治理面积 27.82 平方千米。检查水土保持生产建设项目 66 个，下发水土保持行政许可决定 58 份，对 27 项水土保持报告表及 10 项工业园区项目实行水土保持"承诺制"管理。对 2022 年 65 个水土保持疑似违法违规图斑进行核查，认定 10 个需整改生产建设项目。规范收缴水土保持补偿费

2022 年 10 月 31 日，沙坡头区河长办联合东园镇人民政府以及沙坡头区水务局、公安分局对石墩水沟妨碍河道行洪突出问题开展专项清理整治行动

532.1万元。划定《沙坡头区水土流失重点防治区》《沙坡头区陡坡地禁垦区》，并进行了公告。加强淤地坝安全运行管理，先后开展4次淤地坝安全运行管理监督检查，消除安全隐患。

【水库移民】 2022年，沙坡头区大中型水库移民符合享受资金直补的人数为485人，按每人每年600元的标准，合计直补资金29.10万元，于2022年6月发放到沙坡头区大中型水库移民"一卡通"账户。提请区政府印发《关于印发中卫市沙坡头区水库移民资产运行管理办法（试行）的通知》（卫沙政规发〔2022〕2号）文件。

【党的建设】 2022年，沙坡头区水务局党组制定全年党建工作计划及"四个清单"，印发《关于开展2022年四星级党支部创建工作实施方案》，召开支委会12次、党员大会7次、支部主题党日活动12次，谈心谈话24次；支部书记讲党课4次，谈心谈话53次，专题组织生活会1次。组织"三会一课"、全年干部理论学习共计41次，撰写心得体会6篇。坚持按月收缴党费，年初重新核算缴费基数，全年共收缴党费37726元，并悉数上缴。组织全体党员围绕习近平新时代中国特色社会主义思想专题、习近平总书记关于本行业本领域工作的重要讲话和指示批示精神专题、党史和新中国史专题扎实开展学习10余次，开展交流研讨4次。四是参加"周五有约"活动，累计开展志愿服务活动200余人次。 （张翔）

中宁县

【概况】 2022年，中宁县水务局设置3个内设机构，所属13个事业单位，1个企业。主要承担全县农田用水管理、水利工程建设、水政水资源管理、水土保持治理、水库移民扶持、水旱灾害防御、河湖长制工作协调、水利工程安全与质量监督等工作。全年完成了13个项目的建设任务，争取上级部门资金1.19亿元，完成投资2.39亿元。

【重点水利工程项目建设】 2022年，中宁县5项农业用水（蓄水池）供水工程填补农业灌溉用水需求。投资1.44亿元，实施太阳梁乡南塘村、徐套乡撒

不拉滩生态移民区、喊叫水乡康湾新村、白马乡磕磕子塘、鸣沙镇彭家大疙瘩5个供水工程；新建改建蓄水池12座，总容积94.2万立方米；新建改建泵站4座，修建各类建筑物351座；铺设管道12.75千米，架设用电线路7.4千米，解决5个乡镇3万亩农田的灌溉用水需求及水源不足的问题，确保压砂地退出后种植农作物的灌溉需求。3项水库移民资金项目助力乡村振兴高效推进。投资3850万元，实施了2022年水库移民后期扶持及结余资金项目，建设养殖场1处，移民村级文化活动室2处，建设美丽家园8处，完成巷道、生产路硬化11.8千米，美化亮化巷道1.6千米，砌护渠道22千米，面包砖铺装2万平方米等改善移民安置区群众的生产、生活条件，减轻移民负担，为推进乡村振兴加油助力。5项山洪沟防洪治理、骨干坝除险加固工程，筑牢安全度汛屏障。投资4232.86万元，实施张裕沟（109国道至滨河大道段）治理、清水河中宁长山头段防洪治理、车门沟上游小流域综合治理、红柳沟小流域水土流失综合治理等4个工程，完成小流域治理水土流失面积26.2平方千米。治理沟道21千米，砌护沟道10千米，改建各类配套建筑物4座，新修防汛道路2.45千米，清淤疏浚沟道2.32千米。完成东庄子河水保骨干坝的除险加固，新建溢洪道105.5米，修建上坝道路2千米、排水沟1.6米，新建交通桥1座，保障了沿岸群众生命财产安全，筑牢安全度汛屏障。

【用水权改革】 2022年，中宁县全面完成农业、工业和规模化养殖业用水确权、工业富余水指标

2022年春，中宁县鸣沙镇彭家大疙瘩枸杞供水工程5号蓄水池

2022 年春，中宁县鸣沙镇彭家大疙瘩枸杞供水工程 3 号蓄水池

收储、用水权确权公示登记发证和配套制度办法制定等工作。核定全县农业确权面积为 118.22 万亩，确权水量为 4.7242 亿立方米；工业用水权确权企业 86 家，确权水量 2214.06 万立方米；规模化养殖业确权 62 家，确权水量 682.04 万立方米。经水价改革，2022 年全县 118 万亩灌溉耕地平均水费 54.4 元 / 亩，其中：自流灌区 37.3 元 / 亩，扬黄灌区 67.1 元 / 亩，全年全县应收水费 4865 万元，实收水费 3966 万元，收缴率 81.5%，全部进入水费专用账户，实现了农业水费"收支两条线"。投资 928.53 万元，在长鸣灌区改造测控一体化建设项目，新建水利信息化平台、水利信息中心、调度中心各 1 处，建设节制闸 10 座、斗口 32 座；在永兴大干沟、罗家沟、史营沟、新寺沟建设流量自动在线监测点和沿黄取水信息监控点各 10 个，以示范带动补齐水资源信息化监管的短板。

【结对帮扶】 2022 年，中宁县水务局牵头帮扶 2 个村（喊叫水乡高岭村和舟塔乡康滩村），结对帮扶村 1 个（太阳梁乡南塘村），全局有 91 名职工帮扶 206 户，共派出干部 8 名包抓 8 个村的帮扶工作。先后投资 26 万余元为帮扶村做了 3 件实事：维修花豹湾村渡槽 1 座；维修田套子村的农渠 1260 米、闸门 20 座、生产桥 6 座；维修白沟沿村农户门前塌陷路面 11.6 米。每季度驻村书记在村部或回单位汇报本季度的工作开展情况，反馈帮扶工作中的难点和问

题，协商解决措施和方法。

【灌溉管理】 2022 年，中宁县最终核定全县农业灌溉确权面积为 118.22 万亩。按照总量控制、定额管理的用水原则，将自治区水利厅下达给中宁县的 5.876 亿立方米农业灌溉用水指标科学合理分配至用水单位，细化到斗口，签订供用水协议 52 份，保障了农业灌溉有序进行。2022 年中宁县农业用水指标中夏秋灌 5.0904 亿立方米，冬灌 0.7854 亿立方米。其中：引黄自流灌区指标 3.5596 亿立方米（七星渠灌区 2.0359 亿立方米、跃进渠灌区 1.524 亿立方米）；扬黄灌区指标水量 1.708 亿立方米（红寺堡扬水灌区 0.277 亿立方米、固海扬水灌区 1.431 亿立方米）；沿黄小型农业用水量指标 0.6078 亿立方米。（以上包括长山头农场 2408.4469 万立方米和渠口农场 4050.00 万立方米）。实际农业用水量 5.3112 亿立方米，农业节水 0.5648 亿立方米，节水率达到 9.6%；农业灌溉水有效利用系数从 2021 年的 0.546 提高到 2022 年的 0.561，切实推动中宁县农业用水方式持续转变、管理服务持续向好，农业用水持续降低。

【水旱灾害防御】 2022 年 3—4 月，由于黄河水位及河道主流变化影响，中宁县境内黄河余丁乡黄羊段、金沙段，石空镇黄庄段、枣园段，宁安镇营盘滩段、北河子入河口段，渠口农场段等出现塌岸、码头冲毁等现象，发生新的险情，严重威胁标准化堤防安全。为确保黄河安全度汛，投资 187.90 万元，实施 2022 年黄河中宁段应急抢险工程。对石空、余丁、宁安 3 个乡镇 7 处黄河险工段进行治理，治理长度 1178 米。2022 年 6 月 20 日、7 月 10 日中宁县出现短时强降雨，太阳梁乡大塘沟、流经喊叫水乡和徐套乡的金鸡儿沟下泄山洪，造成部分过水路面、沟道护坡、沙套子骨干坝溢洪道被冲毁，洪水入渠致使马塘支渠下庄子渡槽进口护坡土方冲刷严重，存在较大安全隐患，影响群众生产生活和灌溉。为确保山洪沟道安全度汛，7 月 16 日经中宁县防汛抗旱指挥部工

2022年春，清水河防洪治理工程

作会议研究决定，实施2022年中宁县水毁维修工程，对上述几次暴雨引起的山洪沟道等水毁工程进行维修处理。工程概算投资372.51万元，通过护坡砌筑维修、抛投四脚体、维修沟道过水路面、渡槽基础加固及土方恢复、新建溢洪道等工程措施，满足洪水过后沟道水毁部分行洪要求，提高防洪管控能力，消除山洪对沟道两岸村庄、农田的威胁，为该地区的防洪安全和经济可持续发展创造良好条件。

【农村饮水安全】 2022年，中宁县共排查出9个乡镇14个村涉及263户1019人的饮水安全问题144个，制定36条整改措施。全面进行人饮工程维修，严格落实农村饮水安全管理"三个责任"和"三项制度"。投资539.94万元实施两个人饮设施维修工程，维修处理159处冻管道，解决徐套、喊叫水、恩和等乡镇600多户农户水量水压不足的问题。定期开展水质检测，执行日检9项、月检42项、年检106项的水质检测标准，每月25日进行公示，全力保障农村用户饮水安全。全县自来水入户率、集中供水率、供水保障率分别达到99.4%、99.55%、95%，较上年稳步提升。

【河湖长制】 2022年，中宁县对第一次全国水利普查宁夏河湖名录内流经中宁县的41条沟道进行全面排查，同时对水利部河湖管理督查App系统遥感事件清单中宁县58个问题进行了核查，最终认定水利部河湖管理督查App系统遥感事件清单中1个问题和3个自查发现问题为中宁县妨碍河道行洪突出问题，全部完成整改并已销号备案。编制完成中宁县北河子沟、南河子沟、河北水系、天湖、亲河湖雁鸣湖岸线保护与利用规划。推进河道非法采砂专项整治行动，定期开展巡查工作，坚决打击河道内一切违法行为。

【水行政执法】 2022年，中宁县水务局制定《2022年水务局行政执法人员培训制度》，签订《中宁县水务局2022年行政执法责任制目标管理责任书》12份。协调处理举报和巡查发现水事违法行为22起，立案处理4起。对水木兰亭、富康家园自备井非法凿井取用地下水资源违法行为，下发"责令改正(停止)违法行为决定书"2份，完成6眼自备井违法取用水封填工作。

【水资源管理】 2022年，中宁县水务局开展用水检查21次，其中双随机检查1次涉及6个检查对象。按照《中宁县水务局关于开展电子证照应用推广工作的通知》要求，对直接取用地表水、地下水且持有纸质取水许可证的用水户变更电子证照，全年新办取水许可58个，变更取水许可13个，注销取水许可7个；办理水土保持方案审批件41个，审查水资源论证报告书（表）105个，办理修建跨河、跨渠(沟)、临河、临渠(沟)工程许可1件。

【水土保持】 2022年，中宁县水务局审查、审批水土保持方案38个，并在中宁县政务网进行了公示。督促生产建设单位缴纳水土保持费。全年共计收缴水土保持补偿费23笔、641.21万元。对70个生产建设项目进行了监督检查，下达监督检查意见17份，责令停止违法行为通知书18份，催缴水土保持补偿费通知单24份。完成水土保持设施验收报备9个，核备水土保持设施验收项目5个。实施了3个中小河流治理项目，完成小流域治理水土流失面积26.2平方千米，完成湿地保护修复0.8万亩。

【水库移民】 2022年，中宁县完成移民人口复核及直补资金发放工作，涉及全县11个乡镇近40个行政村，复核人口6794人，比2021年核减58人，共计发放直补资金407.58万元，并已将发放情况录入杞乡清风智慧监督执纪大数据平台，自觉接受县

2022年7月，学习贯彻自治区第十三次党代会精神宣讲会

纪委监委和移民群众监督。

【党的建设】 2022年，中宁县水务局以"五型"模范机关为模型，结合"改作风、谋发展、争先进"专项行动，突出党建引领，狠抓干部作风建设，推动各项重点工作顺利开展。按照《党章》规定，对2个党支部进行了换届，发展入党积极分子3名、转正预备党员2名。认真学习宣传贯彻习近平总书记重要讲话精神，全面落实自治区第十三次党代会精神，开展了以"喜迎二十大，建功新时代，奋进新征程"为主题的演讲比赛等活动；组织开展党委中心组学习10次，理论学习90次，在区级主流媒体、"学习强国"平台共刊播宣传稿件20余篇。修订《中宁县水务局管理制度》《水务局内部控制制度》等，严格执行党风廉政建设责任制规定。结合水利工程质量大排查大整治，召开专题民主生活会4次、组织生活会2次，警示教育大会3场次，开展廉政谈话6人次，组织全体党员干部赴中卫市全面从严治党教育基地接受廉政警示教育，切实增强干部法纪意识，筑牢防腐拒变思想防线。

（王乐）

海原县

【概况】 2022年，海原县水务局内设股室8个。主要承担全县水利工程建设和管理、水旱灾害防御、水保生态、水资源开发利用和管理、农村饮水安全工程建设管理等多项任务。全年实施水利水保项目40项（其中续建项目3项、新建项目37项），完成固定资产投资7.23亿元。治理河道5000米，疏浚河道5000米，治理沟道12.78千米，发展高效节水灌溉面积2.04万亩，完成坡改梯4.85万亩，治理水土流失治理面积138平方千米。全县常住户自来水入户率达99%，集中供水率达99.7%，供水保证率95%以上，水质符合生活饮用水卫生标准。

【农村饮水安全工程】 2022年，海原县实施农村供水提标改造工程、规模化养殖供水工程、农村供水维修工程、"互联网+城乡供水"工程。完成农村供水提标改造工程、规模化养殖供水工程、农村供水维修工程，铺设主支管道52.87千米，新建蓄水池26座，自来水入户320户，改造自来水入户400户，新建规模化养殖供水工程20处。"互联网+城乡供水"工程完成联户阀井改造1321座，"互联网+城乡供水"管理服务平台用户账户已开通，泵站、蓄水池、分水井等信息已上传平台，组态画面已基本完成。

【水保生态建设】 2022年，海原县续建路沟涧大型淤地坝工程、谢塬段塬坡耕地水土流失综合治理项目和白石头河小流域水土流失综合治理项目，新建苍湾、罗山、方家庄3个小流域水土流失综合治理项目，史家大川等4个坡耕地水土流失治理项目，新建寺阳塘、甘沟2座大型淤地坝，对小川岘等4座淤地坝除险加固。完成寺阳塘、甘沟2座大型淤地坝；建设新修改造水平梯田4.85万亩、生产道路58.71千米、田间道路135千米；种植云杉7400株，治理水土流失治理面积138平方千米。完成水土保持方案审查25个，防治责任范围累计617.88公顷，弃土弃渣量为零，全年征收水土保持补偿费162.3万元。全县水土流失治理程度达64%，水生态水环境建设进一步提升。

【节水灌溉】 2022年，海原县实施中部干旱带西安供水水源工程PPP项目。实施完成李旺镇、高崖乡高效节水灌溉工程试点项目、西河中型灌区续建配套与节水改造项目和小型农田水利工程维修项目。铺设各类管道388.5千米，新建蓄水池2座，各类建筑物1699座，水源首部枢纽5座，发展高效节水灌溉面积2.04万亩。西安供水水源工程已完成一、二、三泵站主体工程，拉管完成7处，管道安装

2022年夏，自来水入户

15千米，完成蓄水池改造6座。

【水旱灾害防御】 2022年，海原县实施公益性库坝维修项目、海原县山洪灾害防治项目、清水河（海原县段）综合治理工程、西河河道疏浚工程、山洪沟治理项目及"一村一年一事"项目共治理沟道7条、除险加固改造（海子、阴洼沟）水库、库坝维修工程和山洪灾害非工程措施项目。完成西河河道疏浚工程和阴洼沟水库除险加固改造，疏浚河道5000米，堤防10千米，防汛道路5000米。2022年库坝维修工程已完成42座水库溢洪道清淤，地板裂缝处理，后坝坡排水设施维修。海原县山洪灾害非工程措施项目已完成预警广播安装维修70套，视频监控安装17处，发放铜锣、手摇警报器各70套，山洪灾害宣传栏70套，山洪灾害警示牌21块，发放防汛专用柜150套。落实人大议案、政协提案和"一村一年一事"山洪沟道治理工程7处，完成山洪沟治理12.78千米，砌护护岸12.08千米，新建排水建筑物6处，过沟建筑物1处，巡护道路3.14千米。海子水库除险加固项目完成工程总体形象进度80%。

【用水权改革】 2022年，海原县印发《海原县用水权确权报告》，制定了《海原县用水权交易及收益分配办法（试行）》，按照自治区、固原市市用水权交易精神，完成100万立方米黄河水跨区域水权交易工作。依据用水权确权成果完成农业、工业系统用水权确权信息的录入，对扬黄灌区以行政村为单位打

捆颁发农业用水权证42本，对供水管网内工业企业颁发用水权证2本。

【河湖长制】 2022年，海原县全面落实河湖长主体责任，督促各级河湖长履职尽责，进一步压实乡、村级河长及巡护保洁员责任，落实日常工作职责。开展以水域岸线划界确权结果为依据，对河道管理范围内的非法围垦地进行全面清查专项整治行动。结合"河长＋检察长＋警长"工作机制，查处非法围垦河道案件2起，完成水利部进驻式暗访问题1处，自治区暗访发现问题34处。在全县范围内对河湖"四乱"问题持续开展清理整治，确保"四乱"问题不反弹。截至目前，累计排查、清理整治河湖"四乱"问题22个，其中乱堆问题21个，历史遗留乱建问题1个，已全部完成整改销号，累计投入机械105个台班，人工453个工日，清理转运垃圾1418吨，实现河湖"四乱"问题动态清零。

【行政执法】 2022年，海原县严格落实水行政执法"三项制度"，依托"河长＋检察长＋警长"机制累计查处违法涉河案件2起。按照相关文件精神，全力开展2022年地下水专项执法行动和2022年水行政执法提升年活动。

【党的建设】 2022年，海原县水务局深入学习宣传贯彻党的二十大精神、习近平总书记视察宁夏重要讲话和重要指示批示精神、全国和区市县组织工作会议精神、习近平总书记关于加强精神文明建设的重要论述精神，按照自治区第十三次党代会安

2022年春，贺堡河河道综合治理液压坝

排部署，结合"大学习、大讨论、大宣传、大实践"活动，深入学习贯彻习近平新时代中国特色社会主义思想主题教育，全面持续推进精神文明建设工作，持续实施宣传思想文化工作"十大工程"，为推动黄河流域生态保护和高质量发展先行区建设提供坚强政治保障和强大精神支撑。坚持"围绕聚力抓党建，抓好党建促发展"的工作思路，以高质量党建凝聚强大合力，全面展示水利党员干部在水利创新发展、推动民生改善中的担当作为，引领推动全县水利事业高质量发展。

（张海峰）

2022年春，宁夏中部干旱带西安供水水源工程PPP项目供水管道拉管施工现场

2022年春，坡改梯

十五、荣誉

荣　誉

【2022 年度水利厅先进集体和先进（文明）处室】

先进集体（7 个）	
自治区水利调度中心	自治区水土保持监测总站
自治区大柳树水利枢纽前期工作中心	宁夏唐徕渠管理处
宁夏西干渠管理处	宁夏盐环定扬水管理处
宁夏固海扬水管理处	
先进（文明）处室（4 个）	
水利厅办公室	水利厅节约用水与城乡供水处
水利厅水土保持处	水利厅安全生产与监督处

【2022 年度水利厅获全国、自治区级荣誉】

一、先进集体（9 个）

奖项名称	单位	表彰文件名称	表彰文件文号
全国水土保持工作先进集体	水土保持处	水利部关于表彰全国水土保持工作先进集体和先进个人的决定	水人事〔2022〕451 号
全国水旱灾害防御工作先进集体	水旱灾害防御中心	水利部关于表彰全国水旱灾害防御工作先进集体和先进个人的决定	水人事〔2022〕24 号
全区"人民满意的公务员集体"	节约用水与城乡供水处	关于表彰第六届全区"人民满意的公务员"和"人民满意的公务员集体"的决定	宁党发〔2022〕37 号
自治区工人先锋号	大柳树水利枢纽工程前期工作中心	自治区总工会关于表彰自治区五一劳动奖和自治区工人先锋号的决定	宁工发〔2022〕27 号
全区人力资源和社会保障工作先进集体	机关党委（人事处）	自治区人力资源和社会保障厅关于表彰全区人力资源和社会保障工作先进集体和先进个人的决定	宁人社发〔2022〕195 号
自治区三八红旗集体	水文中心水质化验科	关于授予顾洁等 10 人自治区三八红旗手标兵、吴卫双等 200 人自治区三八红旗手、银川市兴庆区疾病预防控制中心等 100 个单位自治区三八红旗集体称号的决定	宁妇发〔2022〕3 号

续表

奖项名称	单位	表彰文件名称	表彰文件文号
全区群众体育先进单位	水利工会	自治区全民健身领导小组关于表彰2018—2021年度全区群众体育先进单位和先进个人的决定	宁全健发〔2022〕1号
优秀理论征文三等奖	水利厅	关于表彰"学习宣传贯彻党的二十大精神深入推进新时代党的建设新的伟大工程"优秀理论征文的决定	宁组通〔2022〕120号
全区实施妇女儿童发展规划先进集体	节约用水与城乡供水处	关于表彰全区实施妇女儿童发展规划先进集体和先进个人的决定	宁政妇儿工委发〔2022〕3号

二、先进个人(7个)

奖项名称	姓名	单位	表彰文件名称	表彰文件文号
全国水旱灾害防御工作先进个人	朱旭东	水文中心	水利部关于表彰全国水旱灾害防御工作先进集体和先进个人的决定	水人事〔2022〕24号
全国水土保持工作先进个人	苏利平	水土保持监测总站	水利部关于表彰全国水土保持工作先进集体和先进个人的决定	水人事〔2022〕451号
全区优秀共青团干部	官菊芳	水文中心	关于表彰全区五四红旗团委(团支部)、全区优秀共青团员、全区优秀共青团干部的决定	宁团发〔2022〕10号
全区优秀共青团员	李晓刚	水利工程建设中心		
全区实施妇女儿童发展规划先进(个人)	马浩成	水利调度中心	关于表彰全区实施妇女儿童发展规划先进集体和先进个人的决定	宁政妇儿工委发〔2022〕3号
自治区质量贡献奖个人	顾宁	水利工程建设中心	自治区质量强区建设工作领导小组关于表彰第六届宁夏回族自治区质量奖获奖组织和个人的决定	
自治区三八红旗手	蔡莉	固海扬水管理处	关于授予顾洁等10人自治区三八红旗手标兵、吴双卫等200人自治区三八红旗手、银川市兴庆区疾病预防控制中心等100个单位自治区三八红旗集体称号的决定	宁妇发〔2022〕3号

十六、法规文献

法规文献

自治区河长办关于印发宁夏回族自治区全面推行河长制办公室工作规则的通知

（2022 年 5 月 11 日　宁河长办发〔2022〕7 号）

自治区河长制各责任部门,各市、县(区)河长办:

《宁夏回族自治区全面推行河长制办公室工作规则》已经 2022 年自治区河湖长制工作第 1 次联席会议审议通过,现印发给你们,请认真贯彻落实。

宁夏回族自治区
全面推行河长制办公室工作规则

第一章　总则

第一条　为深入落实党中央、国务院、自治区关于河湖长制决策部署,进一步规范自治区全面推行河长制办公室(下称"自治区河长办")履职行为,增强人员力量,强化履职效能,根据《关于全面深化河湖长制　助推黄河流域生态保护和高质量发展先行区建设的意见》(宁党办〔2021〕74 号),建立自治区河长办联合办公机制,制定本规则。

第二条　本规则适用于自治区河长办,各市、县(区)河长办可结合实际参照执行。

第三条　自治区河长办按照党中央、国务院及自治区关于河湖长制工作要求,依法依规履行工作职责,结合实际创新工作方式,发挥好自治区河湖长的参谋助手和区域部门协调配合的纽带作用。

第二章　工作机制

第四条　联合办公机制由自治区水利厅、自然资源厅(林业和草原局)、住房城乡建设厅、生态环境厅、农业农村厅等部门共同建立。各部门根据工作需要,各安排 1 名业务骨干定期到自治区河长办挂职,期限 1 年。

第三章　工作职责

第五条　全面贯彻党中央、国务院关于强化河湖长制的重大决策,有效落实自治区关于河湖长制工作部署;加强全区河湖长制工作统筹协调,充分发挥河长制各有关成员单位的职能优势,合力推动河湖长制高质量发展;承担河湖长制组织实施的具体工作,履行组织、协调、分办、督办职责;落实自治区总河长、副总河长、河长确定的事项,当好总河长、副总河长、河长的参谋助手。

第四章　主要任务

第六条　制订河湖长制法规文件、工作制度、工作计划(要点)、河湖长"任务清单";组织建立"一河(湖)一档"、编制"一河(湖)一策"方案;组织或配合有关部门(单位)开展河湖治理保护专项行动,督促做好问题整改落实;承担河湖长制任务落实情况的检查、考核和信息通报工作;组织开展河湖长制培训及宣传活动,指导河湖保护公益志愿活动;推动建立河湖长制相关工作机制,协调有关部门(单位)落实河湖长制各项任务;分办上级安排部署的任务和自治区总河长、副总河长、河长研究确定的事项,并做好督办工作;做好河湖长动态管理;完成自治区总河长、副总河长、河长交办的任务。

第五章　履职方式

第七条　组织做好河湖长制日常工作。制订河湖长制年度工作计划或部门工作任务分工安排,按程序经有关会议审议后印发实施;做好河湖长体系动态管理,河湖长工作岗位调整后,按有关程序及时变更,并向社会公告;协助自治区总河长、副总河长、河长开展河湖巡查调研活动;指导编制"一河(湖)一档""一河(湖)一策",协调推进河湖健康评价和智慧河湖建设;制订年度业务培训计划,采取区内区外相结合形式,开展河湖长、河长制工作人员、河湖管护人员培训活动;总结、搜集基层先进经验做法,通过平面媒体、融媒体等新闻媒体平台,加强河湖长制宣传报道。

第八条 加强制度建设。组织提出将河湖长制纳入地方性法规、政府规章条文建设,提出河湖管理和保护重大政策措施建议;组织制订完善河湖长制工作制度,主要包括:河湖长会议制度、河湖长巡查制度、信息共享制度、信息报送制度、工作督查制度、考核激励与问责制度、河湖长述职制度、河湖长工作交接制度、责任清单制度、问题交办分办督办制度等,经有关会议审议通过后印发实施。

第九条 加强工作协调。完善"河湖长 + 部门"的对口联动机制,不断强化联系部门工作职责和服务功能。建立"河长办 + 部门"协作机制,加强与部门(单位)沟通协调,强化分办、督办,推动形成河湖长牵头、河长办统筹、部门(单位)各司其职、分工负责、密切协作的工作格局;建立河湖长制重点责任部门联络员制度,不定期召开联络员会议,落实河湖长制重点工作,协调解决河湖长制推进中的问题;挂职人员全面负责推动与对口部门的协调、联络,实现重点责任部门与河长办无缝对接。

第十条 分解落实任务。自治区总河长、副总河长、河长确定的事项,及时分解落实到有关部门(单位),并跟踪进展成效,做到件件有着落、事事有回应;有关方面交办、转办以及组织排查发现的河湖问题,进行分类汇总,建立问题台账;涉及政策且带有普遍性的重大问题,提请自治区总河长、副总河长主持研究整治意见;属于个性的重大问题,提请相应河湖长主持研究整治意见;属于一般问题,转交有关部门(单位)处理。

第十一条 加强督查检查。建立完善河湖长制督查检查制度,采取联合检查与专项检查相衔接、明察与暗访相结合的方式,组织开展常态化的监督检查活动,重点检查河湖存在的问题和下级河湖长及有关部门(单位)履行职责情况等,发现问题及时交办,要求限时整改,重大问题要挂牌督办。

第十二条 督促问题整改。针对分解落实到本级有关部门(单位)负责整改的问题,督促制定整改方案,细化实化整改措施,确保整改到位;针对监督检查发现并交办下级河湖长、有关部门(单位)整改的问题,提出整改目标、时限要求,跟踪整改进展成效,严格销号管理。

第十三条 加强工作督办。对自治区总河长、副总河长、河长确定的事项落实情况、重大专项行动进展成效、重要河湖健康状况等进行通报,对监督检查发现的重大问题进行曝光;对于履职不到位的河湖长、问题突出及整改不及时的有关部门(单位),及时发送交办单或督办函,督促履职尽责。对失职失责相关责任人及有关部门(单位),提请有管辖权的组织严肃问责。

第十四条 严格绩效考核。根据自治区河湖长制工作考核办法,细化量化考核指标,以日常考核和年终考核相结合方式,组织开展自治区河长制有关部门、各市县落实河湖长制工作情况考核,指导市县开展河湖长及责任部门考核。强化考核结果的运用,研究将责任部门考核纳入自治区年度效能目标考核、河湖长考核与干部综合考核评价挂钩等具体方案并抓好落实。

第六章 协同配合

第十五条 各有关部门应认真组织人选推荐,加强配合,主动落实自治区党委和政府决策部署,共同建立完善自治区河长办联合办公机制。

第十六条 挂职人员年度考核由自治区河长办会同原单位组织人事部门开展。

第十七条 按照河长制职责分工,各有关部门应深入研究本部门在河湖长制推进中的重点任务和重大问题,制定相关配套政策措施;有效落实自治区河长办明确的工作任务,相互支持,加强沟通,形成合力,有效发挥联合办公机制作用,协调推进河湖长制有能有效。

自治区水利厅党委印发关于全面推进党支部标准化规范化建设的意见的通知

（2022 年 4 月 6 日　宁水党发〔2022〕29 号）

厅属各单位党委（总支、支部），厅机关各党支部：

党支部是党的基础组织，是党在基层组织中的战斗堡垒，是党的全部工作和战斗力的基础，担负着直接教育党员、管理党员、监督党员和组织群众、宣传群众、凝聚群众、服务群众的职责。新时代党中央把党支部建设放在更加突出的位置，要求把全面从严治党落实到每个支部、每名党员，推动全党形成大抓基层、大抓支部的良好态势。为认真贯彻落实党中央和自治区党委总体部署，推动全面从严治党向基层延伸，全面提升党支部组织力，进一步强化党支部政治功能，不断提高党支部建设质量，现将《自治区水利厅党委关于全面推进党支部标准化规范化建设的意见》印发给你们，请认真组织抓好贯彻落实。

自治区水利厅党委关于全面推进党支部标准化规范化建设的意见

习近平总书记在全国组织工作会议上强调，要全面贯彻新时代党的建设总要求，不断提高党的建设质量，推进党支部建设标准化规范化。党中央印发《中国共产党支部工作条例（试行）》时明确要求，把党支部建设放在更加突出的位置，加强党支部标准化、规范化建设，不断提高党支部建设质量。这些部署要求为推进党支部标准化建设、建强基层党支部指明了方向，提供了遵循。为贯彻落实党中央和自治区党委总体部署，落实全面从严治党要求，着力推动水利厅系统党支部基本组织规范化、基本队伍规范化、基本活动规范化、基本制度规范化、基本保障规范化，着力提高党支部组织力和领导力，把全面从严治党落实到每个支部、每个党员，在全系统形成大抓基层、大抓支部的良好态势，使基层党支部强起来、党员队伍强起来、党的工作强起来，担负好直接教育党员、管理党员、监督党员和组织群众、宣传群众、凝

聚群众、服务群众的职责，为水利高质量发展提供坚强政治保证，根据《中国共产党章程》《中国共产党支部工作条例（试行）》《中国共产党党员教育管理工作条例》等党内法规和相关精神，结合水利工作实际，提出以下意见。

一、指导思想

坚持以习近平新时代中国特色社会主义思想为指导，以《中国共产党章程》《中国共产党支部工作条例（试行）》《中国共产党党员教育管理工作条例》等党内法规为遵循，围绕"服务中心、建好队伍"两大任务，适应全面从严治党新常态，以推进基本组织、基本队伍、基本制度、基本活动、基本阵地、基本保障"六落实"为主要内容，以建立可规范操作、可量化考评的标准化体系为主要任务，努力建设政治功能强、支部班子强、党员队伍强、作用发挥强的"四强"党支部，推动基层党组织全面进步、全面过硬，使基层党支部成为宣传党的主张、贯彻党的决定、领导基层治理、团结动员群众、推动改革发展的坚强战斗堡垒，为推动水利高质量发展提供坚强政治保证。

二、基本原则

（一）坚持服务水利事业发展，既要紧扣基本，又要紧盯中心。紧扣基层党建基本制度、基本任务的规范落实，把班子建强、队伍带好、作用发挥好作为出发点和落脚点，促进基层党组织政治功能、服务功能有效发挥。坚持围绕中心、服务大局，跳出党建抓党建，在全过程融入水利工作上下功夫，在全方位服务水利发展中找准定位，用工作成效检验党建成果，防止"自我空转"和"两张皮"，切实以党支部标准化规范化建设促进水利中心工作上台阶。

（二）坚持问题导向靶向发力，既要做好形式，又要做实内容。既要重视党建阵地等硬件设施，又要重视领导班子、党员队伍、运行机制等软件建设；既要注重党支部建设载体、形式的丰富多样，又要注重党建工作的质量和效果，坚决防止党建工作活动化、娱乐化，坚决杜绝装点"门面"，把党建搞成标签化、标识化、标牌化，实现形式和内容互相印证、高度统一，推动基层党支部建设全面进步全面过硬。

（三）坚持守正与创新相结合，既要对标达标，又

要创新创优。坚持把握基本方法,规范实施流程,把标准化融入日常、融进经常,持续用力、久久为功,通过创建达标形成规范高效的工作体系。注重探索总结标准化建设的内在规律,找准抓手,不断创新载体,灵活方法,在拓展外延中丰富内涵,不断增强党支部党建工作的活力、动力和引力。

三、总体工作要求

(一)强化政治功能。强化理论武装,引导广大党员坚决拥护"两个确立",自觉增强"四个意识",坚定"四个自信",做到"两个维护",做政治上的明白人。严肃党内政治生活,不断加强和规范党内政治生活,使党的组织生活、党员教育管理监督严起来、实起来,切实增强党支部组织生活实效。发挥政治领导作用,坚决贯彻落实党的各项任务,切实把广大党员和干部职工团结起来,把力量凝聚起来。

(二)优化组织设置。根据形势任务需要及时调整基层党支部设置,确保党的工作始终在严密的组织体系下运行,做到哪里有党员哪里就有党的组织,哪里有群众哪里就有党的工作,哪里有党组织哪里就有健全组织生活和充分的作用发挥。通过属地性共建、片区化组建、班组化组建等多种方式,合理设置党组织,科学设立党支部(党支部委员会),合理划分党小组,实现党的组织和党员教育管理全覆盖,各项工作有效推动。

(三)严格组织生活。严格落实"三会一课"制度,有针对性地解决党员思想和现实问题。严格落实主题党日制度,增强党员角色意识和政治担当。严格落实报告工作制度,征求意见和建议,制定加强措施,推进工作落实。严格落实党员汇报制度,党员定期向党组织汇报思想、工作和完成分配任务的情况。遇有重要问题及时汇报。严格落实组织生活会和民主评议党员制度,用好批评和自我批评这个锐利武器。

(四)建强班子和队伍。突出政治标准,创新选拔机制,抓住"选优、配强、管住、用好"4个环节,采取上级选派、持续培养、群众推荐等多种方式,选优配强党支部班子。加强党支部委员会自身建设,抓学习、抓业务、抓履职、抓制度、抓作风,建强战斗堡垒。持续推进"两学一做"学习教育、"不忘初心、牢记使命"主题教育、党史学习教育常态化制度化,推动党员干部掌握和运用习近平新时代中国特色社会主义思想,弘扬伟大建党精神。抓好党支部书记和党务干部培训,提高党务工作能力水平。注重加强激励关怀,培养树立先进典型,定期组织开展"两优一先"评选表彰活动。持续深化"支部评星定级"活动,注重发挥星级党支部引领作用,激发动力、整体推进;建立党支部书记考核制度,加强对党支部书记考核监督。建立健全党支部按期换届提醒督促机制和持续整顿软弱涣散党支部工作机制。

(五)抓实党员教育管理。加强党员教育,注重把理想信念教育作为思想建设的战略任务,紧紧围绕党和国家工作大局谋划推进党员教育工作;根据党员的特点和需求,制定学习计划、细化学习内容、创新学习方式、提高学习质量。严格党员管理,坚持把政治标准放在首位,做好发展党员工作,优化党员发展结构,提高党员发展质量;探索推进党员积分制管理,按照"承诺、践诺、积分、评议"管理链条,推进党员教育管理制度化、常态化、实效化。加强党员信息采集维护,改进流动党员管理,确保每名党员都在组织管理之中。做好关怀帮扶服务党员工作,构建党员联系和服务群众工作体系,切实增强党员的归属感荣誉感。强化党员监督,及时抓早抓小、咬耳扯袖,敢于较真碰硬,维护制度的严肃性。

(六)强化综合保障。积极推进基层党支部活动阵地建设,按照"六有十上墙"(有固定场所、有电教设备、有学习资料、有活动记录、有专人管理、有活动氛围,做到党旗、党徽、入党誓词、党组织设置图、工作职责及分工、党风廉政建设责任制、党员权利和义务、党员监督岗、党支部工作制度、党支部重要活动上墙)要求,建好用好管好党员"活动之家",努力营造浓厚党建活动氛围。配强党务干部队伍,把综合素质高、敢于担当、清正廉洁的干部配备到机关。加强党支部书记后备队伍建设,建立基层党支部书记后备人才库。搞好经费保障,为党支部开展党的活动提供必要条件。

(七)夯实党建责任。构建党委书记第一责任人、机关党委书记(组织人事部门主要负责人)直接责任人和党支部书记具体责任人三级责任体系,细化主体责任清单,推动主体责任落实到岗到人。把推进党支部标准化、规范化建设纳入党委重要议事日程,做到年初有部署、季度有检查、半年有点评、年终有考核。落实党委班子成员党支部建设联系点制度,带头开展调查研究,及时发现和解决问题。发挥考核指挥棒作用,对党支部标准化、规范化建设情况进行检查评估,适时召开党支部标准化、规范化建设推进会,推广复制成功经验做法,实现党支部建设全面进步、全面过硬。

四、扎实推进基层党支部组织建设标准化规范化

(一)规范基层党组织隶属关系。结合水利工作实际,理顺各级党组织隶属关系,进一步明确厅党委、厅机关党委和各单位党委(总支部)推进基层党支部标准化规范化建设的职责,做到各负其责、各尽其责。厅党委全面领导基层党支部标准化规范化建设工作,负责研究制定推进基层党支部标准化规范化建设的总体政策、措施和标准,组织开展标准化规范化党支部创建评比等重大活动,指导各单位党委(总支部)推进基层党支部标准化规范化建设。厅机关党委负责推进厅机关处室党支部、厅属各事业中心(不设党委、总支部的)党支部标准化规范化建设工作,协助厅党委开展评比、表彰、考核等工作;厅属各事业单位党委(总支部)负责所属党支部标准化规范化建设,着力加强党支部建设。

(二)明晰基层党支部职能定位。厅机关处室党支部要切实发挥党支部政治核心作用,以保证中央、自治区重大决策在水利工作中全面贯彻落实为中心,以服务中心、建好队伍为重点,以模范机关创建为载体,加强对党员的教育管理和监督,推动机关党建与业务工作有机融合,全力完成各项工作任务,做到走在前、作表率。厅属事业中心党支部要切实发挥领导核心作用,以政治建设为统领,建强班子、培养人才、提升能力、强化落实,全力为机关处室提供专业支撑、人才支撑和服务保障,确保厅党委各项决策部署落实落地。厅属渠道管理单位党支部要切实发挥党支部政治核心作用,以保障安全运行、服务灌区发展、推动事业进步为中心,保证和监督厅党委各项决策部署有效落实,参与本单位重大决策,抓好人才队伍建设,推进水管单位改革和水管事业发展。水利电力工程学校和水利科学研究院党支部要注重把党的领导贯穿办学治校、治院全过程,进一步加强党对高知群体的政治引领和政治吸纳,围绕水利事业发展,进一步做实做细基层党建基础工作,下功夫整治党的领导弱化、淡化、虚化、边缘化问题,构建管党建与管业务相统一的党建责任体系,确保党的教育、科技工作方针得到全面落实。离退休干部职工党支部要发挥政治引领作用,通过标准化规范化建设,落实好"三会一课"等组织制度,组织离退休党员干部职工参加学习,开展组织生活,听取意见建议,结合自身实际发挥作用。

(三)进一步规范基层党组织设置。严格落实《中国共产党章程》《中国共产党支部工作条例(试行)》各项规定。厅属单位党员人数超过100名的,经厅党委批准可成立党的基层委员会,设委员5~9人,其中设书记1人,根据需要设副书记1人。在基层党委下可根据党员人数及其工作分配情况,本着便于党员参加党的生活原则,设立若干个党支部。厅属单位党员人数超过50人的,经厅党委批准,可成立党的总支部委员会,设委员3~5人,其中设书记1人,必要时增设副书记1人。总支部委员会下面可设若干个党支部。正式党员人数超过3人,不足50人的,经厅党委或本单位党委批准,可成立党支部;正式党员不足3人的,可与邻近单位的党员联合组成党支部。其中正式党员人数超过7人的党支部应设立支部委员会,设委员3~5人,其中设书记1人;党员人数不足7人的只设书记1人,必要时增设副书记1人。

厅属单位党员人数不足100人或50人,但因特殊情况和工作需要,经厅党委批准,也可以成立党的基层委员会或总支部委员会。为期6个月以上的工程、工作项目等,符合条件的,应当成立临时党支部,开展党的组织生活。

(四)进一步规范党支部委员会的产生。党支部委员会由党支部党员大会选举产生,党支部书记、副书记一般由党支部委员会会议选举产生,不设委员会的党支部书记、副书记由党支部党员大会选举产生。选出的党支部委员,报厅机关党委、本单位党委(总支部)备案;党支部书记、副书记,报厅机关党委(厅机关各处室、中心党支部)、本单位党委(总支部)批准。党支部书记、副书记、委员出现空缺,应当及时进行补选。确有必要时,上级党组织可以指派党支部书记或者副书记。党支部委员会每届任期3年,任期届满,应按期进行换届选举。如需延期或提前进行换届选举,应根据隶属关系分别报厅机关党委、本单位党委批准。延长期限一般不超过1年。支部委员会通常由3~5人组成,一般设支部书记、宣传委员、组织委员、纪律检查委员等。

(五)进一步强化党支部委员职责落实。党支部书记是党的基层组织的主要负责人,在支部委员会的集体领导下,按照党员大会和支部委员会的决议,全面负责党支部的日常工作。其主要职责:一是负责召集支委会或党员大会,结合本单位的具体情况,认真传达贯彻党的路线、方针、政策和上级的决议、指示,保证本单位各项工作的完成。研究安排党支部工作,将党支部工作中的重大问题及时提交支委会议或党员大会讨论,制订党支部工作计划并组织实施。二是做好经常性的思想政治工作,通过谈心谈话等方式,及时了解掌握党员的思想、工作和学习情况,发现问题及时解决。三是组织检查党支部工作计划、决议的执行情况,并定期向支委会或党员大会和上级党委报告工作。四是经常与党支部委员和同级行政负责人交流情况,保持密切联系,支持他们的工作,协调好单位内部党、政、工、团的关系,充分调动各方面积极性。五是抓好党支部领导班子自身建设,严格党的政治生活和组织生活,积极开展批评和自我批评,充分发挥领导班子的集体领导作用。

党支部副书记主要协助书记开展工作,书记不在时,由副书记主持党支部的日常工作。

组织委员在党支部集体领导下,做好党支部的组织工作。其具体职责:一是了解和掌握本支部的组织状况,做好组织方面的管理工作;根据工作需要,提出党小组的划分和调整意见;检查、督促党员过好组织生活;按党章规定积极做好党支部委员会换届改选的准备工作。二是了解掌握党员的思想状况,配

合宣传委员、纪检委员,对党员进行思想、纪律教育和党员培训;收集、整理党员的模范事迹,及时向党支部提出表扬和奖励建议。三是负责做好发展党员工作,及时了解掌握入党积极分子的情况,并负责对其进行培养教育和考察,正确掌握发展党员的标准,根据本支部的情况,按照发展党员工作的方针和原则,有计划地提出发展党员的意见;具体办理接收党员和预备党员转正的手续。四是接转党员组织关系,收缴党费,定期向党员公布党费收缴情况,做好党员和党组织的统计工作。

不设纪检委员的党支部,有关纪律检查方面的工作,由组织委员负责。

宣传委员在党支部集体领导下,分工负责宣传工作。其具体职责:一是了解党员和群众的思想状况,根据不同时期党的工作的重心和任务,根据上级党委的指示,宣传党的路线、方针、政策,提出宣传教育工作的计划和意见并组织实施。二是提出加强党员教育的意见;组织党员学习马列主义、毛泽东思想、邓小平理论、"三个代表"重要思想、科学发展观、习近平新时代中国特色社会主义思想;学习党的基本路线、党的基本知识和党的优良传统作风;学习时事政策以及完成上级党组织布置的学习任务,组织党课学习,做好思想政治工作。三是围绕本单位的中心工作,开展多种形式的宣传活动,指导本单位工会、共青团等群众组织积极开展群众性的文化体育活动,活跃党员和群众的文化体育生活。四是搞好党报党刊的征订学习工作,办好本单位的宣传阵地。

纪律检查委员在党支部集体领导下,分管纪律检查工作。其具体职责:一是负责本支部的作风建设,经常对党员进行党规党法、党纪国法和思想道德的教育,不断提高全体党员遵纪守法的自觉性,防止和纠正不正之风。二是保障和维护党员的民主权利,使之不受侵犯。经常对党员进行党员权利及正确行使党员权利的教育,同各种侵犯党员权利的行为作斗争。三是经常对党员进行纪律监督,检查党员执行党的纪律情况,认真调查、及时处理党员违反党的纪律的案件。四是负责受理党员群众的来信来访、党员

的控告和申诉，考察了解受处分党员改正错误的情况，对他们进行有针对性地帮助、教育，鼓励他们改正错误，积极工作。五是经常向党支部和上级纪委汇报和反映本单位党风党纪情况和本单位纪律检查工作情况。六是按照上级党委的要求，实事求是地及时申报本单位领导干部的个人收入情况。

纪检委员受本单位党支部和上级纪律检查委员会的双重领导，以党支部的领导为主，在工作中如与党支部有不同意见，可向上级纪律检查委员会反映。

（六）规范党小组的设置。党小组不是党的一级组织，是为了便于组织党员学习、过组织生活和开展其他活动，根据党员数量和分布情况而成立的。党员人数较多或者党员工作地、居住地比较分散的党支部，可按照便于组织开展活动原则，划分若干党小组，设立党小组组长。党小组组长可由党支部指定，也可由所在党小组党员推荐产生。党小组组长必须由正式党员担任。

党小组的主要任务是：按照实际情况，分配每个党员一定的工作，具体组织党员去实现支部的决议；组织党员学习马克思主义基本理论，学习党的基本路线和各项方针、政策以及党的决议，学习党的基本知识，学习科学文化知识和其他专业知识；定期召开党小组生活会，开展批评和自我批评，组织、督促党员按时交纳党费、参加党的各项活动；组织党员在群众中宣传党的路线、方针、政策和决议，做群众的思想政治工作，经常向支部委员会反映群众的意见和要求，关心群众的物质文化生活；协助支部做好党员鉴定、培养入党积极分子、接收预备党员以及做好预备党员的教育、培养、考察和转正工作。

党小组长的职责是：组织党员开展党的理论、科学文化知识和各种业务知识学习；组织党员贯彻执行支部的决议和上级党组织的指示，分配党员工作，指导党员活动，并检查党员执行党的决议的情况；召集和主持党小组会，严格党的组织生活，认真开展批评和自我批评；组织党员做群众工作，及时反映群众的要求和意见；做好党员的思想政治工作，了解掌握每个党员的思想、工作和学习情况，及时向党支部反映本小组的情况；按时收缴党费。

五、全力提升发展党员的质量

（一）严格落实党员发展"十六字"总要求。党员发展工作是党支部一项十分重要的经常性工作，是党员队伍建设的基础性工作。必须准确理解和把握"控制总量、优化结构、提高质量、发挥作用"十六字总要求，以控制总量为重点，以优化结构为关键，以提高质量为核心，以发挥作用为目的，坚持党章规定的党员标准，坚持入党自愿原则和个别吸收原则，始终把政治标准放在首位，突出党员政治上的先进性和素质上的全面性，严格培养，严格程序，严格责任，成熟一个，发展一个，确保党员发展质量。

（二）严格落实发展党员的基本程序和手续。发展党员工作是党的组织建设的重要组成部分，是一项严肃的政治工作。发展党员必须在坚持原则、坚持标准的基础上，严格执行发展党员的工作程序，认真履行发展党员的手续。

申请人向党组织递交入党申请书后，党支部书记要认真阅读申请人所写的入党申请书，并在一个月内指派专人（2人以上）与入党申请人谈话，了解其政治倾向、对党的认识、申请入党的动机，并通过查阅入党申请人的档案和调查有关知情人，了解申请人成长的经历和思想、工作、学习、作风等方面的情况，以及他的家庭主要成员、主要社会关系等方面的情况，组织入党申请人学习党的基本知识，促使其不断提高对党的认识。党支部可在经教育培养至少6个月以上的入党申请人中，通过党员推荐、群团组织推优等方式确定入党积极分子人选，由支部委员会（不设支部委员会的由党支部党员大会）研究决定，并报上级党委备案。

被党组织确定为入党积极分子后，党支部指定与入党积极分子有密切联系的1~2名正式党员作入党积极分子的培养联系人，经常对入党积极分子进行帮助和教育，并通过吸收入党积极分子参加党课学习等党的活动，定期组织入党积极分子集中培训，经常向入党积极分子提要求、交任务，特别是适当分配一些急、难、险、重的任务，激励他们发挥先锋模范作用。入党积极分子每季度要向党支部汇报一次自己的思想和工作情况，党支部每半年要通过听取党内外群众意见，结合其现实表现，从政治、思想、工作、纪律以及群众关系等方面进行全面考察，并将考察结果及时填入《入党积极分子考察登记表》，交由党支部组织委员负责归档。对经过 1 年以上培养教育和考察、基本具备党员条件的入党积极分子，在听取党小组、培养联系人、党员和群众意见的基础上，支部委员会讨论同意并报上级党委备案后，可列为发展对象。

对经过党支部长期教育培养考察，政治审查合格、短期集中培训考试成绩合格，党支部认为可以发展为预备党员，经上级党委预审同意的发展对象，经支部党员大会讨论，上级党委批准，可接收为预备党员。

（三）突出政治标准，严把政治审查关。坚持把政治标准放在首位，把好政治审查关，确保发展党员质量。党支部要把发展对象对党的理论和路线、方针、政策的态度，政治历史和在重大政治斗争中的表现，遵纪守法和遵守社会公德情况，直系亲属和与本人关系密切的主要社会关系的政治情况作为政治审查的主要内容，通过同本人谈话、查阅有关档案材料、找有关单位和人员了解情况以及必要的函调或外调，全面了解掌握，形成审查结论性材料。对政治审查不合格的，不得发展；政治审查中存在的问题没有审查清楚的，不得提交支部党员大会讨论。

（四）切实做好对发展对象的短期集中培训。对发展对象进行集中短期培训，是强化发展对象党的意识的重要举措。对基本具备党员条件可以在近期内发展入党的发展对象，必须经过区直机关工委、厅党委或厅机关党委举办的不少于 3 天（或不少于 24 个学时）集中培训且考试合格后，才能发展入党。没有经过短期集中培训，或者成绩不合格者，不能发展入党。

集中培训以学习党章为主要内容，结合当前党的重大政治事件，学习党的有关决议、党的重要领导人的重要讲话等，还可以结合当前国际国内的重大事件进行形势和任务的教育等。集中培训结束时，要求培训对象联系思想实际，做好个人总结，组织开展考试或考核，检查培训对象的学习效果。

（五）切实做好发展对象的预审。党支部上报关于接收发展对象入党的材料后，各单位党委及组织人事部门要认真履行职责，对申请人的基本情况、主要经历、家庭主要成员和主要社会关系的情况，政审的情况，发展对象培养教育的过程及现实表现进行认真预审。重点看发展对象培养教育是否符合规定，本人及家庭主要成员政治上有无问题，政治审查是否合格，党内外群众是否认可，是否基本具备党员条件等。预审合格的，党支部可以提交党员大会讨论；预审不合格的，退回党支部继续培养教育。

（六）严格预备党员接收、审批、教育、考察和转正工作程序，强化党性锤炼。经党支部 1 年以上教育培养考察，得到上级党组织同意的发展对象，党支部可择机召开党员大会，接收为预备党员。党支部接收预备党员要注意做好会前准备、会议讨论、会后报备等工作。要选好入党介绍人，组织填写好《入党志愿书》，开展同发展对象的谈话并广泛征求群众对发展对象的意见，认真召开支部委员会会议，筹备好党员大会各项工作。

党支部召开接收预备党员的党员大会时，要严格会议基本程序，确保到会人数符合规定，与会党员充分发表意见，发展对象受到深刻教育。党支部党员大会后，党支部应向上级党委上报入党申请书、政审材料、培养考察材料、《中国共产党入党志愿书》、党支部党员大会决议以及发展对象的自然情况、主要经历、现实表现等相关材料，以备上级党委进行审批。

上级党委在接收到党支部报送的相关材料后，应当指派党委委员或组织委员同发展对象谈话，作进一步的了解，帮助发展对象提高对党的认识，将谈话情况和自己对发展对象能否入党的意见，如实填写在《入党志愿书》上，并向党委汇报。党委审批预备党员，必须集体讨论，逐个审议和表决。发展对象符合党员条件、入党手续完备的，批准其为预备党员，审批意见写入《入党志愿书》，注明预备期的起止时间，并通知报批的党支部，由党支部通知本人并在党员大会上宣布。未被批准入党的，党支部要做好本人思想工作。党委审批预备党员应当自收到党支部上报的接收预备党员的决议3个月内完成，并报厅机关党委(组织人事与老干部处)备案。如遇特殊情况可适当延长审批时间，但不得超过6个月，并报厅机关党委(组织人事与老干部处)备案。

经上级党委批准的预备党员应编入党支部和党小组，对预备党员继续进行教育和考察。教育、考察的主要方法包括组织预备党员入党宣誓、定期听取预备党员汇报、对预备党员进行集中培训、加强对预备党员的实践锻炼、定期给预备党员作鉴定。预备党员预备期满后，党支部应当及时讨论其能否转为正式党员。对在预备期内认真履行党员义务、具备党员条件的，预备期满应当按期转为正式党员。需要继续考察和教育的，可以延长一次预备期，延长时间不能少于半年，最长不超过一年；不履行党员义务、不具备党员条件的，应当取消其预备党员资格。预备党员转为正式党员、延长预备期或取消预备党员资格，应当经党支部党员大会讨论通过和上级党委组织批准。

预备党员转正后，应将其《入党志愿书》、入党和转正申请书、自传、政审材料、教育考察的材料，交党委存入本人人事档案。无人事档案的，建立党员档案，由所在党委保存。

六、进一步加强党员组织管理

(一)进一步健全和完善民主集中制。民主集中制是党的根本领导制度和组织制度，也是党员组织管理工作的根本制度。党支部贯彻落实民主集中制，最为重要的就是落实好"四个服从"，即党员个人服从党的组织、少数服从多数、下级组织服从上级组织、全党各个组织和全体党员服从党的全国代表大会和中央委员会，引导全体党员自觉紧密地团结在中央的周围，同中央在思想上、组织上、政治上、行动上保持高度一致。

(二)进一步健全和完善"三会一课"制度。"三会一课"制度是我们党在实践中形成的行之有效的党员教育管理的一项重要制度。"三会"，指定期召开党支部党员大会、支部委员会、党小组会。党支部党员大会、党支部委员会会议由党支部书记召集并主持。书记不能参加会议的，可以委托副书记或者委员召

集并主持。党小组会由党小组组长召集并主持。"一课"，指按时上好党课。

党支部党员大会是支部全体党员必须参加的会议，一般每季度召开一次，每个党员必须参加，不得无故缺席。其主要职权是：听取和审查党支部委员会的工作报告；按照规定开展党支部选举工作，推荐出席上级党代表大会的代表候选人，选举出席上级党代表大会的代表；讨论和表决接收预备党员和预备党员转正、延长预备期或者取消预备党员资格；讨论决定对党员的表彰表扬、组织处置和纪律处分；决定其他重要事项。党支部党员大会议题提交表决前，应当经过充分讨论。表决必须有半数以上有表决权的党员到会方可进行，赞成人数超过应到会有表决权的党员的半数通过。会议结束后，记录要归档，并及时向上级党组织汇报关于党支部党员大会讨论的议题及情况。党支部委员会会议，是由党支部委员参加的会议，因而又称支委会。党支部委员会要经常研究和讨论如何贯彻执行上级的决定、党员教育、发展党员、选择干部等工作。党支部委员会的会议，只能是支部委员参加，如有特殊情况可扩大范围。一般每月召开一次，也可根据工作需要和实际情况，及时召开党支部委员会会议，以解决本支部工作中的重要问题。

党小组会，是由党小组所属党员参加的会议，一般每月召开一次。党小组会议的主要内容，就是协助党支部组织党员学习，分配党员工作，组织、督促党员开展批评和自我批评、按时交纳党费、参加党的各项活动，协助党支部做好党员鉴定，培养入党积极分子，接收预备党员以及做好预备党员的教育、培养、考察和转正工作等。

党课是由党员参加的、以学习党的基本理论、基本路线、基本知识和时事政策为主要内容的大课堂，应当针对党员思想和工作实际，回应普遍关心的问题，一般每季度上一次党课，可吸收非党积极分子参加。党课可由党支部组织，也可由基层党委来组织。党课的主讲人，可以是党支部成员或基层党委领导，各级党组织书记要主动、亲自讲党课，也可以聘请专家学者或上级党组织领导讲党课。每次上党课，党员

都要签到登记,缺席者应查明原因,对无故不参加者进行批评教育,并做好党课记录,记录要全面、翔实、认真。

(三)进一步严格组织生活会和民主评议党员制度。组织生活会是以党支部(或党小组)为单位,定期组织党员交流思想、开展批评和自我批评、解决突出问题的党内生活制度,是落实全面从严治党要求、加强党支部自身建设的有效方法。党支部每年至少召开1次组织生活会,一般安排在第四季度,也可以根据工作需要随时召开。组织生活会一般以党支部党员大会、党支部委员会会议或者党小组会形式召开。组织生活会应当确定主题,会前认真学习,谈心谈话,听取意见;会上查摆问题,开展批评和自我批评,明确整改方向;会后制定整改措施,逐一整改落实。处级及以上党员领导干部要严格执行双重组织生活制度,既要参加党员领导干部班子民主生活会,又要以普通党员身份参加所在党支部的组织生活会,与党员一起学习讨论、一起查摆解决问题、一起接受教育。

组织生活会要与开展民主评议党员工作相结合。党支部书记要通报党支部班子对照检查情况,之后按照个人自评、党员互评、民主测评、组织评定的程序,对全体党员逐一进行评议,党员人数较多的党支部,个人自评和党员互评可分党小组进行,民主测评要在党员大会上进行。党支部要根据民主评议情况,结合平时掌握的党员现实表现,进行综合分析,对每名党员提出评定意见,并向本人反馈。对表现优秀的党员,要予以表扬或表彰,推动形成学习先进、崇尚先进、争当先进的良好氛围。对那些长期不发挥作用甚至起负面作用的党员,要逐一研究并落实教育帮助的具体措施,促其改正;经教育仍无转变的,按照党章和党内有关规定,区别不同情况,稳妥慎重给予组织处置。

(四)进一步健全和完善党员档案制度。党支部要高度重视党员档案管理,健全和完善党员档案制度。要建立、完善包括党员基本情况、发展党员材料、党员奖励材料、党员处分材料以及其他材料的党员档案,全面准确记载党员工作学习等情况。党员的有关档案资料,按照分级管理的原则进行管理,与本人人事档案合并,按照人事管理权限管理。一般情况下,党员档案不得查阅。确因工作需要查阅党员档案,需要经过本单位批准,派两名正式党员持本单位介绍信,并办理档案查阅手续。党员档案一般不外借。严禁任何人私自保存党员档案或利用档案材料营私舞弊。对违反者视情节轻重严肃处理,构成违法的依法处理。

党员档案的转递要通过机要交通或专人送取,不准邮寄,一般情况下不得交由党员本人自带;对必须转出的党员档案,不得无故扣留,转出时应密封包装;逾期一个月未收到回执,应及时催问,以防丢失。

(五)进一步健全和完善党员鉴定制度。党员鉴定是指通过一定的程序,党组织对党员或党员对自己在一定时期的思想、工作、学习、纪律、作风、廉政建设等方面的表现作出的书面定性评价。党员鉴定一般一年进行一次,可以在年末与民主评议党员一并进行。一般情况下,党员在调动工作、参加较长时间的脱产学习、平时或年终总结工作时,都应进行鉴定。

(六)进一步健全和完善党员联系群众制度。党员联系群众制度,是指党员要按照党支部的安排,在一定时期内与本单位的某些或某几个党外群众保持密切联系,以帮助党外群众解决思想、工作和学习中遇到的困难和问题,争取更多的党外群众紧密团结在党组织的周围的制度。各党支部要通过结对帮扶困难群众、参加主题实践活动、参加设岗定责活动、深入基层调研、做好接待群众工作等,加强与群众的联系,经常听取他们的意见和建议。

(七)进一步健全和完善主题党日制度。党支部每月相对固定1天开展主题党日,组织党员集中学习、过组织生活、进行民主议事和志愿服务等。主题党日一般以党支部为单位组织开展,根据需要或特殊情况,也可由上级党组织统一部署安排。主题党日要贴近党员思想工作生活实际,与"三会一课"紧密结合,主要通过组织学习讨论、开展现场教育、开展党性分析、民主议事决策、服务党员群众、开展党费收缴等形式开展。党支部要切实抓好组织实施和活动记录,制定具体活动方案,严格活动考勤,做到有活动计划、有活动记录、有影像资料、有书面总结。

（八）进一步严肃党费收缴制度。党支部要教育党员自觉把交纳党费作为党性锤炼的具体体现，按时、按标准、自觉交纳党费。一般来说，党员应当每月交纳一次党费。无特殊情况，必须本人交纳党费。未经批准，不得预交、补交党费。党员必须按规定标准交纳党费，党员本人自愿在规定标准以上多交党费不限。对不按规定交纳党费的党员，党支部应及时对其进行批评、教育。无正当理由连续6个月不交纳党费的，按自行脱党处理。

（九）进一步规范党员党籍、党龄和组织关系管理。经党支部党员大会通过、基层党委审批接收的预备党员，自通过之日起，即取得党籍。党员被取消预备党员资格、劝退出党、除名、自行脱党、自动退党、不予登记、开除党籍，就失去了党籍。

党员的党龄应从其预备期满转为正式党员之日算起。由于多种原因而失掉一段时间党籍或被错误地开除党籍后又恢复党籍的党员，其党龄应连续计算；由于多种原因而失掉一段时间党籍或被除名或被开除党籍的人重新入党后，党籍应从上级党委决定其重新入党之日算起，党龄从重新入党后转为正式党员之日算起，前一段时间的党龄不能计算在内。

党员因工作单位发生变化，外出学习或工作时间较长（6个月以上）且地点比较固定的，应按规定转移党员正式组织关系。党员组织关系转出后，党员应在转入单位党组织参加党的组织生活，交纳党费等。党员组织关系介绍信是党员变动组织关系的凭证。党员临时（一般6个月内）外出、开会、实习、学习、考察等，应按规定持有临时组织关系，开具党员证明信。党员证明信是党员临时外出参加组织生活证明其党员身份的凭证。凡是正式组织关系已经转出原单位的，在原单位担任的党内职务自然免除，不必另办免职手续。

（十）进一步严肃党的纪律。党的纪律是党员和党组织必须遵守的行为准则，是党团结统一、增强战斗力的重要保证。党章是党的总纪律，党的政治纪律、组织纪律、廉洁纪律、工作纪律、群众纪律、生活纪律则是党的基本纪律。党支部必须按照党章等党内法规规定，严肃党的纪律，注重运用"四种形态"中的前两种形态，加强党员监督管理。对违反党的纪律的党员，依据其违纪情节的轻重，实施纪律处分。对犯错误党员实施纪律处分前，要对违犯党纪的党员所犯错误进行调查核实，写出调查报告；与违纪党员谈话，听取违纪党员的说明和申辩；对违纪党员进行帮助和教育，在党支部（或党小组）范围内让党员了解违纪党员的错误事实，拿出对违纪党员实施纪律处分的初步意见。召开党支部党员大会，作出对违纪党员的纪律处分决定。

七、进一步加强新时期党员教育培训工作

（一）牢牢抓住党员教育培训的重点内容。党组织对党员的教育培训是全方位的系统工程，而且在不同时期有不同的重点和要求。当前，结合我们党所面对的形势和所担负的任务，党支部要在以下几个方面对党员加强教育培训。一是加强马克思主义基本理论教育培训，特别是把学习习近平新时代中国特色社会主义思想作为重中之重，引导党员坚定理想信念，增强党性修养，努力掌握并自觉运用马克思主义立场观点方法。二是加强党章和党的基本知识教育培训，促使党员深刻认识党，做合格的共产党员。三是加强党纪国法教育，提高党员遵纪守法意识。四是注重知识技能教育，根据党员岗位职责要求和工作需要，组织引导党员学习掌握业务知识、科技知识、实用技术等，帮助党员提高综合素质和履职能力，增强服务本领。

（二）注重党员教育培训工作的基本形式和方法。各党支部可采取集中教育、脱产培训、集体学习、网络培训、个人自学等形式，运用专题辅导、报告会、案例分析、现场观摩、现身说法、交流研讨、结对帮学等方法加强党员教育培训工作，增强教育培训的吸引力感染力。要不断创新党员教育培训途径，可通过党员培训或轮训、定期上好党课、开展民主讨论、网络教育、典型事例教育、开展家访和个别谈心、开展主题实践活动、广泛开展评比竞赛等，推进"两学一做"常态化制度化，发挥党支部自我净化、自我提高的主动性，进一步严密党的组织体系、严肃党的组织生活、严格党员教育管理、严明党建工作责任制，激励基层党组织和广大党员干事创业。

（三）进一步加强和改进思想政治工作。思想政治工作是塑造人的灵魂，帮助和教育人们树立正确的世界观、人生观和价值观的系统工程。党支部必须紧紧抓住思想政治工作的核心，结合新的形势和任务以及广大党员群众的思想实际，努力探索思想政治工作的内在规律，全面创新思想政治工作。要全面贯彻落实新时代加强和改进思想政治工作的总体部署要求，坚持不懈地用习近平新时代中国特色社会主义思想武装头脑、指导实践，推动理想信念教育常态化制度化，大力培育和践行社会主义核心价值观，深入贯彻党的民族宗教理论和政策，深化党史、新中国史、改革开放史和社会主义发展史教育，加强社会主义法治教育，大力弘扬艰苦奋斗优良传统，牢牢抓住意识形态主阵地，大力推动模范机关创建和群众性精神文明创建活动，着力构建推进思想政治工作的领导体制和工作机制，不断壮大思想政治工作者队伍，不断推动思想政治工作高质量发展。

八、严格党支部换届选举工作

按照相关规定，厅机关处室和厅属单位所辖党支部委员会均执行每届任期 3 年的规定，任期届满必须召开支部党员大会进行换届，全面总结上次党员大会到这次党员大会之间的工作，肯定成绩、找出存在的问题、总结经验教训，提出今后一个时期的总任务和各项具体任务及完成这些任务的措施。

党员不足 7 名的党支部，可不设支部委员会，只设支部书记 1 名，必要时增设副书记 1 名。党员超过 7 名不足 50 名的，设党支部委员会，委员名额一般为 3~5 名，最多不超过 7 名。总支部委员会一般设委员 3~5 人，最多不超过 9 人，其中设书记 1 人，副书记 1 人。支部委员会委员候选人提名必须坚持群众路线，采取自下而上的办法，组织广大党员推荐人选，提出候选人初步人选，并对其德、能、勤、绩、廉等各个方面进行全面考察，尤其是要把讲政治摆在首位，着重考察其政治方向、政治立场、政治态度、政治纪律、政治敏锐性和政治鉴别力。候选人预备人选确定后提交党员大会酝酿讨论，并根据多数党员意见确定候选人，报上级党委批准。

党支部召开换届选举党员大会，一般要按照如下程序进行：一是清点到会党员人数，并作出说明（应到会人数、实到会人数、大会是否符合法定人数，能否开会等）。二是宣布党员大会开始。三是奏（唱）《国歌》。四是上届支部委员会负责同志作工作报告、党费收缴使用情况报告。五是与会人员审议支部委员会的工作报告。六是酝酿讨论新一届支部委员会组成人员候选人名单。七是通过支部委员会工作报告的决议及其他有关重大问题的决议。八是进行大会选举投票。九是宣布换届选举大会闭幕。全体起立，奏（唱）《国际歌》。

党员选举大会后，新当选的委员会委员应及时召开第一次委员会选举书记、副书记，并协商确定其他委员的分工，及时将选举情况书面报上级党委审批，并做好落选人的思想工作。

九、切实加强组织领导

厅机关党委和厅属各单位党委（总支）要加强对党支部标准化规范化建设的领导，构建党委统一领导、组织人事部门牵头抓总、各党支部共同推进、全体党员共同参与的工作格局。要把党建与水利业务工作深度融合作为主要评价标准，纳入年度考核指标体系、作为全面从严治党主体责任监督检查和政治巡察重要内容，进一步加强和改进党建工作考核评价体系，强化对党支部书记的考核，大力宣传先进典型，及时总结有效经验，推动全厅党建工作高质量发展。

自治区水利厅党委关于印发广泛开展习近平总书记视察宁夏重要讲话和重要指示批示精神"大学习、大讨论、大宣传、大实践"活动方案的通知

（2022 年 8 月 23 日　宁水党发〔2022〕66 号）

厅属各党委（总支、支部）、厅机关各党支部：

现将《自治区水利厅党委关于广泛开展习近平总书记视察宁夏重要讲话和重要指示批示精神"大学习、大讨论、大宣传、大实践"活动方案》印发给你们，请结合实际抓好贯彻落实。

自治区水利厅党委关于广泛开展习近平总书记视察宁夏重要讲话和重要指示批示精神"大学习、大讨论、大宣传、大实践"活动方案

为推动自治区第十三次党代会精神在水利系统落地生根，真正把大会绘就的美好"画卷"变成党和人民满意的水利"答卷"。根据《中共宁夏回族自治区委员会关于广泛开展习近平总书记视察宁夏重要讲话和重要指示批示精神"大学习、大讨论、大宣传、大实践"活动的实施意见》（宁党发〔2022〕20号），厅党委决定在全厅开展习近平总书记视察宁夏重要讲话和重要指示批示精神"大学习、大讨论、大宣传、大实践"活动（以下简称"大学习、大讨论、大宣传、大实践"活动），特制定方案如下。

一、重要意义

习近平总书记视察宁夏重要讲话和重要指示批示精神，是习近平新时代中国特色社会主义思想的"宁夏篇"，是宁夏各项事业发展的指导思想和行动指南。广泛开展"大学习、大讨论、大宣传、大实践"活动，对坚持以习近平新时代中国特色社会主义思想为指导，深入学习贯彻习近平总书记视察宁夏重要讲话和重要指示批示精神，带动全区上下认真学习宣传贯彻自治区第十三次党代会精神，全面建设社会主义现代化美丽新宁夏具有重要意义。

广泛开展"大学习、大讨论、大宣传、大实践"活动，是坚定不移沿着习近平总书记指引方向前进的必然要求。习近平总书记对宁夏人民很有感情，对宁夏发展十分关心，党的十八大以来两次亲临宁夏视察并发表重要讲话、作出重要指示批示，为宁夏改革发展指明了方向、提供了遵循。这些年宁夏发展取得的历史性成就、发生的历史性变革，根本在于习近平总书记的指路领航，踏上新征程必须一以贯之、一如既往地坚持。自治区第十三次党代会坚持以习近平新时代中国特色社会主义思想为指导，把习近平总书记视察宁夏重要讲话和重要指示批示精神作为"纲"和"魂"，对宁夏今后发展作出科学谋划、全面部署，坚决做到习近平总书记有号令、宁夏就见行动，

习近平总书记怎么说、我们就怎么做。通过广泛开展"大学习、大讨论、大宣传、大实践"活动，必将有力推动党员干部准确理解习近平总书记视察宁夏重要讲话和重要指示批示的核心要义、精神实质，深刻领会"两个确立"的决定性意义，进一步增强"四个意识"，坚定"四个自信"、做到"两个维护"，确保宁夏水利事业发展始终沿着习近平总书记指引的方向阔步前进。

广泛开展"大学习、大讨论、大宣传、大实践"活动，是推动习近平总书记擘画宏伟蓝图变为现实的重要举措。自治区第十三次党代会坚决贯彻习近平总书记对宁夏的战略擘画，紧紧围绕党中央全面建设社会主义现代化国家的重大决策，顺应时代要求、结合宁夏实际，进一步明确了全面建设社会主义现代化美丽新宁夏的奋斗目标。这一奋斗目标体现了建设美丽新宁夏的时代特征，体现了社会主义现代化在宁夏的基本内涵，体现了贯彻党中央新时代"两步走"战略安排。通过广泛开展"大学习、大讨论、大宣传、大实践"活动，必将有力推动党员干部牢记习近平总书记殷切嘱托，更好地理解把握自治区第十三次党代会对宁夏未来发展的深度考量、科学谋划和实践要求，更加自觉地围绕目标思考、聚焦目标行动，一步一个脚印把习近平总书记擘画的宏伟蓝图变为现实。

广泛开展"大学习、大讨论、大宣传、大实践"活动，是坚决确保习近平总书记重要要求落地落实的强大动力。习近平总书记2016年7月视察宁夏时作出了"三个着力"的战略性部署，2020年6月视察宁夏时提出了"六项重点任务"，赋予宁夏努力建设黄河流域生态保护和高质量发展先行区的使命任务，先后多次对宁夏工作作出重要批示。自治区第十三次党代会坚决对标对表，对习近平总书记视察宁夏重要讲话和重要指示批示精神进一步细化实化具体化，明确提出今后五年宁夏发展的主题、总体要求和"五个必须"总体部署，以及高质量发展"九大支撑"、保持社会和谐稳定"五个进一步"、全面从严治党"六个建设"重点任务。通过广泛开展"大学习、大讨论、大宣传、大实践"活动，必将有力推动全区党员干部

切实把思想和行动统一到习近平总书记重要要求上来，统一到自治区第十三次党代会精神上来，激发起再出发的心态、冲锋者的姿态、加油干的状态，戮力同心答好全面建设社会主义现代化美丽新宁夏时代"考题"。

从现在开始到党的二十大召开前，重点围绕学习贯彻《习近平谈治国理政》第四卷、党中央重大决策部署、习近平总书记视察宁夏重要讲话和重要指示批示精神开展活动。党的二十大召开后，重点围绕学习宣传贯彻党的二十大精神特别是学习贯彻党的二十大报告和习近平总书记最新重要讲话等开展活动。

二、主要任务

这次活动不划阶段、不分环节，坚持大学习、大讨论、大宣传、大实践一体谋划、一体推进，确保高质量开展。

（一）牢牢抓实大学习这一基础，把稳思想之舵

坚持学"早"学"深"学"全"，组织开展丰富的学习活动，搭建学习载体"立交桥"，确保学习范围全覆盖，学习效果有突破，使党员干部接受全面深刻的政治教育、思想淬炼、精神洗礼。

1. 坚持"早"，理论学习中心组引领学。各级党委要严格落实"第一议题"、理论学习中心组学习会制度，把学习习近平新时代中国特色社会主义思想摆在第一位，制订学习计划，划分学习专题，有序推进实施，系统学习习近平新时代中国特色社会主义思想及习近平总书记重要指示批示精神"宁夏篇""水利篇"，跟进学习"最新篇"，推动学习入脑入心，走深走实。全厅党员领导干部要坚持先学一步、学深一层，带头精学、细学，每年至少讲一次党课、辅导一次所在支部学习，当好学习排头兵。

2. 坚持"广"，"三会一课"专题学。各级党组织通过政治理论学习、青年理论学习班、主题党日、"三会一课"等形式，组织全体党员干部原原本本、原汁原味、逐字逐句学习思考，努力做到知其然、知其所以然；组织开展一线党课、主题征文、演讲比赛等活动，充分调动党员干部学习的积极性、主动性；设置党员示范岗、成立党员先锋队、青年文明号等，引导党员

干部结合工作实际深入思考，完整、准确、全面把握核心要义，自觉从中找准工作的切入点和发力点，切实做到真学真用、学以致用。

3. 突出"深"，教育培训辅导学。坚持把用习近平新时代中国特色社会主义思想武装全党作为首要政治任务，持续深入实施"习近平新时代中国特色社会主义思想教育培训计划"，各级党组织把学习习近平总书记视察宁夏重要讲话和重要指示批示精神作为必修课，结合学习宣传贯彻自治区第十三次党代会精神，迎接党的二十大，组织开展系列专题培训，邀请自治区党委宣讲团成员、专家学者为党员干部深入阐释、细致讲解习近平总书记重要讲话和重要指示批示精神的时代意义和深刻内涵，从中找准水利事业发展的契合点，个人干事创业的切入点，使学习过程成为凝聚共识、推动发展的过程。

4. 坚持"悟"，党课教育深入学。结合"千场党课下基层"活动，以"千场党课下基层、砥砺奋进新时代"为主题，厅、处两级党员干部深入基层为联系组织党员干部职工讲党课，党课要结合所学所思所悟，要结合水利事业改革发展现状，要结合水治理能力和治理体系现代化建设要求，引导党员干部奋勇争先。充分运用好红色资源，组织党员干部瞻仰参观革命遗迹、革命博物馆、纪念场馆，运用先进典型进行教育引导。发挥线上学习优势，发布网上"微党课"，用好"学习强国"平台，深化对习近平总书记视察宁夏重要讲话和重要指示批示精神的学习掌握。

（二）牢牢抓好大讨论这一关键，厚植信心之基

聚焦党员干部队伍建设情况，水利事业工作情况，群众关注的热点难点，影响安全稳定的风险隐患等，有侧重地组织开展讨论调研，引导党员干部在悟深悟透中强化责任担当，探索发展新路。

1. 围绕"六对照六查看"开展专题大研讨。对照习近平总书记的新要求、查看方向正不正；对照党中央的新部署，查看定位准不准；对照加快高质量发展的新内涵，查看贡献够不够；对照人民对美好生活的新期盼、查看服务优不优；对照深化改革开放的新举措、查看路径好不好，对照全面从严治党的新形势、查看作风实不实。组织开展专题研讨、撰写理论文

章、交流学习心得,深入研讨水利事业发展的历史方位、阶段特征、时代要求和奋斗方向,按照摆出问题、形成共识、拿出办法、建章立制的方式,引导党员干部在深度交流中出实策、聚共识,在思辨讨论中明是非、识大局,努力使制约水利事业发展的痛点堵点难点,成为推动发展的特色亮点。

2. 围绕"五个紧紧扣住"深化区情水情大调研。组织广大党员干部紧紧扣住新时代党的创新理论,紧紧扣住统筹发展和安全;紧紧扣住加快黄河流域生态保护和高质量发展先行区、乡村全面振兴样板区、铸牢中华民族共同体意识示范区"三区建设";紧紧扣住加快水利事业高质量发展;紧紧扣住全面从严治党重大课题开展调研。各级领导干部要坚持问题导向、目标导向,带头深入基层、深入灌区、深入一线开展随机调研、蹲点调研、解剖麻雀式调研,聚焦制约宁夏水利事业发展的水资源时空分布不均、严重匮乏的基本特征,现代水网体系尚不健全、水利发展不平衡不充分的现实状况,治黄基础设施仍然薄弱、防灾减灾形势依然严峻、行业监管执法力度不强等不利因素,带着问题去,带着对策回,着力在深入调查研究中精准理解和把握习近平总书记视察宁夏重要讲话和重要指示批示精神的深刻内涵。每名处级干部年底前向厅党委提交高质量调研报告不少于2篇。

3. 围绕"四个着力破除"推进思想大解放。着力破除思维定式和路径依赖束缚,着力破除阻碍高质量发展的思想和体制束缚,着力破除影响改革开放的陈旧观念和狭隘认识束缚,着力破除固有利益格局和藩篱束缚,鼓励支持党员干部围绕推进黄河流域生态保护和高质量发展先行区建设,统筹提升水资源集约节约利用能力,提升水生态环境保护治理能力,提升水旱灾害防御能力,提升水利高质量发展能力,结合现状把职责摆进去、把工作摆进去,结合本职和工作实际拓宽思想路径,创新方式方法,真正破解难点工作、推动重点任务、提高工作质量。

(三)牢牢抓住大宣传这一重点,凝聚团结之力

坚持把宣传宣讲习近平新时代中国特色社会主义思想、习近平总书记视察宁夏重要讲话和重要指示批示精神,与宣传宣讲党的二十大精神结合起来,与宣传宣讲自治区第十三次党代会精神结合起来,教育引导党员干部深入学习、系统领会、准确把握。

1. 高站位宣讲。按照分层、分众、分对象要求开展习近平总书记视察宁夏重要讲话和重要指示批示精神宣讲工作。坚持线上和线下齐发力、传统媒体和新媒体同发声,宣讲宣传展示共行动,积极探索"基层宣讲+"模式,结合文明实践志愿服务、"强国复兴有我"群众性主题实践活动,成立宣讲组,深入灌区深入基层组织开展有声势、有深度、有影响的分类宣传、分层宣传、分众宣传,把习近平总书记视察宁夏重要讲话和重要指示批示精神"传"遍机关、"深"入支部、"播"进心田。

2. 全媒体宣传。坚持线上和线下齐发力,统筹运用宁夏水利网、宁夏水利微信公众号、线下宣传栏、展板橱窗、文化长廊、电子屏等载体,深入宣传习近平总书记视察宁夏重要讲话和重要指示批示精神的重大意义,对宁夏发展的总体要求,赋予宁夏的时代重任,全面宣传水利系统落实重点任务的进度进展,宁夏水利事业取得的重要成就和改革发展的经验做法,广泛宣传自治区第十三次党代会,党的二十大提出的重大战略和工作要求,引导党员干部形成思想共鸣、心灵共振、情感共融。

3. 全方位展示。各级领导班子成员要发挥"关键少数"引领作用,带头撰写学习党代会精神理论文章,处科级领导干部要发挥骨干作用,率先上"讲台"谈感悟,每名党员干部要结合所学所思所悟撰写心得体会,立足岗位开展交流研讨。通过网络交流、理论征文、演讲比赛、"三微"作品等,宣传展示水利系统"大学习、大讨论、大宣传、大实践"活动的热烈反响、水利人踔厉奋发推动新阶段水利高质量发展,为先行区建设提供坚实水安全保障的具体实践和成果。

(四)牢牢抓紧大实践这一目的,彰显实干之效

各单位和党员干部要把学习贯彻习近平总书记视察宁夏重要讲话和重要指示批示精神的成效体现在工作实践中,按照《自治区第十三次党代会涉水重大项目和与水利部对接支持事项目标任务责任分解

的通知》要求,坚持实干实干再实干、落实落实再落实,以实践发展推动工作落实,以落实成效检验实践成果。

1. 开展好加快实施重大战略实践。自治区第十三次党代会报告指出,全区要大力推进20项重大工程建设,其中涉及水利行业的有黄河黑山峡水利枢纽工程、黄河宁夏段河道治理、贺兰山东麓防洪治理等三项,充分体现了水利在我区经济社会发展中的重要支撑作用。各单位对划分的工作任务,要研究制定工作方案,建立"四大清单",明确目标任务、细化实施措施、推动责任落实。定期向厅党委报告工作推进情况,以实际行动推动党代会精神在水利系统落地生根。

2. 开展好为人民群众办实事实践。要深化"我为群众办实事"主题实践活动,持续开展"办好实事惠民生""创新治理保平安""推动发展增福祉"三大专项行动,用心用情解决民生水利建设中的短板弱项,有的放矢,精准施策,切实推动解决基层、灌区群众面临的难事、基层面临的难题、发展面临的难点。强化对民生实事项目的检查督办,建立问题台账,强化约谈督办力度,确保把水利项目建设成人民满意的优质工程。要严格落实"双报到双报告"制度,组织引导党员干部积极参与社区治理,进一步细化量化指标,为建设美丽宁夏夯实水利保障。

3. 开展好防范化解风险隐患实践。牢固树立"时时放心不下"的责任感,全面践行总体国家安全观,紧盯意识形态、水旱灾害防御、水生态环境、涉水社会稳定重点工程建设等重点领域,统筹水资源、水生态、水环境、水灾害系统治理,广泛开展宣传、教育、演练,深入推进"四预"建设,纵深贯通"四情"防御,全面列出清单、全面落实责任、全面化解销账、全面完善机制,穷尽各类问题隐患,推动高质量发展和高水平安全实现良性互动。

4. 开展好工作质量标准提升实践。完整、准确、全面贯彻新发展理念,紧紧围绕自治区第十三次党代会安排部署,大力倡导"以120分的努力取得100分的目标"的追求,以黄河大保护大治理为核心,抓重点破难点创亮点、举全力打硬仗抢先机,全方位贯彻"四水四定"原则,推动新阶段水利高质量发展,做好黄河流域生态保护和高质量发展先行区建设水文章,加快水治理体系和治理能力现代化,全面提升水安全保障能力,在全面建设社会主义现代化美丽新宁夏中走在前作表率。

三、保障措施

(一)加强组织领导

厅属各级党组织要按照自治区党委和水利厅党委的部署要求,细化方案、精心组织、有序推进,各级党组织班子成员要带头参与各项活动,广泛动员党员干部职工投身水利事业新征程的火热实践中,迅速在全厅掀起"大学习、大讨论、大宣传、大实践"活动热潮。

(二)推动责任落实

扎实开展"大学习、大讨论、大宣传、大实践"活动是落实自治区第十三次党代会精神的重要抓手,厅属各级党组织要严格履行主体责任,党组织负责人要自觉担负起第一责任人责任,亲自谋划、亲自推动,班子成员认真履行"一岗双责",主动抓、配合抓,形成上下联动、齐抓共管的工作格局。

(三)凝聚工作合力

要结合扎实推进党支部标准化规范化建设、"五型"模范机关创建、党建品牌创立、党建和业务深度融合等工作,在党代会部署的新任务、提出的新要求中找准契合点,以党建工作的吸引力、感召力增强党员干部的凝聚力、向心力,充分发挥党员干部在贯彻落实"大学习、大讨论、大宣传、大实践"活动中的先锋模范作用,凝聚起全面建设现代化美丽新宁夏的强大合力。

(四)深化工作督查

厅党委将运用"三察(查)一体"机制,结合政治机关建设专项督查、工作督查、年度考核、随机调研等方式,综合点上督查和面上督查、日常督查和一竿子插到底随机督查相结合,对重点工作任务进行督查考核,既督任务、督进度、督成效,又查认识、查责任、查作风,以强有力的督查推动贯彻落实"大学习、大讨论、大宣传、大实践"活动方向不偏离、任务不落空、成效不打折。

（五）强化作风保障

坚决防止学习贯彻"大学习、大讨论、大宣传、大实践"活动中的形式主义、官僚主义，驰而不息强化作风建设，持续加固中央八项规定堤坝，严格遵守自治区"八条禁令"和区直机关"十项严禁"。深化"四警六廉"工程，持续纠治"庸懒散浮拖"。

自治区水利厅党委 自治区水利厅关于印发自治区水利厅党委和领导干部安全生产责任清单的通知

（2022 年 9 月 27 日 宁水党发〔2022〕77 号）

厅属各单位党委（总支、支部）、厅机关党委，各市、县（区）水务局，厅属各单位、机关各处室：

根据《自治区党委办公厅 人民政府办公厅关于印发〈自治区党委政府和党政领导干部安全生产责任清单〉的通知》（宁党厅字〔2022〕33 号）要求，水利厅党委研究制定了《自治区水利厅党委和领导干部安全生产责任清单》，现予印发，请各单位结合实际认真贯彻落实。

自治区水利厅党委和领导干部安全生产责任清单

一、水利厅党委主要职责

1. 认真贯彻落实党中央、国务院和自治区、水利部关于安全生产的决策部署、指示精神与安全生产方针政策、法律法规，结合实际提出具体贯彻落实意见。

2. 把安全生产纳入水利厅党委议事日程，党委会会议及时研究决定有关水利安全生产的重大事项，及时研究解决水利安全生产重大问题，将安全生产方针政策和法律法规纳入党委理论学习中心组学习内容。

3. 把安全生产纳入水利厅党委精神文明、党风廉政建设、年度效能目标考核等体系中，并将工作成效作为领导干部选拔任用考核重要内容。

4. 加强水利厅安全生产监督与管理队伍建设。将安全生产宣传教育工作纳入党的宣传思想工作之中，加强安全生产宣传教育工作。

5. 督促厅党委委员按照职责分工，抓好分管范围和联系部门（单位）的水利安全生产工作，定期调研督查水利安全生产工作。

6. 推动落实安全生产履职绩效考核和失职责任追究，同等条件下优先选拔、任用在安全生产工作方面作出显著成效和重要贡献的党政领导干部。

7. 将安全生产纳入干部培训教育内容，不断提升各级领导干部的安全意识和安全生产工作水平。

二、水利厅主要职责

1. 贯彻执行党中央、国务院和自治区、水利部关于安全生产的决策部署、指示精神与安全生产方针政策、法律法规，贯彻执行水利厅党委工作要求。

2. 把安全生产纳入水利厅年度重点工作，每季度召开一次安全生产委员会会议，分析形势、研究部署和推动水利安全生产工作，及时组织研究解决水利安全生产突出问题。

3. 推动完善水利厅安全生产责任体系，按照有关规定推动开展水利安全生产巡查、督查、考核等工作。督促厅领导班子成员、厅级干部及机关部门、厅属单位领导干部按照职责分工履行安全生产工作责任，并列入年度述职内容。

4. 督促厅领导班子成员及机关部门、厅属单位领导干部按照"三管三必须"要求将水利安全生产工作与业务工作同时安排部署、同时组织实施、同时监督检查，督促厅领导班子成员、厅级干部成员定期调研督查水利安全生产工作。组织、督促、支持各有关部门依法履行安全生产监督管理职责，落实监督管理责任制。

5. 加大安全生产投入，落实安全生产专项资金，列入财政预算。依法开展水利安全生产行政执法工作，保障安全生产执法必需的人员、经费等。

6. 组织对重点领域水利安全生产专项整治及隐患排查治理，定期对水利安全生产状况进行评价。严厉打击水利行业各类非法违法生产经营建设行为，及时消除事故隐患，依法对非法违法和不符合安全生产条件的水利生产经营管理单位进行责任追究。

7. 完善水利安全生产监管机制，指导全区各级水行政主管部门建立健全安全生产监管机构，细化安全生产监管清单，建立综合监管和专业监管职责清单。指导水利生产安全事故应急救援，依法参与生产安全事故调查处理工作。

8. 组织开展水利安全生产宣传教育培训工作，按照规定开展水利水电施工企业主要负责人、项目负责人和专职安全生产管理人员安全生产考核工作。

9. 鼓励水利生产经营管理单位开展安全生产标准化达标建设，支持安全生产科学技术和先进技术推广应用，不断提升水利安全生产水平。

三、水利厅党委书记、厅长职责

1. 认真贯彻执行党中央、国务院和自治区、水利部关于安全生产的决策部署、指示精神与安全生产方针政策、法律法规，贯彻执行水利厅党委工作要求，研究制定水利厅安全生产工作规章制度并监督落实。

2. 把安全生产纳入水利厅党委议事日程和水利厅年度重点工作，定期督导水利安全生产工作，适时组织召开党委会议、厅务会议或专题会议，及时研究解决与安全生产有关的重大问题。每季度召开一次安全生产委员会会议，分析形势、研究部署和推动水利安全生产工作。

3. 把安全生产纳入党委会及其成员职责清单，督促落实安全生产"一岗双责"制度，督促厅党委委员、副厅长、总工程师、其他厅级干部和厅机关各部门、厅属单位领导干部按照职责分工履行安全生产工作责任，并列入年度述职内容。

4. 加强水利厅安全生产监督与管理队伍建设。落实安全生产专项资金，列入财政预算。加强水利安全生产监管能力建设，配备水利安全生产监管执法必需的人员、经费、装备等，强化监管执法。

5. 领导安全生产委员会工作，督导推进水利安全生产工作，推动构建安全生产责任体系，将安全生产纳入年度效能目标考核体系和领导干部选拔任用

的重要内容，组织开展水利安全生产巡查、督查、考核等工作。

6. 加强水利安全生产源头治理，推动落实安全风险分级管控和隐患排查治理预防工作。领导制定水利厅生产安全事故应急救援预案，指导水利生产安全事故应急救援，依法参与水利生产安全事故调查处理工作，及时、如实报告生产安全事故。

7. 大力弘扬生命至上、安全第一的思想，强化水利安全生产宣传教育，将安全生产方针政策和法律法规纳入党委理论学习中心组学习和干部培训内容。

四、驻水利厅纪检监察组组长

1. 督促、指导驻厅纪检监察组对水利厅各级党组织贯彻执行党中央、国务院、自治区关于安全生产的决策部署、安全生产方针政策和国家法律法规以及履行安全生产监管职责情况进行监督检查。

2. 督促、指导驻厅纪检监察组按照规定开展水利生产安全责任事故追责问责审查调查，依规依纪依法查处涉及生产安全责任事故的职务违法和职务犯罪及水利安全生产领域项目审批、行政许可、监管执法中的失职渎职和权钱交易等违纪违法行为。

五、水利厅党委委员、分管安全的副厅长

1. 组织制定贯彻落实党中央、国务院和自治区、水利部关于安全生产的决策部署、指示精神与安全生产方针政策、法律法规，以及水利厅党委工作要求的具体措施，研究制定水利厅安全生产工作规章制度并监督落实。

2. 协助水利厅党委书记、厅长定期督导水利安全生产工作，受厅长委托组织召开安委会会议，分析形势、研究部署和推动水利安全生产工作。根据需要召开专题会议，及时研究解决水利安全生产有关问题。

3. 落实安全生产"一岗双责"制度，督促、及时指导所联系和分管的部门（单位）做好水利安全生产工作。

4. 协助水利厅党委书记、厅长督促落实厅党委关于安全生产的决策部署，统筹推进全区水利安全生产工作，负责水利厅安全生产委员会日常工作，督

促组织实施水利安全生产监督检查、巡查、考核等工作,协调解决重点难点问题。

5.组织指导水利生产经营单位落实全员安全生产责任制。组织实施安全风险分级管控和隐患排查治理预防工作,指导水利安全生产专项整治和安全生产综合检查,组织查处各类违法违规行为。

6.组织制定水利厅生产安全事故应急救援预案,组织指导水利生产安全事故应急救援,依法组织参与水利生产安全事故调查处理工作。

7.组织推进安全生产信息化建设、安全生产标准化达标建设和诚信体系建设等工作。组织制订安全生产教育和培训计划,并监督实施。

六、水利厅党委委员、分管业务副厅长

1.组织分管范围和联系部门(单位)贯彻执行党中央、国务院和自治区、水利部关于安全生产的决策部署、指示精神,认真落实安全生产方针政策、法律法规,以及水利厅党委工作要求。

2.组织分管范围和联系部门(单位)健全和落实安全生产责任制,按照"三管三必须"要求,将水利安全生产工作与业务工作同时安排部署、同时组织实施、同时监督检查,将履行安全生产工作责任情况列入年度述职内容。

3.统筹推进分管范围和联系部门(单位)水利安全生产工作,定期督导水利安全生产工作、组织分析水利安全生产形势,及时研究解决水利安全生产存在问题,支持有关部门依法履行安全生产工作职责。

4.组织开展分管范围和联系部门(单位)安全生产教育培训、安全检查、专项整治、安全生产应急管理、查处违法违规生产经营行为等工作,推动构建安全风险分级管控和隐患排查治理预防工作。

5.督促指导分管范围和联系部门(单位)制定水利生产安全事故应急救援预案,并开展应急救援演练。组织指导分管范围和联系部门(单位)水利生产安全事故应急救援,依法参与水利生产安全事故调查处理工作。

七、水利厅总工程师职责

1.组织分管范围和联系部门(单位)贯彻执行党中央、国务院和自治区、水利部关于安全生产的决策

部署、指示精神,认真落实安全生产方针政策、法律法规,以及水利厅党委工作要求。

2.组织分管范围和联系部门(单位)健全和落实安全生产责任制,按照"三管三必须"要求,将水利安全生产工作与业务工作同时安排部署、同时组织实施、同时监督检查,将履行安全生产工作责任情况列入年度述职内容。

3.统筹推进分管范围和联系部门(单位)水利安全生产工作,定期督导水利安全生产工作、组织分析水利安全生产形势,及时研究解决水利安全生产存在的问题,支持有关部门依法履行安全生产工作职责。

4.组织开展分管范围和联系部门(单位)安全生产教育培训、安全检查、专项整治、安全生产应急管理、查处违法违规生产经营行为等工作,推动构建安全风险分级管控和隐患排查治理预防工作。

5.督促指导分管范围和联系部门(单位)制定水利生产安全事故应急救援预案,并开展应急救援演练。组织指导分管范围和联系部门(单位)水利生产安全事故应急救援,依法参与水利生产安全事故调查处理工作。

6.督促指导落实水利建设项目安全设施"三同时"原则,在项目规划、设计、立项等阶段,审查项目落实安全法律、法规和工程建设强制性标准(条文),落实安全生产措施及费用,强化项目前期源头管控。

八、水利厅巡视员、副巡视员职责

1.认真贯彻执行党中央、国务院和自治区、水利部关于安全生产的决策部署、指示精神,认真落实安全生产方针政策、法律法规,以及水利厅党委工作要求。

2.协助水利厅党委书记、党委委员,协调推进水利安全生产工作。

3.按厅党委工作安排,定期巡视、督导水利安全生产工作,将履行安全生产工作责任情况列入年度述职内容。

自治区水利厅关于印发宁夏重点水利工程项目建设特约廉洁监督员选聘与管理办法（试行）的通知

（2022年5月23日　宁水人发〔2022〕5号）

各市、县（区）水务局，厅属各单位、机关各处室：

《宁夏重点水利工程项目建设特约廉洁监督员选聘与管理办法（试行）》已经厅党委会议审议通过，现印发给你们，请结合实际认真贯彻落实。

宁夏重点水利工程项目建设特约廉洁监督员选聘与管理办法（试行）

第一条　为规范重点水利工程项目建设（以下简称项目建设）行为，加强项目建设领域廉洁风险防控，强化对项目建设参与方权力运行的监督制约，有效防范项目建设领域腐败风险，保障工程安全、资金安全、干部安全，根据中央和自治区关于党风廉政建设工作的相关规定，结合我区水利项目建设实际，制定本办法。

第二条　本办法所称重点水利工程项目是指中央批复的重大水利工程项目和自治区本级批复的重大水利工程项目。

第三条　本办法所称特约廉洁监督员是指根据工作需要，由水利厅党风廉政建设和反腐败工作厅领导小组办公室（以下简称领导小组办公室）按程序选聘、对项目建设廉洁情况实施专项监督的人员。

第四条　本办法所称项目建设参与方，包括参与重点水利工程项目的建设单位、勘察单位、设计单位、施工单位、监理单位以及主材、主要设备的供应单位等。

第五条　厅领导小组办公室具体负责特约廉洁监督员的选聘与管理。各市、县（区）水行政主管部门和厅属相关单位协助配合做好相关工作。

第六条　特约廉洁监督员的主要任务：

（一）根据授权负责对指定的项目建设廉洁情况实施现场监督；

（二）向项目建设参与方宣讲党中央、中央纪委国家监委，自治区党委、纪委以及水利厅有关党风廉政建设和反腐败工作方面的精神、要求或相关法律、法规、政策；

（三）向厅领导小组办公室提出与项目建设有关的反腐倡廉方面的意见建议；

（四）完成厅领导小组办公室交办的其他相关任务。

第七条　水利厅建立特约廉洁监督员基础人员库，首期选聘15名特约廉洁监督员，此后视情况对特约廉洁监督员进行优化调整。

第八条　特约廉洁监督员的选聘对象为：厅机关有关处室、厅直属有关单位、市、县（区）级水行政主管部门及其直属事业单位的在职人员；自治区人大代表和政协委员；市人大代表和政协委员。根据工作需要，也可以在全国水利系统选聘符合条件的公职人员。

第九条　特约廉洁监督员的选聘条件：

（一）坚持原则，敢于担当，公道正派，廉洁自律；

（二）具有水利工程建设管理、党风廉政建设、工程稽察、财务审计等至少一个方面的工作经验；

（三）行政机关四级调研员及以上党员干部，事业单位六级职员及以上党员干部或具有中级及以上专业技术职称的专业技术人员；

（四）身体健康，能够胜任特约廉洁监督员工作。

第十条　受到党纪处分、政务处分、刑事处罚或行政拘留的人员，以及其他不适宜担任特约廉洁监督员的人员，不得聘任为特约廉洁监督员。

第十一条　特约廉洁监督员的选聘程序：

（一）推荐。厅机关有关处室、厅直属有关单位和市、县级水行政主管部门向厅领导小组推荐特约廉洁监督员人选，填写《重点水利工程项目建设特约廉洁监督员推荐审核表》。

（二）复核。厅领导小组办公室负责组织对特约廉洁监督员推荐人选进行资格复核。

（三）公示。经厅领导小组办公室研究确定的特约廉洁监督员人选，在水利厅门户网站上进行5个工作日的公示。

（四）聘任。公示后没有异议的,由厅领导小组办公室向特约廉洁监督员颁发聘任证书。

根据工作需要,也可由领导小组办公室向全国水利系统相关单位发函提出需求,由相关单位选派人员,作为特约廉洁监督员。

第十二条 特约廉洁监督员聘期一般为 3 年。3 年期满后,符合条件且愿意继续履职的,经所在单位和推荐单位同意,报厅领导小组审核批准,可续聘;续聘的另行颁发聘任证书。不再续聘的,自动解聘。

第十三条 特约廉洁监督员的监督方式主要是现场监督。厅领导小组办公室商有关处室,每年选取部分项目,抽取特约廉洁监督员组成现场监督工作组(以下简称工作组),对项目建设的廉洁情况实施现场监督。

第十四条 工作组一般由 5 人组成,设组长 1 名,由处级特约廉洁监督员担任。现场监督时间一般为 5 个工作日左右,因需要经请示可适当延长工作时间。

第十五条 现场监督的主要内容:

（一）深入了解项目建设参与方贯彻落实党中央、国务院,自治区党委、政府重大决策部署情况;中央纪委国家监委和自治区纪委监委关于党风廉政建设和反腐败斗争决策部署情况以及水利部、水利厅有关工作安排情况。

（二）深入了解项目建设参与方签署和履行廉洁协议的情况。

（三）听取群众对项目建设参与方有关项目建设中党风廉政方面的反映、意见。·

（四）深入了解项目建设方工作合同执行情况。

（五）深入了解工程质量、工程稽查要求是否到位。

第十六条 现场监督可采取以下方式:

（一）听取专题汇报。特约廉洁监督员可召集项目建设参与方开会,听取相关工作情况汇报。

（二）调阅有关资料。特约廉洁监督员可调阅项目建设参与方的相关资料,包括党风廉政建设工作资料,项目初步设计批复和设计变更资料,招投标资料,合同文本或协议,财务账簿、报表、凭证、会议纪

要、记录,工作台账,法律文书,规章制度等。

（三）个别谈话。特约廉洁监督员可与项目建设参与方有关人员谈话,就贯彻执行有关制度规定、政策和廉洁从业等情况进行深入了解。

（四）下沉了解。特约廉洁监督员可下沉到项目建设工地开展实地调查,深入了解有关情况。

第十七条 现场监督一般结合水利工程检查稽察一并进行。现场监督期间,项目建设参与方应当为工作组开展工作提供协助,不得干扰、阻拦、拒绝工作组开展工作。

第十八条 现场监督结束后,工作组需向厅领导小组办公室提交工作报告(内容包括现场监督基本情况、发现的主要问题、对下一步工作的意见建议等)和问题线索报告(违规违纪违法具体事实);针对工作中收到的干部职工反映的信件、意见一并转交厅领导小组办公室处理。

第十九条 厅领导小组办公室对现场监督工作提供指导,做好组织协调、沟通联络、服务保障、政策解释等工作,对工作组提交的书面报告进行审核把关,按程序审定工作报告和问题线索。

工作组向项目建设单位的反馈意见同时抄送项目所在市(县、区)级水行政主管部门。反馈意见中涉及项目建设其他参与方的意见,由项目建设单位代为转达,工作组不再单独向项目建设的其他参与方反馈意见。问题线索报告、信件等按规定移交相关部门处理。

第二十条 厅领导小组办公室加强对特约廉洁监督员的日常管理,不定期组织特约廉洁监督员参加有关会议、学习培训、调研宣讲及开展现场监督等。特约廉洁监督员所在单位、推荐单位和个人信息发生变化时,应当及时更新。

第二十一条 厅领导小组办公室加强与特约廉洁监督员及其推荐单位、所在单位的沟通联系,及时了解掌握其履职信息,每年年底向参与现场监督的特约廉洁监督员的推荐单位、所在单位反馈其履职情况,根据需要为其开具相关履职证明。

特约廉洁监督员推荐单位、所在单位应积极支持、协助特约廉洁监督员履行本办法所规定之职责,

不得因其履行本办法所规定之职责而使其原工作、岗位、职务、工资及待遇等受到影响。

第二十二条 厅领导小组办公室对特约廉洁监督员进行动态管理和工作评价,对工作成绩突出的予以通报表扬。有下列情形之一的,予以解聘:

(一)受到党纪处分、政务处分、刑事处罚或者行政拘留的;

(二)因工作调整、年龄或健康等原因不宜继续担任特约廉洁监督员的;

(三)本人主动申请辞任特约廉洁监督员的;

(四)无正当理由 1 年内不履行特约廉洁监督员职责的;

(五)未经厅领导小组授权,以特约廉洁监督员身份开展工作并产生不良影响的;

(六)具有其他不宜继续担任特约廉洁监督员情形的。

第二十三条 特约廉洁监督员因履行本办法规定职责所支出的相关费用,包括城市间交通费、住宿费等,在职人员由特约廉洁监督员所在单位按差旅标准报销,退休人员由厅领导小组办公室协调解决。

第二十四条 特约廉洁监督员在履职时应严格贯彻执行中央八项规定精神及自治区党委"八条禁令"。不得接受被监督单位的公务接待,确因工作需要接受接待的按规定缴纳相关费用。

特约廉洁监督员应自觉履行保密义务,不得泄露尚未公开的内部工作信息。

第二十五条 本办法由厅领导小组办公室负责解释,自印发之日起施行。各市、县(区)水务局参照执行。

自治区水利厅 自治区发展改革委 自治区财政厅 自治区住房城乡建设厅 自治区工业和信息化厅 自治区自然资源厅 自治区生态环境厅关于印发宁夏回族自治区非常规水源开发利用管理办法(试行)的通知

(2022 年 7 月 4 日 宁水规发〔2022〕2 号)

各市、县(区)人民政府,宁东管委会,自治区有关部门:

为全面实施深度节水控水行动,促进再生水等非常规水源利用,推动节水减排和绿色发展,支撑黄河流域生态保护和高质量发展先行区建设,自治区水利厅会同自治区发展改革委、财政厅、住房城乡建设厅、工业和信息化厅、自然资源厅、生态环境厅等部门制定了《宁夏回族自治区非常规水源开发利用管理办法(试行)》,现予印发,请遵照执行。

宁夏回族自治区非常规水源开发利用管理办法(试行)

第一章 总 则

第一条 为加快推进黄河流域生态保护和高质量先行区建设,落实《关于落实水资源"四定"原则深入推进用水权改革的实施意见》(宁党办〔2021〕39号),促进非常规水源的有效利用,保障用水安全,根据《中华人民共和国水法》《宁夏回族自治区节约用水条例》等法律法规,结合自治区实际,制定本办法。

第二条 自治区行政区域内规划、开发、利用、节约、保护和管理非常规水源,适用本办法。

第三条 本办法所称非常规水源,主要包括再生水、矿井疏干水、苦咸水、雨水等。

再生水也称中水,是指工业废水和生活污水经无害化处理后,达到特定水质标准,可替代常规水源利用的水。

矿井疏干水是指在煤炭开采生产过程中,渗入井下采掘空间并由人工排出的水。

苦咸水是指江河、湖泊、水库或者地下所存储矿化度大于 2 克/升的地表水和地下水。

雨水主要指集蓄雨水,入渗补给、调蓄排放等利用量不计入集蓄雨水利用量。

非常规水源利用设施是指非常规水源的收集、净化处理、水质监测、供水、计量以及其他附属设施。

第四条 自治区鼓励开发利用非常规水源。

非常规水源利用量上限不受年度用水总量控制指标和年度用水计划的限制,超出年度分配指标的非常规水源利用量不计入年度考核用水总量统计。

第五条 非常规水源是水资源的重要组成,依法属于国家所有。

县级以上人民政府水行政主管部门负责本辖区内非常规水源的统一管理和监督工作,将非常规水源的利用纳入水资源统一配置,实行地表水、地下水、非常规水源的统一调度。

县级以上人民政府有关部门应当依据各自职责,负责非常规水源的开发、利用、节约和保护工作。

第六条 县级以上人民政府水行政主管部门应当会同同级有关部门组织编制非常规水源开发利用规划,或者在本地区节约用水规划编制中纳入非常规水源开发利用内容。

非常规水源开发利用规划应当服从水资源综合规划和节约用水规划。

第二章 开发利用

第七条 下列领域优先利用非常规水源:

(一)冷却、洗涤、锅炉、工艺、产品等工业用水;

(二)城市绿化、冲厕、道路清扫、车辆冲洗、降尘、消防等城市杂用水;

(三)煤炭的开采业和洗选业用水;

(四)观赏性、河湖、湿地等环境用水或者生态补水;

(五)具备利用雨水及苦咸水等非常规水源条件的农、林、牧、渔业等用水。

第八条 各行业利用非常规水源时,水质应当达到相应标准:

(一)用作工业领域的冷却、洗涤、锅炉、工艺用水和采暖系统补充水的,应当达到《再生水水质标准》(SL368)的规定;

(二)用作道路清扫、消防、车辆冲洗、厕所冲洗等城市杂用水,应当达到《城市污水再生利用城市杂

用水水质标准》(GB/T18920)的规定;

(三)用作城市公园、绿地等灌溉用水的,应当达到《城市污水再生利用绿地灌溉水质》(GB/T25499)的规定;

(四)用作观赏性、湖泊、湿地等环境用水的,应当达到《城市污水再生利用景观环境用水水质标准》(GB/T18921)的规定;

(五)用于农田灌溉用水的,应当达到《农田灌溉水质标准》(GB5084)的规定;

非常规水源利用设施系统的出水有多种用途时,其水质标准按最高使用要求确定。

第九条 经水行政主管部门批准或者按照本办法规定优先使用非常规水源的建设项目,应当严格按照相关批复和要求建设非常规水源利用设施,并与主体工程同时设计、同时施工、同时投入使用。建设非常规水源利用设施的投资应当纳入主体工程预决算。

第十条 再生水利用基础设施建设应当遵循经济可行、高效便利、集中建设与分散建设相结合的原则。

国土空间规划编制或者城市建设过程中,应当预留再生水利用设施建设用地。新、改、扩建城市道路,应当按照规划建设公共再生水供水管网。对现有污水处理厂实施差别化分区提标改造和精准治污,合理布局再生水利用设施。

在公共污水收集范围外,新、改、扩建的宾馆、饭店、综合性服务楼、机关、科研单位、专业院校、大型综合文化体育设施、建筑区、住宅小区、工业企业、工业园区、乡镇等,以及已建未接入污水收集管网的工业企业及居民住宅,应当配套建设分散小型化处理回用设施。

第十一条 煤矿企业应当对本矿区的矿井疏干水资源利用进行全面规划、合理开发、高效利用和统一管理。煤炭的开采、消防、绿化、煤炭洗选等环节的生产用水,应当全部使用矿井疏干水。若矿井疏干水可供水量不足,可用其他水源予以补充。

在矿井疏干水满足煤矿生产用水后仍有剩余的区域,新建工业生产用水应当优先利用剩余的矿井疏干水。具备利用条件的矿井疏干水未得到充分利

用的,不得开采和使用其他地表水和地下水,不得擅自外排矿井疏干水。

第十二条　再生水、矿井疏干水经充分利用后仍需要外排的,应当按照《中华人民共和国水法》等有关规定设置排污口;外排水质除满足《城镇污水处理厂污染物排放标准》和《煤炭工业污染物排放标准》要求外,还应当满足或者优于受纳水体环境功能区划规定的地表水环境质量,含盐量不得超过 1000 毫克/升,且不得影响上下游相关河段水功能需求。

第十三条　雨水资源应当结合集蓄利用(直接利用)、入渗回补(间接利用)等方式因地制宜综合利用。

建筑物应当利用硬化屋顶进行集雨,引入蓄水设施净化后利用,或者引入绿地、透水路面等透水区域蓄渗回补。

庭院、广场、停车场、公园、人行街道等区域,应当使用透水材料铺装进行雨水蓄渗回补,或者建设雨水收集设施进行雨水收集、净化和回用。

城市道路的路面雨水应当结合沿线的绿化灌溉进行利用。

第十四条　鼓励年降水量在 400 毫米以上的中心城区内新、改、扩建建设工程项目,同期配套建设雨水收集利用设施。

第十五条　年降水量在 400 毫米以下的中心城区,当地人民政府相关部门应当在城市规划建设中,推广建设雨水花园、下凹式绿地等,增强公园和绿地系统的城市海绵体功能,消纳自身雨水,提高雨水的利用率。

在不具备正常灌溉条件的地区,鼓励山区农村集体经济组织和农民个人兴建集雨水窖、水池等设施利用雨水资源。

第十六条　建设项目非常规水源利用设施在建设前,应当报县级人民政府水行政主管部门备案。建设工程竣工后,水行政主管部门应当参加建设单位组织的非常规水源利用工程验收。

第十七条　再生水、矿井疏干水利用实行有偿使用,建立使用者付费制度,使用价格由非常规水源供应方和用户按照优质优价的原则自主协商定价,原则上应当低于或者与常规水源水价持平。对取用

再生水、矿井疏干水的,按照《宁夏回族自治区水资源税改革试点实施办法》免征和减征水资源税。

第十八条　自治区对非常规水源利用成效显著的县(市、区)和宁东管委会按照《宁夏回族自治区节约用水奖补办法》给予奖补。对用水户使用非常规水源的,由属地县(市、区)人民政府和宁东管委会给予补贴或奖励。

第十九条　有偿取得用水权的工业企业,充分利用再生水置换出的黄河取用水指标,可以向水行政主管部门提出指标置换申请,水行政主管部门应当综合考虑企业再生水利用、用水权取得等因素,对置换出的黄河取用水指标数量进行审核认定。经认定的水权可以依法进行水权交易,或者由人民政府有偿收储。

第二十条　河湖湿地生态补水利用达标的再生水置换出黄河取用水指标的,经水行政主管部门认定后,由县级以上人民政府收储并进行二次水量配置或者水权交易。

第三章　运行管理

第二十一条　公园、广场、停车场、道路、桥梁等新建市政工程的雨水收集利用设施由住房和城乡建设等部门按照职责和分工,分别负责组织建设和管理。

鼓励社会资本参与非常规水源利用设施建设和运营。对单位和个人投资建设的非常规水源利用设施,实行"谁投资、谁管理、谁受益"。

第二十二条　非常规水源利用设施的运营单位应当建立非常规水源利用设施运行、维护管理制度和工作规程,保证再生水利用设施正常运行,不得擅自停止使用。

第二十三条　禁止单位和个人从事下列行为:

(一)擅自占压、拆卸、移动、穿凿、堵塞非常规水源利用设施;

(二)擅自连通非常规水源与自来水管道;

(三)擅自改变非常规水源用途;

(四)擅自接入公共非常规水源利用管网;

(五)其他破坏非常规水源利用设施的行为。

第二十四条　非常规水源的供水系统和自来水供水系统应当相互独立,非常规水源利用设施和管

线应当有明显标识。

第二十五条　非常规水源利用设施运营单位应当按照规定建设独立的水量、水质在线监测设施,也可委托具有资质的机构定期对非常规水源的水质进行检测,并将检测结果报水行政主管部门备查。

第二十六条　县级以上人民政府水行政主管部门应当对非常规水源利用设施及运营单位加强监督检查。其他部门按照职责分工加强监督检查。

被检查单位和个人应当配合相关部门的监督检查,如实反映情况,不得提供虚假数据,不得拒绝或者阻碍监督检查人员依法执行公务。

第四章　附　则

第二十七条　对于批复利用非常规水源的用户,未经批准擅自更改取水水源及违反本办法第二十五条的,由县级以上人民政府水行政主管部门责令停止违法行为,并依照相关法律法规进行处罚,造成损失的需承担相关法律责任。

第二十八条　本办法自发布之日起施行。

自治区水利厅关于印发宁夏回族自治区河道管理范围内建设项目管理办法(试行)的通知

（2022 年 7 月 5 日　宁水规发〔2022〕3 号）

各市、县(区)水务局,厅属有关单位:

《宁夏回族自治区河道管理范围内建设项目管理办法(试行)》已经水利厅厅务会议审议通过,现印发给你们,请结合工作实际认真贯彻落实。

宁夏回族自治区河道管理范围内建设项目
管理办法(试行)

第一章　总　则

第一条　为加强河道管理范围内建设项目的管理,确保河道防洪安全,促进经济社会发展,根据《中华人民共和国水法》《中华人民共和国防洪法》《中华人民共和国河道管理条例》《宁夏回族自治区河湖管理保护条例》《水利部关于河道管理范围内建设项目管理的有关规定》等有关规定,结合实际,制定本办法。

第二条　本办法适用于自治区境内河道(包括河流、湖泊、沟道)管理范围内新建、扩建、改建跨河、跨堤、穿河、穿堤、临河的桥梁、码头、道路、渡口、管道、缆线等建(构)筑物(以下简称"建设项目")。

第三条　建设项目管理坚持"分级管理、依法许可、保护河湖、促进发展"的原则。河道管理范围内的建设项目必须符合国家规定的防洪标准、岸线保护与利用规划及其他技术要求,维护空间完整、功能完好、堤防安全、生态安全及河势稳定。

第四条　各级水行政主管部门按照管理权限对河道管理范围内建设项目工程建设方案进行许可,县级水行政主管部门对本行政区域内河道管理范围内建设项目依法依规监管。项目建设单位提出拟建项目工程建设方案许可申请,组织工程实施、建后安全运行管护等。

第五条　河道管理范围内的建设项目,建设单位必须按照河道管理权限,将工程建设方案报送水行政主管部门审查同意后,方可开工建设。

宁夏境内黄河干流、泾河干流河道管理范围内小型建设项目(大中型项目由黄河水利委员会许可),清水河、苦水河、红柳沟河道管理范围内大中型建设项目,自治区境内地级市交界处河道管理范围内的建设项目,由自治区水行政主管部门许可。

清水河、苦水河、红柳沟河道管理范围内小型建设项目以及其他河道管理范围内的大中型建设项目,县域交界处河道管理范围内的建设项目,由地级市水行政主管部门许可,报自治区水行政主管部门备案。

除本条第二款及第三款规定外,河道管理范围内的其他建设项目,由县级水行政主管部门许可,并报地级市水行政主管部门备案。

第二章　许可程序

第六条　建设单位按照行政许可工作要求,准备相关申报资料,办理建设项目工程建设方案行政许可。水行政主管部门收到完整的申请资料后组织技术审查,依据审查意见作出行政许可决定,在规定时间内办结批文。

第七条 建设单位向有河道管理权限的水行政主管部门提出申请,申请时应提供以下资料:

(1)申请文件;

(2)建设项目所依据的文件;

(3)建设项目涉及河道与防洪部分的初步方案;

(4)占用河道管理范围内土地情况及该建设项目防御洪涝的设防标准与措施;

(5)说明建设项目对河势变化、堤防安全、河道行洪、岸线保护、河道生态的影响以及拟采取的补救措施。

对于重要的建设项目,建设单位还应编制更详尽的防洪评价报告。

第八条 水行政主管部门受理申请后,应及时组织审查,审查主要内容为:

(1)是否符合流域综合规划、区域发展规划、岸线保护与利用规划、河道整治规划及有关规划;

(2)是否符合防洪标准和有关技术要求;

(3)对河势稳定、水流形态、冲淤变化有无不利影响;

(4)是否妨碍行洪、降低泄洪能力;

(5)对堤防、护岸和其它水工程安全的影响;

(6)是否妨碍防汛抢险;

(7)建设项目防御洪涝的设防标准与措施是否适当;

(8)是否影响第三人合法的水事权益;

(9)是否符合其他有关规定和协议。

审查时,应征求上下游、左右岸水行政主管部门和监管责任单位意见。

第九条 水行政主管部门依据审查意见,对建设项目工程建设方案作出行政许可决定。同意兴建的,发放准予行政许可决定书,并按要求抄送有关部门;要求对工程建设方案进行优化调整或修改完善的,在建设单位优化调整或修改完善后,经复核满足要求的,依法办理行政许可;不同意兴建的,依法作出不予行政许可的书面决定,并一次性说明理由及依据,同时告知申请人依法享有申请行政复议、提起

行政诉讼的权利。

经审定的工程建设方案如发生重大设计变更调整,须按程序重新组织审查、许可。

第三章 建设监管

第十条 建设单位履行建设质量安全主体责任,并承担施工期间施工区的防汛任务。水行政主管部门要在许可文件中明确河道日常运行管理单位作为建设项目监管责任单位和责任人,履行建设期监督职责。

第十一条 建设项目开工前,建设单位必须将行政许可文件、施工安排、施工度汛方案、占用河道管理范围内土地情况等,报送水行政主管部门,抄送建设项目监管责任单位和责任人。

第十二条 建设项目施工期间,建设项目监管责任单位和责任人应对其是否符合审查意见要求进行检查,被检查单位应如实提供情况。如发现未按审查意见或经审核的施工安排的要求进行施工的,或者出现涉及河道防洪与建设项目防汛安全方面的问题,应及时提出意见,建设单位必须执行;遇重大问题,应同时抄报上级水行政主管部门。

第十三条 河道管理范围内的建设项目竣工后,应及时清理施工临时设施及弃渣等阻碍行洪的障碍物,恢复河道原貌,并经水行政主管部门检验合格后方可启用。建设单位应在竣工验收六个月内向水行政主管部门、建设项目监管责任单位和责任人报送有关竣工资料。

第十四条 当河道进行改造、扩整、深挖、新建工程时,建设项目产权单位要配合对建设项目同步进行保护、改造或迁建。

第四章 行政执法

第十五条 水行政主管部门或者其他有关部门以及建设项目监管责任单位及其工作人员,利用职务上的便利收取他人财物、其他好处或者玩忽职守,对不符合法定条件的单位或者个人核发许可、签署审查同意意见,不履行监督职责,或者发现违法行为不予查处,造成严重后果,构成犯罪的,对负有责任的主管人员和其他直接责任人员依照刑法的有关规定追究刑事责任;尚不够刑事处罚的,依法给予行政

处分。

第十六条 未经水行政主管部门审查同意擅自在河道管理范围内修建本办法所列工程设施，或者未按要求修建上述工程设施的，按照《中华人民共和国水法》及《中华人民共和国防洪法》的规定予以处罚。

第五章 附则

第十七条 各市、县（区）水行政主管部门可参照本《办法》制定本辖区内建设项目管理细则。

第十八条 本《办法》由自治区水利厅负责解释。

第十九条 本《办法》自 2022 年 9 月 1 日起施行，有效期为两年。

附件1：黄河流域河道管理范围内建设项目规模划分标准

附件2：建设项目工程建设方案许可工作流程

附件1

黄河流域河道管理范围内建设项目规模划分标准

建设项目类别			单位	大型	中型	小型	划分依据
桥梁	铁路	桥长	m	>100	100~20	≤20	《铁路桥涵设计规范》(TB 10002—2017)
	公路	多孔跨径总长	m	≥100	100~30	≤30	《公路桥涵设计通用规范》(JTG D60—2015)
		单孔跨径	m	≥40	40~20	<20	
码头			吨级	≥1000	1000~500	<500	《工程设计资质标准》(建市〔2007〕86号)
道路	公路		公路等级、立交形式	高速公路、一级公路及其交通安全设施	二级公路及其交通安全设施	三级、四级公路及其交通安全、管理、养护等设施	《公路工程技术标准》(JTG B01—2014)及《工程设计资质标准》(建市〔2007〕86号)
	铁路		铁路等级	客运专线及Ⅰ、Ⅱ级铁路路基	Ⅲ、Ⅳ级铁路路基	-	《铁路桥涵设计规范》(TB 10002—2017)《防洪标准》(GB 50201—2014)
渡口			年均渡运量（万人次）	≥5	5~2	<2	《内河乡镇渡口建设有关技术标准暂行规定》(交水发〔2014〕206号)
			单日最大渡运量（人次）	≥400	400~200	<200	
缆线	变电工程		电压(kV)	≥330	220	≤110	《工程设计资质标准》(建市〔2007〕86号)
	送电工程		电压(kV)	≥330	220	≤110	
	通信线路工程		投资（万元）	省际或≥3000	3000~1000(限省内)	<1000	
管道	油气管道输送工程	输油/浆体	能力（万t/a）	≥600/≥500	600~300/500~200	<300/<200	《工程设计资质标准》(建市〔2007〕86号)
			长度(km)	≥200	200~100	<100	
		输气	能力（亿m³/a）	≥10	10~5	<5	
			长度(km)	≥200	200~100	<100	
		城镇燃气	能力（亿m³/a）	≥3	3~1	<1	
		跨河油气管道	长度(m)	总跨长度≥300或主跨长度≥150	300>总跨长度≥100或150>主跨长度≥50	总跨长度<100或主跨长度<50	《油气输送管道跨越工程设计标准》(GB/150459—2017)

续表

建设项目类别			单位	大型	中型	小型	划分依据
管道	输送工程油气管道	穿河油气管道	多年平均水位的水面宽度 B 及相应水深 H（m）	B≥200(不计水深)或 200>B≥100（H≥5）	200>B≥100（H<5)或 100>B≥40(不计水深)	B<40(不计水深)	《油气输送管道穿越工程设计规范》(GB 50423—2013)
	市政	城市燃气工程	能力(万 m³/a)	≥10000(高、次高、中、低压)	<10000(高、次高、中、低压)	小区管网及户内管(中、低压)	《工程设计资质标准》(建市〔2007〕86 号)
		热力工程	管径(mm)	城市供热一级网，直径≥800	城市供热一级网，直径 <800	城市供热二级网，直径≤400	
		通信管道	投资(万元)	≥3000	3000~200	<200	
城市隧道工程			/	均属大型项目			《工程设计资质标准》(建市〔2007〕86 号)
轨道交通工程			/				
其他	无行业 标准		投资(亿元)	> 1.5	1.5~0.5	<0.5	按河道管理范围内投资额度

附件 2

建设项目工程建设方案许可工作流程

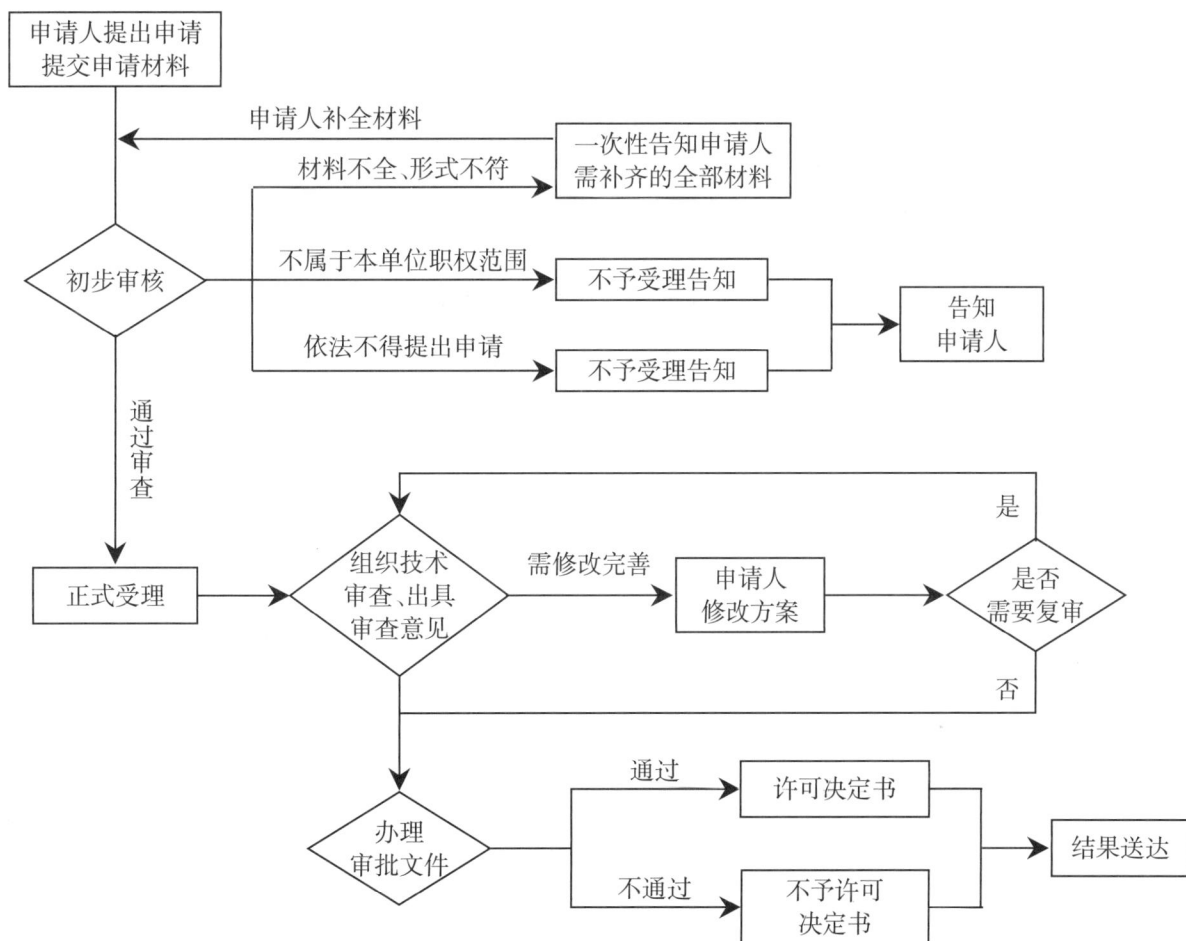

自治区水利厅 自治区财政厅关于印发宁夏回族自治区用水权收储交易管理办法的通知

（2022 年 9 月 23 日 宁水规发〔2022〕6 号）

各市、县（区）人民政府，宁东管委会，自治区有关部门：

根据自治区《关于落实水资源"四定"原则深入推进用水权改革的实施意见》要求，为加快建立完善的用水权制度，规范用水权确权、收储、交易及监管行为等，自治区水利厅、财政厅制定了《宁夏回族自治区用水权收储交易管理办法》，现印发给你们，请严格贯彻执行。

2017 年《自治区水利厅关于印发〈宁夏回族自治区水权交易管理办法（试行）〉〈宁夏回族自治区水权收储管理办法（试行）〉的通知》（宁水政发〔2017〕43 号）同时废止。

宁夏回族自治区用水权收储交易管理办法

第一章 总则

第一条 为了建立完善的用水权制度，贯彻落实自治区第十三次党代会精神，规范用水权确权、收储、交易等行为，依据《中华人民共和国水法》《取水许可和水资源费征收管理条例》和水利部《水权交易管理暂行办法》《宁夏回族自治区水资源管理条例》、自治区《关于落实水资源"四定"原则 深入推进用水权改革的实施意见》等有关规定，结合自治区实际，制定本办法。

第二条 在宁夏回族自治区行政区域内开展用水权确权、收储、交易及监督管理，适用本办法。

第三条 水资源属于国家所有。本办法所称用水权，是指水资源的使用权。

用水权确权，是指县级以上人民政府依法确认区域或用水户对水资源使用和收益权利的行为。

用水权收储，是指县级以上人民政府对用水户闲置或节余的用水权通过无偿收回、有偿收储等形式，纳入政府区域用水权管理的行为。

用水权交易，是指用水权通过市场机制在地区间、流域间、行业间、用水户间流转的行为。

区域用水权指标，是指自治区人民政府批复或经自治区人民政府同意后自治区水行政主管部门下达的各市、县（区）用水权总量管控指标和年度水量调度指标。

出让用水权的一方称转让方，取得用水权的一方称受让方。

第四条 开展用水权确权、收储、交易及监督管理应当落实"以水定城、以水定地、以水定人、以水定产"原则，有利于优化用水结构、转变用水方式、提高用水效率、强化水资源刚性约束，不得影响、损害第三方的合法权益和公共利益，服从流域管理机构和县级以上人民政府水行政主管部门的监督管理。

第五条 生产用水实行有偿取得。坚持资源有价、使用有偿的原则，实行用水户有偿取得用水权，不免除其依法缴纳相关税费义务。

从事工农业生产的用水户由政府配置用水权的，应按照用水权价值基准缴纳用水权有偿使用费。农户种植及养殖业等用水权有偿使用费暂缓征收，暂缓征收期限由自治区人民政府制定。

用水权价值基准由自治区水行政主管部门负责制定。价值应综合考虑水资源稀缺程度、工农业节水潜力、生态补偿标准、用水机会成本和节水改造成本等因素确定。

第六条 县级人民政府水行政主管部门在自治区分配的行业用水权管控指标内，科学合理配置用水户的用水权并依法进行确权。不同行业用水权管控指标需要调整的，须经自治区人民政府或其授权的水行政主管部门批准。超出行业用水权管控指标的农业、工业和规模化养殖业项目应通过市场化交易获得用水权。

第七条 用水权交易纳入自治区公共资源交易平台。自治区公共资源交易服务中心负责为用水权交易提供服务，交易系统由自治区公共资源交易管理局进行建设、管理、维护。

第八条 县级以上人民政府负责本行政区域用水权确权和收储交易等监督管理工作。

县级以上人民政府水行政主管部门负责本辖区

内用水权交易合规性审核,履行交易监管职能;相关部门按照职能共同做好用水权确权、收储、交易及监督管理工作。

第二章 确权

第九条 自治区人民政府负责各县(市、区)的用水权管控指标的总量分配,建立总量控制、指标到县、分区管理、空间均衡的配置体系。县级人民政府负责本级行政区域内生产用水确权,市级人民政府水行政主管部门负责辖区内各县(市、区)用水权确权成果审核和监督管理。

各县(市、区)确权总量不得超过自治区用水权管控指标方案分配的指标,当地政府通过用水权市场化交易获取的指标除外。

第十条 确权对象包括农业、工业和规模化畜禽养殖业。确权水源包括黄河水、当地地表水、地下水,探索推进非常规水源确权。生活和生态用水分配到县级行政区域,不确权到户。

第十一条 农业用水权确权到村组或最适宜计量单元,管理到户,有条件的确权到户,土地经营权流转的农业用水权确权给流转前农户或农户所在村的集体经济组织;工业用水权确权到工业企业;规模化畜禽养殖业用水权确权到乡镇或村组,有条件的确权到规模化畜禽养殖企业、合作社或养殖大户。不适宜确权的情形由自治区水行政主管部门确定。

第十二条 社会资本参与污水处理形成的稳定量达标再生水,市(县、区)人民政府可试点探索确定相应用水权。

第十三条 用水权确权形式包括取水许可证办理和用水权证登记。直接从江河、湖泊、地下取用水资源的,依法办理取水许可证。在公共供水系统取水的由用水户所在行政区水行政主管部门核定其合理用水量,并发放用水权证。法律法规另有规定的,按照其规定执行。

第十四条 农业和规模化畜禽养殖业用水权证有效期与自治区印发的用水权管控指标方案相一致。工业企业用水权有效期原则上不超过10年。

确权有效期到期后,用水户或确权主体应向原确权审批发证机关申请延续。若自治区分配各地区

的管控指标未调整的,除收储交易用水权指标外,不得随意核减原用水权。各地区生活、生态用水增量应通过收储指标解决。

第十五条 农业、工业及规模化畜禽养殖业用水户应严格按照取水许可证或用水权证载明的用途使用水资源。通过交易取得用水权的,应当按照交易约定的用途使用水资源。

第三章 收储

第十六条 用水权收储遵循控制总量、盘活存量、统筹协调、公平高效的原则,实现水资源合理配置、高效利用和有效保护。县级以上人民政府建立用水权分级收储调控制度,根据全区及县区水资源总量控制目标、保障发展需求、市场供需形势等,在用水权市场适量回购、出售、储备部分用水权,无偿或有偿取得用水权由政府根据相关政策进行收储。

第十七条 用水权收储由县级以上人民政府负责,技术工作由相应的水行政主管部门组织实施,可以委托第三方服务机构开展具体工作。

第十八条 符合下列情形之一的,应进行用水权收储:

(一)政府投资实施的节水改造工程节约的水量;

(二)因城镇扩建等公共设施建设以及交通、水利等基础设施建设征用土地而形成的空置用水权;

(三)已取得取水许可证或用水权证的用水户,近3年未通过节水改造富余的用水权没有进行交易的;

(四)因破产、关停、被取缔以及迁出自治区的用水户所持有的用水权;

(五)法律法规规定的其他情形。

第十九条 用水权收储指标认定和收储的主体,按以下规定确定:

1.属于第十八条第(一)(二)项情形中的用水权收储指标,由所在地县级人民政府水行政主管部门负责;

2.属于第十八条第(三)(四)(五)项情形中的用水权收储指标,涉及不同审批机关的,应征得相应审批机关的同意后,由属地水行政主管部门负责认定和收储,跨行政区域的由共同的上级水行政主管负责认定和收储。

用水权收储流程由自治区水行政主管部门另行制定。

第二十条　节约的用水权3年内没有使用或交易的，当地人民政府可以有偿收储，盘活水资源存量。

第二十一条　县级以上人民政府收储的用水权可以重新配置或通过自治区公共资源交易平台进行交易。

第二十二条　用水权收储指标处置结果，应当报自治区水行政主管部门备案，并及时书面告知有关供水单位，供水单位应保障供用水需求。

第四章　交易

第二十三条　用水权交易按照市场主导、政府调控原则，积极稳妥、因地制宜、公正有序推进，不得影响、损害利害关系人合法权益和公共利益。

在交易期限内，转让方转出水量在本行政区域用水总量控制指标或水量调度分配指标中进行核减，受让方转入水量在本行政区域用水总量控制指标或水量调度分配指标中相应核增。

第二十四条　可交易用水权包括以下部分：

（一）县级以上人民政府在用水权管控指标和年度调度指标范围内节余的水量；

（二）县级以上人民政府依法收储的用水权指标；

（三）办理取水许可证或用水权证的单位或者个人（公共供水单位除外）通过调整产品和产业结构、改革工艺、节水等措施节约水资源的，在取水许可证、用水权证有效期和限额内，其节约或闲置的用水权指标；

（四）企业通过用水权转让项目有偿获得的用水权指标；

（五）拥有农业用水权的农户、集约化种植业用水大户、规模化畜禽养殖业用水户等农业经营主体及农村集体经济组织通过调整种植结构、自主投资实施高效节水工程、强化水资源管理等措施节约或闲置的用水权指标；

（六）法律、法规和规章等规定的其他情形。

第二十五条　具有下列情形之一的，转让方不得转让相应的用水权：

（一）居民生活用水量；

（二）生态环境用水量；

（三）水资源超载区向管控区域外交易的用水权指标；

（四）取耗水总量达到行政区域总量控制指标或水量调度指标，向外区域转让的取用水指标；

（五）从事城乡生活供水、工业集中供水、农业灌溉供水等供水服务的取水主体获得的"只取不用"的取水指标；

（六）不具备调水条件的跨区域用水权交易；

（七）达到或超出区域地下水开发利用管控指标的；

（八）法律、法规和规章规定其他不得转让的情形。

第二十六条　具有下列情形之一的，受让方不得受让相应的用水权：

（一）不符合国家产业政策的建设项目；

（二）县级以上人民政府禁止发展的建设项目；

（三）不符合行业用水定额标准的建设项目；

（四）达到或超出区域地下水可开采量的；

（五）地下水超采区新增用水项目；

（六）法律、法规和规章规定不得受让用水权的其他情形。

第二十七条　用水权交易按照管理权限分级受理，交易期限连续不超过一年（含一年）的不需审批，但应向审批机关登记备案。用水权可交易指标分析论证及认定审批备案要求由自治区水行政主管部门负责制定。

第二十八条　用水权转让方应当向具有管辖权的水行政主管部门提交下列材料，交易期限不超过一年（含一年）或县域内灌溉用户之间的交易除外：

（一）用水权转让申请书；

（二）通过节水措施节约的农业用水权指标进行交易的，应提供用水权交易指标分析报告，包括水权交易的必要性、用水合理性、可交易水量、交易期限、交易指导价格、第三方和生态环境的影响分析等；

（三）取水许可证或用水权证；

（四）拟转让水量和价格；

（五）各级人民政府或村组、农民用水合作组织等集体组织代表农户进行用水权交易的应提交用水权交易涉及的所有农户意愿的文书资料；

（六）对政府收储的用水权进行交易的应提供收储相关资料；

（七）需要提交的其他材料。

第二十九条　用水权受让方应当向具有管辖权的水行政主管部门提交下列材料，交易期限不超过一年（含一年）或县域内灌溉用户之间的交易除外：

（一）用水权受让申请书；

（二）项目相关批复文件；

（三）拟交易用水权指标的水量和水行政主管部门出具的核定意见；

（四）需要提交的其他材料。

第三十条　开展区域用水权指标交易双方应当向自治区水行政主管部门提交下列材料：

（一）具有可交易区域用水权指标相关支撑文件；

（二）本级人民政府申请交易的书面文件和用水权转让申请书；

（三）拟交易的取用水指标数量、期限及价格；

（四）国家和自治区规定的其他材料。

用水权指标为收储指标的，应提供《用水权指标收储决定书》等材料。

第三十一条　自治区人民政府水行政主管部门会同自治区公共资源管理局依法制定用水权市场交易规则，明确交易形式、方式、分级受理权限、转让方受让方材料申报及审批要求，建立网上交易系统，组织交易活动，开展竞买资格确认、网上报价与竞价、成交确认、交易监管等，并依法公示交易程序，公开交易信息。采用协议交易的应简化交易流程。

第三十二条　用水权交易指标复核认定由县级人民政府水行政主管部门负责。对实施节水工程节余的水量应组织对转让方节水措施的真实性和有效性进行现场核实和认定，综合考虑节水量、损失水量、用水保证率转换等因素，核定可交易水量。区域间用水权指标交易应考虑区域内用水增长需求，风险由县级人民政府把控。

第三十三条　用水权交易期限应当综合考虑水权来源、产业生命周期、水工程使用期限等因素合理确定。交易期满后经双方协商同意可以延续开展交易，并向具有管辖权的水行政主管部门备案，不再按照新开展用水权交易的程序办理，交易终止时用水权自动返还转让方。

用水权转让期限应当在转让方取水许可证或用水权证载明的有效期限内。区域用水权交易期限一般不超过10年。

第三十四条　用水权交易价格根据成本投入、市场供求关系等因素确定，实行市场调节，不得低于转让方所在地的用水权价值基准。

第五章　资金管理

第三十五条　县级以上人民政府财政、水利部门应加强资金监管。用水权有偿使用费和各级人民政府出让用水权交易资金按管理权限纳入同级财政预算管理，实行"收支两条线"。转让方为村集体或农民用水组织的，交易资金按村集体或农民用水组织相关规定进行管理，转让方为企业、农户的，交易资金自行管理。

第三十六条　用水权有偿使用费由县级以上人民政府水行政主管部门负责征收。政府配置用水权的工业企业按照用水权价值基准分年度缴纳用水权有偿使用费。

水行政主管部门确定用水权有偿使用费缴纳金额后，应当向用水单位或个人送达用水权有偿使用费缴纳通知单，用水单位或个人应当自收到缴纳通知单之日起15日内办理缴纳手续。

第三十七条　县级以上人民政府征收的用水权有偿使用费、用水权交易资金重点用于用水权收储、水利基础设施建设及运行维护、水资源管理与保护、节水改造与奖励等水利发展投入，不得随意截留、挤占、挪用，否则将依据有关法律法规严肃查处。

第三十八条　通过实施农业节水措施节约水量交易的，县级人民政府应建立农业用水权交易收益分配机制，农户、农民用水组织等按规定获得用水权交易收益，剩余交易收入专项用于灌溉工程改造维护、用水管理、水费支出、农户节水奖励、人工支出等，农民用水合作组织应当将交易收支等交易情况向村民公示，并接受有关部门监督。

第三十九条 县级以上人民政府应设立用水权收储专项资金,用于开展用水权收储、交易管理和风险防控等。

鼓励国有企业和金融机构积极参与用水权收储交易活动,建立多元化投融资协调机制,推动用水权收储交易工作。

第四十条 自治区金融主管部门建立用水权投融资机制,探索用水权绿色金融,拓宽企业融资渠道。开展水资源资产价值评估,鼓励金融机构开发水权质押、抵押、担保、租赁、水权债券等绿色金融产品。

第六章 监督管理

第四十一条 县级以上人民政府水行政主管部门应当加强用水权确权、收储及交易的监督管理,通过政府网站等平台依法公开水权确权、收储及交易的有关情况。

自治区人民政府水行政主管部门建立用水权市场交易管理平台和确权数据库,依法公开用水权交易的相关信息,实行信息共享。

市、县(区)人民政府水行政主管部门应当将用水权交易产生的取水许可证或用水权证申请、变更、延续情况以及用水总量控制指标的变化情况,及时报自治区水行政主管部门备案,向上级水行政主管部门报送本年度水权交易情况。

第四十二条 用水权指标收储或交易完成后,被收储方或交易双方应依据有关规定办理取水许可或用水权变更手续。其中,交易期限不超过一年的(含一年),无需办理变更手续,审批机关在交易批准文件中对交易后双方的许可水量或用水权数量、水资源用途、年度取水计划等予以明确。

第四十三条 县级以上人民政府水行政主管部门、财政部门应加强对用水权交易事前、事中、事后等环节监管,严禁囤积用水权,不得挤占生活、生态和合理农业用水,保障用水权交易市场健康发展。

第四十四条 县级以上人民政府水行政主管部门应当组织完善计量监测设施建设,适时开展用水权交易后评估,并及时向上级水行政主管部门备案。

第四十五条 转让方或受让方违反相关规定,隐瞒有关情况或者提供虚假材料,骗取用水权交易批准文件;未经原审批机关批准擅自转让用水权的,一经查证取消交易行为,存在违法违规行为的,依据有关法律法规执行。

第四十六条 用水权交易机构应当依照有关法律法规完善交易规则,加强内部管理,提供优质服务。存在违法违规行为的,依据有关法律法规和交易场所管理办法等相关规定执行。

用水权交易有关部门的工作人员玩忽职守、滥用职权、徇私舞弊的,由所在单位或者上级主管部门给予处分,构成犯罪的,由司法机关依法追究刑事责任。

第七章 附则

第四十七条 本办法由宁夏回族自治区人民政府水行政主管部门、财政部门负责解释。

第四十八条 本办法自 2022 年 10 月 10 日起实施,有效期至 2025 年 12 月 31 日。

自治区水利厅关于印发宁夏回族自治区调蓄水池安全运行管理办法(试行)的通知

(2022 年 11 月 28 日 宁水规发〔2022〕8 号)

各市、县(区)水务局,厅属有关单位、机关各处室,宁西供水公司:

《宁夏回族自治区调蓄水池安全运行管理办法》(试行)已经水利厅厅务会议审议通过,现印发给你们,请遵照执行。

宁夏回族自治区调蓄水池安全运行管理办法(试行)

第一章 总则

第一条 为加强调蓄水池管理,确保调蓄水池安全运行,发挥工程效益,保障人民生命财产安全,根据《中华人民共和国水法》《中华人民共和国防洪法》《宁夏回族自治区水工程管理条例》,参照《水库大坝安全管理条例》《小型水库安全管理办法》《宁夏中小型水库安全运行管理工作导则（试行）》等法律法规及行政规范性文件的规定，结合自治区调蓄水池管理实际，制定本办法。

第二条　本办法所称调蓄水池，是指人工修建，采取注入方式蓄水，承担农田灌溉、城乡供水功能的蓄水工程设施（不含水库）。

第三条　本办法适用于自治区行政区域内各级水行政主管部门管辖的新建成以及已建投入运行的调蓄水池的登记、管理工作。其他行业、企业、个人投资建设运行的各类调蓄水池可参照执行。

第四条　调蓄水池工程建设项目具备验收条件时，应当按照有关规定及时组织竣工验收，验收合格办理移交手续后投入正常使用。

第五条　调蓄水池按照"谁主管、谁负责，谁使用、谁管理"的原则，运行管理单位应足额落实管理人员和管护经费，加强日常运行管理。

第六条　参照《宁夏回族自治区水工程管理条例》，按照"安全可靠、规范管理"的原则，依法依规划定调蓄水池管理范围和保护范围。在调蓄水池（含附属设施）保护范围内，禁止从事影响水工程运行和危害水工程安全的爆破、打井、采石、取土等活动。

第七条　县级以上水行政主管部门，应严格落实"四水四定"原则，按照"总量控制、定额管理"的要求，制定水量分配方案，指导运行管理单位制定蓄水计划，定期开展取用水检查。水管单位和供水企业应严格落实计划用水。对存在重大风险隐患的调蓄水池，严禁配水蓄水供水。

第二章　管护职责

第八条　调蓄水池按照管理权属进行管理，取得调蓄水池工程所有权或者经营权的单位或个人，是工程管理的责任主体。

第九条　县级以上水行政主管部门负责本行政区域内调蓄水池工程的统一监管，履行行业监管职责，指导开展相关技术工作。

第十条　运行管理单位应落实好管理人员，组织制定并落实安全管理各项制度，组织开展登记管理，申请划定工程管理范围与保护范围，加强安全运行管理。

第十一条　参照水利部《小型水库安全运行监督检查办法》及《水利部办公厅关于印发小型水库防汛"三个责任人"履职手册（试行）和小型水库防汛"三个重点环节"工作指南（试行）的通知》的规定，调蓄水池建立行政责任人、技术责任人、巡查责任人"三个责任人"制度。

库容在 10 万立方米以上的调蓄水池，行政责任人由有管辖权的调蓄水池所在地政府相关负责人担任，库容在 10 万立方米以下的调蓄水池，行政责任人由其主管部门相关负责人担任。履行行政管理职责，负责统一指挥调蓄水池安全运行管理工作。

技术责任人由县级水行政主管部门或其他行业主管部门技术负责人担任，负责组织制定调蓄水池安全管理相关制度，指导落实技术咨询、技术服务和应急抢险救援等工作。

巡查责任人由运行管理单位管理人员担任，负责开展工程日常巡查、维修养护、运行监测、调度值班等工作。

第十二条　运行管理单位应在调蓄水池醒目位置设立永久性公示牌，公布"三个责任人"姓名、职务和联系方式等，接受社会监督，方便公众及时报告险情。责任人发生变更的，应及时更新。

第三章　登记管理

第十三条　调蓄水池实行登记管理制度，登记管理实行分级负责制。调蓄水池运行管理单位，应当持有关资料到县级以上水行政主管部门办理登记。没有专管机构的调蓄水池，由乡镇水利站组织开展申报登记。其中：

调蓄水池库容在 1 万立方米以下的，由县级水行政主管部门登记；调蓄水池库容在 1 万立方米（含）以上、10 万立方米以下的，由县级水行政主管部门登记并报市级水行政主管部门备案；调蓄水池库容在 10 万立方米（含）以上的，由县级水行政主管部门登记，市级水行政主管部门复核后报自治区水利厅备案。

第十四条　新建成的调蓄水池，应在蓄水试运行结束后 3 个月内，完成登记；已建成运行的调蓄水池，应在本办法施行之日起 6 个月内，完成登记。

逾期不登记造成运行事故的,按相关规定严肃处理。

第十五条　登记数据和情况应实事求是、真实准确,不得弄虚作假。水行政主管部门对其所管辖的调蓄水池应当按期登记,建立技术档案,并对登记事项进行复核和检查,每隔5年对登记事项普遍复查一次。

第十六条　调蓄水池完成改(扩)建、经批准升(降)级、性质(功能)及隶属关系等发生变化的,应在3个月内,向原登记部门办理变更登记手续。未经水行政主管部门批准不得改变水工程原设计功能。

第十七条　各级水行政主管部门应当按照国家取水许可制度和水资源有偿使用制度的规定,按照各自权限向运行管理单位核发取水许可证,按照用水权确权情况,统一纳入最严格水资源管理制度,统一水量调度管理。

第四章　日常管理

第十八条　运行管理单位应按照水利工程标准化管理创建要求,全面加强调蓄水池标准化管理,健全管理制度,制定操作规程,提升运行管理能力。

第十九条　运行管理单位应在管理范围设立调蓄水池警示标志、界桩和防护栏,实施封闭管理。对坝体高填方段落、重要建筑物等关键部位,应设置必要的视频安防、变形观测等安全监测设施,提高安全运行风险预警预判能力。

第二十条　调蓄水池运行期间,应加强日常巡查检查,重点检查水位、渗流和主要建筑物工况等,做好安全检查记录、分析、报告和存档等工作,发现问题立即上报,及早消除隐患。

第二十一条　运行管理单位应制定应急保灌(供)预案,建立险情通报和应急处置机制。落实应急抢险物资、队伍,定期开展应急培训和演练,提高应急处置能力,做到遇险处置得当、及时化解风险。

第二十二条　运行管理单位应加强汛期安全管理,服从防汛抗旱统一调度,落实值班驻守制度,严格按照有关规定认真开展巡视检查和安全观测,及早发现险情,及时消除安全隐患。

第二十三条　运行管理单位应加强信息报送和数据共享,对蓄水情况、运行情况等信息及时上报县级水行政部门。出现险情时,县级水行政主管部门及时上报市水务局和自治区水利厅。

第五章　安全管理

第二十四条　县级以上水行政主管部门每年至少组织一次调蓄水池监督检查,及时掌握辖区内调蓄水池总体安全情况,对检查出的问题提出整改要求,对重大安全隐患实行挂牌督办,督促运行管理单位制定整改措施,逐项落实整改到位,并组织验收销号。

第二十五条　运行管理单位每次蓄水前后、蓄水初期组织开展一次安全运行排查,建立问题台账,逐项落实整改措施,及时消除问题隐患。

第二十六条　参照《小型水库安全管理办法》,调蓄水池实行安全鉴定制度。主管部门或运行管理单位负责组织开展安全鉴定工作。对全挖方的调蓄水池,可简化安全鉴定程序,定期组织安全评价(评估),确保安全运行。

第二十七条　运行管理单位应委托具有相应资质的单位开展安全鉴定工作,报送县级水行政主管部门审定,并由县级水行政主管部门将鉴定、评价(评估)成果报市级水行政主管部门备案。

第二十八条　首次安全鉴定(评价)应当在新建、改扩建、除险加固竣工验收后5年内进行,以后每6—10年进行一次。运行中遭遇特大洪水、强烈地震、发生重大安全事故或者出现影响安全运行的,应当组织专门的安全鉴定。

第二十九条　县级及以上水行政主管部门根据调蓄水池安全鉴定结果,多方筹集资金,及时组织对病险调蓄水池开展除险加固。未按要求进行除险加固的禁止运用。

第六章　附则

第三十条　调蓄水池运行管理相关责任人员玩忽职守、滥用职权、徇私舞弊、造成安全事故和财产损失的,依据相关法律法规查处。

第三十一条　本办法由自治区水利厅负责解释,自2023年1月1日起施行,有效期至2025年1月1日。

自治区水利厅关于印发宁夏水利建设项目工程总承包管理办法(试行)的通知

(2022 年 11 月 29 日　宁水规发〔2022〕9 号)

各有关单位:

现将《宁夏水利建设项目工程总承包管理办法(试行)》印发给你们,请遵照执行。

宁夏水利建设项目工程总承包管理办法(试行)

第一章　总则

第一条　为进一步提高我区水利工程建设管理水平,规范水利建设项目工程总承包行为,提升工程建设质量和效益,根据《中华人民共和国招标投标法》《中华人民共和国招标投标法实施条例》《建设工程质量管理条例》《建设项目工程总承包管理规范》(GB/T 50358—2017)等相关法律法规规范,参照《房屋建筑和市政基础设施项目工程总承包管理办法》,结合我区水利建设项目工程实际,制定本管理办法。

第二条　本办法所称水利建设项目工程总承包,是指承包单位(或者联合体)按照与项目法人或者建设单位(以下简称项目法人)签订的合同,对工程项目的设计、采购、施工或者设计、施工等实行全过程或者若干阶段总承包,并对工程的质量、安全、工期和造价等全面负责的工程建设组织实施方式。

第三条　我区政府投资或以政府投资为主的水利建设项目工程总承包活动,适用本办法。其他类别投资的水利建设项目可参照执行。

第四条　水利建设项目工程总承包活动应当遵循合法、公平、诚实守信的原则,合理分担风险,保证工程质量和安全,节约能源,保护生态环境,不得损害社会公共利益和他人合法权益。

第五条　各级水行政主管部门按照水利工程建设管理事权对水利建设项目工程总承包活动实施监督管理。

第六条　项目法人应当根据水利建设项目的规模和复杂程度,结合自身的管理能力水平和建设周期等因素,合理选择工程建设组织实施方式。

建设内容明确、技术方案成熟的水利建设项目,可采用工程总承包方式。

第二章　发包与承包

第七条　项目法人原则上应在项目工程可行性研究报告批复后发包。其中,按照国家及自治区有关规定简化报批文件和审批程序的政府投资项目,应当在完成相应的投资决策审批后,进行工程总承包项目发包。初步设计报告或实施方案批复后方可正式开工。

第八条　项目法人应当依法采用招标或者经批准的其他方式选择工程总承包单位。

工程总承包项目范围内的设计、采购、施工中,有任何一项属于依法必须进行招标的项目范围且达到国家规定规模标准的,应当采用招标的方式选择工程总承包单位。

第九条　项目法人应当根据招标项目的特点和需要,编制工程总承包项目招标文件,招标文件应当采用自治区水行政主管部门制定的水利水电工程标准总承包电子招标文件。

第十条　工程总承包单位应当同时具备与工程规模相适应的工程设计、施工等资质,或者由具备相应资质的设计和施工等单位组成联合体(以下简称工程总承包单位)。工程总承包单位应当具有相应的项目管理体系和项目管理能力、财务和风险承担能力。

由设计、施工等单位组成联合体的,应当根据项目的特点和复杂程度,合理确定牵头单位,签订联合体协议,并在联合体协议中明确联合体成员单位的责任和权利。联合体各方应当共同与项目法人签订工程总承包合同,就工程总承包项目承担连带责任。采用联合体承包方式的,应当由牵头单位人员担任总承包项目经理。

投标单位具有设计、施工等多项资质,参与总承包项目投标时,以要求资质信用分值最低的计分。

组成联合体投标的,以联合体中要求资质信用分值最低的单位,确定联合体投标信用分值。

第十一条　工程总承包单位不得是工程总承包

项目的代建、项目管理、监理、造价咨询、招标代理等单位。

招标人依法依规公开已经完成的项目可行性研究报告、初步设计报告(或者实施方案)的,可行性研究报告、初步设计报告(或者实施方案)编制单位及其评估单位,可以参与该工程总承包项目的投标。

第十二条 项目法人和工程总承包单位应当加强风险管理,合理分担风险。

项目法人承担的风险主要包括:

(一)因项目法人原因产生的工程费用和工期变化;

(二)主要工程材料、设备、人工价格与招标时基期价格相比,波动幅度超过合同约定幅度的部分;

(三)因国家法律法规政策变化引起的合同价格的变化;

(四)不可预见的地质条件造成的工程费用和工期的变化;

(五)因工程建设征地补偿和移民安置等发生重大变化引起的调整;

(六)不可抗力造成的工程费用和工期的变化。

除项目法人承担的风险外,其他风险可以在合同中约定由工程总承包单位承担或者双方共同承担。

鼓励项目法人和工程总承包单位运用保险等手段防范风险。

第十三条 工程总承包项目可以采用固定总价合同,也可以采用总价控制、单价结算形式。采用总价合同的,除合同约定可以调整的情形外,合同总价一般不予调整。

第三章 实施与管理

第十四条 工程总承包单位应当按合同约定,履行下列职责:

(一)应当建立与工程总承包项目相适应的组织机构和管理制度,形成项目设计管理、采购管理、施工管理以及质量、安全、工期、造价、节约能源、生态环境保护、水土保持等工程总承包综合管理能力;

(二)应当在施工现场设立项目管理机构,设置项目经理,配备相应管理人员,加强设计、采购与施工的协调,完善和优化设计及施工方案,实现对工程总承包项目的有效管理控制;

(三)按国家法律法规、相关强制性标准、规程规范和合同约定,组织实施勘测设计、设备采购、施工和试运行等,承担合同约定的相关工作;

(四)按相关规程规范及合同要求,建立覆盖设计、采购、施工、试运行等全过程的工程质量安全管理体系和职业健康及环境管理体系,保证质量、安全、环境、职业健康所需资金的投入使用,落实各项保障措施,规范、有序地开展各项管理工作,确保实现总承包合同约定的工程进度、质量、安全等建设目标;

(五)按时完成合同约定的工程勘测设计、设备采购、工程施工、调试、试运行工作,对工程质量和安全负责,并保证试运行期工程安全和档案资料完整;

(六)配合做好各项工程验收和工程移交工作。工程总承包项目的验收按照相关规范规程执行,工程实施过程中各类工程管理技术文件、报验表格等应作相应调整,在相关表格中增加"工程总承包企业"栏目,由工程总承包单位签署意见;

(七)积极配合政府相关部门的检查、稽察、审计等工作,及时整改存在问题;

(八)法律法规规定的工程总承包单位的其他职责。

第十五条 工程总承包项目经理应当具备下列条件:

(一)取得相应水利水电工程类注册执业资格,包括勘察设计注册工程师、注册建造师或者注册监理工程师等;未实施注册执业资格的,应取得水利水电类高级专业技术职称;

(二)熟悉工程技术和工程总承包项目管理知识以及相关法律法规、标准规范;

(三)具有较强的组织协调能力和良好的职业道德;

(四)担任过与拟建项目相类似的工程总承包项目经理、设计项目负责人、施工项目负责人或者项目总监理工程师。

工程总承包项目经理不得同时在其他项目任职。

第十六条　工程总承包单位可以依法采用直接发包的方式进行分包，但以暂估价形式包括在总承包范围内的工程、货物、服务分包时，属于依法必须进行招标的项目范围且达到国家规定规模标准的，应当依法招标。

严禁将主体、关键性工程的施工和设计分包给其他单位。

第十七条　工程总承包单位对工程总承包项目的质量、安全、工期、保修等全面负责。

工程总承包单位按照合同约定对建设单位负责，分包单位按照分包合同的约定对工程总承包单位负责。工程分包不能免除工程总承包单位的合同义务和法律责任。

第十八条　工程总承包单位应当对其承包的全部建设工程质量负责。分包单位对其分包工程的质量负责，分包不免除工程总承包单位对其承包的全部建设工程所负的质量责任。

工程总承包单位、工程总承包项目经理依法承担质量终身责任。

由设计单位、施工单位组成联合体实施工程总承包的，设计、施工单位除承担各自资质范围内的质量责任外，联合体还应当承担连带责任。

第十九条　工程总承包单位应当对承包范围内工程的安全生产负总责。分包单位应当服从工程总承包单位的安全生产管理，分包单位不服从管理导致生产安全事故的，由分包单位承担主要责任，分包不免除工程总承包单位的安全责任。

由设计单位、施工单位组成联合体实施工程总承包的，设计、施工单位除承担各自资质范围内的安全责任外，联合体还应当承担连带责任。

第二十条　项目法人不得设置不合理工期，不得任意压缩合理工期。

工程总承包单位应当依据合同对工期全面负责，对项目总进度和各阶段的进度进行控制管理，确保工程按期竣工。

第二十一条　工程保修书由项目法人与工程总承包单位签署，保修期内工程总承包单位应当根据法律法规规定以及合同约定承担保修责任，工程总承包单位不得以其与分包单位之间保修责任划分而拒绝履行保修责任。

第二十二条　项目所需资金应当按照国家有关规定确保落实到位，不得由工程总承包单位或者分包单位垫资建设。政府投资项目建设投资原则上不得超过经核定的投资概算。

因国家政策调整、价格上涨、地质条件发生重大变化等原因确需增加投资概算的，征求原审批部门同意后进行核定。

第二十三条　工程总承包单位在项目实施过程中，有违法违规行为或者造成工程质量安全事故的，按照相关法律法规追究责任。

第四章　监督管理

第二十四条　各级水行政主管部门应加强对工程总承包项目的监督检查和指导，发现问题应及时提出整改意见，跟踪督促落实整改。

第二十五条　工程总承包单位和工程总承包项目经理在设计、施工活动中有转包、违法分包等违法违规行为或者造成工程质量安全事故的，按照法律法规对设计、施工单位及其项目负责人相同违法违规行为的规定追究责任。

第五章　附则

第二十六条　本办法由自治区水利厅负责解释。

第二十七条　本办法自印发之日起30日后施行，有效期2年。

自治区水利厅关于印发宁夏水利工程责任单位责任人质量终身责任追究实施细则（试行）的通知

（2022年11月30日　宁水规发〔2022〕10号）

各有关单位：

现将《宁夏水利工程责任单位责任人质量终身责任追究实施细则（试行）》印发给你们，请遵照执行。

宁夏水利工程责任单位责任人质量终身责任追究实施细则(试行）

第一章　总则

第一条　为加强我区水利工程质量管理，强化质量终身责任，提高质量责任意识，保证水利工程建设质量，根据《中华人民共和国建筑法》《建设工程质量管理条例》《水利工程质量管理规定》《水利工程责任单位责任人质量终身责任追究管理办法（试行)》等法律、法规和规章，结合我区实际情况，制定本实施细则。

第二条　凡在宁夏回族自治区境内从事水利工程建设(包括新建、扩建、改建、加固等)活动的责任单位和责任人，必须遵守本实施细则。

第三条　本细则所称责任单位是指承担水利工程项目建设的单位，包括建设(项目法人)、勘察、设计、施工、监理等单位。

第四条　责任单位责任人包括责任单位的法定代表人、项目负责人和直接负责人等。

项目负责人是指承担水利工程项目建设的建设单位(项目法人)项目负责人、勘察单位项目负责人、设计单位项目负责人、施工单位项目经理、监理单位总监理工程师等。水利工程开工建设前，建设(项目法人)、勘察、设计、施工、监理等单位应明确项目负责人及其职责。

建设(项目法人)、勘察、设计、施工、监理等单位直接责任人是指项目负责人以外的，按各自职责承担质量责任的人员。

第二章　终身责任

第五条　水利工程责任单位责任人的质量终身责任，是指水利工程责任单位责任人按照国家法律法规和有关规定，在工程合理使用年限内对工程质量承担相应责任。

第六条　自治区人民政府水行政主管部门负责对全区水利工程责任单位责任人质量终身责任管理工作进行指导和监督管理。

市、县(区)人民政府水行政主管部门负责对本行政区域内的水利工程责任单位责任人质量终身责任管理工作进行指导和监督管理。

第七条　建设单位(项目法人)、勘察单位、设计单位、施工单位、监理单位依法对水利工程质量负责。

建设单位(项目法人)对水利工程质量负首要责任，对工程质量承担全面责任。

勘察、设计、施工单位对水利工程质量负主体责任，分别对工程建设的勘察、设计和施工质量承担直接责任。

监理单位依据有关规定和合同，对水利工程质量负相应责任。

水利工程实行总承包的，总承包单位应当对全部工程质量负责；水利工程勘察、设计、施工、设备采购的一项或者多项实行总承包的，总承包单位应当对其承包的工程或者采购的设备的质量负责。

依法分包的，分包单位应当依据有关规定和合同对所分包工程的质量负责。

第八条　建设单位(项目法人)法定代表人对水利工程质量负总责，勘察、设计、施工、监理等单位法定代表人按各自职责对所承建项目的水利工程质量负领导责任。

第九条　建设单位(项目法人)项目负责人对水利工程质量承担全面责任，不得违法发包、肢解发包，不得以任何理由要求勘察、设计、施工、监理等单位违反法律法规和工程建设强制性标准，降低工程质量，其违法违规或不当行为造成工程质量事故或质量问题的，应当承担责任。

勘察、设计单位项目负责人应当保证勘察、设计文件符合法律法规和工程建设强制性标准的要求，对因勘察、设计导致的工程质量事故或质量问题应当承担责任。

施工单位项目经理应当按照经核查并签发的施工图、施工技术要求等设计文件和施工技术标准进行施工，不得转包、违法分包，不得使用不合格的建筑材料、建筑构配件和设备等，对因施工导致的工程质量事故或质量问题承担责任。

监理单位总监理工程师应当按照法律法规、有关技术标准、设计文件和监理合同进行监理，及时制止各种违法违规施工行为,对施工质量承担监理责任。

第十条 责任单位直接负责人按各自职责对所参加水利工程建设项目的质量负相应责任,对签字的文件、报告、图纸、证书、证明等资料负责。

第三章 管理制度

第十一条 水利工程质量终身责任管理实行书面承诺和竣(完)工后永久性标识等制度。

第十二条 建设(项目法人)、勘察、设计、施工、监理等单位法定代表人应当及时签署《宁夏水利工程质量终身责任法定代表人授权书》(附件1),明确本单位在该工程的项目负责人。

经授权的项目负责人应当在办理水利工程质量监督手续前签署《宁夏水利工程质量终身责任承诺书》(附件2)。

第十三条 建设单位(项目法人)在办理质量监督手续时将质量终身责任承诺书,连同建设(项目法人)、勘察、设计、施工、监理等单位项目负责人证明材料,由建设单位(项目法人)报工程质量监督机构备案。建设单位(项目法人)备案时应提交以下资料:质量终身责任承诺书、项目负责人授权书和任命文件、项目批复文件复印件、合同协议书复印件、中标(参建)单位资质文件复印件、关键岗位人员资质(资格)文件复印件等。

项目负责人如需更换,应当按规定程序办理变更手续,重新签署授权书和工程质量终身责任承诺书,由建设单位(项目法人)报工程质量监督机构备案。

第十四条 建设单位(项目法人)应当建立水利工程责任单位项目负责人质量终身责任信息档案,主要包括以下内容:

(一)项目负责人证明材料,包括任命文件、法定代表人授权书等;

(二)项目负责人的工程质量终身责任制承诺书、身份证复印件、执业资格证书复印件、变更材料等。

工程档案中有关直接责任人签字确认的文件材料,作为直接责任人质量终身责任的依据。

第十五条 建设单位(项目法人)应在开工后,及时将建设(项目法人)、勘察、设计、施工、监理等责任单位和项目负责人信息进行标识。

建设单位(项目法人)应在工程施工现场明显部位设立质量责任标识牌,载明工程名称、主要建设内容,各责任单位名称及责任单位的法定代表人、项目负责人的姓名、联系电话,质量问题举报电话等内容。

第十六条 单位工程(合同完工)验收合格后,建设单位(项目法人)应在工程明显部位设置永久质量终身责任标识(附件3)。按照单位工程或标段工程载明建设(项目法人)、勘察、设计、监理、施工等责任单位名称和项目负责人姓名。标识设置基本要求:

(一)标识尺寸为800毫米×600毫米,采用凹刻、宋体;

(二)建设期间单位或项目负责人发生变更的,按照时间顺序排列,并注明其在岗起止时间;

(三)渠道、堤防等线性工程,标牌应按照标段设置,载明标段起止桩号。

第四章 责任追究

第十七条 符合下列情形之一的,水行政主管部门应当依法依规追究责任单位责任人的质量终身责任:

(一)发生工程质量事故;

(二)发生投诉、举报、群体性事件、媒体负面报道等情形,并造成恶劣社会影响的严重工程质量问题;

(三)由于勘察、设计或施工质量原因造成尚在设计使用年限内的水利工程不能正常使用或在洪水防御、抗震等设计标准范围内不能正常发挥作用;

(四)存在其他与工程质量相关的需追究责任的违法违规行为。

第十八条 违反法律法规规定,造成工程质量事故或严重质量问题的,应当依法追究相关责任单位的责任。

第十九条 对发生本实施细则第十七条所列情形之一的,依法依规按照相关程序对相关责任单位

的相关责任人,按以下方式进行责任追究:

(一)责任人为依法履行公职人员的,将违法违规相关材料移交其上级主管部门及纪检监察部门;

(二)责任人为相关注册执业人员,应依法依规进行处罚;

(三)依照有关规定,对责任单位及其他责任人依法依规,给予处罚;

(四)涉嫌犯罪的,移送司法机关。

第二十条 各级水行政主管部门应当及时公布责任单位责任人质量责任追究情况,依法依规将其违法违规等不良行为及处罚结果记入个人信用档案,给予信用惩戒。

鼓励各级水行政主管部门向社会公开所管辖范围内的水利工程项目负责人质量终身责任承诺等质量责任信息。

第二十一条 责任人因调动工作、退休等原因离开原单位后,被发现在原单位工作期间违反国家法律法规、工程建设标准及有关规定,造成所参建项目发生第十七条所列情形之一的,仍应按本细则第十九条规定依法追究相应责任。

责任单位已合并、分立或被撤销、注销、吊销营业执照或者宣告破产的,责任人被发现在该单位工作期间违反国家法律法规、工程建设标准及有关规定,造成所参建项目发生第十七条所列情形之一的,仍应按本细则第十九条规定依法追究相应责任。

第五章 附则

第二十二条 本实施细则自印发之日起30日后施行,有效期2年。原《宁夏水利工程质量终身责任制实施办法(试行)》(宁水办发〔2018〕22号)自施行之日起同时废止。

第二十三条 本实施细则由宁夏回族自治区水利厅负责解释。

自治区水利厅 自治区工业和信息化厅关于印发宁夏回族自治区工业领域水务经理管理制度(试行)的通知

(2021年12月28日 宁水规发〔2021〕12号)

各市、县(区)水务局、工业和信息化局,宁东基地管委会自然资源局、经济发展局,各工业园区管委会,各用水企业:

为构建工业用水精细化管理服务、集约化高效利用新格局,推动工业深度节水控水,加快我区黄河流域生态保护和高质量发展先行区建设,根据《国家节水行动方案》(发改环资规〔2019〕695号)和《宁夏回族自治区节水行动实施方案》(宁水节供发〔2019〕13号),自治区水利厅、工业和信息化厅联合制定了《宁夏回族自治区工业领域水务经理管理制度》(试行),现印发给你们,请认真贯彻执行。

宁夏回族自治区工业领域水务经理管理制度(试行)

第一条 为强化工业用水管理,提高工业用水效率,推动工业节水增效,依据《国家节水行动方案》(发改环资规〔2019〕695号)《宁夏回族自治区节水行动实施方案》(宁水节供发〔2019〕13号),制定本制度。

第二条 自治区境内工业园区(以下简称园区)和年用水量10万立方米及以上的工业企业(以下简称企业)应当推行水务经理管理制度,鼓励年用水量10万立方米以下的工业企业推行水务经理管理制度。

第三条 本制度所称水务经理是指园区或企业负责水资源节约保护管理的高级管理人员,一般由园区或企业主要负责人兼任。园区或企业设立专(兼)职水管员,协助水务经理开展工作。

第四条 水务经理承担以下职责:

(一)贯彻执行国家和自治区水资源节约保护管理法律法规和方针政策,负责本园区或企业取水、供水、用水、排水的全过程管理；

（二）研究制定本园区或企业水资源消耗总量与强度双控管理制度，加强园区或企业内部用水考核管理，推行用水节奖超罚；

（三）组织开展本园区或企业节水达标建设，实施节水技术改造，推广使用节水工艺、技术、设备和产品，推进废（污）资源化利用，提高水的利用效率；

（四）落实取水许可和计划用水管理制度，按照国家和自治区颁布的行业用水定额标准，组织拟定本企业年度用水计划，按照《宁夏回族自治区计划用水管理办法》的规定分级报水行政主管部门；

（五）加强用水计量设施建设，利用工业互联网、物联网等新技术，推进用水节水信息化、精细化管理，定期开展水平衡测试；

（六）负责本园区或企业的用水统计、建立用水台账、核报水资源税，每季度首月15日前分级向水行政主管部门报送用水情况；

（七）组织本园区或企业开展节水宣传，参加社会性节水宣传教育活动，培养职工的节水意识。

第五条　各级水行政主管部门按照"谁下达用水计划，谁负责管理"的原则组织落实工业企业水务经理管理制度，按现行分级管理方式组织落实工业园区水务经理管理制度。

第六条　各级水行政主管部门组织对水务经理（水管员）用水管水工作的服务指导，定期组织业务培训等，为其开展工作提供便利。

第七条　各园区或企业将水务经理管理制度纳入本园区和企业的管理考核制度体系，并为水务经理高效履行职责创造有利条件。

第八条　水务经理（水管员）设立及水务经理管理制度执行情况在自治区、市、县（区）水行政主管部门、工业和信息化主管部门官方网站公布，接受社会监督。

第九条　水务经理管理制度执行情况纳入最严格水资源管理制度和节水型社会建设考核，以及对工业园区和工业企业的用水节水考核。

第十条　获得优秀水务经理（水管员）称号的，以及节水型工业园区、节水型企业的水务经理（水管

员），优先作为节约用水先进个人的评选对象。

第十一条　各园区于每年12月31日前将水务经理（水管员）设立、执行情况分级报水行政主管部门和工业和信息化主管部门。各企业水务经理（水管员）设立、执行情况随年度用水计划申请分级报送水行政主管部门和工业和信息化主管部门，同时报所在工业园区。

第十二条　本制度自2022年1月1日起施行。

自治区人民检察院　自治区水利厅关于印发关于建立健全水行政执法与检察公益诉讼协作机制的实施细则的通知

（2022年11月8日　宁检会〔2022〕6号）

各市、县（区）人民检察院、水利（水务）局：

为深入贯彻落实习近平生态文明思想、习近平法治思想和习近平总书记视察宁夏重要讲话和重要指示批示精神，加强水利领域检察公益诉讼工作，推动新时代我区水利工作高质量发展，依据最高人民检察院与水利部共同制定的《关于建立健全水行政执法与检察公益诉讼机制的意见》，自治区检察院、水利厅联合制定了《关于建立健全水行政执法与检察公益诉讼协作机制的实施细则》，现印发给你们，请结合本地实际，认真贯彻落实。执行中遇到的问题，请及时层报自治区检察院、水利厅。

关于建立健全水行政执法与检察公益诉讼协作机制的实施细则

为深入贯彻落实习近平生态文明思想、习近平法治思想、习近平总书记"十六字"治水思路、视察宁夏以及关于黄河流域生态保护和高质量发展重要讲话指示批示精神，建立水行政执法与检察公益诉讼协作机制，依法履行法定职责，相互配合，相互支持，推进水利部门与检察机关良性互动，形成行政和检察保护合力，共同打击水事违法行为，维护国家和社会公共利益，推动新阶段水利高质量发展，保障国家

水安全。依据《中华人民共和国民事诉讼法》《中华人民共和国行政诉讼法》和《最高人民检察院 水利部关于印发〈关于建立健全水行政执法与检察公益诉讼协作机制的意见〉的通知》（高检发办字〔2022〕69号）的要求，制定本实施细则。

一、深刻认识水行政执法与检察公益诉讼协作的重要意义

水利是国民经济和社会发展的基础和命脉，是现代农业发展不可或缺的首要条件，是生态环境改善不可分割的保障系统，不仅关系到防洪安全、供水安全、粮食安全，而且关系到经济安全、生态安全、国家安全，具有很强的公益性、基础性、战略性。党的十八大以来，习近平总书记从实现中华民族永续发展的战略高度，提出"节水优先、空间均衡、系统治理、两手发力"的治水思路，主持召开会议研究部署推动黄河流域生态保护和高质量发展并发表重要讲话，作出一系列重要指示批示，确立黄河流域生态保护和高质量发展上升为国家战略，为新时代黄河流域保护治理提供了根本遵循和行动指南。

建立检察机关提起公益诉讼制度是党中央在全面依法治国背景下构建国家权力监督制约体系的一项重大制度设计，是以法治思维和法治方式推进国家治理体系和治理能力现代化的重要举措，有利于优化司法职权配置，完善行政诉讼制度，推进法治政府建设，有利于充分发挥检察机关法律监督职能作用，促进依法行政、严格执法，维护宪法法律权威，维护社会公平正义，维护国家和社会公共利益。

建立健全水行政执法与检察公益诉讼协作机制，推动水利部门与检察机关协同发力，互相配合，形成行政执法和检察监督保护工作合力，共同打击与公共利益密切相关的水灾害、水资源、水生态、水环境等涉水违法犯罪行为，最大程度实现停止侵害、消除影响、确保水安全有效保障、水资源高效利用、水生态明显改善、水环境有效治理的目标。各级检察机关要依法推进水利领域检察公益诉讼工作，积极支持水行政执法，共同维护水利领域国家利益和社会公共利益；各级水行政主管部门、综合执法部门及自治区水利厅所属的渠道管理机构要依法全面履职，严格规范执法，协同配合检察机关开展公益诉讼工作。

二、明确水行政执法与检察公益诉讼协作重点领域

建立健全水行政执法与检察公益诉讼协作机制，推进水利领域检察公益诉讼工作，要坚持问题导向、依法治理、协同治理，充分发挥各自职能作用，聚焦水利领域侵害国家利益或者社会公共利益，特别是情节严重、影响恶劣、拒不整改的违法行为，加大协作力度，提升河湖保护治理水平。水行政执法与检察公益诉讼协作的重点领域主要有：

（一）水旱灾害防御方面

主要包括：在水库库区内围垦、侵占库容；在河道、湖泊、水库、渠道弃置、堆放阻碍行洪的物体，种植阻碍行洪的林木；在河道、湖泊管理范围内建设妨碍行洪的建筑物、构筑物，非法设置拦河渔具，从事影响河势稳定、危害河岸堤防安全和其他妨碍河道行洪的活动；违法建设水工程及跨河、跨渠、穿河（堤）、穿渠、临河、临渠的工程设施等。

（二）水资源管理方面

主要包括：未经批准擅自取水、未依照批准的取水许可规定条件取水、违法建设取水工程、地下水取水工程未按规定封井或者回填限期不整改或造成重大影响，地下工程建设对地下水补给、径流、排泄等造成重大不利影响，水利水电等工程未依法实施生态用水调度，向河道、湖泊、渠道等水体倾倒垃圾、废物、渣土、排放废水等。

（三）河湖管理方面

主要包括：非法侵占河湖水域，违法利用、占用河湖岸线，非法围垦河湖或者围河围湖造地，非法采砂；未经批准，在河道管理范围内挖筑鱼塘、修建厂房或者其他建筑设施等。

（四）水利工程管理方面

主要包括：在水库大坝、堤防、渠道等水利工程保护范围内，从事影响工程运行和危害工程安全的爆破、打井、采石、取土等活动，在堤防和护堤地建房、开采地下资源等；在水工程管理范围内，从事妨碍工程运行和危害工程安全的爆破、开矿、修建房屋

等活动;破坏、侵占、毁损有关水利工程及设施;违法实施对水文监测有影响的活动等。

（五）水土保持方面

主要包括:造成人为水土流失,生产建设单位不依法履行水土流失防治责任,不编报水土保持方案;未批先建、未批先弃、未验先投,拒不缴纳水土保持补偿费等违反水土保持法的行为。

（六）其他方面

其他违反《中华人民共和国水法》《中华人民共和国防洪法》《中华人民共和国水土保持法》《宁夏回族自治区抗旱防汛条例》《宁夏回族自治区水资源管理条例》《宁夏回族自治区河湖管理保护条例》《宁夏回族自治区水工程管理条例》等法律法规,导致国家利益或者社会公共利益受到侵害的水事违法行为。

三、建立水行政执法与检察公益诉讼协作机制

（一）会商研判

市县水行政主管部门会同检察机关每半年开展一次工作会商,互相通报相关水事问题及违法案件,共同分析研判本区域水事秩序和水利领域违法案件特点,研究协作任务和重点事项,协商解决重大问题;涉及其他行政机关或单位的,通过联席会议、圆桌会议等形式共同会商研判。自治区水行政主管部门与自治区检察院根据水事问题及违法案件发生情况适时开展工作会商。

（二）专项行动

各级水行政主管部门会同检察机关加强执法司法联动,在水事违法行为多发领域和敏感区域等,联合开展专项行动,共同维护水事秩序,提升治理水平。专项行动根据水事违法行为发生情况适时开展,由水行政主管部门牵头。涉及多个行政机关职权,需要开展联合执法的,由水行政主管部门牵头,检察机关予以支持配合。对跨区域、案情复杂或者办理难度较大等方面违法问题,市级以上水行政主管部门可以会同检察机关联合挂牌督办,共同推进问题整改。

（三）线索移送

1.各级水行政主管部门应当及时处理和评估日常监管、检查巡查、水行政执法、监督举报等渠道发现的违法问题线索,在全面依法履行执法职责后,符合下列移送标准的,及时移送检察机关,同时向自治区水行政主管部门报送相关情况。

（1）移送标准

1)水行政主管部门已对违法行为人依法履行监管职责,但仍不足以弥补国家利益或者社会公共利益损失的;或者水行政主管部门已对违法行为人依法履行监管职责,违法行为人又继续实施新的违法行为的（该问题线索移送前水行政主管部门仍应对新的违法行为依法履行监管职责,且仍不足以弥补国家利益或者社会公共利益损失）。

2)依据《中华人民共和国水法》第十三条、《中华人民共和国防洪法》第八条、《中华人民共和国水土保持法》第五条等法律法规的规定,涉及多个行政机关职责,水行政主管部门在日常监管、检查巡查、水行政执法过程中发现其他行政机关在涉水领域存在违法行使职权或者不作为;或水行政主管部门在日常监管、检查巡查、水行政执法过程中发现综合执法部门不依法履行执法职责。上述情况经水行政主管部门依法履行监管职责后仍无法及时有效解决的。

3)水行政主管部门在执法过程中,协调处理难度大,无法及时有效协调处理的。

4)其他适合检察公益诉讼的问题线索。

（2）移送资料及接收

违法行为发生地市县水行政主管部门负责线索移送。自治区水行政主管部门发现的问题线索,交当地市县水行政主管部门移送检察机关。

水行政主管部门应当向检察机关移送如下资料:

1)案件移送书。载明移送机关名称、违法行为、案件主办人及联系电话等。案件移送书应当附移送材料清单,并加盖移送机关公章。

2)已对违法行为依法查处的,移交行政处罚资料及行政强制执行资料。行政处罚资料包括责令改正通知书,行政处罚决定书和作出行政处罚决定的证据资料,以及涉案物品清单等。行政强制执行材料包括强制执行决定书、申请人民法院强制执行申请书以及相关执行结果的材料,如违法行为人在责令改正通知书、行政处罚决定书作出后主动履行的,则移交相关主动履行的材料。

3)对违法行为造成的损失及后果已进行评估鉴定的,移交评估鉴定材料。

4)未依法对违法行为进行查处的,移交违法事实相关资料,相关行政机关执法职责资料,以及水行政主管部门已采取协调、建议、督促等措施资料。

(3)问题线索的接收及处理

对水行政主管部门移送的问题线索,检察机关应当接收,并向水行政主管部门出具接收回执或者在案件移送书的回执上签字。检察机关接收问题线索后,对问题线索的真实性、可查性等进行评估,依法确定是否开展检察公益诉讼工作。

2.检察机关办理公益诉讼案件中发现水利领域违法问题线索,可以先行与有关水行政主管部门磋商,督促依法处理,水行政主管部门应当依法及时办理;对跨行政区域或者重大敏感问题线索,及时向有关水行政主管部门的上级机关通报情况。

3.检察机关及水行政主管部门对线索处理结果应当相互通报。

(四)调查取证

检察机关在调查取证过程中,要加强与水行政主管部门的沟通协调。检察机关依法查阅、调取、复制水行政执法卷宗材料,收集书证、物证、视听资料、电子数据等证据的,水行政主管部门应当予以配合协助。检察机关需要水利专业技术支持的,水行政主管部门应当主动或协调有关机构提供技术支持或者出具专业意见。涉及特别复杂或者跨市级行政区案件专业技术问题,以及其他明确规定由省级(自治区级)水行政主管部门提供专业技术支持的,由自治区水行政主管部门协助提供技术支持或者出具专业意见,具体由自治区水行政主管部门下属相关中心负责。

(五)案情通报

在案件办理过程中,对于涉及水行政执法及公益诉讼案件的重大情况、舆情等,检察机关和水行政主管部门及时相互通报,共同研究对策措施,强化协调联动。检察机关发现水行政主管部门可能存在履

职不到位或者违法风险隐患的,及时通报,督促其依法履职。水利领域公益诉讼案件办结后,检察机关可以向有关水行政主管部门通报案件办理相关情况。

四、强化水行政执法与检察公益诉讼协作保障

(一)加强组织领导

各级检察机关、水行政主管部门要加强工作统筹,明确责任分工,强化要素保障,抓好督促落实,推动构建上下协同、横向协作、完整配套的工作体系,提升水行政执法与检察公益诉讼协作水平。

(二)推进信息共享和技术协作

检察机关和水行政主管部门共同建立水行政执法与检察公益诉讼相衔接的信息交流平台,推进信息共享交换,实现相关数据、执法线索和专业技术联通。根据检察机关办案需要,水行政主管部门提供职责范围内有关监测数据、卫星遥感影像资料及行政管理、行政处罚等信息。自治区检察院会同自治区水行政主管部门探索共建实验室,开展涉水司法鉴定、检测和评估等工作,完善相关工作规则和技术规范。

(三)深化业务交流

检察机关与水行政主管部门建立业务联络机制,明确专人负责日常对接,拓宽交流沟通渠道和方式。根据工作需要,建立健全专家库,互派业务骨干,协助或参与相关执法办案、业务培训、政策研究、挂职交流等。检察机关可聘请水行政执法人员或水利专家为特邀检察官助理,协助办理相关案件。水行政主管部门可聘请检察官为普法讲师,提供法律咨询意见,参与水利普法工作。

(四)注重宣传引导

检察机关、水行政主管部门积极利用报刊、广播、电视等传统媒体和网站、移动客户端、微信公众号、直播平台等新媒体,广泛宣传水行政执法与检察公益诉讼协作情况和案件办理成效,不断巩固协作成果,扩大协作影响。联合开展水利领域检察公益诉讼个案剖析和类案研究,通过印发文件、召开新闻发布会等形式,共同发布典型案例,有效发挥典型案例办理一件、影响一片、规范一类的法律效果和社会效果。

自治区水利厅关于印发 2022 年宁夏水量分配及调度计划的通知

（2022 年 1 月 30 日　宁水资发〔2022〕7 号）

各市、县（区）人民政府，宁东管委会：

为深入贯彻黄河流域生态保护和高质量发展国家战略，落实自治区建设先行区安排部署，强化水资源最大刚性约束，以水资源节约集约利用保障全区各地、各业用水安全，自治区水利厅根据《水利部关于批准下达 2021 年 7 月至 2022 年 6 月黄河可供耗水量分配及非汛期水量调度计划的通知》（水调管〔2021〕348 号）和《黄委关于印发 2021—2022 年度黄河生态调度方案的通知》（黄水调〔2021〕303 号），结合《宁夏"十四五"用水权管控指标方案》，编制了《2022 年宁夏水量分配及调度计划》，已报请自治区人民政府同意，现印发给你们，请认真贯彻执行。

2022 年宁夏水量分配及调度计划

为深入贯彻落实黄河流域生态保护和高质量发展重大国家战略，强化水资源最大刚性约束，有效保障全区各地、各业用水安全，根据国务院《黄河水量调度条例》《宁夏"十四五"用水权管控指标方案》，制定本计划。

一、2022 年可分配水量指标

（一）年度取水指标

根据《水利部关于批准下达 2021 年 7 月至 2022 年 6 月黄河可供耗水量分配及非汛期水量调度计划的通知》（水调管〔2021〕348 号）和《黄委关于印发 2021—2022 年度黄河生态调度方案的通知》（黄水调〔2021〕303 号），分配我区 2022 年 1—6 月份黄河取水指标 32.830 亿立方米（7—12 月份未分配），7—12 月份黄河取水指标参照 2021 年黄委分配的指标 35.607 亿立方米，扣除自治区统筹水量 1.5 亿立方米，2022 年可分配黄河水总量为 66.937 亿立方米。根据《宁夏"十四五"用水权管控指标方案》，确定 2022 年当地地表水 1.629 亿立方米，地下水 6.378 亿立方米，非常规水源 1.079 亿立方米。据此确定 2022 年全区取水总量为 76.023 亿立方米。引扬黄灌区各大干渠输水损失量由自治区水利厅依据干渠水利用系数计算确定。自治区统筹的 1.5 亿立方米黄河水，由水利厅根据自治区党委政府相关要求在调度期间统筹配置。

（二）黄河生态调度河道外生态补水指标

根据《黄委关于印发 2021—2022 年度黄河生态调度方案的通知》（黄水调〔2021〕303 号），额外分配我区 2021 年 7 月至 2022 年 6 月河道外生态补水指标 6.02 亿立方米，主要补水对象为宁夏沿黄重要湖泊、湿地，助力黄河上游沙漠锁边，筑牢我国西北生态屏障。2021 年 7 月至 12 月我区已消耗生态补水指标 1.56 亿立方米，因此，2022 年 1 月至 6 月可用生态补水取水量为 4.46 亿立方米。2022 年 7 月至 12 月生态补水取水量计划指标参照 2021 年下半年实际补水取水量确定。

二、水量分配及调度原则

（一）总量控制

根据水利部和黄委分配我区 2021—2022 年度黄河水取水指标，结合《宁夏"十四五"用水权管控指标方案》确定各市、县（区）及宁东在各水源、各行业取水总量计划指标，实行区域总量控制。

（二）保障刚需

在充分考虑节水的前提下，最大限度地满足生活和生产用水，全力保障自治区葡萄酿酒等重点产业发展用水，确保自治区粮食安全、能源安全和乡村振兴等战略实施。

（三）生态优先

坚持生态优先、绿色发展，加大河道外主要河湖、湿地等生态脆弱地区的生态补水力度，用足用够分配生态水量，努力扩大生态环境效益。

（四）丰增枯减

按照水利部分配我区黄河水指标，按照"丰增枯减"的原则进行调度，同比例分配到各市、县（区）及宁东能源化工基地。统筹做好防洪防凌、供水、灌溉等多目标调度。加大再生水等非常规水利用，非常规水源实行配额制。

（五）定额管理

综合考虑城乡居民生活条件、工业生产规模、农业灌溉面积和灌溉方式以及经济社会发展水平，在结合用水定额基础上，确定各市、县（区）各行业的用水总量。

三、分配指标

（一）各市、县（区）取水指标分配

2022 年分配全区各市、县（区）取水总量 76.023 亿立方米。其中：银川市 23.410 亿立方米，石嘴山市 13.818 亿立方米，吴忠市 18.928 亿立方米，固原市 2.929 亿立方米，中卫市 14.761 亿立方米，宁东能源化工基地 2.178 亿立方米。

（二）各行业取水指标分配

全区 76.023 亿立方米取水总量中，生活用水 4.891 亿立方米，工业用水 4.974 亿立方米，农业用水 60.138 亿立方米，河湖湿地生态补水 6.02 亿立方米。

（三）各水源取水指标分配

黄河干流取水指标 66.937 亿立方米，当地地表水 1.629 亿立方米，地下水 6.378 亿立方米，非常规水源 1.079 亿立方米。当地地表水中，清水河取水量 0.385 亿立方米、泾河取水量 0.76 亿立方米、葫芦河取水量 0.465 亿立方米。

（四）河道外河湖湿地生态补水取水指标分配

全区分配河道外河湖湿地生态补水指标 6.02 亿立方米，其中：银川市 3.111 亿立方米，石嘴山市 1.593 亿立方米，吴忠市 0.654 亿立方米，中卫市 0.662 亿立方米。

（五）主要河流生态流量调度指标

根据水利部批复，确定黄河石嘴山断面生态流量不低于 150 立方米/秒；清水河泉眼山断面生态流量不低于 0.18 立方米/秒；苦水河郭家桥断面生态流量不低于 0.1 立方米/秒，年生态水量不低于 500 万立方米。

四、保障措施

（一）强化组织领导

各市、县（区）人民政府要全面落实水资源消耗总量和强度双控主体责任，强化组织领导，服从全区水资源统一调度，确保自治区水量分配及调度计划落到实处。

（二）强化计划管理

各市、县（区）要按照总量控制和定额管理的原则，针对本年度水量调度形势，商供水管理单位，结合渠道、泵站供水能力，将年度分水指标细化到各用水户、各干渠直开口，制定辖区内水量分配计划，并于 2 月 20 日前报水利厅。

（三）强化生态调度

各市、县（区）要严格水资源用途管制，细化河湖、湿地生态补水计划，明确到具体河湖，严禁生产挤占生态用水，严防随意扩大水面、乱补水，尤其禁止人造水面景观行为。

（四）强化信息共享

各市、县（区）水行政主管部门、供水单位、水文部门要进一步加强水量监测和统计报送，做到监测数据日清日结日上报，严禁数据造假。要加强在线监测信息共享应用，逐步实现以在线监测数据为主、传统监测数据为参考。

（五）严控超载区用水

中卫市要严格按照批复的《中卫市水资源超载治理方案》，综合施策、狠抓落实，压实相关县（区）政府和部门超载治理责任，实施清单化管理，确保年度治理目标任务落地见效。

附件：1. 2022 年各市、县（区）取水分配计划表

2. 2022 年各市、县（区）生态用水取水计划表

3. 黄河支流水量分配指标计划表

4. 各主要河流控制断面生态流量控制指标

附件1

2022 年各市、县(区)取水分配计划表

单位:亿立方米

行政区	分水源取水量				分行业取水量				合计
	当地地表水	黄河水	地下水	非常规水源	生活	工业	农业	河湖湿地生态	
全区合计	1.629	66.937	6.378	1.079	4.891	4.974	60.138	6.020	76.023
银川市	0.000	20.889	2.180	0.341	2.108	0.751	17.440	3.111	23.410
兴庆区									
西夏区		7.663	0.690	0.261	1.507	0.480	4.442	2.185	8.614
金凤区									
永宁县		4.504	0.560	0.028	0.198	0.067	4.508	0.319	5.092
贺兰县		5.349	0.620	0.032	0.203	0.120	5.096	0.582	6.001
灵武市		3.373	0.310	0.020	0.200	0.084	3.394	0.025	3.703
石嘴山市	0.012	12.161	1.498	0.147	0.543	0.886	10.796	1.593	13.818
大武口区		0.868	0.430	0.059	0.213	0.192	0.490	0.462	1.357
惠农区		2.967	0.398	0.045	0.131	0.443	2.786	0.050	3.410
平罗县	0.012	8.326	0.670	0.043	0.199	0.251	7.520	1.081	9.051
吴忠市	0.040	17.707	1.040	0.141	0.937	0.514	16.823	0.654	18.928
利通区		4.966	0.410	0.055	0.388	0.123	4.356	0.564	5.431
红寺堡区		2.691	0.035	0.012	0.116	0.097	2.525	0.000	2.738
盐池县	0.020	1.076	0.055	0.017	0.116	0.035	0.967	0.050	1.168
同心县	0.020	2.669	0.100	0.012	0.156	0.013	2.632	0.000	2.801
青铜峡市		6.305	0.440	0.045	0.161	0.246	6.343	0.040	6.790
固原市	1.530	0.680	0.640	0.079	0.588	0.151	2.190	0.000	2.929
原州区	0.440	0.527	0.310	0.032	0.231	0.100	0.978	0.000	1.309
西吉县	0.350	0.153	0.150	0.014	0.145	0.020	0.502	0.000	0.667
隆德县	0.230	0.000	0.020	0.006	0.080	0.007	0.169	0.000	0.256
泾源县	0.170	0.000	0.010	0.004	0.047	0.004	0.133	0.000	0.184
彭阳县	0.340	0.000	0.150	0.023	0.085	0.020	0.408	0.000	0.513
中卫市	0.047	13.581	1.020	0.113	0.689	0.520	12.890	0.662	14.761
沙坡头区		5.614	0.450	0.054	0.365	0.285	4.922	0.546	6.118
中宁县	0.007	6.836	0.360	0.049	0.192	0.227	6.717	0.116	7.252
海原县	0.040	1.131	0.210	0.010	0.132	0.008	1.251	0.000	1.391
宁东	0.000	1.920	0.000	0.258	0.026	2.152	0.000	0.000	2.178

备注:1. 太阳山工业园区生活和工业用水占盐池、红寺堡、同心等相关市、县(区)取水指标。

2. 本表中的水量数据为各县(区)的取水量,包含渠道输水损失。

附件2

2022 年各市、县(区)生态用水取水计划表

单位:亿立方米

行政区	1—6 月	7—12 月	合计	行政区	1—6 月	7—12 月	合计
全区合计	4.460	1.560	6.020	盐池县	0.050	0.000	0.050
银川市	2.211	0.900	3.111	同心县	0.000	0.000	0.000
兴庆区				青铜峡市	0.040	0.000	0.040
西夏区	1.475	0.710	2.185	固原市	0.000	0.000	0.000
金凤区				原州区	0.000	0.000	0.000
永宁县	0.219	0.100	0.319	西吉县	0.000	0.000	0.000
贺兰县	0.502	0.080	0.582	隆德县	0.000	0.000	0.000
灵武市	0.015	0.010	0.025	泾源县	0.000	0.000	0.000
石嘴山市	1.143	0.450	1.593	彭阳县	0.000	0.000	0.000
大武口区	0.302	0.160	0.462	中卫市	0.462	0.200	0.662
惠农区	0.050	0.000	0.050	沙坡头区	0.366	0.180	0.546
平罗县	0.791	0.290	1.081	中宁县	0.096	0.020	0.116
吴忠市	0.644	0.010	0.654	海原县	0.000	0.000	0.000
利通区	0.554	0.010	0.564	宁东	0.000	0.000	0.000
红寺堡区	0.000	0.000	0.000				

附件3

黄河支流水量分配指标计划表

单位:亿立方米

县(区)	合计	清水河	泾河	葫芦河	县(区)	合计	清水河	泾河	葫芦河
盐池县	0.020		0.020		泾源县	0.170		0.170	
同心县	0.020	0.020			彭阳县	0.340		0.340	
原州区	0.440	0.325	0.115		海原县	0.040	0.040		
西吉县	0.350		0.115	0.235	合 计	1.610	0.385	0.760	0.465
隆德县	0.230			0.230					

附件4

各主要河流控制断面生态流量控制指标

河流	水文断面	生态最小流量(m³/s)	断面性质
黄河	石嘴山	150	省界站
清水河	泉眼山	0.18	入黄站
苦水河	郭家桥	0.1	入黄站

自治区水利厅关于印发 2022 年全区水量调度方案的通知

（2022 年 3 月 14 日　宁水资发〔2022〕10 号）

各市、县（区）水务局，厅属有关单位，宁夏水务投资集团有限公司、宁西供水有限公司，各有关工业企业：

为贯彻落实水资源调度管理办法，优化水资源配置，水利厅根据 2022 年宁夏水量分配及调度计划，结合各单位上报的供用水计划及供水工程供水能力，编制了《2022 年全区水量调度方案》，现印发给你们，请严格执行。

2022 年全区水量调度方案

根据《自治区水利厅关于印发 2022 年宁夏水量分配及调度计划的通知》（宁水资发〔2022〕7 号），结合各市、县（区）实际调蓄能力和供水工程供水能力，编制了 2022 年全区水量调度方案。

一、水量调度计划

2022 年下达全区调度取水总量 75.690 亿立方米，其中：黄河干流地表水 66.604 亿立方米、当地支流地表水 1.629 亿立方米、地下水 6.378 亿立方米、非常规水 1.079 亿立方米。各水源配置是在自治区"四水四定"管控方案的基础上，充分考虑自治区九大重点产业布局新增年度用水需求。各水源、各行业取水调度指标具体指标如下。

（一）黄河地表水计划取水量 66.604 亿立方米，其中生活 2.005 亿立方米、生态 6.020 亿立方米、工业 3.268 亿立方米、农业 55.311 亿立方米。本年度黄河水分配计划中增加了惠农区贺兰山东麓原井灌区水源替代水量，解决地下水井关停后的灌溉用水需求（见附件 1）。

（二）地下水计划取水量 6.378 亿立方米，其中生活 2.393 亿立方米、工业 1.099 亿立方米、农业 2.886 亿立方米。（见附件 2）

（三）当地支流地表水计划取水量 1.629 亿立方米，其中生活 0.540 亿立方米、工业 0.056 亿立方米、农业 1.033 亿立方米。（见附件 3）

（四）主要工业和城市取水口取水量计划 6.504 亿立方米，其中直接从黄河取水 4.359 亿立方米、从各灌区渠道取用黄河水 0.414 亿立方米、直接取用地下水 1.262 亿立方米、直接取用山区河流当地地表水 0.469 亿立方米。（见附件 4）

二、骨干渠道调度计划

（一）引黄灌区各大干渠取水口指标

引黄灌区各大骨干渠道共分配黄河取水口取水调度指标 60.646 亿立方米（含生态取水指标 6.02 亿立方米），其中：春夏灌 50.532 亿立方米，冬灌 10.114 亿立方米（见附件 5-1）。扣除干渠损失后（干渠输水损失按照 2021 年各干渠水利用系数确定），各县（市、区）干渠直开口共取水量 51.514 亿立方米，其中：春夏灌 42.817 亿立方米，冬灌 8.697 亿立方米（见附件 5-2，附件 5-3，附件 5-4）。

（二）渠道开停灌时间

1. 春夏灌开停灌时间。青铜峡河西总干渠计划 3 月 15 日开闸放水，河东总干渠 4 月 25 日放水；七星渠 3 月 23 日放水，东干渠 4 月 1 日放水，沙坡头灌区各干渠 4 月 10 日放水；跃进渠 4 月 15 日放水；固扩扬水 3 月 25 日开机上水，固海扬水 3 月 29 日开机上水，红寺堡扬水 4 月 1 日开机上水，盐环定扬水 4 月 2 日开机上水。扬水灌区各泵站计划于 8 月 31 日停机（盐环定 9 月 2 日停机），自流灌区各大干渠计划于 9 月 8 日前全部停水。

2. 冬灌开停灌时间。青铜峡河西总干渠计划 10 月 20 日开闸放水，河东总干渠 11 月 1 日放水；七星渠 10 月 26 日放水，东干渠 10 月 25 日放水，沙坡头灌区各干渠 10 月 31 日放水；固海、固扩、红寺堡扬水 11 月 1 日开机上水，盐环定扬水 10 月 26 日开机上水。各大干渠及扬水泵站计划于 11 月 22 日前全部停水（见附件 7）。

3. 库井灌区及沿黄小型取水口开停灌时间。由各市县根据农时确定，报自治区水利调度中心备案后，纳入统一管理。

三、生态调度计划

全年计划下达河湖湿地生态补水取水 6.02 亿立方米，根据各县（市、区）上报的生态补水计划，将河湖湿地生态用水指标分配到重点河湖（见附件6-1），其中典农河 1.48 亿立方米，沙湖 1.08 亿立方米。其他湖泊湿地生态补水计划由各市、县（区）水务局自行制定，同时按照河湖补水口位置分解到各干渠，分解到干渠直开口生态补水量要扣除各干渠输水损失（见附件6-2），清水河、苦水河沿河市、县（区）水务局要按照清水河和苦水河生态流量管控实施方案做好流域生态管控和生态流量保障，清水河泉眼山断面最小流量不低于 0.18 立方米／秒，苦水河郭家桥断面最小流量不低于 0.1 立方米／秒。

四、有关要求

（一）强化调度管理

各单位要站在黄河流域生态保护和高质量发展先行区建设的高度，提高政治站位，严格执行水利部《水资源调度管理办法》，服从全区水资源统一调度，严格落实自治区水量调度方案，加强水资源调度管理。各市、县（区）水行政主管部门负责组织、协调、实施、监督本行政区域内水资源调度工作，根据需要建立利益相关方参与的调度协商机制。各供水单位要严格执行水量调度方案和调度指令，严肃调度纪律，未经批准严禁向无水权、无指标、超计划的用水单位（户）私自供水。正在办理取水许可证或市场化交易获得水权指标的，待正式手续办理完成后补充下发用水调度计划。

（二）严控用水总量

各市、县（区）要严格落实"四水四定"管控要求，加强用水定额管理，加大高效节水灌溉推广力度。将非常规水源纳入区域水资源统一配置，实行配额制和优先配，各地区非常规水源利用量不得低于 2022 年水量分配及调度计划分配的非常规水源利用指标。各市、县（区）要依据本次下达的年度水量调度方案，按照总量控制、定额管理的原则，将水量细化分解到支斗口、各乡镇、重点企业、各大农场和用水大户，沿黄小型农业取水量要细化到具体取水口，统筹考虑制定本辖区水量分配计划和调度方案，严格执行超定额加价征收水费制度。本次下达方案中各市、县（区）用水量指标包含农垦系统用水，各市、县（区）按照自治区"十四五"管控指标方案合理分配农垦及

监狱等系统用水量。各市、县（区）水量分配计划和调度方案自本方案印发之日起 10 个工作日报自治区水利厅备案，同时抄送相关供水单位。灌域间的取用水指标原则上不再调整，确有需要变更调整的要严格履行审批程序。

（三）强化生态调度

各市、县（区）要提前做好河湖湿地生态补水前的各项准备工作，进一步细化河湖补水计划，明确到具体河湖；同时要提高水资源利用效率，统筹考虑生态需水情况，禁止人造水面景观补水消耗黄河水。各供水单位要主动对接各市、县（区）水行政主管部门，及早谋划，提前安排，尽可能提前供水、延迟供水或利用农灌间歇期、凌汛期和夏季大洪水时期实施补水。

（四）加强信息报送

各单位要进一步加强沟通协调，按照水资源调度管理工作要求，及时报送取用水数据，严格把关，提高数据质量。水利厅将定期对市、县（区）用水情况进行通报，调度计划落实情况纳入最严格水资源管理制度考核。

附件1 　　　　　　　　　　**2022 年各市、县(区)黄河干流取水计划表**

单位:亿立方米

市、县(区)名称		黄河水				
		小计	生活用水	工业用水	农业用水	河湖湿地生态补水
合计		66.6040	2.0045	3.2680	55.3115	6.0200
银川市	小计	20.8885	1.2520	0.3077	16.2178	3.1110
	兴庆区	2.4118	0.2660		1.4578	0.6880
	金凤区	1.9620	0.3750		0.6650	0.9220
	西夏区	3.2887	0.2980	0.2280	2.1877	0.5750
	永宁县	4.5040	0.0460		4.1390	0.3190
	贺兰县	5.3490	0.2327	0.0400	4.4943	0.5820
	灵武市	3.3730	0.0343	0.0397	3.2740	0.0250
石嘴山市	小计	12.1610	0.0452	0.3935	10.1293	1.5930
	大武口区	0.8680			0.4060	0.4620
	惠农区	2.9670		0.3676	2.5494	0.0500
	平罗县	8.3260	0.0452	0.0259	7.1739	1.0810
吴忠市	小计	17.6570	0.3712	0.2962	16.3356	0.6540
	利通区	4.9660	0.1380	0.0572	4.2068	0.5640
	红寺堡区	2.6910	0.0830	0.0914	2.5166	
	青铜峡市	6.3050		0.1126	6.1524	0.0400
	盐池县	1.0260	0.0812	0.0350	0.8598	0.0500
	同心县	2.6690	0.0690		2.6000	
固原市	小计	0.3970	0.0621	0.0020	0.3329	0.0000
	原州区	0.3970	0.0621	0.0020	0.3329	
	西吉县	0.0000				
	隆德县	0.0000				
	泾源县	0.0000				
	彭阳县	0.0000				
中卫市	小计	13.5805	0.2480	0.3746	12.2959	0.6620
	沙坡头区	5.6135	0.1240	0.3000	4.6435	0.5460
	中宁县	6.8360	0.0085	0.0666	6.6449	0.1160
	海原县	1.1310	0.1155	0.0080	1.0075	
宁东		1.9200	0.0260	1.8940		

备注:本次分配水量已考虑惠农区沿山井灌区水源替换项目用水。

附件2

2022 年各市、县(区)地下水取水计划表

单位:亿立方米

市、县(区)名称		黄河水				
		小计	生活用水	工业用水	农业用水	河湖湿地生态补水
合计		6.3780	2.3935	1.0990	2.8855	0.0000
银川市	小计	2.1800	0.7700	0.2640	1.1460	0.0000
	兴庆区	0.3760	0.3260		0.0500	
	金凤区	0.1660	0.1100	0.0230	0.0330	
	西夏区	0.1480	0.0300	0.0700	0.0480	
	永宁县	0.5600	0.1240	0.0670	0.3690	
	贺兰县	0.6200	0.0200	0.0800	0.5200	
	灵武市	0.3100	0.1600	0.0240	0.1260	
石嘴山市	小计	1.4980	0.5180	0.4330	0.5470	0.0000
	大武口区	0.4300	0.2130	0.1330	0.0840	
	惠农区	0.3980	0.1310	0.0750	0.1920	
	平罗县	0.6700	0.1740	0.2250	0.2710	
吴忠市	小计	1.0400	0.5660	0.1360	0.3380	0.0000
	利通区	0.4100	0.2500	0.0360	0.1240	
	红寺堡区	0.0350	0.0330	0.0020	0.0000	
	青铜峡市	0.4400	0.1610	0.0850	0.1940	
	盐池县	0.0550	0.0350		0.0200	
	同心县	0.1000	0.0870	0.0130		
固原市	小计	0.6400	0.0410	0.0720	0.5270	0.0000
	原州区	0.3100		0.0550	0.2550	
	西吉县	0.1500	0.0100	0.0100	0.1300	
	隆德县	0.0200	0.0150	0.0050		
	泾源县	0.0100	0.0100			
	彭阳县	0.1500	0.0060	0.0020	0.1420	
中卫市	小计	1.0200	0.4985	0.1940	0.3275	0.0000
	沙坡头区	0.4500	0.3000	0.0800	0.0700	
	中宁县	0.3600	0.1835	0.1140	0.0625	
	海原县	0.2100	0.0150		0.1950	

附件 3

2022 年各市、县(区)当地地表水取水计划表

单位:亿立方米

市、县(区)名称		黄河水				
		小计	生活用水	工业用水	农业用水	河湖湿地生态补水
合计		1.6290	0.5405	0.0557	1.0328	0.0000
银川市	小计	0.0000	0.0000	0.0000	0.0000	0.0000
	兴庆区	0.0000				
	金凤区	0.0000				
	西夏区	0.0000				
	永宁县	0.0000				
	贺兰县	0.0000				
	灵武市	0.0000				
石嘴山市	小计	0.0120	0.0120	0.0000	0.0000	0.0000
	大武口区	0.0000				
	惠农区	0.0000				
	平罗县	0.0120	0.0120			
吴忠市	小计	0.0400	0.0000	0.0000	0.0400	0.0000
	利通区	0.0000				
	红寺堡区	0.0000				
	青铜峡市	0.0000				
	盐池县	0.0200			0.0200	
	同心县	0.0200			0.0200	
固原市	小计	1.5300	0.5265	0.0557	0.9478	0.0000
	原州区	0.4400	0.1689	0.0330	0.2381	
	西吉县	0.3500	0.1135	0.0030	0.2335	
	隆德县	0.2300	0.0780	0.0080	0.1440	
	泾源县	0.1700	0.0870	0.0115	0.0715	
	彭阳县	0.3400	0.0791	0.0002	0.2607	
中卫市	小计	0.0470	0.0020	0.0000	0.0450	0.0000
	沙坡头区	0.0000				
	中宁县	0.0070			0.0070	
	海原县	0.0400	0.0020		0.0380	

附件4

2022年主要工业和城市逐月取(用)水计划指标

单位：万立方米

序号	单位（取水泵站）	合计	1月	2月	3月	4月	5月	6月	7月	8月	9月	10月	11月	12月
	合计	65040	5691	2847	5075	6020	4561	6539	6736	6753	5880	4258	4114	6565
一	直接从黄河取水小计	43592	4506	1661	3789	3947	2353	4162	4338	4455	4285	2469	2299	5327
1	中卫河北城乡供水工程取水泵站	1240			20	120	120	130	140	140	140	145	145	140
2	中宁发电有限责任公司取水泵站	666.4	57	41.6	51.6	58	58	60	62	61	42.2	59	58	58
3	银川都市圈西线供水金沙湾取水泵站	14132	1022	1030	1075	1165	1217	1287	1333	1343	1308	1192	1100	1060
4	银川都市圈东线供水青镇取水泵站	1879	94	98	105	115	114	152	245	258	210	175	162	151
5	国能宁夏大坝发电有限公司取水泵站	1125.9	94.2	90.2	90.2	94.2	94.2	94.3	97.3	98.3	90.3	94.3	94.2	94.2
6	华电宁夏灵武发电有限公司取水泵站	237	20	20	20	15	24	24	24	15	15	20	20	20
7	宁东金水源取水泵站	19925	2923	55	2035	1990	405	2078	2078	2095	2078	388	365	3435
8	宁夏水投平罗水务有限公司三棵柳泵站	711	30	30	30	65	75	75	78	76	77	65	55	55
9	国电石嘴山第一发电有限公司	510	42	42	42	42	43	43	43	43	43	43	42	42
10	国电宁夏石嘴山发电有限公司	900	75	75	75	75	75	75	75	75	75	75	75	75
11	石嘴山市润泽供排水有限公司	2266	149	179	245	208	128	144	163	251	206	213	183	197
二	渠道供黄河水小计	4145	0	0	0	640	690	730	700	610	0	340	435	0
1	宁夏水投太阳山水务公司	1314				210	230	240	230	150		90	164	
2	宁夏水投中源水务有限公司	1924.4			300	300	320	340	320	300		160	184.4	
3	宁夏水投红寺堡水务有限公司	906.4				130	140	150	150	160		90	86.4	
三	地下水小计	12618	848	856	947	1080	1117	1218	1255	1242	1158	1036	990	871
1	宁夏水投红寺堡水务公司	419.3	32	33	34	35	36	38	38	38	36	35	33	31.3
2	石嘴山市润泽供排水有限公司	4778	276	278	343	426	440	519	527	506	444	373	360	286
3	宁夏水投吴忠水务有限公司	2175	137	130	157	185	200	211	221	224	215	185	175	135
4	青铜峡市城市公用事业服务中心	1337.2	109	109	110	113	114	113	115	114	111	111	109	109

续表

序号	单位(取水泵站)	合计	1月	2月	3月	4月	5月	6月	7月	8月	9月	10月	11月	12月
5	宁夏水投盐池水务有限公司	348.8	28	29	29	30	30	30	30	29	29	28.8	28	28
6	宁夏水投中卫水务有限公司	1000	84	83	84	83	83	85	83	84	84	82	82	83
7	宁夏水投中宁水务公司	799.6	55	60	60	65	65	65	75	75	70	70	70	69.6
8	银川中铁水务集团灵武市供水有限公司	730	54	53	54	60	61	65	71	71	72	63	53	53
9	平罗县德渊市政产业有限公司	1030	73	81	76	83	88	92	95	101	97	88	80	76
四、	当地地表水小计	4685	337	330	339	353	401	429	443	446	437	413	390	367
1	宁夏六盘山水务公司	3980	287	282	288	300	340	362	373	372	374	352	336	314
2	平罗县德渊市政产业有限公司	120	4	3	3	7	13	15	19	21	13	12	6	4
3	隆德县渝清水务有限责任公司	380	31	30	32	31	31	33	32	34	31	32	31	32
4	泾源县泾河水务投资有限责任公司	204.7	15	15	16	15	17	19	19	19	19	17	17	16.7

备注：水投太阳山水务公司取水量中包含重点项目用水；宁东金水源泵站取水量中包含兴庆区月牙湖乡生活用水。

附件 5-1

2022年主要工业和城市逐月取(用)水计划指标

单位：亿立方米

渠道名称	全年控制取水量	春夏灌(3—9月)控制取水量	冬灌(10—11月)控制取水量
合 计	60.646	50.532	10.114
一、自流灌区	50.987	41.716	9.271
1 唐徕渠	11.407	9.332	2.075
2 惠农渠	8.245	6.414	1.831
3 汉延渠	3.789	2.808	0.981
4 西干渠	5.975	4.789	1.186
5 渠首	2.241	1.918	0.323
6 秦汉渠	4.077	3.303	0.774
7 东干渠	4.334	3.881	0.453
8 七星渠	3.410	2.911	0.499
9 跃进渠	2.141	1.757	0.384
10 沙坡头区各渠	5.368	4.603	0.765
二、扬水灌区	9.659	8.816	0.843
1 固海系统 泉眼山	2.479	2.233	0.246

续表

渠道名称		全年控制取水量	春夏灌(3—9月)控制取水量	冬灌(10—11月)控制取水量	渠道名称		全年控制取水量	春夏灌(3—9月)控制取水量	冬灌(10—11月)控制取水量
1 固海系统	大战场	0.938	0.883	0.055	2	红寺堡	3.095	2.884	0.211
	固扩	1.650	1.499	0.151	3	盐环定	1.497	1.317	0.180
	小计	5.067	4.615	0.452					

注：1.各干渠取水指标中含湖泊湿地生态用水；2.七星渠取水量中不包括大战场、固海扩灌、红寺堡水量，红寺堡水量中不包括盐环水量，东干渠取水量中不含扬水损失；4.沙坡头区各渠取水指标中含内蒙古来井滩取水量，盐环定取水指标中含陕西定边、甘肃环县取水量。

附件 5-2

2022 年主要工业和城市逐月取(用)水计划指标

单位：亿立方米

市县		渠道合计	自流合计	扬水合计	唐徕渠	惠农渠	汉延渠	西干渠	渠首各渠	秦汉渠(东干渠)	七星渠	跃进渠	沙坡头各渠	固海扬水	固扩扬水	红寺堡扬水	盐环定扬水
合 计		51.514	43.099	8.415	10.038	7.257	3.335	5.319	1.996	7.024	2.409	1.798	3.923	3.042	1.468	2.753	1.152
银川市	小计	16.357	16.316	0.041	5.021	2.057	2.657	4.001	0.000	2.580	0.000	0.000	0.000	0.000	0.000	0.000	0.041
	兴庆区	1.485	1.485	0.000	0.303	0.769	0.413										
	金凤区	1.399	1.399	0.000	1.105			0.294									
	西夏区	2.458	2.458	0.000	0.177			2.281									
	永宁县	3.937	3.937	0.000	0.928	0.469	1.408	1.132									
	贺兰县	4.457	4.457	0.000	2.508	0.819	0.836	0.294									
	灵武市	2.621	2.580	0.041						2.580							0.041

续表

市县		渠道合计	自流合计	扬水合计	唐徕渠	惠农渠	汉延渠	西干渠	渠首各渠	秦汉渠(东干渠)	七星渠	跃进渠	沙坡头各渠	固海扬水	固扩扬水	红寺堡扬水	盐环定扬水
石嘴山市	小计	9.597	9.597	0.000	4.397	5.196	0.000	0.004	0.000	0.000	0.000	0.000	0.000	0.000	0.000	0.000	0.000
	大武口区	0.764	0.764	0.000	0.764												
	惠农区	2.077	2.077	0.000	0.386	1.691											
	平罗县	6.756	6.756	0.000	3.247	3.505		0.004									
吴忠市	小计	14.628	9.330	5.298	0.620	0.004	0.678	1.314	1.996	4.444	0.000	0.274	0.000	1.149	0.562	2.476	1.111
	利通区	4.090	3.954	0.136						3.954						0.031	0.105
	红寺堡区	2.140	0.000	2.140										0.104	0.012	1.870	0.154
	青铜峡市	5.376	5.376	0.000	0.620	0.004	0.678	1.314	1.996	0.490	0.000	0.274					
	盐池县	0.794	0.000	0.794													0.794
	同心县	2.228	0.000	2.228										1.045	0.550	0.575	0.058
固原市	小计	0.314	0.000	0.314	0.000	0.000	0.000	0.000	0.000	0.000	0.000	0.000	0.000	0.000	0.314	0.000	0.000
	原州区	0.314	0.000	0.314											0.314		
	西吉县	0.000	0.000	0.000	0.000												
	隆德县	0.000	0.000	0.000													
	泾源县	0.000	0.000	0.000													
	彭阳县	0.000	0.000	0.000													
中卫市	小计	10.618	7.856	2.762	0.000	0.000	0.000	0.000	0.000	0.000	2.409	1.524	3.923	1.893	0.592	0.277	0.000
	沙坡头区	4.415	4.296	0.119							0.373		3.923	0.119			
	中宁县	5.268	3.560	1.708							2.036	1.524		1.415	0.016	0.277	
	海原县	0.935	0.000	0.935										0.359	0.576		

备注：涉及扬水工程供水的县区取用水指标本次按照最大可分配水指标进行确定，各县区委根据本县区调蓄水库建设情况和泵站供水能力协调供水。

附件 5-3

2022 年各市、县(区)夏秋灌及冬灌水量调度计划表

单位:亿立方米

市县名称		全年控制用水量			春夏灌控制用水量			冬灌控制用水量		
		小计	自流	扬水	小计	自流	扬水	小计	自流	扬水
合 计		51.514	43.099	8.415	42.817	35.122	7.695	8.697	7.977	0.720
银川市	小计	16.357	16.316	0.041	12.979	12.950	0.029	3.378	3.366	0.012
	兴庆区	1.485	1.485	0.000	1.209	1.209		0.276	0.276	
	金凤区	1.399	1.399	0.000	1.159	1.159		0.240	0.240	
	西夏区	2.458	2.458	0.000	1.865	1.865		0.593	0.593	
	永宁县	3.937	3.937	0.000	2.980	2.980		0.957	0.957	
	贺兰县	4.457	4.457	0.000	3.549	3.549		0.908	0.908	
	灵武市	2.621	2.580	0.041	2.217	2.188	0.029	0.404	0.392	0.012
石嘴山市	小计	9.597	9.597	0.000	7.635	7.635	0.000	1.962	1.962	0.000
	大武口区	0.764	0.764	0.000	0.638	0.638		0.126	0.126	
	惠农区	2.077	2.077	0.000	1.587	1.587		0.490	0.490	
	平罗县	6.756	6.756	0.000	5.410	5.410		1.346	1.346	
吴忠市	小计	14.628	9.330	5.298	12.768	7.930	4.838	1.860	1.400	0.460
	利通区	4.090	3.954	0.136	3.515	3.398	0.117	0.575	0.556	0.019
	红寺堡区	2.140	0.000	2.140	2.002		2.002	0.138		0.138
	青铜峡市	5.376	5.376	0.000	4.532	4.532		0.844	0.844	
	盐池县	0.794	0.000	0.794	0.706		0.706	0.088		0.088
	同心县	2.228	0.000	2.228	2.013		2.013	0.215		0.215
固原市	小计	0.314	0.000	0.314	0.285	0.000	0.285	0.029	0.000	0.029
	原州区	0.314	0.000	0.314	0.285		0.285	0.029		0.029
	西吉县	0.000	0.000	0.000	0.000		0.000	0.000		0.000
	隆德县	0.000	0.000	0.000	0.000			0.000		
	泾源县	0.000	0.000	0.000	0.000			0.000		
	彭阳县	0.000	0.000	0.000	0.000			0.000		
中卫市	小计	10.618	7.856	2.762	9.150	6.607	2.543	1.468	1.249	0.219
	沙坡头区	4.415	4.296	0.119	3.787	3.670	0.117	0.628	0.626	0.002
	中宁县	5.268	3.560	1.708	4.537	2.937	1.600	0.731	0.623	0.108
	海原县	0.935	0.000	0.935	0.826		0.826	0.109		0.109

注:各市县区用水指标包含农垦、监狱系统相关农场用水及生态用水。

附件 5-4

2022 年各市、县(区)沿黄小型农业取水口调度计划表

单位:万立方米

市县名称	1月	2月	3月	4月	5月	6月	7月	8月	9月	10月	11月	12月	2022年计划
沙坡头区	0	0	0	222	335	338	338	293	157	0	259	0	1942
中宁县	0	0	0	433	690	1544	1653	1214	0	0	544	0	6078
利通区	0	0	0	0	8	7	4	4	0	0	10	0	33
青铜峡市	0	0	0	32	215	214	212	210	0	0	105	0	988
灵武市	0	0	0	492	494	495	492	492	0	0	495	0	2960
兴庆区	0	0	113	390	491	690	841	780	467	206	597	6	4581
贺兰县	0	0	0	0	0	55	63	42	0	0	0	0	160
平罗县	0	0	0	303	624	827	717	889	871	553	997	0	5781
惠农区	0	0	71	268	286	286	257	257	251	240	476	0	2392
合　计	0	0	184	2140	3143	4456	4577	4181	1746	999	3483	6	24915

附件 6-1

2022 年引黄灌区湖泊湿地生态补水调度计划表

单位:万立方米

项目		湖泊湿地名称	全年	夏秋灌	冬灌	3月	4月	5月	6月	7月	8月	9月	10月	11月	补水渠道
一、国家湿地公园、国家级水利风景区	1	典农河	4740	4370	370	400	900	725	1495	400	400	50	20	350	西干渠
			10085	8652	1433	120	3772	1622	1340	960	838	0	190	1243	唐徕渠
	2	沙湖	10776	9662	1114	1973	1973	1974	1974	723	722	323	557	557	唐徕渠
	3	鸣翠湖	580	496	84		60	212	170		54			84	汉延渠
			475	398	77		117	117	120		44			77	惠农渠
	4	鹤泉湖	1020	920	100		100	300	300		100	120	100		惠农渠
	5	香山湖	1850	1740	110		420	410	310	310	150	140		110	沙坡头区各渠
	6	腾格里湖	300	220	80		60	30	20	45	35	30		80	沙坡头区各渠
二、其它	7	其它湖泊湿地	30374	27584	2790	288	9809	7432	6057	1114	2344	540	609	2181	各渠道
合计			60200	54042	6158	2781	17211	12822	11786	3552	4687	1203	1476	4682	

附件 6-2

2022 年湖泊湿地生态补水调度计划表

单位:万立方米

序号	渠道管理单位	全年	夏秋灌	冬灌	3月	4月	5月	6月	7月	8月	9月	10月	11月
	合 计	60200	54042	6158	2381	17497	12956	11766	3552	4688	1202	1475	4683
1	唐徕渠	33212	29388	3824	2318	10497	6248	5166	1907	2929	323	977	2847
2	西干渠	7000	6505	495		1625	1500	2135	615	540	90	70	425
3	汉延渠	1901	1624	277		409	539	471	30	175		100	177
4	惠农渠	2264	1970	294		416	616	610		208	120	140	154
5	渠 首	350	350	0		80	160	110					
6	秦汉渠	5728	5626	102		1935	1873	1720	37	61			102
7	沙坡头区各渠	5460	4900	560		1380	1300	980	515	310	415		560
8	其他	4285	3679	606	63	1155	720	574	448	465	254	188	418

附件 7

2022 年引黄灌区各干渠开停灌时间调度计划表

序号	渠道名称	春夏灌		冬灌	
		放水时间	停水时间	放水时间	停水时间
一、	河西总干渠	3月15日	9月6日	10月20日	11月22日
1	唐徕渠	3月15日	9月2日	10月20日	11月22日
2	惠农渠	4月17日	9月2日	10月22日	11月22日
3	汉延渠	4月22日	8月31日	10月28日	11月22日
4	西干渠	4月6日	9月8日	10月24日	11月20日
5	大清渠	4月23日	8月31日	10月27日	11月20日
6	泰民渠	4月25日	8月31日	11月1日	11月20日
二、	河东总干渠	4月25日	8月31日	11月1日	11月20日
1	秦 渠	4月25日	8月31日	11月1日	11月20日
2	汉 渠	4月27日	8月31日	11月1日	11月20日
3	马莲渠	4月28日	8月31日	11月1日	11月20日
三、	东干渠	4月1日	9月2日	10月25日	11月20日
其中:	盐环定一泵站	4月2日	9月2日	10月26日	11月15日
四、	七星渠	3月23日	9月8日	10月26日	11月20日
	大战场一泵站	3月31日	8月31日	11月5日	11月20日
其中:	固扩一泵站	3月25日	8月31日	11月1日	11月20日
	红寺堡一泵站	4月1日	8月31日	11月1日	11月20日
五、	跃进渠	4月15日	9月8日	11月1日	11月20日
六、	沙坡头区各渠	4月10日	9月8日	10月31日	11月20日
七、	泉眼山一泵站	3月29日	8月31日	11月1日	11月20日

自治区水利厅关于印发宁夏城市应急备用水源"十四五"规划的通知

（2022年9月28日　宁水资发〔2022〕26号）

各市、县(区)人民政府,宁东管委会:

为全面落实中央关于保障国家水安全的总体要求,切实加强全区城市水源保障工作,统筹推进应急备用水源建设工作,提升全区应对突发水源污染事件和极端干旱天气的供水保障能力,按照《水利部关于印发加强城市应急备用水源建设的指导意见的通知》要求,结合我区实际,自治区水利厅编制了《宁夏城市应急备用水源"十四五"规划》,现印发给你们,请各地区认真组织实施。

宁夏城市应急备用水源"十四五"规划

前言

宁夏地处我国干旱半干旱地带,区内人均水资源占有量仅为162立方米,是黄河流域的1/3,全国的1/12。为破解城乡供水水资源短缺困局,切实保障城乡居民饮水安全,"十三五"期间,宁夏加快推进集中式饮用水水源保护区规范化建设、扎实推动农村"千吨万人"水源地保护区划定、创新提出"互联网＋城乡供水"彭阳模式、着力谋划实施一批重大城乡供水项目(银川都市圈西线供水工程、银川都市圈东线供水工程、清水河流域城乡供水工程、中南部城乡饮水安全工程),破解了宁夏长期以来地下水单一水源供水的困境,实现了双水源供水的安全保障,彻底解决了西吉、彭阳、隆德等资源型缺水县(区)的历史遗留问题。但仍然存在应急备用水源覆盖率不高(现状54.5%)、地表地下水源地联调联控能力不足、建设和运行资金筹措机制亟待改善等问题。

随着"十四五"全区经济社会高速发展,自治区工业化、城镇化进程的加快,特别是银川都市圈等经济体对供水安全保障提出更高要求,在遇到突发水源污染事件或极端干旱天气时,城市居民生活和生产用水可能中断,城市应急供水能力亟待加强。为落实自治区党委《关于建设黄河流域生态保护和高质量发展先行区的实施意见》《宁夏回族自治区水安全保障"十四五"规划》,力争到2025年,在全国率先基本建成以现代化灌区、城乡供水一体化和现代化防灾减灾体系为重点的现代水网体系,全区水安全保障程度达到0.9,提升全区应对突发水源污染事件和极端干旱天气的供水保障能力,编制《宁夏城市应急备用水源"十四五"规划》。

规划范围涉及宁夏全域。现状水平年为2020年,规划水平年为2025年,展望2035年。

一、城市供水现状与形势

(一)"十三五"时期主要成就

1.一批重大城乡供水项目落地生根,初步建成城乡供水新格局

"十三五"期间,宁夏抢抓中央强化内循环"拉内需"和先行区建设"窗口期"的历史机遇,谋划实施了一批重大城乡供水项目,如银川都市圈西线供水工程、银川都市圈东线供水工程、清水河流域城乡供水工程、中南部城乡饮水安全工程等,改变了长期以来地下水单一水源供水的困境,初步实现了双水源供水格局。

2.立足水源地达标建设,水源地保护与治理取得显著成效

"十三五"期间,宁夏为认真贯彻落实党的十九大关于坚决打好污染防治攻坚战的决策部署,切实保障城乡居民饮水安全,通过加快推进集中式饮用水水源保护区规范化建设、扎实推动农村"千吨万人"水源地保护区划定等工作,全力保障好群众"水缸子"安全,取得了显著成效。全区地表水型水源地专项行动问题整治完成率为100%,10个地表水型水源地和29个地下水型水源地完成保护区划定和保护区界碑、界桩、围网、警示牌、标志牌的设立,环境问题清理整治工作取得实效。积极开展了农村集中式饮用水水源地规范化建设和清理整治工作,确定的70个农村"千吨万人"水源地保护区全部获得自治区政府批复,提前3个月完成国家既定的目标任务。

3. 水利脱贫攻坚实现"清零"，城乡饮水安全取得历史性突破

"十三五"期间，宁夏扎实开展了农村饮水安全"四查四补"清零行动，55万人巩固提升任务全面完成，5.48万人饮水氟超标、22.74万人苦咸水问题全部解决，全区贫困县自来水普及率达99%以上、供水保证率达95%。全区集中供水工程覆盖率达98%，历史性解决了439万城乡居民饮水安全问题，80.3万建档立卡贫困人口实现了"吃水难"到"吃水甜"的历史转变，海源、隆德、盐池等县水利扶贫经验被国务院列为典型。

4. 数字治水成效全国领先，开启智慧管控新局面

"十三五"期间，宁夏深入开展"水利网信安全年"活动，创新提出的"互联网+城乡供水"的彭阳模式走在了全国前列。彭阳县的"互联网+城乡供水"运用云计算、水联网、智能控制等技术，对人饮工程实施从水源到水龙头、从工程管理到供水服务的信息化、智能化改造，并通过"互联网+"带来的新空间开展体制、管理、服务的创新，创造性解决了农村自来水入户难、管护难、缴费难、供水率低等"人饮最后100米"综合难题。2020年6月，水利部正式批复同意宁夏开展"互联网+城乡供水"示范省（区）建设。

（二）"十四五"时期机遇挑战

1. 面向国家重大需求，充分认识自身存在的不足

近年来，国家发布了一系列文件，要求各地城市供水主管部门增强底线思维和忧患意识，着力保障饮用水水源地环境安全，切实增强责任感和紧迫感，积极应对可能影响水源地的突发环境事件，切实加强极端天气下供水保障应对工作，做好应急备用水源建设，确保人民群众喝上安全放心的饮用水。

2017年，水利部印发的《关于加强城市备用水源建设的指导意见》（水规计〔2017〕454号）中明确提出城市备用水源建设总体目标：力争到2020年，基本完成单一水源供水的地级及以上城市的备用水源建设，有条件的地方可以适当提前，遭遇特大干旱或突发水安全事件时，地级及以上城市居民基本生活和必需的生产、生态用水可得到保障。

近年来，宁夏为了提升供水保证率，大力发展黄河水替代水源工程，实现了部分市、县（区）地表、地下双水源供水。但是，目前应急备用水源建设仍存在不足，22个县（区）中尚有11个县（区）无应急备用水源。城市应急备用水源是抵御突发性污染事件、应对干旱等极端天气的有效措施，是城市降低供水风险、保障特殊时期供水安全的最主要手段。因此，为适应宁夏先行区建设的要求，应加快建设宁夏城市应急备用水源，逐步完善城市供水安全保障体系。

2. 立足先行区建设，狠抓千载难逢的历史机遇

党的十八大以来，党中央、国务院对水安全保障做出了一系列决策部署，习近平总书记提出"节水优先、空间均衡、系统治理、两手发力"的治水思路，指导治水工作实现了历史性转变。2019年9月18日，习近平总书记在黄河流域生态保护和高质量发展座谈会上发表重要讲话，作出了加强黄河治理保护、推动黄河流域高质量发展的重大部署。2020年6月初，习近平总书记视察宁夏时，赋予我区"努力建设黄河流域生态保护和高质量发展先行区"的重任。为贯彻党的十九大精神，落实习近平总书记关于"先行区"建设的重要指示以及党中央国务院和自治区党委、政府的部署，宁夏高位部署了"1+12+N"水利"十四五"规划，力争到2025年，在全国率先基本建成以现代化灌区、城乡供水一体化和现代化防灾减灾体系为重点的现代水网体系，全区水安全保障程度达到0.9，在持久水安全、优质水资源、健康水生态、宜居水环境、先进水文化方面明显提升，基本实现水利现代化。应紧紧抓住当前历史机遇，全方位加强宁夏饮水安全保障，大力提升宁夏水源应急备用能力。

3. 充分把握当前面临的挑战，确保供水安全决胜千里

近年来，随着宁夏经济社会快速发展，工业化、城市化进程持续加快，对供水安全保障的要求愈发迫切，为满足区域发展及居民生活用水需求，按照国家关于推进城市多水源保障体系建设和超采区治理要求，宁夏先后实施了中南部城乡供水工程、银川都市圈城乡供水工程、清水河城乡供水工程等，全区供水格局发生了重大变化。但是，在应对突

发水质污染事件和极端干旱季节供水量不足等方面还存在突出短板，与生态文明建设、黄河流域高质量发展等国家重大战略以及美丽新宁夏建设要求相比，仍存在不足。

从总体来看，宁夏位于我国干旱半干旱地区，气候干旱、缺水严重，特别是南部山区水资源禀赋先天不足，遇到极端干旱连续枯水年份，供水量不足隐患仍然存在。针对近年来实施的大中型城乡供水工程，如何协调地表供水水源与已有地下水源的关系，如何落实不同水源的"联调联控"机制，以宁夏全区一盘棋，有效应对突发污染和极端干旱天气，发挥供水安全的最大效益仍需要开展进一步研究。此外，应急备用水源建设作为一项民生工程，如何激发社会资本参与，最大限度地筹集建设和运行资金也需要进一步创新体制机制。

（三）城市供水现状

1. 近年来新建城市供水工程

（1）银川都市圈城乡西线供水工程

1）工程总布置

银川都市圈城乡西线供水工程在黄河青铜峡水利枢纽大坝上游黄河左岸金沙湾泵站提取黄河水，利用西夏渠进行输水，向北至大武口区调蓄水库。供水区域共建3座沉沙调蓄水库。其中，银川市片区利用西夏水库进行供水，石嘴山市片区新建大武口调蓄水库供水，青铜峡市片区新建青铜峡调蓄水库供水。供水线路涉及青铜峡市、银川市三区两县、石嘴山市大武口区和平罗县共3个地级市、8个县（市、区）。一期供水规模按规划水平2025年考虑，分两个阶段：一期一阶段供水范围为银川市三区两县，总供水规模为18230万立方米，总取水规模为19506万立方米，工程于2018年4月开工，2019年12月完工；一期二阶段供水范围为3市8县（区），总供水规模为24614万立方米，总取水规模为26336万立方米，工程于2020年3月开工，计划于2022年底完工。二期供水规模按2035年考虑，供水范围为3市8县（区），总供水规模为47762万立方米，总取水规模为51106万立方米。

2）调蓄工程

西夏水库，调蓄库容970万立方米；大武口调蓄水库，调蓄库容347万立方米；青铜峡调蓄水库，调蓄库容104万立方米。

3）近期水平年水资源配置

根据《银川都市圈城乡西线供水工程（水源部分）可行性研究报告》（宁发改审发〔2019〕16号），该工程2025年受水区日供水规模67.5万立方米，2025年水资源配置见表1.3-1。

表1.3-1 银川都市圈城乡西线供水工程2025年水资源配置表

受水区	供水量（万 m³/d）	占总供水量比例（%）	受水区	供水量（万 m³/d）	占总供水量比例（%）
青铜峡市	3.4	5.04	平罗县	7.3	10.81
银川市三区两县	49.9	73.93	合计	67.5	100
大武口区	6.9	10.22			

（2）银川都市圈城乡东线供水工程

1）工程总布置

银川都市圈城乡东线供水工程利用青铜峡库区右岸东干渠取水，通过输水总管向新建的三星塘调蓄水库输水。原水经三星塘调蓄水库沉沙调蓄后自流入金积水厂，再经金积水厂净化处理后入金积加压泵站加压。加压泵站出水分两路：一路为青铜峡市供水，为青铜峡支线；一路为灵武东山配水支线。金积水厂蓄水池出水自流为利通区供水，为利通区支线，沿线分别向改造后的第二、第三及新建的第四水厂供水。灵武市区供水从新建的利通区第四水厂出水，工程于2020年3月开工，计划于2021年底完工。

2）调蓄工程

三星塘调蓄水库调蓄库容142万立方米。

3）近期水平年水资源配置

根据《银川都市圈城乡东线供水工程可行性研究报告》（宁发改农经审发〔2020〕1号），该工程2025

年受水区日供水规模18.3万立方米,2025年水资源配置见表1.3-2。

(3)宁夏中南部城乡饮水安全工程

1)工程总布置

宁夏中南部城乡饮水安全工程以泾河上游源区为水源地,从泾河干支流多条河流分散取水,共设截引点7处。输水总干线起自泾河干流龙潭水库,沿途纳入从策底河、泾河其他支流、暖水河、颉河等河流截引的水量,向北引水至固原市南郊中庄水库,受水区为固原市原州区、彭阳县、西吉县,工程于2012年6月开工,于2016年10月完工。

2)调蓄工程

中庄水库调蓄库容为2300万立方米。

3)近期水平年水资源配置

根据《宁夏中南部城乡饮水安全水源工程可行性研究报告》(宁发改审发〔2013〕404号),该工程2025年受水区日供水规模10.22万立方米,2025年水资源配置见表1.3-3。

表1.3-2　银川市都市圈城乡东线供水工程2025年水资源配置表

受水区	供水量(万 m³/d)	占总供水量比例(%)
灵武市(不含宁东地区)	5.8	31.69
利通区(不含孙家滩农业示范区)	11	60.11
青铜峡河东地区	1.5	8.20
合计	18.3	100

表1.3-3　宁夏中南部城乡饮水安全水源工程2025年水资源配置表

受水区	供水量(万 m³/d)	占总供水量比例(%)	受水区	供水量(万 m³/d)	占总供水量比例(%)
原州区	2.35	22.8	西吉县	4.36	42.8
彭阳县	2.16	21.2	合计	10.22	100

(4)清水河流域城乡饮水安全工程

1)工程总布置

清水河流域城乡饮水安全工程在中卫市沙坡头区黄河南岸申滩至泉眼山一带的滨河大道外侧建设辐射井群取水。该工程的供水范围包括联调联供和直接供水范围,共涉及3市8县(区)73个乡镇。联调联供范围涉及西吉县和彭阳县,通过该工程与中南部城乡供水工程连通,减少中南部城乡供水工程对原州区所供泾河水量,将减少水量调剂给西吉县和彭阳县供水。直接供水范围涉及中卫市沙坡头区香山和兴仁镇,中宁县大战场、喊叫水、徐套3个乡镇和国营长山头农场,红寺堡区大河乡石炭沟村,同

心县西部豫海、石狮、王团、丁塘、河西、兴隆、窑山等7个乡镇,海原和原州区全境,工程于2020年4月开工。2021年6月,该工程中卫至同心段全线贯通,计划于2022年底全部完工。

2)近期水平年水资源配置

根据《清水河流域城乡供水工程可行性研究报告》(宁发改农经审发〔2020〕27号),该工程2025年受水区日供水规模16.2万立方米,2025年水资源配置见表1.3-4。

(5)宁夏中南部城乡引水安全海原县连通工程(固扩系统—南坪水库)

宁夏中南部城乡引水安全海原县连通工程供水

表1.3-4　清水河流域城乡供水工程2025年水资源配置表

受水区	供水量(万 m³/d)	占总供水量比例(%)	受水区	供水量(万 m³/d)	占总供水量比例(%)
原州区	5.30	32.7	红寺堡区	0.08	0.5
沙坡头区	1.24	7.7	同心县	3.53	21.7
中宁县	1.18	7.3	合计	16.2	100
海原县	4.88	30.1			

水源为南坪水库,供水范围涉及海原县城及海城、史店、贾塘、曹洼等11个乡(镇)88个村,总供水量615万立方米,分连通总管和李俊、城东、城西3个片区工程,通过输水管道和加压泵站将黄河水送至海原县,工程已于2016年底完成。

(6)中卫市河北地区城乡供水工程

中卫市河北地区城乡供水工程利用沙坡头水利枢纽库区左岸北侧原导流明渠围合形成的童家园子湖作为本工程的水源取水点,通过压力管线输水至新建的第三净水厂,再由第三净水厂进行深度净化后,二次加压为受水区供水。工程受水区涉及沙坡头区主城区及文昌镇、滨河镇、镇罗镇、柔远镇、东园镇和迎水桥镇共6乡、127个行政村,工程已于2021年12月建成通水。

(7)隆德抗旱应急调水工程(中南部水源-隆德县城)

隆德抗旱应急调水工程自宁夏中南部城乡饮水水源主管线5号隧道出口段取水,经两级泵站加压扬水至隆德县城供水系统,调水量1万立方米/天,工程于2017年6月建成通水。

(8)泾源县香水抗旱应急水源工程

泾源县香水抗旱应急水源工程从黄林寨沟道截引取水,新建雍水坝,雍水坝后左岸台地新建加压泵站,泵站设2000立方米前池,加压泵站设计流量0.071立方米/秒(0.61万立方米/天)。供水管线自泵站扬水至200立方米高位蓄水池,再由高位蓄水池布设自流管道至西峡水库及水厂,通过已建管网向泾源县城供水,工程于2019年底建成通水。

(9)宁东供水高沙窝工业园区供水工程

宁东供水高沙窝工业园区供水工程以鸭子荡水库为供水水源,供水起点为宁东供水工程已建设的新材料化工园区综合加压泵站,供水终点为高沙窝镇集中区,设计日取水量为3.11万立方米,年取水量1136.89万立方米,工程于2018年底建成通水。

(10)太阳山供水工程

太阳山供水工程以刘家沟水库为供水水源,由盐环五干渠取水入库,引水流量10.5立方米/秒,总库容1000万立方米,调节库容858万立方米,淤积

库容为62.19万立方米。刘家沟水库作为整个太阳山供水工程的供水水源,目前供水范围包括太阳山开发区、盐池县、灵武市、红寺堡区、同心工业区等,供水对象包括城乡人饮用水、工业用水、绿化用水等,工程于2007年10月建成通水。

2. 城市供水水源现状

2018年,自治区生态环境厅、水利厅联合印发《关于印发全区县级以上水源地名录的通知》(宁环水体发〔2018〕74号),全区共确定40个县级以上水源地,其中常规水源地32个,应急备用水源地8个,地表水水源地10个,地下水水源地29个,地表、地下混合型水源地1个。近年来,银川都市圈城乡西线供水工程银川片区、宁夏中南部城乡饮水安全水源工程等建成通水后,新增部分县级以上水源地。根据实地调研结果,现状全区城市水源共45个(共用水源不重复统计),设计总供水能力225.57万立方米/天,现状总供水量102.98万立方米/天,城市供水人口427.8万人,城市供水管网延伸到的农村供水人口152.0万人,详见表1.3-5。

3. 城市供水管网现状

(1)银川市

银川市三区两县地下水供水管网各区域之间互通,地表水供水管网与地下水供水管网各区域之间互通。灵武市大泉水源地、崇兴水源地供水管网不互通。

(2)石嘴山市

石嘴山市县(区)单元内供水管网不互通。

(3)吴忠市

吴忠市县(区)单元内供水管网不互通。

(4)固原市

原州区:贺家湾水库和海子峡水库供水管网通过东山坡引水工程连通至城市供水管网。彭堡机井供水管网与其他水源管网不连通。中庄水库供水管网与其他水源管网不连通;

隆德县:隆德县城市供水工程管网相互交叉,并覆盖整个城区;

彭阳县:宁夏中南部城乡饮水安全水源工程供水管网与县城地下水供水管网不互通;

西吉县:宁夏中南部城乡饮水安全水源工程与

表 1.3-5　宁夏现状城市水源基本信息统计表

序号	所在城市	所在县（区）	水源地名称	水源地类型	设计供水能力（万 m³/d）	现状水量（万 m³/d）	服务城市人口（万人）	服务农村人口（万人）	批复使用状态	现状使用状态
1	银川市	三区	南郊水源地	地下水	15				常规	备用
2			北郊水源地	地下水	13.1				常规	常规
3			东郊水源地	地下水	10	20.1	166.3	23.9	常规	常规
4			南梁水源地	地下水	13				备用	常规＋备用
5			南部水源地	地下水	6				备用	常规＋备用
6			征沙水源地	地表水	5	/			备用	常规
7		永宁县	银川都市圈城乡西线供水工程	地表水	41.4	28.6			/	常规
8			永宁水源地	地下水	1.5	1.5	20.8	11.4	常规	备用
9		贺兰县	银川都市圈城乡西线供水工程	地表水	1.0	1.5			/	常规
10			贺兰水源地	地下水	3	2.6	22.2	12.0	常规	备用
11		灵武市	银川都市圈城乡西线供水工程	地表水	7.5	2.8			/	常规
12			棠兴水源地	地下水	2.8	2.3	20	4	常规	常规
13			灵武煤田磁窑堡碎石井矿区（大泉）水源地	地下水	1.4				常规	备用
14	石嘴山市	大武口区	第一水源地（北武当沟水源地）	地下水	4.5	7.3	23.2	2.2	常规	常规
15			第二水源地	地下水	7.2				常规	常规
16			第三水源地	地下水	8				备用	常规
17		惠农区	第四水源地（红果子沟水源地）	地下水	1	1	14.9	6.77	常规	常规
18			第五水源地（柳条沟水源地）	地下水	5	2.89			常规	常规
19		平罗县	大水沟水源地	地表水	1.31	0.8	16.3	1.7	常规	常规
					2.92	2.0				
20	吴忠市	利通区	金积水源地	地下水	4.0	2.8	19.1	2	常规	常规
21		青铜峡市	小坝水源地	地下水	2.0		14.2	1.4	常规	常规
22			小坝东区水源地	地下水	1.5	2.8			备用	常规
23			大坝水源地	地下水	0.8				常规	常规

续表

序号	所在城市	所在县（区）	水源地名称	水源地类型	设计供水能力（万 m³/d）	现状水量（万 m³/d）	服务城市人口（万人）	服务农村人口（万人）	批复使用状态	现状使用状态
24	吴忠市	青铜峡市	青铜峡镇水源地	地下水	0.6	2.8	14.2	1.4	常规	常规
25		红寺堡区	鲁家窑水库	地表水	3	1.48	7.9	7.9	/	常规
26			沙泉水源地（柳泉）	地下水	2.0	1.1			常规	常规
27		同心县	清水河流域城乡供水工程	地下水	2.7	/	13	1.3	常规	常规
28			小洪沟水源地	地下水	1.2	1.3			常规	备用
29		盐池县	骆驼井水源地	地下水	3.97	2.7	1.3	12.2	常规	常规
30			刘家沟水库水源地	地表水	9.8	0.73			常规	常规
31			贺家湾水库水源地	地表水	1.87	1.1				备用
32			海子峡水库水源地	地表水	1.1	0.75	14.4	17.6	备用	备用
33	固原市	原州区	彭堡水源地	地下水	1.15	0.5			备用	备用
34			宁夏中南部城乡饮水安全水源工程水源地	地表水	2.35	2.35			常规	常规
35		西吉县	宁夏中南部城乡饮水安全水源工程水源地	地表水	2.75	2.3	9.7	21.8	/	常规
36		彭阳县	彭阳县县城水源地	地下水	2.0	0	6.1	3.5	常规	备用
37			宁夏中南部城乡饮水安全水源工程水源地	地表水	1.99	1.1			/	常规
38		泾源县	香水河水源地	地下水	1.47	0.3	3	0.9	常规	常规
39			泾源县抗旱应急调水工程	地表水	0.6	0			/	备用
40			直峡水库水源地	地表水	0.2				常规	常规
41			清凉水库水源地	地表水	1.3				/	常规
42		隆德县	张土水库水源地	地表水	0.16	1.1	4.2	1.6	备用	常规
43			黄家峡水库水源地	地表水	0.3				常规	常规
44			隆德县抗旱应急调水工程	地表水	1.0				/	备用
45	中卫市	沙坡头区	沙坡头区城市饮用水水源地	地下水	8.2	3.84	23.1	2.9	常规	备用
46			中卫市河北地区城乡供水工程	地表水	11.3	/			/	常规
47		中宁县	康滩水库水源地	地下水	4.0	2.44	16.4	7.8	常规	常规
48			南河水库	地表水	2	0.8	11.7	9.07	常规	常规
49		海原县	老城区水源地	地下水	1.6	0.1			常规	常规

已关停的沙岗子水源地供水管网不互通;

泾源县:泾源县供水范围内的管网互联互通。

(5)中卫市

中卫市县(区)单元内供水管网不互通。

(四)城市应急备用水源现状

1.应急备用水源数量

2018年,自治区生态环境厅、水利厅联合印发的《关于印发全区县级以上水源地名录的通知》(宁环水体发〔2018〕74号)中,全区共确定备用水源(未批复应急水源)8个,贺兰县、永宁县、大武口区、青铜峡市、原州区、隆德县及沙坡头区7个县(区)有备用水源,其余15个县(区)无备用水源,备用水源覆盖率为31.8%,详见表1.4-1。

近年来,银川都市圈城乡西线供水工程(银川片区)、宁夏中南部城乡饮水安全水源工程等建成通水后,新增部分县级以上水源地,原有水源地使用状态发生了变化。根据现场调研结果,现状全区城市应急备用水源15个,银川市三区两县、灵武市、同心县、原州区、彭阳县、泾源、隆德县及沙坡头区12个县(区)有应急备用水源,其余10个县(区)无应急备用水源,应急备用水源覆盖率54.5%,与水利部《关于加强城市备用水源建设的指导意见》(水规计〔2017〕454号)中提出的"力争到2020年基本完成单一水源供水的地级及以上城市备用水源建设"总体目标

表1.4-1 宁夏现状备用水源统计表

序号	所在城市	所在县(区)	水源地名称	水源地类型	水质类别	超标[1]项目	备用供水量(万 m³/d) 小计	备用供水量(万 m³/d) 合计	备用需水量[2](万 m³/d)	是否接入城市供水管网
1	银川市	三区	南梁水源地	地下水	Ⅲ		13	34	32.33	是
2			南部水源地	地下水	Ⅲ		6			是
3			征沙水源地	地下水	Ⅲ		0			否
4			南郊水源地	地下水	Ⅲ		15			是
5		永宁县	永宁水源地	地下水	Ⅲ		1.5	1.5	3.62	是
6		贺兰县	贺兰水源地	地下水	Ⅳ	氨氮	3	3	4.5	是
7		灵武市	灵武煤田磁窑堡碎石井矿区(大泉)水源地	地下水	Ⅲ		1.4	1.4	3.35	是
8	吴忠市	同心县	小洪沟水源地	地下水	Ⅲ		1.2	1.2	1.77	是
9	固原市	原州区	彭堡水源地	地下水	Ⅲ		1.15	4.12	3.79	是
10			贺家湾水库水源地	地表水	Ⅲ		1.87			是
11			海子峡水库水源地	地表水	Ⅳ	氟化物、硫酸盐、硼	1.1			是
12		彭阳县	彭阳县县城水源地	地下水	Ⅲ		2	2	1.28	是
13		泾源县	泾源县抗旱应急调水工程	地表水	Ⅱ		0.6	0.6	0.55	是
14		隆德县	隆德县抗旱应急调水工程	地表水	Ⅱ		1	1	0.68	是
15	中卫市	沙坡头区	沙坡头区城市饮用水水源地	地下水	Ⅲ		4	4	5.91	是

注:1.超标项目依据《地下水质量标准》(GB/T 14848—2017)、《地表水环境质量标准》(GB 3838—2002)进行评价;

2.备用需水量为3.2.2规划水平年2025年预测结果。

有一定差距,详见表1.4-1。

2. 应急备用水源水量

测算,2025年12个具有应急备用水源的县(区)中,永宁县、贺兰县、灵武市、同心县4个县(区)应急备用供水量小于应急备用需水量,不满足需求。银川市三区、沙坡头区、原州区、彭阳县、泾源县及隆德县8个县(区)应急备用供水量大于应急备用需水量,满足需求,详见表1.4-1。

经测算,2025年全区应急备用水源供水水量与水利部《关于加强城市备用水源建设的指导意见》中提出的"力争到2020年遭遇特大干旱或突发水安全事件时,地级及以上城市居民基本生活和必需的生产、生态用水可得到保障"总体目标有一定差距。

3. 应急备用水源水质

贺兰县水源地水质为Ⅳ类,氨氮超标,海子峡水库水源地水质为Ⅳ类,氟化物、硫酸盐、硼超标。12个具有应急备用水源的县(区)中,贺兰县、原州区2个县(区)应急备用水质不满足要求,与水利部《关于加强城市备用水源建设的指导意见》中提出的"力争到2035年所有城市基本建成规模适宜、水源可靠、水质达标的应急备用水源体系"总体目标有一定差距,详见表1.4-1。

4. 应急备用水源管网

15个应急备用水源中,银川市征沙水源地只划定了保护区范围,未建设开采井,管网未连通,其它应急备用水源均接入城市供水管网,详见表1.4-1。

综上,沙坡头区、彭阳县、泾源县及隆德县4个县(区)应急备用水源数量、水量、水质、管网均满足需求,2025年不再新建,其余19个县(区)需新建或改建应急备用水源、水厂水质处理设施、管网等。

二、总体要求

(一)指导思想

以习近平新时代中国特色社会主义思想为指导,坚持以人为本、全面协调和可持续发展理念,根据党中央、国务院关于保障人民群众饮水安全和水源地可持续开发利用要求,以支撑服务宁夏建设黄河流域生态保护和高质量发展先行区为重点,进一步补齐应急备用水源建设短板,在统筹协调水资源合理利用基础上,多措并举构建城市应急备用水源体系,切实保障全区城市安全运行和健康可持续发展。

(二)基本原则

1. 整体谋划,协同推进

统筹协调地表与地下、流域与区域、常规与应急、新建与挖潜的关系,结合区域重大水资源配置工程、重点水源规划等,科学谋划城市应急备用水源格局,协同推进常规水源和应急备用水源建设。应急备用水源按照"先挖潜、再新建"的原则,优先挖掘现有供水水源和水利工程的备用潜力。在建供水工程建成通水后,为解决地下水超采、地下水水源地保护难等突出问题,通过黄河水、泾河水等替换现有地下水源,现有常规水源可转为应急备用水源。挖潜无法解决应急备用水源水量、水质、数量需求时,结合城市缺水状况以及现有水源特点,合理确定新建应急备用水源。

2. 标准适宜,一城一策

根据每个市、县(区)自然条件和经济社会发展状况,结合城市发展规划,充分考虑城市供水水源特点,合理选择和确定应急备用水源建设类型、规模和标准。以已批复或开工的相关供水工程和相关规划为基础,重点分析22个市、县(区)常规水源和应急备用水源的现状和迫切需求,同时以保障城市居民基本生活、企事业单位、重点工业企业最基本用水需求为底线,结合城市主体功能,综合分析确定应急备用水源建设规模和标准。

3. 即启即用,切实有效

落实城市应急备用水源基础设施建设,确保具备热启动能力,即该水源应具备完善的取水、输水、供水等基础设施。主要包括水源工程(水泵、水源)、输水工程(水源至水厂管道)、水源联网工程(不同水源之间的互联互通)、供水系统联网工程(城市不同区域或城市之间供水管网的互联互通),在发生突发水源污染事件或极端干旱情况下,能够满足一定时期内城市居民基本生活、企事业单位、重点工业企业等最基本用水需求。

4. 安全可靠,保障有力

严格遵循"质量统一、保质保量"原则,提高城市应急备用水源水量、水质可靠性。加强应急备用水源安全保障体系建设,通过组织机构设置、维护管理制度、应急响应预案、调度运行机制等建设,保障规划有效落地、安全保障达标、应急响应可行,确保在遭遇特大干旱、突发水源污染事件时能够及时发挥作用。

(三)规划目标

到 2025 年,基本建成规模适宜、水源可靠、水质达标、布局合理的应急备用水源体系。全区应急备用水源覆盖率达到 100%,应急备用水源供水保证率达到 95%,南部山区极端干旱应急备用供水风险期达到 60 天,突发水源污染事件应急备用供水风险期最长达到 14 天,应急备用水源地表水水质类别达到 Ⅲ 类及以上,应急备用水源地下水水质类别达到 Ⅳ 类及以上,应急备用水源常规指标监测覆盖率达到 100%,应急备用水源数字管控覆盖率达到 80%。宁夏城市应急备用水源"十四五"规划目标见表 2.3-1。

表 2.3-1　宁夏城市应急备用水源"十四五"规划目标

序号	指标	单位	2025 年	属性
1	应急备用水源覆盖率[1]	%	100	约束性
2	应急备用水源供水保证率	%	95	预期性
3	极端干旱应急备用供水风险期[2]	天	60	预期性
	突发水源污染事件应急备用供水风险期	天	7~14	预期性
4	应急备用地表水水源水质类别	/	Ⅲ类及以上	预期性
	应急备用地下水水源水质类别	/	Ⅳ类及以上	预期性
5	应急备用水源常规指标监测覆盖率	%	100	约束性
6	应急备用水源数字管控覆盖率[3]	%	80	预期性

注:1. 应急备用水源覆盖率是指具有应急备用水源的县(区)数量占县(区)总数量的比例。

2. 极端干旱应急备用供水风险期只对于南部山区进行规划。

3. 应急备用水源数字管控覆盖率是指应急备用水源实现数字水利数量占总水源数量比例。

到 2035 年,将全面完成 22 个县(区)应急备用水源建设,每个县(区)具有地下、地表 2 种类型水源;依托城乡一体化供水工程,进一步提升农村应急备用供水能力;建成常规水源和应急备用水源统一管理的决策支持平台,实现智慧化运行管理。

(四)规划范围

规划范围:全区 5 个地级市、22 县(市、区)。

供水服务范围:宁夏全区所有县级及以上集中式饮用水源地供水管网所覆盖的城区及管网延伸到的农村、周边工业园区、开发区等范围,不包括城市供水管网未覆盖的农村和乡镇范围。

供水对象:应急备用供水仅考虑城市生活和工业用水,不包括农业、道路浇洒和绿化用水。

三、应急备用供水标准与规模

(一)应急备用供水标准

根据《城市供水应急和备用水源工程技术标准》(CJJT 282—2019)规定,本规划统筹考虑应急水源和备用水源建设,建设一处水源。

1. 供水风险期

(1)极端干旱风险期

本规划根据宁夏历史干旱情况,将极端干旱应急备用供水风险期按 60 天规划。

沿黄城市中卫市、吴忠市、银川市及石嘴山市的重点供水工程取水水源均为黄河,居民生活用水只占黄河取水量的 5%,其应急备用供水不考虑极端干旱情形。南部山区供水在极端干旱年份存在来水量不足风险,本规划考虑其应急备用极端干旱情形。

(2)突发水源污染事件风险期

根据《城市供水应急和备用水源工程技术标准》(CJJT 282—2019),突发性水源污染事件的风险期为 5~10 天。考虑突发水源污染事件供水安全保障不同要求,本规划按照省会城市、地级市、一般县(区)等不同城市级别,设定应急备用供水风险期分别为 14 天、10 天、7 天。

2. 水量标准

按照住房和城乡建设部印发《城市供水应急和备用水源工程技术标准》(CJJT 282—2019)要求，水源风险期供水量应根据城市规模、性质、面临的供水风险及用水特征合理确定供水压缩比。水源风险期供水压缩比应根据气候条件、水源条件、城市性质和规模、产业结构、居民生活水平等因素确定。应急备用水量按下式确定：

$$Q = q \times (1-k) \times t$$

其中：Q ——应急水量(立方米/天)；

q ——城市平均日用水量(立方米/天)；

k ——风险期用水压缩比例(%)；

t ——持续时间(天)。

供水压缩比参照《城市供水应急和备用水源工程技术标准》(CJJT 282—2019)确定。见表 3.1-1。

3. 水质标准

表 3.1-1　宁夏应急备用供水情况下不同类别用水的供水压缩比

用水类别	标准规定			规划采用		
	一般型	节约型	拘谨型	省会城市	地级市	一般县
居民生活用水	0~10%	10%~30%	30%~40%	15%	20%	25%
工业用水	0~30%	30%~50%	50%~70%	30%	40%	50%

根据《城市供水应急和备用水源工程技术标准》(CJJT 282—2019)，应急备用水源水质应满足《地下水质量标准》(GB/T 14848—2017) Ⅲ类及以上标准限值要求或《地表水环境质量标准》(GB 3838—2002)Ⅲ类及以上标准限值要求。本规划根据宁夏地下水水质实际情况，应急备用水源为地下水时，水质类别放宽至Ⅳ类。

(二)应急备用需水量

1. 城镇生活需水量预测

随着供水人口不断增长，应急备用需水量也将随之增加。经测算，2025 年城市供水人口为 392.3 万人，城市供水管网延伸覆盖的农村供水人口为 113.5 万人。考虑管网漏损及水厂处理损失，2025 年全区城镇居民生活需水量为 79.29 万立方米/天，应急备用情况下全区城镇居民生活需水量为 63.18 万立方米/天，风险期(7~60 天)，应急备用需水量为 1024.50 万立方米，详见表 3.2-1。

2. 工业需水量预测

2025 年工业需水量与《自治区人民政府办公厅关于印发宁夏"十四五"用水权管控指标方案的通知》(宁政办发〔2021〕76 号)相衔接。宁东工业用水量占宁夏工业总水量的 55.65%，所占比重较大，暂不考虑宁东工业基地工业用水，由专项规划单独确定。2025 年宁夏工业需水量为 54.79 万立方米/天，应急备用情况下全区工业需水量为 30.66 万立方米/天，风险期(7~60 天)需水量为 377.98 万立方米，详见表 3.2-2。

3. 总需水量预测

2025 年全区城镇生活和工业正常总需水量为 134.06 万立方米/天，应急备用总需水量为 93.84 万立方米/天，风险期应急备用总需水量为 1402.48 万立方米，详见表 3.2-3。

(三)总体布局

2025 年，宁夏"北引黄河水、南调泾河水、用好当地水"的城乡供水新格局全面构建完成后，形成以重点供水工程为依托的银川都市圈西线、银川都市圈东线、卫宁、清水河流域及宁夏中南部 5 大供水片区和惠农区、隆德县 2 个独立供水片区。黄河水、泾河水将置换现有地下水源，优先挖潜现有常规水源作为应急备用水源，挖潜无法解决应急备用水源水量、水质、数量需求时，结合城市应急备用缺水状况以及现有水源特点，依据"整体谋划，协同推进""标准适宜，一城一策""即启即用，切实有效""安全可靠，保障有力"的原则合理确定新建应急备用水源，并明确城市应急备用水源工程取水、输水、净水及配水等供水设施建设内容和建设要求，明确应急备用水源建设责任主体及保护、管理要求，构建多源互补、互为备用、集约高效的城市供水水源格局，提高

表 3.2-1　宁夏 2025 年城镇居民生活应急备用需水量测算依据表

需水量　　行政区	正常需水量（万 m³/d）	应急备用需水量（万 m³/d）	风险期应急备用需水量（万 m³/7~60d）	需水量　　行政区	正常需水量（万 m³/d）	应急备用需水量（万 m³/d）	风险期应急备用需水量（万 m³/7~60d）
全区	79.27	63.18	1024.50	盐池县	0.27	0.20	1.41
银川市	41.76	34.31	418.13	同心县	2.00	1.50	10.51
三区	29.91	25.43	355.96	青铜峡市	2.26	1.70	11.88
永宁县	4.11	3.08	21.59	固原市	9.25	7.13	427.56
贺兰县	4.36	3.27	22.87	原州区	3.72	2.97	178.46
灵武市	3.38	2.53	17.72	西吉县	3.11	2.34	140.15
石嘴山市	8.90	6.86	56.94	隆德县	0.71	0.54	32.11
大武口区	3.72	2.98	29.76	泾源县	0.54	0.41	24.36
惠农区	2.64	1.98	13.87	彭阳县	1.17	0.87	52.48
平罗县	2.54	1.90	13.31	中卫市	9.85	7.59	62.98
吴忠市	9.52	7.30	58.89	沙坡头区	4.09	3.28	32.76
利通区	3.25	2.60	26.00	中宁县	3.24	2.43	17.03
红寺堡区	1.73	1.30	9.10	海原县	2.51	1.88	13.19

表 3.2-2　宁夏 2025 年工业应急备用需水量测算依据表

需水量　　行政区	正常需水量（万 m³/d）	压缩比（%）	应急备用需水量（万 m³/d）	风险期应急备用需水量（万 m³/7~14d）	需水量　　行政区	正常需水量（万 m³/d）	压缩比（%）	应急备用需水量（万 m³/d）	风险期应急备用需水量（万 m³/7~14d）
合计	54.79	–	30.66	377.98	盐池县	0.55	50	0.27	1.92
银川市	15.34	–	9.64	115.84	同心县	0.55	50	0.27	1.92
三区	9.86	30	6.90	96.66	青铜峡市	4.66	50	2.33	16.30
永宁县	1.37	50	0.54	4.79	固原市	3.29	–	1.78	106.8
贺兰县	2.47	50	1.23	8.63	原州区	1.37	40	0.82	49.2
灵武市	1.64	50	0.82	5.75	西吉县	0.55	50	0.27	16.2
石嘴山市	16.71	–	8.79	69.45	隆德县	0.27	50	0.14	8.4
大武口区	4.38	40	2.63	26.30	泾源县	0.27	50	0.14	8.4
惠农区	7.95	50	3.97	27.81	彭阳县	0.82	50	0.41	24.6
平罗县	4.38	50	2.19	15.34	中卫市	8.22	–	4.55	39.73
吴忠市	11.23	–	5.89	46.16	沙坡区	4.38	40	2.63	26.30
利通区	2.74	40	1.64	16.44	中宁县	3.56	50	1.78	12.47
红寺堡区	2.74	50	1.37	9.59	海原县	0.27	50	0.14	0.96

表3.2-3　2025年宁夏城镇应急备用总需水量测算依据表

需水量 / 行政区	正常总需水量（万 m³/d）	应急备用总需水量（万 m³/d）	风险期应急备用总需水量（万 m³/7~60d）	需水量 / 行政区	正常总需水量（万 m³/d）	应急备用总需水量（万 m³/d）	风险期应急备用总需水量（万 m³/7~60d）
合计	134.06	93.84	1402.48	盐池县	0.82	0.47	3.33
银川市	57.1	43.95	533.97	同心县	2.55	1.77	12.43
三区	39.77	32.33	452.62	青铜峡市	6.92	4.03	28.18
永宁县	5.48	3.62	26.38	固原市	12.54	8.91	534.36
贺兰县	6.83	4.5	31.5	原州区	5.09	3.79	227.66
灵武市	5.02	3.35	23.47	西吉县	3.66	2.61	156.35
石嘴山市	25.61	15.65	126.39	隆德县	0.98	0.68	40.51
大武口区	8.1	5.61	56.06	泾源县	0.81	0.55	32.76
惠农区	10.59	5.95	41.68	彭阳县	1.99	1.28	77.08
平罗县	6.92	4.09	28.65	中卫市	18.07	12.14	102.71
吴忠市	20.75	13.19	105.05	沙坡区	8.47	5.91	59.06
利通区	5.99	4.24	42.44	中宁县	6.8	4.21	29.5
红寺堡区	4.47	2.67	18.69	海原县	2.78	2.02	14.15

城市供水水源抗风险能力。

四、应急备用水源规划

（一）银川市

1. 银川市三区两县

（1）根据自治区发改委批复的《银川都市圈城乡西线供水工程（水源部分）可行性研究报告》（宁发改审发〔2019〕16号），银川市三区两县地下水存在超采、水质不达标、水源地位于城区不利于保护等问题，需新建银川都市圈城乡西线供水工程，利用黄河水地表水置换地下水，并解决银川市应急备用水源建设不足问题。西线工程建成后拟关闭南郊水源地、永宁县水源地和贺兰县水源地，东郊水源地、北郊水源地转为应急备用水源，南部水源地（40%开采、60%备用）、南梁水源地（40%开采、60%备用）保留。

（2）确定2025年银川市三区两县应急备用水源：北郊、东郊、南部、南梁水源地。征沙水源目前未开采，管线未连通，只纳入应急备用水源名录。

（3）根据预测结果，2025年银川市三区两县应急备用需水量为40.45万立方米/天。应急备用水源北郊、东郊、南梁及南部水源地总供水量为42.1万立方米/天，水质均达到或优于Ⅳ类，应急备用水源

水量、水质均满足需求。

（4）不同情境下应急备用能力可达性分析

情境1：西夏水库突发污染事故

西夏水库突发污染时，南部、南梁水源地正常供水，启动东郊、北郊2处应急备用水源，总供水量为42.1万立方米/天，满足应急备用需水量40.45万立方米/天的需求，同时也满足最大14天应急备用需水量需求。

情境2：银川都市圈西线供水工程取水口以上突发污染事故

银川都市圈西线供水工程取水口以上突发污染时，立即停止黄河取水，西夏水库可以正常供水。在不启用其他应急备用水源情况下，西夏水库调蓄库容970万立方米，按照应急备用需水量40.45万立方米/天计算，最大供水能力为24天，满足应急备用供水14天应急备用需水量需求。

银川市三区两县2025年不同情境下应急备用能力统计见表4.1-1。

2. 灵武市

（1）根据《银川都市圈城乡东线供水工程可行性研究报告》（宁发改农经审发〔2020〕1号），东线工程

表 4.1-1　银川市三区两县 2025 年不同情境下应急备用能力统计表(万 m³/d)

序号	取水水源	日设计供水能力	日应急需水量	14 天应急需水量	供水能力	
					情境 1	情境 2
1	东郊水源地	10			10	/
2	北郊水源地	13.1			13.1	/
3	南部水源地	6	40.45	510.5	6	/
4	南梁水源地	13			13	/
	合计	42.1	40.45	510.5	42.1	/

通水后,引黄河水替换灵武市现状地下水源,大泉、崇兴水源地转为应急备用水源。

(2)确定 2025 年灵武市应急备用水源:大泉水源地、崇兴水源地。

(3)根据预测结果,2025 年灵武市应急备用需水量为 3.35 万立方米/天。应急备用水源大泉、崇兴水源地总供水量为 4.2 万立方米/天,水质均达到或优于Ⅳ类,应急备用水源水量、水质均满足需求。

(4)不同情境下应急备用能力可达性分析

情境 1:三星塘调蓄水库突发污染事故

三星塘调蓄水库突发污染时,启动大泉、崇兴 2 处应急备用水源,总供水能力为 4.2 万立方米/天,满足应急备用需水量 3.35 万立方米/天的要求,同时也满足 7 天应急备用需水量需求。

情境 2:银川都市圈东线供水工程东干渠取水口以上突发污染事故

银川都市圈东线供水工程东干渠取水口以上突发污染时,立即停止黄河取水,三星塘调蓄水库可以正常供水,调蓄库容 142 万立方米,灵武市日配置水量占供水工程受水区的 35%。由此,应急备用情况下灵武市分配库容为 49.7 万立方米,按照应急备用需水量 3.35 万立方米/天计算,最大应急供水能力为 15 天,满足 7 天应急备用需水量需求。

灵武市 2025 年不同情境下应急备用能力统计见表 4.1-2。

(二)石嘴山市

1. 大武口区

(1)根据《银川都市圈城乡西线供水工程(水源部分)可行性研究报告》(宁发改审发〔2019〕16 号),西线工程 2025 年为大武口区配置 965 万立方米黄河水,剩余缺水由地下水补充。西线工程大武口区建成通水后石嘴山第三水源地转为应急备用水源,石嘴山第二水源地(40%开采、60%备用)、石嘴山第三水源地(40%开采、60%备用)保留。

(2)确定 2025 年大武口区应急备用水源:石嘴山第三水源地。

(3)根据预测结果,2025 年大武口区应急备用需水量为 5.61 万立方米/天。应急备用水源石嘴山第三水源地供水量为 8 万立方米/天,水质达到或优于Ⅳ类,应急备用水源水量、水质均满足需求。

(4)不同情境下应急备用能力可达性分析

情境 1:第一水源地突发污染事故

第一水源地突发污染时,其他水源地正常供水,启动应急备用水源第三水源地,总供水量 17.84 万立方米/天,满足应急需水量 5.61 立方米/天的需求,同时也满足 10 天应急备用需水量需求。

表 4.1-2　灵武市 2025 年不同情境下应急备用能力统计表(万 m³/d)

序号	取水水源	日设计供水能力	日应急需水量	7 天应急需水量	供水能力	
					情境 1	情境 2
1	大泉水源地	1.4			1.4	/
2	崇兴水源地	2.8	3.35	23.47	2.8	/
	合计	4.2	3.35	23.47	4.2	/

情境2:第二水源地突发污染事故

第二水源地突发污染事故时,其他水源地正常供水,启动应急备用水源第三水源地,总供水能力15.14万立方米/天,满足应急备用需水量5.61万立方米/天的要求,同时也满足10天应急备用需水量需求。

情境3:银川都市圈西线供水工程西夏渠取水口以上突发污染事故

银川都市圈西线供水工程西夏渠取水口以上突发污染事故时,立即停止黄河取水,大武口调蓄水库可以正常供水,调蓄库容347万立方米,大武口区日配置水量占石嘴山市受水区的49%。由此,

应急备用情况下大武口区分配库容为170.03万立方米,按照应急备用需水量5.61万立方米/天计算,在不考虑第一、第二水源地供水情况下,最大应急供水能力为30天,远超应急备用10天应急备用需水量需求。

情境4:大武口调蓄水库突发污染事故

大武口调蓄水库突发污染事故时,启动第一、第二、第三3处应急备用水源,总供水能力为19.7万立方米/天,满足应急备用需水量5.61万立方米/天的需求,同时也满足10天应急备用需水量需求。

大武口区2025年不同情境下应急备用能力统计见表4.2-1。

表 4.2-1　大武口区 2025 年不同情境下应急备用能力统计表(万 m³/d)

序号	取水水源	日设计供水能力	日应急需水量	10天应急需水量	供水能力			
					情境1	情境2	情境3	情境4
1	第一水源地	4.5	5.61	56.06	0	4.5	/	4.5
2	第二水源地	7.2			7.2	0	/	7.2
3	第三水源地	8			8	8	/	8
4	大武口调蓄水库	2.64			2.64	2.64	/	0
	合计	22.34	5.61	56.06	17.84	15.14	/	19.7

2. 惠农区

(1)根据惠农区相关规划,"十四五"期间将投资3.99亿元扩建黄河水厂(黄河核心泵站),设计规模为13万立方米/天,并实施与第四水源地、第五水源地管道连通工程。根据《自治区水利厅关于石嘴山市水务局申请变更第四水源地用途的复函》(宁水函发〔2021〕207号),第四水源地未来将变更为工业和生态用水水源地。

(2)确定2025年惠农区应急备用水源:石嘴山第四水源地、石嘴山第五水源地。

(3)根据预测结果,2025年惠农区应急备用需

水量为5.95万立方米/天。应急备用水源石嘴山第四、第五水源地总供水量为6万立方米/天,水质达到或优于Ⅳ类,应急备用水源水量、水质均满足需求。

(4)不同情境下应急备用能力可达性分析

黄河核心泵站取水口以上突发污染时,启动应急备用水源石嘴山第四、第五水源地,总供水能力6万立方米/天,满足应急备用需水量5.95立方米/天的需求,同时也满足7天应急备用需水量需求。

惠农区2025年不同情境下应急备用能力统计见表4.2-2。

表 4.2-2　惠农区 2025 年不同情境下应急备用能力统计表(万 m³/d)

序号	取水水源	日设计供水能力	日应急需水量	7天应急需水量	供水能力
1	石嘴山第四水源地	1	5.95	41.68	1
2	石嘴山第五水源地	5			5
	合计	6	5.95	41.68	6

3. 平罗县

（1）根据《银川都市圈城乡西线供水工程（水源部分）可行性研究报告》（宁发改审发〔2019〕16号），西线工程平罗县通水后替代现有地下水源作为常规水源。西线工程通水后，平罗县工业用水由西线工程配给，石嘴山生态经济开发区（原平罗工业园区）6眼自备井不再为工业供水，出水量约1.5万立方米/天，石嘴山生态经济开发区自备井可作为应急备用水源。

（2）确定2025年平罗县应急备用水源：石嘴山生态经济开发区自备井和大水沟水源地（地下水）。

（3）根据预测结果，2025年平罗县应急备用需水量为4.09万立方米/天。应急备用水源大水沟水源地（地下水）、石嘴山生态经济开发区自备井总供水量为4.42万立方米/天，水质达到或优于Ⅳ类，应急备用水源水量、水质均满足需求。

（4）不同情境下应急备用能力可达性分析

情境1：大水沟水源地（地表水）突发污染事故

大水沟水源地（地表水）突发污染时，大武口调蓄水库正常供水，启用应急备用水源石嘴山生态经济开发区自备井、大水沟水源地（地下水），总供水能力7.5万立方米/天，满足应急备用需水量4.09万立方米/天的要求，同时也满足7天应急备用需水量需求。

情境2：大武口调蓄水库突发污染事故

大武口调蓄水库突发污染事故时，大水沟水源地（地表水）正常供水，启用应急备用水源石嘴山生态经济开发区自备井、大水沟水源地（地下水），总供水能力为5.73万立方米/天，满足应急备用需水量

4.09万立方米/天的需求，同时也满足7天应急备用需水量需求。

情境3：银川都市圈西线供水工程西夏渠取水口以上突发污染事故

银川都市圈西线供水工程西夏渠取水口以上突发污染事故时，立即停止黄河取水，大武口调蓄水库可以正常供水，调蓄库容347万立方米，平罗县日配置水量占石嘴山市受水区的51%。由此，应急备用情况下大武口区分配库容为196.97万立方米，按照应急备用需水量4.09万立方米/天计算，不考虑大水沟水源地供水，最大应急供水能力为48天，远超应急供水7天应急备用需水量需求。

平罗县2025年不同情境下应急备用能力统计见表4.2-3。

（三）吴忠市

1. 利通区

（1）根据《银川都市圈城乡东线供水工程可行性研究报告》（宁发改农经审发〔2020〕1号），2025年银川都市圈城乡东线供水工程（三星塘调蓄水库）向利通区配水9.2万立方米/天，由新建的金积东线水厂供水，金积水源地压减开采量50%，只向金积工业园区供水2万立方米/天，保留2万立方米/天的备用能力。

（2）确定2025年利通区应急备用水源：金积水源地。

（3）根据预测结果，2025年利通区应急备用需水量为4.24万立方米/天。应急备用水源金积水源地供水量为4万立方米/天，水质达到或优于Ⅳ类，应急备用水源水质满足需求，水量不满足需求。在总

表4.2-3　平罗县2025年不同情境下应急备用能力统计表（万 m³/d）

序号	取水水源	日设计供水能力	日应急需水量	7天应急需水量	供水能力		
					情境1	情境2	情境3
1	石嘴山生态经济园地下水井	1.5			1.5	1.5	/
2	大水沟水源地（地下）	2.92			2.92	2.92	/
3	大武口调蓄水库	3.08	4.09	28.65	3.08	0	/
4	大水沟水源地（地表）	1.31			0	1.31	/
	合计	8.81	4.09	28.65	7.5	5.73	/

应急备用供水量不足情况下，适度压减工业应急备用供水量,保证城镇生活供水量。

（4）不同情境下应急备用能力可达性分析

情境1:三星塘调蓄水库突发污染事故

三星塘调蓄水库突发污染时，立即停止从三星塘调蓄水库取水，启用应急备用水源金积水源地,供水能力为4.0万立方米/天,基本满足应急备用需水量4.24万立方米/天要求,同时也满足10天应急备用需水量需求。

情境2:银川都市圈东线供水工程东干渠取水口以上突发污染事故

银川都市圈东线供水工程东干渠取水口以上突发污染时，立即停止从黄河取水,三星塘调蓄水库可以正常供水,调蓄库容142万立方米,利通区日配置水量占银川都市圈东线供水工程供水总量的60%,因此,利通区分配库容85.2万立方米。按照应急用需水量4.24万立方米/天计算，最大应急供水能力为20天,满足应急备用供水10天需求。

利通区2025年不同情境下应急备用能力统计见表4.3-1。

表4.3-1　利通区2025年不同情境下应急备用能力统计表(万 m³/d)

取水水源	日设计供水能力	日应急需水量	10天应急需水量	供水能力	
				情境1	情境2
金积水源地	4	4.24	42.44	4	4

2. 青铜峡市

（1）根据《银川都市圈城乡西线供水工程（水源部分）可行性研究报告》（宁发改审发〔2019〕16号),2025年西线工程青铜峡河西片区通水后，替换小坝、小坝东区水源地供水。根据《银川都市圈城乡东线供水工程可行性研究报告》（宁发改农经审发〔2020〕1号),2025年东线工程青铜峡河东片区通水后,引黄河水替换现状地下水源,青铜峡镇水源地转为应急备用水源,大坝水源地保留。

（2）确定2025年青铜峡市应急备用水源:小坝、小坝东区、青铜峡镇水源地。

（3）根据预测结果,2025年青铜峡市应急备用需水量为4.03万立方米/天。河西片区与河东片区供水人口比约为4:1,因此,两个片区的应急备用需水量按人口比划分,河西片区应急备用需水量为3.22万立方米/天，河东片区应急备用需水量为0.81万立方米/天。河西片区应急备用水源小坝、小坝东区水源地总供水量为3.5万立方米/天,河东片区应急备用水源青铜峡镇水源地供水量为0.85万立方米/天,水质达到或优于Ⅳ类,应急备用水源水量、水质均满足需求。

（4）不同情境下应急备用能力可达性分析

河西片区:

情境1:大坝水源地突发污染事故

大坝水源地突发污染时，青铜峡调蓄水库正常供水,启动2处应急备用水源小坝、小坝东区水源地,总供水量为8.5万立方米/天,满足应急备用需水量3.22万立方米/天的要求，同时也满足7天应急备用需水量需求。

情境2:青铜峡调蓄水库突发污染事故

青铜峡调蓄水库突发污染时,启动2处应急备用水源小坝、小坝东区水源地,总供水能力为3.5万立方米/天,满足应急备用需水量3.22万立方米/天的要求,同时基本也满足7天应急备用需水量需求。

情境3:银川都市圈城乡西线供水工程西夏渠取水口以上突发污染事故

银川都市圈城乡西线供水工程西夏渠取水口以上突发污染事故时,应立即停止黄河取水,青铜峡调蓄水库可以正常供水,总库容104万立方米,在不考虑其他水源地供水量情况下，按照3.22万立方米/天供水能力计算，最大应急供水能力为33天,满足应急备用供水7天需求。

河东片区:

情境1:三星塘调蓄水库突发污染事故

三星塘调蓄水库突发污染时，启动应急备用水源青铜峡镇水源地,供水能力为0.85万立方米/天,满足应急备用需水量0.81万立方米/天的要求,同时基本也满足7天应急备用需水量需求。

情境2:银川都市圈城乡东线供水工程东干渠取水口以上突发污染事故

银川都市圈城乡东线供水工程东干渠取水口以上突发污染时,应立即停止黄河取水,三星塘调蓄水库可以正常供水,总库容142万立方米,青铜峡河东片区日配置水量占受水区的0.08%。由此,应急情况下大武口区分配库容为11.36万立方米,在不考虑其他水源地供水量情况下,按照0.81万立方米/天供水能力计算,最大应急供水能力为14天,满足应急备用供水7天需求。

青铜峡市2025年不同情境下应急备用能力统计见表4.3-2。

3.红寺堡区

(1)根据《关于印发全区县级以上水源地名录的通知》(宁环水体发〔2018〕74号),鲁家窑水库未纳入城市水源名录。根据《红寺堡城区供水改造及扩建项目鲁家窑输水管道工程》(吴发改发〔2013〕347号):鲁家窑水库以红寺堡扬水工程三干渠为水源,通过扩建海子塘引渠、新建取水泵站扬水入库,供水任务之一是为原柳泉水源地供水范围供水人口提供水源。柳泉水源地受地下水管控指标限制,转为应急备用水源。2025年,鲁家窑水库现状3万立方米/天的供水量不满足正常供水量,对鲁家

窑水库进行扩建后作为常规水源,净水规模达到5万立方米/天。

(2)确定2025年红寺堡区应急备用水源:柳泉水源地。

(3)根据预测结果,2025年红寺堡区应急备用需水量为2.67万立方米/天。应急备用水源柳泉水源地供水量为2.0万立方米/天,水质达到或优于Ⅳ类,应急备用水源水质满足需求,水量不满足需求。在总应急备用供水量不足情况下,适度压减工业应急供水量,保证城镇生活供水量。

(4)不同情境下应急备用能力可达性分析

情境1:鲁家窑水库突发污染事故

鲁家窑水库突发污染时,启动应急备用水源柳泉水源地,供水能力为2.0万立方米/天,不满足应急需水量2.65万立方米/天的要求,只能满足75%应急备用供水量。红寺堡区2025年工业应急备用需水量1.37万立方米/天,城镇生活应急需水量1.30万立方米/天,在总应急备用供水量不足情况下,适度压减工业应急供水量,保证城镇生活供水量。

情境2:红寺堡扬水工程三干渠取水口以上突发污染事故

红寺堡扬水工程三干渠取水口以上突发污染时,立即停止黄河取水,鲁家窑水库可以正常供水,调蓄库容266万立方米,红寺堡区城市供水占比约15%,分配库容39.9万立方米,按照应急备用需水

表4.3-2　青铜峡市2025年不同情境下应急备用能力统计表(万 m³/d)

序号	取水水源	日设计供水能力	日应急需水量	7天应急需水量	供水能力			片区
					情境1	情境2	情境3	
1	小坝水源地	2.0			2.0	2.0	/	
2	小坝东区水源地	1.5			1.5	1.5	/	
3	青铜峡调蓄水库	5	3.22	22.54	5	0	/	河西
4	大坝水源地	0.8			0	0.8	/	
	合计	9.3	3.22	22.54	8.5	4.3	/	
5	青铜峡镇水源地	0.85			0.85	/	/	
6	三星塘调蓄水库	1.5	0.81	5.64	0	/	/	河东
	合计	2.35	0.81	5.64	0.85	/	/	

量 2.67 万立方米 / 天计算,最大应急供水能力为 15 天,满足应急备用供水 7 天需求。

红寺堡区 2025 年不同情境下应急备用能力统计见表 4.3-3。

4. 盐池县

(1)盐池县干旱频发,降雨量少,蒸发量大,循环体系失衡,经过 20 多年的连续开采,导致水源地水环境产生了一定程度的破坏,水源地存在超采现象。为合理开采地下水,2025 年骆驼井水源地转为应急备用。刘家沟水库供水系统包括农业灌溉供水与人饮供水,灌溉高峰期用水供需矛盾突出,供水能力不足。2025 年,改建高沙窝供水工程(鸭子荡水库),将高沙窝供水工程供水管线延伸至盐池县城作为常规水源。根据盐池县水务局测算,鸭子荡水库可供盐池县水量为 1136.89 万立方米 / 年(3.1 万立方米 / 天),2 个常规水源总供水量满足正常供水需求。

(2)确定 2025 年盐池县应急备用水源:骆驼井水源地。

(3)根据预测结果,2025 年盐池县应急备用需水量为 0.47 万立方米 / 天。应急备用水源骆驼井水源地供水量为 1.0 万立方米 / 天,水质达到或优于Ⅳ类,应急备用水源水量、水质均满足需求。

(4)不同情境下应急备用能力可达性分析

情境 1:鸭子荡水库突发污染事故

鸭子荡水库突发污染时,刘家沟水库正常供水,启动骆驼井应急备用水源,总供水量为 10.8 万立方米 / 天,满足应急备用需水量 0.47 万立方米 / 天的要求,同时也满足 7 天应急备用需水量要求。

情境 2:刘家沟水库突发污染事故

刘家沟水库突发污染时,鸭子荡水库正常供水,启动应急备用水源骆驼井水源地,总供水能力为 4.1 万立方米 / 天,满足应急备用需水量 0.47 万立方米 / 天的要求,同时也满足 7 天应急备用需水量需求。

情境 3:盐环定五干渠取水口以上突发污染事故

盐环定五干渠取水口以上突发污染时,刘家沟水库、鸭子荡水库立即停止黄河取水,2 座水库可以正常供水,刘家沟水库调蓄库容 396 万立方米。根据太阳山水务公司资料,近三年城镇生活供水占刘家沟水库总供水量 18.7%,即分配城镇生活库容为 74 万立方米。在不考虑其他水源供水量情况下,按照 0.47 万立方米 / 天供水能力计算,最大应急供水能力为 154 天,远超应急备用供水 7 天应急备用需水量需求。

盐池县 2025 年不同情境下应急备用能力统计见表 4.3-4。

5. 同心县

(1)清水河流域城乡供水工程同心县城于 2021 年 7 月通水,替换小洪沟水源地、同心县西部农村饮

表 4.3-3　红寺堡区 2025 年不同情境下应急备用能力统计表(万 m³/d)

取水水源	日设计供水能力	日应急需水量	7 天应急需水量	供水能力	
				情境 1	情境 2
柳泉水源地	2.0	2.65	18.57	2.0	/

表 4.3-4　盐池县 2025 年不同情境下应急备用能力统计表(万 m³/d)

序号	取水水源	日设计供水能力	日应急需水量	7 天应急需水量	供水能力		
					情境 1	情境 2	情境 3
1	骆驼井水源地	1.0	0.47	3.33	1.0	1.0	/
2	刘家沟水库	9.8			9.8	0	/
3	鸭子荡水库	3.1			0	3.1	/
	合计	13.9	0.47	3.33	10.8	4.1	/

水安全供水工程进行供水。同心县西部农村饮水安全供水工程供水量为 1.2 万立方米 / 天,供水管道已与同心县城供水管道连通。

(2)确定 2025 年同心县应急备用水源:小洪沟水源地、同心县西部农村饮水安全供水工程。

(3)根据预测结果,2025 年同心县应急备用需水量为 1.77 万立方米 / 天。应急备用水源小洪沟水源地、同心县西部农村饮水安全供水工程总供水量为 1.8 万立方米 / 天,水质达到或优于Ⅳ类,应急备用水源水量、水质均满足需求。

(4)不同情境下应急备用能力可达性分析

清水河流域城乡供水工程水源井突发污染时,启动小洪沟水源地、同心县西部农村饮水安全供水工程 2 处应急备用水源,总供水能力为 1.8 万立方米 / 天,满足应急备用需水量 1.77 万立方米 / 天的需求,同时也满足 7 天应急备用需水量需求。

同心县 2025 年不同情境下应急备用能力统计见表 4.3-5。

(四)固原市

1. 西吉县

(1)根据《清水河流域城乡供水工程可行性研究报告》(宁发改农经审发〔2020〕27 号),该工程供水范围涉及西吉县,2025 年通水后将其作为常规水源。西吉县沙岗子水源地改建后作为应急备用水源,供水规模达到 2.7 万立方米 / 天。

(2)确定 2025 年西吉县应急备用水源:沙岗子水源地。

(3)根据预测结果,2025 年西吉县应急备用需水量为 2.61 万立方米 / 天。应急备用水源沙岗子水源地供水量为 2.7 万立方米 / 天,水质达到或优于Ⅳ类,应急备用水源水量、水质均满足需求。

不同情境下应急备用能力可达性分析:

情境 1:极端干旱天气下泾河来水量不足

中南部城乡饮水安全工程 95% 保证率可供水量为 1600 万立方米,极端干旱天气下可供水量为 1000 万立方米,西吉县受水量占该工程总供水量的 42.8%,即受水量为 428 万立方米(1.17 万立方米 / 天),与清水河流域城乡供水工程总供水量为 2.4 万立方米 / 天,不满足 2.61 万立方米 / 天应急需水量要求,启用应急备用水源沙岗子水源地,总供水量 5.1 万立方米 / 天,满足应急备用需水量 2.61 万立方米 / 天的需求。极端干旱天气下沙岗子水源地地下水超采使用,同时也满足 60 天应急备用需水量需求。

情境 2:中庄水库突发污染事故

中庄水库突发污染时,清水河流域城乡供水工程正常供水,启用应急备用水源沙岗子水源地,总供水量 3.23 万立方米 / 天,满足 2.61 万立方米 / 天应急备用需水量要求,同时也满足 7 天应急备用需水量需求。

情境 3:泾河突发污染事故

泾河突发污染时,立即停止中南部城乡饮水安全工程供水,清水河流域城乡供水工程正常供水,启用应急备用水源沙岗子水源地,总供水量 3.23 万立方米 / 天,满足应急备用需水量 2.61 万立方米 / 天要求,同时也满足 7 天应急备用需水量需求。

西吉县 2025 年不同情境下应急备用能力统计见表 4.4-1。

(五)中卫市

1. 中宁县

(1)根据《中宁县城市供水(黄河)水源工程可行性研究报告》,中宁县"十四五"期间规划投资 1.97 亿元新建黄河水源工程,直接取用黄河水置换地下水作为水源,从根本上解决中宁县城及河南六乡镇人饮水源问题(供水量 6.0 万立方米 / 天)。

表 4.3-5 同心县 2025 年不同情境下应急备用能力统计表(万 m³/d)

序号	取水水源	日设计供水能力	日应急需水量	7 天应急需水量	供水能力
1	小洪沟水源地	1.2	1.77	12.43	1.8
2	同心县西部农村饮水安全供水工程	0.6			
	合计	1.8			

表 4.4-1　西吉县 2025 年不同情境下应急备用能力统计表（万 m³/d）

序号	取水水源	日设计供水能力	日应急需水量	60 天应急需水量	供水能力		
					情境1	情境2	情境3
1	中庄水库	2.75			1.88	0	0
2	清水河流域城乡供水工程水源	1.23	2.61	156.35	1.23	1.23	1.23
3	沙岗子水源地	2			2	2	2
	合计	5.98	2.6	156.35	5.11	3.23	3.23

（2）确定 2025 年中宁县应急备用水源：康滩水源地。

（3）根据预测结果，2025 年中宁县应急备用需水量为 4.21 万立方米 / 天。应急备用水源康滩水源地供水量为 4.0 万立方米 / 天，水质达到或优于Ⅳ类，应急备用水源水质满足需求，水量不满足需求。在总应急备用供水量不足情况下，适度压减工业应急备用供水量，保证城镇生活供水量。

（4）不同情境下应急备用能力可达性分析

中宁县城市供水（黄河）水源工程取水口以上突发污染时，立即停止从黄河取水，启用应急备用水源康滩水源地，供水量为 4.0 万立方米 / 天，基本满足

应急备用 4.17 万立方米 / 天要求，同时也满足 7 天 29.5 万立方米的应急备用需水量需求。

中宁县 2025 年不同情境下应急备用能力统计见表 4.5-1。

2. 海原县

（1）根据自治区发改委批复的《清水河流域城乡供水工程可行性研究报告》（宁发改农经审发〔2020〕27 号），该工程通水后将置换海原县老城区地下水水源地进行供水。

（2）确定 2025 年海原县应急备用水源：海原县老城区地下水水源地。

（3）根据预测结果，2025 年海原县应急备用需

表 4.5-1　中宁县 2025 年不同情境下应急备用能力统计表（万 m³/d）

取水水源	日设计供水能力	日应急需水量	7 天应急需水量	供水能力
康滩水源地	4.0	4.21	29.5	4.0

水量为 2.02 万立方米 / 天。应急备用水源海原县老城区地下水水源地供水量为 1.6 万立方米 / 天，水质达到或优于Ⅳ类，应急备用水源水质满足需求，水量不满足需求。在总应急备用供水量不足情况下，适度压减工业应急备用供水量，城镇生活供水量足以保证。

（4）不同情境下应急备用能力可达性分析

情境 1：南坪水库突发污染事故

南坪水库突发污染时，清水河流域城乡供水工程正常供水，启用应急备用水源海原县老城区水源地，清水河流域城乡供水工程和海原县老城区水源地总供水量为 2.75 万立方米 / 天，满足应急需水量 2.02 万立方米 / 天的要求，同时也满足 7 天应急备

用需水量需求。

情境 2：南坪水库取水口以上突发污染事故

南坪水库取水口以上突发污染时，清水河流域城乡供水工程正常供水，启用应急备用水源海原县老城区水源地，清水河流域城乡供水工程和海原县老城区水源地总供水量为 2.75 万立方米 / 天，满足应急需水量 2.02 万立方米 / 天的要求，同时也满足 7 天应急备用需水量需求。

情境 3：清水河流域城乡供水工程水源井突发污染事故

清水河流域城乡供水工程水源井突发污染时，启动海原县老城区应急备用水源，南坪水库正常供水，总供水能力为 3.6 万立方米 / 天，满足应急备用

需水量 2.02 万立方米 / 天的需求, 同时也满足 7 天应急备用需水量需求。

海原县 2025 年不同情境下应急备用能力统计见表 4.5-2。

表 4.5-2　海原县 2025 年不同情境下应急备用能力统计表 (万 m³/d)

序号	取水水源	日设计供水能力	日应急需水量	7 天应急需水量	供水能力		
					情境 1	情境 2	情境 3
1	海原县老城区水源地	1.6			1.6	1.6	1.6
2	清水河流域城乡供水工程	1.15	2.02	14.15	1.15	1.15	0
3	南坪水库	2			0	2	2
	合计	4.75	2.02	14.15	2.75	4.75	3.6

(六)应急备用水源建设内容

1. 应急备用水源

本规划确定 2025 年全区应急备用水源共 26 个。每个县(区)至少有 1 个应急备用水源,备用水源覆盖率 100%。其中,14 个为常规水源转为应急备用水源,3 个为新增应急备用水源,9 个为保留应急备用水源。宁夏 2025 年城市供水水源名录详见 4.6-1。贺兰、永宁、南郊 3 个水源关停,不列入名录。

2. 水源连通

2025 年, 全区新建输水连通管道 210 千米, 详见表 4.6-2。

3. 新建水厂

2025 年,新建 3 座水厂及附属设施(本规划不考虑已开工建设或已批复建设的水厂),详见表 4.6-3。

4. 流量监测

2025 年, 在全区新建 366 处水源流量监测点, 详见表 4.6-4。

5. 水质净化

2025 年, 在全区新建 9 套水质净化设备, 详见表 4.6-5。

6. 水源保护

2025 年,对全区 26 个应急备用水源进行保护,新建保护区围栏 175 千米、警示标志 156 处、污染治理 39 处及水土保持 356.749 平方千米,详见表 4.6-6。

7. 自动监控

2025 年,对全区 26 个应急备用水源进行自动化监控,新建自动化监控点 217 处,详见表 4.6-7。

五、投资估算

应急备用水源投资包括土建工程、监测预警系统及水质净化系统三部分内容。本规划不包括已规划实施的供水工程投资。宁夏城市应急备用供水保障"十四五"规划总投资 13.89 亿元,其中银川市 2.77 亿元、石嘴山市 5.53 亿元、吴忠市 4.01 亿元、固原市 0.71 亿元、中卫市 0.88 亿元。详见表 5-1 至 5-5。

六、工程管理

(一)工程建设管理

各市、县(区)应建立应急备用水源建设工作小组,以市、县(区)政府主管领导任指挥长,由市、县(区)水利部门牵头,发改委、财政、规划、国土、住建、生态环境等相关部门配合,以县(区)人民政府为落实单位,由市生态环境部门监管,全面推进应急备用水源工程建设。

1. 深化思想认识。应急备用水源是关乎人民群众生命健康的重要资源,要采取超常举措,切实保障特殊情况下城市正常供水。

2. 细化工作方案。充分了解当地应急备用水源状况,确定路线图、制定任务书、绘出时间表,务求落实应急备用水源建设工作取得进展。

3. 建立健全工作机制。主管领导要主抓敢抓,牵头部门要着力落实,相关部门要各司其职,相互配合,协同作战。

4. 严格执行审批制度。常规水源需转为应急备用水源时,水源所在市、县(区)水行政主管部门应制定相应的技术方案,详细评估其可行性,制定妥善的管理措施,并上报自治区水利厅进行批复。常规水源需关停时,水源所在市、县(区)水行政主管部门应制定相应的技术方案,详细评估替代水源的可行性,制定妥善的水源退出机制,并上报自治区水利厅进行批复。

表 4.6-1 宁夏 2025 年城市供水水源名录

序号	所在城市	所在县(区)	水源名称	水源类型	使用状态	级别	备注
1	银川市	三区两县	南部水源地	地下水	常规(40%备用)	地市级	保留
2			南梁水源地	地下水	常规(40%备用)	地市级	保留
3			西夏水库	地表水	常规	地市级	保留
4			东郊水源地	地下水	应急备用	地市级	常规转应急备用
5			北郊水源地	地下水	应急备用	地市级	常规转应急备用
6		灵武市	三星塘调蓄水库	地表水	常规	县级	待建
7			大泉水源地	地下水	应急备用	县级	保留
8			崇兴水源地	地下水	应急备用	县级	常规转应急备用
9	石嘴山市	大武口区	大武口调蓄水库	地表水	常规	地市级	待建
10			石嘴山第一水源地	地下水	常规(40%备用)	地市级	保留
11			石嘴山第二水源地	地下水	常规(40%备用)	地市级	保留
12			石嘴山第三水源地	地下水	应急备用	地市级	常规转应急备用
13		惠农区	黄河核心泵站	地表水	常规	地市级	新增
14			石嘴山第四水源地	地下水	应急备用	地市级	常规转应急备用
15			石嘴山第五水源地	地下水	应急备用	地市级	保留
16		平罗县	大水沟水源地	地表、地下水混合	常规	县级	保留
17			大武口调蓄水库	地表水	常规	县级	待建
18			石嘴山生态经济园地下水井	地下水	应急备用	县级	新增
19	吴忠市	利通区	三星塘调蓄水库	地表水	常规	地市级	待建
20			金积水源地	地下水	应急备用	地市级	常规转应急备用
21		青铜峡市	三星塘调蓄水库	地表水	常规	县级	待建
22			青铜峡调蓄水库	地表水	常规	县级	待建
23			大坝水源地	地下水	常规	县级	保留
24			小坝水源地	地下水	应急备用	县级	常规转应急备用
25			小坝东区水源地	地下水	应急备用	县级	常规转应急备用
26			青铜峡镇水源地	地下水	应急备用	县级	常规转应急备用
27		红寺堡区	柳泉水源地	地下水	应急备用	县级	常规转应急备用
28			鲁家窑水库	地表水	常规	县级	改建
29		盐池县	刘家沟水库	地表水	常规	县级	保留
30			高沙窝供水工程(鸭子荡水库)	地表水	常规	县级	新增
31			骆驼井水源地	地下水	应急备用	县级	常规转应急备用
32		同心县	清水河流域城乡供水工程	地下水	常规	县级	保留

续表

序号	所在城市	所在县（区）	水源名称	水源类型	使用状态	级别	备注
33	吴忠市	同心县	小洪沟水源地	地下水	应急备用	县级	常规转应急备用
34			同心县西部农村饮水安全供水工程	地表水	应急备用	县级	新增
35	固原市	原州区	清水河流域城乡供水工程	地下水	常规	地市级	保留
36			中庄水库	地表水	常规	地市级	保留
37			海子峡水库	地表水	应急备用	地市级	保留
38			贺家湾水库	地表水	应急备用	地市级	保留
39			彭堡机井	地下水	应急备用	地市级	保留
40		隆德县	张士水库	地表水	常规	县级	保留
41			清凉水库	地表水	常规	县级	保留
42			黄家峡水库	地表水	常规	县级	保留
43			直峡水库	地表水	常规	县级	保留
44			隆德县抗旱应急调水工程	地表水	应急备用	县级	保留
45		泾源县	西峡水库	地表水	常规	县级	保留
46			泾源县抗旱应急调水工程	地表水	应急备用	县级	保留
47		彭阳县	中南部城乡饮水安全水源工程	地表水	常规	县级	保留
48			彭阳县县城地下水水源地	地下水	应急备用	县级	保留
49		西吉县	中庄水库	地表水	常规	县级	保留
50			清水河流域城乡供水工程	地下水	常规	县级	保留
51			沙岗子水源地	地下水	应急备用	县级	新增
52	中卫市	沙坡头区	中卫市河北地区城乡供水工程	地表水	常规	地市级	保留
53			沙坡头区城市饮用水水源地	地下水	应急备用	地市级	保留
54		海原县	南坪水库	地表水	常规	县级	保留
55			清水河流域城乡供水工程	地下水	常规	县级	保留
56			海原县老城区水源地	地下水	应急备用	县级	常规转应急备用
57		中宁县	黄河水源工程	地表水	常规	县级	新建
58			康滩水源地	地下水	应急备用	县级	常规转应急备用

（二）工程运行管理

1.明确管理职责。各市、县（区）人民政府应当做好应急备用水源的建设管理工作，确保应急备用水源的供水水量和水质。明确分管领导，切实履行管理职责，专人专职，专事专管，配备人员管护饮用水源工程，建立健全管理制度，加强应急水源的日常养护，落实好应急备用水源运行管理的各项保障措施，确保在发生突发事件时，应急备用水源正常供水。

2.加强运行维护。各市、县（区）应督促所辖供水公司切实加强应急备用水源的运行管理和日常养护，要完善日常管理制度并督促落实到位。供水公司要逐个检查应急备用水源与供水管网的连接和水厂的出水情况，日常运行维护要做好专门记录，会同相关档案形成完整的台账资料。重大节假日期间，供水公司必须严格执行值班和值守制度，安排专人负责节假日值班，确保饮水安全。

表 4.6-2　全区 2025 年水源连通主要建设内容统计表

所在城市	所在县(区)	主要建设内容	牵头/管理单位	参加单位	落实单位
银川市	三区两县	新建输水连通管道长 40km，管径 DN500，三区两县各供水区域之间地下水管网及地下水与西线供水工程管网连通	银川市中铁水务集团有限公司	银川市水务局、发改委、生态环境局、财政局、住建局	银川市人民政府
	灵武市	新建输水连通管道长 10km，管径 DN300，大泉水源地、崇兴水源地管网连通	灵武市水务局	灵武市发展改革局、生态环境局、财政局、住建局	灵武市人民政府
石嘴山市	大武口区	新建输水连通管道长 15km，管径 DN800，第一、二、三水源地管网连通	石嘴山市润泽供排水有限公司	大武口区水务局、发展改革局、生态环境局、财政局、住建局	大武口区人民政府
	惠农区	改造城市配水管网 63km，管径 DN300～DN1400；新建输水连通管道长 10km，管径 DN500，第四、第五水源地管网连通	宁夏惠安市政产业有限公司	惠农区水务局、发展改革局、生态环境局、财政局、住建局	惠农区人民政府
	平罗县	新建输水连通管道长 15km，管径 DN500，大水沟水源地与石嘴山生态经济园地下水井管网连通	平罗县德渊水务有限公司	平罗县水务局、发展改革局、生态环境局、财政局、住建局	平罗县人民政府
吴忠市	青铜峡市	新建输水连通管道长 4km，管径 DN800，小坝、小坝东区、大坝水源地管网连通	青铜峡市生态环境局	青铜峡市水务局、发展改革局、财政局、住建局	青铜峡市人民政府
	红寺堡区	扩建鲁家窑水库，供水规模 5 万 m³/d，改造城市配水管网 10km，管径 DN200～DN600	红寺堡水务公司	红寺堡区水务局、发展改革局、生态环境局、财政局、住建局	红寺堡区人民政府
	盐池县	新建输水连通管道长 20km，管径 DN400，高沙窝供水工程(鸭子荡水库)供水管线延伸至盐池县城	盐池县水务公司	盐池县水务局、发展改革局、生态环境局、财政局、住建局	盐池县人民政府
固原市	原州区	新建输水连通管道长 10km，管径 DN600，彭堡水源地与东山坡供水工程管网连通	宁夏六盘山水务有限公司	原州区水务局、发展改革局、生态环境局、财政局、住建局	原州区人民政府
	西吉县	原有取水井出水量不足，新建取水井 2 眼，供水量 2 万 m³/d	西吉县水务局	西吉县发展改革局、生态环境局、财政局、住建局	西吉县人民政府
中卫市	海原县	新建输水连通管道长 3km，管径 DN300，海原县老城区水源地与南坪水库管网连通	宁夏水投中源水务有限公司海兴分公司	海原县水务局、发展改革局、生态环境局、财政局、住建局	海原县人民政府
	中宁县	新建输水连通管道长 10km，管径 DN500	宁夏水投中宁水务有限公司	中宁县水务局、发展改革局、生态环境局、财政局、住建局	中宁县人民政府

表 4.6-3　全区 2025 年水厂主要建设内容统计表

所在城市	所在县（区）	水源工程	主要建设内容
石嘴山市	惠农区	黄河核心泵站	新建黄河水厂 1 座，供水规模 13 万 m³/d
	平罗县	石嘴山生态经济园地下水井	新建净水厂 1 座、蓄水池 1 座
中卫市	中宁县	黄河水源工程	新建黄河取水泵站 1 座、净水厂 1 座、水泵 2 台，沉沙池 1 座、蓄水池 1 座、二级加压泵站 1 座

表 4.6-4　全区 2025 年流量监测点主要建设内容统计表

所在城市	所在县（区）	流量监测点（处）	所在城市	所在县（区）	流量监测点（处）
银川市	三区两县	54	固原市	原州区	30
	灵武市	18		隆德县	30
石嘴山市	大武口区	24		泾源县	12
	惠农区	18		彭阳县	12
	平罗县	18		西吉县	18
吴忠市	利通区	12	中卫市	沙坡头区	12
	青铜峡市	36		海原县	18
	红寺堡区	12		中宁县	12
	盐池县	18	合计		366
	同心县	12			

表 4.6-5　全区 2025 年水质净化主要建设内容统计表

所在城市	所在县（区）	水源名称	水质类别（超标项目）	水质净化设备（套）
银川市	灵武市	崇兴水源地	IV（氨氮）	1
吴忠市	利通区	金积水源地	IV	6
	青铜峡市	小坝东区水源地	IV（铁、锰）	
		小坝水源地	IV（铁、锰）	
		大坝水源地	IV（锰）	
	红寺堡区	柳泉水源地	IV（总硬度、硫酸盐、氯化物）	
	同心县	小洪沟水源地	IV（溶解性总固体、硫酸盐、钠）	
中卫市	中宁县	康滩水源地	IV（锰）	1
固原市	原州区	海子峡水库	IV（氟化物、硫酸盐、硼）	1
合计				9

表 4.6-6　全区 2025 年水源保护主要建设内容统计表

所在城市	所在县（区）	保护区围栏（km）	警示标志（处）	污染治理（处）	水土保持（km²）
银川市	三区两县	48	48	12	116.32
	灵武市	25	24	6	7.5
石嘴山市	大武口区	37	36	9	38.14
	惠农区	22	24	6	8.354
	平罗县	14	24	6	15.3
吴忠市	利通区	18	12	3	16.4
	青铜峡市	36	36	9	61.14
	红寺堡区	14	12	3	26.251
	盐池县	14	12	3	36.45
	同心县	11	12	3	40.5474
固原市	原州区	57	36	9	112.97
	隆德县	13	12	3	22.3
	泾源县	13	12	3	124.305
	彭阳县	11	12	3	7.8
	西吉县	14	12	3	6.5
中卫市	沙坡头区	25	24	6	28.15
	海原县	13	12	3	14.85
	中宁县	15	12	3	18.28
合计		175	156	39	356.749

表 4.6-7　全区 2025 年自动化监控主要建设内容统计表

所在城市	所在县（区）	自动化监测点（处）	所在城市	所在县（区）	自动化监测点（处）
银川市	三区两县	28	固原市	原州区	21
	灵武市	14		隆德县	7
石嘴山市	大武口区	21		泾源县	7
	惠农区	14		彭阳县	7
	平罗县	14		西吉县	7
吴忠市	利通区	7	中卫市	沙坡头区	14
	青铜峡市	21		海原县	7
	红寺堡区	7		中宁县	7
	盐池县	7	合计		217
	同心县	7			

表 5-1　银川市投资估算表

序号	名称	兴庆区	金凤区	西夏区	永宁县	贺兰县	灵武市	合计（万元）
一	土建工程	5370	4065	4740	3897	3489	1522	23083
（一）	建筑物工程	5160	3660	4535	3285	3285	1114	21039
1	水源连通工程	5160	3660	4535	3285	3285	1114	21039
2	水厂改造	0	0	0	0	0	0	0
3	水厂新建	0	0	0	0	0	0	0
（二）	水源地保护	210	405	205	612	204	408	2044
二	监测预警工程	1458	692	1158	512	512	226	4558
（一）	水厂自动化监控	1320	600	1020	420	420	180	3960
（二）	流量监测点	138	92	138	92	92	46	598
三	水质净化	0	0	0	0	0	101	101
	合计	6828	4757	5898	4409	4001	1849	27742

表 5-2　石嘴山市投资估算表

序号	名称	惠农区	大武口	平罗县	合计（万元）
一	土建工程	38058	3108	10304	51470
（一）	建筑物工程	37650	2496	10100	50246
1	水源连通工程	2650	2496	1500	6646
2	水厂改造	5200	0	0	5200
3	水厂新建	29800	0	8600	38400
（二）	水源地保护	408	612	204	1224
二	监测预警工程	1878	1263	646	3787
（一）	水厂自动化监控	1800	1200	600	3600
（二）	流量监测点	78	63	46	187
三	水质净化	0	0	0	0
	小计	39936	4371	10950	55257

表 5-3　吴忠市投资估算表

序号	名称	青铜峡市	利通区	盐池县	同心县	红寺堡区	合计（万元）
一	土建工程	2430	1668	10972	3568	17154	35792
（一）	建筑物工程	1614	1464	10564	3364	16950	33956
1	水源连通工程	1614	1464	1164	3364	1200	8806
2	水厂改造	0	0	9400	0	15750	25150
3	水厂新建	0	0	0	0	0	0
（二）	水源地保护	816	204	408	204	204	1836

续表

序号	名称	青铜峡市	利通区	盐池县	同心县	红寺堡区	合计（万元）
二	监测预警工程	992	872	646	706	586	3802
（一）	水厂自动化监控	900	780	600	660	540	3480
（二）	流量监测点	92	92	46	46	46	322
三	水质净化	90	144	0	234	0	468
	小计	3512	2684	11618	4508	17740	40062

表 5-4　固原市投资估算表

序号	名称	原州区	西吉县	彭阳县	隆德县	泾源县	合计（万元）
一	土建工程	1448	786	704	1446	704	5088
（一）	建筑物工程	632	582	500	630	500	2844
1	水源连通工程	632	582	500	630	500	2844
2	水厂改造	0	0	0	0	0	0
3	水厂新建	0	0	0	0	0	0
（二）	水源地保护	816	204	204	816	204	2244
二	监测预警工程	646	466	286	286	286	1970
（一）	水厂自动化监控	600	420	240	240	240	1740
（二）	流量监测点	46	46	46	46	46	230
三	水质净化	24	0	0	0	0	24
	小计	2118	1252	990	1732	990	7082

表 5-5　中卫市投资估算表

序号	名称	沙坡头区	中宁县	海原县	合计（万元）
一	土建工程	1308	3104	2079	6491
（一）	建筑物工程	900	2900	1671	5471
1	水源连通工程	900	1620	1671	4191
2	水厂改造	0	0	0	0
3	水厂新建	0	27000	0	27000
（二）	水源地保护	408	204	408	1020
二	监测预警工程	932	646	586	2164
（一）	水厂自动化监控	840	600	540	1980
（二）	流量监测点	92	46	46	184
三	水质净化	0	144	0	144
	小计	2240	3894	2665	8799

3. 做好水质检测。提供合格饮用水是服务民生的最基本要求,各市、县(区)要高度重视供水安全,分管领导应高度重视并组织对包括应急水源在内的饮用水水质开展检测工作。水质检测可采用聘请第三方抽检的方式进行,水质检测应有检测报告,每月进行不少于一次检测浑浊度、色度、臭和味、肉眼可见物、高锰酸盐指数、氨氮、细菌总数、总大肠菌群、耐热大肠菌群指标,每年不少于 1 次检测水质常规指标及特征因子(依据 GB/T 14848),并做好水质检测记录,掌握应急备用水源水质。

4. 加强应急设备、物资储备。为应对不同的突发事故,需储备一定数量不同种类的物资,主要包括:水处理药剂,如混凝剂、液氯、高锰酸钾、烧碱、粉末活性炭等;抢修用器材、发电机、提升设备,在供水区域内突然或临时停电时,将发电机运送到泵站以保证泵站正常供水,或将发电机、可移动水箱、提升设备运送到停水片区临时供水;应对管道爆漏事故发生时的抢修管道、阀门及大型管道施工机具等。

(三)应急备用水源管理

1. 加强管理机构的统筹协调。不断提高应急备用水源地管理水平。目前,参与饮用水源管理的直接管理部门有生态环境、水利、市政、疾控等,各管理部门管理职责各不相同,在实际工作中,应加强有关管理机构的统筹协调及管理信息的资源共享,提高饮用水安全保障。

2. 强化应急备用水源的保护。以确保水质为目标,对已划定水源地的工程,加强水源地基础设施的防护,确保保护区界碑、界桩、宣传警示牌等完好,加大水源地监督执法,确保保护区已有违法建筑和构筑物已拆除、未有新建排放污染物的项目。对于新划定水源地的工程,按相关规范加快落实水源地基础设施的建设,并加强水源地的防护与监督执法。

3. 制定应急备用水源调度方案。应急备用水源管理单位须建立应急调度方案体系,并完成与上级单位应急调度方案的对接。建立应急救援小组和应急救援队伍,建立内外部应急响应和联动机制。定期开展应急调度方案演练,每年至少演练 1 次,通过现场处置方案演练,明确应急行动程序,充分展示应急反应能力。

4. 完善公众参与制度。推进公众对应急备用水源地的保护与监督,结合政府信息公开工作,建立和完善重大环境保护事项公示、听证、专家咨询和公众参与制度,鼓励和发展环境保护社会组织,提高环境保护公众参与和民主决策的水平,引导市民参与应急备用水源的保护和监督。

七、规划实施保障

(一)强化组织领导

全区应成立应急备用水源工作领导小组,统筹协调和研究解决全区应急备用水源建设工作推进中的各项重大问题,对推进应急备用水源建设提供坚强组织保证。领导小组下设各市、县(区)工作小组,由地方政府主管领导任指挥长,负责贯彻落实领导组的各项决策部署,解决应急备用水源建设前期工作、投资融资、征地拆迁、建设和建后管护等过程中的各项问题。各市、县(区)要牢固树立全区一盘棋思想,立即组建工作小组,强化"一源一策"管理,全面落实好工程建设的各项工作,以实际行动促进应急备用水源建设。

(二)落实主体责任

要充分认识备用水源建设工作的重要性和紧迫性,切实把这项工作纳入重要议事日程,并抓紧、抓实、抓好。明确建设主体责任,按照"全市统筹、分级实施、合力攻坚"的原则,市级生态环境部门负责应急备用水源的划定、保护、监管等工作,市级住建部门负责供水工程的规划、建设等,市级水行政主管部门策划应急备用水源建设的总体安排,各县(区)水行政主管部门负责应急备用水源前期工作推进、项目建设管理,落实前期工作经费,筹措项目资金。

(三)拓展资金来源

各级政府要把备用水源建设作为基础设施建设的重要领域,建立城市应急备用水源建设和运行稳定投入机制,积极争取国家专项资金,通过资金整合、财政配套落实地方财政资金,探索"专项债 + 政策性银行贷款"、债贷组合等融资方式,大力引入社会资本、金融资本,多渠道筹措资金。进一步创新水利投融资体制机制,充分发挥市场力量,积极吸引社会资本参与,多渠道筹措建设资金,保障城市备用水源建设及日常运行维护资金需求,确保应急情况下稳定发挥效益。同时,制定应急备用水源的工作经费(包括水源地应急预案编制、演练、修订及应急处置等费用)资金管理和使用办法,将应急管理部门预算、应急物资采购费用列入年度预算予以保障。

（四）狠抓项目前期工作

切实加大应急备用水源建设前期工作经费投入力度,建立应急备用水源建设前期工作联合审查机制,按照"提前介入、缩短周期、绿色通道"的要求,相关部门通力合作,简化审批流程,最大限度缩短项目前期工作时间,避免重大方案变动、审批滞后影响项目推进。各县(区)发改委、国土、财政、生态环境等部门,应主动作为、通力协作,认真做好项目立项审批、用地保障、资金拨付、监督管理等工作,为应急备用水源建设顺利推进提供有力保障。

（五）强化督查考核问责

将应急备用水源建设前期工作和建设推进纳入各市、县(区)相关部门年度考核范围,自治区水行政主管部门定期对项目前期工作进度、建设进度、资金使用等进行调度和监督检查,对责任不落实、措施不到位、工作推进慢的相关部门主要领导和分管领导进行约谈、问责。

自治区水利厅印发关于推进宁东地区水资源管理一体化改革的指导意见的通知

（2022 年 10 月 12 日　宁水资发〔2022〕28 号）

宁东管委会,银川市、吴忠市、灵武市、盐池县水务局,水投集团,厅属各单位、机关各处室:

宁东能源化工基地是国家级产业转型升级示范区、新型工业化产业示范基地和现代煤化工产业园区,是自治区工业产业发展重要基地,生产生活用水主要依靠黄河水资源。为推进实现宁东基地水务一体化,提升宁东基地水供给保障能力,强化宁东基地水治理能力和水平,水利厅制定了《关于推进宁东地区水资源管理一体化改革的指导意见》,经请示自治

区人民政府同意,现印发给你们,请遵照执行。

关于推进宁东地区水资源管理一体化改革的指导意见

为深入贯彻落实"四水四定"要求,扎实推进用水权改革,以建设宁东地区水务一体化模式为示范,促进全区工业园区强化水资源刚性约束、优化用水结构,加强用水管理,提高用水效率,促进园区绿色低碳健康发展,现提出以下指导意见。

一、充分认识保障宁东地区水安全的重大意义

宁东能源化工基地(以下简称"宁东基地")被国家确定为现代煤化工产业示范区、产业转型升级示范区、新型工业化产业示范基地,规划区总面积4450平方千米,其中核心区 800 平方千米。区域水资源短缺,经济社会发展受到严重制约。为保障区域用水安全,先后建成宁东、长城和太阳山三大黄河水供水工程,宁东基地黄河水日供水能力达 105 万立方米;通过再生水、矿井水等非常规水统一配置,有效解决了宁东基地现阶段工业发展用水需求。"十三五"以来,依托各类工程累计供水 12.27 亿立方米,宁东基地实现年均 9.5% 的经济增长,地区生产总值达到 500.7 亿元,已成为全区经济发展的"主引擎""动力源"。

随着新时代西部大开发、黄河流域生态保护和高质量发展战略的实施,宁东地区将迎来更大的发展机遇,用水需求呈现快速增长势头。立足新发展阶段,国家提出"节水优先、空间均衡、系统治理、两手发力"的治水思路,自治区第十三次党代会明确要"全方位贯彻'四水四定'原则,优化水资源配置",宁东基地作为自治区工业产业的主要聚集区和推动全区工业用水规范管理的"牛鼻子",要从区域一体化发展的角度,统筹各领域各环节节水用水,理顺管理体制机制,引领全区水资源利用由粗放低效向节约高效根本转变。

二、深刻认识推进水资源管理一体化改革的迫切需求

水资源格局决定着发展格局,推动黄河流域生

态保护和高质量发展先行区建设,核心在水、关键在水、难点在水。宁东基地现状依然存在发展用水需求难以满足、行业用水效率不高、非常规水利用不到位、管理体制机制不顺等制约因素,与高质量发展要求不相适应,亟须强化水资源管控,推进一体化改革,破除"多头管水"的桎梏,促进水资源节约集约利用。

(一)刚性用水需求缺口不断加大

宁东基地当地水资源严重匮乏,经济社会发展主要依赖过境黄河水。面对水资源条件制约,2003年以来宁东基地率先实现水权转换和交易,一定程度上缓解了工业发展无水可用的困境。"十四五"期间,宁东基地规划构建九大细分产业链和高端产业集群,一批高性能纤维、高端新材料、新能源项目将投资入驻,高质量发展刚性用水需求迫切。预计到2025年宁东基地黄河水指标缺口将达到5000万立方米,水资源保障将面临更大的挑战,节水挖潜是解决缺水的根本出路。必须要通过水资源管理一体化改革,优化水资源配置,盘活企业闲置水指标,加大用水权交易,拓宽可持续发展空间。

(二)区域用水效率不优

宁东基地火力电力、化工等高耗水行业比重大,产业结构倚能倚重特征明显,行业综合用水效率不高,万元工业增加值用水量是全区平均水平的1.5倍,与高质量发展的要求不相适应。同时,再生水、矿井水利用工程建设和管网配套相对滞后,煤炭开采、洗选以及公共绿化等领域非常规水利用不到位,挤占黄河水指标。据统计,宁东地区现状非常规水利用量仅为0.16亿立方米,矿井疏干水回用率不足35%,距"十四五"用水权管控指标方案提出"到2025年宁东地区非常规水利用量达到0.42亿立方米,非常规水利用率达到69%"的目标相距甚远。必须要通过水资源管理一体化改革,实施深度节水控水,实行地表水、地下水、非常规水源的统一调度,推进火力发电、化工、煤炭开采企业优先利用非常规水,实现节水增效、集约高效。

(三)管理体制机制尚未理顺

《自治区宁东能源化工基地党工委管委会职能配置内设机构和人员编制规定》(宁编发〔2020〕11号)明确,自治区赋予宁东管委会地级市社会事务管理权,且核心区外由属地市县管理。受历史原因影响,水资源管理权限尚未全面落实,核心区外围部分重点项目取水许可、计划用水、水资源税收缴等管理职能存在交叉,供水工程缺乏联调联用、互备互用条件,造成"交叉管水""无人管水"局面并存。必须深化水资源管理一体化改革,明确职责权限、划清管理范围,构建责任清晰、机制完善的长效体系,推进宁东基地水资源管理更加规范有序。

三、理顺水资源监管体制

按照自治区赋予宁东管委会的管理职责和权限以及自治区水资源管理相关规定,针对核心区、规划区范围内的用水户,宁东管委会承担相应的水资源管理职责:

(一)核心区范围内

负责落实国家和自治区水资源管理相关政策,组织实施本区域内取水许可、计划用水、定额管理、水资源有偿使用、水资源论证、节水评价等工作;组织实施水资源合理利用、节约集约利用、保护等相关工作,开展节水型企业达标建设;组织开展再生水、矿井水等非常规水源利用;承担管辖范围内各类取用水户涉水违法事件的查处、水事纠纷的协调工作;宁东管委会所属部门行使水行政主管部门的职责和权限。

(二)核心区范围以外

负责国华宁东电厂一期、二期以及枣泉、红柳、麦垛山、金凤、双马、任家庄、红石湾煤矿(以下简称"核心区外10个项目")水资源监管职能,实施计划用水和定额管理,创建节水型企业、开展再生水、矿井水等非常规水源利用。除此以外的项目,其水资源管理工作由属地水行政主管部门负责。

四、强化水资源高效节约集约利用

(一)实施水资源论证区域评估制度

宁东管委会负责实施核心区范围内的水资源论证区域评估制度,按照《自治区水利厅关于试点推进水资源论证区域评估及取水许可告知承诺制的通知》(宁水规发〔2021〕3号)等要求,尽快推进水资源论证区域评估工作，制定基地内主要工业行业项目准入水耗标准，严格开展节水评价，严把项目准入关，不符合水耗要求的项目严禁落地建设，并对区域内的建设项目推行告知承诺制。对于适用告知承诺制清单中已办理取水许可证的已建项目，待取水许可期后仍须取用水的，宁东管委会督促其按要求提交备案表、承诺书等相关材料，办理取用水手续；未办理取水许可证的已建项目和新改扩建项目，督促其尽快按照告知承诺制要求，办理取水许可证或用水权证。对于不适用告知承诺制清单的各类建设项目，督促其按照要求开展水资源论证工作，并依法申请办理取水许可证或用水权证。

（二）强化取水许可管理

宁东管委会负责管理权限范围内各类取水口的许可审批事项（黄委会审批取水许可的除外），工业企业依法取得用水指标后，在水行政主管部门办理备案手续，取得取用水手续。全面梳理管理权限范围内工业企业取水许可发放情况，对于直接从地表、地下取水的各类取用水户（一级取用水户），以及取用矿井疏干水的建设项目，核发取水许可证；对于集中供水管网覆盖范围内的各类用水户（二级用水户），已核发取水许可证的（黄委会核发的除外）全部换发用水权证。全面推进无证用水户清理整治，逐步消除工业企业无证用水的违法违规行为；组织开展取水量核查，对于实际用水量小于许可量的取用水户，在换发证阶段依法核减其取用水指标。

（三）严格计划用水管理

自治区水利厅按照黄委下达的调度计划，对金水源泵站等黄河干流一级取水口实行总量控制，做好用水计划管理、水量调度等相关工作。宁东管委会按照自治区计划用水管理规定，严格用水定额标准约束，及时向管理权限范围内的各类用水户核定下达用水计划，并抄送供水单位；督促宁东、长城水务公司等供水单位严格按照用水计划供水，严禁无计划供水；超定额超计划用水的，严格落实累进加价制度。

五、加快提升水资源配置保障能力

（一）实施水务一体化

积极推进水资源配置、管理以及供水一体化，按照"优水优用、就近利用"的原则，通过加强取水许可、计划用水、水资源有偿使用、水资源统一调度等手段，用好黄河水、用足非常规水。完善宁东、长城供水管网布局，推进再生水及矿井水综合利用工程建设，实现多水源联合配置。近期，以完善管理权限范围内矿井水处理回用及管网建设为重点，优化区域水资源配置格局，提高非常规水利用率。远期，配合相关县（区）向南延伸宁东供水工程管网至马家滩片区，与太阳山供水工程联合调度，构建黄河水南北互济的供水格局。

（二）推进深度节水控水

完善节约用水政策制度，建立节约用水协调联动机制、财税支持机制、价格调节机制、考核监督机制、信用评价机制、激励约束机制，激发节水内生动力。对照国内外先进水平，推广先进节水工艺、技术和产品，开展节水型企业达标建设，创建节水型工业园区。推行统一供水、分质供水，鼓励企业间串联用水、梯级用水、循环用水。在火电、钢铁、化工等行业大力推广循环用水技术，开展水效领跑者引领行动。建立重点监控用水单位名录，开展超定额用水核查行动，督促超定额用水单位限期达标，推动机关、学校、医院、洗浴、洗车、宾馆、饭店及餐饮等服务业全面节水。

（三）加大非常规水利用

指导工业企业加大矿井水、再生水等非常规水源利用。已建项目明确配置矿井水、再生水等非常规水源的，严格按照批复使用，严禁使用黄河水替代非常规水源；新改扩建项目，应优先配置非常规水源；建立非常规水源利用激励机制，探索对宁东基地所有工业企业实行非常规水等比例配额配置制度。

（四）强化取用水监测计量

结合国家和自治区用水统计制度要求，加强管辖范围内供水单位、各类用水户的取用水监测计量，统一数据统计口径，按照"谁用水、谁计量"的原则，督促取用水户逐户逐项目安装在线监测计量设施，并与自治区平台做好对接，不断提高取用水户在线监测计量率，加强信息化建设，逐步提升用水监测计量数据统计质量。

（五）强化取水、供水监管

宁东管委会对宁东水务、长城水务等供水单位取水、供水等行为行使监管职能，按照《宁夏回族自治区水资源管理条例》要求，规范供水单位取水、供水行为，严格按照许可水量和用水计划取水、供水，并加强用途管制，杜绝超供、转供，依法对违法违规供水行为进行处罚。

六、严格水资源监督管理

（一）规范水资源税征收使用

适时推进水资源税制度改革，改末端计税为前端计税，征收对象为已颁发取水许可证的各类取用水户，对于公共供水管网覆盖范围内的二、三级用水户，其水资源税由前端征税覆盖。所征收的水资源税主要用于宁东能源化工基地内用水户节水奖励、水利设施建设、非常规水源利用价格补贴、水资源管理和保护等方面。

（二）细化用水权管控指标

宁东管委会以自治区"十四五"用水权管控指标方案分配的用水指标为用水权管控总量，对管理权限范围内的所有工业用水进行确权，并核发取水许可证或用水权证，已开展水权交易的用水户按照交易水量确权。按照自治区《关于落实水资源"四定"原则 深入推进用水权改革的实施意见》（宁党办〔2021〕39 号）规定，未开展水权转换或交易取得用水指标的工业企业，通过用水权交易市场公开竞价购买，并核发取水许可证或用水权证。

（三）盘活闲置水指标

针对管理范围内已办理取水许可和通过用水权交易获取水指标的各类用水户，结合计划用水管理，定期进行复核，动态掌握各类取用水户实际用水情况，对于实际用水小于许可水量或交易水量（获取的水指标）的企业，应建立用水权动态收储机制，闲置指标由宁东管委会收储，并根据实际情况进行二次交易，盘活闲置水指标，逐步消除空占取用水指标现象。

（四）积极推进用水权交易

宁东管委会应按照《自治区水利厅 自治区公共资源交易管理局关于印发〈宁夏回族自治区用水权市场交易规则〉的通知》（宁水规发〔2021〕1 号）要求，推进用水权交易，超出"十四五"用水权管控指标的跨区域用水权交易，在一级市场开展交易；在"十四五"用水权管控指标内的工业企业等用水户之间的用水权二级市场交易，由宁东管委会组织开展。同时，可根据实际情况，在用水户之间开展短期交易。

七、加强综合保障

（一）加强组织领导

宁东管委会应成立宁东基地用水权改革领导小组，推动改革任务落实。明确水资源管理专门机构，建立工作推进机制，确保各项任务落地见效。

（二）强化水资源考核

自治区按照地级行政区考核标准和要求对宁东基地落实最严格水资源管理制度进行考核，并纳入自治区效能考核。重点针对用水总量红线控制、用水效率控制、各业用水合理合规性、水资源监管能力和水平、水资源保护措施落实等指标进行考核。

（三）强化保障措施

宁东管委会应积极争取政府投资，整合各部分相关资金投入，重点支持宁东、长城供水系统的完善和升级，建设基地内重点污水处理厂提标改造工程、矿井水处理及回用工程等。拓宽融资渠道，推行政府和社会资本合作（PPP）模式，鼓励和引导社会资本参与宁东基地水务一体化项目建设和运营。

（四）加强政策宣传

在对相关干部职工能力和业务能力培训的基础上，利用各种媒体，持续加大水法、取水许可和水资源费征收管理条例等政策法规宣传力度，全面加强法治宣传、政策解读工作，提高全社会节水、护水的意识，提升用水权改革的知悉率和参与度，营造浓厚的水资源集约节约利用氛围。

自治区水利厅关于印发宁夏水资源管理监督检查实施细则(试行)的通知

(2022年10月21日　宁水资发〔2022〕30号)

各市、县(区)水务局,厅属各单位、机关各处室,宁东管委会自然资源局:

为进一步规范我区水资源管理监督检查工作,强化水资源刚性约束,落实最严格水资源管理制度,水利厅制定了《宁夏水资源管理监督检查实施细则(试行)》,现予以印发,请各单位遵照执行,并在执行过程中及时反馈意见建议。

宁夏水资源管理监督检查实施细则(试行)

第一章　总则

第一条　为强化水资源管理,规范监督检查行为,确保最严格水资源管理制度有效落实,依据《中华人民共和国水法》《取水许可管理办法》《水利监督规定(试行)》《水资源管理监督检查办法(试行)》《宁夏回族自治区水资源管理条例》等有关规定,制定本细则。

第二条　本细则适用于宁夏回族自治区水资源管理监督检查、问题认定和责任追究。

第三条　本细则所称水资源管理监督检查是指自治区水利厅依照法定职责和程序,对下级水行政主管部门、其他行使水行政管理职责的机构贯彻落实水资源管理法律法规,履行水资源监管职责的监督检查。

第四条　水资源管理监督检查坚持依法依规、客观公正、问题导向、分级负责、统筹协调的原则。

第五条　水资源管理监督检查要与最严格水资源管理制度考核、年度监督检查计划相衔接,并以问题为导向,每年选择重点事项进行重点监督检查。

第二章　监督事项

第六条　水资源管理监督主要事项包括:水量分配、用水总量控制、取水许可(取水口监管)、生态流量(水量、水位)管控、水资源税征收管理、地下水管理、饮用水水源保护、用水权管理和年度水资源管理重点工作,以及水利部等上级机关水资源管理重大决策部署、重点任务落实情况等。

第七条　水量分配监督主要内容:

水量分配计划和调度方案制定和实施。

第八条　用水总量控制监督主要内容:

(一)取用水总量控制指标分解和落实;

(二)开发区(新区、园区)等规划水资源论证制度实施;

(三)水资源承载预警实施;

(四)超载治理落实。

第九条　取水许可(取水口监管)监督主要内容:

(一)水资源论证审查监管;

(二)取水许可审批管理;

(三)取水计划实施监管;

(四)取用水计量统计监管。

第十条　生态流量(水量、水位)管控监督主要内容:

(一)河湖生态流量(水量、水位)保障目标确定及达标情况;

(二)河湖生态流量(水量、水位)保障措施落实情况。

第十一条　水资源税征收管理监督主要内容:

(一)取用水户实际取用水量分水源、分用途核准认定情况;

(二)水资源管理相关信息定期送交税务机关情况。

第十二条　地下水管理监督主要内容:

(一)地下水水量、水位管控方案落实情况;

(二)地下水超采治理;

(三)地下水保护与利用监管。

第十三条　饮用水水源保护监督主要内容:

(一)饮用水水源问题通报与整改监督;

(二)饮用水水源保护措施落实情况;

(三)备用水源建设及管理;

(四)重要水源地安全保障达标建设评估。

第十四条　用水权管理监督主要内容:

(一)用水权确权及落实情况;

（二）用水权有偿使用费收缴情况；

（三）用水权收储、交易监管情况。

第三章　程序与方式

第十五条　水资源管理监督检查通过"查、认、改、罚"等环节开展工作，主要工作程序如下：

（一）按照年度水资源管理监督检查工作重点，制定工作方案；

（二）组织开展水资源管理监督检查工作；

（三）进行问题认定并提出问题整改及责任追究建议；

（四）下发整改通知，督促问题整改及整改情况复核；

（五）落实责任追究。

检查发现违反相关法律、法规、规章的，按照相关规定执行。

第十六条　水资源管理监督检查通过飞检、检查、考核、调查等方式开展工作。

飞检，是针对部分单项工作开展的检查工作，主要采用"四不两直"方式，即对检查对象不发通知、不打招呼、不用陪同接待、不听汇报，直奔基层、直赴现场。

检查，是针对某个具体事项或专题开展的专项检查，一般在检查前发通知，通知中明确检查内容、时间、参加人员，以及需要配合的工作要求等。

考核，是最严格水资源管理考核年度或阶段性安排的综合性检查工作，一般通过日常考核和终期考核相结合实施。日常考核主要采用"四不两直"方式进行检查，终期考核根据日常考核与核查情况进行年度考核结果评定。

调查，是针对举报、某项专题或系统性问题开展的专项活动，一般可结合飞检、检查等方式开展。调查应尽量减少对被调查单位正常工作的影响，可要求被调查单位提供相关资料。

水资源管理监督检查要充分利用水资源信息管理系统进行实时监控和数据分析。

第十七条　检查人员应具备水资源管理专业能力。监督检查人员实施监督检查行为，应遵守《中华人民共和国水法》等法律、法规、规章和自治区有关监督管理规定。

第十八条　监督检查组在进行监督检查时，当地水行政主管部门、其他行使水行政管理职责的机构应积极做好配合。被检查单位应如实提供有关情况和材料。

第四章　问题认定与整改

第十九条　水资源管理监督检查依据相关法律法规、相关工作程序，认定违反水资源管理法律法规方面的问题。水资源管理问题按照严重程度分为一般问题、较重问题和严重问题三个等级。水资源管理问题分类见附件。

第二十条　监督检查组在监督检查工作结束后，应与被检查单位交换意见，对监督检查发现问题予以确认。

第二十一条　被检查单位对监督检查发现的问题有异议的，可在 5 日内提供相关材料进行申辩，监督检查组应进行复核并提出复核意见。必要时，可聘请第三方技术服务机构协助复核。

第二十二条　自治区水利厅对监督检查发现的严重问题、较重问题和出现频次较多的一般问题，应及时向被检查单位印发问题整改清单并抄送市级水行政主管部门，督促整改落实。

第二十三条　被检查单位应按照整改要求，制定整改措施，明确整改事项、整改时限、责任单位和责任人等，并将整改落实情况，在规定期限内反馈至自治区水利厅和上级水行政主管部门。

自治区水利厅对问题整改情况进行核实，整改到位的予以销号。对整改不到位的问题，继续跟踪落实。

第五章　责任追究

第二十四条　自治区水利厅可根据发现问题的数量、性质、严重程度，依照权限直接或责成市级水行政主管部门对被检查单位实施责任追究，必要时可通报地方人民政府。

责任单位是指对检查中发现的问题负有监管职责的水行政主管部门、其它行使水行政管理职责的机构及其所属事业单位。

责任追究是指对责任单位的责任追究，责任单位包括直接责任单位及其上级主管单位。

第二十五条　责任追究方式分为：

（一）责令整改；

（二）约谈；

（三）通报；

（四）其他相关法律、法规、规章等规定的责任追究。

第二十六条　对监督检查中发现的取水单位或个人违反水资源管理法律法规的行为,按照法律、法规、规章和国家有关规定执行。

第六章　附则

第二十七条　监督检查内容、方式、标准等,参照《水利部监督司关于印发水资源管理监督检查指导手册(2022 版)》执行。

第二十八条　各市县区水行政主管部门和宁东管委会自然资源局可参照本细则,结合工作实际制定相关制度。

第二十九条　本细则自印发之日起施行,有效期两年。

附件:水资源管理问题分类

附件

水资源管理问题分类

序号	问题描述	问题等级 一般	问题等级 较重	问题等级 严重	问题依据
一、水量分配					
1	未制定年度水量分配和调度方案，水量分配指标不符合自治区下达的总量控制指标		√		《水法》第六十四条：不按照水量分配方案分配水量，不履行监督职责，尚不够刑事处罚的，依法给予行政处分； 《水量分配暂行办法》第十二条：流域管理机构或者县级以上地方人民政府水行政主管部门应当根据批准的水量分配方案和年度来水预测以及用水需求，结合水工程运行情况，制定年度水量分配方案和调度计划，确定年度用水时段用水量，实施年度总量控制和水量调度； 《条例》第三十九条：县级以上各地方的年度水量分配方案和年度取水计划，由县级以上地方人民政府水行政主管部门根据上一级人民政府水行政主管部门或者流域管理机构下达的年度水量分配方案和年度取水计划制定。
2	不执行、不服从批准的水量调度计划或调度方案		√		《宁夏"十四五"用水权管控指标实施方案》：各市、县区要有序推进本行政区域内跨市、县江河流域水量分配，监督、指导黄河宁夏段水量调度工作，其所属的自治区水行政主管部门灌溉管理机构负责黄河宁夏段水量分配和水量调度的组织实施和监督检查工作。 《宁夏回族自治区黄河宁夏段水量调度办法》第四条：自治区人民政府水行政主管部门负责组织、协调相关设区的市、县（市、区）水行政主管部门和渠道管理单位负责所辖范围内的用水和排（退）水管理，按照管理权限做好水量调度的组织实施和监督检查工作。
3	对控制断面下泄流量不符合规定的控制指标，不履行监管职责			√	《取水许可管理办法》第四十条：蓄水工程或者水力发电工程，应当服从下达的调度计划或者调度方案，确保下泄流量达到规定的控制指标。
二、用水总量控制					
（一）年度取用水总量控制指标分解和落实					
4	未制定年度取用水总量控制指标，不履行监督职责		√		《水法》第六十四条：不按照水量分配方案分配水量，不履行监督职责，尚不够刑事处罚的，依法给予行政处分； 《水量分配暂行办法》第十三条：为预防省际水事纠纷的发生，在省际边界河流、省际边界河段，湖泊和跨省、自治区、直辖市河流，由流域管理机构会同有关省、自治区、直辖市人民政府水行政主管部门根据批准的水量分配方案和年度调度计划，计量实施调度计划，并落实测量设施以及监控措施。 《宁夏回族自治区水资源管理条例》第六条：县级以上人民政府有关主管部门依据各自职责分工，负责水资源的开发、利用、节约和保护工作。 县级以上人民政府水行政主管部门负责本行政区域内水资源的统一管理和监督工作。 第十条：自治区实行用水总量控制制度。

续表

序号	问题描述	问题等级			问题依据
		一般	较重	严重	
4					自治区人民政府水行政主管部门应当根据国家下达的用水总量控制指标和流域管理机构确定的年度调度指标,制定全区年度水资源统一分配与调度方案,经自治区人民政府批准后公布实施。各市、县(市、区)用水总量不得超过自治区人民政府分配下达的用水总量控制指标。《宁夏"十四五"用水权管控指标实施方案》各市、县要有序推进本行政区内跨市、县江河流域水量分配,把用水总量控制指标落实到流域和水源。
5	对取用水总量已达到或超过控制指标的地区,未暂停审批建设项目新增取水的;对取用水总量接近控制指标的地区,未限制审批建设项目新增取水			√	《取水许可管理办法》第十七条:取水审批机关审查取水许可量控制指标的流域和行政区域,不得再审批新增取水。在审批地的取水的,对取用水总量已经达到本流域或者本行政区域的取水许可总量控制指标的,不得再审批新增取水。《国务院关于实行最严格水资源管理制度的意见》(国发〔2012〕3号):(六)严格实施取水许可。严格规范取水许可审批管理,对取用水总量已达到或超过控制指标的地区,暂停审批建设项目新增取水;对取用水总量接近控制指标的地区,限制审批建设项目新增取水。《宁夏回族自治区水资源管理条例》第十六条:县级以上人民政府水行政主管部门应当建立用水总量控制预警机制。对取用水总量已达到或者超过控制指标的地区,限制审批建设项目新增取水;对取用水总量接近控制指标的地区,暂停审批建设项目新增取水。水资源承载能力监测预警机制。
6	对行政区域内批准取水的总水量已达到或超过水量分配指标、上一级水行政主管部门下达的区域取用水量,以及批准地下水取水量超过本行政区域地下水可开采量或者地方政府批准的地下水取水量,仍违规批准新增取水			√	《条例》第七条:行政区域内批准取水的总水量,不得超过流域和行政区域取用水的水量;其中,批准取用地下水的总水量,不得超过地下水可开采量,并应当符合地下水开发利用规划的要求。
(二)开发区(新区、园区)等规划水资源论证制度实施					
7	在组织规划水资源论证报告书审查时,弄虚作假或滥用职权造成水资源论证结论严重失实		√		《建设项目水资源论证报告书审查工作管理规定(试行)》第二十二条:审查机关违反本规定组织审查工作,造成严重后果的,由上一级水行政主管部门责令整顿,情节严重的,依法给予行政处分。规划水资源论证报告书审查有关工作比照上述规定执行。《宁夏回族自治区水资源论证管理办法》第二十四条:发展和改革、水利等有关部门及其工作人员,有下列行为之一的,由其上级行政机关或者监察机关责令改正,情节严重的,对直接负责的主管人员或者其他直接责任人员依法给予行政处分;构成犯罪的,依法追究刑事责任。(一)对未进行水资源论证的规划和建设项目签发用水批准文件或者办理取水许可证的;(二)越权审批《报告书》的;(三)对未提交水资源规划和建设项目水资源论证报告书批准文件予以核准的;(四)不履行监督职责,发现违法违规行为不予查处的;(五)其它滥用职权、玩忽职守,徇私舞弊的。

续表

序号	问题描述	问题等级			问题依据
		一般	较重	严重	
8	未按规定开展规划水资源论证			√	《水利部关于进一步加强水资源论证工作的意见》(水资管〔2020〕225号)二、强化规划水资源论证。(三)明确适用范围。国民经济和社会发展相关工业、农业、能源等需要进行大规模用水资源配置的专项规划,城市总体规划,重大产业布局和各类开发区(新区)规划,以及涉及大规模用水或者实施后对水资源生态造成重大影响的其他规划,在规划编制过程中应当进行水资源论证。已审批的相关规划,规划内容有重大调整的,应当重新开展水资源论证。
(三)水资源承载预警实施					
9	行政区域内取水单位和个人取用水已临界超载或已超载的,未实施预警	√			《宁夏回族自治区水资源承载能力监测预警管理办法(试行)》第十四条:当发生满足水资源承载能力监测预警级别要求时,各级水行政主管部门按照管理权限发布预警信息。第十五条:自治区水行政主管部门进行预警,约谈或者向社会公告等形式对发生预警的市县级水行政主管部门会同有关部门通过书面通知,提高用水效率。市县级水行政主管部门对辖区内用水户进行预警并实施管控。《宁夏回族自治区水资源管理条例》第十六条:县级以上人民政府水行政主管部门应当建立水资源承载能力监测预警机制。对取用水总量已达到控制指标的地区,限制审批建设项目新增取水;对取用水总量已接近控制指标的地区,暂停审批建设项目新增取水。
(四)超载治理落实					
10	水资源超载地区未制定水量消减方案或超载治理方案			√	《宁夏回族自治区建设黄河流域生态保护和高质量发展先行区促进条例》第十四条 自治区人民政府水行政主管部门应当会同有关部门定期组织开展水资源承载能力开展水资源评价和承载能力调查评价,对水资源超载地区、临界超载地区实行差别化管控。
11	未按照方案计划实施超载治理措施及未达到治理目标			√	《宁夏回族自治区水资源超载地区县级以上人民政府应当制定水资源超载治理方案,采取强化节水、产业结构调整,优化种植,休耕轮作等措施综合治理;水资源超载临界超载地区县级以上人民政府应当制定水资源超载治理方案,采取强化节水、产业结构调整,优化种植,休耕轮作等措施综合治理;水资源超载临界超载地区限制性措施,防止水资源超载。
三、取水许可(取水口监管)					
(一)取水许可审批管理					
12	通过审查的建设项目水资源论证报告书(表)、内容、深度和质量不符合《建设项目水资源论证导则》等技术标准要求	√			《水利部办公厅关于做好取水许可和建设项目水资源论证报告书审批整合工作的通知》(办资源〔2016〕221号):(一)规范报告书编制。报告书内容深度应符合建设项目水资源论证报告书审批要求。(二)规范技术审查行为。审批机关应组织相关专业单位和专家完成报告书技术审查,审批机关应对报告书审查结论的真实性、科学性负责。审批机关开展技术审查,也可以委托有关专业单位开展技术审查,审批机关应对报告书技术审查结论的真实性、科学性负责。
13	行政区域内取水单位和个人取用水已临界超载或已超载的,未实施预警		√		

续表

序号	问题描述	问题等级 一般	问题等级 较重	问题等级 严重	问题依据
14	应开展水资源论证的建设项目未开展论证，违规审批取水许可			√	《条例》第十一条：建设项目需要取水的，申请人还应当提交建设项目水资源论证报告书；第七条：业主单位在向具有审批权限的取水许可审批机关提交取水许可申请材料时，应当一并提交建设项目水资源论证报告书，作为取水许可审批的重要依据；《水利部办公厅关于做好取水许可和建设项目水资源论证报告书审批整合工作的通知》（办资源〔2016〕221号）：在取水许可申请受理阶段需一并提交建设项目水资源论证报告书或报告表，作为取水许可审批的重要依据。
15	存在违反《条例》第二十条等规定审批建设项目取水许可情形		√		《条例》第二十条：有下列情形之一的，审批机关不予批准：（一）在地下水禁采区取用地下水的；（二）在取水许可总量已经达到或者超过控制总量的地区增加取水量的；（三）可能对水功能区水域使用功能造成重大损害的；（四）取水、退水布局不合理的；（五）城市公共供水管网能够满足用水需要时，建设项目自备取水设施取用地下水的；（六）可能对第三者或者社会公共利益产生重大损害的； 《地下水管理条例》第二十五条：有下列情形之一的，对取用地下水的取水许可申请不予批准：（一）不符合地下水取水总量控制，地下水水位控制要求的；（二）不符合用水定额和节约用水规定的；（三）不符合行业用水定额或者生态脆弱地区新建、改建、扩建高耗水项目的；（四）不符合强制性国家标准的；（五）水资源紧缺或者生态脆弱地区开采难以实现采补平衡的；（六）违反法律、法规的规定开垦种植而取用地下水。 《国务院关于实行最严格水资源管理制度的意见》（国发〔2012〕3号）：（六）严格实施取水许可。对不符合国家产业政策或列入国家产业结构调整指导目录淘汰类的，产品不符合行业用水定额标准的，在城市公共供水管网能够满足用水需要却通过自备取水设施取用地下水的，以及地下水已严重超采的建设项目和服务业新增取用地下水申请，审批机关不予批准。（八）严格地下水管理和保护。在地下水超采区，禁止农业、工业建设项目和服务业新增取用地下水量。 《取水许可管理办法》第十八条：所核定的取水量不得超过按照行业用水定额核定的取水量。 《中华人民共和国自然保护区条例》第三十二条。
16	行政区域内取水单位和个人取用水已临界超载或已超载的，未实施预警		√		《取水许可管理办法》第十二条：取水许可权限属于流域管理机构的，接受申请材料的自治区、直辖市人民政府水行政主管部门应当自收到申请之日起20个工作日内提出初审意见；《条例》第十六条：审批机关应当自受理取水许可申请之日起45个工作日内决定批准或者不批准；
17	应开展水资源论证的建设项目未开展论证，违规审批取水许可	√			《条例》第四十七条：有下列行为之一的，依法给予行政处分：（一）对符合法定条件的取水申请不予受理或者不在法定期限内批准的。
18	存在越权审批取水许可行为		√		《取水许可管理办法》第十六条：有下列行为之一的，由其上级行政机关或者监察机关责令改正；情节严重的，对直接负责的主管人员和其他直接责任人员依法给予行政处分：（三）违反审批权限签发取水申请批准文件或者发放取水许可证的； 《取水许可管理办法》第四十七条：申请在地下水限制开采区采用开采地下水的，由取水口所在地的自治区、直辖市人民政府水行政主管部门负责审批；其中，由国务院或省国务院投资主管部门审批，核准的大型建设项目直接取用地下水的，由流域管理机构负责审批；

续表

序号	问题描述	问题等级			问题依据
		一般	较重	严重	
18	存在越权审批取水许可行为		√		《宁夏回族自治区取水许可和水资源费征收管理实施办法》由《宁夏回族自治区人民政府关于废止和修订部分政府规章的决定(2021)》《宁夏回族自治区人民政府令第117号》于2021年8月20日修订,将第六条第二款、第三款修改为:自治区人民政府水行政主管部门负责下列取水的审批:(一)在自治区境内直接从黄河取水的(含河道范围内取地下水)取水口设计流量1立方米/秒以上(含)的农业取水或者日取水量1万立方米以上(含)的其他取水;(二)自治区境内跨市级区域的取水;(三)其他区域年取地下水300万立方米(含300万立方米)以上的。设区的市人民政府水行政主管部门负责下列取水的审批:(一)在自治区境内直接从黄河取水的(含河道范围内取地下水)取水口设计流量1立方米/秒以下的农业取水或者日取水量1万立方米以下的其他取水;(二)自治区境内跨县级区域的取水;(三)其他区域年取地下水100万立方米(含100万立方米)以上、300万立方米以下的。年取地表水300万立方米以下、年取地表水300万立方米(含300万立方米)以上、500万立方米以下的。
19	未按规定开展取水工程或设施核验	√			《取水许可管理办法》第二十三条:取水审批机关应当自收到前条规定的有关材料后20日内,对取水工程或者设施进行现场核验,出具验收意见,对验收合格的,应当核发取水许可证。
20	未按规定发放取水许可证,或取水许可实际审批信息与全国取水许可证照系统登记信息不符	√			《取水许可管理办法》第四十六条:及时向上一级水行政主管部门或者取水单位所在流域管理机构报送本行政区域上一年度取水许可证发放情况。《条例》第二十四条:取水许可证应当包括下列内容:(一)取水单位或者个人的名称(姓名);(二)取水期限;(三)取水量和取水用途;(四)水源类型。《水利部办公厅关于开展全国取水许可电子台账建设工作的通知》(办水资源〔2012〕509号):登记录入的主要内容为取水为审批发放的取水许可证和取水许可证登记表要求填写的信息。
21	取水单位和个人项目取水事项有较大变更,应重新申请取水,取水审批机关直接审批取水许可		√		《取水许可管理办法》第二十七条:取水权转让需要办理取水权变更手续的,应当持法定身份证明文件和有关取水权转让批准文件,向原取水审批机关提出变更申请。取水审批机关审查同意的,应当核发新的取水许可证。《条例》第二十二条:建设项目中取水事项有较大变更的,建设单位应当重新进行建设项目水资源论证,并重新申请取水。
22	取水许可证延续审批管理不符合法律法规规定	√			《条例》第二十五条:有效期届满,需要延续的,取水单位或者个人应当在有效期届满45日前向原审批机关提出申请,原审批机关应当在有效期届满前,作出是否延续的决定。《取水许可管理办法》第二十六条:取水审批机关应当对原批准的取水量、实际取水量、节水水平和退水量、水质状况以及取水单位或者个人所在行业的平均用水水平、当地水资源供需状况等进行全面评估,在取水许可证届满前决定是否批准延续。
23	连续停止取水满2年,取水单位未提出注销申请,取水审批机关未予以注销	√			《条例》第四十四条:连续停止取水满2年的,由原审批机关注销取水许可证。

续表

序号	问题描述	问题等级			问题依据
		一般	较重	严重	
（二）取水计划实施监管					
24	对区域内取水单位和个人存在未经批准擅自取水、未依照批准的取水许可规定条件取水，未取得取水申请批准文件擅自建设取水工程或者设施等违规行为，未实施督查检查，或发现此类问题未依法处置		√		《水法》第六十九条：有下列行为之一的，责令停止违法行为，限期采取补救措施或者补办有关手续；逾期不补办或者未采取补救措施的，责令停止违法行为，限期拆除或者关闭，逾期不拆除或者不关闭的，由县级以上地方人民政府水行政主管部门或者流域管理机构组织实施拆除或者关闭：（一）未经批准擅自取水的；（二）未依照批准的取水许可规定条件取水的； 《条例》第四十九条：未取得取水申请批准文件擅自建设取水工程或者设施的，责令停止违法行为，限期采取补救措施或者补办手续；逾期不补办或者补办未被批准的，责令限期拆除或者封闭其取水工程或者设施或者关闭 《条例》第三条：县级以上人民政府水行政主管部门按照分级管理权限，负责取水许可制度的组织实施和监督管理
25	水行政主管部门未根据自治区水利厅下达的年度取水计划，制定本行政区域取水计划	√			《水法》第四十七条：根据用水定额、经济技术条件以及水量分配方案确定的可供本行政区域使用的水量，制定年度用水计划； 《取水许可管理办法》第三十三条：县级以上地方人民政府水行政主管部门应当根据上一级地方人民政府水行政主管部门下达的年度取水计划和水量分配方案，制定本行政区域的年度取水计划。
26	负责下达取水计划的机关未及时向取水户下达年度取水计划	√			《取水许可管理办法》第三十五条：取水审批机关应当于每年的1月31日前向取水单位或者个人下达当年取水计划； 《取水许可管理办法》第三十六条：新建、改建、扩建建设项目，取水单位或者个人应当在取水工程或者设施经验收合格后，开始取水前30日内，向取水审批机关提出其该年度的取水计划建议。取水审批机关批准后，应当及时向取水单位或者个人下达取水计划。
27	负责下达取水计划的机关下达取水单位年度取水计划超过批准取水许可水量		√		《取水许可管理办法》第三十五条：取水审批机关下达的取水计划的取水总量不得超过取水许可证批准的取水量。
28	对用水单位未安装取水计量设施、计量设施安装不合格或运行不正常，未实施监管	√			《条例》第四十条：取水单位或者个人因特殊原因需要调整年度取水计划用水的，应当经原审批机关同意。 《水法》第四十九条：用水应当计量，并按照批准的用水计划用水； 《条例》第五十三条：取水未安装计量设施的，责令限期安装，计量设施不合格或者运行不正常的，责令限期修复或者更换或者进行检定。计量设施不合格或者运行不正常的，责令限期修复或者更换
29	对于取水单位未安装取水计量设施、计量设施运行不正常、逾期不修复、未定期校验等情况，未按规定实施监管	√			《取水许可管理办法》第四十一条：取水单位或者个人应当安装符合国家技术标准要求的计量设施，保证计量设施正常使用和量值准确，并定期进行计量检定或者校准，保证计量设施运行正常的，应当由具有相应资质的单位进行检定。利用闸坝等水工建筑物系数或者泵站开机时间、电表度数计算开采水量的，应当由具有相应资质的单位确定。

续表

序号	问题描述	问题等级			问题依据
		一般	较重	严重	
30	对重点监控用水单位在线监控设施运行不正常，或在线监测数据明显存在异常，或未按要求上传至国家水资源信息管理系统等行为，未按规定实施监管	✓			《中华人民共和国水文条例》第四十条：违反本条例规定，有下列行为之一的，责令停止违法行为：（一）拒不汇交水文监测资料的；《宁夏回族自治区水资源税征收管理暂行办法》（国家税务总局宁夏回族自治区税务局2019年第8号公告）第十二条 纳税人应当依照国家技术标准安装计量设施，负责日常运行维护，并按照《中华人民共和国计量法》及有关规定进行周期检定。具备条件的取用水户应当逐步安装远程在线水量计量监测设施，与国家水资源管理信息系统联网，并如实向水行政主管部门提供与取用水有关的资料。
31	对取水单位或者个人存在拒不提供或者伪造取水数据资料的行为，未按规定实施监管			✓	《取水许可管理办法》第四十二条：有下列情形之一的，可以按照取水设施日最大取水能力计算取（退）水量：（一）未安装取（退）水计量设施的；（二）取（退）水计量设施不合格或者不能正常运行的；（三）取水单位或者个人拒不提供或者伪造取（退）水数据资料的。
32	取水单位未按规定填报取水统计报表，具有管辖权的水行政主管部门未实施监管	✓			《条例》第四十三条：取水单位或者个人应当依照国家技术标准安装计量设施，保证计量设施正常运行，并按照规定填报取水统计报表。
33	未建立水资源监控管理系统和取水单位监控名录		✓		《宁夏回族自治区水资源管理条例》第十七条：县级以上人民政府水行政主管部门应当建立水资源监控管理系统和取水单位监控名录，对纳入取水许可管理的单位和个人，实行计划用水管理。取水单位或者个人应当在取水口安装水计量器具并保证正常运行，不得擅自拆除、停用。

（三）取用水计量统计监管

序号	问题描述	问题等级			问题依据
		一般	较重	严重	
34	未按规定建立取用水户名录，取用水统计报表		✓		《统计法》第四十二条：未按照国家有关规定设置原始记录、统计台账的，由县级以上人民政府统计机构责令改正，给予警告；《条例》第四十三条：取水单位或者个人应当依照国家技术标准安装计量设施，保证计量设施正常运行，并按照规定填报取水统计报表；《用水统计调查制度（试行）》（十）报送要求：地方水行政主管部门以及用水单位（或个人）应保存用水统计调查原始记录，建立统计台账，签署交接和归档等管理制度。
35	有关部门或单位自行修改用水量统计资料，编造虚假统计数据或者要求统计机构或人员伪造统计资料			✓	《统计法》第三十七条：地方人民政府、政府统计机构或者有关部门、单位的负责人有下列行为之一的，由任免机关或者监察机关依法给予处分，并由县级以上人民政府统计机构予以通报：（一）自行修改统计资料、编造虚假统计数据的；（二）要求统计机构、统计人员或者其他机构、人员伪造、篡改统计资料的；（三）对修改统计资料、
36	对本地区发生的用水统计严重违法行为失察			✓	（四）对本地方、本部门、本单位发生的严重统计违法行为失察的。

续表

序号	问题描述	问题等级			问题依据
		一般	较重	严重	
四、生态流量(水量、水位)管控					
37	未按规定开展河湖生态流量(水量、水位)确定工作		√		《水法》第三十条:县级以上人民政府水行政主管部门、流域管理机构以及其他有关部门在制定水资源开发、利用规划和调度水资源时,应当注意维持江河的合理流量和湖泊、水库以及地下水的合理水位,维护水体的自然净化能力。
38	对河湖生态流量(水量、水位)管控目标任务未能分解,管控主体责任不落实		√		
39	河湖重要控制断面生态用水管控目标未完成且监管不力		√		
40	对水库或水电站等主要控制性工程、主要引调水工程取水监管不力,造成河流断流、水生态损害等问题		√		
41	河湖重要控制断面监测设施缺失,难以满足监管需要		√		
五、水资源税征收管理					
42	水行政主管部门在取用水户基本信息核查、取水计量监管、与税务机关建立共享信息机制等方面履职不到位	√			《宁夏回族自治区水资源税征收管理暂行办法》《国家税务总局宁夏回族自治区税务局2019年第8号公告)第十八条:建立税务机关与水行政主管部门协作征税机制。水行政主管部门应当将取用水单位和个人的取水许可、实际用水量与税务信息定期传送交税务机关;第九条:纳税人超计划(定额)取用的水量,累进计征水资源税。(一)对取用水量超出计划(定额)20%以下的部分,在规定定额标准基础上加1倍计征;(二)对取用水量超出计划(定额)20%(含20%)不足40%的部分,在规定定额标准基础上加2倍计征;(三)对取用水量超出计划(定额)40%(含40%)及以上的部分,在规定定额标准基础上加3倍计征。未经水行政主管部门批准擅自取用水或水量取得年度取用水计划的,按规定定额标准加3倍计征。
43	水行政主管部门管理人员不按规定对纳税人的取用水行为(包括取水量、取水计划等)依法实施监管	√			《宁夏回族自治区水资源税征收管理暂行办法》第二条:税务机关和水行政主管部门应按照"税务征管、水利核查、自主申报、信息共享"的征管模式,做好水资源税征收管理工作。第四条:除本办法第十二条规定的情形外,其他直接取用地表水、地下水等单位和个人为水资源税的纳税人,按照本办法规定征缴纳水资源税。纳税人应当按照国家和自治区法律法规的规定申请办理取水许可证。第五条:纳税人取用下列情形的,不缴纳水资源税:(一)农村集体经济组织及其成员从本集体经济组织的水塘、水库中取水的;(二)家庭生活和零星散养、圈养畜禽饮用等少量取用水的;(三)水利工程管理单位为配置或者调度水资源取水的;(四)为保障矿井等地下工程施工安全和生产安全必须进行临时应急取用,或者为消除对公共安全或者公共利益的危害临时应急取用的;(五)为农业生产抗旱和维护生态与环境必须临时应急取水的;(六)水资源税的征税对象为地表水和地下水,不包括地热和矿泉水。

续表

序号	问题描述	问题等级 一般	问题等级 较重	问题等级 严重	问题依据
44	水行政主管部门未按规定对取用水户实际取用水量进行核准认定	✓			《宁夏回族自治区水资源税征收管理暂行办法》（国家税务总局宁夏回族自治区税务局 2019 年第 8 号公告）第二条：税务部门和水行政主管部门应按照"税务征管、水利核量、自主申报、信息共享"的征管模式，做好水资源税征收管理工作。第三条：水资源税由纳税人生产经营所在地主管税务机关负责征收；纳税人取用水量由取水口所在地设区的市、县级水行政主管部门负责核定。
45	对取水单位超计划或超定额取水，存在未按规定累进加价征收水资源税（费）问题	✓			《条例》第二十八条：超计划或者超定额取水的，对超计划或者超定额部分进收取水资源费。《宁夏回族自治区取水许可和水资源费征收管理办法》第十六条：取水单位或者个人超过县级以上人民政府水行政主管部门批准的年度取水计划取水。超计划或者超定额取水的，其中超出 20% 以下部分的，按取水资源费标准的 2 倍收取水资源费；超出 20%（含 20%）以上部分的，按水资源费标准的 3 倍收取水资源费。
六、地下水管理					
46	未落实地下水超采区治理方案		✓		《地下水管理条例》第十七条：省、自治区、直辖市人民政府水行政主管部门，根据国家下达的地下水水资源量控制指标，制定本行政区域内地下水水位控制指标，经省、自治区、直辖市人民政府批准后下达实施，并报国务院水行政主管部门或者其授权的流域管理机构备案；
47	未按照部门职责分工完成国家或地方下达的地下水超采区治理年度目标任务		✓		《水法》第三十六条：在地下水超采地区，县级以上地方人民政府应当采取措施，严格控制开采地下水。
48	本行政区域出现新增地下水超采区，或超采区范围扩大的情况			✓	《国务院关于实行最严格水资源管理制度的意见》（国发〔2012〕3 号）：（八）严格地下水管理和保护。加强地下水动态监测，实行地下水取用水总量控制和水位控制。各省、自治区、直辖市人民政府要尽快核定并公布地下水禁采和限采范围。在地下水超采地区，禁止农业、工业建设项目新增取用地下水，并逐步削减超采量，实现地下水采补平衡。限期关闭在城市公共供水管网覆盖范围内的自备水井。抓紧制订实施全国地下水利用与保护规划，以及南水北调东中线受水区、地面沉降区、海水入侵区地下水压采方案，逐步削减开采量；
49	对本行政区域地下水水量、水位控制指标落实监管不力		✓		《宁夏回族自治区地下水管理条例》（2016 年 10 月 31 日通过）第三十二条：自治区、县级以上人民政府水行政主管部门应当会同有关主管部门加强地下水动态监测，对地下水实行取用水总量控制，实现地下水采补平衡，并逐步消除超采，根据地下水位控制和水总量控制，对地下水超采区、地下水禁采区和限采区，禁止农业、工业建设项目新增取用地下水。
50	对城市公共供水管网覆盖范围内应封闭的自备水井监管不到位	✓			《宁夏回族自治区地下水管理条例》第三十三条：在城乡公共供水管网覆盖范围内，禁止新增取用地下水；已有的自备水井，应当依法限期封闭。
51	对存在违规取用地下水行为情形监管不力			✓	《地下水管理条例》第二十条：县级以上地方人民政府水行政主管部门应当根据本行政区域内地下水总量控制指标、地下水水位控制指标以及科学分析预测的地下水实行总量控制，并报上一级地方人民政府水行政主管部门备案。《地下水管理条例》第十九条：县级以上地方人民政府水行政主管部门应当根据地下水取用水总量以及用水需求结构，制定地下水年度取用水计划，对本行政区域内的地下水取水工程予以登记造册，建立监督管理制度。

续表

序号	问题描述	问题等级			问题依据
		一般	较重	严重	
七、饮用水水源保护					
52	对重要饮用水水源管理单位（水利系统）负责的饮用水水源监测发现的水质异常或超标情况，以及在饮用水水源一级保护区发现的存在与水源保护目标无关建设项目，以及在饮用水水源二级保护区发现的新建、改建、扩建排放污染物的建设项目或网箱养殖、旅游等可能污染饮用水水体的活动问题，未及时报告同级人民政府或有关部门，未按照职责及时进行整改	✓			《水污染防治法》第六十五条：禁止在饮用水水源一级保护区内新建、改建、扩建与供水设施和保护水源无关的建设项目；《水污染防治法》第六十六条：禁止在饮用水水源二级保护区内新建、改建、扩建排放污染物的建设项目。在饮用水水源二级保护区内从事网箱养殖、旅游等活动的，应当按照规定采取措施，防止污染饮用水水体。
53	有管辖权的水行政主管部门未开展重要饮用水水源年度评估工作	✓			《水利部 住房城乡建设部 国家卫生计生委关于进一步加强饮用水水源保护和管理的意见》（水资源〔2016〕462号）：六、强化落实，开展专项检查行动，组织有关地方做好饮用水水源地安全保障达标建设工作，确保实现饮用水水源地"水量保证、水质合格、监控完备、制度健全"的目标要求；
54	未按要求报送重要饮用水水源信息	✓			《水污染防治法》第七十二条：县级以上地方人民政府应当组织有关部门监测、评估本行政区域内饮用水水源、供水单位供水和用户水龙头出水的水质等饮用水安全状况；《水利部 住房城乡建设部 国家卫生计生委关于进一步加强饮用水水源保护和管理的意见》（水资源〔2016〕462号）：三、健全监测体系，严格饮用水水源水质监测，集中式生活饮用水水源地要依据有关国家标准确定的监测项目和频率，严格水源水质监测，及时掌握水源水质状况。
55	未按规定建设应急水源或备用水源	✓			《中华人民共和国水污染防治法》第七十条：单一水源供水城市的人民政府应当建设应急水源或者备用水源，有条件的地区可以开展区域联网供水。县级以上地方人民政府应当合理安排、布局农村饮用水工程，有条件的地区可以采取城镇供水管网延伸或者建设跨村、跨乡镇联片集中供水工程等方式，发展规模集中供水。《水利部关于加快推进水利基础补短板建设的指导意见的通知》应急备用水源。加强城市应急备用水源建设，加强乡镇抗旱应急水源建设。
八、用水权管理					
56	未按要求进行用水权确权		✓		自治区水利厅关于印发《宁夏回族自治区用水权确权指导意见的通知》（宁水权发〔2021〕1号）：二、确权任务（二）确权范围及对象。4.确权单元。农业用水权确权到村组或最适宜计量单元，管理到户，有条件的确权到户，对土地流转前农户或农户所在村（宁水权改发〔2022〕5号）一、严格农业用水权确权流程：二、规范小微工业企业和规模化畜禽养殖业用水权确权。（2）工业用水权确权到工业企业。《关于加快推进用水权改革有关工作的通知》农业用水权确权给农户或农户所在村水权确权到户工业用水权确权。

377

续表

序号	问题描述	问题等级			问题依据
		一般	较重	严重	
57	未按要求对用水户收缴用水权有偿使用费	√			《自治区区党委办公厅人民政府办公厅关于印发用水权、土地权、排污权、山林权"四权"改革实施意见的通知》（宁党办〔2021〕39号）；《关于落实水资源"四定"原则 深入推进用水权改革的实施意见》现有工业企业取得用水权、认可其取得的用水资格，从2021年开始按照基准价"分年度缴纳用水权有偿使用费征收。6.实行用水权改革的实施意见。1.用水权有偿使用费由县级加快推进用水权改革工作的通知》（宁水改专办〔2022〕5号）三.加快用水权有偿使用费以上人民政府水行政主管部门负责征收。从2021年1月1日起，按照用水权有偿使用费以上人民政府水行政有偿使用费，年取水量大于1万立方米的工业企业按照确权用水量缴纳用水权有偿使用费，年取水量小于1万立方米未确权实际按照实际水量缴纳用水权有偿使用费。2021年度未缴纳用水权有偿使用费的用水户须进行补缴。
58	未按要求开展用水权收储	√			自治区水利厅、财政厅关于印发《宁夏回族自治区用水权收储交易管理办法》《宁水规〔2022〕6号》第十七条：用水权收储由县级以上人民政府水行政主管部门负责，技术工作由相应的水行政主管部门组织实施，可以委托第三方服务机构开展具体工作。第十八条：符合下列情形之一的，应进行用水权收储：（一）政府投资实施的节水改造工程节约的水量；（二）因城镇扩建等公共设施建设以及交通、水利等基础设施建设征用土地而形成的空置用水户，近3年未通过节水改造富余的用水权没有进行交易的；（三）已取得取水许可证和用水权证的用水户所持有的用水权；（四）因破产、关停，被取缔以及迁出自治区的用水户所持有的用水权；（五）法律法规规定的其他情形。第十九条：用水权收储认定和收储的主体，按以下规定确定：（一）属于第十八条第（一）（二）项情形中的用水权收储指标，由所在地县级以上人民政府水行政主管部门负责；（二）属于第十八条第（三）（四）（五）项情形中的用水权可以有偿收储，盘活水资源存量。第二十条：节约出的用水权3年内没有使用或交易的，当地人民政府或通过自治区公共资源交易平台进行交易。第二十一条：县级以上人民政府收储的用水权可以重新配置，跨行政区域的由共同的上级的水行政主管部门负责认定和收储。用水权收储流程由自治区水行政主管部门另行制定。第二十二条：用水权收储指标处置和收储结果，应当报自治区自治区水行政主管部门备案，并及时书面告知有关供水单位，供水单位应保障供用水需求。
59	对用水权交易后未按要求办理取水许可证或用水权证申请、变更、延续手续等情形，未实施监管	√			《宁夏回族自治区用水权市场交易规则》第二十六条：用水权交易主体应当按照取水许可管理的相关规定，申请办理取水许可证变更等手续。县级水行政主管部门应在交易期限内对涉及灌区直开口确权水指标进行核减，并换发水资源使用权证、变更水资源征收费使用权证。《宁夏回族自治区用水权市场交易规则》简称《规则》。

备注：1.分类标准未列的水资源管理问题可参照类似问题进行认定；
2.表1中《中华人民共和国水法》简称《水法》；《取水许可和水资源费征收管理条例》简称《条例》；《中华人民共和国水污染防治法》简称《水污染防治法》；《中华人民共和国统计法》简称《统计法》。

自治区水利厅　自治区生态环境厅关于印发全区城市集中式饮用水水源地名录的通知

（2022年11月14日　宁水资发〔2022〕33号）

各市、县（区）人民政府，宁东能源化工基地管委会：

为规范和加强全区城市集中式饮用水水源地保护，根据自治区党委《关于建设黄河流域生态保护和高质量发展先行区的实施意见》《自治区人民政府办公厅关于印发宁夏回族自治区水安全保障"十四五"规划的通知》《自治区人民政府办公厅关于印发宁夏回族自治区生态环境保护"十四五"规划的通知》《自治区水利厅关于印发宁夏"十四五"应急备用水源规划的通知》有关要求，自治区水利厅、生态环境厅结合各地实际，对全区城市集中式饮用水水源地名录进行了更新调整。

现将调整后的《全区城市集中式饮用水水源地名录》（以下简称《名录》）印发给你们，请切实提高对城市集中式饮用水水源地保护重要性的认识，依法做好列入《名录》的水源地保护有关工作。要合理规划水源工程布局，推进备用水源建设，不断促进水资源合理配置和优水优用；严格取水管理和调度配置，把水源地作为水量调度优先保障目标；不断增强饮用水水源地监测能力，推进部门间、区域间信息共享；开展新增饮用水水源地保护区划定工作，做好水源地规范化建设和安全评估，推进水源地污染防治，不断强化风险防控。

本《名录》印发后，之前印发相关城市集中式饮用水水源地名录同时废止。

附件

全区城市集中式饮用水水源地名录

序号	城市名称		水源地名称	水源地类型	使用状态	管理级别
1	银川市	永宁县	银川都市圈城乡西线供水工程(西夏水库)水源地	湖库型	现用	地市级
2		西夏区	北郊水源地	地下水	备用	地市级
3		兴庆区	东郊水源地	地下水	备用	地市级
4		贺兰县	南梁水源地	地下水	73%现用；27%+备用	地市级
5		永宁县	南部水源地	地下水	73%现用；27%+备用	地市级
6		永宁县	征沙水源地	地下水	备用	地市级
7		灵武市	崇兴水源地	地下水	现用	县级
8		灵武市	大泉水源地	地下水	备用	县级
9	石嘴山市	大武口区	石嘴山第一水源地（北武当沟水源地）	地下水	现用	地市级
10		大武口区	石嘴山第二水源地	地下水	现用	地市级
11		大武口区	石嘴山第三水源地	地下水	现用＋备用	地市级
12		惠农区	石嘴山第五水源地（柳条沟水源地）	地下水	现用	地市级
13		平罗县	大水沟水源地	地表水地下水	现用	县级
14	吴忠市	利通区	金积水源地	地下水	现用	地市级
15		青铜峡市	小坝水源地	地下水	现用	县级
16		青铜峡市	小坝东区水源地	地下水	备用	县级
17		青铜峡市	大坝水源地	地下水	现用	县级
18		青铜峡市	青铜峡镇水源地	地下水	现用	县级

续表

序号	城市名称		水源地名称	水源地类型	使用状态	管理级别
19	吴忠市	青铜峡市	青铜峡市黄河取水泵站饮用水水源地	河流型	现用	县级
20		红寺堡区	鲁家窑水库水源地	湖库型	现用	县级
21		红寺堡区	沙泉水源地(柳泉)	地下水	现用	县级
22		同心县	小洪沟水源地	地下水	备用	县级
23		盐池县	骆驼井水源地	地下水	现用	县级
24		盐池县	刘家沟水库水源地	湖库型	现用	县级
25	固原市	原州区	贺家湾水库水源地	湖库型	现用	地市级
26		原州区	海子峡水库水源地	湖库型	备用	地市级
27		原州区	彭堡水源地	地下水	备用	县级
28		原州区	宁夏固原地区(宁夏中南部)城乡饮水安全水源工程水源地中庄水库水源地	湖库型	现用	地市级
29		彭阳县	彭阳县县城水源地	地下水	备用	县级
30		泾源县	香水河水源地	河流型	现用	县级
31		隆德县	直峡水库水源地	湖库型	现用	县级
32		隆德县	清凉水库水源地	湖库型	现用	县级
33		隆德县	张士水库水源地	湖库型	现用	县级
34		隆德县	黄家峡水库水源地	湖库型	现用	县级
35		西吉县	沙岗子水源地	地下水	备用	县级
36	中卫市	沙坡头区	中卫河北城乡供水工程水源地	河流型	现用	地市级
37		沙坡头区	沙坡头区城市饮用水水源地	地下水	备用	地市级
38		沙坡头区	清水河流域城乡供水工程水源地	地下水	现用	地市级
39		中宁县	康滩水源地	地下水	现用	县级
40		海原县	南坪水库水源地	湖库型	现用	县级
41		海原县	海原县老城区水源地	地下水	备用	县级
42	宁东管委会		鸭子荡水库水源地	湖库型	现用	地市级

自治区水利厅 自治区教育厅 自治区机关事务管理局 自治区节约用水办公室关于印发宁夏回族自治区高校节水专项行动实施方案的通知

(2022 年 4 月 29 日 宁水节供发〔2022〕12 号)

各市、县(区)水务局、教育局、机关事务管理机构,各高等院校:

为贯彻习近平总书记"节水优先、空间均衡、系统治理、两手发力"治水思路和关于黄河流域生态保护和高质量发展重要讲话精神,落实《黄河流域生态保护和高质量发展规划纲要》,根据《水利部 教育部 国管局关于印发黄河流域高校节水专项行动方案的通知》(水节约〔2022〕108 号)要求,自治区水利厅、教育厅、机关事务管理局、节约用水办公室制定了《宁夏回族自治区高校节水专项行动实施方案》,现予印发,请抓好落实。

宁夏回族自治区高校节水专项行动实施方案

一、重要意义

水是万物之母、生存之本、文明之源,是事关国计民生的基础性自然资源和战略性经济资源,是生态环境的控制性要素。2019年9月18日,习近平总书记在黄河流域生态保护和高质量发展座谈会上明确指出,要把水资源作为最大的刚性约束,实施全社会节水行动,推动用水方式由粗放向节约集约转变。2021年10月22日,习近平总书记在深入推动黄河流域生态保护和高质量发展座谈会上强调指出,要打好深度节水控水攻坚战,严守资源特别是水资源开发利用上限,精打细算用好水资源,从严从细管好水资源,走好水安全有效保障、水资源高效利用、水生态明显改善的集约节约发展之路。高校是知识传播、人才培养、文化传承创新的主阵地,是城市公共用水大户,是节水型社会建设的重要组成部分。实施高校节水专项行动,既是贯彻落实党中央决策部署、全面实施深度节水控水行动的重要举措,也是培养时代青年践行绿色发展理念、示范带动全社会节约用水、保障全区高质量发展的重要途径。

二、行动目标

到2023年底,全区高校实现计划用水管理全覆盖,超定额、超计划用水问题基本得到整治,50%高校建成节水型高校。

到2025年底,全区高校用水全部达到定额要求,全面建成节水型高校,力争在全国率先实现节水型高校全覆盖,打造一批具有典型示范意义的水效领跑者。

三、重点工作

(一)开展取用水专项整治。各市水行政主管部门会同教育行政主管部门、机关事务管理部门,对本地区高校取水口全面开展排查登记,依法整治存在的问题,规范取用水行为。城市公共管网覆盖范围内自备井原则上要全部关停,如有水质应急备用等特殊取用地下水要求的,应严格进行论证审批;城市公共管网覆盖范围外的自备井,应当依法办理取水许可手续,无取水许可手续的,应当依法限期关停。确

保高校取用水合法,杜绝违法违规取用水现象。(进度安排:2022年12月完成排查,2023年12月完成整治)

(二)开展超定额用水核查。各市水行政主管部门会同教育行政主管部门、机关事务管理部门对属地高校用水情况进行核查统计,建立高校用水台账,对照《自治区人民政府办公厅关于印发宁夏回族自治区有关行业用水定额的通知》(宁政办规发〔2020〕20号),分析高校用水定额符合情况。对用水超过定额标准的高校,制订限期整改计划。(进度安排:2022年12月完成核查,2024年12月完成整改)

(三)全面实行计划用水管理。落实深度节水控水要求,强化用水定额约束,所有高校全部纳入计划用水管理。各级水行政主管部门要按照计划用水管理要求,严格核定下达高校年度用水计划和加价收费管理。未依据用水定额核定或未按规定下达用水计划、未落实超定额超计划用水累进加价制度的,要依法依规严格整改。(进度安排:2022年12月实现高校计划用水管理全覆盖)

(四)积极实施节水设施改造。各高校按照国家和自治区高校节水专项行动部署,加快老旧供水管网改造,大力推广使用节水设备和器具,积极利用非常规水源。按标准配备用水计量设施,实现次级用水单位水计量器具配备率100%,浴室、开水间等用水部位智能计量收费系统覆盖率100%。各市水务局、教育行政主管部门、机关事务管理部门要加强指导和支持。(进度安排:2025年)

(五)深入推进节水达标建设。各高校对照用水定额标准和节水型高校评价标准,开展节水达标建设。自治区水利厅、教育厅、机关事务管理局、节约用水办公室每年组织高校节水达标建设验收,并择优上报全国节约用水办公室争创国家节水型高校。鼓励高校采用合同节水管理模式,实施节水改造,建设分布式污水雨水处理回用系统,建设取用水智能化管理平台,实现按期达标。(进度安排:2025年)

(六)支持节水科技研发。充分发挥高校科研密集、人才聚集优势,推动节水技术与工艺创新,加强

水资源循环利用、高效节水灌溉、高耗水生产工艺替代、管网漏损控制、用水精准计量、非常规水源利用等节水技术和设备的研发及推广,构建高校、企业、科研机构为一体的产学研联盟,促进高校节水科研成果的推广应用,推动形成产学研用相结合的技术创新体系。(进度安排:持续推进)

(七)强化节水监督考核。各市水行政主管部门、教育行政主管部门、机关事务管理部门加强对高校节水专项行动实施情况的监督检查,重点检查计划用水和定额管理落实情况并督促整改;对问题突出且整改不力的高校要进行约谈。自治区水利厅、教育厅、机关事务管理局对高校节水工作进行抽查,抽查结果纳入自治区实行最严格水资源管理制度和节水型社会建设考核。(进度安排:持续推进)

四、保障措施

(一)加强组织领导。自治区水利厅、教育厅、机关事务管理局负责自治区高校节水专项行动的总体安排,自治区节约用水办公室负责统筹协调和跟踪督导。各市水行政主管部门、教育行政主管部门、机关事务管理部门负责组织实施和监督落实,每年12月底前将专项行动落实情况报自治区节约用水办公室。各高校要切实提高政治站位,从打好黄河流域深度节水控水行动攻坚战、建设先行区和美丽新宁夏的高度,全面落实国家和自治区高校节水专项行动部署。

(二)加强资金保障。各级水行政主管部门、教育行政主管部门、机关事务管理部门要积极协调有关部门,多渠道争取资金,支持高校实施节水改造,推进非常规水源利用,在安排节水型社会达标建设、绿色学校建设、节约型公共机构示范单位创建等节水相关资金和项目时,优先支持节水型高校建设。水行政主管部门要积极协调财政部门,通过水资源税收入,加大对高校节约用水工作的支持,保障高校节水专项行动顺利推进。

(三)加强宣传引导。各级水行政主管部门、教育行政主管部门、机关事务管理部门要加大高校节水培训和宣传工作力度,及时总结推广高校深度节水控水有益经验,示范引领全区各领域节水。各高校要

把培育传播节约用水理念作为重要内容,积极推进节水教育进校园、进课堂,组织开展形式多样的节水宣传和社会实践活动,大力培育校园节水文化,营造亲水、惜水、洁水的良好氛围,使爱护水、节约水成为广大师生的良好风尚和自觉行动。

自治区水利厅 自治区发展改革委关于印发宁夏回族自治区节水型社会建设"十四五"规划分工方案的通知

(2022年11月1日 宁水节供发〔2022〕22号)

各市、县(区)人民政府,宁东管委会,自治区有关部门:

为全面实施深度节水控水行动,落实《宁夏回族自治区节水型社会建设"十四五"规划》,推进水资源节约集约安全利用,支撑黄河流域生态保护和高质量发展先行区和社会主义现代化美丽新宁夏建设,自治区水利厅会同自治区发展改革委制定了《宁夏回族自治区节水型社会建设"十四五"规划分工方案》,经自治区节约用水行动厅际联席会议审议通过,现予印发,请认真组织实施。

宁夏回族自治区节水型社会建设"十四五"规划分工方案

为全面落实《宁夏回族自治区节水型社会建设"十四五"规划》,推动深度节水控水,强化水资源最大刚性约束,推进水资源节约集约安全利用,支撑黄河流域生态保护和高质量发展先行区和社会主义现代化美丽新宁夏建设,制定本分工方案。

一、总体要求

(一)指导思想

以习近平新时代中国特色社会主义思想为指导,深入贯彻习近平总书记关于治水系列重要讲话和视察宁夏重要讲话精神,落实建设黄河流域生态保护和高质量发展先行区战略部署,坚持新发展理念,坚持节水优先,强化水资源最大刚性约束,严格总量、优化结构、管控用途,深入推进国家节水行动,

实施一批重大节水控水工程,深化用水制度改革,落实以水定城、以水定地、以水定人、以水定产"四水四定",推进水资源、水生态、水环境、水灾害"四水同治",全面建设省级节水型社会示范区和水资源节约集约利用先行示范区。

(二)基本原则

节水优先、以水而定。严格水资源最大刚性约束,把节水作为解决自治区水问题的关键举措,全面推进和深化各领域、各地区节约用水;以水而定、量水而行,坚决抑制不合理用水需求,科学配置生活、生产、生态用水,促进水资源节约集约利用。

因地制宜、突出重点。根据水资源条件、产业结构和用水水平,统筹规划、合理布局、注重实效,合理确定节水目标、任务和建设重点。以农业节水为重点,优化调整作物种植结构布局,大力推进现代化生态灌区、高标准农田建设、数字水利建设,补齐节水基础设施短板。加强节水制度机制建设,强化节水监管能力。

制度创新、科技引领。完善节水政策法规体系、体制机制,充分发挥政府、市场、公众在节水型社会建设中的职责与能动性,激发节水内生动力。强化科技支撑,创新节水技术研发与应用,培育高科技含量节水产业。

落实责任、严格考核。加强政府对节水的规制和引导作用,建立节水目标责任和节水督查考核制度,强化节水工作职责,层层传导压力,严格责任追究。强化节水奖惩激励,树立节水标杆典范,引导全民节水。

(三)规划目标

力争通过5年的努力,全区水资源最大刚性约束作用与城乡供水安全保障程度不断增强,水资源利用效率效益明显提高,水安全保障能力显著提升,基本建成与生态文明建设要求相适应、与现代化进程相协调的节水型生产和生活方式,形成发展水平现代化、用水权益协调均衡、用水强度集约高效、用水模式绿色生态的高质量发展格局,取得黄河流域生态保护和高质量发展先行区建设阶段重大战略成果。

到2025年,全区水资源管理体制机制基本完善,初步实现经济社会、生态环境与水资源协调发展,基本形成与生态保护和高质量发展相适应的水资源高效利用体系。全区用水总量控制在国家分配指标以内,万元地区生产总值用水量较2020年下降15%,万元工业增加值较2020年下降10%。农田灌溉水有效利用系数达到0.59,力争提高到0.6,城市公共供水管网漏损率力争控制在9%以内,再生水利用率达到50%。(责任主体:各市、县(区)人民政府、宁东管委会;牵头部门:水利厅、发展和改革委员会、工业和信息化厅、住房和城乡建设厅、农业农村厅;配合部门:精神文明建设指导委员会办公室、教育厅、科学技术厅、民政厅、司法厅、财政厅、自然资源厅、生态环境厅、交通运输厅、商务厅、卫生健康委员会、市场监督管理厅、共青团宁夏区委员会、统计局、机关事务管理局、国家税务总局宁夏区税务局、人民银行银川中心支行、林业和草原局)

二、重点任务

全面推进与现代化相适应的节水工程体系、促进深度节水的制度政策体系和利于节水事业发展的保障体系建设,构建水资源节约集约利用先行示范区的可持续发展体系,重点建设任务包括:

(一)农业节水领跑

坚持适水种植,以现代化生态灌区建设为主攻方向,以高标准农田和高效节水灌溉建设为重要抓手,以发展灌区测控一体化、水肥一体化、测墒灌溉、农艺节水为重点,持续推进农业灌溉向生态型、集约型、高效型转变,着力打造全国农业高效节水示范区。

1.建设节水型现代化生态灌区

灌区节水基础设施现代化。青铜峡、沙坡头、盐环定、固海、红寺堡等大中型引黄扬黄灌区,以骨干渠道、排水沟道、泵站提标升级为重点,全面提升灌区灌排工程体系和输水能力,提高供水保障能力;南部山区的库井灌区,以输配水工程、渠系建筑物、量测设施、管理设施及信息化等工程体系建设为重点,统筹推进管理体系和生态体系建设。"十四五"期间,规划实施青铜峡灌区、固海灌区大型灌区和中型灌区及库井灌区续建配套与现代化改造工程,到2025年,骨干灌排工程设施完好率达到90%。(责任主体:各市、县(区)人民政府;牵头部门:水利厅;配合部门:发展和改革委员会、农业农村厅、财政厅)

推进高标准农田建设。持续推进渠系和田间节水改造,集中打造一批万亩以上、集中连片、田块平整,水、电、路设施配套完善,高产稳产、生态友好的高标准农田。到2025年,力争全区高标准农田面积达到1100万亩。(责任主体:各市、县(区)人民政府;牵头部门:农业农村厅;配合部门:发展和改革委员会、水利厅、财政厅)

灌区节水监测计量信息化。干渠直开口及以下计量单元全面配套测控一体化设施,建设水量调度控制信息化服务中心。建设自备井、农用机井在线监测平台,建设宁夏"互联网+节水"管理服务平台与管网漏损监控系统,逐步实现精准管水和精确用水。(责任主体:各市、县(区)人民政府;牵头部门:水利厅;配合部门:发展和改革委员会、农业农村厅、财政厅)

灌区节水管理智慧化。以自治区"一网一库一平台"为依托,基于智慧水利核心框架,完善灌区测控、水量调度、工程管理等业务功能。加快数字渠道、数字泵站、数字灌区等信息化工程建设,已建高效节水灌溉工程全部实现信息化管理,通过一张图和统一门户实现智慧灌区高效管理与服务。到2025年,智能化管理的高效节水灌溉面积达到50万亩以上。(责任主体:各市、县(区)人民政府;牵头部门:水利厅;配合部门:发展和改革委员会、农业农村厅、财政厅)

2. 推广应用先进节水技术

大力推广高效节水灌溉技术。因地制宜推广喷灌、微灌、低压管道输水等高效灌溉技术。加强农田土壤墒情监测,推行测墒灌溉。到2025年,发展高效节水灌溉面积203.5万亩,全区高效节水灌溉面积达到650万亩,高效节水灌溉面积占比达到55%。(责任主体:各市、县(区)人民政府;牵头部门:农业农村厅;配合部门:发展和改革委员会、水利厅、林业和草原局、科学技术厅、财政厅)

普及农艺节水措施。积极推广应用农艺节水措施,大力发展节水型生态农业,提高田间水资源利用效率。通过秸秆还田、增施有机肥、种植绿肥、测土配方施肥等措施,改善土壤结构,提高土壤肥力,促进土壤养分平衡。采用深耕深翻、地膜覆盖、秸秆覆盖、垄沟耕作、土壤调理剂、土壤改良剂、土壤水库扩蓄增容等措施提高土壤蓄水、保水能力,提高土壤水利用效率。推进激光平地技术、水肥一体化技术,促进农业水肥高效利用。(责任主体:各市、县(区)人民政府;牵头部门:农业农村厅;配合部门:发展和改革委员会、自然资源厅、水利厅)

应用生物节水措施。积极培育、优选、引进筛选、应用优良抗旱高产型品种,采取遗传改良、生理调控和群体适应等生物节水措施,促进作物高效用水。在宁南山区和中部干旱带地区,对库井灌区部分灌溉保证率不高的农田科学推行非充分灌溉、调亏灌溉等限额灌溉制度。采用化学抗旱措施,结合合理密植、翻耕、间套混种等配套栽培耕作技术,促进农业高效用水。(责任主体:各市、县(区)人民政府;牵头部门:农业农村厅;配合部门:科学技术厅、水利厅)

3. 优化调整种植结构

严控灌溉规模和新增灌溉面积。坚持"有多少汤泡多少馍",合理控制灌溉规模,2025年全区灌溉面积控制在1200万亩以内,确需新增的,严格进行水资源论证。严控高耗水作物的种植,严禁开采深层地下水用于农业灌溉,严控水资源超载地区新增灌溉面积。(责任主体:各市、县(区)人民政府;牵头部门:农业农村厅、水利厅;配合部门:发展和改革委员会、自然资源厅)

加大农业种植结构调整。合理规划农业和畜禽养殖业布局,发展现代适水农业。调优种养结构,大力发展枸杞、葡萄酒、奶产业、肉牛和滩羊等重点特色产业。北部引黄灌区积极推进农业产业规模化、标准化、科技化,压减高耗水作物种植规模。中部干旱风沙区压减籽粒玉米种植规模,推广旱作节水技术,打造农牧并重、草畜结合、特色发展的现代旱作节水农业示范区;南部黄土丘陵区重点发展马铃薯、冷凉蔬菜、苗木、中药材和肉牛肉羊养殖等特色农产品,稳固提升节水型特色生态农业产业。(责任主体:各市、县(区)人民政府;牵头部门:农业农村厅;配合部门:发展和改革委员会、水利厅、林业和草原局、自然资源厅)

实施养殖场节水改造。强化渔业节水措施,推广先进适用的节水型畜禽水产养殖方式,积极发展节水型、高附加值的种养业。重点改造利通区、青铜峡市、农垦系统等规模养殖场,大力发展奶产业。推进农村养殖用水计量设施建设,完善集中式养殖供水管网计量体系,分散式供水在取水口处安装计量仪表。"十四五"期间,规划实施32家养殖场节水改造,节约用水25万立方米。到2025年,农村集中式养殖供水入户计量率达到98%以上,分散式取水口入户计量率达到95%。(责任主体:各市、县(区)人民政府;牵头部门:农业农村厅;配合部门:发展和改革委员会、水利厅、科学技术厅、自然资源厅)

(二)工业节水提效

坚持量水生产、节水增效,以创建节水型工业园区和节水型企业为重点,加强用水工艺改造、水循环利用,加大非常规水源利用。严格管控高耗水产业发展,倒逼高耗水项目和产业有序退出,加快淘汰落后工艺、技术和装备,推动工业节水减排增效。创新工业用水管理方式,形成用水主体深度参与、涉水事务协调顺畅、水资源管理精细精准、水资源利用节约高效的工业用水管理新格局。

1. 建设节水型工业园区与企业

推进节水型工业园区建设。以年用水量1000万立方米以上工业园区为重点,推动实施园区节水改造和转型升级,加大园区废污水资源化利用,充分挖掘园区节水潜力。对园区内超过取水定额标准的企业分类分步限期实施节水改造,加快工业园区实现"近零排放"。"十四五"期间,规划完成银川市"六个园区"用水在线监测、计量设施及节水器具改造、水平衡测试,宁东能源化工基地改造现有老旧绿化供水管网15千米。到2025年,建成3~5家节水型工业园区,宁东能源化工基地和银川经济技术开发区率先建成节水型工业园区,积极创建节水标杆园区。(责任主体:各市、县(区)人民政府、宁东管委会;牵头部门:工业和信息化厅、水利厅、科学技术厅;配合部门:发展和改革委员会、自然资源厅、生态环境厅)

推进工业企业节水改造。大力推广高效冷却、洗涤、循环用水、废污水再生利用、高耗水生产工艺替代等节水新工艺、新技术和新设备,提高用水重复利用率。以能源、化工、冶金等高用水行业为重点,持续推进节水型企业达标建设。支持企业开展用水工艺节水技术改造及再生水回用改造,定期开展水平衡测试、用水审计及水效对标评估,完善供用水计量体系和在线监测系统,建立"水务经理+水管员"管理制度,强化生产用水管理。重点对宁东等239家工业企业安装供水管网计量设施和在线监测系统,建设监管平台。到2025年,重点工业用水户监测率达到100%。(责任主体:各市、县(区)人民政府、宁东管委会;牵头部门:工业和信息化厅、水利厅;配合部门:发展和改革委员会)

2. 促进工业用水循环高效利用

积极推行工业园区水循环梯级利用。新建工业园区、开发区要统筹考虑供水、排水、污水处理及再生水管网统一规划和建设,推动企业间用水系统集成优化。已建工业园区要开展以节水为重点内容的绿色高质量转型升级和循环化改造,加快节水及水循环利用设施建设,促进企业间串联用水、分质用水,一水多用和循环利用。"十四五"期间,规划实施石嘴山市经开区工业污水处理厂提质扩容、宁夏精细化工基地污水处理厂提标改造工程、平罗工业园区循环经济试验区中水工程、宁夏平罗工业园区崇岗片区污水收集处理项目、原州区工业企业节水改造等项目,年再生水回用量达到1887万立方米。到2025年,规模以上工业用水重复利用率达到90%。(责任主体:各市、县(区)人民政府、宁东管委会;牵头部门:工业和信息化厅、水利厅、生态环境厅;配合部门:自然资源厅)

推进企业水循环高效利用。大力推广企业循环用水、废污水再生利用、高耗水生产工艺替代等节水工艺和技术,促进全面节水和绿色转型。对具备使用再生水条件但未利用的企业,不予批准新增新鲜水取水许可。推动纯净水、矿泉水、饮料等以水为原料的生产企业回收利用尾水。支持有条件的企业建设节水实验室。到2025年，年用水量1万立方米及以上的工业企业实现计划用水管理全覆盖。（责任主体：各市、县（区）人民政府、宁东管委会；牵头部门：工业和信息化厅、水利厅；配合部门：发展和改革委员会、科学技术厅）

3. 推动传统高耗水行业转型升级

设定工业项目水耗准入门槛，按照国家《高耗水工艺、技术和装备淘汰目录》，严格控制高耗水、高污染新建、改建、扩建项目，推进高耗水企业向水资源条件允许的工业园区集中。对列入淘汰目录的项目不予批准取水许可，对取水工艺和设施落后、耗水量高、节水措施不力的企业，由水行政主管部门责令限期整改。采用差别水价和树立节水标杆等措施，促进高耗水企业加强废水深度处理和达标再利用，推动高耗水行业节水增效。到2025年，在火力发电、钢铁、纺织、造纸、石化和化工、食品和发酵等规模以上高耗水行业节水型企业建成率力争达100%。（责任主体：各市、县（区）人民政府、宁东管委会；牵头部门：水利厅、工业和信息化厅；配合部门：市场监督管理厅、自然资源厅、生态环境厅、发展和改革委员会）

（三）城镇节水普及

全面推进节水型城市建设，加大城镇供水管网改造和废污水和雨水的资源化利用。建设节水监管平台，推进节水产品认证和市场准入，全面推广普及生活节水器具。建立管网漏损智能探测管控体系，降低供水管网漏损率。深入开展节水型学校、公共机构、服务业等公共领域节水。

1. 提升城镇供水利用效率

推进"互联网＋城乡供水"示范省区建设。加快推动自治区城乡供水立法，建设全区统一的城乡供水大数据中心，建设城乡一体的工程网、信息网、服务网和标准体系、安全体系、制度体系、产业体系，融合推进城乡供水机制创新、管理创新、服务创新，构建城乡供水新业态。完善农村集中供水和节水设施配套建设，推动农村"厕所革命"。"十四五"期间，规划新建青铜峡市河西片区调蓄水库、沙坡头区河北片区水源工程、中宁县水源工程、隆德县余家峡水库小型水源工程；改造城市水厂7座，新建水厂2座，划、立、治城市水源地40处；新建、改扩建13项规模化水厂工程；实施配水管网改造工程。2025年，全区城乡供水一体化率达到95%、自来水普及率达到99%。（责任主体：各市、县（区）人民政府、宁东管委会；牵头部门：水利厅；配合部门：发展和改革委员会、住房和城乡建设厅、农业农村厅、自然资源厅、卫生健康委员会、司法厅、财政厅）

降低城镇公共供水管网漏损。加快漏损率不达标城市和工艺落后水厂供水管网更新改造和配套改造，强化供水单位公共供水设施、设备、管网的维护管理。建设供水管网数字化监测管理系统，建立完善供水管网检漏制度。加强公共供水系统运行监督管理，推进城镇供水管网分区计量管理，建立精细化管理平台和漏损智能探测、管控体系，协同推进二次供水设施改造和专业化管理。到2025年，全区城市供水管网漏损率降低到9%以内。（责任主体：各市、县（区）人民政府、宁东管委会；牵头部门：住房和城乡建设厅；配合部门：水利厅、财政厅）

推进城乡供水计量设施建设。结合"互联网＋城乡供水"示范省区建设，推广应用智能远传水表，提升数据远程传输能力，加强水源地水质监测、供水管道监测监控设施建设，建设城市供水信息网工程，建设城乡供水报警服务平台、城乡供水客户服务平台、传输网络基础工程，提高城乡供水管网数据监测分析能力和管网漏水监测率。到2025年，城镇和农村生活用水计量率达到98%以上。（责任主体：各市、县（区）人民政府、宁东管委会；牵头部门：水利厅、住房和城乡建设厅；配合部门：发展和改革委员会、财政厅）

2. 深入开展公共领域节水

强化公共用水和自建设施供水计划管理，以学校、医院、行政中心、宾馆饭店、洗车洗浴等较大用水户为重点，从严控制用水指标和用水定额管理，推动实施行政机关、事业单位、中小学校、幼儿园、大专院校、规上企业、宾馆、居民小区等节水改造，普及节水器具，降低供水管网漏损，全面推进公共领域节水。

到 2025 年,5 个地级市全部达到国家节水型城市标准,70%的县(市、区)达到县域节水型社会评价标准，县级以上公共机构节水型单位建成率达到90%。(责任主体:各市、县(区)人民政府、宁东管委会;牵头部门:住房和城乡建设厅、水利厅、机关事务管理局、教育厅;配合部门:发展和改革委员会、民政厅、精神文明建设指导委员会办公室、交通运输厅、民政厅、商务厅、卫生健康委员会)

3. 严控高耗水服务业用水

严格洗浴、洗车、洗涤等高耗水服务业用水定额管理,推广循环用水技术、设备与工艺。限制高耗水服务业取用黄河水和地下水。引导洗车、高尔夫球场、人工滑雪场等高耗水行业优先利用再生水等非常规水源。绿化灌溉鼓励使用再生水,全面推行高效节水灌溉。(责任主体:各市、县(区)人民政府、宁东管委会;牵头部门:住房和城乡建设厅、水利厅;配合部门:教育厅、机关事务管理局、商务厅)

(四)多源增供保障

统筹供水、排水、污水处理及再生利用设施建设,推动城镇污水处理和再生利用。加强雨量相对充沛区降水蓄积和就地拦蓄利用,积极推进海绵城市建设。加强清水河、苦水河两岸苦咸水适度利用。加大矿井疏干水利用。出台非常规水源利用管理办法,推动非常规水源利用。

1. 加大雨洪资源利用

推进雨水集蓄利用。开展市县区雨水利用调查,制订出台宁夏城乡雨水资源化利用行动计划,提升贺兰山、罗山、六盘山和宁南黄土丘陵沟壑区拦洪库、滞洪区、水库等重点工程的调蓄能力,从"滞洪为安"向"蓄洪利用"转变。城镇绿化用水充分利用集蓄雨水资源。在南部山区实施淤地坝、坡改梯工程,修建水平梯田、水平沟、鱼鳞坑,推广深耕、土壤扩蓄增容、垄沟种植、覆膜保墒等雨水就地利用技术,最大限度的拦蓄利用降雨资源。"十四五"期间,规划实施西夏区、盐池县、原州区雨水资源化利用工程;在南部山区每个县(区)选择 10000 户,利用房屋、硬化院落等集雨面,配套集雨窖、蓄水池、输水管道,发展庭院经济与养殖业,年利用雨水资源 1590 万立方米;

在中部干旱带及南部山区新建淤地坝 50 座、除险加固病险淤地坝 70 座、建设旱作梯田化的高标准农田 200 万亩,提高雨水资源的就地拦蓄利用效率。(责任主体:各市、县(区)人民政府;牵头部门:水利厅;配合部门:发展和改革委员会、农业农村厅、自然资源厅、财政厅)

推进海绵城市建设。推广固原市海绵城市试点经验,编制海绵城市建设标准图集,因地制宜推进海绵城市建设。将海绵城市建设融入城市规划更新改造管理全过程,科学规划、统筹实施。综合运用源头减排、过程控制等多种手段,科学推进海绵建筑与小区、海绵型道路和广场、海绵型公园绿地、排水防涝设施、水系保护和修复等重点项目建设,有效控制雨水径流,构建自净自渗、蓄泄得当、排用结合的城市良性水循环系统。到 2025 年,城市建成区海绵建设面积比例达到 40%。(责任主体:各市、县(区)人民政府、宁东管委会;牵头部门:住房和城乡建设厅;配合部门:发展和改革委员会、自然资源厅、财政厅)

2. 加大微咸水利用

科学利用灌区微咸水。引黄灌区结合土壤盐渍化防治,大力推进灌区微咸水和高效节水灌溉技术相结合的土壤盐渍化防治灌溉模式。在地下水矿化度较低时直接灌溉,较高时掺黄河水灌溉;在水资源紧缺的灌溉季节,实施咸淡水混灌和咸淡水轮灌,合理利用浅层地下水灌溉替换黄河水。(责任主体:各市、县(区)人民政府;牵头部门:水利厅;配合部门:农业农村厅、自然资源厅)

分区分类利用苦咸水。清水河流域上游淡水资源重点用于人饮,部分微咸水可用于固原高新技术园区中的新材料园区(固原盐化工园区)等工业用水;中下游水质偏咸、偏硬的微咸水或咸水,在排水条件较好区域用于枸杞灌溉。在甜水河、清水河建设微咸水、苦咸水拦蓄利用蓄水池,结合清水河干流上的石峡口水库、寺口子水库和冬至河水库调蓄,与黄河水进行农业咸淡水混合灌溉。苦水河上游咸水与黄河水混合进行农业灌溉，提高苦咸水利用水平。"十四五"期间,规划建设利通区甜水河微咸水处理利用、同心县清水河苦咸水利用、盐池县苦咸水养殖加工螺旋藻、海原县苦咸水利用、固原市苦咸水利用工程等项目,开发利用甜水河、清水河、固原臭水河、盐池地下微咸水。(责任主体:各市、县(区)人民政府;牵头部门:水利厅;配合部门:发展和改革委员会、农业农村厅、自然资源厅、财政厅)

3. 加大再生水利用

再生水纳入区域水资源配置。提高区域水资源配置中再生水利用量,再生水优先用于工业循环冷却、城镇绿化、生态补水和市政杂用。火电、石化、钢铁、有色、造纸、印染等高耗水行业项目具备使用再生水条件但未有效利用的,严格控制新增取水许可。再生水量较大的银川市和石嘴山市,在满足工业用水的基础上,通过综合处理措施提高再生水水质标准,补充河湖生态用水。到2025年,城市生活污水处理率达到98%,全区再生水利用率达到50%,其中城市再生水利用率达到46%,工业园区再生水利用率力争达到100%。(责任主体:各市、县(区)人民政府、宁东管委会;牵头部门:水利厅、发展和改革委员会、住房和城乡建设厅、工业和信息化厅、生态环境厅;配合部门:自然资源厅)

加强再生水回用设施建设。提标改造污水处理厂,推进城镇、工业污(废)水处理回用设施建设。再生水管道敷设范围内新建建筑工程,建筑面积超过1万平方米的宾馆、公寓、综合性服务楼等建筑、规划建筑面积在3万平方米的机关、非企业和综合性文化体育设施,严格按照再生水利用规划和建设范围标准,配套建设再生水利用设施。新、改、扩建城市道路同步设计和建设再生水供水管网。积极探索符合农村实际、低成本的农村生活污水治理技术和模式,根据区域位置、人口聚集度选用分户处理、村组处理和纳入城镇污水管网等收集处理方式,推广工程和生态相结合的模块化工艺技术,推动农村生活污水就近就地资源化利用。再生水管网未覆盖区域的住宅小区、学校、企事业单位、宾馆、高速公路服务区及其他适合区域重点建设分布式污水处理回用一体化工程。推广种养结合、以用促治方式,鼓励渔业养殖尾水循环利用。"十四五"期间,规划建设分布式

污水处理回用设施175台套、日处理能力20340立方米/日,年再生水回用量494万立方米。(责任主体:各市、县(区)人民政府、宁东管委会;牵头部门:住房和城乡建设厅、农业农村厅、生态环境厅、水利厅、发展和改革委员会;配合部门:工业和信息化厅、机关事务管理局、民政厅、商务厅、教育厅、交通运输厅、自然资源厅、财政厅)

4. 加大矿井疏干水利用

以宁东矿井疏干水利用为重点,加大矿井疏干水收集,拓宽利用途径,推动矿井疏干水"应用尽用"。按照就地利用要求,将宁东能源化工基地灵武矿区、鸳鸯湖矿区、积家井矿区、横城矿区、马家滩矿区、四股泉矿区、红墩子矿区、韦州矿区、固原市王洼矿区等9个矿区21个煤矿矿井疏干水优先配置于煤矿自身工业生产、生态及其他环节用水。"十四五"期间,规划新建羊场湾煤矿、梅花井煤矿、红柳煤矿二级(深度处理)处理水厂(产水规模4.4万立方米/日),对石槽村煤矿、任家庄煤矿、双马煤矿、金凤煤矿、红石湾煤矿、金家渠煤矿水处理厂进行改造,实施梅花井、清水营煤矿矿井疏干水处理复用工程,建设宁东南湖中水厂,年矿井疏干水利用量4000万立方米。到2025年宁东能源化工基地矿井疏干水利用率提高至90%,固原市王洼矿区提高至50%。(责任主体:相关市、县(区)人民政府、宁东管委会;牵头部门:水利厅、工业和信息化厅;配合部门:发展和改革委员会、生态环境厅、自然资源厅、财政厅)

(五)科技创新引领

对标全国节水先进技术,加强节水产品和技术研发,加大创新研究和示范力度,加快节水科技成果转化,推广先进适用的节水技术与工艺,促进节水服务市场良性发展,培育创新型节水产业。加大新一代信息技术与节水技术、管理及产品的深度融合,加快推进节水信息设施现代化,着力夯实数字节水基础。

1. 加快关键节水技术研发

加强节水核心技术与产品研发。充分调动高校、科研机构、科技社团和企业等各方力量,加强节水重大课题研究和关键技术攻关。瞄准世界先进技术,加强东西部科技合作,推动节水技术、工艺、产

品、装备研发创新,大力支持精量节水灌溉、精准计量控制、水资源高效循环利用、管网漏损监测智能化、矿井水淡化处理、非常规水源利用等先进技术及设备研发。深入研究冬灌合理灌溉规模、灌溉模式和先进技术。推动节水政策、技术、制度、机制创新,加快推进用水方式由粗放低效向节约集约转变。(牵头部门:科学技术厅、水利厅;配合部门:发展和改革委员会、教育厅、工业和信息化厅、自然资源厅、住房和城乡建设厅、农业农村厅、生态环境厅、市场监督管理厅)

建立产学研用技术开发模式。依托清华大学水联网数字治水联合研究院,加大人才引进、培养,科技创新平台建设,联合高等院校、科研院所以及节水企业,构建"研究院＋试验区＋产业园""政产学研用"相结合的节水技术研发模式。建设水联网数字节水产业园,实行技术、资本、市场融合推进,成立数字治水技术转移中心,扶持发展总部经济,鼓励设立研发中心,通过授权使用、技术入股、产品孵化,引导企业入园创业创新,培育高科技治水节水数字化产品公司和高端水治理数字化服务平台,着力打造全国绿色高科技水主题示范产业园区。(牵头部门:科学技术厅、水利厅;配合部门:发展和改革委员会、教育厅、工业和信息化厅、住房和城乡建设厅、农业农村厅)

2. 推动节水技术成果转化

完善节水技术推广工作机制。强化行业指导,构建节水技术推广工作格局。组建推广机构,建设成果转化应用平台,建立健全科技成果遴选机制,将涉水科技成果转化纳入科技计划管理,加大成果转化项目支持力度,推动节水技术成果转化。培育节水产业,鼓励企业加大现代节水装备及新产品的产业化,构建节水装备及产品的多元化应用供给体系。加强推广管理,建立主管部门、用户、第三方评价与成果抽查相结合的成效评估和激励机制,对关键性技术成果推广运用情况追踪。(牵头部门:科学技术厅、水利厅;配合部门:发展和改革委员会、工业和信息化厅、住房和城乡建设厅、农业农村厅)

拓展节水技术成果推广渠道。围绕节水中心工

作和重点技术需求,搭建科技成果供需交流平台。加快推进科研院所研究成果的转移转化,鼓励企业加大节水装备及产品研发、设计和生产投入,构建节水装备及产品的多元化供给体系,促进现代节水装备及新产品的产业化。培育节水产业,发展第三方节水服务企业,提供社会化、专业化、规范化节水服务。推广中卫市全国节水型社会创新试点成果、利通区与贺兰县现代化生态灌区建设技术、盐池县以水定产水资源高效利用经验,加快形成具有西北特色的节水科技创新模式。(牵头部门:科学技术厅、水利厅;配合部门:发展和改革委员会、工业和信息化厅、住房和城乡建设厅、农业农村厅)

加强重点领域科技成果推广。加大国家节水目录中新技术、新设备的推广应用。完善节水科技成果信息平台,建立节约用水先进适用科技成果信息库。整体推进"互联网＋城乡供水"技术模式,大力推广测控一体化闸门技术、分布式节水治污技术、水资源承载能力遥感评估预警、水联网闸门联动调控等节水技术和产品的应用。开展优势特色作物高效节水与水肥一体化技术、基于物联网的水肥一体化智能灌溉管理系统、土壤墒情监测系统、管网漏损检测与非开挖内衬修复技术、分布式污水处理及再生水回用一体化设备的应用。(牵头部门:科学技术厅、水利厅、农业农村厅;配合部门:发展和改革委员会、工业和信息化厅、住房和城乡建设厅、机关事务管理局)

3. 加快实施数字治水建设

推进"互联网＋节水"建设。加强大数据、人工智能、区块链等信息技术应用,加快推进节水信息设施现代化,建设"互联网＋节水"管理服务系统,将5G、云计算等新技术应用到节约用水管理全过程,对所有供水企业供水、工业园区用水、年用水量1万立方米以上工业企业和服务业单位用水、大中型灌区用水等进行全过程监测,实现对不同行政区和各类取用水户水资源消耗总量和强度双控实时在线管理和服务。依托"黄河云"平台整合升级现有水资源信息管理应用平台,完善全区水治理监管系统,实现国家、自治区、市县(区)和水利、自然资源、生态环境、住房城乡建设等数字平台的互联互通;重点人工水

网和重要自然水网数字化。纳入重点监控用水单位名录的供用水户率先实现实时有效管理。到2025年管网数字化计量覆盖率达到70%，采集端在线率达到95%。（牵头部门：水利厅、科学技术厅；配合部门：发展和改革委员会、工业和信息化厅、住房和城乡建设厅、农业农村厅、自然资源厅、生态环境厅、机关事务管理局）

大力推进基于水联网数字治水技术应用。实施从渠道供水工程到田间节灌设备的数字化改造和计量、调度、监控、运维、巡查等用水全过程的数字化管控，建立"输水工程＋测控一体闸门＋调蓄水池＋水肥一体化精准灌溉"的智能高效供水系统，实现灌溉水工程自动化、水调控精准化、水服务高效化。引黄扬黄灌区大力普及全渠道测控一体化、扬水灌区基本实现泵站运行管理自动化，大力推广人工智能探测、智慧农业、空间地理信息系统、墒情实时测报、灌溉自动化控制，安装绿化智能化浇灌系统，建设数字化灌区。（牵头部门：水利厅；配合部门：发展和改革委员会、科学技术厅、农业农村厅、自然资源厅）

（六）监管能力提升

严格水资源最大刚性约束，强化用水定额管理，开展用水定额监督检查。严格用水全过程管理，加强用水计量监测，全面开展涉水规划和建设项目节水评价，严格水资源论证和取水许可，在水资源开发、利用、保护、配置、调度各个环节突出节水的优先地位，从源头上把住节水关口，促进水资源开发与水资源条件相适应。

1. 严格水资源刚性约束

严格用水总量控制。实行最严格的水资源保护利用制度，制定水资源"四定"管控方案，落实自治区《关于落实水资源"四定"原则　深入推进用水权改革的实施意见》，建立水资源"四定"指标体系和分区管控体系，优化经济社会发展规模和布局。把水资源承载能力作为经济社会发展边界，约束城市、产业、土地、人口在边界内运行，倒逼产业结构调整，建设高端化、绿色化、智能化、融合化现代产业体系。加快农业结构调整，严格控制灌区规模，建设高效节水现代化生态灌区。完善水资源承载能力监测预警机制，制定产业准入负面清单，严格落实水资源超载地区新增用水项目和取水许可"双限批"制度，严控新增取用水的高耗水产业和项目。严格限制水资源严重短缺地区城市发展规模、高耗水项目建设和大规模种树。（责任主体：各市、县（区）人民政府、宁东管委会；牵头部门：水利厅；配合部门：发展和改革委员会、住房和城乡建设厅、工业和信息化厅、农业农村厅、自然资源厅、林业和草原局）

严格地下水管控。加强地下水的保护，制定全区地下水"水量＋水位"管控指标。加快地下水超采治理，地下水超采区禁止新增取用地下水，逐步实现采补平衡；地下水采补平衡区，严格控制新增取用地下水；地下水有开发利用潜力地区，根据需求与水资源配置方案，适当增加地下水取用水量；严禁开采深层承压水。限期关闭未经批准和公共供水管网覆盖范围内的自备水井。银川都市圈西线、东线、中线供水工程和清水河流域城乡供水工程建成运行后，黄河水供水覆盖范围内，严控取用地下水。全面建立全区城市备用水源地，依法关停贺兰山、六盘山、罗山自然保护区范围内的地下水生产井。到2025年，地下水超采区治理率达到100%。（责任主体：各市、县（区）人民政府、宁东管委会；牵头部门：水利厅、自然资源厅；配合部门：发展和改革委员会、住房和城乡建设厅、工业和信息化厅、农业农村厅）

2. 强化用水全过程管理

严格实行计划用水和定额管理。健全用水定额标准，建立覆盖农业、工业、服务业的全行业最严格用水定额标准体系，强化用水定额的约束作用，科学核定下达用水计划。严把新增取用水项目关口，逐步淘汰高耗水、高污染项目。加快工业园区供排水、污水处理及再生水回用设施建设，推动工业再生水回用于生产和生态。（责任主体：各市、县（区）人民政府、宁东管委会；牵头部门：水利厅；配合部门：发展和改革委员会、市场监督管理厅、生态环境厅、农业农村厅、工业和信息化厅）

严格水资源论证和节水评价。强化水资源最大刚性约束，突出节水优先地位，对新增取用水的规划和建设项目,严把水资源论证和节水评价关口,从源头上遏制不合理用水需求。对标同类先进用水水平,建立科学合理的节水评价标准,促使规划和建设项目提高用水效率。(责任主体:各市、县(区)人民政府、宁东管委会;实施部门:水利厅)

3.加强用水计量监测

建立用水节水统计制度。建立自治区节水工作台账,建立分地区、分行业用水总量、用水效率、节水成效台账。建立节水统计调查和基层用水统计管理制度,加强对农业、工业、生活、生态环境补水四类用水户涉水信息管理。(责任主体:各市、县(区)人民政府、宁东管委会;牵头部门:水利厅、统计局;配合部门:发展和改革委员会、工业和信息化厅、住房和城乡建设厅、农业农村厅、机关事务管理局)

完善农业用水计量设施。在干渠和排水干沟的县界上设立监测断面,严格监控引、用、耗水量,加大退水排水量及水质监测。扩大全区供水工程、大中型灌区、各类用水活动等实时在线监测,加强灌区等重点取用水户取用水计量监测,全区建设智慧管网监测平台系统。对农用灌溉机井,机井管径在20厘米以上、具备取水计量设施安装条件的,应安装计量设施。"十四五"期间,规划在金凤区、西夏区、永宁县、平罗县、沙坡头区、海原县分别对自备井、灌溉机井、取水工程安装在线监控与计量设施3919台套。(责任主体:各市、县(区)人民政府;牵头部门:水利厅;配合部门:发展和改革委员会、农业农村厅、生态环境厅、财政厅)

健全工业及服务业取用水计量设施。全面实施城镇居民"一户一表"改造,建设供水管网分区计量、压力调控和漏损预警系统,积极推广智能水表,鼓励重点取用水企业建立水量在线采集、实时监测系统。工业、生活、服务业等取水应全面配备计量设施。其中,地表水年许可水量50万立方米以上、地下水年许可水量5万立方米以上的取水单位取水,原则上均应安装在线计量设施。2025年,1万立方米及以上的工业企业用水计量全覆盖。(责任主体:各市、县(区)人民政府、宁东管委会;牵头部门:住房和城乡建设厅、水利厅;配合部门:发展和改革委员会、工业

和信息化厅、商务厅、教育厅、财政厅)

4.强化市场监督管理

贯彻落实《水效标识管理办法》,建立节水装备及产品的质量评级和市场准入制度,逐步淘汰水效等级低的产品。制定宁夏水效领跑者引领行动实施方案,全面开展水效领跑者引领行动,发布水效领跑者名单,树立节水先进标杆。强化用水器具水效标识市场监督管理,加大专项检查抽查力度,逐步淘汰水效等级较低产品。促进节水产品认证逐步向绿色产品认证过渡,完善相关认证结果采信机制。到2025年,基本推行节水产品市场准入制度,在工业、农业、公共机构、城市等领域创建一批具有代表性的水效领跑者。(责任主体:各市、县(区)人民政府、宁东管委会;牵头部门:市场监督管理厅、水利厅、发展和改革委员会;配合部门:工业和信息化厅、住房和城乡建设厅、农业农村厅、机关事务管理局、财政厅)

(七)机制政策完善

深化节水制度改革,健全节水工作机制,强化用水源头、用水过程、用水结果管理,按照"重创新、建机制、激活力"思路,建立多元共治的开放治水机制,努力实现制度治水、制度管水。

1.建立完善节水评价机制

严格节水评价与取水许可。制定规划和建设项目节水评价技术导则,全面推进规划和建设项目节水评价,从严审批新增取水许可申请,新增取用水项目全面实施节水评价,用水水平达不到先进定额标准的实行"一票否决"。严格取水许可管理,强化取水许可动态监管,全面核查已发放的取水许可;从严审批新增、延续取水许可,并按照新标准核定取水许可量。(责任主体:各市、县(区)人民政府、宁东管委会;牵头部门:水利厅;配合部门:市场监督管理厅)

建立用水定额评估机制。强化用水定额标准在相关规划编制、节水评价、取水许可审批、计划用水管理、节水载体创建等方面的应用。加强主要农作物、高耗水工业、生活服务业用水定额执行情况跟踪监测与分析评价,进一步规范用水统计和加强定额监督,促进用水定额落地见效。(责任主体:各市、县(区)人民政府;牵头部门:水利厅;配合

部门:发展和改革委员会、工业和信息化厅、住房和城乡建设厅、农业农村厅、机关事务管理局、市场监督管理厅)

2. 健全节水激励支持机制

深化小型农田水利工程管理体制改革,制定灌区标准化实施细则,建立合理反映供水成本、有利于节水和农田水利工程管理的体制机制。修订《宁夏节约用水奖惩办法》,建立覆盖各市县、各行业节水的激励政策,全面实行农业节水精准性、直通式返还节水农户制度,对"零排放"工业企业和节水型达标企业,根据对当地经济社会发展贡献给予企业一定的财政奖补支持。制定非常规水源利用管理办法,建立非常规水价格补贴制度,驱动再生水、矿井水等非常规水源利用。建立合同节水支持机制,鼓励社会资本投入,推广分布式节水治污一体化工程建设,加快节水产业发展。(责任主体:各市、县(区)人民政府、宁东管委会;牵头部门:水利厅、财政厅;配合部门:司法厅、发展和改革委员会、工业和信息化厅、住房和城乡建设厅、农业农村厅、机关事务管理局、人民银行银川中心支行)

3. 完善节水监督考核制度

逐级建立节水目标责任制。建立落实水资源最大刚性约束考核制度,健全自治区、市、县三级节约用水监督考核工作机制,将目标责任分解到各部门、各市县,将用水节水作为五年规划约束性指标纳入市县党政领导班子和领导干部政绩考核范围。完善最严格水资源制度和节水型社会建设考核体系,严格节水责任追究。将节水主要指标纳入经济社会发展综合评价体系,建立水资源督察和责任追究制度。(责任主体:各市、县(区)人民政府、宁东管委会;牵头部门:水利厅;配合部门:发展和改革委员会、工业和信息化厅、司法厅、住房和城乡建设厅、农业农村厅、机关事务管理局、统计局)

建立节水专项监督检查制度。建立健全自治区、市、县三级重点监控用水单位名录,加强对重点用水户、特殊行业用水户的监督管理与节水效果评估,开展重点地区、重点行业节水专项监督检查。建立用水信用评价制度,开展重点用水户用水信用评级,将用水户违规记录纳入国家及自治区信用信息共享平台。到2025年,年取用水量10万立方米以上的服务业单位、50万立方米以上的工业企业、100万立方米以上的公共供水企业全部纳入重点监控用水单位名录。(责任主体:各市、县(区)人民政府、宁东管委会;牵头部门:水利厅;配合部门:发展和改革委员会、工业和信息化厅、住房和城乡建设厅、农业农村厅、机关事务管理局、商务厅)

探索建立用水审计制度。对纳入重点监控用水单位名录中的用水户开展用水审计,编制用水审计报告,提出限期整改意见,出具用水审计结论通知书。用水户不接受审计或者对审计出的问题不整改的,依法吊销取水许可证或者核减其许可取水量,压减用水计划。(责任主体:各市、县(区)人民政府、宁东管委会;牵头部门:水利厅;配合部门:工业和信息化厅、住房和城乡建设厅、农业农村厅、机关事务管理局)

4. 深化水权水价改革

全面深化水价改革。建立健全合理反映供水成本、激励提升供水质量、促进节约用水的水价形成机制和动态调整机制。深入推进农业水价综合改革,推行计量收费,分级分类制定差别化水价,实行超定额用水累进加价制度,建立农业用水精准补贴和节水奖励机制。到2025年,力争完成农业水价综合改革。全面推行城镇居民用水阶梯水价和非居民用水超定额累进加价制度。(责任主体:各市、县(区)人民政府、宁东管委会;牵头部门:发展和改革委员会;配合部门:住房和城乡建设厅、水利厅、农业农村厅、财政厅)

深化水资源税改革。与水价改革协同推进,按照国家水资源税改革部署,在水资源费改税试点后评估的基础上,修订水资源税改革方案。建立取水许可和水资源税征税联动机制,调整公共供水管网等取水的计税环节,改末端征税为取水端征税,倒逼公共供水单位降低管网漏损率。全面落实不缴纳、免征减征水资源税和从低确定回收利用矿井疏干排水、地源热泵取用水水资源税税额等优惠政策。加强水资源税征收管理信息系统的现代化建设,搭建科学化、精准化的水利税务财政信息共享平台。(责任主体:各市、县(区)人民政府、宁东管委会;实施部门:财政厅、水利厅、国家税务总局宁夏区税务局)

深化用水权改革。推进农业用水权应确尽确、工业用水权全面确权,健全水资源确权和动态管理制度,实行用水单位有偿取得用水权,未取得用水权的停止取用水。建立用水权分级收储调控制度,政府投资节约的用水权,由政府收储出售。建立覆盖各区域、各行业、各灌域的分区分类基准价体系,用水权交易价格不得低于基准价。创新节水改造及用水权收储交易投融资方式,鼓励金融机构开发水权质押、抵押、担保、租赁等绿色金融产品。建立"合同节水+水权交易"等模式,鼓励社会资本直接参与节水改造工程建设及运行养护,优先获得节约的水资源使用权。社会资本参与污水处理形成的稳定量达标再生水,政府赋予相应的用水权指标,可在用水权市场进行交易。(责任主体:各市、县(区)人民政府、宁东管委会;牵头部门:水利厅;配合部门:发展和改革委员会、工业和信息化厅、农业农村厅、财政厅、国家税务总局宁夏区税务局、人民银行银川市中心支行)

三、保障措施

(一)加强组织领导

坚持党对节水工作的全面领导,充分发挥党总揽全局、协调各方的作用,强化部门协同、上下联动,建立统筹协调的节水工作推进机制。成立自治区节约用水行动工作领导小组,建立联席会议制度,统一部署宁夏节约用水行动,监督实施节水型社会建设"十四五"规划,有关部门按照职责分工做好相关节水工作。各市、县(区)党委和政府对本地区节水工作负总责,根据自治区节水型社会建设"十四五"规划制定节水行动实施细则,细化分解主要目标、重点任务,精心组织实施重点节水项目,确保规划各项任务落地见效。(牵头部门:水利厅、发展和改革委员会;配合部门:自治区相关部门)

(二)落实目标责任

自治区节约用水办公室充分发挥协调、服务职能,加强规划实施的跟踪分析和督促指导。水利、农业农村等部门牵头负责农业节水领跑各项任务,水利、生态环境、工业信息化等部门牵头负责工业节水提效各项任务,住房城乡建设、教育、机关事务管理、水利等部门牵头负责城镇节水普及各项任务,水利、生态环境、住房城乡建设、教育、农业农村、交通运输、工业信息化等部门牵头负责多源增供保障各项任务,发展改革、财政、水利等部门负责相关政策制定。各市、县(区)人民政府、宁东管委会为节水型社会建设"十四五"规划责任主体,负责本地区规划任务实施。(自治区相关部门按职责分工落实)

(三)完善投入机制

各级政府部门要充分发挥职能作用,按照财政事权与支出责任相一致原则,积极争取国家和自治区专项资金支持,量入为出,统筹本级财力支持节水工程建设,落实节水税收优惠政策,同时鼓励多元化市场融资方式拓宽融资渠道,吸引社会资本参与节水项目的建设和运营。在公共机构、高耗水服务业等大力推行合同节水,在灌区节水改造、高标准农田建设中积极推广 PPP、EPC+O 等模式。健全工程建后管护机制。建立和完善激励机制,制定优惠政策,对从事节水项目、非常规水源利用的企业予以免征或减征企业所得税。(责任主体:各市、县(区)人民政府、宁东管委会;牵头部门:财政厅;配合部门:发展和改革委员会、水利厅、工业和信息化厅、住房和城乡建设厅、农业农村厅、机关事务管理局、人民银行银川中心支行、国家税务总局宁夏区税务局、市场监督管理厅)

(四)强化监督考核

将节水作为约束性指标纳入市、县(区)政绩考核范围,实行政府目标责任制,各级党委政府要强化节水约束性指标管理,层层分解任务,逐级建立节水目标责任制,明确责任单位、分管领导和责任人,压实工作责任。围绕目标任务制定工作计划,强化协调配合,形成工作合力,确保各项目标任务的实现。将节水主要指标纳入经济社会发展综合评价体系、纳入河长制考核和政绩考核,加强对各责任部门的督促检查,严格节水责任追究,对突破用水总量红线指标的地区实行新增用水"限批"。(责任主体:各市、县(区)人民政府、宁东管委会;牵头部门:水利厅;配合

部门：自治区相关部门）

（五）培育节水文明

深度挖掘黄河文化的时代价值，构建黄河文化长廊，讲好黄河故事。针对节水工作具有较强公益性、政策性、群众性的特点，把节水纳入公益性宣传范围，加大节水宣传力度，利用互联网、新媒体等各种宣传媒介，加强区情水情教育、节水形势宣传、节水知识普及和节水政策解读，认真组织"世界水日""中国水周""城市节水宣传周""科技活动周"等宣传活动，推进节约用水教育进机关、进企业、进校园、进社区、进家庭，倡导节约用水模式，鼓励各相关领域开展节水型社会、节水型单位等节水载体创建活动。提高全民节水护水意识，营造节水氛围，形成全社会爱水、惜水、节水、护水的良好风尚和行动自觉。"十四五"期间，规划建设银川市、石嘴山市、隆德县节水教育基地。（责任主体：各市、县（区）人民政府、宁东管委会；牵头部门：水利厅、住房和城乡建设厅、教育厅、机关事务管理局、共青团宁夏区委员会；配合部门：自治区相关部门）

自治区水利厅关于印发水旱灾害防御应急响应工作规程的通知

（2022 年 6 月 25 日　宁水建运发〔2022〕13 号）

各市、县（区）水务局，厅属有关单位，机关各处室：

《自治区水利厅水旱灾害防御应急响应工作规程（试行）》已经水利厅专题会议审议通过，现印发给你们，请认真遵照执行。

宁夏回族自治区水利厅水旱灾害防御应急响应工作规程（试行）

1　总则

1.1　编制目的

为进一步规范我区水旱灾害防御应急响应工作程序和应急响应行动，保证全区水利系统水旱灾害防御工作有力有序有效进行，特制定本规程。

1.2　编制依据

（1）《中华人民共和国水法》

（2）《中华人民共和国防洪法》

（3）《中华人民共和国突发事件应对法》

（4）《中华人民共和国防汛条例》

（5）《中华人民共和国抗旱条例》

（6）《中华人民共和国水文条例》

（7）《中华人民共和国河道管理条例》

（8）《中华人民共和国政府信息公开条例》

（9）《水利部水旱灾害防御应急响应工作规程》

（10）《黄河水旱灾害防御应急预案（试行）》

（11）《宁夏回族自治区突发事件应对条例》

（12）《宁夏回族自治区防灾减灾救灾责任规定》

（13）《宁夏回族自治区突发事件总体应急预案》

（14）《宁夏回族自治区防汛抗旱应急预案》

（15）《宁夏回族自治区应急管理指挥部工作规则（试行）》

（16）《自治区水利厅职能配置、内设机构和人员编制规定》

（17）《自治区本级机构改革涉及事业单位机构编制调整事项的通知》

（18）《自治区水利厅关于所属部分事业单位机构编调整事项的通知》

（19）《宁夏回族自治区水利厅机关处室职责规定》

（20）其他法律法规和文件

1.3　适用范围

本规程适用于全区水利系统水旱灾害的预防和应急处置。水旱灾害包括：黄河洪水和凌汛灾害、山洪灾害、干旱灾害，水库垮坝、堤防决口等次生、衍生灾害。

1.4　防御目标

总目标：坚持人民至上、生命至上，始终把保障人民群众生命财产安全放在第一位。

防洪目标：人员不伤亡、水库不垮坝、堤防不决口、重要基础设施不受冲击。

抗旱目标：确保城乡居民饮水和灌区农业供水安全。

1.5 防御原则

（1）坚持"两个坚持、三个转变"防灾减灾救灾理念。坚持以防为主、防抗救相结合，坚持常态减灾和非常态救灾相统一；努力实现从注重灾后救助向注重灾前预防转变，从应对单一灾种向综合减灾转变，从减少灾害损失向减轻灾害风险转变。努力减轻水旱灾害风险，全面提升水旱灾害防御能力。

（2）坚持系统防御。全面分析和把握水旱灾害防御特点和规律，通盘考虑上下游、左右岸、干支流，有针对性地做好防御工作。

（3）坚持统筹防御。实现区域统筹、城乡统筹，突出重点兼顾一般，局部利益服从全局利益。做到关口前移，密切关注和及时应对水旱灾害风险。

（4）坚持科学防御。将预报、预警、预演、预案"四预"机制贯穿水旱灾害防御全过程，科学调度运用水工程体系，充分发挥水工程防汛抗旱减灾效益。

（5）坚持安全防御。确保人民群众生命财产安全，确保水利工程安全，确保重要基础设施安全，确保城乡居民生活用水和灌区农业供水安全。

（6）坚持依法防御。各级水行政主管部门依法依规，按照管理权限分级负责水利系统水旱灾害防御工作。

2 组织指挥与工作体系

2.1 水利厅

依据自治区党委、政府有关文件规定和相关法律法规，水利厅负责全区水利系统水旱灾害防御工作的组织、协调、指导、监督。

（1）面向各市、县（区）水行政主管部门和有关单位开展水情旱情监测预警预报；

（2）协调开展水工程调度、日常检查、宣传教育，承担防汛抗旱抢险技术支撑工作；

（3）建立水旱灾害防御会商机制，负责发布水情旱情预警；

（4）负责编制自治区水利厅抗旱应急水量调度预案和黄河宁夏段及重要支流防御洪水方案；

（5）负责审批青铜峡水库、沙坡头水库调度运行方案、干渠防洪抢险应急预案和抗旱应急水量调度预案；

（6）指导各市、县（区）水行政主管部门开展水旱灾害防御应急响应工作规程，水库汛期调度运用方案，水库防汛抢险应急预案等编制工作。

2.2 水旱灾害防御调度指挥部

水利厅成立水旱灾害防御调度指挥部，下设调度指挥组、现场工作组、灾害调查评估组、宣传报道组和后勤保障工作组。

水利厅水旱灾害防御调度指挥部。

指挥长：厅长

副指挥长：副厅长、总工

成　员：厅机关各处室、厅属各单位主要负责人。

（1）调度指挥组。

组　长：厅长

副组长：分管水旱灾害防御工作的副厅长

召集单位：自治区水旱灾害防御中心

成员：办公室、节约用水与城乡供水处、工程建设与运行管理处、农村水利处、水土保持处、科技与信息化处、水库与移民管理处、自治区水文水资源监测预警中心主要负责同志。

职责：负责全区水利系统水旱灾害防御调度指挥工作。水利厅启动洪水防御Ⅳ级和Ⅲ级响应期间，调度指挥组副组长在水旱灾害防御调度指挥中心坐镇指挥；水利厅启动洪水防御Ⅱ级和Ⅰ级应急响应期间，调度指挥组组长在水旱灾害防御调度指挥中心坐镇指挥；调度指挥组成员单位负责同志根据工作需要到水旱灾害防御调度指挥中心集中办公开展工作。

（2）现场工作组。

第一组　组　长：分管工程建设运行管理工作的副厅长

第二组　组　长：分管河湖管理工作的副厅长

召集单位：工程建设与运行管理处

成员单位：政策法规处、节约用水与城乡供水处、农村水利处、河湖管理处、安全生产与监督处、水库与移民管理处、自治区水旱灾害防御中心、自治区水利调度中心、自治区水利工程建设中心、自治区水文水资源监测预警中心。

职　责：成员单位根据各自职责，现场协助地方开展防汛抗旱工作。

（3）灾害调查评估组。

组　长：总工

成员单位：节约用水与城乡供水处、工程建设与运行管理处、农村水利处、河湖管理处、水土保持处、水库与移民管理处、自治区水旱灾害防御中心、自治区水文水资源监测预警中心。

职　责：负责水库垮坝、堤防决口等事件调查工作和水利工程灾后调查评估工作。

（4）宣传报道组。

组　长：分管新闻宣传工作副厅长

召集单位：办公室

成员单位：机关党委（组织人事与老干部处）、科技与信息化处、自治区水旱灾害防御中心。

职　责：负责水利系统水旱灾害防御新闻宣传和网络舆情监测处置工作。

（5）后勤保障组。

组　长：分管办公室的副厅长

召集单位：办公室

成员单位：规划计划处、水资源管理处、财务审计处、机关服务中心。

职　责：负责水旱灾害防御应急响应期间的后勤调度保障工作。

各成员单位职责如下：

自治区水旱灾害防御中心：承担水利厅水旱灾害防御日常工作。向调度指挥组组长或副组长提出指挥、调度、决策和Ⅳ～Ⅰ级应急响应启动、终止建议。根据调度指挥组组长或副组长安排，召集有关成员单位参加会商研判等工作。负责洪水、干旱防御应急响应期间文件下发、上报和水情旱情险情灾情信息报送工作。负责组建自治区级水旱灾害防御专家库，建立健全专家组派出机制。

具体承担编制洪水干旱灾害防治规划和防护标准并组织实施的任务，具体承担编制重要江河湖泊和重要水工程防御洪水抗御旱灾调度及应急水量调度方案任务，并组织实施。负责编制自治区水利厅抗旱应急水量调度预案、黄河宁夏段及重要支流防御洪水方案。承担防汛抗旱抢险技术支撑工作。组织协

调指导水情旱情信息报送和预警工作。组织指导干旱影响评估和水工程水旱灾害防御应急演练工作。指导各市、县（区）水行政主管部门编制本级水旱灾害防御应急响应工作规程和抗旱应急水量调度预案，组织指导水旱灾害防御物资的储备与管理、水旱灾害防御信息化建设和全区洪水风险图编制运用工作。负责提出水利救灾资金安排的建议。负责水旱灾害防御知识宣传，重大事件相关资料的收集归档工作。承担堤防工程管理信息系统的建设与运行管理。

办公室：负责内外联系协调。做好贯彻落实领导同志对水旱灾害防御工作要求的厅内督办。组织协调指导日常水旱灾害防御新闻宣传、政务信息报送和舆情监测处置工作，必要时组织召开新闻发布会和新闻媒体通气会，向社会发布水旱灾害防御信息。负责应急响应期间后勤保障工作。

规划计划处：组织编制自治区确定的重点区域和主要支流的防洪规划。组织指导防洪论证和重大水利工程前期工作。

政策法规处：组织指导妨碍行洪的水行政执法，调处有关水事纠纷。

财务审计处：负责水旱灾害防御经费预算申报和经费下达。

机关党委（组织人事与老干部处）：指导水旱灾害防御人才队伍建设，指导机构改革水旱灾害防御方面有关工作。管理水旱灾害防御表彰奖励工作。

水资源管理处：负责全区及跨区域重大调水工程的水资源配置，组织编制全区水量分配方案、计划用水和调度预案，指导开展水量分配工作并监督实施和河湖生态流量水量管理工作。

节约用水与城乡供水处：指导全区农村人饮和城乡供水工作，研究拟订全区城乡供水政策措施，组织编制全区城乡供水总体发展规划并组织实施。督促指导城乡居民因旱临时性饮水困难应急供水保障工作，负责饮水困难人口统计工作。

工程建设与运行管理处：负责落实自治区综合防灾减灾规划相关要求，组织编制洪水干旱灾害防治规划和防护标准并指导实施。组织编制重要江河湖泊和重要水工程的防御洪水抗御旱灾调度及应

急水量调度方案,按程序报批并组织实施。组织指导堤防、水闸等重要水利工程的除险加固和运行管理工作。

河湖管理处：指导河湖水域及其岸线的管理保护工作。指导监督河道管理范围内非水利工程建设项目和活动管理工作。

水土保持处：指导淤地坝安全度汛工作。

农村水利处：组织协调指导渠道管理单位编制防洪抢险应急预案和抗旱应急水量调度预案,报水利厅审批。督促指导灌区做好应急水量调度、应急水源工程建设、渠道因灾损毁修复等工作。负责灌区农作物灾情统计工作。组织协调水闸工程管理信息系统的建设与运行管理。

水库与移民管理处：负责水库安全度汛工作,监督指导水库监测预警设施的建设及维护。组织指导水库运行调度规程、控制运用计划和预警方案编制,组织编制病险水库的除险加固规划或实施方案。组织编制水库大坝防御洪水抗御旱灾及应急水量调度方案按程序报批备案并监督实施。组织制定水库防洪调度临时淹没补偿机制和政策。负责青铜峡水库、沙坡头水库汛期调度运用方案审批和调度。组织协调全国水库运行管理信息系统的管理。

安全生产与监督处：指导水利行业安全生产工作,负责全区水利行业安全生产监督管理工作。组织开展水利行业安全生产大检查和专项督查。组织或参与重大水利质量、安全事故的调查处理。

科技与信息化处：组织开展水旱灾害防御科技研究和推广、水旱灾害防御技术标准制修订工作。组织协调指导全区水旱灾害防御信息化建设工作。

自治区水文水资源监测预警中心：负责全区雨情、水情、汛情、凌情、旱情监测预报预警和信息发布工作,负责全区旱情信息收集和分析,承担水利厅水旱灾害防御会商的相关技术支撑工作。

自治区水利调度中心：指导渠道管理单位编制防洪抢险应急预案和抗旱应急水量调度预案。编制全区水量分配方案、计划用水和调度预案。

水利信息中心：做好防汛期间水旱灾害防御中心网络及通讯保障工作。

机关服务中心：做好汛期值班期间会商会议服务、车辆保障、值守人员的生活服务、紧急文件印刷递送等后勤保障工作。

水利科学研究院：承担有关水旱灾害防御技术研究,参与相关规划方案预案的研究。

渠道管理单位：负责编制所属渠道防洪抢险应急预案和抗旱应急水量调度预案,报水利厅审批。负责运行管理的水利工程应急抢险工作。

厅属各单位必须严格执行水旱灾害防御调度指挥组命令,做好本单位职权范围内水旱灾害防御工作。

2.3 市、县(区)级水行政主管部门

负责本单位职责范围内水旱灾害防御工作的组织、协调、指导、监督。组织开展辖区内雨水情监测预报预警工作,按程序启动洪水、干旱预警和应急响应,按权限调度水工程,按照要求及时报送农业旱情、城乡居民饮水困难、调蓄工程蓄水量等信息。负责编制本级水旱灾害防御应急响应工作规程和抗旱应急水量调度预案,负责辖区内防汛抢险队伍组建、灾后评估、水毁工程修复、信息化建设。做好防汛抗旱抢险技术支撑、物资的储备与管理工作。负责辖区内水旱灾害防御信息报送、知识宣传和档案资料整编存档工作。

2.4 水利工程运行管理单位

水利工程运行管理单位负责工程的监测、巡查、调度及险情报告、险情处置等工作。

3 监测预报预警

3.1 监测报送

各市、县(区)水行政主管部门负责洪水和干旱灾情信息的监测和报送,其中洪水灾情信息包括灾害发生的时间、地点、影响范围、受灾人口以及农作物和水利工程设施等方面的损失;旱情信息包括干旱发生的时间、地点、程度、受旱范围、影响人口及对城乡生活、工农业生产等方面造成的影响。

水文部门负责水文信息的监测和报送,包括降水量、蒸发量、水位、流量、墒情、凌情等。

工程运行管理单位负责工程信息的监测和报送,包括水库、堤防、水闸、泵站、引提水等水利工程

运行情况、出险情况及处置情况。

各市、县(区)水行政主管部门、水文部门和工程运行管理单位做好应急监测,以测补报工作,监测信息的报送应及时、全面、准确。当河流发生洪水或水利工程出现险情时,按照职责权限向当地水行政主管部门、同级人民政府和上级主管部门报告。加强与气象、应急、住建、交通、自然资源、农业等部门的信息共享。

3.2 预报

自治区水利厅负责组织实施全区河流、湖泊及水库的雨情、水情、汛情以及重点区域旱情的预测预报。

洪水预报以流域为单元,紧扣"降雨-产流-汇流-演进"预报环节,加强气象水文、预报调度耦合,建立短期、中期、长期相结合的预报模式,预报成果包括范围、沟道、量级、重现期等指标。旱情预报以区域为单元,综合分析不同预见期下的气候形势、来水变化、水库蓄水情况、流域沿岸用水需求等。预报要保证时效性、准确性。泥沙预报以黄河支流为单元,综合分析场次洪水的洪水总量、输沙总量等。预报成果发布要严格履行审核、签发程序,建立完善分级制作、发布和共享机制,加强与气象、农业、应急等部门的信息共享。

3.3 预警

主要包括洪水预警、山洪灾害气象风险预警、山洪灾害实时监测预警、干旱预警。

3.3.1 洪水预警

洪水预警等级由低至高依次分为洪水蓝色预警、洪水黄色预警、洪水橙色预警、洪水红色预警。

自治区水利厅负责组织、监督、指导洪水预警发布工作。

自治区水文水资源监测预警中心通过工作短信、电话等方式,负责向各级水行政主管部门和相关单位、洪水防御一线责任人发布洪水预警信息,并向社会公众发布。各级水行政主管部门按照管理权限和职责分工通过通知、工作短信、电话等方式向相关行业部门和社会公众发布,实现预警发布全覆盖。

自治区水文水资源监测预警中心发布的预警信息应同时通过水情预警汇集平台及时汇交黄河水利委员会和水利部。

3.3.2 山洪灾害气象风险预警

预警发布按照《宁夏暴雨诱发中小河流洪水及山洪地质灾害气象风险预警服务业务规定》执行。由各级水行政主管部门联合同级气象部门发布,预警等级由低至高依次分为蓝色、黄色、橙色、红色预警。

3.3.3 山洪灾害实时监测预警

县级水行政主管部门负责辖区内山洪灾害实时监测和预警发布工作,及时将预警信息向同级防汛抗旱指挥部和上级水行政主管部门报告,同时向危险区群众发布预警。

3.3.4 干旱预警

干旱预警等级由低至高依次分为干旱蓝色预警、干旱黄色预警、干旱橙色预警、干旱红色预警。

自治区水文水资源监测预警中心根据主要河流来水量、水库蓄水量、城乡居民生活用水情况、灌区农业受旱面积等指标综合分析发布城乡居民生活用水、灌区农业灌溉干旱预警。并按照管理权限和职责分工通过工作短信、电话等方式向各级水行政主管部门、相关行业部门发布。同时将预警信息通过水情预警汇集平台及时汇交黄河水利委员会和水利部。

4 应急响应

根据预报可能发生或已经发生的水旱灾害性质、严重程度、可控性和发展程度、发展趋势、影响范围等因素,自治区水利厅水旱灾害防御应急响应分洪水防御、干旱防御两种类型,启动和终止时针对具体区域,级别分别从低到高分为四级:Ⅳ级、Ⅲ级、Ⅱ级和Ⅰ级。

特殊情况下,可根据雨情、水情、汛情、旱情、工情、险情及次生灾害危害程度等综合研判,适当调整应急响应级别。

自治区水利厅启动洪水、干旱防御应急响应时,各市、县(区)水行政主管部门要及时启动相应等级应急响应,共同做好防御工作。各市、县(区)水行政主管部门根据本级水旱灾害防御应急响应工作规程启动洪水、干旱防御应急响应时,应及时报本级防汛抗旱指挥部和上级水行政主管部门。

4.1 洪水防御

4.1.1 洪水防御Ⅳ级应急响应

4.1.1.1 启动条件及程序

当出现以下情况之一时，水利厅启动洪水防御Ⅳ级应急响应：

（1）综合考虑水利部发布的山洪灾害气象风险预警、自治区气象台发布的暴雨预警和自治区水文水资源监测预警中心发布的洪水预警，经会商研判可能引发2条及以上山洪沟和中小河流出现接近20年一遇洪水过程。

（2）黄河宁夏段预报或已经发生洪峰流量为2500~3500立方米/秒洪水，影响防洪工程安全运行。

（3）黄河宁夏段冰凌威胁防洪工程安全。

（4）一般堤防、淤地坝出现危及堤防、堤坝安全的险情。

（5）重要水库水位已超过汛限水位并预报有继续上涨趋势。

（6）地震等自然灾害造成水利工程出现险情需要启动洪水防御Ⅳ级应急响应的情况。

当出现符合洪水防御Ⅳ级应急响应条件的事件时，由调度指挥组副组长决定启动洪水防御Ⅳ级应急响应。

4.1.1.2 洪水防御Ⅳ级应急响应行动

1. 会商机制

调度指挥组副组长组织或委托自治区水旱灾害防御中心主任组织有关处室和中心进行会商，对防汛工作作出部署，并将情况报组长或副组长。

2. 文件下发和上报机制

根据会商意见，水利厅向相关市、县（区）水行政主管部门和有关单位发出通知，通报关于启动洪水防御Ⅳ级应急响应的命令及有关洪水防御等情况，对做好相应的汛情预测预报预警、水工程调度、山洪灾害防御、堤防巡查和抢险技术支撑等工作提出要求。

自治区水利厅以《水旱灾害防御信息》向水利部、黄河水利委员会报送响应启动信息，以《水利信息》向自治区党委和政府、防汛抗旱指挥部报送响应启动信息。

3. 调度指挥机制

（1）各市、县（区）水行政主管部门按照调度权限做好水工程调度，及时了解掌握相关汛情和工情。自治区水利厅监督指导各地做好洪水防御工作，并及时了解下步水工程调度情况。

（2）汛期相关市、县（区）水行政主管部门按旬或按洪水场次统计水库防洪效益。

4. 工作组派出机制

根据工作需要和地方请求，自治区水利厅派出工作组赴一线，协助指导地方开展洪水防御工作。

5. 预测预报机制

自治区水文水资源监测预警中心及时分析天气形势并结合雨水情发展态势，做好雨情、水情的预测预报，每小时报送1次洪水影响区域雨水情监测信息，每日报送2次雨水情预报成果，情况紧急时加密测报。

6. 洪水预警发布机制

（1）自治区水文水资源监测预警中心按规定及时向各级水行政主管部门和相关单位、洪水防御一线责任人发布洪水预警信息，并向社会公众发布。

（2）自治区水旱灾害防御中心及时将洪水预警信息通报自治区防办，提请做好抗洪抢险、险情处置、群众转移避险等工作。

（3）各市、县（区）水行政主管部门按照管理权限、职责分工，将预警信息以通知、工作短信、"点对点"电话等方式直达洪水防御工作一线人员，通过电视、广播、网站、微信公众号、山洪灾害预警系统等方式向社会公众发布，提醒洪水防御一线工作人员立即采取防御措施，受影响区域社会公众及时做好防灾避险。

7. 信息报送机制

（1）自治区水旱灾害防御中心值班人员收到水库、堤防等水工程险情信息报告，必须向有关市、县（区）水行政主管部门和工程运行管理单位核实清楚，准确了解出险时间、出险位置、影响范围、险情处置、发展趋势等情况。确认无误后，根据需要及时编发水旱灾害防御信息或水利信息。

（2）各市、县（区）水行政主管部门要在第一时间向上一级水行政主管部门报告突发汛情险情和重要工作部署等。在应对洪水灾害期间，相关市、县（区）水行政主管部门要每日向水利厅报送洪水应对工作开展情况。

突发险情报告分为首报和续报，原则上应以书面形式逐级上报。紧急情况发生后，应当在 30 分钟内采用电话或其他形式报告，1 小时内以书面形式补报。

突发险情的首报是指确认险情灾情已经发生，在第一时间将所掌握的有关情况向上一级水行政主管部门报告。

续报是指在突发险情发展过程中，根据险情发展及抢险救灾的变化情况，对报告事件的补充报告。续报内容应按报表要求分类上报，并附险情、灾情图片。续报应延续至险情排除、灾情稳定或结束。

8. 宣传报道和信息发布机制

厅办公室组织指导相关处室、单位开展宣传报道，通过水利厅网站发布新闻通稿和相关地区的洪水防御工作信息。根据统一部署，协调自治区主要媒体和重要社会媒体，发布新闻通稿，做好舆情监测，及时反馈重大情况。

相关市、县（区）水行政主管部门按照地方政府要求，积极主动做好新闻宣传和信息发布工作。

4.1.1.3 响应终止

视汛情变化，由调度指挥组副组长决定终止洪水防御Ⅳ级应急响应。

4.1.2 洪水防御Ⅲ级应急响应

4.1.2.1 启动条件与程序

当出现以下情况之一时，启动洪水防御Ⅲ级应急响应：

（1）综合考虑水利部发布的山洪灾害气象风险预警、自治区气象台发布的暴雨预警和自治区水文水资源监测预警中心发布的洪水预警，经会商研判可能引发 2 条及以上山洪沟和中小河流出现 20~50年一遇洪水过程。

（2）黄河宁夏段预报或已经发生洪峰流量为3500~4500 立方米 / 秒洪水，防洪工程出现较大险情。

（3）黄河宁夏段封河期或开河期，河道内出现冰塞冰坝险情，水位快速上涨，洪水漫滩、倒灌，淹没农田。

（4）一般淤地坝垮坝，重要淤地坝出现险情；一般堤防出现漫堤决口，重要堤防出现险情。

（5）水库水位接近设计洪水位并预报有继续上涨趋势，小型水库出现险情。

（6）地震等自然灾害造成水利工程出现险情需要启动洪水防御Ⅲ级应急响应的情况。

当出现符合洪水防御Ⅲ级应急响应条件的事件时，由调度指挥组副组长决定启动洪水防御Ⅲ级应急响应。

4.1.2.2 洪水防御Ⅲ级应急响应行动

1. 会商机制

调度指挥组副组长组织办公室、节约用水与城乡供水处、工程建设与运行管理处、农村水利处、水土保持处、科技与信息化处、水库与移民管理处、自治区水旱灾害防御中心、自治区水利调度中心、自治区水文水资源监测预警中心等部门进行会商，对防汛工作作出部署，并将情况报调度指挥组组长。

2. 文件下发和上报机制

根据会商意见，自治区水利厅向市、县（区）水行政主管部门和有关单位发出通知，通报关于启动洪水防御Ⅲ级应急响应的命令及有关洪水防御等情况，对做好相应的汛情预测预报预警、水工程调度、山洪灾害防御、堤防巡查和抢险技术支撑等工作提出要求。

自治区水利厅以《水旱灾害防御信息》向水利部、黄河水利委员会报送响应启动信息，以《水利信息》向自治区党委和政府、防汛抗旱指挥部报送响应启动信息。

3. 调度指挥机制

（1）各市、县（区）水行政主管部门按照调度权限做好水工程调度，及时了解掌握相关汛情和工情。自治区水利厅监督指导各地做好洪水防御工作，并及时了解下一步水利工程调度情况。

（2）必要时，自治区水利厅商相关市、县（区）水行政主管部门对黄河洪水和跨市区域洪水进行调度,采取视频连线方式,会商调度方案。

(3)汛期相关市、县(区)水行政主管部门按旬或按洪水场次统计水库防洪效益。

4. 工作组和专家组派出机制

根据工作需要,水利厅派出工作组或专家组赴一线,协助指导地方开展洪水防御工作。

5. 预测预报机制

自治区水文水资源监测预警中心及时分析天气形势并结合雨水情发展态势,做好雨情、水情的预测预报,每小时报送1次洪水影响区域雨水情监测信息,每日报送2次雨水情预报成果,情况紧急时加密测报。

6. 洪水预警发布机制

(1)自治区水文水资源监测预警中心按规定及时向各级水行政主管部门和相关单位、洪水防御一线责任人发布洪水预警信息,并向社会公众发布。

(2)自治区水旱灾害防御中心及时将洪水预警信息通报自治区防办,提请做好抗洪抢险、险情处置、群众转移避险等工作。

(3)各市、县(区)水行政主管部门按照管理权限、职责分工,将预警信息以通知、短信、"点对点"电话等方式直达洪水防御工作一线人员,通过电视、广播、网站、微信公众号、山洪灾害预警系统等方式向社会公众发布,提醒洪水防御一线工作人员立即采取防御措施,受影响区域社会公众及时做好防灾避险。

7. 信息报送机制

(1)自治区水旱灾害防御中心值班人员收到水库、堤防等水工程险情信息报告,必须向有关市、县(区)水行政主管部门和工程运行管理单位核实清楚,准确了解出险时间、出险位置、影响范围、险情处置、发展趋势等情况。确认无误后,根据需要及时编发水旱灾害防御信息或水利信息。

(2)各市、县(区)水行政主管部门要在第一时间向上一级水行政主管部门报告突发汛情险情和重要工作部署等。在应对洪水灾害期间,相关市、县(区)水行政主管部门要每日向水利厅报送洪水应对工作

开展情况。

发生突发重大险情时,县级水行政主管部门应在汛情险情发生后1小时内报告(紧急情况可越级上报)水利部(防御司),抄报流域管理机构。水利厅持续跟踪险情处置进展,每日向水利部、黄委和自治区党委、政府进行续报,延续至险情排除、灾情稳定或结束。

8. 宣传报道和信息发布机制

厅办公室组织指导相关处室、单位开展宣传报道,通过水利厅网站发布新闻通稿和相关地区的洪水防御工作信息。根据统一部署,协调自治区主要媒体和重要社会媒体,发布新闻通稿,做好舆情监测,及时反馈重大情况。

相关市、县(区)水行政主管部门按照地方政府要求,积极主动做好新闻宣传和信息发布工作。

4.1.2.3 响应终止

视汛情变化,由调度指挥组副组长决定终止洪水防御Ⅲ级应急响应。

4.1.3 洪水防御Ⅱ级应急响应

4.1.3.1 启动条件与程序

当出现以下情况之一时,启动洪水防御Ⅱ级应急响应:

(1)综合考虑水利部发布的山洪灾害气象风险预警、自治区气象台发布的暴雨预警和自治区水文水资源监测预警中心发布的洪水预警,经会商研判可能引发山洪沟和中小河流出现50—100年一遇洪水过程。

(2)黄河宁夏段预报或已经发生洪峰流量为4500~5620立方米/秒洪水,黄河堤防出现险情。

(3)黄河宁夏段封河期或开河期出现冰塞冰坝险情,水位快速上涨达到堤防设计水位,堤防出现险情。

(4)重要淤地坝垮坝,重点堤防出现漫堤、决口。

(5)水库水位接近校核洪水位并预报有继续上涨趋势,一般小型水库面临垮坝或者已经发生垮坝,重要小型水库及中型水库出现险情。

(6)地震等自然灾害造成水利工程出现险情需要启动洪水防御Ⅱ级应急响应的情况。

根据汛情发展变化，当出现符合洪水防御Ⅱ级应急响应条件的事件时，由调度指挥组组长决定启动洪水防御Ⅱ级应急响应。

4.1.3.2 洪水防御Ⅱ级应急响应行动

1. 会商机制

调度指挥组组长组织办公室、工程建设与运行管理处、节约用水与城乡供水处、水土保持处、农村水利处、水库与移民管理处、科技与信息化处、自治区水旱灾害防御中心、自治区水利调度中心、自治区水文水资源监测预警中心等部门进行会商，对防汛工作作出部署。有关市、县（区）水行政主管部门主要负责同志根据需要，以视频形式参加会商。

响应期内，根据汛情发展变化，受组长委托，可由副组长主持会商，并将情况报组长。

2. 文件下发和上报机制

根据会商意见，自治区水利厅向市、县（区）水行政主管部门和有关单位发出通知，通报关于启动洪水防御Ⅱ级应急响应的命令及有关洪水防御等情况，对做好相应的汛情预测预报预警、水工程调度、山洪灾害防御、堤防巡查和抢险技术支撑等工作提出要求。

自治区水利厅以《水旱灾害防御信息》向水利部、黄河水利委员会报送响应启动信息，以《水利信息》向自治区党委和政府、防汛抗旱指挥部报送响应启动信息。

3. 调度指挥机制

（1）各市、县（区）水行政主管部门按照调度权限做好水工程调度，及时了解掌握相关汛情和工情。自治区水利厅监督指导各地做好洪水防御工作，并及时了解下步水工程调度情况。

（2）必要时，调度指挥组商相关市、县（区）水行政主管部门对黄河洪水和跨市区域洪水进行调度，采取视频连线方式，会商调度方案。

（3）汛期相关市、县（区）水行政主管部门和水库运行管理单位按旬或按洪水场次统计水库防洪效益。

4. 工作组和专家组派出机制

根据汛情发展情况，工作组和专家组协助指导地方开展洪水防御工作。

5. 预测预报机制

自治区水文水资源监测预警中心及时分析天气形势并结合雨水情发展态势，做好雨情、水情的预测预报，每小时报送 2 次洪水影响区域雨水情监测信息，每日报送 3 次雨水情预报成果，情况紧急时加密测报。

6. 洪水预警发布机制

（1）自治区水文水资源监测预警中心按规定及时向各级水行政主管部门和相关单位、洪水防御一线责任人发布洪水预警信息，并向社会公众发布。

（2）自治区水旱灾害防御中心及时将洪水预警信息通报自治区防办，提请做好抗洪抢险、险情处置、群众转移避险等工作。

（3）各市、县（区）水行政主管部门按照管理权限、职责分工，将预警信息以通知、工作短信、"点对点"电话等方式直达洪水防御工作一线人员，通过电视、广播、网站、微信公众号、山洪灾害预警系统等方式向社会公众发布，提醒洪水防御一线工作人员立即采取防御措施，受影响区域社会公众及时做好防灾避险。

7. 信息报送机制

（1）自治区水旱灾害防御中心值班人员收到水库、堤防等水工程险情信息报告，必须向有关市、县（区）水行政主管部门和工程运行管理单位核实清楚，准确了解出险时间、出险位置、影响范围、险情处置、发展趋势等情况。确认无误后，根据需要及时编发水旱灾害防御信息或水利信息。

（2）各市、县（区）水行政主管部门要在第一时间向上一级水行政主管部门报告突发汛情险情和重要工作部署等。在应对洪水灾害期间，相关市、县（区）水行政主管部门要每日向水利厅报送洪水应对工作开展情况。

发生突发重大险情时，县级水行政主管部门应在汛情险情发生后 1 小时内报告（紧急情况可越级上报）水利部（防御司），抄报流域管理机构。自治区水利厅持续跟踪险情处置进展，每日向水利部、黄委和自治区党委、政府进行续报，延续至险情排除、灾情稳定或结束。

8.宣传报道和信息发布机制

厅办公室组织指导相关处室、单位开展宣传报道,通过水利厅网站发布新闻通稿和相关地区的洪水防御工作信息。根据统一部署,协调自治区主要媒体和重要社会媒体,发布新闻通稿,做好舆情监测,及时反馈重大情况。

相关市、县(区)水行政主管部门按照地方政府要求,积极主动做好新闻宣传和信息发布工作。

4.1.3.3 响应终止

视汛情变化,由调度指挥组组长决定终止或降低应急响应级别。

4.1.4 洪水防御 I 级应急响应

4.1.4.1 启动条件与程序

当出现以下情况之一时,启动洪水防御 I 级应急响应:

(1)综合考虑水利部发布的山洪灾害气象风险预警、自治区气象台发布的暴雨预警和自治区水文水资源监测预警中心发布的洪水预警,经会商研判可能引发山洪沟和中小河流出现 100 年一遇以上洪水过程。

(2)黄河宁夏段可能或已经发生洪峰流量为 5620 立方米/秒以上。黄河堤防出现决口。青铜峡、沙坡头水库大坝出现险情。

(3)黄河宁夏段封河期或开河期出现冰塞冰坝险情,水位快速上涨超过堤防设计水位,堤防决口。

(4)多条重点堤防出现漫堤、决口。

(5)重要小型水库和中型水库面临垮坝或者已经发生垮坝。

(6)地震等自然灾害造成水利工程出现险情需要启动洪水防御 I 级应急响应的情况。

根据汛情发展变化,当出现符合洪水防御 I 级应急响应条件的事件时,由调度指挥组组长决定启动洪水防御 I 级应急响应。

4.1.4.2 洪水防御 I 级应急响应行动

1.会商机制

调度指挥组组长组织办公室、工程建设与运行管理处、节约用水与城乡供水处、水土保持处、农村水利处、水库与移民管理处、科技与信息化处、自治

区水旱灾害防御中心、自治区水利调度中心、自治区水文水资源监测预警中心等部门进行会商,对防汛工作作出部署。有关市、县(区)水行政主管部门主要负责同志根据需要,以视频形式参加会商。

2.文件下发和上报机制

根据会商意见,自治区水利厅向市、县(区)水行政主管部门和有关单位发出通知,通报关于启动洪水防御 I 级应急响应的命令及有关洪水防御等情况,对做好相应的汛情预测预报预警、水工程调度、山洪灾害防御、堤防巡查和抢险技术支撑等工作提出要求。

自治区水利厅以《水旱灾害防御信息》向水利部、黄河水利委员会报送响应启动信息,以《水利信息》向自治区党委和政府、防汛抗旱指挥部报送响应启动信息。

3.调度指挥机制

(1)各级水行政主管部门按照调度权限做好水工程调度,及时了解掌握相关汛情和工情,自治区水利厅监督指导各地做好洪水防御工作。

(2)必要时,调度指挥组商相关市、县(区)水行政主管部门对黄河洪水和跨市区域洪水进行调度,采取视频连线方式,会商调度方案。

(3)汛期相关市、县(区)水行政主管部门和水库运行管理单位按旬或按洪水场次统计水库防洪效益。

4.工作组和专家组派出机制

根据汛情发展情况,工作组和专家组协助指导地方开展洪水防御工作。

5.预测预报机制

自治区水文水资源监测预警中心及时分析天气形势并结合雨水情发展态势,做好雨情、水情的预测预报,每小时报送 2 次洪水影响区域雨水情监测信息,每日报送 3 次雨水情预报成果,情况紧急时加密测报。

6.洪水预警发布机制

(1)自治区水文水资源监测预警中心按规定及时向各级水行政主管部门和相关单位、洪水防御一线责任人发布洪水预警信息,并向社会公众发布。

（2）自治区水旱灾害防御中心及时将洪水预警信息通报自治区防办，提请做好抗洪抢险、险情处置、群众转移避险等工作。

（3）各市、县（区）水行政主管部门按照管理权限、职责分工，将预警信息以通知、工作短信、"点对点"电话等方式直达洪水防御工作一线人员，通过电视、广播、网站、微信公众号、山洪灾害预警系统等方式向社会公众发布，提醒洪水防御一线工作人员立即采取防御措施，受影响区域社会公众及时做好防灾避险。

7.信息报送机制

（1）自治区水旱灾害防御中心值班人员收到水库、堤防等水工程险情信息报告，必须向有关市、县（区）水行政主管部门和工程运行管理单位核实清楚，准确了解出险时间、出险位置、影响范围、险情处置、发展趋势等情况。确认无误后，根据需要及时编发水旱灾害防御信息或水利信息。

（2）各市、县（区）水行政主管部门要在第一时间向上一级水行政主管部门报告突发汛情险情和重要工作部署等。在应对洪水灾害期间，相关市、县（区）水行政主管部门要每日向水利厅报送洪水应对工作开展情况。

发生突发重大险情时，县级水行政主管部门应在汛情险情发生后1小时内报告（紧急情况可越级上报）水利部（防御司），抄报流域管理机构。自治区水利厅持续跟踪险情处置进展，每日向水利部、黄委和自治区党委、政府进行续报，延续至险情排除、灾情稳定或结束。

8.宣传报道和信息发布机制

厅办公室组织指导相关处室、单位开展宣传报道，通过水利厅网站发布新闻通稿和相关地区的洪水防御工作信息。根据统一部署，协调自治区主要媒体和重要社会媒体，发布新闻通稿，做好舆情监测，及时反馈重大情况。

相关市、县（区）水行政主管部门按照地方政府要求，积极主动做好新闻宣传和信息发布工作。

4.1.4.3 响应终止

视汛情变化，由调度指挥组组长决定终止或降低应急响应级别。

4.2 干旱防御

4.2.1 干旱防御Ⅳ级应急响应

4.2.1.1 启动条件与程序

当出现以下情况之一时，启动干旱防御Ⅳ级应急响应：

（1）灌区农业轻度干旱，或城乡居民饮水轻度困难。

（2）3个以上河流、水库的重要控制站水位（流量）接近旱警水位（流量）。

（3）水利部、黄委启动含有宁夏区域的干旱Ⅳ级应急响应，自治区防办启动全区干旱Ⅳ级应急响应。

（4）其他需要启动干旱防御Ⅳ级应急响应的情况。

根据旱情发展变化，当出现符合干旱防御Ⅳ级应急响应条件的事件时，由调度指挥组副组长决定启动干旱防御Ⅳ级应急响应。

4.2.1.2 干旱防御Ⅳ级应急响应行动

1.会商机制

调度指挥组副组长组织或委托自治区水旱灾害防御中心主任组织有关处室和中心进行会商，对抗旱工作作出部署，并将情况报组长或副组长。有关市、县（区）水行政主管部门负责同志根据需要参加会商。

2.文件下发和上报机制

根据会商意见，自治区水利厅向有关市、县（区）水行政主管部门及有关单位发出通知，通报关于启动干旱防御Ⅳ级应急响应的命令及有关干旱防御等情况，对做好相应的旱情预测预报预警、抗旱应急水量调度等工作提出要求。

自治区水利厅以《水旱灾害防御信息》向水利部、黄河水利委员会报送响应启动信息，以《水利信息》向自治区党委和政府、防汛抗旱指挥部报送响应启动信息。

3.调度指挥机制

（1）自治区水利厅组织指导相关单位做好抗旱应急水量调度工作，监督指导各地做好旱灾防御工作。

（2）受旱期间，各市、县（区）水行政主管部门及相关单位负责按周统计辖区内水利调蓄工程效益。

4. 工作组和专家组派出机制

根据工作需要和地方请求，应急响应启动后水利厅派出工作组或专家组赴一线，协助指导地方开展抗旱应急水量调度、应急供水保障等工作。

5. 预测预报机制

自治区水文水资源监测预警中心每周提供雨情、水情、旱情实况和趋势预测预报信息。根据旱情发展形势和会商要求，针对受旱区域进行专题预测预报。

6. 干旱预警发布机制

（1）自治区水文水资源监测预警中心按规定向各级水行政主管部门发布干旱预警信息。各市、县（区）水行政主管部门按照管理权限、职责分工，将干旱预警信息向相关部门发布，提醒提前采取防御措施。

（2）自治区水旱灾害防御中心及时将干旱预警信息通报自治区防办，提请做好抗旱减灾工作。

7. 信息报送机制

（1）自治区水旱灾害防御中心收到旱情信息报告，经核实后，及时编发水旱灾害防御信息或水利信息。

（2）各市、县（区）水行政主管部门要在第一时间向水利厅农村水利处、节约用水与城乡供水处分别报送农业旱情、城乡居民饮水困难情况。在应对干旱期间，相关市、县（区）水行政主管部门要每周向水利厅报送抗旱工作开展情况。

8. 宣传报道和信息发布机制

办公室组织指导相关处室、单位开展宣传报道，通过水利厅网站发布新闻通稿和相关地区的干旱防御工作信息。根据统一部署，协调自治区主要媒体和重要社会媒体，发布新闻通稿，组织水利政务新媒体开展宣传报道，做好舆情监测，及时反馈重大情况。

相关市、县（区）水行政主管部门按照地方政府要求，积极主动做好新闻宣传和信息发布工作。

4.2.1.3 响应终止

视旱情变化，由调度指挥组副组长决定终止干旱防御Ⅳ级应急响应。

4.2.2 干旱防御Ⅲ级应急响应

4.2.2.1 启动条件与程序

当出现以下情况之一时，启动干旱防御Ⅲ级应急响应：

（1）灌区农业中度干旱，或城乡居民饮水中度困难。

（2）5个以上河流、水库的重要控制站水位（流量）接近旱警水位（流量）。

（3）水利部、黄委启动含有宁夏区域的干旱Ⅲ级应急响应，自治区防办启动全区干旱Ⅲ级应急响应。

（4）其他需要启动干旱防御Ⅲ级应急响应的情况。

根据旱情发展变化，当出现符合干旱防御Ⅲ级应急响应条件的事件时，由调度指挥组副组长决定启动干旱防御Ⅲ级应急响应。

4.2.2.2 干旱防御Ⅲ级应急响应行动

1. 会商机制

调度指挥组副组长组织办公室、水资源管理处、节约用水与城乡供水处、工程建设与运行管理处、农村水利处、科技与信息化处、自治区水旱灾害防御中心、自治区水利调度中心、自治区水文水资源监测预警中心等部门和相关单位进行会商，对抗旱工作作出部署。有关市、县（区）水行政主管部门负责同志根据需要参加会商。

2. 文件下发和上报机制

根据会商意见，自治区水利厅向有关市、县（区）水行政主管部门和单位发出通知，通报关于启动干旱防御Ⅲ级应急响应的命令及有关干旱防御等情况，对做好相应的旱情预测预报预警、抗旱应急水量调度等工作提出要求。

自治区水利厅以《水旱灾害防御信息》向水利部、黄河水利委员会报送响应启动信息，以《水利信息》向自治区党委和政府、防汛抗旱指挥部报送响应启动信息。

3. 调度指挥机制

（1）自治区水利厅组织指导相关单位做好抗旱应急水量调度工作，监督指导各地做好旱灾防御工作。

（2）必要时，调度指挥组商相关市、县（区）水行政主管部门和有关单位对重要干渠、水库和跨区域供水工程进行抗旱应急水量调度，采取和相关市级水行政主管部门视频连线方式，会商调度方案。

（3）受旱期间，各市、县（区）水行政主管部门负责按周统计辖区内水利调蓄工程效益。

4. 工作组和专家组派出机制

根据工作需要和地方请求，应急响应启动后水利厅派出工作组或专家组赴一线，协助指导地方开展抗旱应急水量调度、应急供水保障等工作。

5. 预测预报机制

自治区水文水资源监测预警中心每周提供雨情、水情、旱情实况和趋势预测预报信息。根据旱情发展形势和会商要求，进行专题预测预报。

6. 干旱预警发布机制

（1）自治区水文水资源监测预警中心按规定向各级水行政主管部门发布干旱预警信息。各市、县（区）水行政主管部门按照管理权限、职责分工，将干旱预警信息向相关部门发布，提醒提前采取防御措施。

（2）自治区水旱灾害防御中心及时将干旱预警信息通报自治区防办，提请做好抗旱减灾工作。

7. 信息报送机制

（1）自治区水旱灾害防御中心收到旱情信息报告，经核实后，及时编发水旱灾害防御信息或水利信息。

（2）各市、县（区）水行政主管部门要在第一时间向水利厅农村水利处、节约用水与城乡供水处分别报送农业旱情、城乡居民饮水困难情况。在应对干旱期间，相关市、县（区）水行政主管部门要每周向水利厅报送抗旱工作开展情况。

8. 宣传报道和信息发布机制

办公室组织指导相关处室、单位开展宣传报道，通过水利厅网站发布新闻通稿和相关流域、地区的干旱防御工作信息。根据统一部署，协调自治区主要媒体和重要社会媒体，发布新闻通稿，组织水利政务新媒体开展宣传报道，做好舆情监测，及时反馈重大

情况。

相关市、县（区）水行政主管部门按照地方政府要求，积极主动做好新闻宣传和信息发布工作。

4.2.2.3 响应终止

视旱情变化，由调度指挥组副组长宣布终止或降低应急响应级别。

4.2.3 干旱防御Ⅱ级应急响应

4.2.3.1 启动条件与程序

当出现以下情况之一时，启动干旱防御Ⅱ级应急响应：

（1）灌区农业重度干旱，或城乡居民饮水严重困难。

（2）5座及以上供水大中型水库水位低于死水位。

（3）水利部、黄委启动含有宁夏区域的干旱Ⅱ级应急响应，自治区防办启动全区干旱Ⅱ级应急响应。

（4）其他需要启动干旱防御Ⅱ级应急响应的情况。

根据旱情发展变化，当出现符合干旱防御Ⅱ级应急响应条件的事件时，调度指挥组组长启动干旱防御Ⅱ级应急响应。

4.2.3.2 干旱防御Ⅱ级应急响应行动

1. 会商机制

调度指挥组组长组织办公室、水资源管理处、节约用水与城乡供水处、工程建设与运行管理处、农村水利处、科技与信息化处、自治区水旱灾害防御中心、自治区水利调度中心、自治区水文水资源监测预警中心等部门和相关单位进行会商，对抗旱工作作出部署。有关市、县（区）水行政主管部门主要负责同志根据需要参加会商。

2. 文件下发和上报机制

根据会商意见，自治区水利厅向有关市、县（区）水行政主管部门和单位发出通知，通报关于启动干旱防御Ⅱ级应急响应的命令及有关干旱防御等情况，对做好相应的旱情预测预报预警、抗旱应急水量调度等工作提出要求。

自治区水利厅以《水旱灾害防御信息》向水利部、黄河水利委员会报送响应启动信息，以《水利信息》向自治区党委和政府、防汛抗旱指挥部报送响应

启动信息。

3.调度指挥机制

（1）自治区水利厅组织指导相关单位做好抗旱应急水量调度工作，监督指导各地做好旱灾防御工作。

（2）必要时，调度指挥组商相关市、县（区）水行政主管部门和有关单位对重要干渠、水库和跨区域供水工程进行抗旱应急水量调度，采取和相关市级水行政主管部门视频连线方式，会商调度方案。

（3）受旱期间，各市、县（区）水行政主管部门负责每周统计2次辖区内水利调蓄工程效益。

4.工作组和专家组派出机制

根据工作需要，应急响应启动后水利厅派出工作组或专家组赴一线，协助指导地方开展抗旱应急水量调度、应急供水保障等工作。

5.预测预报机制

自治区水文水资源监测预警中心每周提供2次雨情、水情、旱情实况和趋势预测预报信息。根据旱情发展形势和会商要求，进行专题预测预报。

6.干旱预警发布机制

（1）自治区水文水资源监测预警中心按规定向各级水行政主管部门发布干旱预警信息。各市、县（区）水行政主管部门按照管理权限、职责分工，将干旱预警信息向相关部门发布，提醒提前采取防御措施。

（2）自治区水利厅及时将干旱预警信息通报自治区防办，提请做好抗旱救灾工作。

7.信息报送机制

（1）自治区水旱灾害防御中心收到旱情信息报告，经核实后，及时编发水旱灾害防御信息或水利信息。

（2）各市、县（区）水行政主管部门要在第一时间向水利厅农村水利处、节约用水与城乡供水处分别报送农业旱情、城乡居民饮水困难情况。在应对干旱期间，相关市、县（区）水行政主管部门要每周向水利厅报送2次抗旱工作开展情况。

8.宣传报道和信息发布机制

办公室组织指导相关处室、单位开展宣传报道，通过水利厅网站发布新闻通稿和相关流域、地区的干旱防御工作信息。根据统一部署，协调自治区主要媒体和重要社会媒体，发布新闻通稿，组织水利政务新媒体开展宣传报道，做好舆情监测，及时反馈重大情况。

相关市、县（区）水行政主管部门按照地方政府要求，积极主动做好新闻宣传和信息发布工作。

4.2.3.3 响应终止

视旱情变化，由调度指挥组组长宣布终止或降低应急响应级别。

4.2.4 干旱防御Ⅰ级应急响应

4.2.4.1 启动条件与程序

当出现以下情况之一时，启动干旱防御Ⅰ级应急响应：

（1）灌区农业极度干旱，或城乡居民饮水特别困难。

（2）水利部、黄委启动含有宁夏区域的干旱Ⅰ级应急响应，自治区防办启动全区干旱Ⅰ级应急响应。

（3）其他需要启动干旱防御Ⅰ级应急响应的情况。

根据旱情发展变化，当出现符合干旱防御Ⅰ级应急响应条件的事件时，调度指挥组组长启动干旱防御Ⅰ级应急响应。

4.2.4.2 干旱防御Ⅰ级应急响应行动

1.会商机制

调度指挥组组长组织办公室、水资源管理处、节约用水与城乡供水处、工程建设与运行管理处、农村水利处、科技与信息化处、自治区水旱灾害防御中心、自治区水利调度中心、自治区水文水资源监测预警中心等部门和相关单位进行会商，对抗旱工作作出部署。有关市、县（区）水行政主管部门主要负责同志根据需要参加会商。

2.文件下发和上报机制

根据会商意见，自治区水利厅向有关市、县（区）水行政主管部门和单位发出通知，通报关于启动干旱防御Ⅰ级应急响应的命令及有关干旱防御等情况，对做好相应的旱情预测预报预警、抗旱应急水量调度等工作提出要求。

自治区水利厅以《水旱灾害防御信息》向水利部、黄河水利委员会报送响应启动信息，以《水利信息》向自治区党委和政府、防汛抗旱指挥部报送响应启动信息。

3. 调度指挥机制

（1）自治区水利厅组织指导相关单位做好抗旱应急水量调度工作，监督指导各地做好旱灾防御工作。

（2）必要时，调度指挥组商相关市、县（区）水行政主管部门和有关单位对重要干渠、水库进行抗旱应急水量调度，采取和相关市级水行政主管部门视频连线方式，会商调度方案。

（3）受旱期间，各市、县（区）水行政主管部门及相关单位负责每日统计辖区内水利调蓄工程效益。

4. 工作组和专家组派出机制

根据工作需要，应急响应启动后水利厅派出工作组或专家组赴一线，协助指导地方开展抗旱应急水量调度、应急供水保障等工作。

5. 预测预报机制

自治区水文水资源监测预警中心每日提供雨情、水情、旱情实况和趋势预测预报信息。根据旱情发展形势和会商要求，进行专题预测预报。

6. 干旱预警发布机制

（1）自治区水文水资源监测预警中心按规定向各级水行政主管部门发布干旱预警信息。各市、县（区）水行政主管部门按照管理权限、职责分工，将干旱预警信息向相关部门发布，提醒提前采取防御措施。

（2）自治区水利厅及时将干旱预警信息通报自治区防汛抗旱指挥部，提请做好抗旱救灾工作。

7. 信息报送机制

（1）自治区水旱灾害防御中心收到旱情信息报告，经核实后，及时编发水旱灾害防御信息或水利信息。

（2）各市、县（区）水行政主管部门要在第一时间向水利厅农村水利处、节约用水与城乡供水处分别报送农业旱情、城乡居民饮水困难情况。在应对干旱期间，相关市、县（区）水行政主管部门要每日向水利厅报送抗旱工作开展情况。

8. 宣传报道和信息发布机制

办公室组织指导相关处室、单位开展宣传报道，通过水利厅网站发布新闻通稿和相关流域、地区的干旱防御工作信息。根据统一部署，协调自治区主要媒体和重要社会媒体，发布新闻通稿，组织水利政务新媒体开展宣传报道，做好舆情监测，及时反馈重大情况。

相关市、县（区）水行政主管部门按照地方政府要求，积极主动做好新闻宣传和信息发布工作。

4.2.4.3 响应终止

视旱情变化，由调度指挥组组长宣布终止或降低应急响应级别。

5 善后工作

5.1 应急响应执行

强化应急响应执行，对响应不及时、响应打折扣的，严肃追责问责。自治区水利厅启动水旱灾害防御应急响应后，各部门、各单位应按照职责分工和应急响应行动要求，全力以赴做好相关工作。市、县（区）水行政主管部门和水利工程运行管理单位按照水利厅水旱灾害防御应急响应工作规程和本级水旱灾害防御应急响应工作规程有关要求做好相应工作。

5.2 水旱灾害事件调查

5.2.1 洪水调查机制

5.2.1.1 调查条件

当发生下列条件之一的事件时，自治区水利厅视情组织开展洪水调查评估：

（1）黄河干流河段或重要支流堤防发生决口；

（2）水库发生漫坝垮坝事件；

（3）单次洪水或相关联洪水过程造成3人以上（含3人）人员死亡失踪或重大财产损失；

（4）一次山洪灾害事件导致3人以上（含3人）人员死亡失踪；

（5）其他需要由水利厅开展调查评估的情况。

5.2.1.2 调查内容

调查评估内容主要包括责任制落实、雨水情监测、预警信息发布、工程调度、工程抢险、人员伤亡、灾害原因分析、整改提升措施等内容。

5.2.1.3 其他调查要求

市、县(区)水行政主管部门和水利工程运行管理单位根据管理权限和有关工作职责开展调查评估。

5.2.2 旱灾调查机制

5.2.2.1 调查条件

当发生下列条件之一的事件时，自治区水利厅视情组织开展旱灾调查评估：

(1)社会影响面较广的旱灾事件；

(2)经济损失严重的旱灾事件；

(3)其他有必要由水利厅开展调查评估的情况。

5.2.2.2 调查内容

调查评估内容主要包括旱情发展过程、旱灾影响和损失、水工程调度、灾害原因、各级责任落实、应对措施合理性及整改提升措施等内容。

5.2.2.3 其他调查要求

市、县(区)水行政主管部门和水利工程运行管理单位根据管理权限和有关工作职责开展调查评估。

5.3 救灾资金筹措

(1)各市、县(区)政府作为水利救灾工作的主体，洪旱灾害形成后，各级水行政主管部门要积极争取落实地方救灾资金，及时做好资金分解下达、项目安排等工作，抓紧修复水毁工程设施、落实抗旱保供水各项措施，加快预算执行进度，保障防洪和供水安全，并负责将地方洪旱灾害统计情况上报水利厅。

(2)自治区水利厅根据受灾规模和救灾工作需要合理确定救灾资金需求，并按程序申请水利救灾资金和研究提出水利救灾资金安排建议方案。

5.4 水毁工程修复

对影响防洪安全和城乡供水安全的水毁工程，应尽快修复。防洪工程应力争在下次洪水到来之前做到恢复主体功能；水源工程应尽快恢复功能。

5.5 水旱灾害防御物料补充

灾情险情发生后，市、县(区)水行政主管部门和水工程运行管理单位应及时对消耗的水利工程应急物料补充到位，并将台账资料向自治区水利厅报备。

5.6 水旱灾害防御工作评价

各级水行政主管部门对年度水旱灾害防御工作的各个方面和环节进行定性和定量的总结、分析、评估，总结经验，查找问题，提出改进措施。

6 附则

6.1 名词解释

水库汛限水位是指水库在汛期允许兴利蓄水的上限水位。

水库设计洪水位是指水库遇到大坝的设计洪水时，坝前达到的最高水位，是水库在正常运用情况下允许达到的最高洪水位。

水库防洪高水位是指水库遇到下游防护对象的设计标准洪水时，在坝前达到的最高水位。

水库校核洪水位是指水库遇到大坝校核洪水时，坝前水库达到的最高水位。

重要堤防是指保护对象为城镇、工业园区、重要基础设施的堤防。

一般堤防是指保护对象为村庄、农田、农业灌排设施的堤防。

重要水库是指水库下游有村镇、重要基础设施等重要保护对象的水库。

重要淤地坝是指淤地坝下游有村镇、重要基础设施等重要保护对象的淤地坝。

6.2 其他

地震造成水利设施损毁或引发与水利有关的次生灾害时，水利抗震救灾应急响应工作参照本规程执行。

市、县(区)水行政主管部门和相关水利工程运行管理单位可参照本规程制订管理范围内的水旱灾害防御应急响应工作规程或应急预案。

本规程由自治区水利厅负责解释，自印发之日起实施。

附件1：黄河干流重要控制站名录

附件2：主要河流(沟道)重要控制站名录

附件3：河流、水库重要干旱预警水位(流量)站名录

附件4：水利厅水旱灾害防御工作组和专家组

工作要求

  附件5:水库(水电站)工程险情报表

  附件6:堤防(河道)工程险情报表

  附件7:水闸(泵站)工程险情报表

  附件8:水旱灾害防御相关规程、预案编制权责清单

附件 1

黄河干流重要控制站名录

测站名称	站址	隶属单位	备注
下河沿	沙坡头区迎水桥镇沙坡头村	黄委宁蒙水文水资源局	
青铜峡	青铜峡市青铜峡镇		
石嘴山	惠农区		

附件 2

主要河流(沟道)重要控制站名录

序号	站名	河流	站址	设立年份	备注
1	泾河源(三)	泾河	泾源县泾河源镇河北村	1979	
2	蒿店	颉河	泾源县六盘山镇农林村	2013	省界
3	隆德(二)	清流河	隆德县城关镇隆泉村	1972	
4	西吉	葫芦河	西吉县吉强镇南河村	2015	
5	彭阳	茹河	彭阳县白阳镇姚河村	1975	
6	黄家河	小河	原州区河川乡黄河村	1981	县界
7	原州	清水河	原州区清水河工业园区	2009	
8	韩府湾(三)	清水河	海原县李旺镇韩府湾村	1959	国家重点
9	王团	清水河	同心县王团镇王团村	2013	国家重点县界
10	泉眼山(二)	清水河	中宁县舟塔乡潘营村	1945	国家重点
11	贺堡	贺堡河	海原县关桥乡方堡村	1971	
12	鸣沙洲(四)	红柳沟	中宁县鸣沙镇二道渠村	1958	国家重点
13	郭家桥(三)	苦水河	利通区郭家桥乡刘湾村三队	1954	国家重点
14	小泉(二)	小河	盐池县惠安堡镇潘儿庄村	1978	县界
15	苏峪口	苏峪口沟	贺兰县洪广镇金山村苏峪口沟	1971	
16	汝箕沟(三)	汝箕沟	大武口区汝箕沟沟口	1956	
17	大武口(二)	大武口沟	大武口区大武口沟沟口	1973	国家重点

附件3

河流、水库重要干旱预警水位(流量)站名录

序号	站名	类型	所在市、县(区)	站码	备注
1	郭家桥(三)	河道	吴忠市利通区	40505500	
2	韩府湾(三)	河道	中卫市海原县村	40501500	
3	泾河源(三)	河道	固原市泾源县	41200100	
4	隆德(二)	河道	固原市隆德县	41103500	
5	鸣沙洲(四)	河道	中卫市中宁县	40503600	
6	彭阳	河道	固原市彭阳县	41203200	
7	泉眼山(二)	河道	中卫市中宁县	40501900	
8	蒿店	河道	固原市泾源县	41201650	
9	八台轿水库	水库	固原市西吉县	41103098	
10	店洼水库	水库	固原市彭阳县	41203100	
11	迺河水库	水库	固原市彭阳县	41203095	
12	三里店水库	水库	固原市隆德县	41103300	
13	沈家河	水库	固原市原州区	40501300	
14	石头崾岘	水库	固原市彭阳县	41203501	
15	寺口子水库	水库	中卫市海原县	40502350	
16	西庄水库	水库	固原市彭阳县	41203531	
17	庙嘴水库	水库	固原市彭阳县		

附件4

水利厅水旱灾害防御工作组和专家组工作机制

一、派出机制

根据《水利厅水旱灾害防御应急响应工作规程》,应急响应期间,视防汛抗旱需要和地方请求,经水旱灾害防御调度指挥部同意,派出现场工作组和专家组,赴一线协助地方开展防汛抗旱和应急抢险工作。

二、主要工作内容

督导地方落实防汛责任、"四预"措施、巡查守护人员和物料等,实地察看汛情、旱情、工情、险情、灾情。

1. 水库:重点关注安全度汛"三个责任人"(行政责任人、技术责任人、巡查责任人)和"三个重点环节"(监测预报、调度方案、应急预案)落实情况,大坝和主要泄洪泄流设施状况,防洪调度情况等。如出险,应及时掌握险情基本情况(包括出险部位及险情研判、实时库水位及出入库流量、最大下泄能力、下游影响人员及重要设施等),危险区群众转移情况,抢险方案及已采取的措施,险情发展态势等。

2. 河道:重点关注堤防、水闸防洪标准、运行状况,巡查防守人员落实和抢险物料、设备预置情况,行洪能力及障碍物情况,滩地内居住群众转移情况等。如出险,应及时了解险情基本情况(包括出险部位及险情研判、实时水位流量、影响人员及重要设施等),危险区群众转移情况,抢险方案及已采取的措施,险情发展态势等。

3. 山丘区:重点关注山洪灾害监测预警系统是否正常、预警信息发布与传递是否通畅、简易监测预

警设施设备是否配备、是否有山洪灾害防御预案、山洪灾害监测预警责任人是否到位等，督促提醒地方做好群众转移避险工作。

4. 旱情：重点查看农作物受旱和城乡居民因旱饮水困难情况，应急水量调度方案和供水保障方案制定情况，督促指导做好应急水量调度等工作。

三、工作要求

1. 接到派出指令后，第一时间收集相关资料，携带必要的设备装备，按要求准时集结出发。

2. 根据工作需要，综合考虑交通条件、安全状况等，合理安排行程，尽可能直达"急难险重"一线。

3. 工作期间严格遵守中央八项规定精神，认真执行有关工作制度、遵守有关工作纪律，未经厅领导同意不得擅自撤回。

4. 接受新闻媒体采访须按规定程序请示批准。未经厅办公室同意不得通过微信、微博等自媒体发布相关信息。

5. 每日向厅水旱灾害防御值班室提交工作报告，重大情况第一时间电话报告。工作报告应简明扼要、突出重点、形象直观，以工程全景、重点部位细节的照片、视频为主，辅以适当文字简介，生动反映防洪工程和洪水实况。水库重点反映大坝及主要泄洪泄流设施上、下游情况，河道重点反映堤防临、背水面及巡查防守情况。

附件 5

水库工程险情报表

填报时间：　　　　　　填报人：　　　　　　签发：(公章)

水库名称		所在地点		所在河流	
建设时间		集雨面积		主管单位	
总库容		大坝类型		坝 高	
坝顶高程		泄洪设施		泄流能力	
汛限水位		设计水位		校核水位	
出险时间		出险位置		险情类型	
当前库水位		蓄水量		是否病险	
入库流量		出库流量		下游河道安全泄量	

险情描述：1.雨情、水情。2.险情具体情况。3.水库溃坝对下游的影响范围、人口及重要基础设施情况。4.抢险情况：(1)抢险组织情况　抢险组织、指挥，受威胁地区群众转移情况等。(2)抢险措施及方案　抢险物资、器材、队伍和人员情况，已采取的措施及抢险方案。(3)进展情况。5.存在的主要问题与困难。6.现场联系人及联系方式。

附件 6

堤防(河道)工程险情报表

填报时间：　　　　　　填报人：　　　　　　签发：(公章)

堤防名称		所在地点		所在河流	
管理单位		堤防级别		警戒水位	
堤顶高程		安全泄量		保证水位	
堤防高度		断面情况		护坡及堤基处理情况	
出险时间		出险位置		险情范围	
险情类型		河道水位		河道流量	

险情描述：1.雨情、水情。2.设计标准与险情具体情况。3.堤防(河道)工程决口可能的影响范围、人口及重要基础设施情况。4.抢险情况：(1)抢险组织情况　抢险组织、指挥，受威胁地区群众转移情况等。(2)抢险措施及方案　抢险物资、器材、队伍和人员情况，已采取的措施及抢险方案。(3)进展情况。5.存在的主要问题与困难。6.现场联系人及联系方式。

附件7

水闸(泵站)工程险情报表

填报时间： 　　　　　　　填报人： 　　　　　　　签发：(公章)

水闸名称		所在地点		所在河流	
管理单位		水闸类型		水闸孔数	
闸底高程		闸顶高度		闸孔尺寸	
启闭方式		过流能力		特征水位	
出险时间		出险位置		险情类型	
河道水位		河流流量			

险情描述：1.雨情、水情。2.水闸(泵站)失事可能影响的范围、人口及重要基础设施情况。3.险情具体情况。4.抢险情况：(1)抢险组织情况　抢险组织、指挥,受威胁地区群众转移情况等。(2)抢险措施及方案　抢险物资、器材、队伍和人员情况,已采取的措施及抢险方案。(3)进展情况。5.存在的主要问题与困难。6.现场联系人及联系方式。

附件8

水旱灾害防御相关规程、预案编制权责清单

权属	序号	名称	编制单位	审核单位(部门)	审批单位	备案单位	监督实施单位	备注
各级水行政主管部门	1	水利厅水旱灾害防御应急响应工作规程	自治区水旱灾害防御中心	水利厅	水利厅		水利厅	
	2	水利厅抗旱应急水量调度预案	自治区水旱灾害防御中心	水利厅	水利厅		水利厅	
	3	黄河宁夏段防御洪水方案	自治区水旱灾害防御中心	自治区防汛抗旱指挥部	自治区人民政府	自治区防汛抗旱指挥部	水利厅	
	4	清水河、苦水河防御洪水方案	自治区水旱灾害防御中心	自治区防汛抗旱指挥部	自治区人民政府	自治区防汛抗旱指挥部	水利厅	
	5	渠道防洪抢险应急预案	渠道运行管理单位	水利厅农村水利处	水利厅	水利厅	水利厅工程建设与运行管理处	
	6	渠道抗旱应急水量调度预案	渠道运行管理单位	水利厅农村水利处自治区水利调度中心	水利厅	水利厅	水利厅农村水利处	
	7	青铜峡、沙坡头水库汛期调度运行方案	水库运行管理单位	自治区水旱灾害防御中心	水利厅	水利厅	水利厅水库与移民管理处	
	8	水库汛期调度运行方案	水库运行管理单位	市、县(区)水行政主管部门	市、县(区)水行政主管部门	上级水行政主管部门	水利厅水库与移民管理处	
	9	市、县级水旱灾害防御应急响应工作规程	市、县(区)水旱灾害防御部门	市、县(区)水行政主管部门	市、县(区)水行政主管部门	上级水行政主管部门	市、县(区)人民政府	
	10	市、县级抗旱应急水量调度预案	市、县(区)水旱灾害防御部门	市、县(区)水行政主管部门	市、县(区)人民政府	上级水行政主管部门	市、县(区)人民政府	

续表

权属	序号	名称	编制单位	审核单位（部门）	审批单位	备案单位	监督实施单位	备注
各级地方人民政府	11	市、县级防汛抗旱应急预案	市、县(区)防汛抗旱指挥部办公室	市、县(区)防汛抗旱指挥部	市、县(区)人民政府	上级防汛抗旱指挥部	上级防汛抗旱指挥部办公室	
	12	青铜峡、沙坡头水库防汛抢险应急预案	水库运行管理单位	吴忠市、中卫市人民政府	吴忠市、中卫市人民政府	自治区防汛抗旱指挥部办公室	吴忠市、中卫市人民政府	
	13	水库防汛抢险应急预案	水库运行管理单位	市、县(区)人民政府	市、县(区)人民政府	上级防汛抗旱指挥部办公室	市、县(区)人民政府	
	14	县级山洪灾害防御预案	县级防汛抗旱指挥部办公室	县级人民政府	县级人民政府	县级防汛抗旱指挥部	县级防汛抗旱指挥部办公室	
	15	乡镇、村级山洪灾害防御预案	乡(镇)人民政府	乡(镇)人民政府	乡(镇)人民政府	县级防汛抗旱指挥部	县级防汛抗旱指挥部办公室	

自治区水利厅关于印发宁夏回族自治区调蓄水池建设管理工作指南(试行)的通知

（2022 年 11 月 28 日　宁水建运发〔2022〕22 号）

各有关单位：

现将《宁夏回族自治区调蓄水池建设管理工作指南(试行)》印发给你们，请遵照执行。

宁夏回族自治区调蓄水池建设管理工作指南(试行)

前言

调蓄水池，是指人工修建，采取注入方式蓄水，承担农田灌溉、城乡供水功能的蓄水工程设施(不含水库)。我区现有调蓄水池 1000 多座，总调蓄库容约 1.3 亿立方米，在助力脱贫攻坚、保障灌溉供水、促进高效节灌和抗旱应急中发挥了重要作用。

当前，全区调蓄水池保有数量多、分布范围广、时间跨度长，建设主管部门多、标准不统一、质量参差不齐，管护主体多元、运维不规范，部分调蓄水池带病运行，安全隐患多、风险大。

为规范全区调蓄水池前期工作、工程建设、质量安全等工作，水利厅依据《中华人民共和国水法》《宁夏回族自治区水工程管理条例》，结合全区调蓄水池建设及运行管理实际，组织编制了《宁夏回族自治区调蓄水池建设管理工作指南(试行)》，为各级行政主管部门、项目法人、勘测设计、施工、监理等建设等单位提供工作参考及指导。

1　总则

调蓄水池工程建设，要贯彻落实《中华人民共和国水法》《中华人民共和国防洪法》《宁夏回族自治区水工程管理条例》有关规定，按照《水库大坝安全管理条例》《小型水库工程建设项目管理暂行办法》《小型病险水库除险加固管理办法》《小型水利水电工程碾压式土石坝设计规范》(SL 189)《碾压式土石坝施工技术规范》(SDJ 213)《碾压式土石坝施工规范》(DL/T 5129)等法律法规及规范性文件要求，遵守水利水电工程基本建设程序，牢固树立安全发展理念，按照"谁审批、谁监管，谁主管、谁监管，谁建设、谁管理"和"安全可靠、技术可行、经济合理、运行规范、发挥效益"的原则，组织开展勘察设计、工程建设、质量控制、安全管理、蓄水试运行、竣工验收等项工作。

本指南适用于全区各级水行政主管部门管

辖，承担农田灌溉、城乡供水功能的调蓄水池新建、改建、扩建工作。其他部门管辖的调蓄水池可参照执行。

2 前期工作

新建调蓄水池工程，应高度重视项目前期工作，择优选择市场信誉好、技术力量强、有相应资质的勘察设计单位，加强设计质量管理，围绕坝址及筑坝材料选择，坝体结构，坝基处理，坝体与岸坡及进、泄水等建筑物连接，渗流及稳定计算分析，监测设施等关键环节，开展可行性研究报告、初步设计报告或实施方案编制等前期工作。

2.1 设计、咨询及审查审批

2.1.1 可行性研究报告。编制内容和技术深度按照《水利水电工程可行性研究报告编制规程》(SL/T618)执行。

2.1.2 初步设计或实施方案。要以可研报告为依据，编制内容和技术深度按照《水利水电工程初步设计报告编制规程》(SL/T 619)执行。

2.1.3 库容大于(含)10万立方米的调蓄水池，设计应执行《碾压式土石坝设计规范》(SL 274)；库容小于10万立方米的调蓄水池，设计应执行《小型水利水电工程碾压式土石坝设计规范》(SL 189)。调蓄水池均应严格执行《碾压式土石坝设计规范》(SL 274)相关强制性条文。

2.1.4 技术审查、咨询和专家论证。按照自治区发展改革委《宁夏回族自治区本级政府投资项目初步设计及概算管理办法(试行)》(宁发改基建〔2018〕759号)，落实技术审查、咨询和专家论证制度，在规定的时限内完成咨询论证及技术审查工作。

承担咨询论证任务的单位，应按照相关技术规程规范以及本指南有关内容，认真组织开展咨询论证工作。对强制性条文执行、重大技术问题等内容，必须出具明确的咨询论证意见。

2.1.5 行政审批。按照《宁夏回族自治区政府投资管理办法》(宁政规发〔2020〕7号)《宁夏水利建设项目审批监管管理办法》(宁水计发〔2019〕27号)执行。

2.1.6 设计变更。按照水利部《水利工程设计变更管理暂行办法》(水规计〔2020〕283号)执行。

2.2 调蓄水池选址

应根据供水对象及规模、运行特点等要求，综合考虑地形、地质、水源、对外交通、占地、拆迁、施工、管理及溃坝后危害等因素以及扩建的可能性，经技术经济比较研究确定选址，优先考虑全挖方或以挖方为主的地形条件。

2.2.1 禁止在大的和活动性的断裂构造带选址建设。

2.2.2 尽量避免在天然河(沟)道、湿陷性黄土不良地质地段选址建设。确有必要的，应组织专家咨询，慎重确定坝体结构、防渗方式、基础处理措施等关键技术。

2.2.3 尽量避免在人员密集区域(城镇、村庄)、重要生产生活设施、铁路及公路等重要基础设施上游傍山位置选址建设。确有必要的，应开展安全风险评价，并完善相应的工程及非工程安全应急措施，包括"四预"(预报、预警、预演、预案)、水力、变形及视频监测、紧急放空设施及通道等措施。

2.3 地质勘察

建设调蓄水池，必须开展工程地质勘察工作。勘察范围包括坝轴线、池盘和附属建筑物。

2.3.1 勘察工作量布置依据《中小型水利水电工程地质勘察规范》(SL 55)相关条文执行。

2.3.2 不良地质及特殊岩土勘察依据《水利水电工程地质勘察规范》(GB 50487)相关条文执行。

2.3.3 坝址位置发生调整且无有效勘探点的，应重新组织勘测。

2.3.4 在梁、峁及山体半坡处选址建设调蓄水池形成临空面时，应对临空面一侧沟坡进行必要的勘察，评价在不同水文地质环境条件下的稳定性，并采取相应的工程措施，防止因沟坡失稳而威胁水池安全。

2.3.5 筑坝土石料调查和土工试验应分别按照《水利水电工程天然建筑材料勘察规程》(SL 251)和《土工试验方法标准》(GB/T 50123)有关规定执行，查明土料场各种天然土石料的性质、储量和分布，以及开挖料的性质、可利用的数量和质量评定。

2.4 填筑材料及填筑标准

调蓄水池坝体填筑材料及填筑标准设计应符合以下要求。

2.4.1 干硬性黏土、膨胀土、分散性土、软黏土等不得直接作为筑坝土料。

2.4.2 受现地料场条件限制，确需使用以上类型土料的，应对土料提出明确的改性设计要求及指标，并通过后期现场实验进行验证，合格后方可做为筑坝土料。

2.4.3 填筑标准（压实度）应严格执行相关规范要求。

2.5 基础处理

针对宁夏特有的深厚砂砾石层、软黏土、湿陷性黄土、疏松砂土、少黏性土、破碎带、古河道、透水性强或软弱夹层的基岩、含有大量可溶盐类的岩石和土等特殊地质，应进行设计专项论证及咨询，提出可靠、可行的基础处理方案。

2.6 池体设计

调蓄水池池体设计应综合考虑地形地质条件、坝型、基础处理、主要建筑物布置和施工条件，以及溃坝后的严重危害等因素，优先考虑按全挖方或以挖方为主的形式设计池体断面。

2.6.1 池体设计包括坝坡、坝顶宽度、坝顶高程、池体深度、断面、防渗措施、排水设备及护坡方式等，需根据现地形地质及选定土料条件确定，并通过渗流及边坡稳定等相关计算进一步修正设计尺寸与构造，确保池体设计安全可靠。

2.6.2 设计应根据调蓄水池的等级、坝型、坝高、坝体、坝基材料的性质、池体所承受的荷载以及施工和运用条件等因素，经技术经济比较和稳定计算后最终确定。当坝基地形地质条件或筑坝土料沿坝轴线方向不相同时，应根据分坝段稳定计算成果确定相应的池体边坡。坝坡不同的相邻断面应设置渐变段。

2.6.3 池体填筑应密实均匀，具有足够的抗剪强度，较小的压缩性，并满足渗流控制标准。

2.7 挖填结合部的连接

岸坡宜平顺，不应出现台阶状、反坡或者突然变坡，岸坡上缓下陡时，边坡应小于20°；土质岸坡一般不陡于1∶1.5，岩石岸坡一般不陡于1∶0.5；土质防渗体与岩基或处理后的岩基连接面，在防渗体填筑前应用黏土抹面。临近接触面0.5~1.0米，防渗体应采用不含粗颗粒的黏土填筑，并应控制在略高于最优含水率情况下填筑。

2.8 防渗设计

防渗设计应结合坝址区工程地形、地质条件等因素综合确定。

采用土工膜防渗设计时，土工膜及复合土工膜的塑膜厚度应根据承受的工作水头、基层条件、环境条件及所用土工合成材料性能通过计算确定，不应小于0.5毫米，对于重要工程可适当加厚。

2.8.1 铺设于迎水坡面的土工膜防渗层，土工膜上应设防护（护坡）层及膜上垫层。根据池底水文地质及地质条件，膜下易出现严重积气问题的，应设置膜下排气系统。

2.8.2 土工膜应铺设在密实的基础上，膜下垫层宜为碾压密实的细土料层、细砂层或混凝土层，层面应平整，支持层上有阴、阳角时应修圆。为防止膜下坝体土料产生冲刷，应采用土工织物及反滤砂砾料组成的双层结构。

2.8.3 坝面土工膜防渗系统，需对其防渗面层的稳定性和膜后排渗能力进行校核。

2.8.4 土工膜应采用原包料，严禁采取再生料，成膜工艺宜采取吹塑法。土工布宜采用长丝布。土工膜需专门编制采购技术要求。

2.8.5 综合考虑防渗膜生产工艺及标准、行业企业现状、采购环节风险及现场质量抽检方式等因素，调蓄水池池底宜采用膜布分离方式铺设，尽可能降低渗漏风险。

2.9 引（进）水建筑物布置

引（进）水建筑物宜布置在挖方段。

2.9.1 对于基础有湿陷性的，应明确基础处理方案及具体要求，包括建筑物两侧回填土的压实度指标，建筑物周围过渡层设置以及回填土料（黏性土或灰土）要求。

2.9.2 引水入库建筑物须对上游坝坡防渗膜连

接进行专项设计。

2.10 放(出)水建筑物布置

2.10.1 中部干旱带及湿陷性黄土地区不宜采用坝下埋管形式,结合田间高效节水工程,优先采用池内泵站取水方式设计。

2.10.2 受坝址地形、地质条件等因素限制,确需采用坝下埋管方式时,坝下埋管宜布设于岩基上,坝下埋管应采用钢管,埋管沿线应采取防止产生接触渗流破坏的构造措施。在非基岩上采取坝下埋管方式时,应围绕基础处理、坝体回填等关键环节及部位,进行设计专项论证及咨询。

2.11 监测设施

调蓄水池应根据工程级别、坝高、坝体结构形式以及地形、地质等条件,设置必要的监测项目及相应的设施,并及时整理分析监测资料。监测项目的设置应符合 SL 551、SL 725 的规定。

2.11.1 蓄水池容积大于等于 10 万立方米的调蓄水池,应参照水利部《小型水库雨水情测报和大坝安全监测设施建设与运行管理办法》(水运管〔2021〕313 号)有关规定,合理设置除雨水情测报设备以外的安全监测设施设备。

2.11.2 蓄水池容积小于 10 万立方米的调蓄水池,应设置视频监控及水位监测设施。原则上填方段、挖填结合部、引(进)水建筑物、放(出)水建筑物等均应纳入视频监控范围。

2.12 重点及关键技术问题

在不良地质条件地区设计建设调蓄水池,遇有坝址及筑坝材料选择、坝基处理、坝下埋管、防渗方案选择等关键技术问题时,项目主管部门应及时组织开展论证,严格进行审查,确保工程设计安全可靠。

3 施工质量控制

新建、改建、续建调蓄水池项目,要严格落实项目法人责任制、招投标制、建设监理制、合同管理制和质量终身责任制。严格按照经批准的内容组织施工建设。建设过程中,应加强施工组织,严把工程质量安全关,严格项目变更管理。调蓄水池坝体施工,应严格执行《碾压式土石坝施工技术规范》(SDJ 213)

《碾压式土石坝施工规范》(DL/T 5129)要求,突出以下关键环节及内容。

3.1 筑坝材料复查

重点查明设计指定土料场各种天然土石料的性质、储量和分布,以及开挖料的性质和可利用的数量。

3.2 坝基处理

应严格按照设计要求进行施工,对坝基进行全面清除整理,避免因清基不到位影响坝体整体质量。

3.2.1 处理过程中,出现与设计不符的地质情况时,项目法人要及时组织设计、施工、监理等单位进行现场研究,提出解决方案,按相关规范及设计要求将坝基处理到位,满足后续施工要求。

3.2.2 坝基处理过程中,项目法人应按《水利水电工程施工地质规程》(SL/T 313)的要求开展地质编录工作。

3.2.3 坝基处理完成后,应组织对隐蔽工程进行联合验收,并留存相关影像资料。验收合格后,方可进行下一道工序施工。

3.3 土料制备

做好土料制备工作,有效提高土方回填质量及一次性检测合格率。施工单位应组织对土料场进行复查,重点查明可用的土料储量、质量,通过现场实验方式确定土料制备技术要求及控制指标。

常见的土料制备方式包括土料掺和制备和土料含水率制备。

3.4 碾压实验

施工单位应开展现场碾压实验。根据实验结论,形成碾压实验报告书,重点明确以下内容:①校核设计确定的填筑质量控制指标;②确定有关的施工方法、选用机械设备;③确定各种技术参数。通过碾压试验,确定铺料方法、铺料厚度、压实方法、碾压遍数、土料含水率;④提出有关质量控制的技术要求和检验方法。

3.5 坝体填筑

坝体填筑应严格遵守合理工期及施工工序,规范工期管理,不得人为干预、压缩合理工期,避免因抢工、赶工导致坝体及坝基压缩变形及应力释放未完成,造成渗漏、变形、裂缝等质量及安全问题。

3.5.1 坝体填筑应从最低处开始,填筑面应保持水平,严格按照碾压试验确定的施工参数分段进行施工。

3.5.2 铺料采用进占法,按照"铺料、整平、碾压、检测、凿毛、洒水、下道工序施工"的工序进行施工,防止合格面受到二次破坏。

3.5.3 铺料超填宽度不应小于 0.5 米。

3.5.4 碾压搭接处理。填筑面上,相邻碾迹彼此搭接,高差不应超过 1 米,垂直碾压方向搭接带宽度 0.3～0.5 米,顺碾压方向搭接带宽度 1～1.5 米,为使新填土与压实土层间结合良好,对层间填筑面应刨毛并洒水湿润。为保证坝体的质量和整体性,相邻段填筑应平衡上升,接缝逐层交错压实,不留界沟;填筑进度不一致时,横向按不陡于 1:3 进行接坡。施工现场由专人负责,防止漏压、欠压。

3.5.5 施工便道应设置在挖方段。禁止在最大填方段设置施工便道,避免进行二次回填,造成后期坝体不均匀沉降产生质量安全问题。

3.5.6 挖填结合部处理。应严格按照《碾压式土石坝施工规范》(DL/T 5129)中"9.3 结合部处理"章节内容及要求组织回填施工。

3.6 防渗膜铺设

防渗膜铺设应严格按照设计及规范要求组织施工。

3.6.1 防渗膜铺设、防渗膜与建筑物联接部位质量控制,应专门编制施工技术规程。

3.6.2 土工膜铺设前,应对场地基面进行整平碾压,全面清除尖角杂物,确保土工膜接触面干燥、坚实、平整,无裂痕、无明显尖突、无凹陷。确有必要的,可铺垫 3～5 厘米细砂过渡垫层。

3.6.3 铺设时应预留一定松弛度,防止应力集中,便于拼接,同时适应气温变化和变形影响。

3.6.4 膜间形成的节点,应为 T 字形,不得做成十字形,防止形成齐缝。

3.6.5 纵向接头应设置在池底平面上,距离坝脚、弯脚处 150 厘米以上,相邻两幅的纵向接头不应在一条水平线上,相互错开 100 厘米以上。

3.6.6 土工膜每日、每单元、每种施工环境下必须进行试焊。通过试焊,确定当日焊接温度、速度、压力等指标。试焊完成后,方可进行当日焊接施工。

3.6.7 应现场对每条焊缝进行检测。检测方式包括目测、手工剥离和充气正压检测 3 种。对检测出的质量缺陷或有怀疑的部位,应进行标记、记录,并立即采取相应的工艺进行修补。

3.6.8 铺设完成后,严禁大型机械设备在膜上覆土通行。

3.6.9 现场施工时,项目法人应组织有关单位对防渗膜铺设过程进行严格的质量管控,并录制留存影像资料。

3.7 质量检测、试验

调蓄水池工程在施工过程中,各参建单位要严格按照《宁夏水利工程质量检测管理办法(试行)》的规定和要求,认真开展质量检测和试验工作。

3.7.1 各参建单位要按照规范要求进行原材料、中间产品、金属结构和机电设备质量检测和试验,严格把控进场材料和设备质量,不得将不合格或未经检验的材料和设备用于工程中,上一单元(工序)未经检验或检验不合格,不得进行下一单元(工序)的施工。

3.7.2 各检测机构要严格按照规程、规范、标准进行试验取样、试验操作、评判。遵循客观独立、公平公正、诚实信用原则,恪守职业道德。不得出具不实检测报告和虚假检测报告,不受任何可能干扰其技术判断的因素影响,保证其出具的检测报告真实、客观、准确、完整。

4 蓄水前准备

蓄水池容积大于 100 万立方米(含)以上的调蓄水池,单位工程验收完成,蓄水方案、运行调度方案已编制并经有管辖权的行政主管部门批准后,项目法人应组织开展蓄水安全鉴定。蓄水安全鉴定参照水利部《水利水电建设工程蓄水安全鉴定暂行办法》(水建管〔1999〕177 号,2017 年修正)执行。未经蓄水安全鉴定,不得进行蓄水试运行。

蓄水池容积小于 100 万立方米,但位于人员密集区域(城镇、村庄)、重要生产生活设施、铁路及公路等重要基础设施上游傍山位置的,或高填方(15米以上)调蓄水池,也应组织开展蓄水安全鉴定。

4.1 蓄水安全鉴定

蓄水安全鉴定,由项目法人组织实施,委托具有相应鉴定经验和能力的单位承担(不得是调蓄水池工程的勘测设计单位),与之签订蓄水安全鉴定合同,并报工程验收主持单位核备。接受委托负责蓄水安全鉴定的单位(即鉴定单位)应成立专家组,并将专家组组成情况报工程验收主持单位和相应的水利工程质量监督部门核备。设计、施工、监理、运行、设备制造等单位负责提供资料,并有义务协助鉴定单位开展工作。

4.1.1 蓄水安全鉴定范围。以调蓄水池坝体为重点,包括引(进)水建筑物、放(出)水建筑物的进水口工程、涉及工程安全的库岸边坡及下游消能防护工程等与蓄水安全有关的工程项目。重点检查工程施工过程中是否存在影响工程安全的因素,以及工程建设期发现的影响工程安全的问题是否得到妥善解决,并提出工程安全评价意见;对不符合有关技术标准、设计文件并涉及工程安全的,分析其对工程安全的影响程度,并作出评价意见;对虽符合有关技术标准、设计文件,但专家认为构成工程安全运行隐患的,也应对其进行分析和作出评价。

4.1.2 蓄水安全鉴定内容。检查内容包括:工程形象面貌是否符合蓄水要求;工程质量(包括设计、施工等)是否存在影响工程安全的隐患;对关键部位、出现过质量事故的部位以及有必要检查的其他部位要进行重点检查,包括抽查工程原始资料和施工、设备制造验收签证,必要时应当使用钻孔取样、充水试验等技术手段进行检测;工程的初期蓄水方案、运行调度方案、安全管理应急预案落实情况;工程地质条件、基础处理、滑坡及处理、工程防震是否存在不利于建筑物的隐患;工程安全检测设施、检测资料是否完善并符合要求。

4.1.3 专家组讨论并提出鉴定报告初稿后,在与建设各方充分交换意见的基础上,作出工程安全评价,完成蓄水安全鉴定报告,专家组全体成员应

签字认可。鉴定单位应将鉴定报告提交给项目法人,并抄报工程验收主持单位和水利工程质量监督部门。

4.1.4 项目法人应组织建设各方,对鉴定报告中指出的工程安全问题和提出的建议,进行认真的研究和处理。

4.1.5 蓄水安全鉴定不代替和减轻建设各方由于工程设计、施工、运行、制造、管理等方面存在问题应负的工程安全责任。

4.2 蓄水试运行

试运行期间,项目法人要按照初期蓄水方案、运行调度规程(方案)、度汛方案,落实巡护人员、巡查制度和应急处置措施。项目法人、施工、监理方均应派驻人员上坝,全程驻场观测记录渗流、水位、坝体变形等情况。

4.2.1 每次蓄水高度不应超过蓄水运行方案规定的水位,禁止水位快速上升和快速下降。

4.2.2 蓄水试运行期间,出现紧急情况时,应快速启动应急预案,做好抢险组织、救援和事故上报等相关工作。

4.2.3 试运行结束后,项目法人应尽快组织蓄水池竣工验收及移交。

5 工程验收

5.1 阶段验收

应严格执行《水利工程建设项目验收管理规定》(水利部令第30号)、《水利水电建设工程验收规程》(SL 223—2008)、《宁夏回族自治区本级政府投资项目竣工验收管理办法(试行)》(宁发改基建〔2018〕759号)等。

5.2 竣工验收

调蓄水池项目建成后,由项目审批部门按照有关规定及时组织验收。工程竣工验收合格后,项目法人应按照批复,报请主管部门,及时协调办理移交手续,明晰工程产权,明确工程管护主体和运行管理方式;运行管理单位应加强运维管理,完善管理制度,落实管护责任和经费,确保工程安全运行,长期发挥效益。

自治区水利厅关于印发宁夏引黄灌区骨干渠道测控闸门建设运行管理办法(试行)的通知

（2022 年 1 月 4 日　宁水农发〔2022〕1 号）

各市、县(区)水务局,厅属有关单位,宁西供水公司:

现将《宁夏引黄灌区骨干渠道测控闸门建设运行管理办法》(试行)印发给你们,请遵照执行。

宁夏引黄灌区骨干渠道测控闸门建设运行管理办法(试行)

第一条　为进一步加强骨干渠道测控闸门设备建设运行管理,推动用水权改革和现代化灌区建设,根据《中华人民共和国水法》《关键信息基础设施安全保护条例》《宁夏回族自治区水工程管理条例》《宁夏回族自治区小型水利工程管理办法》等法律法规及相关规定,结合我区实际,制定本办法。

第二条　本办法适用于宁夏引黄灌区骨干渠道(干渠、支干渠及支渠)测控闸门设备的建设管理、验收移交、运行维护、安全管理等。

第三条　测控闸门选型时应严格按照控制面积、设计流量,依据《宁夏测控一体化闸门应用技术规程》合理选取闸门型号及安装形式。

第四条　测控闸门应具备相应的质量检验认证,并配套提供产品使用说明书或技术手册,满足安全、可靠、稳定的运行要求。

第五条　测控闸门安装时应在设备厂家的现场指导下,严格按照设计要求进行安装。

第六条　测控闸门投入试运行时,建设单位应组织进行测试,测试合格后可通过验收。测试内容包括闸门开度、启闭速度、灵敏度、水量计量、数据传输等,并遵照运行管理单位调度指令进行。

第七条　水量计量精度由建设单位组织设备供货厂家和运行管理单位进行现场比测,如对数据存在争议可委托第三方进行验证。

第八条　工程竣工验收后,建设单位应及时办理固定资产和档案资料移交手续,由运行管理单位统一管理。

第九条　各运行管理单位严格落实管护主体责任,按照大中型灌区工程标准化、规范化管理要求,明确管理岗位职责,编制测控闸门操作规程,健全运行管护机制和绩效考核评价,规范运行管理。

第十条　各运行管理单位应加强对操作人员的专业培训,培训考评合格后方可上岗。

第十一条　各运行管理单位应采取日常检查、定期检查、专项检查相结合的方式,在每年运行起始、汛期、遭遇自然灾害、超设计水位运行或发现重大隐患时,及时进行检查。检查内容包含闸门结构、控制操作、供电、视频监控、测流及数据传输等。每次检查应规范记录,发现问题及时处理,编制检查报告,定期组织对测控闸门的运行工况进行校准。

第十二条　测控闸门的维修应坚持经常养护、及时维修、养修并重,保持设备状态良好、管理范围环境整洁。

第十三条　各运行管理单位应按照标准化、规范化管理和安全生产管理有关规定,在测控闸门管护范围内设立工程信息、管理责任、工程保护等标识标牌及安全防护设施。

第十四条　各运行管理单位应定期组织对闸门、启闭机、测箱等设备及数据、网络、系统进行安全检查和等级评定,并及时消除缺陷和隐患,确保设施设备安全。

第十五条　建设及运行单位应遵循宁夏水利云有关数据接入、存储、传输、共享及安全等规定开展测控一体化闸的建设与运行。建设及运行单位要与系统集成商、设施设备供应商等签订安全协议落实网络和数据安全责任。

第十六条　支渠以下渠道测控闸门设施设备运行管理参照本办法执行。

第十七条　本办法由宁夏水利厅负责解释,自发布之日起施行。

自治区水利厅　自治区发展改革委　自治区财政厅　自治区农业农村厅印发关于落实用水权改革　加强农业用水管理行动方案的通知

（2022 年 4 月 20 日　宁水农发〔2022〕10 号）

各市、县（市、区）人民政府：

为深入贯彻落实习近平总书记关于黄河流域生态保护和高质量发展以及来宁视察重要讲话精神，强化水资源最大刚性约束，切实加强农业用水管理，自治区水利厅、发展改革委、财政厅、农业农村厅制定了《关于落实用水权改革　加强农业用水管理行动方案》（以下简称《行动方案》），并经自治区用水权改革工作领导小组研究同意，现予印发，请结合实际认真贯彻执行。

关于落实用水权改革加强农业用水管理行动方案

水资源短缺是我区的基本区情，农业是用水大户，也是节水潜力所在。受自然条件、水利设施配套、管理体制等影响，我区农业用水还存在管理机制不健全、末级渠系管理主体责任不落实、基层水费收缴不规范等问题，直接制约农业用水效率，不利于水利设施的良性运行和维护广大农民群众利益。为切实加强农业用水管理，促进农业用水集约节约和高质量发展，按照自治区用水权改革和农业水价综合改革要求，结合我区实际，制定本行动方案。

一、总体要求

坚持以习近平新时代中国特色社会主义思想为指导，深入贯彻中央"节水优先、空间均衡、系统治理、两手发力"治水思路，严格落实农业用水"总量控制、定额管理""统一调度、分级负责"制度，按照自治区用水权改革和"十四五"用水权管控方案要求，把实际灌溉面积、作物种植结构、灌溉方式和灌溉定额标准贯穿于农业用水权确权、用水需求测算、水量分配和用水管理全过程，开展农业用水管理行动，解决管理机制、管护责任、水费收缴等方面问题，为推动用水权改革和现代农业发展提供有力支撑。

二、重点任务

（一）落实分级管理责任。农业用水实行分级管理，水利厅负责全区农业水量分配和调度，水管单位负责干渠水量调度和供水管理；县（市、区）负责干渠直开口以下到田间的用水管理，做好基层水管组织体系建设，维护用水秩序。

（二）加强农业用水权管控。各县（市、区）要深入贯彻落实《宁夏"十四五"用水权管控指标方案》，以农业用水控制指标为刚性约束，深化农业供给侧结构性改革，优先保障粮食作物及葡萄、枸杞等特色种植业用水，压减高耗水作物种植规模，优化农业种植结构，大力发展高效节水灌溉，促进农业节约用水。按照用水权改革要求，以农业用水大户或最适宜计量的末级渠口为计量单元，全面完成农业用水权确权工作。

（三）加强年度用水计划管理。各县（市、区）结合"十四五"用水权管控指标，按照灌溉方式与定额标准相统一原则，测算县区年度农业用水总量需求，于每年 1 月底前上报自治区水利厅。自治区根据水利部分配的年度用水计划，按照"丰增枯减"的原则及各县（市、区）申报的用水总量需求，下达各县（市、区）、各灌域年度水量分配计划，明确农业用水总量。各县（市、区）负责将自治区下达的年度农业用水总量细化分解到乡镇、村组、干渠直开口等最适宜计量单元，与水管单位协商复核后抄报水管单位。水管单位据此制定干渠直开口月水量调度方案，作为年度农业用水量控制指标，指标用完后停止供水。在年度用水过程中，若需增加用水的，可由县（市、区）会同水管单位在复核工程供水能力基础上，在县域年度用水总量指标内统筹配置，也可通过市场化交易获得，原则上不得跨灌域调整。各县（市、区）通过种植结构调整、改变灌溉方式等产生富余水量指标的，可按有关规定转让交易，交易获得的水量指标，纳入年度水量调度计划管理。

（四）加强水资源统一调度。水利厅严格执行《黄河水量调度条例》及自治区水量分配和调度计划，按照"年控制、月计划、旬安排、日调度"的要求,统一调度水管单位和各县(市、区)引、用水量,沿黄小型农业取水口纳入水量统一调度管理;各县(市、区)要按照水资源统一调度要求,落实水资源管理主体责任,明确水量调度机构和人员,组织开展县域内水量调配和末级渠系水量调度工作,加强与水管单位沟通协调,及时上报水量调度计划和进度;水管单位根据各县(市、区)汇总上报的用水计划和年度用水总量,结合渠道、泵站供水能力,制定直开口水量调度方案并保障供水。

(五)准确核定灌溉面积。各县(市、区)结合"十四五"用水权管控指标方案中确定的灌溉面积,组织对年度灌溉面积、作物种植结构、灌溉方式准确进行核定,数据精准到户,分别以乡镇、村组和直开口为单位,逐级审核造册、签字确认、公示公开,并向水管单位报备。灌溉期间作物种植结构有调整的,由县(市、区)水务部门组织现场复核后报水管单位备案。

(六)强化用水定额管理。全面推行用水定额管理,建立定额内用水约束机制,维护用水定额的严肃性,促进节约用水。灌溉定额标准按照《自治区人民政府办公厅关于印发宁夏回族自治区有关行业用水定额(修订)的通知》(宁政办规发〔2020〕20号)执行。超定额实行累进加价制度,干渠超定额水价按价格部门批复执行,末级渠系超定额水价按基准水价执行,暂不加价。各县(市、区)、水管单位要根据年度灌溉面积、作物种植结构、灌溉定额和灌溉方式共同测算定额内水量,并由县(市、区)水务部门印发各乡镇、基层水管组织执行。水管单位落实用水量定期通报和定额内用水预警机制,按月及时向水务部门、基层用水组织等公布用水量。

(七)大力推进高效节水灌溉。各县(市、区)要深入贯彻落实《自治区人民政府办公厅关于加快推进高效节水农业发展的实施意见》(宁政办发〔2021〕95号),持续推进节水型农业生产方式,落实"十四五"用水权管控指标方案确定的高效节灌率目标,倒逼灌溉方式转变,提高农业用水效率。各县(市、区)要加强对已建成高效节灌项目的日常管理和维修养护,保证建成一处用好一处。

(八)强化用水计量。加快渠道计量设施提升改造,推进精准计量。水量监测计量设施与大中型灌区续建配套与现代化改造等项目同设计、同建设、同运行。分级做好供水计量,干渠直开口采取水工建筑物量测、流速仪量测、测控一体化设备量测等方式计量,扬水泵站采取电磁流量计、"以电折水"等方式计量。县(市、区)基层水管组织要及时会同水管单位完备供用水计量管理手续。

(九)执行末级运行成本水价。农业供水实行"骨干+末级渠系"终端水价,骨干工程分步调整到运行成本水价,由自治区价格主管部门定价;末级渠系执行市、县人民政府批复的运行成本水价,保障工程良性运行。切实落实总体上不增加农民负担的要求,配套建立精准补贴和节水奖励机制,促进农业水价综合改革顺利推进。

(十)规范水费收缴。供水水费实行"统一征收、分级管理"。干渠水费由县级水行政主管部门与水管单位核定后,缴入水管单位账户,由水管单位统一缴入自治区财政专户。各县(市、区)末级渠系水费不再上缴自治区财政专户,统一纳入地方本级预算管理、专账核算,实行"收支两条线",主要用于末级渠系水管人员工资和灌排设施维修养护等。水费实行公示公开制度,水管单位将干渠直开口水量、水费公开到乡镇、基层水管组织;县(市、区)水务部门及时组织基层水管组织将水费信息公开到用水户。

三、进度安排

(一)细化方案。各县(市、区)人民政府以明晰农业用水权确权、年度用水指标分配、灌溉面积和作物种植结构、落实定额管理和计量收费、基层水管组织管理监督等为重点,细化制定本地区规范农业用水管理实施方案,及时报自治区水利厅备案。

(二)宣传动员。各县(市、区)通过新闻媒体、网络平台等多渠道、多形式及时向社会公众、广大农民群众宣传农业用水有关政策要求,统一思想认识,动员农民群众配合核实灌溉面积、种植结构和灌溉方式,推行定额内用水,降低用水量,减少水费支出,激发用水户节约用水的主动性和自觉性。

（三）组织实施。各县（市、区）组织准确核定灌溉面积、作物种植结构和灌溉方式，按照农业灌溉定额细化年度水量，健全基层水管组织，服从水量调度，维护灌溉秩序，落实定额约束，加强水费收缴管理、工程维修养护、水管组织运行管理监督与考核等工作，切实规范末级渠系农业用水过程管理。

（四）总结评估。各县（市、区）和水管单位认真分析、全面总结农业用水管理工作开展情况，对存在的问题和不足要及时整改。对实施过程中的好经验、好做法要固化模式、大力推广、巩固成效，加大示范创建。2022年底前向自治区水利厅上报年度工作总结。

四、保障措施

（一）强化组织领导。县（市、区）、乡（镇）两级人民政府对农业用水管理负总责，加强对当地农业用水管理工作的领导和日常监督。县级发改、财政、水利、农业、审计等部门加强沟通协调，明确工作任务、压实工作责任，形成工作合力，定期研究和协调解决有关问题，为规范农业用水管理提供组织保障。

（二）认真组织实施。各县（市、区）和水管单位要按照用水权改革和加强农业用水管理的重点任务和总体安排，结合当地实际，明确路线图、任务书、时间表、责任人。要切实加强调研指导，及时协调解决相关问题，确保各项措施落实到位。

（三）严格考核监督。各县（市、区）要把规范农业用水管理作为落实用水权改革、"十四五"用水权管控、深化农业水价综合改革，全面推进乡村振兴战略的重要内容，建立长效机制，加强督导监管。自治区将把各县（市、区）落实农业用水管理情况纳入全面深化改革、乡村振兴战略、最严格水资源管理制度考核，对工作滞后、执行不到位的县（市、区）进行通报约谈。

自治区水利厅　自治区发展改革委　自治区财政厅　自治区农业农村厅　自治区民政厅　自治区市场监督管理厅印发关于落实用水权改革　规范基层用水管理组织的指导意见的通知

（2022年4月20日　宁水农发〔2022〕11号）

各市、县（市、区）人民政府：

为深化用水权改革，不断推进农业水价综合改革，进一步规范基层用水管理组织，持续提升农业供水保障水平，促进农田水利工程良性运行和农业节约用水，自治区水利厅、发展改革委、财政厅、农业农村厅、民政厅、市场监管厅制定了《关于落实用水权改革　规范基层用水管理组织的指导意见》，并经自治区用水权改革领导小组同意，现予印发。请各地结合实际，认真抓好工作落实。

关于落实用水权改革规范基层用水管理组织的指导意见

为深化用水权改革，有效解决我区基层用水管理组织不健全、管理不规范、职责不明晰、灌溉管理粗放等问题，进一步规范组建基层用水管理组织，明确各方职责，保障基层用水组织合法权益，强化农业用水管理，维护农田灌溉秩序，解决农业灌溉"最后一千米"问题，结合我区实际，制定以下指导意见。

一、总体要求

（一）指导思想。以习近平新时代中国特色社会主义思想为指导，全面贯彻落实习近平总书记"节水优先、空间均衡、系统治理、两手发力"的治水思路，紧紧围绕乡村振兴战略和农业现代化发展需要，按照"政府主导、市场运作、民主管理、合作互助"的要求，以提供稳定、可靠、高效、便捷的基层水利服务和管理为主线，健全组织机构，建立规章制度，完善运行机制，加强民主管理，强化监督指导，促进基层用水管理组织规范运行。

（二）基本原则。

——坚持政府主导、部门监管。落实政府主体责任,发挥部门监管职能,加强指导监管,建立政府主导、部门联动、协同推进的工作机制。

——坚持因地制宜、典型引领。根据各地农业灌溉及农田水利工程运行管理需求,按产权归属,依法依规确定基层用水管理组织,强化示范引领。

——坚持问题导向、良性运行。结合基层用水管理组织面临的困难和问题,完善政策措施,加大行政指导和绩效考核,建立支持基层用水管理组织良性运行的长效机制。

（三）总体目标。2022年底前,22个县(市、区)基层用水管理组织全部组建完成,农田水利工程管护主体明确、责任明晰、制度健全、经费保障、管护到位,水量水费核算准确规范。

二、规范管理

（一）明确职能定位。基层用水管理组织是由农户、新型农业经营者等用水主体依法自愿参加、民主管理或由专业化公司管理,具有法人资格,依法享有民事权利,承担民事责任的独立组织。主要职责:落实相关法规和政策制度,负责小型农田水利工程维修养护;协助县级农业农村部门统计种植结构,核算水量、水费,做好用水管理,促进节约用水,维护用水户合法权益,协助县级水行政主管部门调解水事纠纷,维持灌溉秩序,督促用水户及时足额缴纳水费。

（二）规范成立组织。各县(市、区)结合农业产业发展和农田水利工程现状,因地制宜选择农民用水合作社、灌溉管理站(所)、专业化公司等管理组织,应依法依规登记注册,或由县级政府批准成立。原则上以乡镇、村行政区域为边界组建,跨乡镇的水利工程,可按受益区域为边界组建。对已登记注册的农民用水协会,按照《社会团体登记管理条例》(2016年修正版)规定予以全面清理,务必于今年9月底之前依法完成注销登记工作。基层用水管理组织在负责农业灌溉管理时可与河湖巡护、农技服务等业务相结合。同时,各乡镇成立由乡镇领导负责的基层用水监管机构,履行监管指导职责,监管机构人员不得在农业用水管理中取酬。

（三）健全管理制度。基层用水管理组织依法依规健全内部机构,要结合当地实际,统筹考虑河湖长制、农村网格员、公益性岗位等,合理确定管理人员,原则上每万亩灌溉面积按3至5人控制,降低运维成本。建立健全工程管护、灌溉管理、水量核算、水费计收、财务管理、人事管理、资产管理、设备管理、档案资料、年度报告、审计决算、奖惩考核、公开公示等管理制度。

（四）强化用水管理。各县(市、区)要以"十四五"用水权管控指标方案中确定的灌溉面积、灌溉定额、灌溉方式、高效节灌率等为控制目标,根据自治区下达年度用水计划,指导基层用水管理组织对年度灌溉面积、作物种植结构、灌溉方式逐级审核造册、签字确认、公示公开,由县级水行政主管部门向水管单位报备。要大力发展高效节水灌溉,提高农业用水效率。

（五）准确核算水量水费。各县(市、区)水务部门指导基层用水管理组织准确核算各用水户的终端水量水费,定期进行公开公示,增强水费征收透明度,鼓励用水户通过网上缴费等方式缴纳水费,实行统一的水费票据。县(市、区)水务部门要严格按照水价政策规范核定亩均水费,杜绝"费价两张皮""搭车收费"等问题。

（六）扶持多元发展。各县(市、区)要指导基层用水管理组织参与到用水权改革、水权交易、农业水价改革等工作中,鼓励多元发展;加大自身创新能力建设,建立竞争激励机制和教育培训机制,引导水利专业人才和新型农业经营主体加入,激活内生动力;鼓励社会资本投入农田水利工程建设和管理,提升农业用水服务能力。

三、保障措施

（一）强化政府主导。各县(市、区)政府对基层用水管理组织规范组建及运行管理工作负总责,切实加强组织领导,把基层用水管理组织建设与用水权改革、农业水价综合改革和小型农田水利工程产权制度改革等结合起来,统筹完善实施方案,建立部门协调机制,督促相关部门、乡镇依法履职尽责,及时研究解决问题。各乡镇人民政府具体负责辖区内基层用水管理组织的组建、建章立制、运行管理和考核奖惩等工作，并在办公场所及办公设备等方面给予支持。

（二）压实部门职责。县（区）水务、发改、财政、农业农村、市场监管等部门要根据各自职能对基层用水管理组织开展业务指导和行业监管。县级水行政主管部门负责与水管单位核算水量水费，调解水事纠纷，制定配水计划，建立节水奖励、精准补贴机制等，常态化开展技术指导、业务培训、行业监管；发改部门负责水价成本监审、批复；财政部门负责水费收缴管理，建立水费专账，落实"收支两条线"制度；农业农村部门负责小型农田水利工程建设及运行监管，核查统计农业种植结构；市场监管部门负责开展农业水价执行情况监督检查、基层用水管理组织的审批、监管；审计、监察等部门负责水费收支管理的审计、监督检查。

（三）促进良性运行。各县（市、区）政府要统筹各类农田水利及其他涉水项目资金，加大末级渠系、计量设施和信息化等工程建设投入，提升小型农田水利工程完好率，降低用水损耗和输水成本，保障用水户合法权益。

（四）强化监督考核。各县（市、区）要制定基层用水管理组织考核办法，建立激励机制，培育扶持典型，调动管理人员工作积极性。同时要加大政策法规宣传，总结成功经验，加强示范创建和引导，提高用水户参与度，促进基层用水管理组织规范运行。

自治区水利厅　自治区财政厅　国家税务总局宁夏回族自治区税务局关于规范农业用水水费收缴有关事项的通知

（2022 年 7 月 4 日　宁水农发〔2022〕13 号）

各市、县（市、区）水务局、财政局、税务局：

按照国务院办公厅《关于推进农业水价综合改革的意见》（国办发〔2016〕2 号）和自治区用水权改

革工作要求，为进一步规范农业用水水费收缴，现就有关具体事项通知如下：

一、科学核定定额内水量

各县（市、区）水务部门结合灌溉面积、作物种植结构、灌溉方式和土壤质地等实际情况，科学核算各直开口定额内水量，报渠道管理单位复核后作为定额内供配水依据。灌溉期间，各渠道管理单位按月通报实际供水量，对即将超当月定额内水量的直开口提前预警，超定额水量执行超定额水价。渠系水利用系数参考自治区水利厅《关于印发宁夏回族自治区用水权确权指导意见的通知》（宁水权改发〔2021〕1 号），由各县（市、区）水务部门与渠道管理单位共同协商确定。

二、规范水费结算

骨干工程水费由渠道管理单位与各县（市、区）水务部门按月核算上缴，11 月底前结清当年水费。各县（市、区）水务部门负责编制县级农业用水（含骨干及末级）水费年度报告，各渠道管理单位负责编制本单位水费年度报告，12 月底前以正式文件报送自治区财政厅、水利厅。

三、规范票据使用

（一）各县（市、区）财政局通过集中支付向渠道管理单位结算骨干水费，使用《财政直接支付入账通知书》或《财政授权支付额度到账通知书》及相关银行结算凭证入账。

（二）各县（市、区）财政局、水务部门、渠道管理单位、基层水管组织之间水费结算，以银行结算凭证入账，并附供水明细清单。

（三）各县（市、区）水务部门负责到当地税务机关办理税务登记，做好纳税申报、发票领用等涉税事宜。

（四）基层水管组织向用水户收取农业用水水费实行"先预收、后结算"的方式，预收水费可使用县（市、区）统一印制的水费收据。全年灌溉结束后，基层水管组织根据用水户当年实际用水量一次性向用水户开具水费税务发票，作为用水户履行水费缴纳义务的凭证和依据。

（五）本通知中与《自治区财政厅　宁夏税务局

自治区水利厅关于水利工程向农业灌溉等提供供水服务使用票据有关问题的通知》(宁财(综)发〔2018〕849号)不符的内容,以本通知为准。

自治区水利厅关于印发宁夏回族自治区开展国家水土保持示范创建工作实施办法的通知

(2022年11月28日　宁水保发〔2022〕15号)

各市、县(区)水务局,各有关单位:

为做好我区国家水土保持示范创建工作,自治区水利厅制定了《宁夏回族自治区开展国家水土保持示范创建工作实施办法》,现印发给你们,请遵照执行。

宁夏回族自治区开展国家水土保持示范创建工作实施办法

第一章　总则

第一条　为推进新时代水土保持高质量发展,规范我区开展国家水土保持示范创建管理工作,充分发挥示范引领作用,助力黄河流域生态保护和高质量发展先行区建设,根据《水利部关于开展国家水土保持示范创建工作的通知》(水保〔2021〕11号)和《水利部办公厅关于印发国家水土保持示范创建管理办法的通知》(办水保〔2021〕171号)有关要求,制定本办法。

第二条　国家水土保持示范包括国家水土保持示范县(以下简称示范县)、国家水土保持科技示范园(以下简称科技示范园)和国家水土保持示范工程(含生产建设项目和生态清洁小流域,以下简称示范工程)三类。

第三条　本办法适用于自治区境内县(区)政府、企事业单位创建国家水土保持示范(以下简称示范)的申请申报、审核推荐、监督检查和技术指导等工作。

第四条　示范创建遵循"自愿申报、严格评审、动态管理、优胜劣汰"的原则。

第五条　示范应充分体现我区水土流失防治工作的特点和成效,以及不同区域典型性、行业代表性和引领性,注重理念、机制、模式和技术创新,水土保持生态、经济和社会效益显著。

第六条　自治区水利厅负责全区范围内示范创建的组织、审核、推荐、监督检查和技术指导等工作。

第七条　示范创建单位负责示范申报、后续管理等工作。

第二章　申报与评审

第八条　示范县(区)由县级人民政府报自治区水利厅审核。科技示范园和示范工程由创建单位或市、县级水行政主管部门报自治区水利厅审核。水利部批复水土保持方案的生产建设项目申报示范工程,由建设单位直接报水利部审核。

第九条　申请创建国家水土保持示范县、科技示范园和示范工程的,由申报单位于当年6月15日前将申报材料报自治区水利厅审核。水利部批复水土保持方案的生产建设项目申报示范工程的,申报单位于当年6月30日前将申报材料直接报水利部审核。

自治区水利厅按照《国家水土保持示范创建管理办法》(附件1-4)规定的示范标准严格审核示范创建资格、材料,组织审核时,可根据需要选取宁夏水利智库水土保持与水生态类专家和有关单位组成工作组进行现场评估。经审核,择优提出推荐意见并排序,于每年6月30日前与申报单位的申报材料一并报水利部,由水利部组织进行评审。

第十条　申报材料包括申报函和示范创建总结报告。具体包括:

(一)申报单位向水利部申请创建示范的申报函。

(二)创建总结报告:示范县主要包括组织领导、综合防治、监督管理、治理成效等;科技示范园主要包括基础条件、基本功能、特色功能和运行管理等;生产建设项目示范工程主要包括组织领导、建设管理、综合防治、防治成效等;生态清洁小流域示范工程主要包括组织管理、项目建设、综合防治、治理成效等。总结报告还应包括示范标准完成情况的具体说明及相关规划、文件、报告等支撑材料。

（三）创建成效的介绍视频及其他图片影像资料。

第三章　监督与管理

第十一条　示范县行政区划发生重大调整的，科技示范园因建设占地等原因导致功能和作用丧失的，水利部直接撤销其示范称号或由自治区水利厅函告水利部撤销其示范称号。

第十二条　自治区水利厅对全区已创建成功的示范县、科技示范园、示范工程，定期开展监督检查，发现与示范不相符的问题，督促进行整改。对拒不整改或者整改不到位的，上报水利部撤销其示范称号。

第十三条　自治区水利厅对示范县、科技示范园和示范工程给予支持，巩固提升示范成果，持续发挥示范引领作用。

（一）对示范创建工作成绩突出的市、县（区），自治区水利厅在水土保持目标责任考核中给予加分鼓励。

（二）对认定为示范县和有生态清洁型小流域示范工程的县（区），自治区水利厅在安排水土保持资金时倾斜支持。

（三）对认定的科技示范园，自治区水利厅和市县级水行政主管部门结合实际，在水土保持监测、科研、技术示范和宣传教育等方面予以支持。

（四）对承建的工程认定为示范工程的生产建设单位，对其承建的其他生产建设项目，自治区水利厅和市县级水行政主管部门可免予开展水土保持现场监督检查 1 年。

第十四条　示范单位应当建立示范运行长效管理机制，加强治理成果巩固提升和设施维护管理。与示范相关的水土保持设施，任何单位和个人不得随意占用、破坏和改变其性质及用途。

第十五条　创建单位应确保申报材料真实有效。对于申报材料造假的，一经查实，5 年内不得再次申报。

第十六条　参与示范创建管理的工作人员和专家，在审核工作中应严格遵守中央八项规定及其实施细则精神，认真落实廉洁自律要求，严格遵守相关工作程序和规范。如有违反本办法规定，并构成违纪违法的，依规依纪追究责任。

第四章　附则

第十七条　本办法自发布之日起施行。

第十八条　本办法由自治区水利厅负责解释。

十七、宁夏水利统计

宁夏水利统计

水利工程

【主要指标解释】

1. 水库:工程规模按照《水利水电工程等级划分及洪水标准(SL 252—2017)》或《水电枢纽工程等级划分及设计安全标准(DL 5180—2003)》,分为大(1)型、大(2)型、中型、小(1)型和小(2)型 5 级,具体划分标准见表 1:

2. 水库库容:即总库容,指校核水位以下的库容。包括死库容、兴利库容、防洪库容(减掉和兴利库容重复部分)之总和。

3. 水电站:指为将水能转换为电能而修建的水工建筑物和设置的机械、电气设备的综合枢纽。水电站分为五等,其中:装机容量大于 75 万千瓦为大(1)型水电站,75 万~25 万千瓦为大(2)型水电站,25 万~2.5 万千瓦为中型水电站,2.5 万~0.05 万千瓦为小(1)型水电站,小于 0.05 万千瓦为小(2)型水电站。统计上常将 1.2 万千瓦以下作为小水电站。

4. 泵站:指建在河道、湖泊、渠道上或水库岸边,由泵和其它机电设备、泵房以及进出水建筑物组成,可以将低处的水提升到所需高度,用于排水、灌溉、城镇生活和工业供水等的水利工程。(见表 2)

5. 水闸:指建在河道、渠道、海堤上或湖泊、水库岸边,利用闸门控制流量和调节水位,具有挡水和泄(引)水功能的低水头水工建筑物。不含橡胶坝、冲沙闸。工程按《水利水电工程等级划分及洪水标准》(SL 252—2017)进行分类。(见表 3)

6. 机电井:指以电动机、柴油机等动力机械带动

表 1　水库工程等级划分标准

工程规模	水库总库容(亿 m³)	防洪			治涝	灌溉	供水		发电
		保护人口(万人)	保护农田面积(万亩)	保护区当量经济规模(万人)	治涝面积(万亩)	灌溉面积(万亩)	供水对象重要性	年引水量(亿 m³)	装机容量(MW)
大(1)型	≥10	≥150	≥500	≥300	≥200	≥150	特别重要	≥10	≥1200
大(2)型	<10, ≥1.0	<150, ≥50	<500, ≥100	<300, ≥100	<200, ≥60	<150, ≥50	重要	<10, ≥3	1200~300
中型	<1.0, ≥0.1	<50, ≥20	<100, ≥30	<100, ≥40	<60, ≥15	<50, ≥5	比较重要	<3, ≥1	300~50
小(1)型	<0.1, ≥0.01	<20, ≥5	<30, ≥5	<40, ≥10	<15, ≥3	<5, ≥0.5	一般	<1, ≥0.3	50~10
小(2)型	<0.01, 0.001	<5	<5	<10	<3	<0.5		<0.3	<10

表2 泵站工程等级划分标准

工程等别	泵站规模	灌溉、排水泵站		工业、城镇供水泵站
		设计流量(m³/s)	装机功率(MW)	
I	大(1)型	≥200	≥30	特别重要
II	大(2)型	200~50	30~10	重要
III	中型	50~10	10~1	中等
IV	小(1)型	10~2	1~0.1	一般
V	小(2)型	<2	<0.1	—

注:①装机流量、装机功率指单站指标,且包括备用机组在内;②由多级或多座泵站联合组成的泵站工程的等别,可按其整个系统的分等指标确定;③当泵站按分等指标分属两个不同等别,应以其中的高等别为准。

表3 水闸工程等级划分标准

工程等级	工程规模	最大过闸流量(m³/s)	防护对象的重要性
I	大(1)型	≥5000	特别重要
II	大(2)型	5000~1000	重要
III	中型	1000~100	中等
IV	小(1)型	100~20	一般
V	小(2)型	<20	—

水泵抽取地下水的水井。对灌溉用机电井和供水用机电井,分别按照井口井壁管内径和日取水量划分规模。规模以上机电井是指井口井壁管内径大于等于200毫米的灌溉机电井,和日取水量大于等于20立方米的供水机电井。

【水库】

2022年全区各市县水库数量和库容

单位:座、亿 m³

地区	合计		大(2)型		中型		小(1)型		小(2)型	
	水库数量	水库库容	水库数量	水库库容	水库数量	水库库容	水库数量	水库库容	水库数量	水库库容
全区	329	26.45	1	6.06	37	12.02	159	7.31	132	1.06
银川市	21	1.52			4	1.05	11	0.44	6	0.04
兴庆区										
西夏区	6	0.35			1	0.16	5	0.19		
金凤区	1	0.02					1	0.02		
永宁县	4	0.34			1	0.32			3	0.02
贺兰县	1	0.11					1	0.11		
灵武市	9	0.71			2	0.57	4	0.12	3	0.02

续表

地区	合计		大（2）型		中型		小（1）型		小（2）型	
	水库数量	水库库容	水库数量	水库库容	水库数量	水库库容	水库数量	水库库容	水库数量	水库库容
石嘴山市	13	0.85			2	0.66	4	0.17	7	0.02
大武口区	3	0.45			1	0.44			2	0.003
惠农区	4	0.15					2	0.14	2	0.01
平罗县	6	0.25			1	0.22	2	0.03	3	0.01
吴忠市	46	7.79	1	6.06	4	0.85	19	0.73	22	0.15
利通区	3	0.07					2	0.06	1	0.01
红寺堡区	4	0.07					2	0.06	2	0.02
盐池县	7	0.65			2	0.57	3	0.07	2	0.01
同心县	24	0.71			2	0.28	7	0.32	15	0.11
青铜峡市	8	6.29	1	6.06			5	0.22	2	0.01
固原市	191	9.61			17	4.63	99	4.35	75	0.62
原州区	41	3.35			4	2.05	21	1.21	16	0.08
西吉县	59	3.36			6	1.45	37	1.77	16	0.14
隆德县	39	0.88					15	0.59	24	0.29
泾源县	9	0.11					4	0.10	5	0.01
彭阳县	43	1.91			7	1.13	22	0.69	14	0.09
中卫市	58	6.68			10	4.82	26	1.63	22	0.22
沙坡头区	5	0.66			2	0.49	3	0.17		
中宁县	3	0.43			1	0.18	2	0.25		
海原县	50	5.58			7	4.15	21	1.21	22	0.22

注：水库工程以自治区水利厅登记备案的水库为统计口径。

【水电站】

2022年全区水电站数量和装机容量

水电站规模	数量（座）	装机容量（万kW）	备注
合计	3	42.63	
大（1）型	—	—	
大（2）型	2	42.23	青铜峡水电站装机容量30.2万kW、沙坡头水电站装机容量12.03万kW。
中型	—	—	
小（1）型	1	0.4	中宁泉眼山水电站装机容量0.4万kW。
小（2）型	—	—	

注：2020—2022年全区水电站无变化。全国及9省区水电站情况未公布。

【泵站】

2022 年全区各市县泵站数量

单位：座

地区	合计	按规模分				
		大(1)型	大(2)型	中型	小(1)型	小(2)型
全区	1,120		13	76	267	764
银川市	396		1	9	89	297
兴庆区	22		1		12	9
西夏区	21				17	4
金凤区	15					15
永宁县	137			4	9	124
贺兰县	84			2	19	63
灵武市	117			3	32	82
石嘴山市	153				58	95
大武口区	40				21	19
惠农区	36				5	31
平罗县	77				32	45
吴忠市	306		1	36	63	206
利通区	133			7	18	108
红寺堡区	23			10	5	8
盐池县	3			1	2	
同心县	44		1	12	14	17
青铜峡市	103			6	24	73
固原市	27			4	9	14
原州区	5			2	2	1
西吉县	6				5	1
隆德县	10				1	9
泾源县	2					2
彭阳县	4			2	1	1
中卫市	238		11	27	48	152
沙坡头区	114			14	15	85
中宁县	103		10	8	26	59
海原县	21		1	5	7	8

【水闸】

2022 年全区各市县水闸数量

单位:座

地区	合计	按规模分				
		大(1)型	大(2)型	中型	小(1)型	小(2)型
全区	1,534			16	111	1,407
银川市	476			4	26	446
兴庆区	18				2	16
西夏区	41				2	39
金凤区	15				1	14
永宁县	163			2	13	148
贺兰县	134			2	7	125
灵武市	105				1	104
石嘴山市	320			1	16	303
大武口区	14				4	10
惠农区	81				1	80
平罗县	225			1	11	213
吴忠市	451			11	33	407
利通区	102				5	97
红寺堡区	24				6	18
盐池县	20					20
同心县	13					13
青铜峡市	292			11	22	259
固原市	42					42
原州区	5					5
西吉县						
隆德县						
泾源县	33					33
彭阳县	4					4
中卫市	245				36	209
沙坡头区	106				13	93
中宁县	133				23	110
海原县	6					6

注:水闸工程按《水利水电工程等级划分及洪水标准》(SL 252—2017)进行分类。

【机电井】

2022 年全区各市县机电井数量

单位:眼

地区	合计	规模以上机电井			规模以下机电井		
		小计	浅层地下水机电井	深层地下水机电井	小计	浅层地下水机电井	深层地下水机电井
全区	74,530	12,528	12,528		62,002	61,612	390
银川市	28,151	3,558	3,558		24,593	24,581	12
兴庆区	3,366	186	186		3,180	3,180	
西夏区	429	200	200		229	229	
金凤区	1,776	211	211		1,565	1,553	12
永宁县	8,454	1,066	1,066		7,388	7,388	
贺兰县	1,585	1,585	1,585				
灵武市	12,541	310	310		12,231	12,231	
石嘴山市	2,358	1,827	1,827		531	531	
大武口区	329	252	252		77	77	
惠农区	414	414	414				
平罗县	1,615	1,161	1,161		454	454	
吴忠市	36,414	2,227	2,227		34,187	34,141	46
利通区	32,320	324	324		31,996	31,996	
红寺堡区	64	18	18		46		46
盐池县	3,573	1,732	1,732		1,841	1,841	
同心县							
青铜峡市	457	153	153		304	304	
固原市	4,763	4,057	4,057		706	374	332
原州区	1,313	1,040	1,040		273	273	
西吉县	3,117	2,785	2,785		332		332
隆德县	11	11	11				
泾源县	13	1	1		12	12	
彭阳县	309	220	220		89	89	
中卫市	2,844	859	859		1,985	1,985	
沙坡头区	1,709				1,709	1,709	
中宁县	358	82	82		276	276	
海原县	777	777	777				

注:对灌溉用机电井和供水用机电井,分别按照井口井壁管内径和日取水量划分规模。规模以上机电井是指井口井壁管内径大于等于 200 毫米的灌溉机电井,和日取水量大于等于 20 立方米的供水机电井。

供用水量

【主要指标解释】

1. 供水量：指各种水源提供的包括输水损失在内的水量之和。分为地表水源、地下水源和其他水源。

2. 地表水源供水量：指地表水工程的取水量；地下水源供水量指水井工程的开采量；其他水源包括再生水、微咸水和矿坑水。

3. 取(用)水量：指各类河道外用水户取用的包括输水损失在内的毛水量之和，按生活用水、工业用水、农业用水和人工生态环境补水四大类用户统计。

4. 生活用水：包括城乡居民家庭生活用水和城乡公共设施用水(含第三产业及建筑业等用水)。

5. 工业用水：指工矿企业在生产过程中用于生产活动的水量，包括主要生产用水、辅助生产用水(如机修、运输、空压站等)和附属生产用水(如绿化、办公室、浴室、食堂、厕所、保健站等)，按新水取用量计，不包括企业内部的重复利用水量。

6. 农业用水：包括耕地和林地、园地、牧草地灌溉，鱼塘补水及牲畜用水。

7. 人工生态环境补水：仅包括人为措施供给的城镇环境用水和部分河湖、湿地补水，不包括降水、径流自然满足的水量。

【供水量】

2022 年全区各市县供水量

单位：亿 m³

地区	总供水量	地表水源			地下水源	其他水源		
		合计	黄河水	当地地表水		合计	再生水	地下微咸水
全区	66.328	60.076	58.974	1.102	4.821	1.431	0.725	0.466
银川市	19.691	17.794	17.794	0	1.751	0.146	0.146	0
兴庆区	1.974	1.812	1.812	0	0.130	0.032	0.032	0
西夏区	2.891	2.647	2.647	0	0.188	0.056	0.056	0
金凤区	1.952	1.675	1.675	0	0.277	0	0	0
永宁县	4.080	3.615	3.615	0	0.465	0	0	0
贺兰县	5.323	4.824	4.824	0	0.499	0	0	0
灵武市	3.471	3.221	3.221	0	0.192	0.058	0.058	0
石嘴山市	12.011	10.576	10.554	0.022	1.224	0.211	0.211	0
大武口区	1.139	0.618	0.607	0.011	0.387	0.134	0.134	0
惠农区	3.058	2.682	2.682	0	0.352	0.024	0.024	0
平罗县	7.814	7.276	7.265	0.011	0.485	0.053	0.053	0
吴忠市	17.122	16.149	16.141	0.008	0.654	0.319	0.176	0.143
利通区	4.695	4.340	4.340	0	0.245	0.110	0.110	0
红寺堡	2.832	2.782	2.782	0	0.040	0.010	0.010	0
盐池县	1.055	0.828	0.820	0.008	0.053	0.174	0.031	0.143

续表

地区	总供水量	地表水源			地下水源	其他水源		
		合计	黄河水	当地地表水		合计	再生水	地下微咸水
同心县	2.767	2.711	2.711	0	0.056	0	0	0
青铜峡市	5.773	5.488	5.488	0	0.260	0.025	0.025	0
固原市	1.706	1.242	0.189	1.053	0.419	0.045	0.045	0
原州区	0.860	0.569	0.189	0.380	0.266	0.025	0.025	0
西吉县	0.351	0.230	0	0.230	0.107	0.014	0.014	0
隆德县	0.139	0.132	0	0.132	0.001	0.006	0.006	0
泾源县	0.075	0.075	0	0.075	0	0	0	0
彭阳县	0.281	0.236	0	0.236	0.045	0	0	0
中卫市	13.628	12.425	12.406	0.019	0.773	0.430	0.107	0.323
沙坡头区	5.675	5.199	5.199	0	0.342	0.134	0.081	0.053
中宁县	6.516	6.209	6.209	0	0.283	0.024	0.024	0
海原县	1.437	1.017	0.998	0.019	0.148	0.272	0.002	0.270
宁东	2.170	1.890	1.890	0	0	0.280	0.040	0

注:数据来源于《2022 年宁夏水资源公报》。

黄河流域 9 省区供水量

单位:亿 m³

区域	地区	总供水量	地表水源	地下水源	其他水源
	全国	5998.2	4994.2	828.2	175.8
黄河流域九省区	青海	24.5	18.5	5.1	0.8
	四川	251.6	242	5.9	3.6
	甘肃	112.9	85.2	24.3	3.4
	宁夏	66.3	60.1	4.8	1.4
	内蒙古	191.5	95.8	88.7	6.9
	陕西	94.9	60.7	28.9	5.3
	山西	72.1	38.2	27.5	6.4
	河南	228.0	118.0	99.4	10.6
	山东	217.0	130.3	69.3	17.3

注:全国及其他省(区)数据主要来源于《2022 年中国水资源公报》。

【用水量】

2022 年全区各市县用水量

单位：亿 m³

地区	总用水量	农业			工业	生活			人工生态环境		
		合计	农林牧渔	畜禽		合计	城镇生活	农村居民	合计	城乡环境	湖泊补水
全区	66.328	53.639	52.927	0.712	4.461	3.698	3.136	0.562	4.530	1.110	3.420
银川市	19.691	14.831	14.683	0.148	0.680	1.789	1.674	0.115	2.391	0.400	1.991
兴庆区	1.974	1.068	1.050	0.018	0.032	0.522	0.506	0.016	0.352	0.079	0.273
西夏区	2.891	1.937	1.926	0.011	0.343	0.294	0.282	0.012	0.317	0.037	0.280
金凤区	1.952	0.586	0.580	0.006	0.015	0.534	0.527	0.007	0.817	0.142	0.675
永宁县	4.080	3.389	3.372	0.017	0.092	0.19	0.148	0.042	0.409	0.044	0.365
贺兰县	5.323	4.620	4.590	0.030	0.107	0.165	0.149	0.016	0.431	0.053	0.378
灵武市	3.471	3.231	3.165	0.066	0.091	0.084	0.062	0.022	0.065	0.045	0.020
石嘴山市	12.011	9.643	9.580	0.063	0.779	0.390	0.331	0.059	1.199	0.199	1.000
大武口区	1.139	0.395	0.393	0.002	0.093	0.171	0.165	0.006	0.480	0.127	0.353
惠农区	3.058	2.384	2.368	0.016	0.432	0.102	0.095	0.007	0.140	0.049	0.091
平罗县	7.814	6.864	6.819	0.045	0.254	0.117	0.071	0.046	0.579	0.023	0.556
吴忠市	17.122	15.699	15.469	0.23	0.467	0.579	0.439	0.14	0.377	0.155	0.222
利通区	4.695	4.179	4.087	0.092	0.095	0.226	0.195	0.031	0.195	0.038	0.157
红寺堡	2.832	2.579	2.563	0.016	0.112	0.085	0.045	0.040	0.056	0.056	0
盐池县	1.055	0.881	0.837	0.044	0.041	0.066	0.051	0.015	0.067	0.034	0.033
同心县	2.767	2.675	2.649	0.026	0.003	0.087	0.056	0.031	0.002	0.002	0
青铜峡市	5.773	5.385	5.333	0.052	0.216	0.115	0.092	0.023	0.057	0.025	0.032
固原市	1.706	1.195	1.069	0.126	0.118	0.363	0.220	0.143	0.030	0.030	0
原州区	0.860	0.609	0.567	0.042	0.096	0.139	0.102	0.037	0.016	0.016	0
西吉县	0.351	0.247	0.205	0.042	0.001	0.102	0.044	0.058	0.001	0.001	0
隆德县	0.139	0.093	0.081	0.012	0.005	0.033	0.019	0.014	0.008	0.008	0
泾源县	0.075	0.035	0.026	0.009	0.002	0.037	0.024	0.013	0.001	0.001	0
彭阳县	0.281	0.211	0.190	0.021	0.014	0.052	0.031	0.021	0.004	0.004	0
中卫市	13.628	12.271	12.126	0.145	0.412	0.558	0.453	0.105	0.387	0.180	0.207
沙坡头区	5.675	4.727	4.657	0.070	0.278	0.366	0.326	0.040	0.304	0.127	0.177
中宁县	6.516	6.194	6.150	0.044	0.133	0.110	0.080	0.030	0.079	0.049	0.030
海原县	1.437	1.350	1.319	0.031	0.001	0.082	0.047	0.035	0.004	0.004	0
宁东	2.170	0	0	0	2.005	0.019	0.019	0	0.146	0.146	0

注：数据来源于《2022 年宁夏水资源公报》。

黄河流域9省区用水量

单位:亿 m³

区域	地区	总取水量	农业	工业	生活	人工生态环境
	全国	5998.2	3781.3	968.4	905.7	342.8
黄河流域九省区	青海	24.5	17.1	2.7	2.9	1.8
	四川	251.6	164.8	21.2	57.8	7.8
	甘肃	112.9	82.3	6.3	10.3	13.9
	宁夏	66.3	53.6	4.5	3.7	4.5
	内蒙古	191.5	143.4	13.2	11.3	23.5
	陕西	94.9	57.5	10.7	20.2	6.5
	山西	72.1	40.5	11.6	15.1	4.9
	河南	228.0	135.5	21.3	43.6	27.6
	山东	217.0	122.7	33.1	41.3	19.9

注:全国及其他省(区)数据来源于《2022年中国水资源公报》。

城乡供水

【主要指标解释】

1.城乡供水工程:指能够生产、配置水资源并向最终用户供给水资源的供水工程。

2.千吨万人以上工程:指供水人口大于等于10000人或者日供水在1000吨以上的城乡集中供水工程。

3.千人以上工程:指供水人口大于等于1000人,小于10000人的城乡集中供水工程。

4.千人以下工程:指供水人口大于等于20人,小于1000人的城乡集中供水工程。

5.覆盖人口:指工程设计覆盖人口。

6.农村自来水普及率:指供水人口大于等于100人的供水工程供水到户(院)的农村人口占农村供水总人口的比例。

2022 年全区各市县城乡供水工程情况

单位:处、万人、万 m³

地区	合计			千吨万人以上工程			千人以上工程			千人以下工程			农村自来水普及率(%)
	处数	覆盖人口	日均供水量	处数	覆盖人口	日均供水量	处数	覆盖人口	日均供水量	处数	覆盖人口	日均供水量	
全区	188	768.758	156.126	93	722.970	152.402	52	44.331	3.647	43	1.457	0.077	96.5
银川市	58	301.502	87.572	27	286.944	85.732	26	13.830	1.797	5	0.727	0.043	96.3
兴庆区	8	20.600	2.576	2	16.900	2.360	4	3.100	0.180	2	0.600	0.036	96.0
西夏区	8	3.820	1.024	1	1.300	0.800	6	2.450	0.220	1	0.070	0.004	96.5
金凤区	5	4.166	0.187	3	3.720	0.160	2	0.446	0.027				96.3
永宁县	6	30.500	7.100	4	29.000	6.200	2	1.500	0.900				96.0
贺兰县	13	41.816	7.386	6	39.734	7.212	5	2.024	0.170	2	0.057	0.004	96.7
灵武市	14	29.600	3.300	7	25.290	3.000	7	4.310	0.300				96.3
中铁银川三区	4	171.000	66.000	4	171.000	66.000							
石嘴山市	21	83.486	17.314	10	77.776	16.934	11	5.711	0.380				97.1
大武口区	11	29.800	3.903	3	24.596	3.585	8	5.204	0.318				97.5
惠农区	5	20.716	6.501	2	20.210	6.439	3	0.506	0.062				97.4
平罗县	5	32.970	6.910	5	32.970	6.910							96.4
吴忠市	39	153.110	23.960	26	128.870	22.720	13	24.240	1.240				96.4
利通区	12	45.750	13.300	8	42.000	12.900	4	3.750	0.400				98
红寺堡区	7	23.000	3.030	7	23.000	3.030							96.5
盐池县	1	17.300	3.200	1	17.300	3.200							95.8
同心县	8	38.760	2.930	6	37.870	2.890	2	0.890	0.040				95.4
青铜峡市	11	28.300	1.500	4	8.700	0.700	7	19.600	0.800				96.3
固原市	22	122.320	12.900	20	122.030	12.886	1	0.200	0.010	1	0.090	0.004	95.7
原州区	3	46.000	5.000	3	46.000	5.000							96
西吉县	3	31.490	3.170	1	31.200	3.156	1	0.200	0.010	1	0.090	0.004	95.6

续表

地区	合计			千吨万人以上工程			千人以上工程			千人以下工程			农村自来水普及率（%）
	处数	覆盖人口	日均供水量	处数	覆盖人口	日均供水量	处数	覆盖人口	日均供水量	处数	覆盖人口	日均供水量	
隆德县	4	15.300	2.000	4	15.300	2.000							95.7
泾源县	9	8.530	1.000	9	8.530	1.000							95.5
彭阳县	3	21.000	1.730	3	21.000	1.730							95.7
中卫市	48	108.340	14.380	10	107.350	14.130	1	0.350	0.220	37	0.640	0.030	97.0
沙坡头区	40	41.640	5.810	3	41.000	5.780				37	0.640	0.030	97.7
中宁县	7	33.350	6.220	6	33.000	6.000	1	0.350	0.220				96.8
海原县	1	33.350	2.350	1	33.350	2.350							96.5

注：数据主要来源于各水行政主管单位填报的《城乡供水工程基本情况统计表》。

农业灌溉

【主要指标解释】

1. 灌溉面积:即实际灌溉面积,指当年利用水利工程设施实际进行了灌溉的面积。在同一亩地上,当年内无论灌水几次,都应按一亩计算。按照土地类型,灌溉面积可以分为耕地灌溉面积、林地灌溉面积、园地灌溉面积和牧草地灌溉面积。

2. 耕地:指种植农作物的土地,包括熟地、新开发、复垦、整理地,休闲地(含轮歇地、轮作地);以种植农作物(含蔬菜)为主,间有零星果树,桑树或其他树木的土地;平均每年能保证收获一季的已垦滩地和海涂。耕地中包括南方宽度 < 1 米,北方宽度 < 2 米固定的沟、渠、路和地坎(埂);临时种植药材、草皮、花卉、苗木等的耕地,以及其他临时改变用途的耕地。

3. 林地:指生长乔木、竹类、灌木、沿海红树林的土地,不包括居民绿化用地,以及铁路、公路、河流沟渠的护路、护草林。林地又分林地、灌木林、疏林地、未成林造林地、迹地和苗圃 6 个二级地类。

4. 园地:指种植以采集果、叶、根茎等为主的集约经营的多年生木本和草本作物,包括果实苗圃等用地。

5. 粮食播种面积:指日历年度内收获粮食在全部土地(耕地或非耕地)上的播种或移植面积。凡是本年内收获的粮食,无论是本年还是上年播种,都算为播种面积,但不包括本年播种,下年收获的粮食面积。

6. 粮食产量:指日历年度内生产的全部粮食数量。按收获季节包括夏收粮食、早稻和秋收粮食,按作物品种包括谷物、薯类和豆类。其产量计算方法:谷物按脱粒后的原粮计算,豆类按去豆荚后的干豆计算;薯类(包括甘薯和马铃薯,不包括芋头和木薯)按 5 千克鲜薯折 1 千克粮食计算;城市郊区作为蔬菜的薯类(如马铃薯等)按鲜品计算,并且不作粮食统计。

【灌溉面积】

2022 年全区各市县灌溉面积

单位:万亩

地区	灌溉面积	耕地灌溉面积	林地灌溉面积	园地灌溉面积	牧草地灌溉面积
全区	1,057.45	840.86	66.27	121.04	29.28
银川市	249.85	175.64	28.01	34.97	11.23
兴庆区	28.53	21.00	4.94	1.64	0.95
西夏区	37.66	22.25	8.61	4.68	2.12
金凤区	10.74	7.01	1.38	1.59	0.76
永宁县	63.26	40.90	6.70	15.32	0.34
贺兰县	64.05	52.61	2.69	2.81	5.94
灵武市	45.61	31.87	3.68	8.94	1.12
石嘴山市	175.46	155.31	10.15	2.13	7.86
大武口区	11.12	9.44	0.75	0.14	0.78
惠农区	43.14	31.83	6.47	0.35	4.49
平罗县	121.20	114.05	2.93	1.64	2.60
吴忠市	319.99	275.86	10.31	28.45	5.36
利通区	66.77	56.87	2.37	5.27	2.26

续表

地区	灌溉面积	耕地灌溉面积	林地灌溉面积	园地灌溉面积	牧草地灌溉面积
红寺堡区	62.58	55.58	3.87	2.09	1.04
盐池县	46.49	46.49			
同心县	75.59	67.08	0.65	6.42	1.43
青铜峡市	68.55	49.83	3.42	14.67	0.63
固原市	65.99	59.19	0.20	4.90	1.70
原州区	26.87	23.89	0.20	1.15	1.63
西吉县	15.90	15.82		0.08	
隆德县	5.59	5.59			
泾源县	4.63	4.63			
彭阳县	13.00	9.26		3.67	0.07
中卫市	246.16	174.85	17.60	50.59	3.12
沙坡头区	95.07	59.82	9.43	25.04	0.78
中宁县	107.07	72.82	8.03	24.39	1.83
海原县	44.02	42.22	0.14	1.16	0.51

注:数据主要来源于各水行政主管部门填报的"用水统计调查直报管理系统"2022年全区灌溉面积统计。

黄河流域9省区灌溉面积

单位:千公顷

区域	地区	灌溉面积	耕地灌溉面积	林地灌溉面积	园地灌溉面积	牧草地灌溉面积
	全国	79036	70359	3722	4103	853
黄河流域九省区	青海	301	222	52	2	26
	四川	3394	2976	191	217	10
	甘肃	1557	1349	131	46	30
	宁夏	705	561	44	81	20
	内蒙古	4816	4379	137	43	258
	陕西	1446	1162	47	210	27
	山西	1626	1502	60	59	5
	河南	5906	5623	216	63	4
	山东	6012	5209	375	423	5

注:全国及其他省(区)数据主要来源于《2022年中国水利统计年鉴》。

全区大中型灌区名录

单位:万 m³、万亩

序号	灌区名称	受益地	水源名称	年灌溉引(提)水量	设计灌溉面积	实际灌溉面积
一	大型灌区					
1	青铜峡灌区	青铜峡市、利通区、灵武市、永宁县、西夏区、金凤区、兴庆区、贺兰县、平罗县、大武口区、惠农区	引黄	303627.08	535.00	515.68
2	沙坡头灌区	沙坡头区、中宁县、青铜峡市	引黄	81149.88	125.58	120.96
3	固海扬水灌区	沙坡头区、中宁县、红寺堡区、同心县、海原县、原州区	扬黄	50395.79	158.94	138.56
4	盐环定扬水灌区	利通区、灵武市、红寺堡区、同心县、盐池县	扬黄	9844.16	44.33	42.47
5	红寺堡扬水灌区	中宁县、红寺堡区、同心县	扬黄	33483	101.40	92.97
二	中型灌区					
1	沿山井灌区	惠农区	第二农场渠	1149.89	3.15	3.00
2	金沙湾扬黄灌区	青铜峡市	黄河	254.69	1.92	1.10
3	牛首山扬黄灌区	青铜峡市	东干渠		2.60	1.93
4	中河库井灌区	原州区	上店子水库	382	1.00	0.40
5	张银库井灌区	隆德县	张银水库和三星水库		1.10	0.10
6	大庄库井灌区	隆德县	槽子、前庄、红堡等水库		1.30	0.20
7	长城塬库井灌区	彭阳县	石头崾岘水库	272	2.50	1.70
8	张易库井灌区	原州区	张易、雨落沟水库		1.00	0.75
9	龙潭灌区	泾源县	泾河		1.50	1.00
10	兴盛灌区	泾源县	盛义河	93.16	1.02	0.91
11	颉河灌区	泾源县	洪沟水库		1.15	0.47
12	绿塬灌区	泾源县	洪沟水库	68.26	1.10	0.90
13	巴庄子灌区	红寺堡区	红四干渠		2.00	2.00
14	下马关扬黄灌区	同心县	红五干渠		15.10	9.11
15	预旺扬黄灌区	同心县	红五干渠		8.00	5.00
16	兴仁扬黄灌区	沙坡头区	峡门水库供水工程、甘肃兴电扬水供水工程	1450.77	28.00	12.00
17	三塘扬黄灌区	海原县	南坪水库		8.00	2.00
18	北滩长鸣自流灌区	中宁县	引黄	4450.61	8.81	5.51
19	喊叫水扬黄灌区	中宁县	固五干渠		25.00	16.00
20	马家塘扬黄灌区	中宁县	固七干渠		5.10	5.10
21	西河灌区	海原县	高崖水库		8.84	5.00

续表

序号	灌区名称	受益地	水源名称	年灌溉引(提)水量	设计灌溉面积	实际灌溉面积
22	渝河库井灌区	隆德县	清凉、黄家峡、三里店等水库	646.82	5.20	4.49
23	葫芦河灌区	西吉县	夏寨、张家咀头、马莲等水库	1890.46	13.38	11.01
24	茹河库井灌区	彭阳县	乃河、店洼和石头崾岘等水库	678.95	5.86	4.40
25	清水河灌区	原州区	沈家河、上店子等水库	1630	9.44	5.01
26	宁夏宝丰生态牧场灌区	兴庆区	引黄	484.29	9.50	2.41

注:1. 实际灌溉面积及年灌溉引(提)水量采用《2022年宁夏回族自治区农田灌溉水有效利用系数测算分析成果报告》数据。

2. 大型灌区按照设计灌溉面积30万亩及以上,中型灌区按照设计灌溉面积1万~30万亩以下的规模划分。

3. 泾河隶属于黄河一级支流渭河,盛义河隶属于渭河一级支流泾河。

4. 中型灌区实际灌溉面积来源于灌区"一张图"上图面积,年灌溉引(提)水量来自用水统计调查管理直报系统,因部分灌区从干渠直接取水,由相应管理处统一填报,因此未分出具体水量。

防洪治理

【主要指标解释】

1. 堤防长度:堤防指沿河、湖、海等岸边,或行洪区、分洪区、蓄洪区、围垦区边缘修筑的挡水建筑物。堤防工程等级划分执行《防洪标准》(GB 50201—94)的规定,分为五个级别,具体见下表:

2. 新增堤防长度:指当年因投资建设,新建成的堤防长度。

3. 已治理河段长度:指已采取一定的治理措施进行过治理,且现状存在治理工程,具有一定的防洪能力的河段长度。

4. 已治理达标河段长度:指有防洪任务,且通过治理已经达到规划防洪标准的河段长度。

防洪标准[重现期(年)]	≥100	<100,且≥50	<50,且≥30	<30,且≥20	<20,且≥10
堤防等级	1	2	3	4	5

2022年全区各市县堤防及河道治理长度

单位:km

地区	堤防					河道治理	
	堤防长度			新增堤防长度	已治理河段长度	其中:治理达标河段长度	
	合计	4级堤防	5级堤防	5级以下堤防			
全区	1,057.47	737.07	216.22	104.18		2,212.78	2,041.71
银川市	202.07	119.25	42.96	39.86		482.58	460.29
兴庆区	40.90	26.40	14.50			93.69	93.69
西夏区	28.46		28.46			20.29	9.00
金凤区						24.41	24.41
永宁县	45.66	28.20		17.46		150.52	150.52
贺兰县	26.65	26.65				76.65	76.65

续表

地区	堤防					河道治理	
	堤防长度				新增堤防长度	已治理河段长度	其中:治理达标河段长度
	合计	4 级堤防	5 级堤防	5 级以下堤防			
灵武市	60.40	38.00		22.40		117.02	106.02
石嘴山市	269.32	244.77	19.35	5.20		332.20	313.07
大武口区	83.48	83.48				53.92	53.92
惠农区	72.16	55.11	17.05			105.76	105.76
平罗县	113.68	106.18	2.30	5.20		172.52	153.39
吴忠市	193.40	104.80	53.68	34.92		493.33	415.17
利通区	21.80	21.80				57.38	57.38
红寺堡区	53.68		53.68			106.23	106.23
盐池县						21.08	21.08
同心县	76.42	41.50		34.92		157.21	79.05
青铜峡市	41.50	41.50				151.43	151.43
固原市	168.56	76.13	68.23	24.20		522.79	474.78
原州区						145.00	145.00
西吉县	87.45	44.45	43.00			81.46	81.46
隆德县						112.95	112.95
泾源县	49.43		25.23	24.20		91.60	54.04
彭阳县	31.68	31.68				91.78	81.33
中卫市	224.12	192.12	32.00			381.88	378.40
沙坡头区	143.12	111.12	32.00			74.40	74.40
中宁县	81.00	81.00				177.41	173.93
海原县						130.07	130.07

注:数据主要来源于各市县水行政主管部门填报的《2022 年水利综合统计年报》,其中同心县不含新增护岸 9.22 千米。

黄河流域 9 省区堤防治理长度

单位:km

区域	地区	堤防								新增堤防长度	达标堤防长度
		堤防长度									
		合计	1 级堤防	2 级堤防	3 级堤防	4 级堤防	5 级堤防	5 级以下堤防			
	全国	421731	10411	33590	33952	114388	138297	89969		6886	252303
黄河流域九省区	青海	2880		156	165	1820	735	4		282	2815
	四川	9929	165	212	755	2850	4022	1924		490	7449
	甘肃	11055	105	356	68	1025	8537	964		845	9052
	宁夏	1057				737	216	104			896

续表

区域	地区	堤防							新增堤防长度	达标堤防长度
		堤防长度								
		合计	1级堤防	2级堤防	3级堤防	4级堤防	5级堤防	5级以下堤防		
黄河流域九省区	内蒙古	8356	210	1506	1649	2581	1408	1001	94	5821
	陕西	8581	586	506	976	1998	2486	2030	261	5936
	山西	12046	197	443	425	2898	3859	4224	335	6388
	河南	21033	932	1137	836	7638	7182	3308	142	12038
	山东	21020	134	3872	1002	10479	3184	1226	53	16365

注:1. 全国及其他省(区)数据主要来源于《2022年中国水利统计年鉴》。

2. 宁夏2022年堤防长度不含新建的9.22千米护岸。

水土保持

【主要指标解释】

1. 水土流失综合治理面积:是指按照综合治理的原则,对水土流失区域采取各种治理措施所治理的水土流失面积总和。按照水土流失治理措施进行划分,水土流失治理常用措施包括基本农田、水土保持林、经济林、种草、封禁治理和其他措施。

2. 小流域综合治理面积:指采用综合治理措施治理的小流域面积。

3. 新增水土流失综合治理面积:指当年治理的水土流失面积。

4. 梯田:指在坡面上沿等高线修建的田面水平平整,纵断面呈台阶状的田块,按其断面形式可分为水平梯田、坡式梯田、隔坡梯田。

5. 坝地:指在沟道拦蓄工程上游因泥沙淤积形成的地面较平整的可耕作土地。

6. 水土保持林:指以防治水土流失为主要功能营造的人工林。根据其功能的不同,可分为坡面防护林、沟头防护林、沟底防护林、塬边防护林、护岸林、水库防护林、防风固沙林、海岸防护林等。

7. 经济林:指为利用林木的果实、叶片、皮层、树液等林产品供人食用、或作为工业原料、或作为药材等为主要目的而培育和经营的人工林。

8. 种草:指经人工种植或培育,覆盖度达到70%以上的草地。

9. 封禁治理:指采取禁伐禁砍,实施封育管护等的水土流失治理措施的面积。

10. 其他:指通过除上述措施以外的采用其他治理的水土流失方式,包括保土耕作、地埂植物带、改垄等措施。

11. 水土保持率:指区域内水土保持状况良好的面积(非水土流失面积)占国土面积的比例。

2022 年全区各市县水土流失治理面积

单位：km²

地区	合计	其中:小流域综合治理面积	新增水土流失综合治理面积								新增小流域综合治理面积	水土保持率(%)
			合计	梯田	坝地	水土保持林	经济林	种草	封禁治理	其他措施		
全区	26,664.50	8,615.24	985.69	279.09	1.06	351.87	9.30	71.16	264.97	8.24	379.42	76.88
银川市	2,327.31	1,386.60	70.92		1.06	22.95	4.82	31.23	10.86		12.03	80.39
兴庆区	52.70	5.00	6.05			0.17		5.88				90.08
西夏区	348.86	6.40	6.39				0.84	5.55				87.95
金凤区	8.80											97.67
永宁县	124.84		4.29			0.49	3.80					89.47
贺兰县	239.66		3.14			2.78	0.18	0.18				88.49
灵武市	1,552.45	1,375.20	51.05		1.06	19.51		19.62	10.86			68.49
石嘴山市	1,002.05	8.08	42.29			35.06	0.66	2.71	3.86		5.08	77.19
大武口区	143.13	3.00	6.14			6.14						78.52
惠农区	515.53	5.08	16.10			8.87	0.66	2.71	3.86		5.08	61.86
平罗县	343.39		20.05			20.05						84.49
吴忠市	9,170.27	1,452.30	279.43	44.59		108.54	1.03	35.28	81.75	8.24	109.46	75.90
利通区	423.85	29.40	16.00			10.32			5.68		5.68	79.96
红寺堡区	1,308.82	22.98	29.84			18.17	0.03		11.64		11.09	77.78
盐池县	4,936.56	1,120.34	126.98	21.09		47.54	0.68	17.08	39.62	0.97	49.76	77.69
同心县	1,965.55	270.37	87.49	23.50		24.90		11.90	19.92	7.27	33.72	68.61
青铜峡市	535.49	9.21	19.12			7.61	0.32	6.30	4.89		9.21	81.61
固原市	8,110.48	4,606.80	375.83	176.66		82.57	0.17		116.42		168.60	80.05
原州区	2,009.24	1,188.45	110.31	43.01		34.06	0.17		33.07		57.66	76.26
西吉县	2,671.74	938.37	122.39	61.10		21.52			39.76		54.36	78.68
隆德县	718.96	314.10	28.21	15.49		4.59			8.13		12.16	88.42
泾源县	508.38	208.78	22.48	9.12		8.29			5.07		3.13	85.45
彭阳县	2,202.16	1,957.10	92.44	47.94		14.11			30.39		41.29	80.16
中卫市	6,054.39	1,161.46	217.22	57.84		102.75	2.62	1.94	52.07		84.25	73.75
沙坡头区	1,888.75	7.64	28.16	1.29		17.29		1.94	7.64		7.64	79.60
中宁县	1,161.17	24.50	37.05			20.55	2.62		13.88		14.15	80.93
海原县	3,004.47	1,129.32	152.01	56.55		64.91			30.55		62.46	62.71

注:数据主要来源于《宁夏回族自治区 2022 年水土保持公报》。